600산 등산지도에 관하여

■ 전국의 국립공원 및 도립공원, 군립공원을 포함한 600여개의 주요산을 선정하여 채단식 지도에 음영을 넣어 입체감 있게 표현한 등산지도로 한정된 지면에 해당 산을 상세하게 볼 수 있도록 가능한한 지도의 축척을 크게 수록했습니다.

■ 본 등산지도에 수록된 산 중 일반인들에게 많이 알려진 주요산 400여개를 선정하여 지도에 먹백발(돌출)로 구분하고 구간거리, 소요시간, 등산기점명 등을 수록하였으며, 400산과 연계해서 등산하기에 무리가 없는 200여개의 산을 선정하여 구간거리와 소요시간을 수록하였습니다. 또한, 일반인들에게 많이 알려져 있지는 않지만 소개할 만한 100여개의 산을 추가로 선정하여 등산로만 적색파선으로 표시하여 총 700여개의 산을 수록하였습니다.

■ 일반적으로 많이 이용되는 등산로의 표기는 〈일반등산로〉로 구분하고 적색실선으로 표시하였으며, 험한 등산로이거나 일반인들이 잘 이용하지 않는 등산로는 〈기타등산로〉로 구분하고 적색파선으로 표기하였습니다. 또한, 등산로의 구간에는 구간거리(km)와 소요시간을 표시하였으며 구간거리는 지도상의 거리를 표시한 것이고, 구간별 소요시간은 일반적인 평균치를 나타낸 것이므로 구간거리와 소요시간은 등산시기, 인원, 기상상태에 따라 적절히 가감하여 참조하시기 바랍니다.

■ 해설편에서는 주요산에 대한 선명한 원색사진을 수록했고 등산코스, 교통편은 한눈에 볼 수 있게 막대식도표로 표현하였으며 산의 입체단면도를 수록하여 산의 높낮이를 쉽게 파악 할 수 있습니다. 또한, 주요산에 대한 개요와 축제, 장날, 볼거리와 안내 전화번호를 수록하여 쉽게 산에 대한 정보를 얻도록 하였습니다. 교통편 시각표와 전화번호는 2024년 11월 기준으로 작성되었으므로 시기 또는 계절에 따라 바뀔 수 있으니 사전에 확인하시기 바랍니다.

본 600산 등산지도의 제작에 등산지도 감수와 아낌없이 자료를 제공해주신 이종훈 선생님과 사진작품을 제공해 주신 곰솔산방 변태건 선생님께 깊이 감사드리며 600산 등산지도에 관한 오류사항이나 미흡한 부분은 지속적인 수정·보완 작업으로 더 나은 등산지도가 되도록 노력하겠습니다.

㈜成地文化社

등산지도 쉽게 활용하기

전국 600 등산지도 山

정상에 도전하는 바른 길잡이!
독자 여러분의 길잡이가 되어 드리겠습니다.

이종훈 감수

정상을 향해 한걸음 내딛을 때마다 눈 앞에 펼쳐지는
자연의 위대함, 아름다움, 그곳에 도전하는 끝없는 노력과 열정

바른길로 안내 합니다.

(株)成地文化社
(02) 795-2700 / 5400
www.sjmap.co.kr

목 차 CONTENTS

전국안내도	앞면지
600산 등산지도에 관하여 · 지도 범례	앞면지 뒤
속표지	1
목차	2~3
산명색인	4~5

서울 · 경기도편

경기도 전도	6~7
도봉산 · 사패산 · (오봉) · 북한산 · (비봉,보현봉,형제봉)	8~9
도봉산 · 사패산 해설	10
북한산 해설	11
수락산 · 불암산	12
수락산 · 불암산 · 관악산 · 삼성산 · 청계산 · 국사봉 해설	13
관악산 · 삼성산 · 청계산 · 국사봉 · (장군봉)	14
종자산 · 지장봉 · 관인봉 · 향로봉 · 성산 · (삼형제봉)	15
종자산 · 지장봉 · 관인봉 · 향로봉	16
사향산 · 관모봉 · 금주산 · 곰념이봉 해설	
사향산 · 관모봉 · 곰넘이봉 · 금주산 · 관음산	17
광덕산 · 백운산 · 박달봉 · 각흘산 · (상해봉)/	18
광덕산 · 백운산 · 박달봉 · 각흘산 해설	
국망봉 · 석룡산 · 민둥산 · 신로봉 · 견치봉	19
(도마치봉·차돌박이산·언니통봉)	
국망봉 · 석룡산 · 민둥산 · 명성산 · 삼각봉 · 여우봉 해설	20
명성산 · 삼각봉 · (여우봉)	21
화악산 · 중봉 · 석룡산 · 촉대봉 · 애기봉 · (사향봉)/	22
화악산 · 중봉 · 촉대봉 · 애기봉 해설	
소요산 · 종현산 · 마차산 · 칠봉산	23
소요산 · 종현산 · 마차산 · 칠봉산 · 감악산 해설	24
감악산	25
상봉산 · 낙가산 · 해명산 / 상봉산 · 낙가산 · 해명산 해설	26
마니산 · 진강산 / 마니산 · 진강산 해설	27
강씨봉 · 청계산 · 귀목봉 · 연인산 · (원통산,민둥산)	28~29
명지산 · 애기봉 · 수덕산	
명지산 · 귀목봉 · 청계산 · 운악산 · 아기봉 · 개주산 해설	30
운악산 · 아기봉 · 개주산	31
연인산 · 칼봉산 · 노적봉(구나무산) · 매봉	32~33
대금산 · 불기산 · 청우산 · 주발봉	
연인산 · 대금산 · 노적봉(구나무산) · 불기산	34
몽덕산 · 북배산 · 가덕산 · 계관산 해설	
몽덕산 · 북배산 · 가덕산 · 계관산	35
축령산 · 서리산 · 주금산 · 오독산 · 운두산	36
축령산 · 서리산 · 주금산 · 오독산 · 천마산 · 철마산 해설	37
천마산 · 철마산 · (백봉산)	38
화야산 · 뾰루봉 · 호명산 · 고동산 · 곡달산 · (통방산)	39
화야산 · 호명산 · 뾰루봉 · 곡달산	40
유명산 · 중미산 · 소구니산 · 삼태봉 해설	
유명산 · 중미산 · 소구니산 · 통방산 · 삼태봉 · 어비산 · (옥산,대부산)	41
용문산 · 백운봉 · (천사봉,용문봉,장군봉,가섭봉)	42~43
중원산 · 도일봉 · (단월봉)	
용문산 · 백운봉 · 중원산 · 도일봉	44
운길산 · 적갑산 · 예봉산 · 문안산 해설	
운길산 · 적갑산 · 예봉산 · 갑산 · 문안산 · (고래산)	45
용마산 · 검단산 · (청량산,남한산)	46
용마산 · 검단산 · 태화산 · 백마산 · 정광산 해설	47
태화산 · 백마산 · 정광산 · (발리봉,마구산)	48
광교산 · 백운산 · 형제봉 · 바라산	49
광교산 · 백운산 · 형제봉 · 바라산	50
오갑산 · 원통산 · 국망산 · 보련산 해설	
오갑산 · 원통산 · 국망산 · 보련산	51
불곡산 / 불곡산 해설	52
팔봉산 · 소리산 / 팔봉산 · 소리산 해설	53
양자산 · 앵자봉 · 관산 / 양자산 · 앵자봉 · 관산 해설	54
칠장산 · 칠현산 · (덕성산) / 칠장산 · 칠현산 해설	55

강원특별자치도편

강원특별자치도 전도	56~57
설악산 (곰배령,귀때기청봉) · 설악산	58~59
설악산 주요부	60~61
설악산 · 곰배령 해설	62~63

용화산 · 오봉산 · 부용산 · (수불무산,매봉산,병풍산)	64
용화산 · 오봉산 · 부용산 · 목우산 · 단풍산 · 매봉산 · 두위봉 해설	65
목우산 · 단풍산 · 매봉산 · 두위봉	66
대룡산	67
대룡산 · 사명산 해설	68
사명산 · (문바위봉)	69
마산 / 마산 해설	70
가리산 / 가리산 해설	71
공작산 / 공작산 해설	72
어답산 / 어답산 해설	73
태기산 · 봉복산 · 운무산 · 덕고산 / 태기산 · 봉복산 · 운무산 해설	74
청태산 · 대미산 / 청태산 · 대미산 해설	75
오대산 · (상왕봉,두로봉,동대산)	76~77
노인봉 · (매봉)	
오대산 · 노인봉 해설	78
방태산 · 개인산 · 가칠봉 해설	79
방태산 · 개인산 · 구룡덕봉 · 가칠봉 · 갈전곡봉	80~81
계방산	82
계방산 · 노추산 · 사달산 해설	83
노추산 · 사달산	84
금당산 · 거문산 · 잠두산 · 백석산	85
금당산 · 거문산 · 잠두산 · 백석산 · 가리왕산 · 중왕산 · 청옥산 해설	86
가리왕산 · 중왕산 · 청옥산	87
발왕산 · (고루포기산) / 발왕산 해설	88
능경봉 · 선자령 · 제왕산 · (새봉,곤신봉)	89
능경봉 · 선자령 · 제왕산 해설	
치악산(비로봉)	90~91
향로봉 · 남대봉 · 매봉산	
치악산 · 향로봉 · 남대봉 · 매봉산 해설	92
석병산 · (두리봉) / 석병산 해설	93
감악산 · 석기암(봉) / 감악산 · 석기암(봉) 해설	94
백덕산 · 사자산 · 구봉대산 · (신선바위봉)	95
백덕산 · 사자산 · 구봉대산 해설	
복계산 / 복계산 해설	96
백운산 · 완택산 · (고고산,잣봉,능암덕산)	97
백운산 · 완택산 · 지억산 · 민둥산 해설	98
지억산 · 민둥산	99
청옥산 · 두타산 · (쉬움산) / 청옥산 · 두타산 해설	100
태화산	101
태화산 · 함백산 · 장산 해설	102
함백산 · 장산 · (금대봉,은대봉)	103
태백산 · 청옥산 · (부쇠봉,문수봉,깃대배기봉)	104
태백산 · 청옥산 · 덕항산 · 지각산 해설	105
덕항산 · 지각산(환선봉)	106
응봉산 · 육백산 / 응봉산 · 육백산 해설	107

충청도편

충청남 · 북도 전도	108~109
도명산 · 칠보산 · 대야산	110~111
(아가봉,막장봉,장성봉)	
속리산 · 덕가산 · 백악산 · 청화산 · 도장산 · 낙영산	
(금단산,묘봉)	
속리산 · 도명산 · 대야산 · 칠보산 해설	112
월악산 · 만수봉 · 제비봉 해설	113
월악산 · 만수봉 · 포암산 · 어래산	114~115
(말뫼산,박쥐봉)	
옥순봉 · 제비봉 · 두악산 · 도락산 · 황정산	
(문수봉,가은산,수리봉,황장산)	
금수산 · 작성산 · 동산 · (미인봉,마당재산,용바위봉,신선봉)	116
금수산 · 작성산 · 동산 · 백운산 · 구학산 · 주론산 · 삼봉산 해설	117
백운산 · 구학산 · 주론산 · 삼봉산 · 시루봉	118
(십자봉,보름가리봉,벼락바위봉)	
천등산 · 인등산 · 지등산 · 부산	119
천등산 · 인등산 · 지등산 · 부산 · 희양산 · 백화산 · 뇌정산 해설	120
희양산 · 백화산 · (뇌정산,구왕봉,옥녀봉)	121
주흘산 · 조령산 · 신선봉 · 마패봉 · 포암산 · (부봉,탄항산)	122
주흘산 · 조령산 · 신선봉 · 마패봉 · 운달산 · 천주산 해설	123
운달산 · 천주봉 · (공덕산,단산,배너미산)	124
계명산 · 남산 / 계명산 · 남산 해설	125

항목	페이지
박달산 · 성불산 / 박달산 · 성불산 해설	126
백화산(한성봉) · 주행봉 / 백화산 · 주행봉 해설	127
민주지산 · 삼도봉 · 각호산 · 석기봉 · 박석산/	128
민주지산 · 삼도봉 · 석기봉 · 각호산 해설	
구병산 / 구병산 해설	129
연화봉 · (용산봉) · 소백산 · 국망봉 · 신선봉	130~131
소백산 · 계룡산 · 향적산 · 도덕봉 · 금수봉	132
계룡산 · 향적산 · 도덕봉 · 금수봉	133
(관음봉,장군봉,백운봉,갑하산,우산봉)	
천태산 · 대성산 · 월이산	134
천태산 · 대성산 · 월이산 해설	
서대산 · 장령산 · 식장산 · (용봉,마성산)	135
서대산 · 식장산 · 장령산 · 가야산 · 덕숭산 · 용봉산 · 일락산 해설	136
가야산 · 덕숭산 · 일락산 · 석문봉 · 용봉산	137
(서원산,연암산,삼준산,수암산)	
팔봉산 / 팔봉산 해설	138
성주산 · 만수산 · (왕자봉,옥마산,문봉산,성태산)	139
성주산 · 만수산 해설	
칠갑산 / 칠갑산 해설	140
광덕 · 망경산 · (설화산,태학산,배방산) / 광덕산 · 망경산 해설	141
도고산 · 덕봉산 · (금오산,관모산,용굴봉,토성산,안락산)	142
도고산 · 덕봉산 해설	
성거산 · 태조산 · 취암산 · (흑성산)	143
성거산 · 태조산 · 대둔산 · 천등산 · 월성봉 해설	144
대둔산 · 천등산 · 월성봉 · 선야봉 · (바랑산)	145

전라도편

항목	페이지
전북특별자치도 전도	146~147
적상산 · 덕유산 · 백암봉 · 남덕유산 · (무룡산)	148~149
덕유산 · 적상산 · 남덕유산 · 백암봉 해설	150
내변산 · 관음봉 · 쇠뿔바위봉 해설	151
내변산 · (쌍선봉) · 관음봉 · 쇠뿔바위봉 · (비룡상천봉,세봉,옥녀봉)	152~153
모악산 / 모악산 해설	154
선운산 · 경수산 · (국사봉,청룡산,국기봉,비학산,구황봉)/	155
선운산 · 경수산 해설	
운장산 · 구봉산 · 명도봉 · 장군봉 · 연석산 · (복두봉)	156
운장산 · 구봉산 · 장군봉 · 명도봉	157
위봉산 · 종남산 · 원등산 · 귀골산 해설	
위봉산 · 종남산 · 원등산 · 서방산 · 귀골산	158
(귀뜰봉,대부산,학동산)	
마이산 · 광대봉 / 마이산 · 광대봉 해설	159
내장산 · 백암산	160
내장산 · 백암산 · 동악산 · 고리봉 · 문덕봉 해설	161
동악산 · 고리봉 · 문덕봉 · (형제봉,삼인봉)	162
팔공산 · 성수산 · 선각산 · (깃대봉) / 팔공산 · 성수산 · 선각산 해설	163
백운산 · 장안산 · (사두봉,범골봉,영취산) / 백운산 · 장안산 해설	164
방장산 · (벽오봉) / 방장산 해설	165
전라남도 전도	166~167
노고단 · 반야봉 · (삼각고지,만복대) · 지리산(천왕봉)	168~169
지리산서부	170~171
지리산동부	172~173
지리산 해설	174~175
무등산	176
무등산 · 강천산 · 산성산 · 추월산 · 광덕산 해설	177
강천산 · 산성산 · 추월산 · 광덕산	178
불갑산 / 불갑산 해설	179
병풍산 · (왕벽산,삼인산) / 병풍산 해설	180
백아산 · (옹성산) / 백아산 해설	181
모후산 · 운월산 / 모후산 해설	182
봉두산 / 봉두산 해설	183
백운산 · 도솔봉 · (따리봉,억불봉) / 백운산 · 도솔봉 해설	184
월출산 · 가학산 · (별뫼산,흑석산)	185
월출산 · 가학산 · 조계산 해설	186
조계산	187
주작산 · 덕룡산 / 주작산 · 덕룡산 해설	188
천관산 · (천태산)	189
천관산 · 두륜산 · 대둔산 해설	190
두륜산 · 대둔산 · (고계봉)	191
팔영산 / 팔영산 해설	192

항목	페이지
금오산 · (봉황산) / 금오산 해설	193
달마산 · (연포산)	194
달마산 · 상왕봉(구:상황봉) 해설	195
상왕봉(구:상황봉) · 백운봉	196
제암산 · 사자산 · (작은산,일림산) / 제암산 · 사자산 해설	197

경상도편

항목	페이지
경상북도 전도	198~199
가산 · (물불산) · 팔공산 · 관봉	200~201
팔공산 · 관봉 · 가산 해설	202
선달산 · (갈곶산) / 선달산 해설	203
응봉산 / 응봉산 해설	204
천등산 · 학가산 · 천등산 · 학가산 해설	205
청량산 · 축융봉	206
청량산 · 축융봉 · 주왕산 해설	207
금은광이 · 장군봉 · 주왕산	208~209
일월산 · 일월산 해설	210
백암산 · (검마산,금장산) / 백암산 해설	211
황악산 · 황악산 해설	212
갑장산 · 갑장산 해설	213
내연산 · 천령산 · 팔각산 · 향로봉	214
내연산 · 천령산 · 팔각산 · 향로봉 · 금오산 해설	215
금오산	216
유학산 · 천생산 / 유학산 · 천생산 해설	217
보현산 · (부악산,작은보현산,갈미봉) / 보현산 해설	218
수도산 · 단지봉 · (양각산,흰대미산) / 수도산 · 단지봉 해설	219
비슬산 · 조화봉 · (관기봉,비들산) / 비슬산 · 조화봉 해설	220
최정산 · 주암산 / 최정산 · 주암산 해설	221
금오봉 · 고위봉 · 토함산	222~223
금오봉 · 고위봉 · 토함산 · 성인봉 해설	224
성인봉	225
단석산 / 단석산 해설	226
둔덕산 · 대야산 · (조항산) / 둔덕산 해설	227
경상남도 전도	228~229
운문산 · 천황산 · 재약산 · (억산,구만산)	230~231
가지산 · 간월산 · 신불산 · 고헌산 (상운산,능동산,배내봉)	
가지산 · 운문산 · 천황산 · 재약산 · 영축산 · 신불산 · 간월산 해설	232
간월산 · 신불산 · 영축산 · (시살등)	233
가야산 · 우두산 · (남산제일봉,매화산,두리봉)	234~235
비계산 · 두무산 · 문재산(미녀봉) · 오도산 · (숙성산)	
가야산 · 우두산 · 비계산 · 두무산 해설	236
천성산 · 정족산 · (천성산제2봉) / 천성산 · 정족산 해설	237
기백산 · 금원산 · 거망산 · 황석산 · (월봉산,현성산,오두산)	238
기백산 · 금원산 · 거망산 · 황석산 · 대운산 · 달음산 해설	239
대운산 · 달음산 · (불광산,시명산)	240
화왕산 · 관룡산 · 영취산 · (구현산,석대산) / 화왕산 · 관룡산 해설	241
천태산 · 토곡산 · (용굴산) / 천태산 · 토곡산 해설	242
금정산 · 상계봉 · (장군봉,계명봉,의상봉)	243
금정산 · 상계봉 · 무척산 · 신어산 해설	244
무척산 · 신어산	245
자굴산 · 한우산 · (산성산) / 자굴산 · 한우산 · 무학산 · 대곡산 해설	246~247
무학산 · 대곡산 · (대산)	248
연화산 · 연화봉 / 연화산 해설	249
웅석봉 / 웅석봉 해설	250
지리산 · (칠현봉) / 지리산 해설	251
계룡산 · (선자산) · 노자산 · 가라산	252~253
계룡산 · 노자산 · 가라산 · 금산 해설	254
금산	255

제주특별자치도편

항목	페이지
제주특별자치도 전도	256~257
한라산	258~259
한라산 해설	260
국립자연휴양림 · 전국 오일장	261~264
철도 노선도	265
고속도로 노선도	266~269
수도권지하철 노선도 · 전국지하철 노선도	270~272
판권	뒷면지 앞
백두대간 · 정맥	뒷면지

산명색인

가

가덕산 35
가라산(가래봉) 253
가리산(홍천) 71
가리왕산 87
가산 200
가섭봉 42
가야산(성주) 234
가야산(예산) 137
가은산 115
가지산 231
가칠봉 81
가학산 185
각호산 128
각흘산(남길산) 18
각희산 99
간월산 231, 233
갈곶산(각곶산) 203
갈미봉(동해) 100
갈미봉(영천) 218
갈전곡봉 81
감악산(원주) 94
감악산(파주) 25
갑산 45
갑장산 213
갑하산 133
강씨봉 28
강천산 178
개인산 80
개주산 31
거망산 238
거문산 85
거칠봉 148
검단산 46
검마산 211
견우봉 45
견치봉(개이빨산) 19
겸암산 101
경수산 155
계관산 35
계룡산(거제) 252
계룡산(천황봉)(공주) 133
계명봉 243
계명산 125
계방산 82
고계봉 191
고고산 97
고동산 39
고래산 45
고루포기산 88
고리봉 162
고위봉(남산) 222
고적대 100
고치령 131
고헌산 231
곡달산 39
곤신봉 89
곰넘이봉(포천) 17
곰배령 58
공덕산(사불산) 124
공작산 72
관기봉 220
관룡산 241
관모봉(충주) 125
관모봉(포천) 17
관모산 142
관봉(갓바위봉) 201
관산(갓산) 54
관악산 14
관음봉(공주) 133
관음봉(부안) 153
관음산 17
관인봉 15
광교산 49
광대봉 159
광덕산(순창) 178
광덕산(천안) 141
광덕산(포천) 18
괘일산 43
구룡덕봉 80
구만산 230
구미시봉 106
구병산 129
구봉대산 95
구봉산 156
구왕봉 121
구정산 23
구학산 118
구현산 241
구황봉 155
국기봉 155
국망봉(단양) 131

국망봉(포천) 19
국망산(금방산) 51
국사봉(고창) 155
국사봉(성남) 14
국지산 101
귀골산 158
귀때기청봉 58
귀목봉 28
금단산 111
금당산 85
금대봉 103
금산 255
금수봉 133
금수산 116
금오봉(경주) 222
금오산(구미) 216
금오산(여수) 193
금오산(예산) 142
금원산 238
금은광이 208
금장산 211
금정산 243
금주산 17
기산 250
기백산 238
길상사 27
깃대배기봉 104
깃대봉(가평) 39
깃대봉(장수) 163
꾀꼬리봉 36

나

낙가산 26
낙영산 111
남대봉(남태봉) 91
남덕유산 149
남산(금봉산) 125
남산제일봉 234
남한산(벌봉) 46
내변산 152
내연산 214
내장산 160
노고단 168
노고봉 48
노인봉 77
노자산 253
노적봉(구나무산) 32
노추산(아리랑산) 84
뇌정산 121
능경봉 89
능동산 231
능암덕산 97

다

다락산 84
단산 124
단석산 226
단월봉 43
단지봉(민봉산) 219
단풍산(흰병산) 66
달마산 194
달음산 240
대곡산 248
대금산 33
대덕봉 140
대덕산 221
대둔산(완주) 145
대둔산(해남) 191
대룡산 67
대미산(제천) 115
대미산(평창) 75
대봉산 238
대부산(양평) 41
대부산(화부산)(완주) 158
대산 248
대성산 134
대야산(대하산) 110, 227
대운산 240
덕가산 111
덕고산 74
덕룡산 188
덕성산 142
덕성산(곰림산) 55
덕숭산 137
덕일봉 23
덕유산 149
덕항산 106
도고산 142
도덕봉(흑룡산) 133
도덕산 55

도락산(단양) 115
도락산(양주) 52
도마치봉 19
도명산 110
도봉산 8
도솔봉(광양) 184
도일봉 43
도장산 111
동대산(포항) 214
동대산(평창) 76
동산 116
동악산 162
두로봉 76
두륜산 191
두릉산 53
두리봉(강릉) 93
두리봉(합천) 234
두무산 235
두악산 115
두위봉(두리봉) 66
두타산 100
둔덕산 227
등골산 71
따리봉 184

마

마구산(정락봉) 48
마니산(강화) 27
마당재산 116
마산 70
마성산 135
마이산 159
마차산 23
마패봉(마역봉) 122
막장봉 110
만복대 168
만수봉 114
만수산 139
말목산 115
말머리봉 41
말뫼산(용마봉) 114
망경산 141
망덕봉 116
매봉(가평) 32
매봉(동두천) 23
매봉(평창) 77
매봉산(응봉산)(원주) 91
매봉산(영월) 66
매봉산(화천) 64
매화산(합천) 234
맹자산 116
면봉산 218
명도봉 156
명성산 21
명지산 29
미역산 48
모악산(영광) 179
모악산(완주) 154
모후산 182
목우산 66
목표봉 38
몽덕산 35
묘봉 111
무등산 176
무룡산 149
무척산 245
무학산(두척산) 248
문덕봉 162
문래봉 240
문바위봉 69
문봉산 139
문수봉(제천) 115
문수봉(태백) 104
문재산(미녀봉) 235
문안산 45
문장대 111
물불산(파계봉) 200
미인봉(저승봉) 116
민둥산(민드기봉)(가평) 19, 28
민둥산(정선) 99
민주지산 128

바데산 214
바라산 49
바랑산 145
박달봉 18
박석산 128
박쥐봉 114
박달산 126
반야봉 168
발리봉 48
발왕산 88

바

방장산 165
방태산 80
배너미산(선암산) 124
배내봉(원동산) 231
배방산 141
백덕산 95
백마산 48
백봉산 38
백석산 85
백아산 181
백악산 111
백암봉 149
백암산(울진) 211
백암산(장성) 160
백운봉(대전) 133
백운봉(양평) 42
백운봉(완도) 196
백운산(무주) 148
백운산(광양) 184
백운산(밀양) 231
백운산(부산) 240
백운산(수원) 49
백운산(정선) 97
백운산(제천) 118
백운산(포천) 18
백운산(함양) 164
백적산 85
백학봉 160
백화산(문경) 121
백화산(한성봉)(영동) 127
범골봉 164
벼락바위봉(상봉) 118
벽오봉 165
별뫼산 185
병봉산(불다산) 180
병풍산(담양) 180
병풍산(화천) 64
보납산 39
보련산(보연산) 51
보름가리봉 118
보장산 15
보현봉 9
보현산 218
복계산 96
복두봉 156
봉두산(동이산) 183
봉복산 74
봉화산(춘천) 64
봉황산(여수) 193
부봉 122
부산(면위산) 119
부쇠봉(부소봉) 104
부약산 218
부용산 64
부처댕이봉 116
북바위산 122
북배산 35
북병산 252
북가치 111
북한산(백운대) 9
불갑산 179
불곡산(불국산) 52
불광산(향로봉) 240
불기산 33
불명산 145
불암산 12
불태산(깃대봉) 180
비계산 235
비들산 220
비로봉 139
비룡상천봉 153
비봉 9
비슬산 220
비학산(고창) 155
뽀루봉 39

사금산 107
사달산 84
사두봉 164
사명봉 69
사자산(사재산) 197
사자산(칠봉산) 95
사패산 8
사향봉 22, 29
사향산 17
산성산(금성산)(담양) 178
산성산(대구) 221
산성산(합천) 246
삼각봉 21
삼각고지 169
삼각산(울주) 240
삼도봉 128

사

삼봉산 118
삼성산 14
삼인봉 162
삼인산 180
삼정산 169
삼준산 137
삼태봉 41
삼형제봉 15
삿갓봉 35
상계봉(상학산) 243
상백운대 23
상봉 70
상봉산 26
상왕봉 76
상운산 231
상해봉 18
상왕봉(구:상황봉) 196
새봉 89
서대산 135
서리산(상산) 36
서방산 158
서원산 137
석기봉 128
석기암(봉) 94
석대산 241
석룡산 19, 22
석문봉 137
석병산 93
석은덤(용천산) 240
선각산 163
선달산 203
선야봉 145
선인봉 8
선운산(도솔산) 155
선자령(새봉) 89
선자산 252
설악산 59, 59
설화산 141
성거산 143
성불산 126
성산 15
성수산 163
성인봉 225
성주산 139
성지산(함지산) 148
성태산(성대산) 139
세봉 153
세이봉 101
소구니산 41
소라산 54
소리산 53
소백산 131
소요산 23
소황병산 77
속리산 111
송라산 38
송악산 29, 32
송이재봉 43
수덕산(가평) 29
수도산(불영산) 219
수락산 12
수리봉(가평) 33
수리봉(단양) 115
수리봉(담양) 178
수리봉(춘천) 67
수불무산 64
수암산 137
수학봉 115
숙성산 235
순경산 103
쇠바위봉 51
쇠뿔바위봉 153
쉰음산(오십정상) 100
승대산 51
승원봉 45
시랑산 119
시루봉(제천 백운면) 118
시명산(팔기산) 240
시살등 233
식장산 135
신로봉 19
신불산 231, 233
신선바위봉 95
신선봉(단양) 131
신선봉(양평) 42
신선봉(제천) 116
신선봉(충주) 122
신어산 245
십자봉(촉새봉) 118
쌍선봉 152

아

아가봉(고습봉) 110
아기봉 31
안락산 142
안양산 176
앞산(대구) 221
애기봉 22, 29
애기암봉 121
앵자봉 54
약수봉(꼭두봉) 66
약수봉(수타산) 72
양각산 219
양자산 54
어답산(어탑산) 73
어래산 114
어비산 41
어승생악 258
억불봉 184
억산 230
언니통봉 19
여우봉 21
연산봉 187
연석산 156
연암산 137
연인산(월출산) 29, 32
연자봉 160
연포산(해남) 194
연화봉(고성) 249
연화봉(영주) 130
연화산 249
영축산(취서산) 233
영취산(장수) 164
영취산(영축산)(창녕) 241
예봉산 45
오갑산 51
오대산(금산) 145
오대산(평창) 76
오도산 235
오독산 36
오두산(조두산) 238
오봉 8
오봉산(청평산) 64
옥녀봉(문경) 121
옥녀봉(부안) 153
옥마산 139
옥산 41
옥순봉 115
옹성산(철옹산) 181
완택산 97
왕벽산 180
왕시루봉 168
왕자봉(성주산) 139
왕재산 84
용굴봉 142
용굴산 242
용마산(광악산) 46
용문봉(용호산) 42
용문산 42
용바위봉 116
용봉 135
용봉산 137
용산봉 130
용조봉 42
용지봉 221
용천봉 179
용화산 64
우금산(울금바위) 153
우두산 234
우산봉 133
운길산 45
운달산 124
운무산 74
운둔산(호거산) 230
운악산(현릉산) 31
운월산 182
운장산 156
웅석봉 250
원등산(청량산) 158
원통산(음성) 51
원통산(포천) 28
월각산 185
월매산 219
월봉산 238
월성봉(발이성봉) 145
월악산 114
월이산(달이산) 134
월출산 185
위봉산 158
유명산(마유산) 41
유학산 217
육백산 107
은대봉 103
운두산(은두산) 36

자

자굴산 246
작성산(까치성산) 116
작은보현산 218
작은산 197
잠두산 85
잣봉 97
장군봉(공주) 133
장군봉(봉화) 209
장군봉(서울) 14
장군봉(양산) 243
장군봉(양평) 42
장군봉(완주) 156
장군봉(청송) 208
장령산(장룡산) 135
장산 103
장성봉 110
장안산 164
장척산 245
재악산(수미봉) 230
적갑산 45
적상산 148
정각산 230
정광산 48
정족산 237
제비봉(연리봉) 115
제암산 197
제왕산 89
조계산(장군봉) 187
조령산 122
조봉 121
조항산 227
조화봉 220
종남산 158
종자산(포천) 15
종자산(홍천) 53
종현산 23
주금산(비단산) 36
주론산(조백산) 118
주발산 33
주암산 221
주왕산 209
주월산(수주팔봉) 126
주작산 188
주지봉 185
주치봉 121
주행봉 127
주흘산 122
죽산봉 134
중대봉 227
중미산 41
중봉 22
중왕산 87
중원산 43
지각산(환선봉) 106
지등산 119, 125
지리산(산청) 169
지리산(통영) 251
지억산 99
지장봉(보개산) 15
진강산 27

차돌박이산 19
천관산 189
천등산(안동) 205
천등산(완주) 145
천등산(충주) 119
천령산(우척봉) 214
천마봉 155
천마산 38
천만산 128
천사봉 42
천삼산 94
천생산(방티산) 217
천성산(원효산) 237
천성산제2봉 237
천왕봉 238
천주봉(붕어산) 124
천지봉 90
천태산(밀양) 242
천태산(영동) 134

차 카 타

천태산(장흥) 189
천황산 230
철마산 38
청계산(성남) 14
청계산(포천) 28
청량산(남한산성) 46
청량산(봉화) 206
청룡산(고창) 155
청룡산(대구) 221
청옥산(동해) 100
청옥산(봉화) 104
청옥산(평창) 87
청우산 33
청태산 75
청화산 111
촉대봉 22, 35
최정산 221
추월산 178
축령산 36
축용봉(축륭봉) 206
취암산(경암산) 143
치악산 90
치키봉 200
칠갑산 140
칠보산 110
칠봉산(동두천) 23
칠장산 55
칠현산(안성) 55
칠현봉(통영) 251

칼봉산(검봉산) 32
탄항산(월항상봉) 122
태기산 74
태백산 104
태조산 143
태행산(태양산) 208
태화산(광주) 48
태화산(단양) 101
태학산(태화산)(아산) 141
토곡산 242
토성산 142
토함산 223
통방산 39, 41
투구봉 180

파 하

팔각산 214
팔공산(대구) 201
팔공산(장수) 163
팔봉산(서산) 138
팔봉산(홍천) 53
팔영산 192
피난봉 53
포암산 114, 122
표때봉 95
풋대봉 106
학가산 205
학동산 158
학봉 116
한라산 258
한우산 246
함백산 103
해명산 26
향로봉(원주) 91
향로봉(포천) 15
향로봉(포항) 214
향적산 133
현성산(필봉) 238
형봉 115
형제봉(곡성) 162
형제봉(광양) 184
형제봉(서울) 9
형제봉(수원) 49
호명산 39
화악산 22
화야산 39
화인봉 15
화왕산 241
화율봉 154
황석산 238
황악산 212
황장산(황장봉산) 115
황정산 115
황학산 121
희망봉 17
회목봉 18
흑석산(깃대봉) 185
흑성산 143
호미동산 185
희양산 121
훤대미산 219

6 경기도 전도

경기도 전도

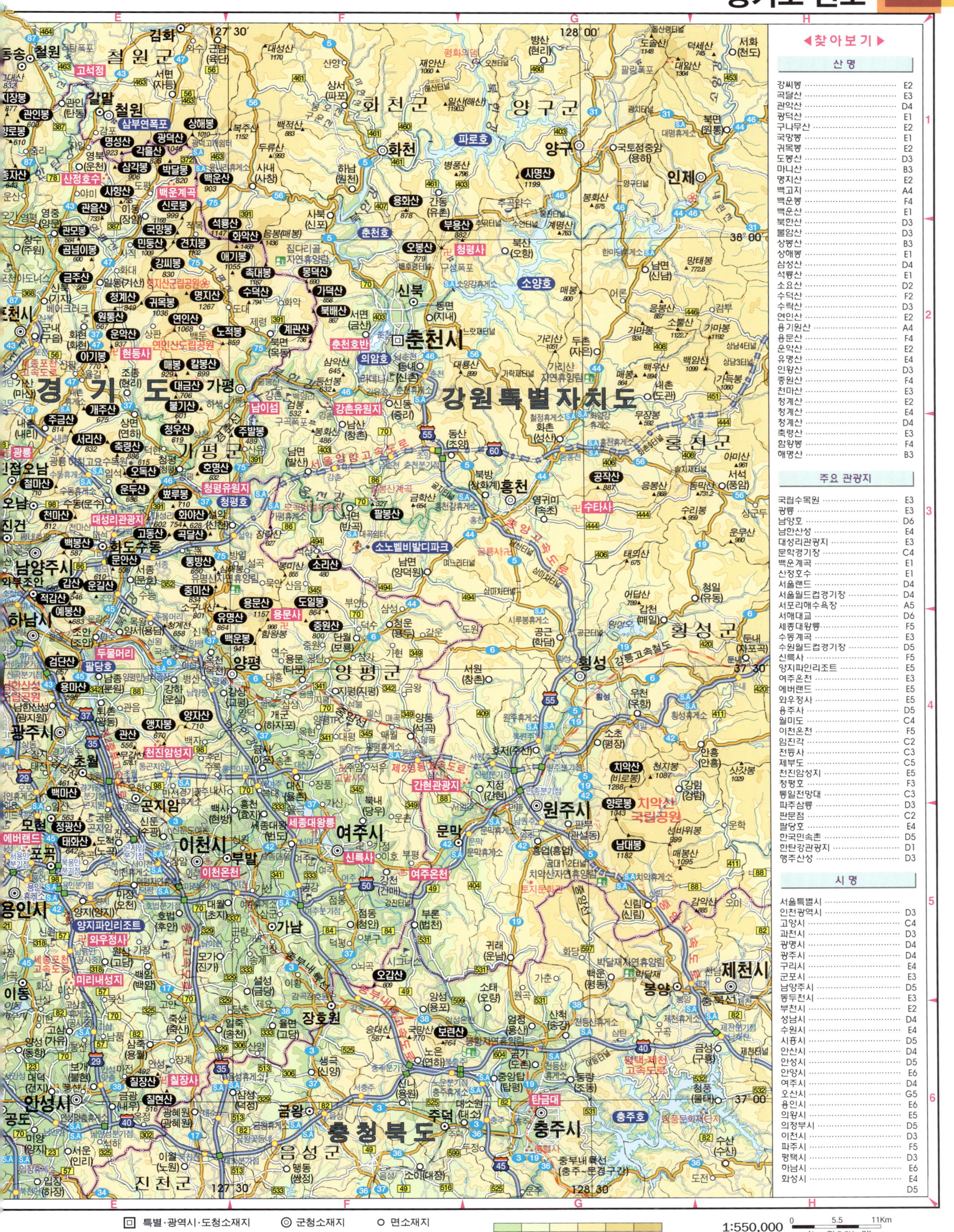

8 도봉산·사패산 (오봉)

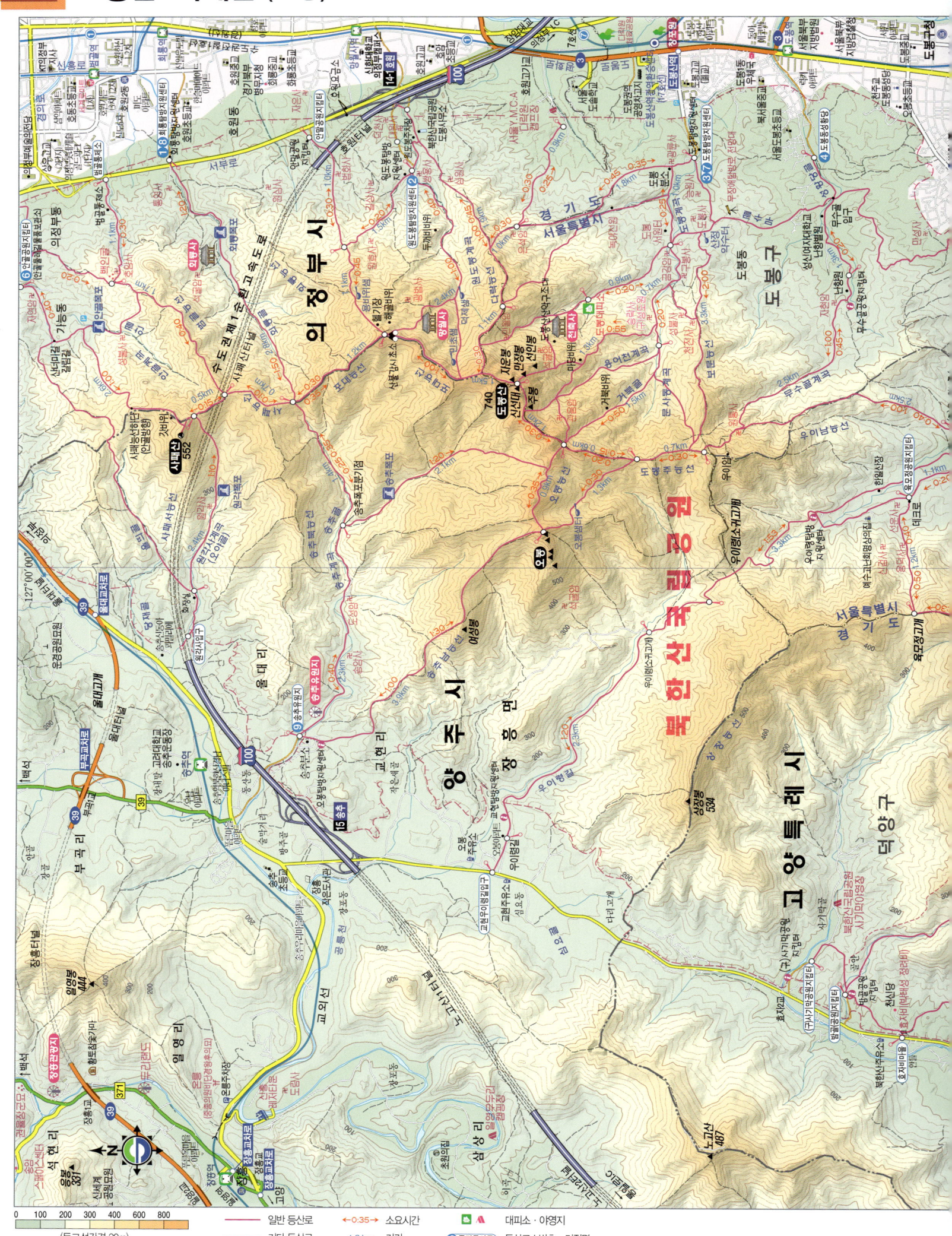

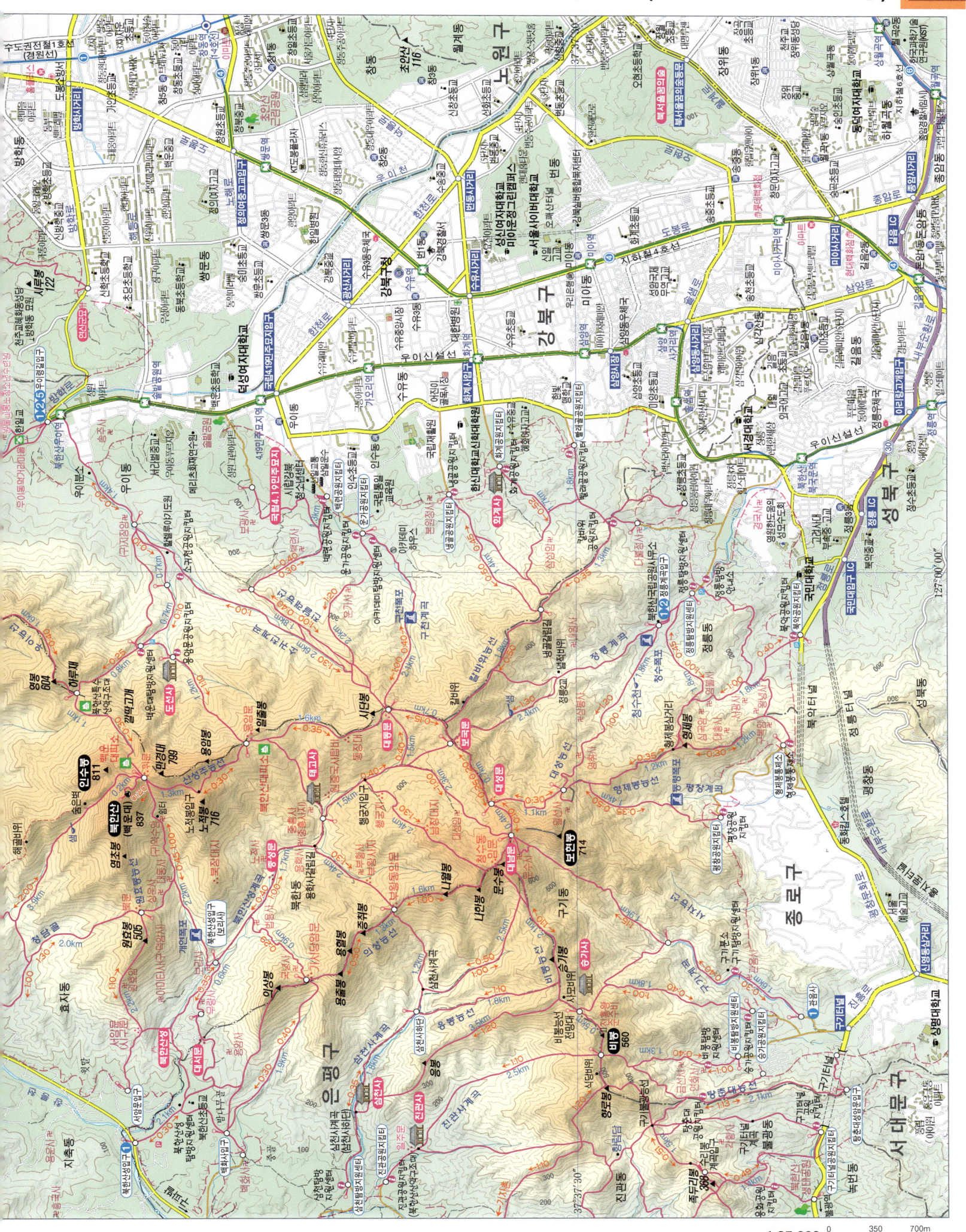

10 경기도편

8 도봉산 740m / 사패산 552m

서울 시내에서 우이동행 버스·지하철 이용/의정부 시내 또는 서울지하철 3호선 구파발역에서 송추(계곡)행 버스 이용.

위치 : 서울시 도봉구, 경기도 의정부시, 양주시 장흥면

▲ 송추에서 본 사패산 원경

▲ 도봉산 오봉

▲ 도봉산 연봉, 오른쪽 끝이 선인봉

▲ 도봉산의 기암군

■ 소귀고개(우이령)을 경계로 북한산 북동쪽에 도봉산과 사패산이 솟아 있다. 북한산과 더불어 북한산국립공원에 속해있으며, 서울 북부와 의정부, 양주시에 산줄기를 뻗고 있다. 산 전체가 바위로 되어 있고 북한산에 비해 산세의 규모가 작으며 등산로가 조밀하다. 도봉산은 산세가 수려하고 아름다워 예로부터 경기의 금강으로 불려 왔으며, 최고봉인 자운봉(740m)을 중심으로 만장봉, 선인봉 등의 걸출한 암봉이 솟아있고 자운봉 북쪽으로 포대능선이 뻗어 있으며, 사패산(552m)이 솟아 있다. 또 남서쪽으로 주봉에서 오봉으로 이어지는 능선은 톱날 같은 암릉으로 이루어져 있다. 서쪽으로 늘어선 5개의 암봉은 굴곡과 기복이 심하며, 선인봉은 클라이머들이 좋아하는 암벽 등반 코스이다.

■ 기암 못지않게 도봉산의 계곡도 경관이 아름답기로 이름이 높은데 원도봉계곡(망월사 계곡), 문사동계곡, 무수골계곡 등 3대 계곡과 함께 용어천계곡, 송추계곡, 도봉계곡 등의 수려한 계곡이 절승을 이루고 있다. 또, 산 곳곳에 60여 개의 사찰이 있으며, 천축사, 망월사, 회룡사 등의 유명한 사찰은 매년 많은 관광객과 신도들의 발길이 끊이지 않는다.

■ 도봉산 북쪽에 솟은 사패산은 한동안 군사보호구역으로 묶여 있던 곳이다. 덕분에 자연이 훼손되지 않은 채 잘 보존되어 있다. 수림이 울창하고 깨끗한 계곡으로 가족 단위 산행지로 인기가 높다. 도봉산에 비해 산도 높지 않고, 산세도 부드러운 편이다. 도봉산과의 사이에 위치한 회룡골(회룡계곡)을 비롯하여 안골계곡, 송추계곡, 원각사계곡(오야골) 등이 유명하다. 사패산(賜牌山)이란 이름은 선조의 여섯 번째 딸인 정휘옹주가 혼인할 때 하사한 산이라 하여 지어진 이름이다.

축제·볼거리

1. 도봉산 페스티벌
매년 9월 말에서 10월 초 서울지하철 1·7호선 도봉산역 1-1번 출구에 자리한 다락원체육공원 및 평화문화진지 일대에서 열리는 축제로 가을 도봉산의 정취와 문화를 즐길 수 있다.

2. 망월사(望月寺)
자운봉 북동쪽 산 중턱에 위치하고 있으며 신라 선덕여왕 8년(639년) 해호(海浩)조사가 창건하고 서라벌 월성을 향해 기원하는 뜻에서 망월사라 칭했다 한다.

▲ 망월사

3. 천축사(天竺寺)
선인봉 남쪽 바로 밑에 위치한 이 절은 신라 문무왕 13년(673년) 의상대사가 창건하였다. 경내에 참선 도장인 무문관(수행 선원)이 있고 절 가까이에 석굴암이 있다.

▲ 천축사

▲ 연산군묘

4. 연산군묘
도봉구 우이동에서 방학동으로 빠지는 도로 우측에 위치한다. 조선 제 10대 왕이었던 연산군과 폐비가 된 부인 신씨의 묘로 사적으로 지정되어 있다. 능성 구씨의 선영이기도 한 이 묘역에는 연산군의 딸과 사위의 묘도 같이 있으며, 무료로 관람할 수 있다. (매주 월요일 휴무)

5. 회룡사(回龍寺)
자운봉 북쪽 의정부시에 위치하는 이 절은 구전에 의하면 신라 신문왕 원년(681년) 의상대사가 개창하였다고 하며, 조선왕조 개국과 관련하여 태조 이성계와 무학 대사에 얽힌 전설을 간직하고 있다.

▲ 회룡사

6. 원통사(圓通寺)
우이암 지척에 위치한 이 절은 보문사(普門寺)라고도 불리는데 창건 연대는 고려 말이나 조선 초기로 추정되고 있다.

7. 송추계곡유원지 수영장
양주시 장흥면 울대리 일대 북한산계곡의 맑은 물이 흐르는 송추계곡은 매년 여름 많은 사람들이 찾는 피서지로서 계곡을 따라 다양한 시설이 들어서 있다.

▲ 송추계곡유원지 수영장

등산코스

도봉산/사패산

1. 회룡탐방지원센터 2.8km/1시간50분 — 안부 1.2km/35분 — 산불감시초소 1.5km/1시간 — 도봉산
2. 원도봉탐방지원센터 2.4km/1시간 — 망월사 1.5km/1시간 — 도봉산
3. 도봉탐방지원센터 1.9km/45분 — 도봉대피소 1.3km/55분 — 도봉산
4. 도봉동성황당 1.3km/20분 — 무수골공원지킴터 2.5km/1시간 — 우이암 1.3km/50분 — 관음암 1.2km/30분 — 도봉산
5. 우이령길입구 2.5km/1시간 — 우이암 1.3km/50분 — 관음암 1.2km/30분 — 도봉산
6. 안골공원지킴터 2.6km/1시간 — 사패산 2.4km/1시간 — 산불감시초소 1.5km/1시간 — 도봉산
7. 도봉탐방지원센터 1km/25분 — 금강암 3.7km/1시간50분 — 도봉산
8. 회룡탐방지원센터 2.8km/1시간50분 — 안부 1.2km/25분 — 사패산
9. 송추유원지 2.3km/40분 — 송추골 1.4km/35분 — 안부 1.2km/35분 — 산불감시초소 1.5km/1시간 — 도봉산

교통편

도봉산
1. 수도권전철 1호선 이용 – 신설동역에서 우이신설선으로 환승 – 북한산우이역에서 하차
2. 수도권전철 1호선 이용 – 도봉산역에서 하차
3. 수도권전철 1호선 이용 – 회룡역에서 하차
4. 수도권전철 1호선 이용 – 망월사역에서 하차
5. 서울지하철 4호선 이용 – 성신여대입구역에서 우이신설선으로 환승 – 북한산우이역에서 하차
6. 서울지하철 7호선 이용 – 도봉산역에서 하차

문의

북한산국립공원도봉사무소
☎ 031-828-8000

* 시각표는 2024년11월 기준이며 변동될 수 있음.

경기도편

9 북한산 837m

위치 : 경기 고양특별자치시 덕양구, 서울 강북 성북 종로구

서울 시내에서 우이동, 구기동, 정릉동, 진관동 행 시내버스를 이용한다.

▲ 백운대에서 본 인수봉 정상

▲ 향로봉에서 본 비봉

▲ 노고산에서 본 북한산 전경

- 북한산은 서울의 진산(鎭山)으로 백두산, 지리산, 금강산, 묘향산과 더불어 대한민국 오악(五嶽) 중 하나로 꼽히는 산이다.

- 북한산의 산줄기는 서울의 북부와 경기도 고양특별자치시의 넓은 지역에 펼쳐져 있고 산줄기가 복잡하며 코스 또한 다양하다.

- 최고봉은 서울과 경기도가 마주보는 지점에 솟은 백운대로 높이는 837m이다. 백운대를 중심으로 인수봉, 만경대, 노적봉 등 거대한 바위봉들이 솟아 있으며, 남으로는 비봉과 보현봉이 서 있다. 북한산은 산세가 험준하고 남성적인 산악미로 유명하며, 수많은 클라이머들이 북한산의 바위봉을 오른다.

- 북한산은 보기 드문 도시 속의 자연 공원으로 세계적으로도 그 예가 드물며 북한산 일대는 국립공원으로 지정되어 있다. 수도권의 허파이자 1000여 종이 넘는 동·식물이 서식하고 있다. 또한, 시민들의 휴식 공간으로 주말마다 시민들의 발길이 끊이지 않는다. 수도권 어느 방향에서도 오를 수 있으며, 교통 또한 편리하여 매년 탐방객이 600만 명에 이를 정도이다.

- 거대한 암봉 사이사이에 수많은 계곡이 있으며 경치 또한 수려하며, 정상에 오르면 서울 시내가 한눈에 들어오고, 도봉산, 북악산, 관악산, 남산과 같은 서울의 산들과 굽이쳐 흐르는 한강을 볼 수 있다. 날씨가 좋은 날이면 멀리 서해 바다 강화도, 영종도를 볼 수 있을 만큼 전망도 좋다. 또한 선사시대부터 역사의 중심지였던 서울의 진산인 까닭으로 수많은 유적을 품고 있다.

- 원효봉–백운대–보현봉으로 이어지는 능선에는 산성이 축조되어 있어 과거 서울의 요새였음을 웅변하고 있으며, 100여 개의 사찰과 암자, 역사적 유래와 전설을 간직한 유적지가 산 곳곳에 자리잡고 있어, 등산뿐만 아니라 역사 답사 코스로도 손색이 없다.

축제·볼거리

1. 북한산 심곡암 가을 단풍 축제(산사 음악회)
심곡암 주최로 매년 10월 말~11월 초순 경에 개최되는 북한산 심곡암 단풍축제에서는 북한산 심곡암 주변의 단풍 구경과 함께 산사에서 울려 퍼지는 음악회, 다도시연 등이 열려 불심, 자연, 예술이 하나 되는 축제를 즐길 수 있다.

2. 북한산성(北漢山城)
현존하는 성터는 조선 숙종 37년(1711년)에 축조된 것으로 원래는 크고 작은 13개의 성문이 있었다. 최근에 성곽을 보수하고 대남문, 대동문, 대성문 등의 성문이 옛 모습대로 중건되었다.

3. 도선사(道詵寺)
우이동 계곡에 자리한 이 절은 신라 경문왕 2년(862년) 도선 국사가 창건하였고 55년 전 청담스님이 호국불교를 일으키면서 사세가 커지기 시작하였다.

▲ 도선사

4. 화계사(華溪寺)
보국문 동쪽 기슭 울창한 숲속에 자리한 이 절은 조선 중종 17년(1522년) 신월화상이 창건, 역사는 짧지만 사세 규모는 상당한 절이다.

5. 태고사(太古寺)
노적봉 남쪽 기슭에 위치한 절로 고려 공민왕 때 보우선사가 창건하였다고 전한다. 부근에 증흥사터를 비롯 행궁터, 부왕사터 등의 유적지가 산재해 있다.

6. 문수사(文殊寺)
대남문 옆 문수봉 벼랑 밑에 자리한 이 절은 고려 예종4년(1109년) 탄연화상이 창건하였고, 절 앞쪽의 보현봉을 위시하여 전망이 좋다.

7. 승가사(僧伽寺)
비봉 동쪽 능선 가까이에 위치한 이 절은 신라 경덕왕 15년(756년) 수태(秀台)에 의해 창건된 비구니 사찰로 경내에 보물로 지정된 마애석가여래좌상이 자연석에 부각되어 있다.

8. 진관사(津寬寺)
비봉 북서쪽 골짜기에 위치한 이 절은 북한지(北漢誌)에 의하면 신라 진덕여왕 때 원효대사가 창건하였다고 하나 일설에는 고려 현종이 진관조사를 위해 지었다고도 한다.

등산코스

우이동기점
1. 우이령길입구 — 2.8km/40분 — 백운대탐방지원센터 — 0.8km/25분 — 하루재 — 1.1km/30분 — 위문 — 0.2km/20분 — 백운대
2. 우이령길입구 — 2.8km/40분 — 도선사 — 1.2km/1시간 10분 — 북한산대피소 — 1.5km/50분 — 백운대

정릉기점
1. 정릉계곡입구 — 2.4km/1시간 30분 — 보국문 — 2.3km/50분 — 북한산대피소 — 1.5km/50분 — 백운대
2. 정릉계곡입구 — 2.9km/1시간 50분 — 대성문 — 0.7km/20분 — 보국문 — 2.3km/50분 — 북한산대피소 — 1.5km/50분 — 백운대

세검정기점
1. 관음사 — 3.5km/1시간 55분 — 대남문 — 1.1km/30분 — 보국문 — 2.3km/50분 — 북한산대피소 — 1.5km/50분 — 백운대

북한산성입구기점
1. 북한산성입구 — 2.7km/1시간 5분 — 주차장(북한산성입구(보리사)) — 2.4km/1시간 20분 — 백운대

단면도

교통편

북한산
1. 서울지하철 1호선 이용 – 신설동역에서 우이신설선으로 환승 – 북한산보국문역에서 하차
2. 서울지하철 1호선 이용 – 신설동역에서 우이신설선으로 환승 – 북한산우이역에서 하차
3. 서울지하철 1호선 이용 – 신설동역에서 우이신설선으로 환승 – 화계역에서 하차
4. 서울지하철 4호선 이용 – 성신여대입구역에서 우이신설선으로 환승 – 북한산보국문에서 하차
5. 서울지하철 4호선 이용 – 성신여대입구역에서 우이신설선으로 환승 – 북한산우이역에서 하차
6. 서울지하철 4호선 이용 – 성신여대입구역에서 우이신설선으로 환승 – 화계역에서 하차
7. 서울지하철 3호선 이용 – 불광역 – 시내버스 이용 – 북한산생태공원에서 하차
8. 서울지하철 3호선 이용 – 구파발역 – 시내버스 이용 – 북한산성입구에서 하차

▲ 비봉 진흥왕순수비 유지비(백비)

▲ 승가사 마애여래석가좌상

문의
북한국립공원사무소
☎ 02-909-0497~8

*시각표는 2024년 11월 기준이며 변동될 수 있음.

12 수락산·불암산

경기도편

12 수락산 637m | 불암산 508m

서울지하철 7호선 수락산역, 장암역 또는 서울지하철 4호선 불암산역(구:당고개역)에서 하차한 후 등산 기점까지 도보 이동.
위치 : 서울시 노원구, 경기도 의정부시 남양주시 별내면

▲ 수락산 정상바위

▲ 불암산 정상

교통편

수락산
1. 서울지하철 7호선 이용 - 수락산역에서 하차 - 도보로 서울시립수락양로원까지 이동
2. 서울지하철 7호선 이용 - 장암역에서 하차 - 도보로 석림사까지 이동
3. 서울지하철 4호선 이용 - 불암산역(구:당고개역)에서 하차 - 도보로 학림사입구까지 이동

불암산
1. 서울지하철 4호선 이용 - 불암산역(구:당고개역)에서 하차 - 도보로 경수사입구까지 이동
2. 서울지하철 4호선 이용 - 상계역에서 하차 - 도보로 정암사입구까지 이동
3. 태릉에서 별내동행 시내버스 이용 - 별내동에서 하차 - 도보로 불암사입구까지 이동

축제·볼거리

1. 불암사 산사음악회
매년 10월 초 또는 하순 불암산 중턱에 자리한 불암사 경내에서 열리는 축제로, 다양한 행사는 물론 축제 기간 내내 경내에는 다양한 국화가 전시되어 있어 신도뿐만 아니라 등산객, 일반인들도 찾고 있다.

2. 태릉(泰陵)
불암산 남쪽 기슭에 위치한 조선 중종의 계비 문정왕후의 능으로 주위는 울창한 숲으로 둘러싸여 있어 좋은 휴식처가 되고있다. 능 동쪽으로 1971년 개장한 태릉선수촌이 자리하고 있으며, 그 북쪽으로는 조선 명종과 왕비 인순왕후의 능침인 강릉이 자리하고 있다.

등산코스

수락산

불암산

단면도

■ 수락산은 도봉산 건너편에 솟아 있으며 동으로 트인 전망이 시원하다. 규모는 좀 작지만 산 곳곳에 어우러진 바위와 동쪽 계곡의 폭포가 아름다워 수락 8경으로 불린다. 또한, 덕릉 고개 너머로 수락산 남쪽에 불암산이 자리하고 있다. 이름에 걸맞게 온통 바위로 이루어져 암벽 등반 훈련장으로 많이 이용된다. 산 남쪽에는 강릉(康陵)과 태릉(泰陵)이 울창한 숲으로 둘러싸여 있다.

■ 수락산 동쪽 기슭에는 신라 때 창건된 내원암이, 덕릉고개 북동쪽에는 신라 진평왕 21년(599년) 원광법사가 창건한 흥국사가 있으며, 불암산 남쪽에는 서울 근교 4대 명찰중 하나인 신라 고찰 불암사가 있다. 불암산 정상으로 오르는 길목에서는 석천암도 만날 수 있다.

▲ 태릉

문의
노원구청 푸른도시과
☎ 02-2116-3943

* 시각표는 2024년 11월 기준이며 변동될 수 있음.

---

14 관악산 629m | 삼성산 481m
청계산 615m | 국사봉 542m

지하철로 안양역, 관악역, 관악산역, 정부과천청사역, 인덕원역 등에서 내려 도보 또는 시내버스를 이용하여 각 출발지에서 산행을 한다.
위치 : 서울시 관악구, 경기도 안양시, 과천시, 성남시, 의왕시

▲ 관악산 북동능선

▲ 청계산 석기봉

교통편

관악산
1. 서울지하철 2호선 이용 - 신림역에서 경전철 신림선으로 환승 - 종점인 관악산(서울대)역에서 하차
2. 서울지하철 4호선 이용 - 정부과천청사역에서 하차 - 도보로 과천향교까지 이동
3. 서울지하철 4호선 이용 - 인덕원역에서 하차 - 시내버스 이용 - 관양중학교

삼성산
1. 서울지하철 2호선 이용 - 신림역에서 경전철 신림선으로 환승 - 종점인 관악산(서울대)역 하차
2. 수도권전철1호선 이용 - 안양역에서 하차 - 마을버스 이용 - 안양예술공원

청계산
1. 서울지하철 신분당선 이용 - 청계산입구역에서 하차 - 도보로 원터마을까지 이동
2. 서울지하철 4호선 이용 - 인덕원역에서 하차 - 마을버스 이용 - 청계산주차장

축제·볼거리

2. 삼막사(三幕寺)
삼성산 서쪽 아늑한 기슭에 자리한 이 절은 신라 문무왕 17년(677년) 원효대사가 개창하고 고려 태조 때 중수하면서 삼막사라 칭했다.

▲ 삼막사

3. 연주암
연주암은 관악산 정상 연주대 남쪽 절벽에 세워진 절로서 신라 때 의상이 창건하고 조선 태조 원년(1392년)에 중수하였으며, 약사여래 입상이 유명하다.

4. 서울대공원
청계산 서쪽 기슭에 자리 잡은 서울시립공원으로 1984년 5월 개장하였다. 공원 내에는 동물원, 식물원을 비롯해 국립현대미술관, 자연박물관, 서울랜드 및 각종 체육시설 등을 갖춰 명실상부한 수도권 최대의 종합공원이다.

등산코스

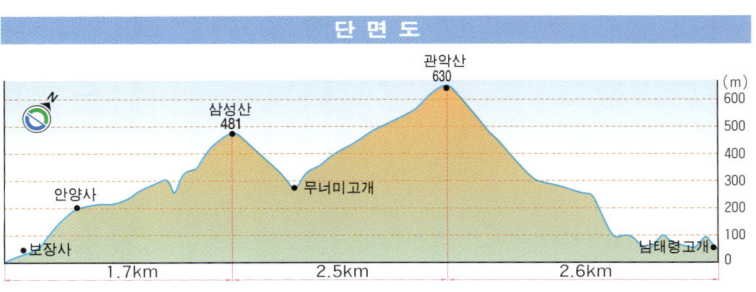

단면도

■ 서울의 남쪽에 솟은 관악산은 경기 오악 중의 하나이며, 조선 태조가 지은 연주암이 자리 잡고 있다. 산세는 자못 험준하나, 도심과 가까워 많은 사람들이 찾는다. 관악산 서쪽의 삼성산은 규모는 작으나 남쪽 계곡의 안양예술공원과 함께 삼막사 등 절이 많으며, 관악산과 함께 서울의 남쪽에 솟아 과천, 의왕, 성남시와의 접경을 이루는 청계산과 국사봉도 시민들의 좋은 휴식처가 되고 있다.

축제·볼거리

1. 관악 강감찬 축제
귀주대첩의 영웅 강감찬 장군의 호국 정신을 기리는 축제로 매년 10월 중순 경 낙성대 공원 일대에서 열리는 축제이다. 추모 제향, 콘서트, 가요제, 역사 체험 프로그램 등 다양한 행사 프로그램으로 구성되어 있어 가족 단위로 참여하기 좋은 축제이다.

문의
관악구청 관악산공원 관리팀
☎ 02-879-6561

* 시각표는 2024년 11월 기준이며 변동될 수 있음.

14 관악산 · 삼성산 · 청계산 · 국사봉 (장군봉)

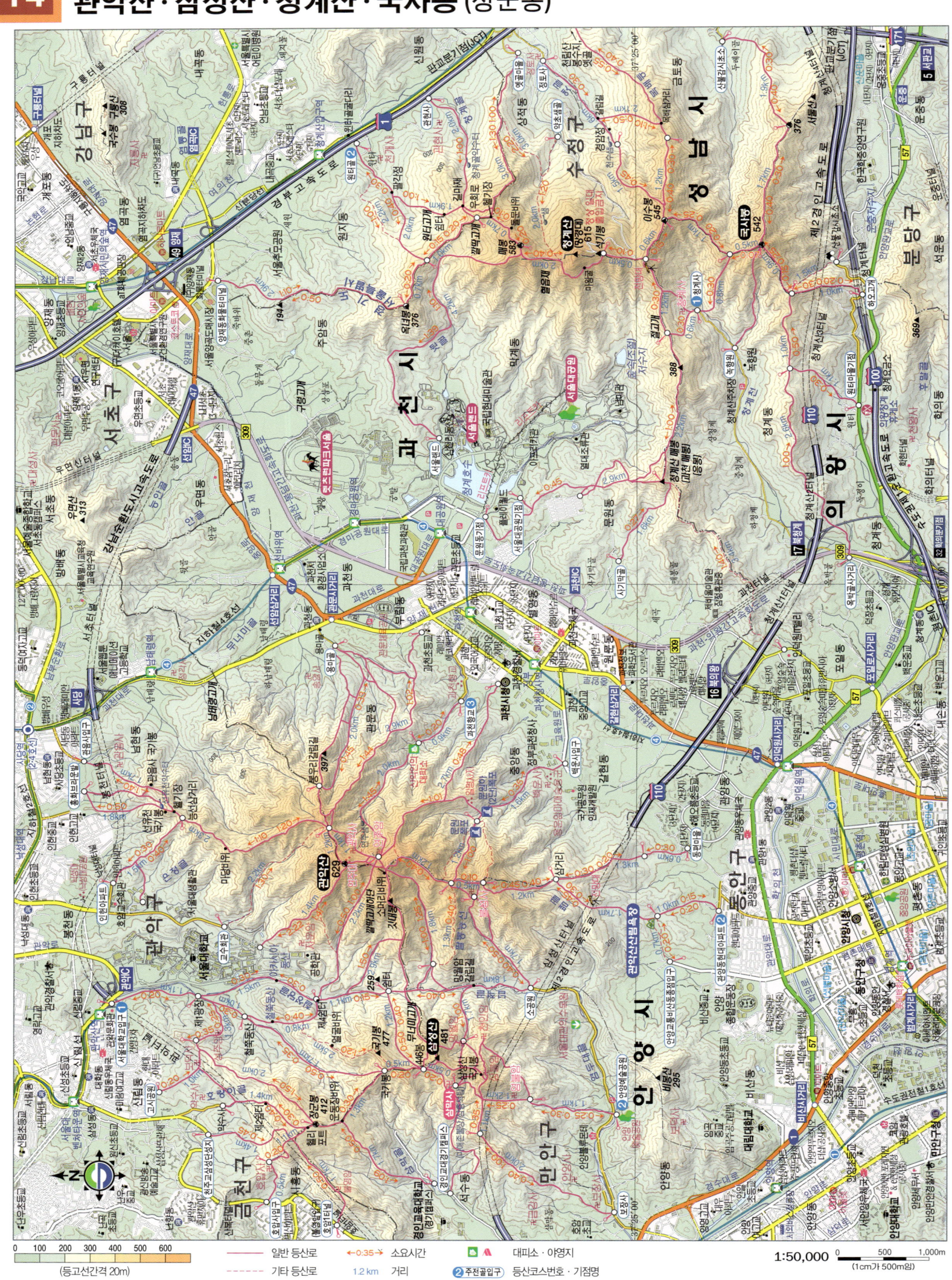

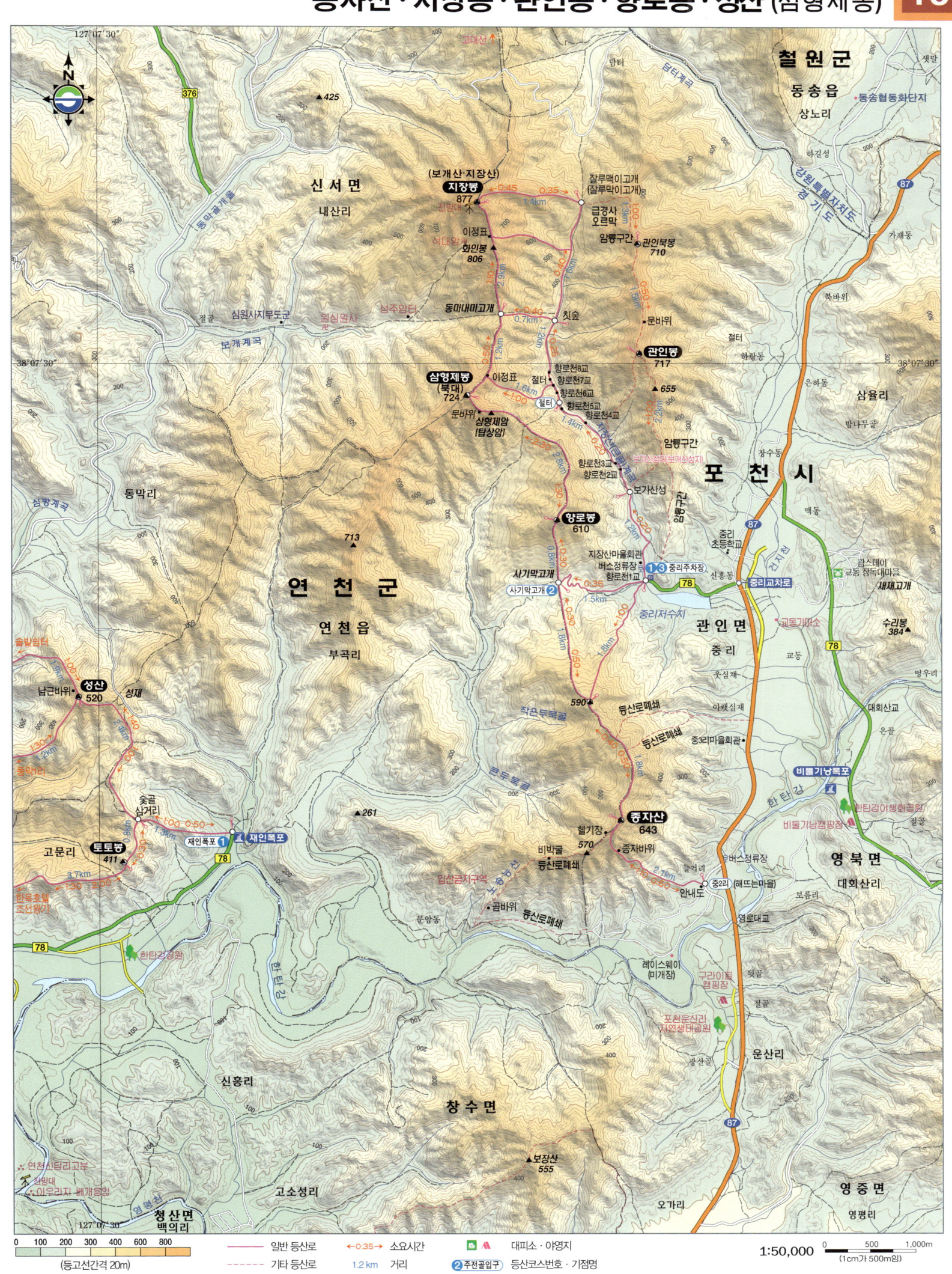

경기도편

15 종자산 643m / 지장봉 877m / 관인봉 717m / 향로봉 610m

위치 : 경기도 포천시 관인면, 연천군 연천읍

동서울종합터미널에서 포천 경유 철원행 3000번, 동송행 3001-1번, 와수행 3002번 노선버스 이용, 포천에서 중리(1, 2리)행 시내버스 이용

▲ 종자산 전경

▲ 지장봉

등산코스

종자산
① 중2리(해뜨는마을) 2.1km/50분 – 종자산 1.8km/50분 – 590m봉 1.8km/1시간 – 중리주차장

지장봉/향로봉
① 중리주차장 1.5km/35분 – 사기막고개 0.8km/30분 – 향로봉
② 사기막고개 0.8km/30분 – 향로봉 2.8km/2시간30분 – 삼형제봉 1.2km/50분 – 동마미고개 2.9km/1시간10분 – 지장봉
③ 중리주차장 1.2km/20분 – 보가산성지 4.2km/1시간25분 – 잘루맥이고개 1.4km/45분 – 지장봉

관인봉
① 중리주차장 1.2km/20분 – 보가산성지 4.2km/1시간25분 – 잘루맥이고개 1.3km/1시간 – 관인북봉 1.5km/50분 – 관인봉

성산
① 재인폭포 3.7km/2시간20분 – 성산

단면도

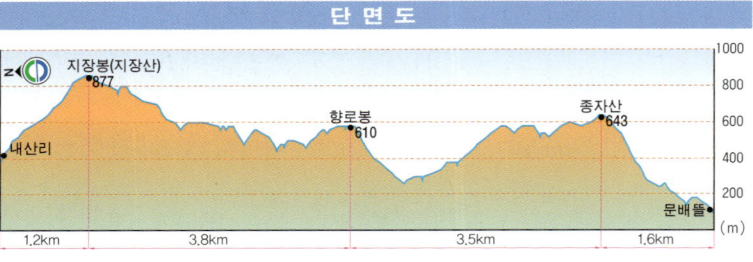

교통편

종자산 / 지장봉
1. 동서울종합터미널 – 포천 경유하는 (주)경기고속 3000번, 3001-1번, 3002번 노선버스 – 포천
2. 도봉산역광역환승센터에서 포천 경유 산정호수행 1386번 노선버스 이용 – 포천
3. 수도권전철 1호선·의정부경전철 의정부역에서 한화생명 입구정류장으로 이동 후 포천 경유하는 137번(구:138-1번), 138번, 138-5번 노선버스 이용 – 포천
* 포천 시내에서 하차 후 포천고교정류장에서 중리 경유 관인면행 60-1번, 60-2번, 100번 시내버스 이용
* 60-1번 (1일6회, 06:10/09:30/11:10/14:00/15:30/18:00)
* 60-2번 (1일3회, 05:10/07:30/19:00)
* 60-1번, 60-2번 기·종점은 포천고암정류장
* 100번 기·종점은 포천이마트정류장 기준 1일8회 (05:30/06:40/08:50/10:10/13:00/14:30/17:00/18:30)
* 포천이마트에서 포천고교지각 15분 소요됨.

성산
1. 수도권전철 1호선 전곡역에서 하차 – 전곡재래시장까지 도보 이동 – 한탄강공원행 시내버스 이용 – 한탄강공원에서 재인폭포까지 2km 도보 이동
2. 연천역 또는 전곡시외버스터미널에서 재인폭포행 70-3번 따복버스 이용(1일 5회, 주말에만 운행)
* 전곡재래시장앞정류장에서 한탄강공원 56번, 56-1번, 56-2번, 56-8번 시내버스 이용(1일 8회, 06:40 / 08:00 / 09:25 / 11:40 / 13:20 / 16:45 / 18:40 / 20:45)
* (구)대흥슈퍼정류장 종점 하차 후 재인폭포까지 약 2km 도보 이동
* 70-3번 따복버스 연천역정류장 (1일 5회, 07:00 / 09:30 / 12:30 / 15:00 / 18:00)
* 70-3번 따복버스 전곡시외버스터미널 (1일 5회, 09:45 / 12:45 / 15:15 / 18:15)
* 따복버스는 연천역에서 출발 후 전곡터미널 경유함.
* 따복버스는 5월1일 ~ 9월 30일까지 주말(토·일)만 운행.

■ 강원특별자치도 철원 남쪽에 솟은 고대산, 금학산의 산줄기가 남으로 뻗어 솟은 산들이 지장봉, 관인봉, 향로봉, 종자산이다. 지장봉은 경기도 최북단에 솟은 산이며 이웃한 관인봉과 더불어 우뚝 솟은 암봉과 울창한 수목이 아름답다. 또한 능선 남쪽에 자리 잡은 지장계곡은 여름철 피서지로서 인기있으며 가을 단풍 또한 수려하다. 지장봉에서 남으로 뻗은 산줄기는 삼형제봉, 향로봉, 종자산으로 이어진다. 종자산은 한탄강변에 있는데, 사면이 급경사를 이루고 있어 마치 병풍을 두른 듯하다. 산 정상에서 첩첩이 펼쳐진 산자락과 굽이치는 한탄강을 내려다 보는 조망이 일품이다.

■ 종자산 서쪽 78번 지방도를 사이에 두고 성산이 자리 잡고 있다. 나지막하고 산세가 부드러워 가볍게 오를 수 있는 산으로 초보나 가족 단위 등 산객들에게도 어렵지 않은 코스이다.

■ 능선 남쪽에는 한탄강이 굽이쳐 흐르고 산 정상 동북쪽으로 지장봉–향로봉–종자산 줄기가 버티고 있으며, 서쪽으로는 동막계곡 너머 군자산과 군사분계선까지 볼 수 있다. 또한 산 아래 동막계곡은 울창한 숲과 기암괴석으로 유명하며 재인폭포 일대에는 관광지가 조성되어 있다.

축제·볼거리

1. 연천 전곡리 구석기축제
전기 구석기 유적이 발견된 전곡리에서 열리는 축제로 매년 5월 초에 열린다. 국제 학술 축제와 더불어 일반인을 위한 다양한 행사가 열린다. 특히 아이들을 동반한 가족 단위 방문객에게 인기 좋은 축제이다.
문의) 031-839-2378

2. 전곡장(4, 9일)
연천군 전곡읍 전곡리 구석기사거리 일대에서 열리는 오일장이다. 장이 서는 날에는 교통 통제가 이뤄질 정도로 볼거리, 먹거리 등이 다양해 많은 사람들이 찾고 있다.

문 의
포천시청 ☎ 031-538-2114
연천군청 ☎ 031-839-2114

* 시각표는 2024년 11월 기준이며 변동될 수 있음.

---

17 사향산 737m / 관모봉 586m / 금주산 569m / 곰념이봉 600m

위치 : 경기도 포천시 영북면·일동면·이동면·영중면

동서울종합터미널에서 와수리행 시외버스를 이용하거나 의정부에서 도평리행 노선버스를 탄다.

▲ 사향산 주 능선 상 정상

▲ 금주산 금룡사 암벽 불상

등산코스

사향산
① 장암2교 2.4km/1시간30분 – 지박고개 1.0km/20분 – 사향산
② 낭유고개 1.9km/1시간00분 – 사향산

관음산
① 낭유고개 2.8km/1시간50분 – 관음산
② 파주골 2.3km/1시간10분 – 관음골재 1.2km/30분 – 삼거리 1.3km/40분 – 관음산

관모봉
① 금주2리버스종점 3.1km/1시간30분 – 새닫이고개 1.7km/40분 – 관모봉

곰념어봉
① 금주2리버스종점 3.1km/2시간 – 568m봉 0.9km/15분 – 곰념이 1.6km/30분 – 새닫이고개 3.1km/1시간15분 – 금주2리버스종점

금주산
① 금주2리버스종점 3.1km/2시간 – 568m봉 0.6km/25분 – 희망봉 3.4km/50분 – 촛대봉 1.1km/40분 – 금주산
② 금룡사입구 1.7km/1시간 – 금주산 1.1km/40분 – 촛대봉 2.6km/1시간 – 금주저수지

단면도

교통편

사향산
1. 동서울종합터미널 – 와수리행 (주)강원고속 시외버스 이용 – 이동시외버스정류장
2. 수도권전철 1호선·의정부경전철 의정부역에서 한화생명 입구정류장으로 이동 후 도평리행 138-5번 노선버스 이용 – 이동시외버스정류장

금주산/곰념이봉/관모봉
1. 동서울종합터미널 – 와수리행 (주)강원고속 시외버스 이용 – 일동버스터미널
2. 수도권전철 1호선·의정부경전철 의정부역에서 한화생명 입구정류장으로 이동 후도평리행 138-5번 노선버스 이용 – 금룡사 금주4리정류장에서 하차
(* 금주산공단 금주4리정류장과 혼동 주의)

관모봉
1. 동서울종합터미널 – 영중면 양문(리) 경유하는 (주)경기고속 3000번, 3001번, 3001-1번, 3002번 노선버스 이용 – 양문1리(터미널)정류장 – 하차 후 양문리유격장 방향으로 약 2km 도보 이동
2. 도봉산역광역환승센터 – 영중면 양문(리) 경유하는 산정호수행 1386번 노선버스 이용 – 양문1리정류장 – 하차 후 도보 이동

관음산
1. 도봉산역광역환승센터 – 산정호수행 1386번 노선버스 이용 – 성동2리·부대앞정류장 – 하차 후 파주골순두부 방향으로 약 2.5km 도보 이동

■ 경기도와 강원특별자치도의 경계를 이루는 명성산에서 남쪽으로 뻗어 내리는 산줄기는 포천시 이동면과 영북면의 경계를 이루고, 이 산줄기 끝부분에 낭유고개(이리너미)를 사이에 두고 사향산과 관음산이 솟아 있다. 사향산은 이동갈비촌으로 유명한 장암리 뒷산으로 등산로 초입은 나지막하다. 관음산 북쪽에는 유명 관광지인 산정호수가 있으며 남쪽에는 영평천이 흐르고 있다. 관음산 정상에서는 산정호수와 명성산, 각흘산, 국망봉, 일동 온천장이 한눈에 들어온다. 사향산은 정상 일대 출입이 통제되어 등산로가 험하며, 관음산 서남쪽 계곡 일대는 개인 조림지역으로 출입이 통제된다.

■ 관음산 서남쪽에는 관모봉–곰념이봉–금주산 줄기가 이어진다. 이 산들은 500~600m로 나지막하고 산세도 완만하며, 등산 시간도 짧고 교통도 편리하여 가벼운 산행이 어울린다. 특히 금주산 기슭에 있는 금룡사에는 높이가 18m에 이르는 거대한 미륵불상이 있어 산행 전후에 들러볼 만한다. 산 정상에서는 시원하고 아름다운 조망이 일품인데 경기도의 이름난 산들이 한눈에 들어오며, 사계절 모두 아름다워 수도권 산지로 많이 찾고 있다.

축제·볼거리

1. 포천산정호수 썰매 축제
매년 겨울 1월 산정호수 조각공원 앞에서 열리는 축제로 약 한달 간 진행된다. 단순히 썰매만이 아닌 다양한 겨울 놀이 관련 프로그램이 진행되며, 산정호수 가에 드라마 '낭만닥터 김사부' 촬영지 '돌담병원'이 위치하고 있어 또 다른 재미를 주고 있다.
문의) 031-532-6135

2. 포천일동장(2, 7일)
포천시 일동면 일대에서 열리는 5일장으로 산나물, 잡화, 의류 등을 판매한다.

문 의
포천시청 ☎ 031-538-2114

* 시각표는 2024년 11월 기준이며 변동될 수 있음.

사향산 · 관모봉 · 곰넘이봉 · 금주산 · 관음산 17

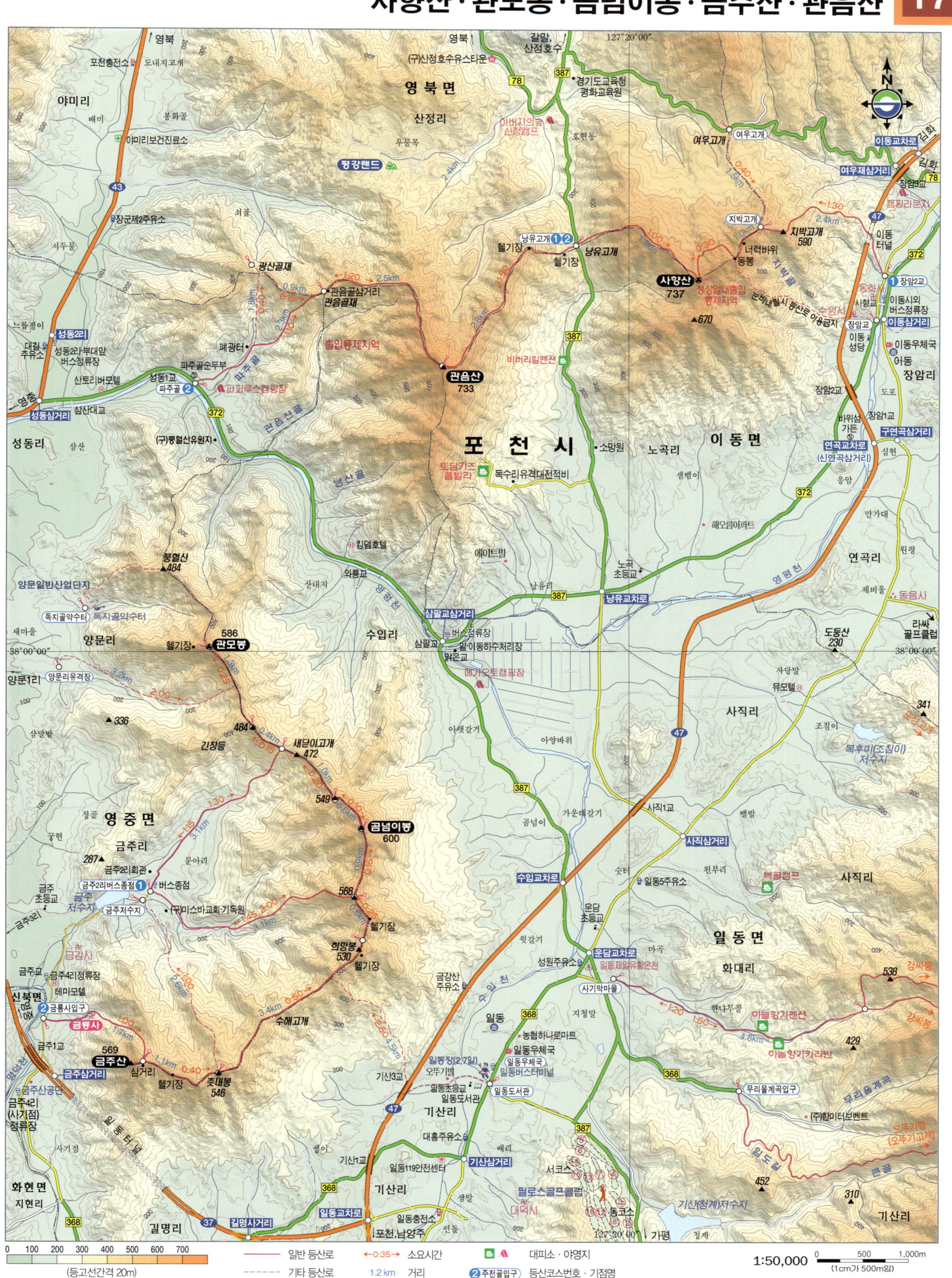

18 광덕산 · 백운산 · 박달봉 · 각흘산 (상해봉)

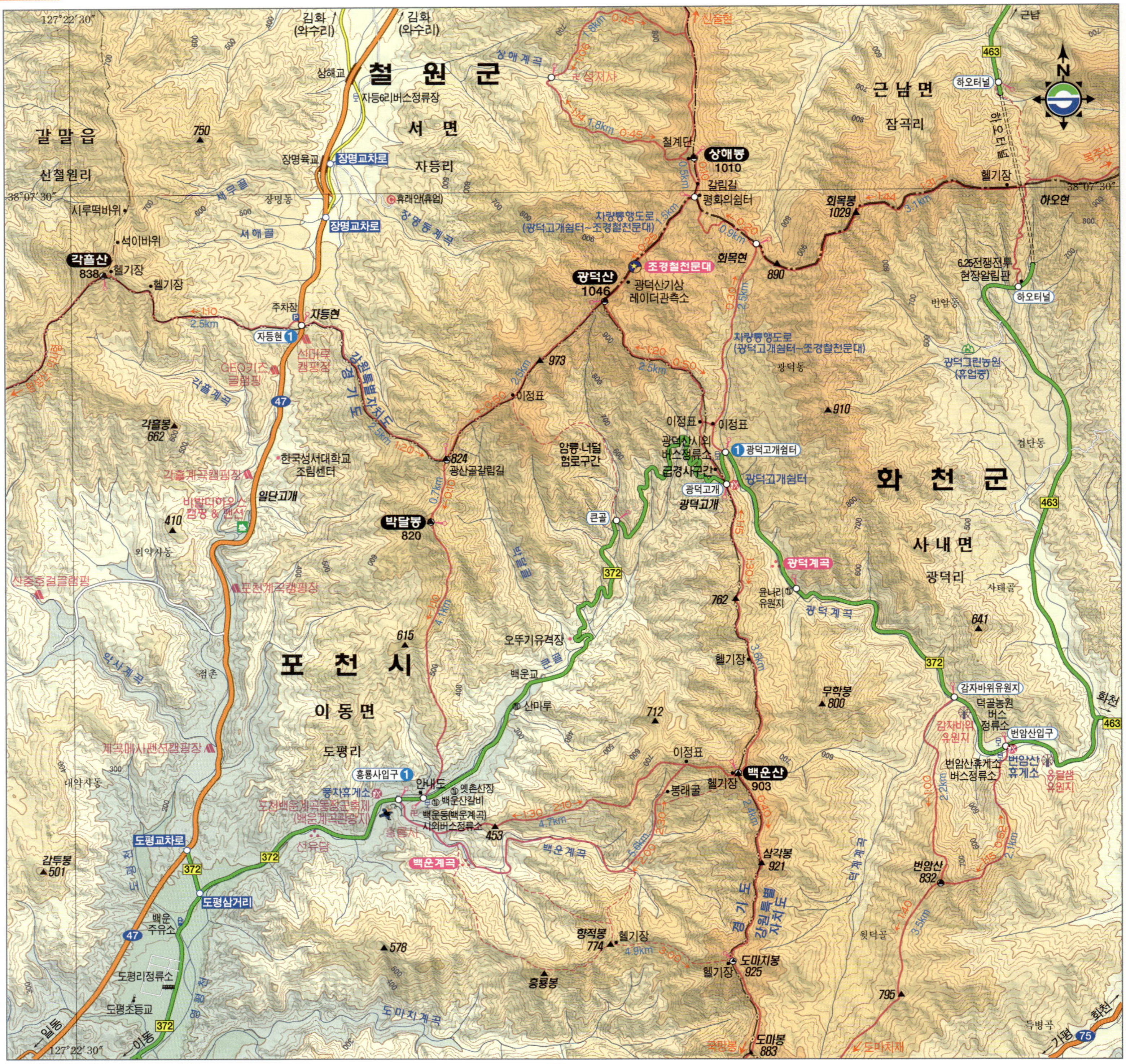

0	200	300	400	600	800	1000

(등고선간격 20m)

일반 등산로 · 기타 등산로 · ←0:35→ 소요시간 · 1.2 km 거리 · 대피소 · 야영지 · ② 주전골입구 등산코스번호 · 기점명

1:50,000 (0 – 500 – 1,000m, 1cm가 500m임)

18 광덕산 1046m 백운산 903m 박달봉 820m 각흘산 838m

동서울종합터미널에서 시외버스로 광덕고개나 백운동(백운계곡)에서 하차한다.

위치 : 경기도 포천시 이동면,
강원특별자치도 철원군 서면

등 산 코 스

광덕산/박달봉

① 광덕고개쉼터 — 2.5km/1시간20분 — 광덕산 — 3.2km/1시간 — 박달봉 — 4.1km/1시간10분 — 흥룡사입구

백운산

① 흥룡사입구 — 5.6km/2시간30분 — 백운산 — 3.6km/1시간15분 — 광덕고개

각흘산

① 자등현 — 2.5km/1시간10분 — 각흘산

단 면 도

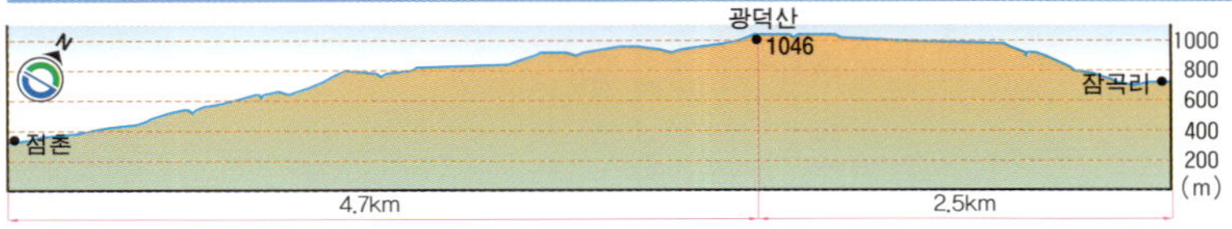

교 통 편

광덕산 / 상해봉

1. 동서울종합터미널 – 사창리행 시외버스 이용 – 광덕산 또는 광덕고개

백운산 / 광덕산 / 박달봉

1. 동서울종합터미널 – 사창리행 시외버스 이용 – 백운동(백운계곡)

번암산

1. 동서울종합터미널 – 사창리행 시외버스 이용 – 번암산휴게소

각흘산

1. 동서울종합터미널 – 와수리행 시외버스 이용 – 자등리(신수리)시외버스터미널에서 하차 – 터미널 옆 신술택시 이용하여 자등현으로 이동

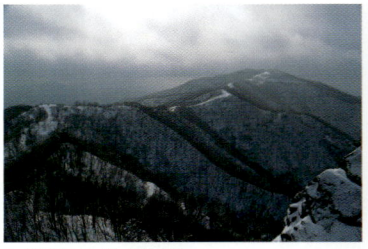

▲ 상해봉서 본 광덕산

문 의

포천시청 ☎ 031–538–2114

* 시각표는 2024년 11월 기준이며 변동될 수 있음.

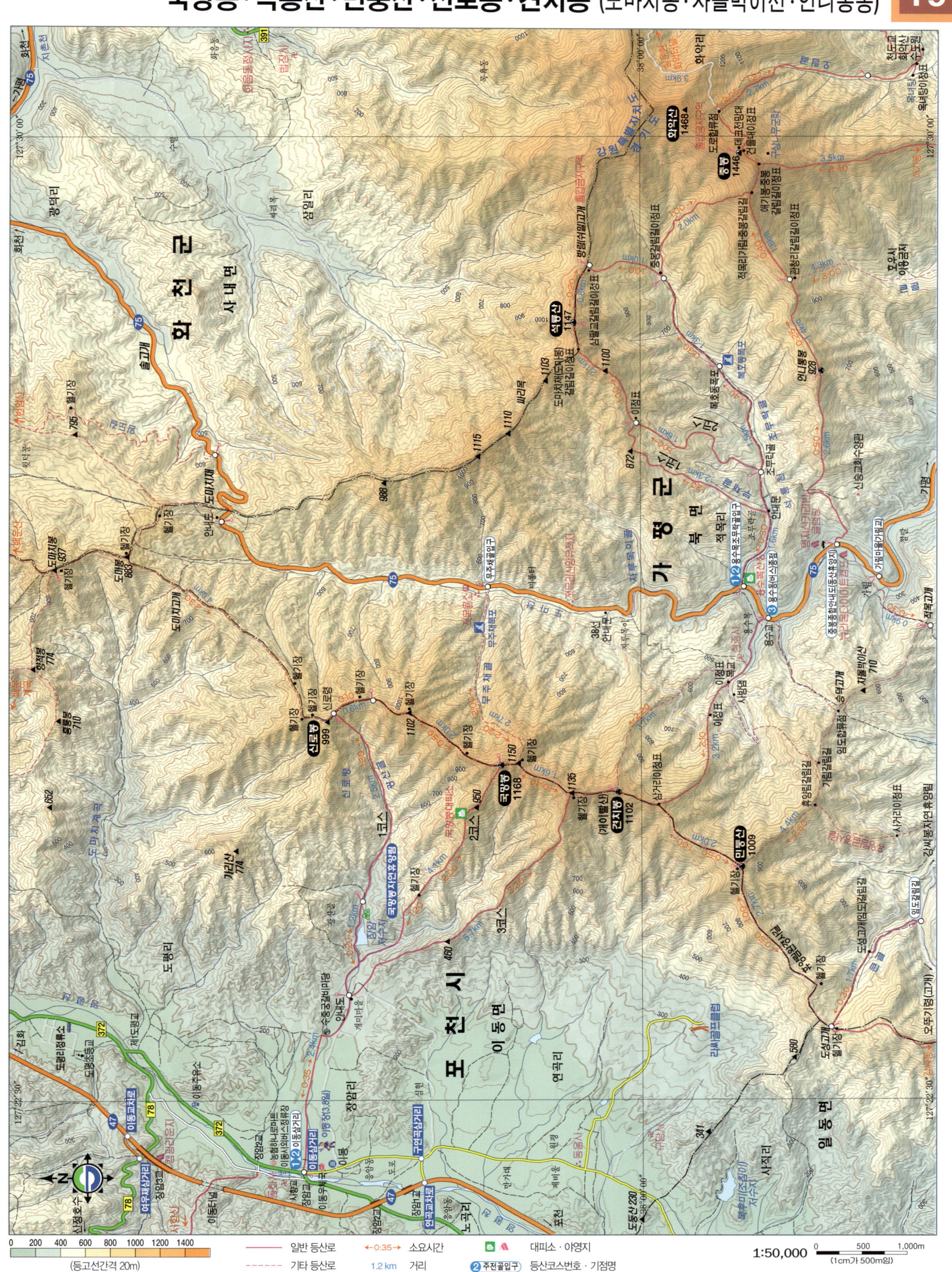

경기도편

19 국망봉 1168m / 석룡산 1147m / 민둥산 1009m

동서울종합터미널에서 철원 와수리행 또는 가평행 시외버스 이용, 의정부역에서 하차 후 한화생명입구정류장에서 도평리행 138-5번 버스 이용 또는 경춘선 전동열차, ITX청춘열차 이용하여 가평역에서 하차

위치 : 경기도 포천시 이동면, 가평군 북면

▲ 국망봉 정상

▲ 견치봉(개이빨산)서 본 민둥산

등산 코스

신로봉/국망봉/견치봉/민둥산
1. 이동삼거리 2.4km/35분 [안내도] 국망봉자연휴양림 4.1km/2시간 [국망봉]
2. 이동삼거리 6.5km/2시간35분 [국망봉] 1.6km/40분 [견치봉] 2.0km/50분 [민둥산]
3. 용수동(버스)종점 3.2km/2시간10분 [견치봉] 1.6km/40분 [국망봉] 2.6km/1시간 [신로봉]

석룡산
1. 용수목조무락골입구 1.6km/30분 [조무락골] 1.6km/1시간 [이정표] 2.1km/1시간 [석룡산]
2. 용수목조무락골입구 1.6km/30분 [조무락골] 2.8km/1시간10분 [중봉갈림길] 1.0km/1시간30분 [방림고개] 0.8km/20분 [석룡산]

단면도

교통편

국망봉 / 견치봉 / 민둥산
1. 동서울종합터미널 – 철원 와수리행 시외버스 이용 – 이동시외버스정류장에서 하차 후 도보 이동
2. 수도권전철 1호선. 의정부경전철 의정부역에서 하차 – 한화생명입구정류장에서도평리행 138-5번 노선버스 이용 – 이동시외버스정류장 하차 후 도보 이동

석룡산 / 민둥산 / 화악산
1. 동서울종합터미널 – 가평행 시외버스 이용 – 용수동(종점) 15-5번, 60-30번 시내버스 이용
2. 경춘선 전동열차 또는 ITX청춘열차 이용 – 가평역에서 하차 – 용수동(종점)행 15-5번, 60-30번 시내버스 이용
3. 서울 청량리환승센터에서 가평터미널행 1330-2번, 1330-3번 노선버스 이용
  * 15-5번 시내버스 1일(월요일 ~ 일요일) 3회
    (가평역 06:15 / 11:50 / 17:05)
    (가평터미널 06:20 / 11:55 / 17:10)
  * 60-30번 시내버스
    평일 1일 1회 (가평역 07:00 / 가평터미널 07:05)
    주말·공휴일 1일 1회 (가평역 07:20 / 가평터미널 07:25)
  * 가평역 또는 가평터미널에서 목동터미널로 이동 후 50-5번 시내버스 이용
    50-5번 시내버스 1일 3회(09:20 / 15:30 / 19:00)

■ 백두대간 추가령에서 갈라지는 한북정맥이 경기도 땅으로 들어오면서 백운산을 일으키고 이어 신로봉, 국망봉, 견치봉(개이빨산), 민둥산으로 이어진 산줄기를 이루며 남진해 간다. 국망봉은 한북정맥 중 두 번째 고봉이고 경기도 내에서는 세 번째로 높은 산으로 신로봉, 민둥산, 견치봉이 남북으로 이어져 있다. 표고가 높아 정상 조망이 시원하고 적설(積雪)이 많아 겨울 산행지로 인기가 좋다.

■ 국망산 북쪽의 신로봉 정상에서 서쪽으로 뻗은 능선 끝에 가리산이 있고 남으로는 견치봉, 민둥산으로 능선이 이어져 있으며, 동쪽으로는 75번 국도 너머 석룡산이 솟아 있다.

■ 가리산은 1000m가 넘는 이웃 산에 비해 조금 낮지만 바위와 암릉이 많아 험준하여 쉽지 않은 코스이다. 석룡산 또한 산세가 험한데, 남쪽의 계곡과 정상 서쪽의 자루목이골은 수려한 풍광으로 유명하다.

■ 이들 산 모두 각각 훌륭한 등반지이지만, 북쪽의 신로봉부터 남쪽의 민둥산까지 이어지는 종주 산행 코스도 인기가 높다. 이 일대의 산들은 표고가 높고 산세가 험하여 경기알프스로도 불리며, 산 주위에 명지산군립공원, 산정호수, 백운계곡 등의 명승지가 있어 산행 전후에 관광도 즐길 수 있다.

축제·볼거리

1. 포천 이동장(3, 8일)
포천시 이동면 일대에서 열리며 의류 및 잡화, 산나물 등의 지역 농산물을 판매한다.

문 의
포천시청 ☎ 031-538-2114
가평군청 ☎ 031-580-2114

* 시각표는 2024년 11월 기준이며 변동될 수 있음.

---

21 명성산 922m / 삼각봉 906m

도봉산역광역환승센터에서 포천 경유 산정호수행 1386번 노선버스 이용

위치 : 경기도 포천시 영북면, 강원특별자치도 철원군 갈말읍

▲ 북릉에서 본 명성산

▲ 명성산서 본 삼각봉

등산 코스

명성산/삼각봉
1. 산정호수명성산안내도 1.8km/30분 [등룡폭포] 2.4km/1시간10분 [팔각정] 2.4km/1시간 [삼각봉] 0.5km/15분 [명성산]
2. 산정호수명성산안내도 1.3km/50분 [책바위] 1.1km/30분 [(구)삼각봉] 1.3km/30분 [삼각봉] 0.5km/15분 [명성산]
3. 산안(신안)고개 2.4km/2시간 [명성산] 0.5km/15분 [삼각봉] 2.4km/1시간 [팔각정] [등룡폭포] [산정호수] 4.2km/1시간40분
4. 용화저수지 3km/1시간20분 [조망점] 1.3km/40분 [삼각봉] 0.5km/15분 [명성산]

단면도

교통편

명성산 / 삼각봉
1. 도봉산역광역환승센터에서 포천 경유 산정호수행 1386번 노선버스 이용 – 산정호수정류장(상동주차장) 하차
2. 동서울종합터미널 – 철원행 (주)경기고속 3000번 노선버스 또는 철원 경유 서면 와수리행 3002번 노선버스 이용 – 하차 후 용화저수지(용화동)까지 택시 또는 8번 버스 이용
  * 8번 농어촌버스
    (1일 4회, 07:25/10:30/14:00/17:50)
  * 8번 버스 이용 시 용화동정류장에서 하차 후 용화저수지 등산로까지 도보 이동
3. 삼부연폭포 방향에서 등산 시 철원 시내에서 삼부연폭포 방향으로 용화천을 따라 조성된 보행로 이용(약 1.6km 도보 이동)

■ 강원특별자치도 철원군 갈말읍과 경기도 포천시를 가르며 명성산–삼각봉–여우봉 능선이 뻗어 있다. 능선 북쪽으로는 삼부연 폭포, 남으로는 산정호수를 끼고 있으며, 능선 위에서 산정호수가 내려다보인다.

■ 명성산은 통일 신라의 마지막 태자인 마의태자가 망국을 한탄하며 울자 산도 함께 울었다 하여 명성산(울음산)이라 불리게 되었다는 슬픈 전설이 깃든 산이기도 하다. 명성산과 이어지는 삼각봉은 깎아지른 절벽과 기암, 넓게 펼쳐진 초원이 아름답고, 특히 동쪽 분지의 억새 군락이 유명하다.

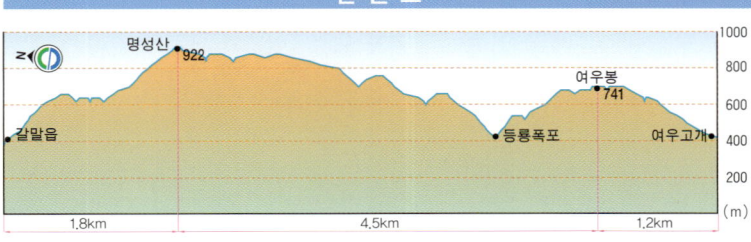
▲ 명성산 궁예의 침전

축제·볼거리

1. 산정호수 명성산 억새꽃 축제
매년 10월 중순 경 포천시 산정호수, 명성산에서 열리는 억새꽃 축제로서 광활하게 펼쳐진 억새를 배경으로 명성산 등반 대회, 억새꽃 놀이 마당, 먹거리 장터, 농·특산물 전시 판매 등 다양한 행사가 열린다.

2. 산정호수(山井湖水)
1925년 토지개량조합 저수지로 만들어진 인공 호수로 주위의 경관이 아름다워 1960년 초반부터 관광지로 각광받기 시작하여 현재는 각종 위락 시설을 갖춘 호반관광지가 되었다.

3. 삼부연폭포
철원 8경 중 하나로 3단으로 꺾인 독특한 폭포로 세 물줄기가 떨어지는 곳이 가마솥처럼 패여 삼부연폭포로 불린다. 궁예와 용에 얽힌 전설이 전해 내려오며 가까이에는 부연사가 있다.

▲ 산정호수와 망봉산 북봉

문 의
포천시청 ☎ 031-538-2114
포천문화관광재단 ☎ 031-535-3600

* 시각표는 2024년 11월 기준이며 변동될 수 있음.

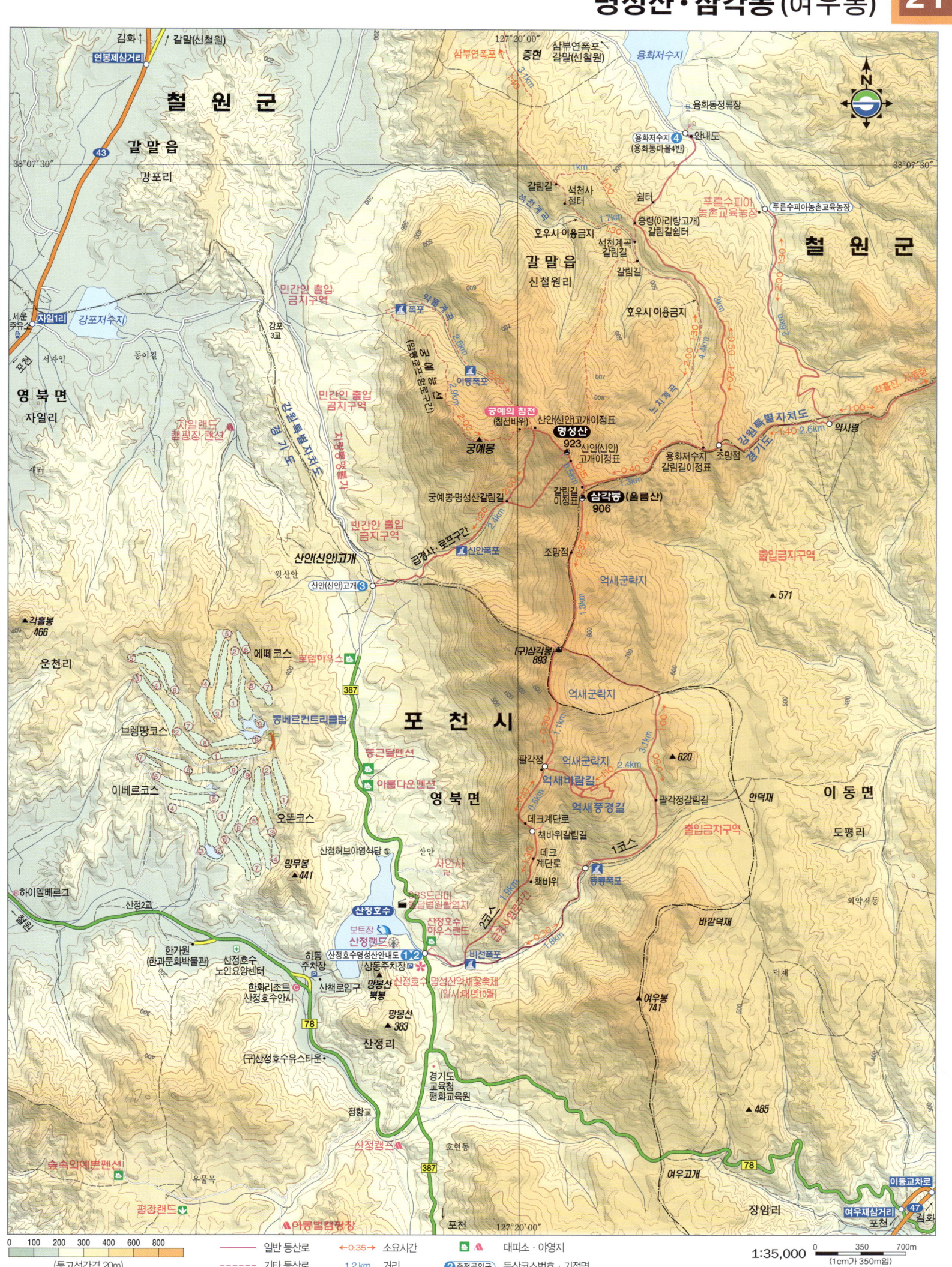

22 화악산 · 중봉 · 석룡산 · 촉대봉 · 애기봉 (사향봉)

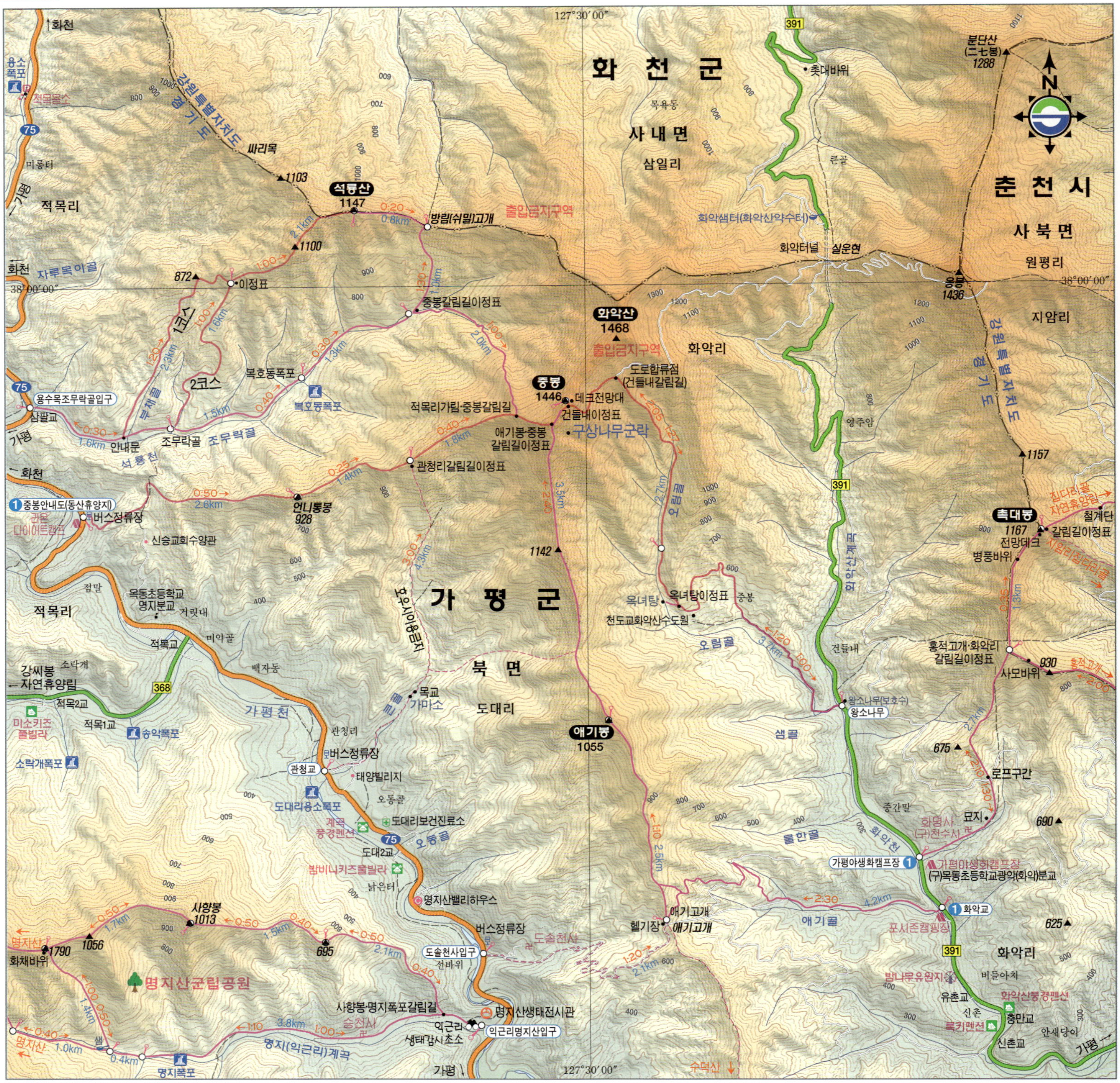

0	200	400	600	800	1000	1200	1400

(등고선간격 20m)

일반 등산로 · 기타 등산로 · ←0:35→ 소요시간 · 1.2 km 거리 · 대피소 · 야영지 · ②주전골입구 등산코스번호 · 기점명

1:50,000 0 500 1,000m (1cm가 500m임)

22 화악산 1468m 중 봉 1446m 촉대봉 1167m 애기봉 1055m

경춘선 전동열차, ITX청춘열차 이용 또는 동서울터미널에서 가평행 시외버스 이용 후 가평 시내버스 이용

위치 : 경기도 가평군 북면

등산코스

화악산/중봉

①중봉안내도(동산휴양지) — 2.6km/50분 — 언니통봉 — 3.2km/1시간5분 — 중봉

촉대봉

①가평야생화캠프장 — 2.7km/2시간10분 — 이정표(삼거리) — 1.3km/35분 — 촉대봉

애기봉

①화악교 — 4.2km/2시간30분 — 애기고개 — 2.5km/1시간10분 — 애기봉

단면도

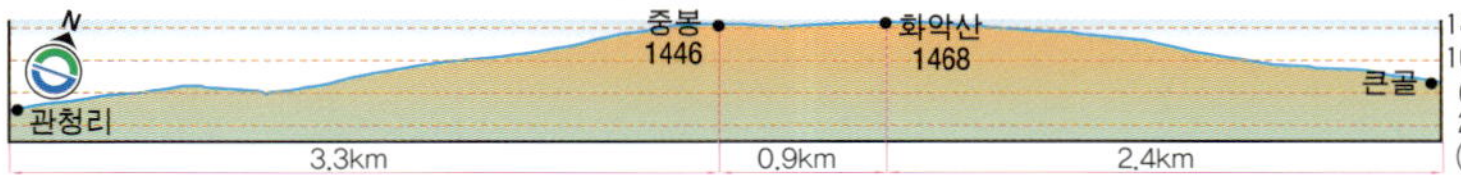

교통편

화악산 / 중봉

1. 동서울종합터미널 – 가평터미널 – 용수동(종점)행 15–5번, 60–30번 시내버스 이용
2. 경춘선 전동열차 또는 ITX 청춘열차 이용 – 가평역 – 용수동(종점)행 15–5번, 60–30번 시내버스 이용
   * 15–5번 시내버스 1일 3회 (가평역 06:15 / 11:50 / 17:05)(가평터미널 06:20 / 11:55 / 17:10)
   * 60–30번 시내버스(논남 미경유) 1일 1회 (가평역 07:05 / 가평터미널 07:10)
   * 60–30번 시내버스는 논남 미경유함.
3. 가평역 또는 가평터미널에서 목동터미널로 이동 후 용수동(종점)행 50–5번 시내버스 이용
   * 50–5번 시내버스 1일 3회(09:20 / 15:10 / 19:00)

촉대봉 / 애기봉

1. 가평역, 가평터미널, 목동터미널에서 화악리행 15–4번 시내버스 이용
   * 15–4번 시내버스 1일 3회(가평역 06:40 / 13:35 / 17:10) (가평터미널 06:45 / 13:40 / 17:15) (목동터미널 07:05 / 14:00 / 17:35)
2. 목동터미널에서 화악리행 50–4번 시내버스 이용
   * 50–4번 시내버스 1일 2회(10:50 / 21:00)

■화악산은 경기도에서 가장 높은 산으로, 광주산맥의 주봉이자 경기 오악(五岳) 중 으뜸이다. 동서로 매봉과 중봉이 능선으로 이어져 있고, 산 서남쪽을 휘감은 가평천 남쪽에는 명지산군립공원이 펼쳐져 있다.

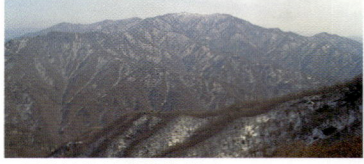

▲국망봉서 본 화악산 전경

문 의

가평군청 ☎ 031–580–2114

* 시각표는 2024년 11월 기준이며 변동될 수 있음.

소요산·종현산·마차산·칠봉산 23

24 경기도편

23 소요산 587m / 종현산 589m / 마차산 588m / 칠봉산 506m

수도권전철1호선 지행역, 동두천역, 소요산역 등에서 하차 후 등산 출발지로 이동

위치 : 경기도 동두천시, 포천시 신북면

▲ 소요산 의상대 정상

▲ 종현산 전경

등산코스

소요산
① 소요산매표소입구 — 1.1km/20분 — 자재암 — 1.8km/35분 — 중백운대 — 0.4km/15분 — 상백운대 — 1.4km/1시간5분 — 소요산

종현산
① 종현교 — 1.2km/30분 — 절골능선 — 2.5km/1시간20분 — 560m봉 — 0.4km/15분 — 종현산
② 이시랑골입구 — 2.2km/1시간30분 — 560m봉 — 0.4km/15분 — 종현산

마차산
① 안흥교 — 2.8km/50분 — 안흥동내안흥마을 — 3.4km/2시간 — 마차산 — 1.9km/50분 — 재재기골 — 1.4km/20분 — 안흥교

칠봉산
① 복천사입구 — 2.0km/40분 — 복천사제생병원갈림길 — 1.5km/30분 — 칠봉정(정자) — 1.9km/45분 — 장림고개

단면도

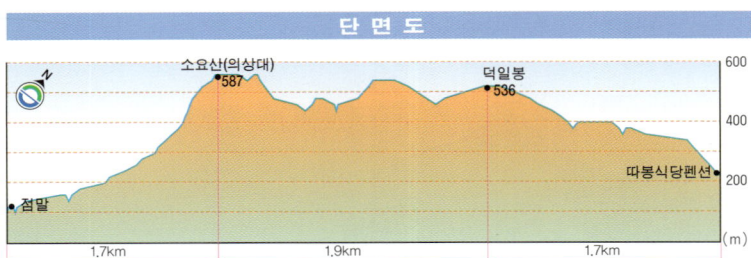

교통편

소요산 / 마차산
1. 수도권전철1호선 소요산역, 동두천역 하차 후 출발지로 이동

종현산
1. 수도권전철1호선 소요산역에서 하차 — 건너편 버스정류장에서 포천시로 운행하는 포천상운 57번, 57-1번 시내버스 이용 — 휴양소앞정류장에서 하차 — 종현교 북단 우측 철문으로 이동
* 57번 시내버스(1일 5회)
  (07:30 / 10:30 / 13:30 / 16:40 / 19:30)
* 소요산역정류장에서의 출발 시간임.
* 57-1번 시내버스 (1일 7회)
  (07:30 / 09:30 / 11:30 / 13:30 / 15:30 / 17:30 / 19:30)
* 동두천 송내주공5단지후문정류장(회차지) 출발 기준이며, 소요산정류장까지 약 35분 소요됨.

칠봉산
1. 수도권전철1호선 지행역 하차 — 복천사입구 방향으로 도보 이동

■ 동두천 북동쪽에 위치한 소요산은 다소 낮은 편이지만 경기의 소금강이라 일컬을 만큼 산세가 아름답다. 폭포와 기암괴석이 어우러진 계곡 풍광이 수려하고 특히 가을 단풍이 일품이다. 서울 근교의 산행지로 애호되어 왔고, 1981년에는 관광지로 지정되어 주차장을 비롯한 야영장, 식당 등의 편의시설이 잘 갖춰져 있다. 북으로 뻗은 능선은 종현산과 이어진다.

■ 종현산은 표고가 높지 않으나, 기암과 깨끗한 계곡, 울창한 활엽수림과 덩굴 숲의 조화가 수려한 산이다. 소요산에 비해 많이 알려지지 않았고 교통도 불편하지만 조용하고 호젓하다. 3번 국도를 경계로 소요산 서북쪽에는 마차산이 있다. 마차산은 소요산과 감악산이 보이는 정상 조망이 아름다우며 산세가 완만하고 교통도 편리하다.

■ 동두천 중심가 남쪽에 아담하게 솟은 칠봉산은 이름처럼 일곱 봉우리로 이루어져 있으며 단풍이 아름다워 금병산(錦屛山)이라고도 한다. 산 곳곳에 산사와 문화재가 다양하여 산을 오르며 문화적 향취도 느낄 수 있다. 남쪽으로 이어진 능선을 타고 천보산까지 등반하는 코스도 인기 있다.

축제·볼거리

1. 소요단풍문화제
매년 10월 하순경 소요산 야외음악당에서 열리는 동두천시의 대표적인 축제이다. 단풍이 절정을 이루는 시기에 열리는 만큼 많은 사람들이 참여하며, 축제 프로그램 역시 각종 문화제, 문화 예술공연, 이벤트, 조선 시대 어유수 장군 행차 재현 등 다양하다.

2. 동두천 락 페스티발
매년 8월 또는 9월 동두천시 소요산 야외 특설 무대에서 열리는 축제이다. 축제 프로그램으로는 예선을 거쳐 본선에 진출한 전국 락 밴드 경연 대회, 국내 및 해외 유명 락 그룹의 공연 등이 있다. 음악 축제인 만큼 청소년은 물론 젊은층이 많이 참여하고 있다.

문의

동두천시청 ☎ 031-860-2114
포천시청 ☎ 031-538-2114
연천군청 ☎ 031-839-2114

* 시각표는 2024년11월 기준이며 변동될 수 있음.

---

25 감악산 675m

경의중앙선 금촌역 또는 수도권전철1호선·의정부경전철 의정부역에서 감악산행 노선버스 이용

위치 : 경기도 파주시 적성면, 양주시 남면

▲ 감악산 전경과 출렁다리

▲ 은계폭포

등산코스

감악산
① 만남의광장 — 1.9km/1시간 — 묵은밭 — 1.4km/50분 — 감악산
② (구)감악산휴게소터 — 1.1km/30분 — 선고개 — 2.5km/1시간20분 — 감악산

단면도

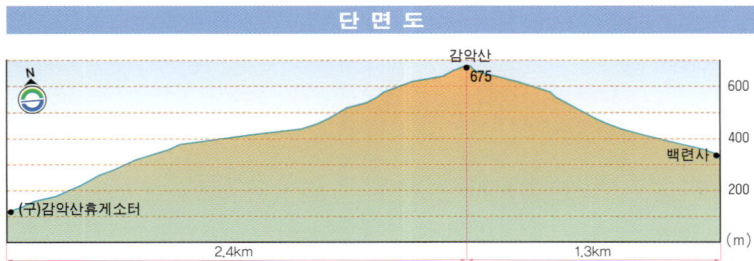

교통편

감악산
1. 수도권전철1호선·의정부경전철 의정부역에서 감악산 경유 파주 적성면행 25-1번 시내버스 — 신암삼거리정류장 또는 범륜사정류장 하차
2. 주말·공휴일에는 경의중앙선 금촌역 또는 문산역에서 감악산행 7700번, 7701번 좌석버스 — 감악산출렁다리 정류장 하차
   * 신성교통 7700번 2층좌석, 신일여객 7701번 2층좌석
     - 주말·공휴일만 운행.
     - 금촌역 앞 금촌고속버스정류소 정류장에서 탑승하계 기준 첫차(07:00) ~ 막차(18:00), 매시 정각 출발.
     - 문산역 앞 도로 노란색 '2층버스' 표기된 곳에서 탑승하계 기준 첫차(07:30) ~ 막차(18:30), 매시 30분 출발.
     - 동계(12월 ~ 2월) 단축 운행 사전문의.
   신성교통(031-941-1006), (주)신일여객(031-958-0713)
3. 평일·주말에 파주시내에서 적성면 92번 버스 또는 문산읍에서 적성면 경유 연천 전곡읍행 95번 버스 이용
   * 92번 시내버스
     - 금촌역 건너편 금촌역버스정류장에서 적성면행 92번 버스
     - 금촌역 앞 금촌고속버스 정류소 정류장과 혼동 주의
     - 적성면에서 하차 후 의정부행 25-1번 시내버스 이용 범륜사정류장 또는 신암삼거리정류장 하차
   * 95번 시내버스
     - 문산역 건너편 임진초등학교 방향 — 한전1차·문산역 정류장에서 적성면 경유 연천군 전곡읍행 95번 버스
     - 적성면에서 하차 후 의정부행 25-1번 시내버스 이용 범륜사정류장 또는 신암삼거리정류장 하차

■ 임진강 하류 남쪽에 솟은 감악산은 개성의 송악산, 포천의 운악산, 과천의 관악산, 가평의 화악산과 더불어 경기 오악 중에 하나로 꼽히는 산이다. 파주와 연천군에 걸쳐 능선이 뻗어 있다. 파주시에서 가장 높은 산이다.

■ 파주 쪽 산세는 암릉과 암봉이 어우러진 바위산이지만 반대편인 연천군 쪽 산세는 육산을 이룬다. 이 산은 교통이 불편하여 쉽게 찾을 수 있는 산이 아니며, 지형적 특성으로 예로부터 군사 요충지로 산 주위에 전적과 관련된 역사물들이 산재해 있다.

■ 정상에는 빗돌대왕비라 불리는 당나라 장군 설인귀(薛仁貴)의 비가 서 있고 임꺽정굴(설인귀굴), 임꺽정봉 등 임꺽정과 관련된 지명도 있어 전략지와 관련이 있음을 알 수 있다. 이 산의 등산로는 비교적 단순하나 정상에서의 조망이 일품이다. 서쪽 임진강 너머로 북한의 들녘이 펼쳐지고 멀리 개성의 송악산과 천마산이 시야에 들어오며 동쪽으로는 소요산이 지척에 보이고 남으로는 북한산과 도봉산의 모습이 가물거린다. 산행 초입이나 하산길에 산 서쪽 기슭에 있는 범륜사에 잠시 들러보는 것도 좋다.

축제·볼거리

1. 파주 장단콩 축제
파주 임진각 광장에서 열리는 파주 장단콩 축제는 농업의 경쟁력을 높이고 지역농산물을 육성하기 위하여 1997년부터 매년 11월말 생산자인 농민과 도시 지역의 소비자가 함께 어울리는 한마당 큰잔치를 갖고 있다. 콩 농산물 및 콩 가공 식품을 전시 판매하고, 메주만들기, 콩 타작 등의 체험 행사에 참가할 수 있으며, 다채로운 민속 놀이 공연도 열린다. 문의) 031-940-4911

2. 범륜사(梵輪寺)
감악산 서쪽 아래 계곡에 위치한 이 절은 사적에 따르며 신라 때 의상대사가 세운 운계사(雲溪寺)터로 근세에 절을 새로 지었다고 하나 언제 누가 창건했는지 알 수 없다. 경내에는 대웅전과 강원, 요사채, 조선 시대의 삼층석탑, 동양 최초라는 백옥관음상이 서 있다.

문의

파주시청 ☎ 031-940-4114
양주시청 ☎ 031-8082-4114
파주 장단콩 축제
(파주농업기술센터 농업교육팀)
☎ 031-940-5283~4

* 시각표는 2024년11월 기준이며 변동될 수 있음.

감악산 25

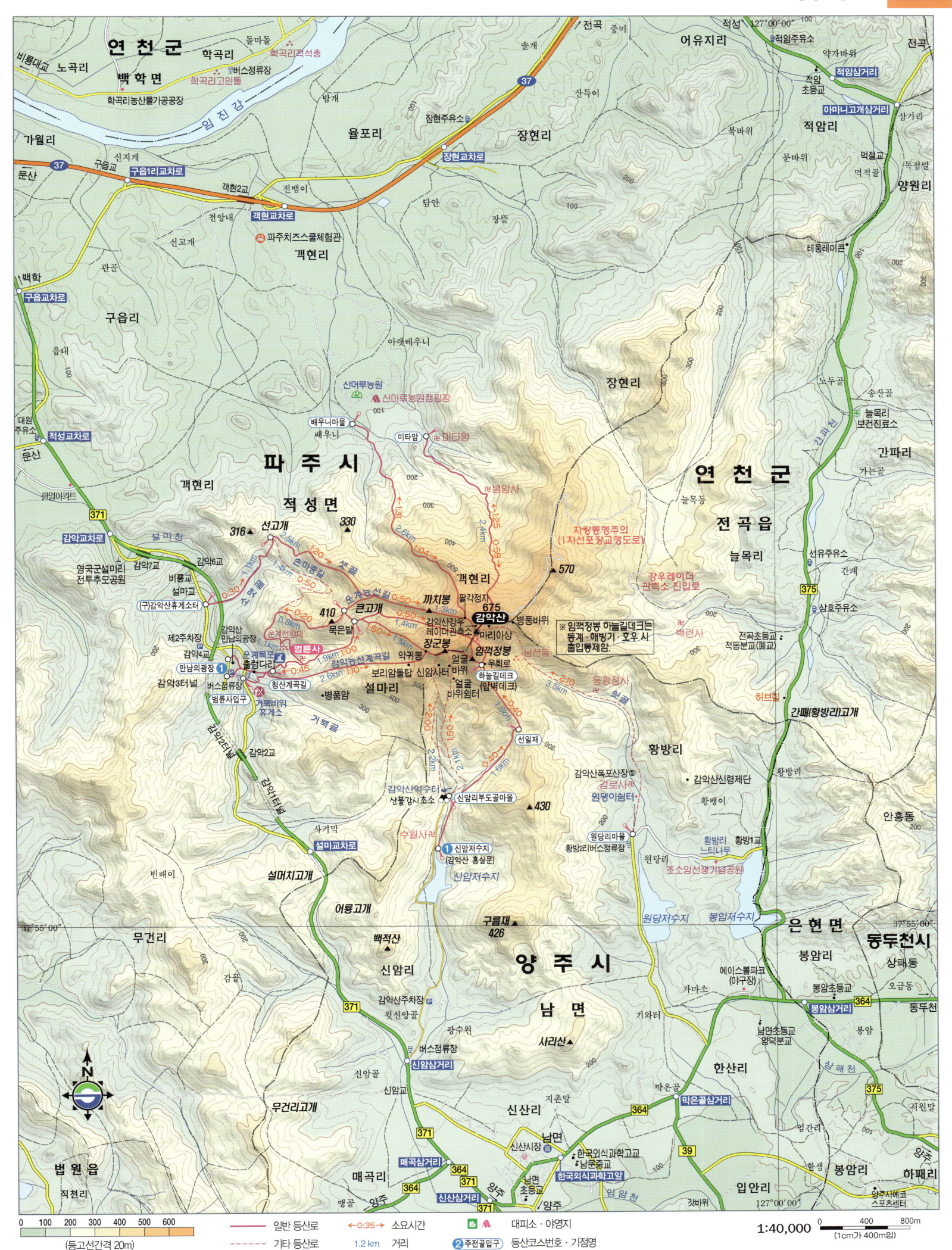

26 상봉산·낙가산·해명산

26 상봉산 316m / 낙가산 235m / 해명산 327m

위치 : 인천광역시 강화군 삼산면

서울지하철2호선 신촌역에서 강화터미널행 노선버스 이용, 강화터미널에서 석모대교 경유 석모도·보문사행 군내버스 이용.

등산코스

상봉산/낙가산/해명산

1. 전득이고개 1.6km/40분 → 해명산 3.1km/50분 → 새가리고개 1.3km/25분 → 낙가산 1.3km/25분 → 상봉산 1.8km/40분 → 석모리

2. 석모리 1.8km/50분 → 상봉산 1.3km/25분 → 낙가산 / 새가리고개 1.6km/40분

3. 보문사입구주차장 1km/20분 → 낙가산 1.3km/25분 → 상봉산 / 석모리 1.8km/40분

교통편

상봉산 / 낙가산 / 해명산

1. 서울지하철2호선 신촌역(신촌오거리) – 3000번 노선버스 이용 – 강화터미널
2. 서울 영등포 타임스퀘어 – 강화터미널행 88번 시내버스 – 강화터미널
3. 서울 강서구 김포공항 또는 9호선 개화산역 – 강화터미널행 60-5번 좌석버스 – 강화터미널
4. 인천광역시 서구 – 강화터미널행 70번 또는 71번 시내버스
   * 60-5번, 71번 노선버스는 화도터미널 경유 후 강화터미널까지 운행함.
5. 인천광역시 부평구 – 강화터미널행 90번 시내버스
6. 인천광역시 연수구 또는 미추홀구 – 강화터미널행 800번 또는 801번 좌석버스 – 강화터미널
7. 강화터미널 – 석모도, 보문사행 31A, 31B, 35A, 35B, 39A 군내버스 이용 – 석모리 또는 보문사정류장 하차

* 전득이고개정류장은 삼산마을버스 905-1번, 905-2번, 906-1번, 906-2번 마을버스만 정차함
* 삼산마을버스 운행 노선은 보문사 ~ 외포리 정포(외포)항 순환임.
* 905-1번 마을버스 1일 2회 (보문사 09:00 / 17:00, 외포리 09:45 / 17:45)
* 905-2번 마을버스 1일 3회 (보문사 07:00 / 11:30 / 14:00, 외포리 07:45 / 12:15 / 14:45)
* 906-1번 마을버스 1일 2회 (보문사 06:25 / 11:40, 외포리 07:30 / 12:45)
* 906-2번 마을버스 1일 3회 (보문사 09:15 / 13:50 / 16:10, 외포리 10:20 / 14:55 / 17:15)

■ 인천광역시 강화도 서쪽에 있는 작은 섬 석모도는 동서로 뻗은 아름다운 산줄기와 신라 고찰 보문사가 유명하다. 섬의 최고봉인 해명산부터 상봉산까지 이어지는 능선 종주가 일품이며 보문사 뒤에 자리 잡은 낙가산도 유명하다.

축제·볼거리

1. 고려산 진달래 축제
매년 4월 중순에 열리는 축제로 약 1주일 동안 진행된다. 축제 주 장소는 고인돌공원과 고려산 일원이며, 다양한 행사가 함께 진행된다.

2. 보문사(普文寺)
낙가산 남쪽 기슭에 바다를 향해 자리한 이 절은 우리나라 3대 해상관음기도도량으로 알려진 사찰이다. 신라 선덕대왕 4년(635년) 회정(懷正)대사가 창건한 고찰로 관음전, 삼성각, 석실, 범종각 등의 건물이 있으며, 마애관음보살상과 맷돌, 천인대(千人臺) 등이 있다. 특히 절 뒤쪽 눈썹바위 밑에 조각된 마애관음보살상은 기도의 영험이 있다 하여 신도들의 발길이 끊이질 않는다.

문의

강화군청 ☎ 032-930-3220

* 시각표는 2024년 11월 기준이며 변동될 수 있음.

▲ 낙가산 전경

▲ 보문사 눈썹바위

단면도

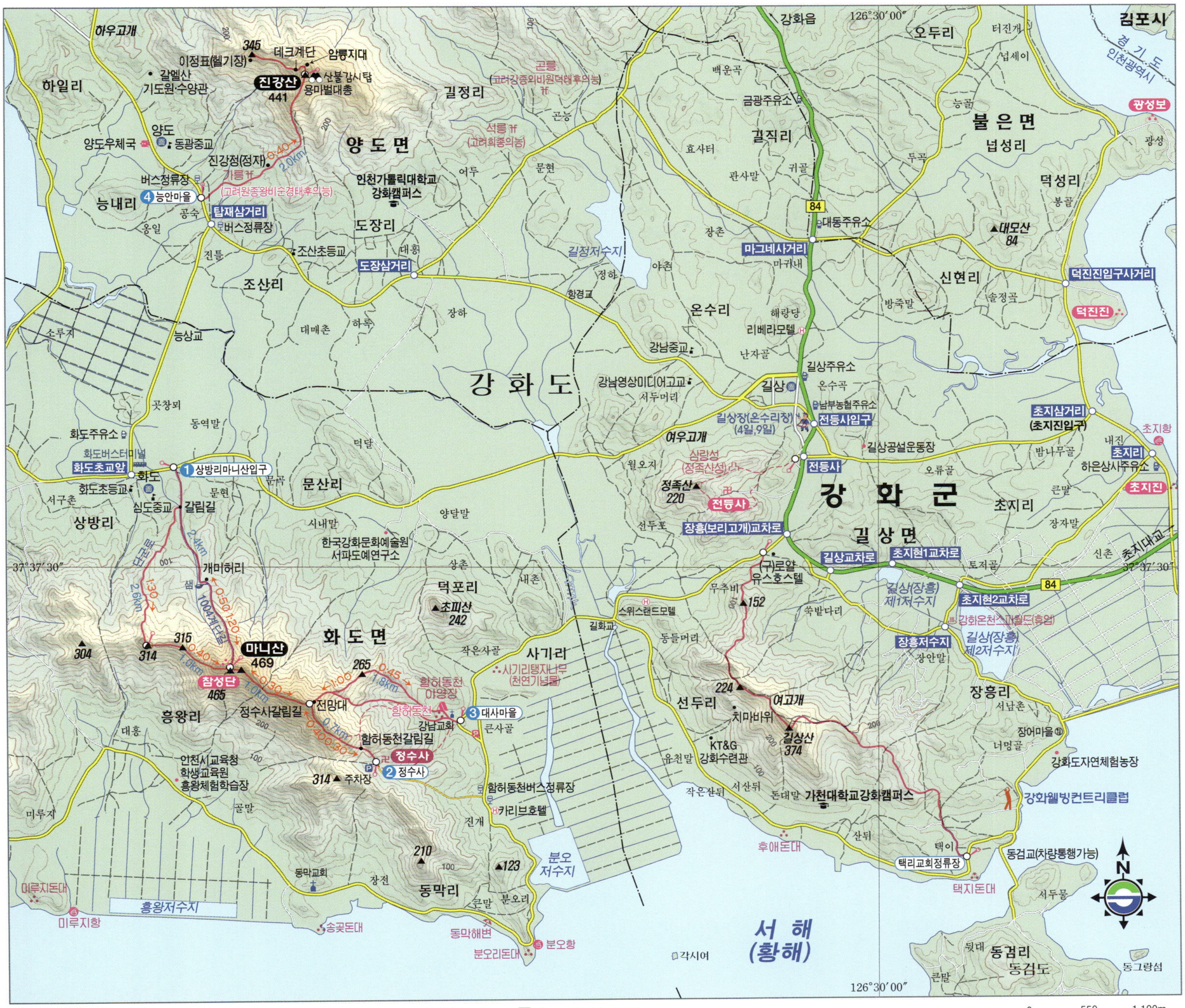

0 100 200 300 400 (등고선간격 20m)
일반 등산로 / 기타 등산로
←0:35→ 소요시간 / 1.2 km 거리
대피소 · 야영지
2 주전골입구 등산코스번호 · 기점명
1:55,000 0 550 1,100m (1cm가 550m임)

27 마니산 469m 진강산 441m

서울지하철2호선 신촌역에서 강화터미널행 노선버스 이용, 강화터미널에서 화도터미널행 군내버스 이용

위치 : 인천광역시 강화군 화도면·양도면

등산코스

마니산/진강산

1. 상방리마니산입구 — 2.6km/1시간30분 단군로 — 314m봉 — 1.0km/40분 — 참성단 — 마니산 — 2.4km/50분 1004계단로, 개미허리 — 상방리마니산입구
2. 정수사 — 0.7km/40분 — 정수사갈림길 — 1.0km/30분 — 참성단 — 마니산
3. 대사마을 — 1.8km/1시간 — 정수사갈림길 — 1.0km/30분 — 참성단 — 마니산
4. 능안마을 — 2.0km/40분 — 진강산

▲마니산 참성단

단면도

교통편

마니산

* 26쪽 상봉산, 낙가산, 해명산 1번 ~ 6번 참조
1. 강화터미널 – 화도터미널행 3번, 4번, 40번, 41번, 42번, 43번, 44번 군내버스 이용
2. 강화터미널 – 함허동천, 정수사행 3번, 41번 군내버스 이용

진강산

1. 강화터미널 – 양도면사무소 경유하는 40번, 41번, 46번, 48번, 49번, 61번 군내버스 이용 – 능안정류장 하차
2. 60–5번 또는 71번 노선버스 – 탑재삼거리정류장 하차 후 가릉까지 도보 이동

■강화도는 우리나라에서 네 번째로 큰 섬으로 많은 사적지가 산재해 있다. 강화도의 최고봉인 마니산 정상의 참성단(塹星壇)에서는 지금도 제천제를 지내고 있다. 전국 체전 때면 이곳에서 성화를 채화하고 있다. 마니산은 해발 469m로 작은 산이지만 산정에서 시원하게 펼쳐진 서해바다를 볼 수 있다. 정상 부근의 능선에는 바위와 관목이 뒤섞여 있어 주의가 필요하나 초보자도 무난히 산행을 즐길 수 있으며, 산의 동쪽 정족산 밑에는 유명한 전등사와 삼랑산성 등의 유적지도 있어 마니산을 찾는 의의를 더해주고 있다.

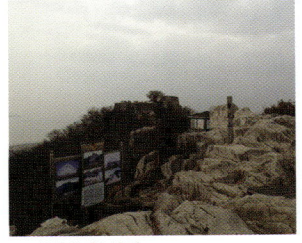

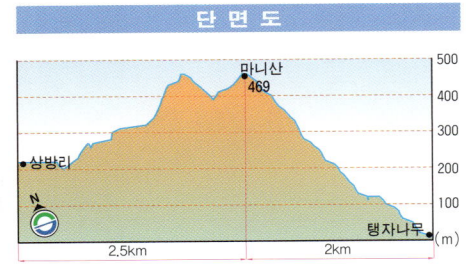

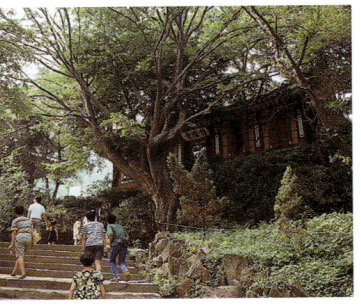

▲전등사

문 의

강화군 시설관리공단
☎ 032–930–7000

* 시각표는 2024년 11월 기준이며 변동될 수 있음.

28 강씨봉·청계산·귀목봉·연인산 (원통산·민둥산)

명지산·애기봉·수덕산

경기도편

28 명지산 1267m 청계산 849m 귀목봉 1036m

경춘선 전동열차 또는 시외버스를 이용하여 가평터미널 또는 목동터미널로 이동한 후 각 목적지행 시내버스를 이용한다.

위치 : 경기도 가평군 북면, 포천시 일동면

▲ 명지산 설경

▲ 길마봉서 본 청계산

등산코스

명지산/수덕산
1. 귀목마을 2.4km/1시간10분 — 귀목고개 3km/1시간30분 — 명지2봉 1.3km/50분 — 명지산
2. 익근리명지산입구 3.9km/1시간10분 — 명지폭포 2.2km/1시간40분 — 명지산
3. 논남기강영천효자문 1.9km/30분 — 임산 2.8km/1시간10분 — 귀목고개 3km/1시간30분 — 명지2봉 1.3km/50분 — 명지산
4. 상가둘기 2.9km/1시간20분 — 수덕산

강씨봉/귀목봉
1. 귀목마을 2.4km/1시간10분 — 귀목고개 1.6km/1시간 — 귀목봉 1.4km/35분 — 890m봉 4.4km/1시간 — 오뚜기고개 — 강씨봉 3km/1시간40분

청계산
1. 청계저수지 3.3km/1시간40분 — 길마봉(길목) 0.8km/20분 — 길매재(길마고개) 0.9km/40분 — 청계산

단면도

교 통 편

명지산 / 강씨봉 / 민등산
1. 동서울종합터미널 – 가평터미널 – 용수동(종점)행 15-5번, 60-30번 시내버스 이용
2. 경춘선 전동열차 또는 ITX 청춘열차 이용 – 가평역 – 용수동(종점)행 15-5번, 60-30번 시내버스 이용
   * 15-5번 1일 3회(가평역 06:15 / 11:50 / 17:05) (가평터미널 06:20 / 11:55 / 17:10)
   * 60-30번 시내버스 1일 2회(가평터미널 07:05 / 가평역 07:10)
   * 60-30번 시내버스는 논남 미경유함.
3. 가평역 또는 가평터미널에서 목동터미널로 이동 후 용수동(종점)행 50-5번 시내버스 이용
   * 50-5번 시내버스 1일 3회(09:20 / 15:10 / 19:00)
   * 15-5번, 50-5번 시내버스 논남, 강씨봉자연휴양림 경유.

귀목봉 / 연인산
1. 가평·가평터미널에서 현리터미널행 41번 시내버스 이용
   * 41번 시내버스 1일 7회(가평터미널 기준) (08:50 / 10:30 / 13:30 / 14:00 / 15:30 / 17:20 / 19:30)
   * 가평터미널에서 가평역까지 약 5분 정도 소요됨.
2. 현리터미널에서 상판리 귀목 종점행 40-5번, 40-8번 버스
   * 40-5번, 40-8번 시내버스 1일 8회(현리터미널 기준 06:25 / 07:20 / 09:20 / 11:00 / 13:10 / 15:30 / 17:00 / 18:40)

수덕산
1. 가평역에서 백둔리행 15-1번, 용수동행 15-5번, 60-30번 버스
   * 15-1번 시내버스 1일 3회(가평역 기준 06:40 / 10:20 / 17:00)
   * 가평역에서 가평터미널까지 약 5분 정도 소요됨.
2. 목동터미널에서 백둔리행 50-1번, 용수동행 50-5번 버스
   * 50-1번 시내버스 1일 4회 (목동터미널 기준 08:35 / 11:50 / 14:40 / 17:40)
   * 50-5번 시내버스 1일 3회(목동터미널 기준 09:20 / 15:10 / 19:00)

청계산
1. 동서울터미널 – (주)강원고속 시외버스 – 일동버스터미널
2. 의정부역에서 하차 – 한화생명입구정류장에서 도평리행 138-5번 노선버스 이용 – 일동버스터미널
3. 일동버스터미널에서 청계저수지까지 택시 이용
4. 현리터미널에서 상판리 귀목 종점행 40-5번, 40-8번 버스
   * 40-5번, 40-8번 시내버스 1일 8회(현리터미널 기준 06:25 / 07:20 / 09:20 / 11:00 / 13:10 / 15:30 / 17:00 / 18:40)

■ 경기도에서 두 번째로 높은 산인 명지산은 경기도의 최고봉인 화악산과 가평천을 사이에 두고 솟아 있다. 산줄기를 사방으로 뻗으며 강씨봉, 귀목봉, 청계산 등의 여러 봉우리들을 거느리며 산세가 웅장하다. 이 일대의 산과 계곡들은 경기도 내에서는 첫째가는 심산유곡으로 꼽힌다. 특히 명지산 동쪽의 가평천 계곡은 울창한 숲과 맑은 계류가 어울려 장장 20km를 흐르면서 곳곳에 절경을 연출해 내고 있다.

■ 귀목봉은 가평군 서북쪽, 북면과 조종면을 나누는 능선 위에 우뚝 서 있다. 청계산, 강씨봉, 명지산을 병풍처럼 두르고 있으며 산세와 계곡, 풍광은 주변의 산들에 뒤지지 않게 아름답다. 또한 장재울 계곡과 장쾌한능선이 장관이며, 정상에서는 주위의 명산들과 경기도 최고봉인 화악산까지 볼 수 있다.

■ 귀목봉의 전반적인 산세는 험준하지 않지만 귀목고개까지는 경사가 급해 꽤나 힘든 산행길이다. 강씨봉과 청계산은 명지산 서쪽 귀목봉에서 갈라져 나간 산줄기에 솟아 있다.

■ 명지산 군립공원 동쪽에 수덕산이 있다. 수덕산은 인적이 드물고 등산로가 잘 정비되어 있지 않아 산행 계획을 꼼꼼히 세우고, 산행 안내를 주의 깊게 살펴야 한다.

축 제 · 볼 거 리

1. 가평 5일장(5,10일)
가평읍 읍내리에서 매 5일, 10일을 기준으로 열리는 가평 5일장은 가평 지역에서 나오는 각종 산채류(더덕,도라지,고사리등), 기타 곡물류, 잡화류, 밤 등 지역 특산물이 판매되는 농촌의 전형적인 시장으로 많은 지역주민이 이용하고 있다.

문 의
가평군청 ☎ 031-580-2114
포천시청 ☎ 031-538-2114

* 시각표는 2024년 11월 기준이며 변동될 수 있음.

---

31 운악산 937m 아기봉 770m 개주산 675m

경춘선 전동열차, ITX청춘열차, 시외버스 등을 이용하여 각 목적지 터미널 또는 등산 출발지로 이동한다.

위치 : 경기도 가평군 조종면·상면, 포천시 화현면

▲ 운악산 병풍바위

등산코스

운악산/아기봉
1. 운악리운악산안내도 1.2km/50분 — 눈썹바위 1.9km/1시간10분 — 운악산 0.7km/15분 — 절고개 3.0km/1시간20분 — 아기봉
2. 운악리운악산안내도 1.1km/20분 — 무우폭포 1.7km/40분 — 절고개 0.7km/20분 — 운악산 3.3km/1시간20분 — (구)운악산광장
3. (구)운악산광장 1.8km/50분 — 무지개폭포 1.5km/50분 — 운악산 0.7km/15분 — 절고개 3.0km/1시간20분 — 아기봉

개주산
1. 가평베네스트골프클럽 2.4km/1시간30분 — 개주산

단면도

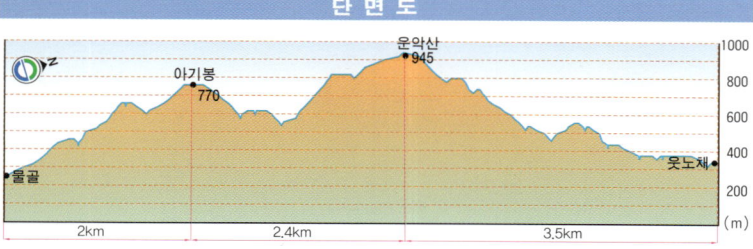

교 통 편

운악산 / 아기봉
1. 가평역 또는 가평터미널에서 현리터미널행 41번 시내버스 이용 * 상단 귀목봉 / 연인산 교통편 참조
2. 현리터미널에서 상판리 귀목 종점행 40-5번, 40-8번 시내버스 이용 * 상단 청계산 교통편 4번 참조
3. 청량리역환승센터정류장에서 운악산입구행 1330-44번 노선버스 이용
   * 1330-44번 노선버스는 청평터미널, 현리터미널을 경유함.

개주산
1. 가평베네스트골프클럽에서 등산 시 상동리 불기행 74-1번 또는 74-3번 시내버스 이용
   * 74-1번·74-3번 시내버스 1일 8회(현리터미널 기준 07:00 / 08:10 / 09:50 / 12:00 / 13:20 / 15:00 / 17:30 / 19:00)
2. 태봉리 원흥마을에서 등산 시 봉수리행 40-2번 또는 봉수리 경유 광릉내행 80번 시내버스 이용
   * 40-2번, 80번 시내버스 1일 9회(현리터미널 기준 06:45 / 08:00 / 09:00 / 10:30 / 11:20 / 12:30 / 14:10 / 17:00 / 18:30)

■ 운악산은 광주산맥의 한 줄기인 한북정맥에 포함된 산으로 동서남북으로 경기도의 명산들이 둘러서 있다. 운악산은 경기도 청평 북서쪽, 가평군과 포천시를 가르는 산줄기에 솟아 있다.

■ 경기 북부 다른 산에 비해 고도가 높지않지만 경사가 급하고 산세가 험하다. 특히 산 서쪽의 계곡은 겨울철이면 폭포가 얼어붙어 빙벽 등반의 훈련장이 되기도 한다. 또한, 산세가 수려하고 사계절 아름다운 풍광으로 유명하다. 계곡 바위 골짜기에는 도처에 폭포가 걸려 있고 산 곳곳에 기암괴석이 솟아 있다.

■ 봄이면 목련과 진달래가 산을 수놓으며 가을에는 단풍이 산을 울긋불긋하게 물들인다. 산중턱에는 현등사가 있는데 산행 중 잠시 들러 쉬었다 가기에 좋다. 운악산 정상에서 남쪽으로 3km 지점에 솟아 있는 해발 772m의 아기봉은 언제부터인가 악귀봉(惡鬼峰)이란 무서운 이름으로 불려 왔으나 산세는 부드러운 편이다.

■ 운악산-아기봉 능선 남쪽에 37번 국도를 사이에 두고 개주산 능선이 자리 잡고 있다. 주변의 명산에 가려 잘 알려지지 않았고 고도 역시 높지 않아 경관이 뛰어나지 않지만, 조용한 산행을 즐길 수 있다. 능선 서쪽 기슭에 가평베네스트골프장이 있어 교통은 나쁘지 않은 편이다.

▲ 운악산 입석대

축 제 · 볼 거 리

1. 가평 자라섬 국제 재즈 페스티벌
매년 10월 가평 시내에서 가까운 자라섬에서 열리는 국제 음악 축제이다. 우리나라에서는 생소한 재즈 장르이지만, 다양한 행사 및 국내외 유명 음악인들의 출연으로 매년 많은 관객들이 찾고 있다.
문의) 031-581-2813~4

문 의
가평군청 ☎ 031-580-2114

* 시각표는 2024년 11월 기준이며 변동될 수 있음.

운악산 · 아기봉 · 개주산 31

32 연인산 · 칼봉산 · 노적봉(구나무산) · 매봉

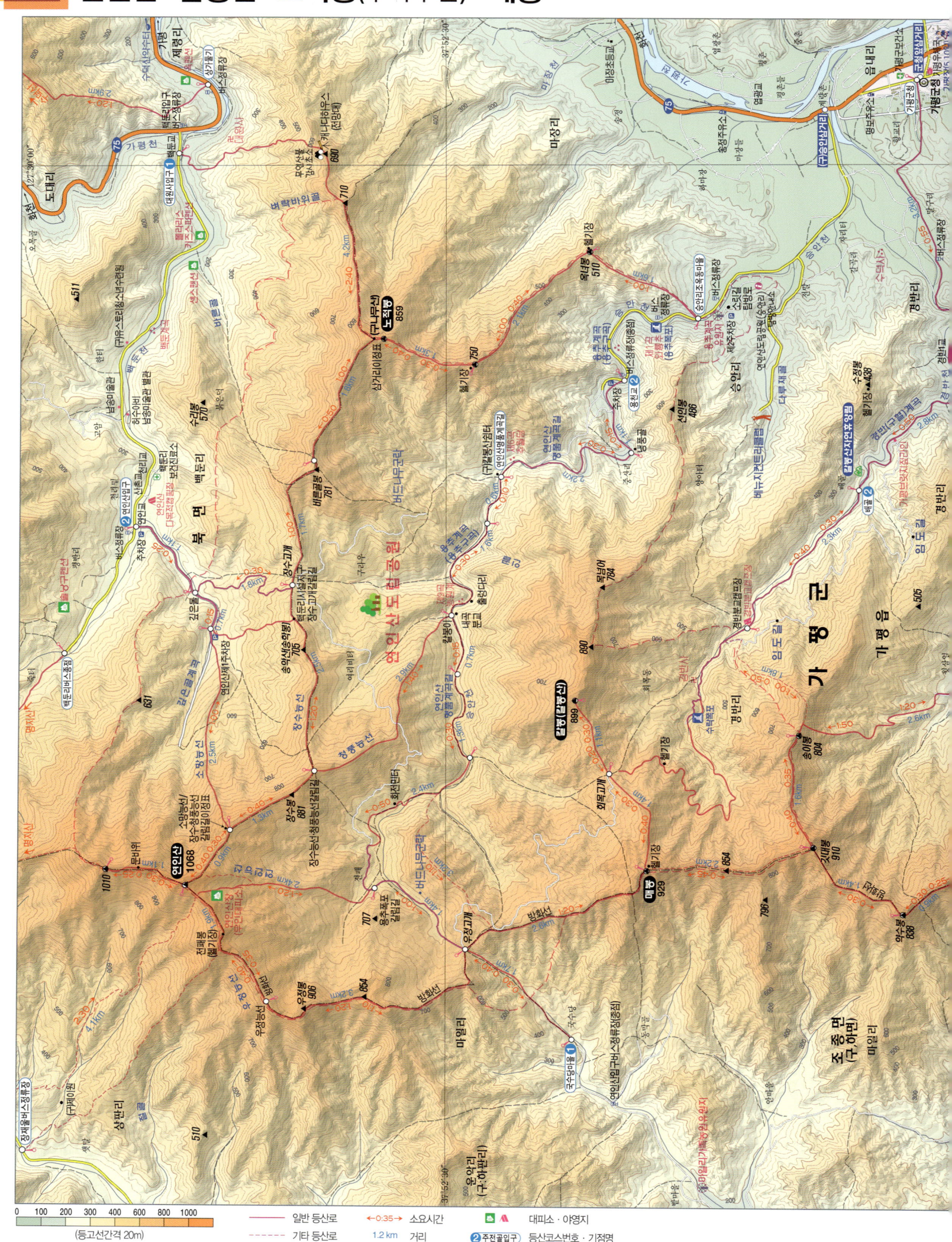

대금산·불기산·청우산·주발봉 33

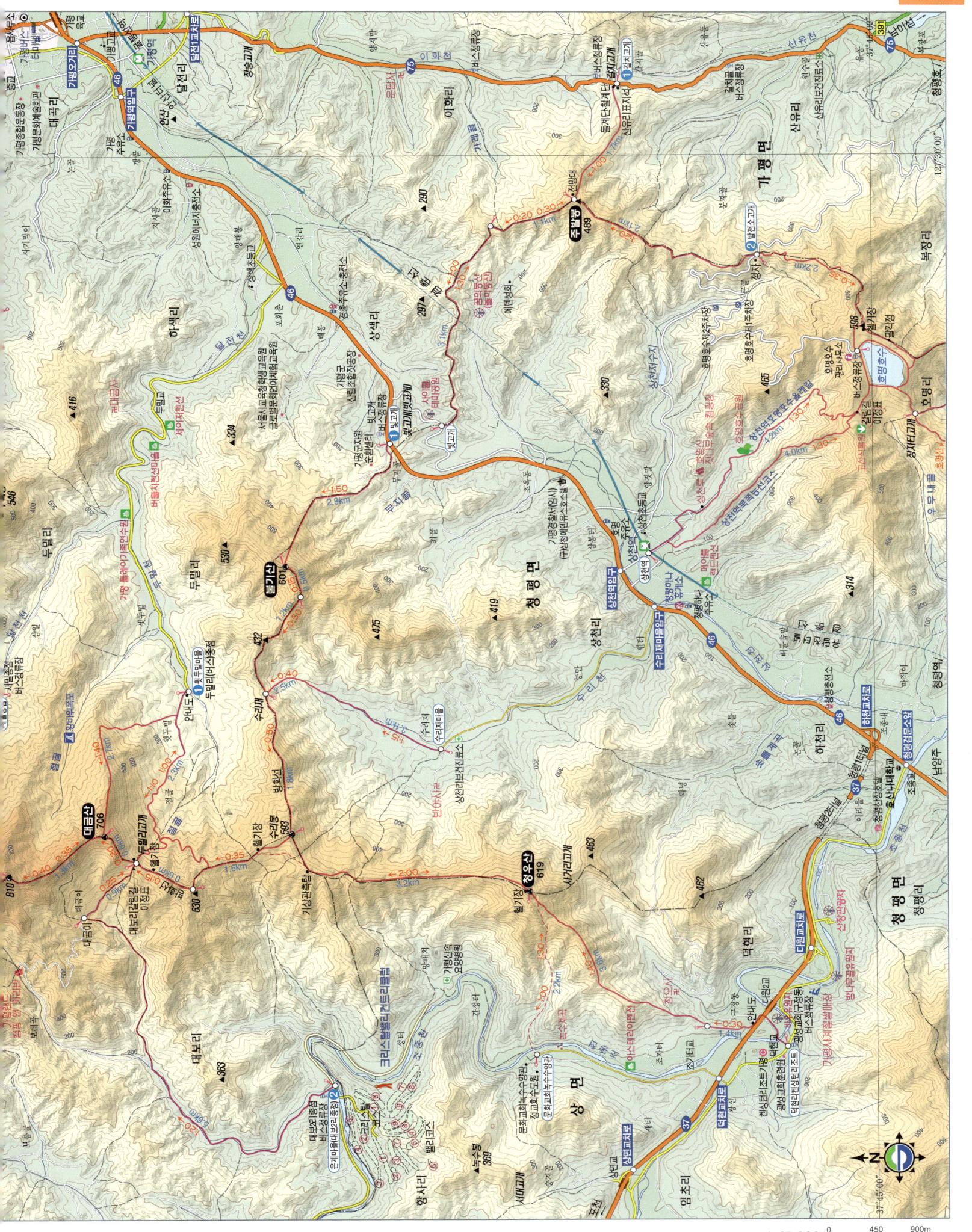

34 경기도편

32 연인산 1068m / 대금산 706m / 노적봉 859m / 불기산 601m

위치 : 경기도 가평군 가평읍·청평면·북면

경춘선 전동열차, ITX청춘열차, 시외버스 등을 이용하여 가평역, 가평터미널, 목동터미널, 현리터미널 등에서 시내버스 이용.

▲ 연인산 정상

▲ 대금산 정상 운해

등산코스

연인산
① 국수당마을 1.7km/40분 — 우정고개 3.2km/1시간20분 — 우정능선 1.9km/40분 — 연인산
② 연인산입구 1.1km/25분 — 깊은돌 1.8km/30분 — 장수고개 2.5km/1시간20분 — 장수봉 2.2km/1시간20분 — 연인산

칼봉(칼봉산)/노적봉(구나무산)
① 대원사입구 4.2km/2시간40분 — 노적봉(구나무산)
② 용전교 2.3km/35분 — 검봉산펜션타운 2.2km/40분 — 칼봉 3.9km/1시간40분 — 화목고개 1.1km/30분 — 칼봉(칼봉산)

대금산
① 윗두밀마을 2.3km/1시간10분 — 두리밀고개 0.6km/20분 — 대금산
② 은계령(대보리공점) 5.6km/2시간20분 — 대금이 0.9km/25분 — 두리밀고개 0.6km/20분 — 대금산

불기산/청우산
① 빛고개 2.9km/1시간50분 — 불기산 3.5km/1시간55분 — 수리봉 3.2km/2시간 — 청우산

매봉
① 국수당마을 1.7km/40분 — 우정고개 2.6km/1시간20분 — 매봉
② 배골 2.3km/40분 — 경반н교캠프장 1.8km/1시간 — 송이봉 1.6km/40분 — 깃대봉 2.2km/45분 — 매봉

주발봉
① 갈치고개 1.7km/1시간 — 주발봉 4.2km/1시간20분 — 빛고개
② 발전소고개 2.1km/20분 — 주발봉

단면도

교통편

연인산
1. 가평역·가평터미널에서 15-1번 버스 – 연인산입구 하차
2. 가평역·가평터미널에서 용추행 71-4번 시내버스
3. 목동터미널에서 50-1번 버스 – 연인산입구 하차
4. 가평역·가평터미널에서 현리터미널 이동 – 현리터미널에서 마일리행 74-2번 버스 – 국수당마을 연인산입구정류장 하차
   * 15-1번, 50-1번 시내버스 30쪽 수덕산 교통편 참조
   * 71-4번 시내버스 1일 8회(가평역 기준 06:50 / 08:45 / 10:35 / 12:05 / 13:55 / 15:25 / 16:55 / 18:45)
   * 가평역에서 가평터미널까지 약 5분 정도 소요.
   * 74-2번 시내버스 1일 4회 (현리터미널 기준 07:40 / 10:40 / 14:10 / 18:20)

노적봉(구나무산)
1. 가평역·가평터미널에서 15-1번, 15-5번, 60-30번 버스 – 백둔리입구정류장 하차
2. 목동터미널 50-1번, 50-5번버스 – 백둔리입구정류장 하차
   * 15-1번, 50-1번 시내버스 30쪽 수덕산 교통편 참조
   * 15-5번, 50-5번, 60-30번 22쪽 화악산·중봉 교통편 참조

칼봉(칼봉산)/ 매봉
1. 상단 연인산 교통편 4번 참조

대금산
1. 가평역·가평터미널에서 두밀리행 60-29번 버스 이용
   * 60-29번 시내버스 1일 7회(가평터미널 기준) (06:50 / 07:45 / 10:10 / 11:20 / 14:00 / 16:30 / 19:05)

청우산
1. 서울청량리역환승센터 1번승강장에서 운악산행 1330-4번 또는 1330-44번 노선버스 – 구정동입구 정류장 하차
2. 상단 대금산 교통편 참조

불기산 / 주발봉
1. 가평터미널에서 서울청량리역 환승센터행 1330-2번 노선버스 – 빗고개정류장 하차
2. 가평역·가평터미널에서 현리터미널행 41번 – 빗고개정류장
   * 41번 시내버스 1일 7회(가평터미널 기준) (08:50 / 10:30 / 13:30 / 14:30 / 15:30 / 17:20 / 19:30)

주발봉
1. 가평터미널, 가평역·설악터미널행 12번 – 갈치고개정류장
2. 가평터미널, 가평역 – 금대리행 71-2번 또는 71-3번 버스 – 갈치고개정류장
   * 12번 시내버스 1일 9회(가평터미널 기준 07:00 / 08:10 / 10:00 / 11:50 / 13:00 / 14:00 / 15:00 / 17:10 / 18:30)
   * 71-2번, 71-3번 버스 1일 8회 (06:50 / 09:10 / 11:10 / 13:50 / 14:50 / 16:40 / 18:00 / 19:10)

* 71-2번 버스는 갈치고개 → 금대리, 71-3번 버스는 금대리 → 갈치고개 순으로 운행.

■ 연인산은 경기도 가평군의 세 읍면(가평읍, 북면, 조종면)이 만나는 지점인 연인산도립공원 서북쪽 끝에 있다. 본래 이름은 우묵봉이었으나 1999년 가평군에서 이름을 공모하여 연인산으로 바꾸고 주변의 봉우리들도 우정, 장수, 청풍 등으로 개명했다. 연인산을 중심으로 우정봉, 장수봉, 매봉, 칼봉 등으로 이어진 능선은 봄이면 철쭉이 만발해 매년 많은 등산객들이 찾는다. 정상에서는 주변 산들이 한눈에 들어오며, 교통이 편리해 서울 근교의 등산객들에게 인기가 좋다. 또한, 연인산 동쪽의 용추계곡을 사이에 두고 노적봉(구나무산)과 칼봉산이 마주하며 솟아 있다. 이 두 산은 계곡을 거쳐 산행이 이뤄지기 때문에 여름철 피서산행지로도 좋다.

■ 연인산 남쪽으로 대금산, 불기산, 청우산이 서 있는데 경춘가도까지 산자락이 뻗어 있다. 대금산과 불기산은 가벼운 주말 등산을 즐기기에 알맞으며, 대금산을 중심으로 매봉과 청우산, 주발봉이 이어져 있다. 매봉은 다소 험준하나 연인산도립공원의 산들과 이어져 있어 종주산행을 하기에 좋으며, 청우산 서남쪽에는 관광지가 조성되어 있어 숙박과 교통이 편리하다. 주발봉은 유명하지는 않으나 아기자기한 맛이 있는 산으로 호젓함을 즐길 수 있으며, 청평호와 대금산 능선이 보이는 정상 조망도 훌륭하다.

축제·볼거리

1. 현리5일장(4, 9일)
가평군 조종면 현리 262-29 일대에서 열리는 5일장이다. 농산물, 생필품, 잡화, 의류 등이 주를 이루며 주변 상권과 어우러져 작은 규모는 아니다. 열차로는 접근할 수 없지만, 현리터미널 근처에서 열리므로 버스로는 접근 이용하다.

문 의
가평군청 ☎ 031-580-2114

* 시각표는 2024년 11월 기준이며 변동될 수 있음.

---

35 몽덕산 690m / 북배산 867m / 가덕산 858m / 계관산 736m

위치 : 경기도 가평군 가평읍·북면, 춘천시 서면

가평터미널행 시외버스, 가평역, 춘천역 경유하는 경춘선 전동열차 또는 ITX청춘열차, 서울청량리역 환승센터에서 가평터미널행 노선버스 등을 이용.

▲ 몽덕산 전경

등산코스

북배산/계관산/가덕산/몽덕산
① 홍적고개 2.5km/1시간40분 — 몽덕산 2.5km/55분 — 가덕산 3km/1시간5분 — 북배산 4.3km/1시간20분 — 북배산입구
② 윗홍적마을 1.7km/30분 — 홍적고개 2.5km/1시간40분 — 몽덕산
③ 북배산교 4.3km/2시간 — (작은)멱골갈림길 0.1km/5분 — 북배산
④ 싸리재종점 2.9km/1시간40분 — 계관산 1.3km/30분 — 싸리재고개 3.5km/1시간20분 — 북배산

계관산
① 개곡리종점(율미촌마을) 5.9km/2시간40분 — (665m봉) 0.9km/20분 — 계관산 2.9km/1시간40분 — 싸리재종점

단면도

교통편

북배산 / 계관산 / 가덕산 / 몽덕산
1. 가평역, 가평터미널, 목동터미널에서 싸리재행 15-2번 또는 50-2번 시내버스 이용 – 싸리재종점정류장, 북배산·작은 멱골정류장, 근목골정류장 등 각 출발지에서 하차
   * 15-2번 시내버스 1일 3회(가평역 07:10 / 11:05 / 16:35) (가평터미널 07:15 / 11:10 / 16:40) (목동터미널 07:35 / 11:30 / 17:00)
   * 50-2번 시내버스 1일 1회(목동터미널 20:20)
2. 가평역, 가평터미널, 목동터미널에서 화악리행 15-4번 버스 – 홍적종점 하차 후 홍적고개까지 약 1.7km 도보 이동
   * 15-4번 시내버스 1일 3회(가평역 06:40 / 13:35 / 17:10) (가평터미널 06:45 / 13:40 / 17:15) (목동터미널 07:05 / 14:00 / 17:35)
3. 목동터미널에서 화악리행 50-4번 – 홍적종점 하차 후 도보
   * 50-4번 시내버스 1일 2회(10:50 / 21:00)
4. 춘천 – 중앙로입구정류장에서 이상원미술관 종점행 사북2번, 사북2-1번 마을버스, 종점 하차 후 홍적고개까지 약 1km 도보
   * 사북2번 마을버스 1일 3회 (중앙로입구정류장 기준 08:10 / 12:10 / 17:20)
   * 사북2-1번 마을버스 1일 4회 (중앙로입구정류장 기준 06:10 / 10:10 / 15:00 / 20:10)

계관산
1. 가평역 또는 가평터미널에서 개곡리행 71-1번 버스
   * 71-1번 시내버스 1일 7회 (07:25 / 09:20 / 11:20 / 13:10 / 15:10 / 17:10 / 19:00)
   * 가평역에서 가평터미널까지 약 5분 정도 소요됨.
2. 춘천역 중앙시장입구정류장에서 덕두원2리 종점행 서면2번, 서면 2-1번 마을버스 이용
   * 서면2번 마을버스 1일 5회(중앙시장입구정류장 기준 07:15 / 09:10 / 16:10 / 18:50 / 20:20)
   * 서면 2-1번 마을버스 1일 2회 (중앙시장입구정류장 기준 11:05 / 14:05)

■ 경기도의 가평군 북서부와 춘천시를 가르며 몽덕산–가덕산–북배산–계관산 능선이 우뚝 서 있다. 경기도 쪽으로는 가평천 너머로 명지산의 큰 산줄기가 장중한 스카이라인을 이루고, 동쪽 강원특별자치도 쪽으로는 북한강이 흐른다. 산정에 오르면 춘천호와 의암호가 내려다 보이고 춘천시내가 한눈에 들어온다. 이 산들은 서로 인접해 있어 한꺼번에 종주할 수도 있다.

■ 산들 중 맏형 격인 북배산은 별다른 특징이 없는 수월한 자태를 지닌 산이고, 가운데 솟은 가덕산은 정상 일대가 억새밭을 이뤄 가을이면 장관을 이룬다. 가장 북쪽에 위치한 몽덕산은 강원특별자치도로 넘어가는 홍적이고개가 지척이라 산 북쪽의 집다리골휴양림을 기점으로 산행 코스를 잡을수도 있다. 또한 제일 남쪽에 자리한 계관산은 능선 위의 다른 산들보다 조금 낮은 편이지만, 산세와 풍광은 뒤지지 않는다. 봄에는 들꽃이, 여름이면 짙은 녹음이, 가을이면 억새가 물결치고 겨울에는 설경이 눈부시다.

▲ 계관산 정상과 북배산

축제·볼거리

1. 청평5일장(2, 7일)
가평군 청평면 청평리 청평여울시장에서 열리는 오일장이다. 시장 주변 다양한 음식점, 편리한 교통으로 꾸준히 사람들이 찾고 있다.

문 의
가평군청 ☎ 031-580-2114

* 시각표는 2024년 11월 기준이며 변동될 수 있음.

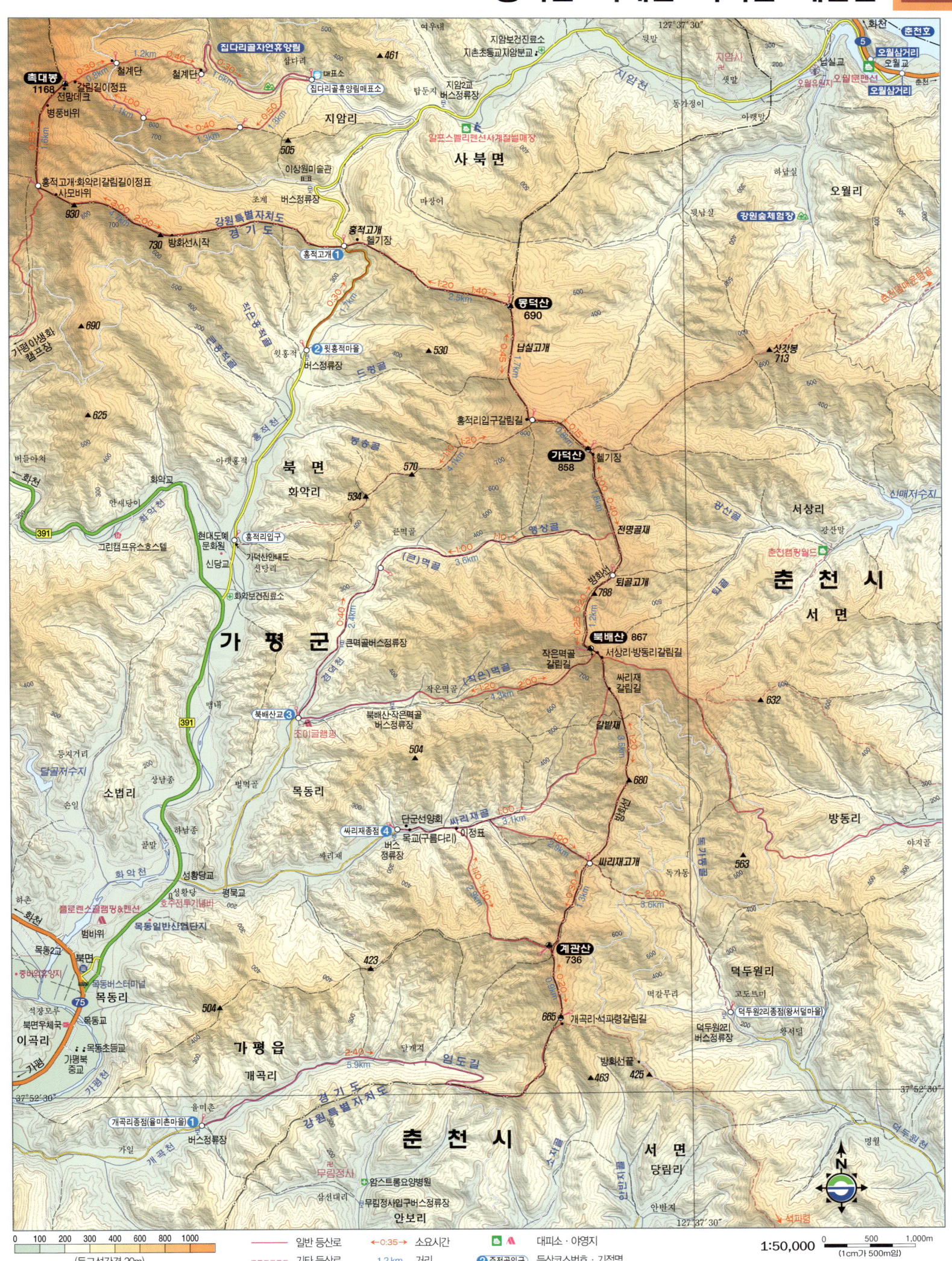

36 축령산·서리산·주금산·오독산·운두산

경기도편 37

36 축령산 887m | 서리산 832m
주금산 814m | 오독산 615m

경춘선 전동열차 이용 또는 청평터미널, 현리터미널에서 각 목적지행 시내버스 이용

위치 : 경기도 가평군 상면·청평면 남양주시 수동면

▲ 축령산 정상

▲ 서리산 정상

등산코스

축령산/서리산
1. 축령산자연휴양림입구 2.9km/2시간25분 [남이바위] 0.7km/25분 [축령산]
2. 축령산자연휴양림입구 2.9km/1시간 [억새밭사거리] 1.6km/45분 [서리산]

주금산
1. 몽골문화촌주차장 2.0km/50분 [비금계곡] 1.1km/25분 [시루봉] 1.7km/1시간20분 [주금산] (1코스)
2. 몽골문화촌주차장 2.0km/50분 [비금계곡] 1.0km/20분 [605m봉] 2.1km/1시간10분 [주금산] (2코스)
3. 불기고개(수동고개) 1.1km/40분 [시루봉] 1.7km/1시간20분 [주금산]

오독산
1. 사기막마을 2.3km/50분 [수래넘어고개] 1.6km/40분 [오독산]

운두산
1. 사기막마을 2.3km/50분 [수래넘어고개] 1.6km/40분 [오독산] 1.7km/55분 [운두산]
2. 원대성리 2.5km/40분 [원대성리·대성리역갈림길] 2.9km/1시간 [운두산] 0.7km/30분 [파위고개] 1.0km/25분 [오독산]

단면도

서리산 832 / 축령산 886 / 절고개 / 상동리불기마을 / 사기막마을

교통편

축령산 / 서리산 / 오독산 / 운두산
1. 동서울종합터미널에서 청평터미널행 시외버스 이용 또는 경춘선 청평역에서 하차 후 청평터미널로 도보 이동 - 청평터미널에서 아침고요수목원행 30-6번, 30-7번 시내버스 이용 - 수목원종점정류장에서 하차
   * 30-6번, 30-7번 시내버스 1일 17회
   (첫차 09:00 ~ 막차 19:30, 30분 ~ 50분 간격 운행)
2. 경춘선 마석역에서 하차 - 1번 출구 마석역버스정류장에서 축령산자연휴양림행 30-4번 시내버스 이용 - 축령산자연휴양림에서 하차
   * 30-4번 시내버스 평일 10회(06:15 / 07:40 / 09:15 / 10:45 / 12:25 / 14:10 / 15:50 / 18:00 / 19:55 / 21:20)
   * 30-4번 시내버스 주말·공휴일 1일 10회(07:50 / 09:15 / 10:00 / 10:45 / 12:25 / 14:10 / 15:50 / 18:00 / 19:55 / 21:20)

서리산
1. 가평역 또는 가평터미널에서 현리터미널행 41번 버스 이용 - 현리터미널에서 상동리불기행 74-1번 또는 74-3번 시내버스 이용 - 돌아위마을정류장에서 하차
   * 74-1번, 74-3번 시내버스 1일 8회 (현리터미널 기준 07:00 / 08:10 / 09:50 / 12:00 / 13:20 / 15:00 / 17:30 / 19:00)
   * 41번 버스 34쪽 불기산 주발봉 2번 참조

주금산
1. 경춘선 마석역에서 하차 - 1번 출구 마석역버스정류장에서 내방리 몽골문화촌행 33번 시내버스 이용 - 종점정류장 하차
   * 33번 시내버스 첫차 05:30 ~ 막차 23:20, 30분 ~ 40분 간격 운행 (평일 기준)

■ 가평군과 남양주시를 가르며 서리산-축령산-오독산-운두산으로 이어지는 능선이 달리고 있다. 서리산과 축령산은 남서쪽으로 수려한 경관을 지닌 수동천의 상류를 안고 있고 산 전체에 수림이 울창하며 삼림욕장으로 각광받고 있다.

■ 축령산은 남이장군의 전설이 깃든 남이바위를 비롯한 거대한 바위벽이 병풍을 친 듯 험준한 산세를 지니고 있다. 축령산 남쪽으로 이어진 능선에는 오독산, 운두산과 이어지는데, 운두산은 구름이 머리 위에 닿는다하여 운두산(雲頭山)으로 불린다. 운두산은 강을 낀 경관이 아름답고 교통도 편리하지만 찾는 이가 적어 호젓하며 조용한 산행을 즐기기에 알맞은 산이다.

■ 오독산 북으로 이어진능선을 타고 종주산행을 할 수도 있다. 서리산에서 운두산으로 이어지는 능선 기슭에는 축령산 자연휴양림과 아침고요수목원이 있어 삼림욕을 즐기며 야영을 할 수 있다.

■ 서리산 서북쪽으로는 주금산과 이어져 있다. 주금산은 포천시, 남양주시, 가평군, 세 시군의 경계를 따라 뻗어 있다. 비단산으로 불릴 만큼 풍광이 아름답기로 유명한 산이다. 서쪽 산자락에는 베어스타운리조트 스키장이, 남쪽에는 몽골문화촌이 있어 레포츠와 문화도 즐길 수 있다.

축제·볼거리

1. 마석민속오일장(3, 8일)
경춘선 마석역 1번 출구에서 마석우체국 방향 송라중학교 건너편 공영주차장(남양주시 화도읍 마석우리 314-2)에서 열리는 민속시장이다. 오일장이지만 규모가 크고 다양하고 재밌는 볼거리를 제공하고 있다.

문의
- 축령산 자연휴양림 ☎ 031-8008-6690
- 포천시청 ☎ 031-538-2114
- 남양주시청 ☎ 031-590-2114
- 가평군청 ☎ 031-580-2114

* 시각표는 2024년 11월 기준이며 변동될 수 있음.

---

38 천마산 812m | 철마산 710m

경춘선 전동열차, 서울지하철4호선 이용하여 각 목적지 역에서 하차 후 시내버스 이용

위치 : 경기도 남양주시 진접읍·오남읍·화도읍·수동면

▲ 천마산 주먹바위

▲ 철마산 정상 기암

등산코스

천마산/철마산
1. 수진사입구 1.3km/35분 [천마의집] 1.9km/1시간 [천마산]
2. 가곡리 2.3km/40분 [보광사] 1.8km/1시간 [괄아리고개] 0.6km/30분 [천마산]
3. 금곡리초당 2.2km/1시간10분 [쇠푸니고개] 0.7km/20분 [철마산]
4. 진벌리학림마을 4.6km/1시간40분 [황골재] 1.3km/30분 [길재] 0.9km/30분 [철마산]
5. 마치고개 4.3km/2시간 [천마산] 4.2km/1시간30분 [괘리고개] 3km/1시간 [쇠푸니고개] 0.7km/20분 [철마산] (괘리고개)
6. 진벌리진벌마을 3.6km/1시간10분 [길재] 0.9km/30분 [철마산]
7. 천마산역 2.4km/1시간30분 [상여바위] 1.9km/1시간10분 [천마산]

단면도

철마산 710 / 천마산 812 / 진벌마을 / 진건천 / 묵현리

교통편

천마산
1. 서울 청량리역환승센터 정류장에서 평내호평역 경유하는 330-1번 좌석버스, 1330-2번, 1330-3번, 1330-4번, 1330-44번 노선버스 - 평내호평역정류장 하차 - 수진사행 시내버스 이용
1-1. 천마산역에서 등산 시 남양주세무서·천마산수련장정류장에서 하차 후 약 1km 도보 이동
2. 서울 잠실광역환승센터(지하) 3번 승강장(1000-1번), 4번승강장(1200번)에서 평내호평역 경유하는 노선버스 이용 - 평내호평역정류장에서 하차 - 수진사행 시내버스 이용
   * 1000-1번 버스는 평일에만 운행(주말 미운행)
2-1번. 1200번 노선버스 이용 & 양현마을정류장에서 하차 후 천마산역까지 약 700m 도보 이동
3. 경춘선 평내호평 - 수진사행 시내버스 이용 / 천마산역 1번 또는 3번 출구 - 등산로 입구

철마산
1. 서울지하철4호선 진접역에서 하차 후 해참공원으로 도보 이동
2. 서울지하철4호선 진접역 또는 오남역에서 하차 후 오남호수공원 경유하는 시내버스 이용 - 오남초등학교정류장 또는 오남호수공원정류장에서 하차

■ 주금산에서 뻗은 능선은 남양주시 북동부를 가로지르는데, 그 능선이 철마산과 천마산으로 이어진다. 1000m를 넘나드는 경기도의 고봉처럼 웅장하지도 않고 빼어난 비경도 없지만, 나름의 오밀조밀한 매력이 있다.

■ 두 산 모두 산행 시간이 길지 않아 개별 산행보다는 종주산행을 하는 경우가 더 일반적이다. 철마산은 정상 주변 경사가 급하고 주변에 험준한 고봉이 많아 오새의 조건을 갖추고 있고, 정상에는 성터 유적과 철마를 탄 장군이 나왔다는 전설을 지닌 암굴이 있어 이곳이 군사적 요지였음을 말해주고 있다.

■ 철마산과 철마산에서 남쪽으로 이어진 능선 위에 자리한 천마산은 서울지하철4호선, 경춘선, 노선·시내버스 등 대중교통이 편리하여 많은 등산객들이 찾는다.

▲ 천마산역 천마산 등산로 입구

축제·볼거리

1. 천마산 산신제
향토의 전통과 민속 문화 유산을 보존 · 계승하고 남양주시의 번영과 시민의 무사 안녕을 기원하기 위해 매년 음력 3월3일(삼짇날)에 민속 산신제를 거행한다. 천마산군립공원 관리사무소 위 소운동장에서 남양주문화원 주관으로 열린다.
문의) 031-591-0667(남양주문화원)

문의
- 천마산 관리소 ☎ 031-590-2733
- 남양주시청 ☎ 031-590-2114

* 시각표는 2024년 11월 기준이며 변동될 수 있음.

38 천마산·철마산 (백봉산)

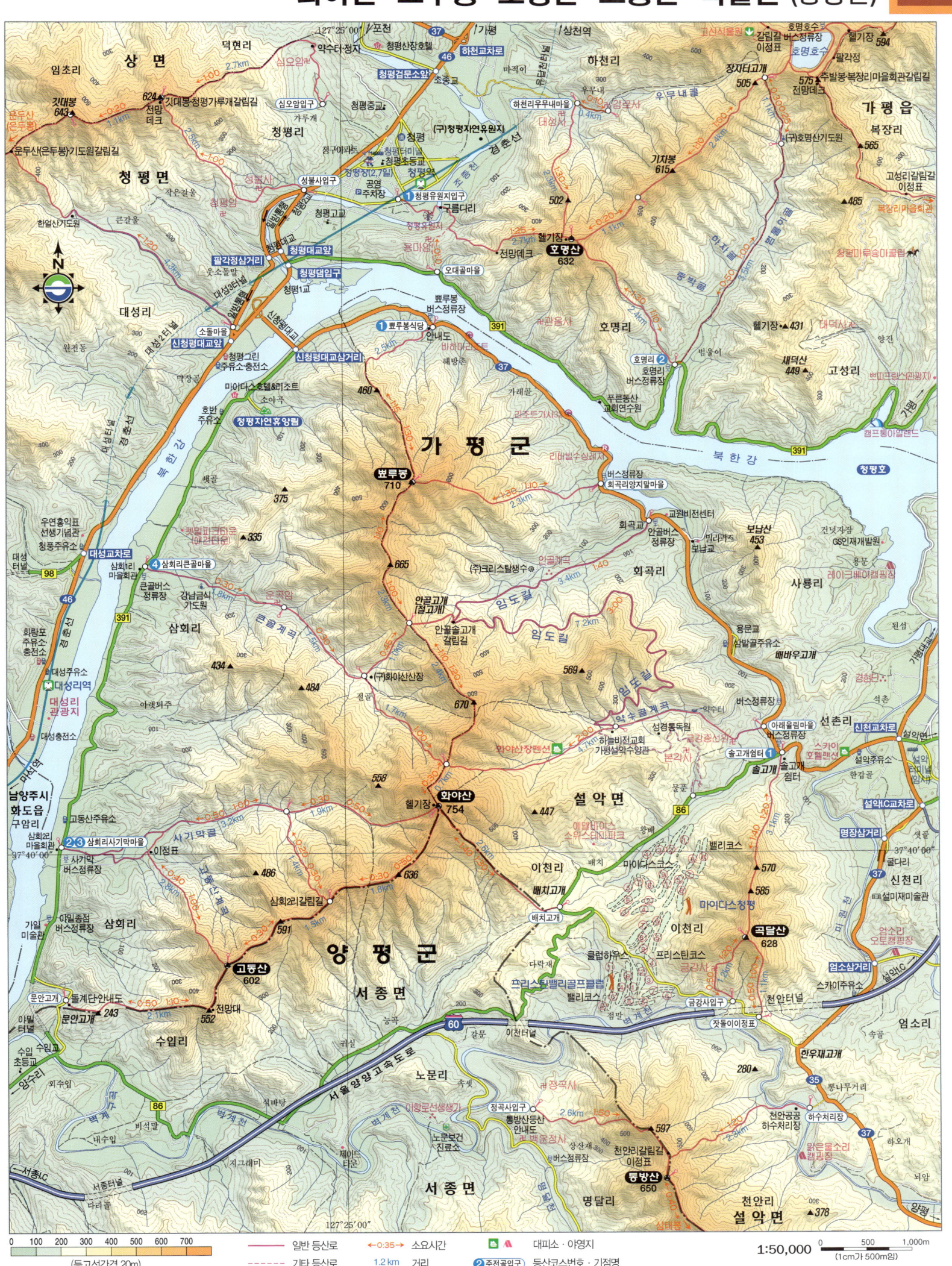

39 화야산 754m / 호명산 632m / 뾰루봉 710m / 곡달산 628m

경춘선 전동열차 이용 또는 각 목적지 근처 터미널행 시외버스·노선버스 이용.

위치: 경기도 가평군 설악면·청평면

▲ 화야산 정상

▲ 호명산 호명호수

등산코스

화야산/뾰루봉/고동산
1. 정겨운식당 – 2.5km/1시간30분 – 뾰루봉 – 2.3km/1시간 – 안골고개(절고개) – 3.1km/1시간50분 – 화야산
2. 삼회리사기막마을 – 2.8km/1시간 – 고동산 / ③ 삼회리사기막마을 – 5.1km/1시간50분 – 화야산
4. 삼회리큰골마을 – 1.8km/30분 – 운곡암 – 1.5km/30분 – (구)화야산산장 – 2.4km/1시간30분 – 화야산 – 3.3km/1시간55분 – 뾰루봉

곡달산
1. 솔고개쉼터 – 3.1km/1시간40분 – 곡달산 – 1.2km/50분 – 금강사입구

호명산
1. 청평유원지구 – 2.7km/1시간25분 – 호명산 – 2.9km/1시간20분 – 대성사
2. 호명리 – 2.4km/1시간30분 – 호명산 – 2.7km/1시간25분 – 청평유원지입구

단면도

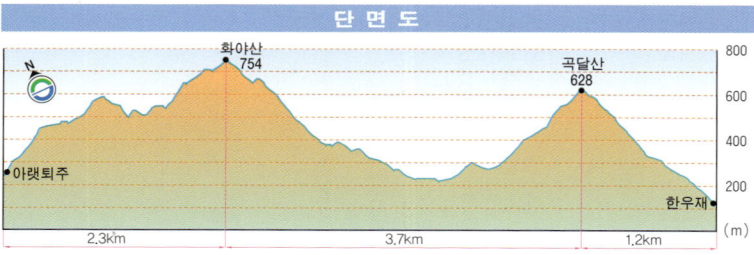

교통편

화야산 / 고동산
1. 동서울종합터미널에서 청평터미널행 시외버스 이용
2. 경춘선 청평역에서 하차 후 청평터미널로 도보 이동 – 삼회리 경유 수입리행 30-2번 버스 이용 – 큰골정류장, 사기막정류장, 유명종점정류장에서 하차
  * 30-2번 시내버스
    (1일 6회, 06:40/09:00/11:00/13:50/16:30/19:40)

뾰루봉
1. 상단 화야산 / 고동산 참조하여 청평터미널로 이동
2. 서울청량리역환승센터 – 청평터미널행 1330-2번, 1330-4번, 1330-44번 노선버스 이용 – 청평터미널
3. 청평터미널에서 설악터미널행 23-1번 시내버스 이용 – 뾰루봉정류장, 안골정류장 하차
  * 23-1번 시내버스 수시 운행
    (청평터미널 기준 첫차 05:45, 막차 22:20)

호명산
1. 경춘선 청평역 하차 후 청평유원지, 구름다리로 도보 이동
2. 청평터미널에서 쁘띠프랑스 경유하는 30-5번 시내버스 이용 – 호명리정류장에서 하차
  * 30-5번 시내버스(1일 10회, 06:20 / 07:40 / 09:00 / 10:30 / 12:20 / 14:00 / 15:40 / 17:20 / 18:50 / 20:30

곡달산
1. 상단 뾰루봉 교통편 1번 ~ 3번 참조 – 솔고개정류장 하차
2. 서울지하철2호선 잠실역 5번 출구 잠실역·롯데월드정류장에서 설악터미널 경유하는 7000번, 7001번, 7002번 노선버스
3. 가평터미널 또는 가평역에서 설악터미널행 12번 시내버스
4. 설악터미널에서 청평터미널행 23-1번 시내버스 이용 – 솔고개정류장에서 하차
  * 12번 시내버스 1일 9회(가평터미널 기준 07:00 / 08:10 / 10:00 / 11:50 / 13:00 / 14:00 / 15:00 / 17:10 / 18:50
  * 가평터미널에서 가평역까지 약 5분 정도 소요됨.
  * 23-1번 시내버스 수시 운행
    (설악터미널 기준 첫차 05:20, 막차 21:50)
  * 7000번, 7001번, 7002번 노선버스 상세 정보는 유명산 교통편 참조
  * 잠실역·롯데월드정류장은 롯데월드 건너편에 위치함.

■ 북한강이 홍천강과 합류하면서 청평에 이르러 남쪽으로 크게 굽이치는데 북한강 물줄기를 굽이지게 하는 산줄기가 뾰루봉, 화야산, 고동산을 잇는 산줄기이다.

■ 화야산을 정점으로 독립된 산군을 이루며 북쪽과 서쪽은 북한강에 산자락을 드리우고 있어 능선 어느 곳이든 확 트인 전망을 만끽할 수 있다. 가벼운 산행 코스로 인기가 높고 능선을 잇는 종주산행도 가능하며, 산아래 북한강 변의 대성리 관광지와 함께 여름철 피서지로서 인기가 많은 곳이다. 화야산을 가운데 두고 동쪽으로는 곡달산이, 서쪽으로는 고동산이 능선을 뻗치고 있다. 두 산 모두 숲이 울창하고 계곡이 아름다우며 강과 호수가 내려다 보이는 정상 조망도 좋다.

■ 북한강 북쪽에는 호명산이 자리하고 있다. 능선 북쪽에는 호명호수가 있으며 남으로는 청평 건너 뾰루봉과 화야산은 물론 멀리 용문산의 웅장한 모습이 시야에 들어온다.

축제·볼거리

1. 호명호수
인공호수인 호명호수 둘레길 곳곳에는 팔각정을 비롯한 여러 전망대가 있어 주변 경관을 시원하게 볼 수 있다. 경춘선 상천역에서 약 3.7km 정도 등산하여 오르거나 평균 50분 간격으로 운행하는 30-4번 시내버스 이용
  * 30-4번 시내버스 1일 10회(09:20 / 10:10 / 11:00 / 11:50 / 13:20 / 14:10 / 15:00 / 15:50 / 16:40 / 17:30)
  * 호명호수에서 출발하는 막차 시간은 17:50임.
  * 30-4번 시내버스 운행 구간은 상천역 ~ 호명호수이지만, 동절기(12월 ~ 2월)에는 제1주차장까지만 단축 운행함 (제1주차장에서 호명호수까지 약 4.3km 도보 이동)
  * 평일·주말·공휴일·하절기·동절기 통합 운행 시간임

문 의
가평군청 ☎ 031-580-2114

* 시각표는 2024년 11월 기준이며 변동될 수 있음.

---

41 유명산 864m / 중미산 834m / 소구니산 801m / 삼태봉 684m

서울지하철2호선 잠실역 5번출구 잠실역·롯데월드정류장 또는 서울청량리역 환승센터 정류장에서 설악터미널 경유 또는 유명산 종점행 노선버스 이용

위치: 경기도 가평군 설악면, 양평군 서종면·옥천면

▲ 유명산 정상

▲ 중미산 정상기암

등산코스

유명산(마유산)/소구니산
1. 유명산등산로입구 – 3.7km/1시간50분 – 유명산 – 1.4km/30분 – 소구니산 – 1.8km/35분 – 선어치
2. 농다치고개 – 2.2km/1시간10분 – 소구니산 – 1.4km/30분 – 유명산
3. 어비계곡 – 2.2km/1시간 – 어비산 – 0.9km/20분 – 합수지점 – 1.5km/45분 – 유명산 – 2.5km/55분 – 유명산등산로입구

중미산
1. 중미산휴양림제2매표소 – 2.4km/55분 – 중미산 – 0.7km/30분 – 선어치
2. 농다치고개 – 2.2km/1시간10분 – 소구니산 – 1.8km/35분 – 선어치 – 0.7km/40분 – 중미산

삼태봉/통방산
1. 뽕나무거리 – 2.3km/1시간20분 – 통방산 – 1.3km/45분 – 삼태봉 – 1.6km/40분 – 명달리명달분교터
2. 방일리전위골마을 – 2.4km/1시간 – 절터고개 – 2.9km/1시간30분 – 삼태봉

단면도

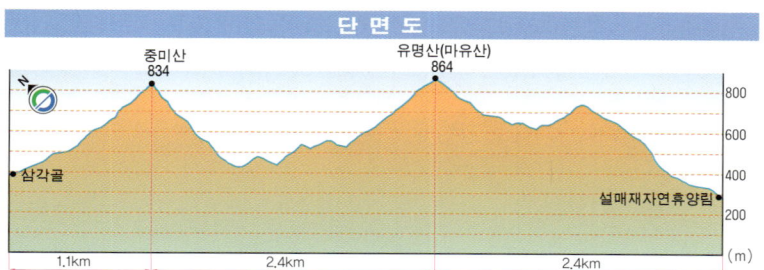

교통편

유명산 / 소구니산 / 어비산
1. 서울지하철2호선 잠실역 5번 출구 잠실역·롯데월드정류장에서 설악터미널 경유하는 7000번, 7001번 또는 설악터미널 경유 후 유명산까지 운행하는 7002번 노선버스 이용
  ① 7000번 노선버스 (설악터미널 경유 가평터미널 종점행)
    * 평일 1일 5회 (08:20 / 12:20 / 15:50 / 19:50 / 23:40)
    * 토요일·공휴일 1일 4회 (08:20 / 13:30 / 19:20 / 23:30)
    * 일요일 1일 4회 (08:20 / 14:30 / 19:00 / 23:50)
  ② 7001번 버스(설악터미널 경유 효정매그놀리아국제병원 종점행)
    * 평일 1일 19회
      (첫차 06:55, 막차 01:15, 50분 ~ 1시간 20분 간격 운행)
    * 토요일·공휴일·일요일 1일 18회
      (첫차 06:50, 막차 01:20, 50분 ~ 1시간 20분 간격 운행)
  ③ 7002번 노선버스(설악터미널 경유 유명산 종점행)
    * 평일 (잠실역·롯데월드정류장 기준)
      1일 6회(07:25 / 10:30 / 13:55 / 17:40 / 20:55 / 00:15
    * 토요일·공휴일 1일 5회
      (07:25 / 11:50 / 16:30 / 20:30 / 23:50)
    * 일요일 1일 5회 (07:25 / 11:50 / 16:50 / 15:30 / 20:00 / 23:30)
2. 서울청량리역환승센터정류장에서 설악터미널 경유 후 유명산까지 운행하는 8005번 노선버스 이용
  * 8005번 노선버스(설악터미널 경유 유명산 종점행)
    * 평일 1일 5회(07:30 / 11:30 / 15:30 / 19:30 / 23:30)
    * 토요일·공휴일 1일 4회(07:40 / 13:10 / 18:40 / 23:10)
    * 일요일 1일 4회(07:40 / 13:10 / 18:50 / 23:35)
3. 가평역, 가평터미널, 청평터미널에서 설악터미널행 버스
4. 설악터미널에서 유명산 경유하는 20-2번 시내버스 이용
  * 20-2번 시내버스(설악터미널 – 어비계곡 종점행)
  * 설악터미널 → 어비계곡 종점 → 유명산 → 설악터미널 운행.
  * 설악터미널 기준 1일 10회(07:05 / 07:55 / 09:15 / 11:20 / 12:35 / 14:50 / 16:50 / 17:50 / 18:30 / 20:10)

통방산 / 삼태봉 / 중미산
1. 20-2번 시내버스, 7002번 또는 8005번 노선버스 이용 시 뽕나무거리정류장 또는 전위골정류장에서 하차

소구니산
1. 양평버스터미널에서 중미산자연휴양림 경유하는 6-6번 (경의중앙선 아신역 경유), 6-10번 시내버스 이용
  * 6-6번 시내버스(1일 2회, 08:30 / 14:40)
  * 6-10번 시내버스(1일 2회, 10:40 / 15:40)

■ 경기도 중북부의 가평군과 양평군을 가르며 뻗은 능선 위에는 통방산, 삼태봉, 중미산, 소구니산, 유명산이 솟아 있다. 능선 남단에 있는 유명산은 1973년 엠포르 산악회의 국토자오선종주 등산 중 발견한 산으로 등반 대원의 이름을 따서 지었다. 그리 높지 않은 산이지만 산 동쪽의 입구지계곡과 정상 부근의 억새밭이 유명하다.

■ 유명산 지척에는 소구니산이, 북으로는 중미산, 통방산, 삼태봉이 이어진다. 소구니산은 능선이 짧고 산세가 부드러우며, 중미산은 숲이 울창하며 산 아래에 펜션 단지가 조성되어 있다.

▲ 유명산 자연휴양림

■ 능선 최북단에 위치한 통방산은 그리 높지 않으나 경사가 급하며, 정상에서 내려다 보는 전망이 뛰어나다.

축제·볼거리

1. 가평팔경
유명산은 가평팔경 중 제8경으로 산세도 좋지만, 기암괴석과 여러 유명 소가 산재해 있는 계곡으로 더 유명하다. 참고로 가평팔경으로는 청평호반, 호명호수, 용추계곡(용추구곡, 옥계구곡), 명지산, 도마치계곡, 운악산, 축령산, 유명산 등이 있다.

문 의
가평군청 ☎ 031-580-2114
양평군청 ☎ 031-770-2114

* 시각표는 2024년 11월 기준이며 변동될 수 있음.

42 용문산 · 백운봉 (천사봉 · 용문봉 · 장군봉 · 가섭봉)

중원산·도일봉 (단월봉) 43

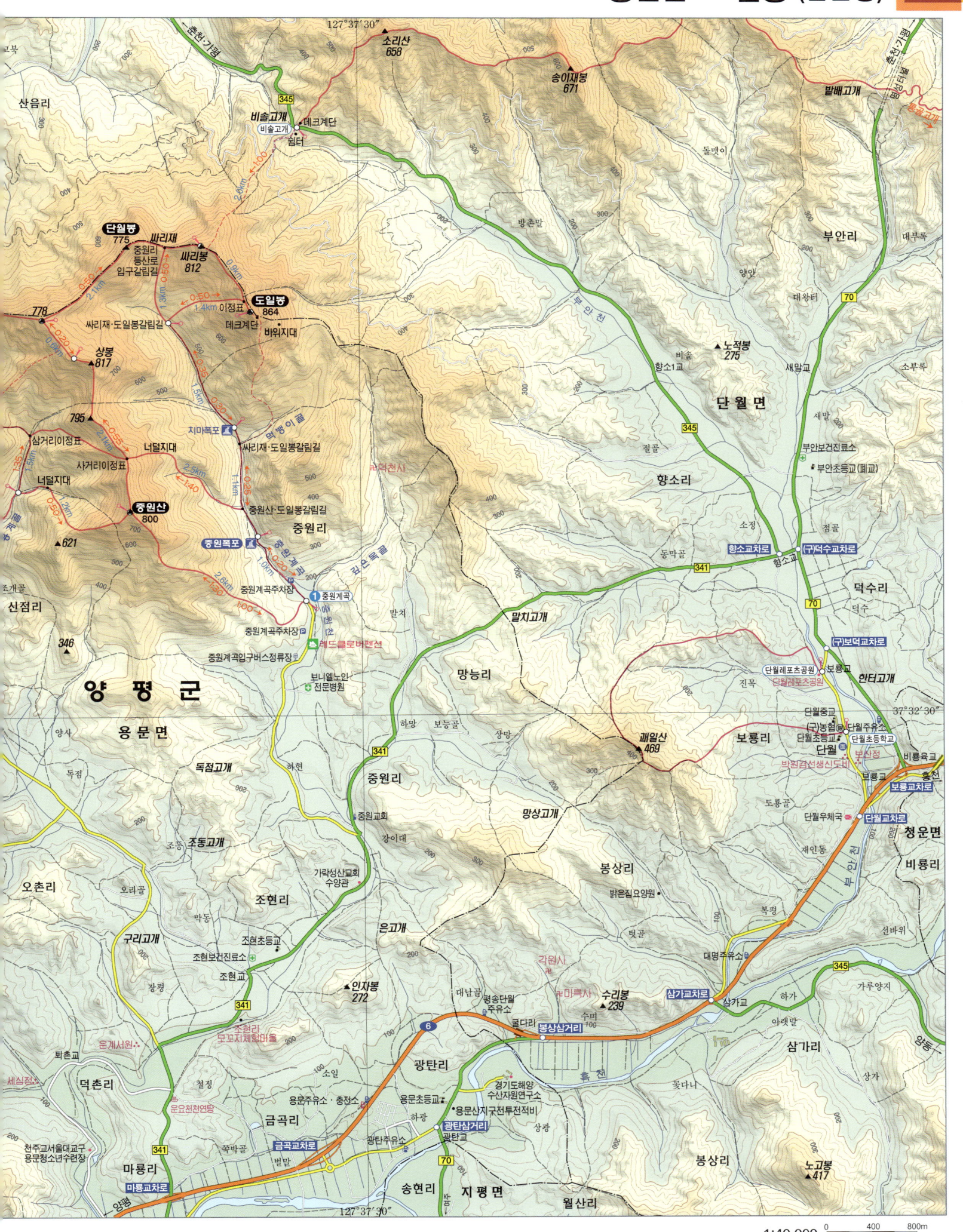

44 경기도편

42 용문산 1157m 백운봉 941m
　중원산 800m 도일봉 864m

경의중앙선 전동열차, 시외버스 등을 이용하여 각 목적지 역 또는 터미널에서 시내버스 이용

위치 : 경기도 양평군 양평읍·용문면·옥천면

▲ 용문산 장군봉 정상　　▲ 백운봉

등산코스

용문산(가섭봉)/장군봉
1. 사나사입구 3.5km/2시간 → 함왕봉 1.3km/30분 → 장군봉 1.5km/40분 → 용문산(가섭봉)
2. 연수리연안마을 4.1km/1시간40분 → 상원사 1.7km/1시간 → 장군봉 1.5km/40분 → 용문산(가섭봉)
3. 용문사입구 2.1km/1시간 → 마당바위 1.5km/40분 → 용문산 1.5km/40분 → 장군봉 1.7km/50분 → 상원사 2.1km/55분 → 용문사입구 (가섭봉)

백운봉
1. 용문사입구 2.1km/55분 → 상원사 1.7km/1시간 → 장군봉 1.3km/20분 → 함왕봉 2.1km/1시간 → 백운봉

도일봉
1. 중원계곡 1.0km/20분 → 중원폭포 1.1km/25분 → 치마폭포 2.9km/1시간25분 → 도일봉

중원산
1. 용문사주차장 (신점리조계곡입구) 4.2km/1시간50분 → 중원산 2.6km/1시간 → 중원계곡

단면도

교통편

용문산
1. 경의중앙선 용문역 - 역 앞 용문역버스정류소로 이동
2. 동서울터미널에서 용문버스터미널행 시외버스 이용
3. 용문버스터미널 또는 용문역버스정류소에서 용문사행 7-4번, 7-8번, 77-4번, 77-8번 시내버스 이용 – 용문사 종점에서 하차
   * 7-4번, 7-8번, 77-4번, 77-8번 시내버스 1일 총 16회 운행 (용문버스터미널 기준 첫차 07:50 ~ 막차 21:00)
   * 용문버스터미널에서 용문역버스정류소까지는 약 5분 정도 소요되며, 용문버스터미널 → 용문역버스정류소 → 용문사 순으로 운행함.
4. 용문버스터미널 또는 용문역버스정류소에서 주말·공휴일에만 운행하는 용문사행 33-2번 버스 이용
   * 33-2번 시내버스 1일 6회(용문버스터미널 기준) (08:10 / 09:40 / 11:15 / 13:20 / 15:20 / 16:45)

백운봉
1. ① 용문산자연휴양림에서 등산 시
   * 양평버스터미널에서 양평농업기술센터행 1-7번 또는 10-7번 시내버스 이용
   * 1-7번 시내버스 1일 3회 (양평터미널 기준 07:50 / 12:30 / 17:40)
   * 10-7번 시내버스 1일 1회(양평터미널 기준 12:00)
   * 양평버스터미널에서 용문역까지 약 10분 정도 소요됨.
② 연수리연안마을에서 등산 시
   * 용문버스터미널에서 연수리행 7-1번 시내버스 이용
   * 7-1번 시내버스 1일 6회(07:15 / 09:00 / 12:00 / 15:00 / 17:00 / 19:00) 07:15, 17:00 운행 시 평일 7~10분 운행.
   * 주말·공휴일에만 운행하는 33-2번 시내버스도 이용 가능
   * 7-1번, 33-2번 시내버스 모두 연수1리정류장에서 하차
③ 쉬자파크에서 등산 시
   * 양평버스터미널에서 쉬자파크행 30-1번 시내버스 이용
   * 30-1번 시내버스 1일 3회 (양평터미널 기준 10:00 / 13:00 / 16:00)
   * 양평버스터미널에서 양평역까지 약 10분 정도 소요됨.

중원산 / 도일봉
1. 용문버스터미널에서 중원리, 망능리행 7-5번, 77-5번 시내버스 이용
   * 7-5번 시내버스 1일 6회(용문버스터미널 기준 07:00 / 09:40 / 11:00 / 12:30 / 14:00 / 18:30)
   * 77-5번 시내버스 1일 1회(용문버스터미널 기준 16:00)
   * 용문역에서 버스 이용 시 용문축협·정내과의원앞정류장으로 이동해야하며, 용문터미널에서 정류장까지는 약 5분 정도 소요됨.

■ 양평군의 북부를 가로지르며 긴 산줄기가 뻗어 있는데, 백운봉–용문산–중원산–도일봉으로 이어지는 산줄기다. 이 산줄기 중 최고봉인 용문산은 화악산, 명지산, 국망봉에 이어 경기도에서 네 번째로 높은 산으로 산세가 웅장하고 산줄기를 사방으로 뻗고 있다.

■ 용문산 정상 일대는 출입이 통제되어 용문산의 남서 능선 위의 백운봉이 정상을 대신하고 있다. 산 남쪽 기슭에는 용문산, 상원사, 사나사 등의 사찰이 자리 잡고 있다.

■ 용문산의 서쪽으로는 도일봉과 중원산이 서 있다. 두 산 모두 용문산과 백운봉보다 고도가 조금 낮다. 중원산 남쪽 중원계곡의 치마폭포와 중원폭포의 절경이 유명하다.

▲ 도일봉 전경

축제·볼거리

1. 용문천년시장(용문오일장)(5일, 10일)
경의중앙선 용문역 2번 출구 방향에 위치한 상설시장으로서 다양한 볼거리와 먹거리를 제공하며, 특히 장이 서는 날에는 주변에 형성된 먹거리 골목을 중심으로 많은 사람들이 찾는다.

문의
용문사 ☎ 031-773-3797
양평군청 ☎ 031-770-2114

* 시각표는 2024년 11월 기준이며 변동될 수 있음.

---

45 운길산 610m 적갑산 560m
　예봉산 683m 문안산 536m

경의중앙선 전동열차 또는 경춘선 전동열차를 이용하여 각 목적지 역에서 하차 후 시내버스 이용

위치 : 경기도 남양주시 조안면·화도읍·와부읍

▲ 운길산 전경　　▲ 팔당역서 본 예봉산

등산코스

운길산
1. 운길산역 2.3km/1시간 → 수종사 0.8km/30분 → 운길산 4.4km/1시간35분 → 새재고개 3.1km/1시간20분 → 예봉산등산로입구

예봉산/적갑산/갑산
1. 상팔당마을 2.8km/1시간50분 → 예봉산 2.1km/50분 → 적갑산 4.4km/1시간30분 → 갑산 2.5km/50분 → 꼭지봉 1km/40분 → 예봉산등산로입구
2. 천주교공원묘지입구 2.3km/1시간 → 승원봉 1.7km/50분 → 율리고개 1.8km/45분 → 예봉산
3. 예봉산등산로입구 3.1km/1시간40분 → 새재고개 3.3km/1시간 → 적갑산
4. 머치(먹치)고개 1.7m/50분 → 갑산 4.4km/1시간30분 → 적갑산

문안산
1. 그린주유소 2.6km/1시간20분 → 문안산 1.9km/10분 → 성보사 0.8km/20분 → 성보사입구

단면도

교통편

운길산
1. 경의중앙선 운길산역 또는 조안보건소까지 도보 이동

예봉산 / 적갑산
1. 경의중앙선 팔당역 - 도보 이동 - 상팔당
2. 경의중앙선 덕소역 또는 도심역 – 예봉산등산로입구(어룡)행 99-2번 마을버스 이용(30분~1시간 배차) – 종점 하차

적갑산/갑산
1. 경의중앙선 덕소역 또는 도심역 – 예봉산등산로입구(어룡)행 99-2번 마을버스 이용 – 종점 하차
2. 경의중앙선 덕소역 또는 운길산역에서 88-3번 시내버스 이용 – 잣나무집정류장에서 하차

고래산 / 문안산
1. 경의중앙선 덕소역·운길산역에서 88-3번 – 잣나무집정류장
2. 경의중앙선, 도농역, 덕소역, 팔당역, 운길산역 등에서 58-3번 땡큐 시내버스 이용 – SK그린주유소정류장 하차
3. 경춘선 대성리역 하차 – 대성리정류장까지 도보이동 58-3번 땡큐 시내버스 이용 – SK그린주유소정류장 하차
   * 88-3번 시내버스 약 1시간 간격 배차 (평일 첫차 06:30, 주말·공휴일 첫차 07:30)
   * 운행구간은 덕소역 ~ 운길산역 순환임.
   * 덕소역 첫차(평일 06:30, 주말·공휴일 07:30)
   * 운길산역 첫차(평일 07:30, 주말·공휴일 08:30)
   * 99-2번 마을버스 약 1시간 간격 배차 (평일 첫차 06:20, 주말·공휴일 첫차 07:20)
   * 기점에서 덕소역까지 약 10분 정도 소요됨
   * 58-3번 평일 45분 간격 배차, 주말·공휴일 1시간 배차
   * 운행 구간은 대성리정류장 ~ 도농역임.
   * 대성리정류장 첫차 04:40(평일 / 주말 / 공휴일)
   * 도농역정류장 첫차 06:50(평일 / 주말 / 공휴일)

■ 북한강과 남한강이 합류하는 양수리 어귀 북한강변에 운길산, 예봉산, 적갑산, 갑산, 문안산이 산줄기를 이루며 솟아 있다. 운길산은 수종사와 더불어 서울 근교의 하이킹 코스로 잘 알려진 곳으로 수종사에서 바라보는 팔당호의 모습은 사찰 전망 중 으뜸이다. 운길산 서쪽에는 팔당 강변으로 급작하게 산자락을 드리우고 있는 적갑산과 예봉산이 있다. 강을 낀 산답게 조망이 훌륭하며, 운길산까지 이어지는 종주 코스가 인기가 있다.

■ 이 산줄기 북쪽으로는 문안산이 서 있다. 맑은날이면 서울의 문안까지 들여다보인다고 붙은 이름처럼 능선과 정상에서 굽이치는 한강이 내려다보이고 병풍처럼 둘러선 경기도의 이름난 산들도 한눈에 들어온다. 문안산 또한 표고가 높지 않고 등반 시간과 코스가 짧아 가벼운 산행에 적합하다.

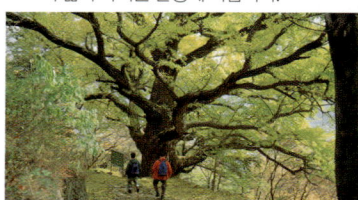
▲ 수종사 은행나무

▲ 팔당호

축제·볼거리

1. 정약용문화제
남양주시 다산 유적지에서는 다산 정약용의 업적과 사상을 재조명하고자 매년 10월경 정약용문화제를 개최한다.
문의)031-591-0667(남양주문화원)

문의
남양주시청 ☎ 031-590-2114

* 시각표는 2024년 11월 기준이며 변동될 수 있음.

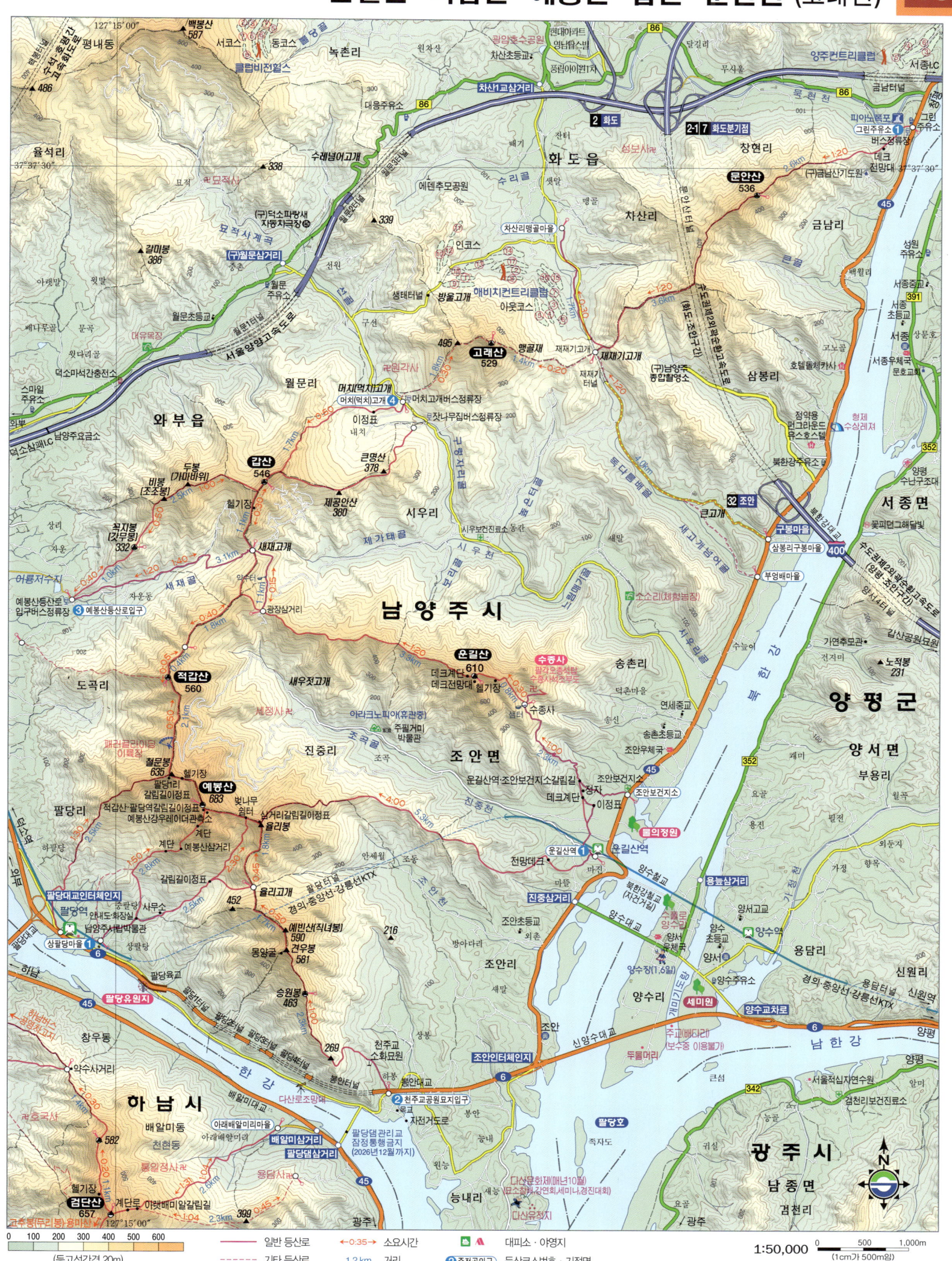

46 용마산·검단산 (청량산·남한산)

경기도편 47

46 용마산 595m 검단산 657m

서울지하철 5호선 또는 하남 시내버스 이용하여 각 목적지로 이동

위치 : 경기도 광주시 남종면, 하남시

▲ 용마산 정상서 본 팔당호

▲ 검단산 정상

등산코스

검단산
1. 산곡초등학교입구 — 2.5km/45분 — 안내판 — 1.2km/20분 — 검단산
2. 월남전참전기념탑 — 2.9km/1시간20분 — 582m봉 — 1.1km/20분 — 검단산
3. 창우동안창모루마을입구 — 2.7km/1시간20분 — 582m봉 — 1.1km/20분 — 검단산
4. 아래배알미리마을 — 2.6km/1시간30분 — 검단산

용마산
1. 삼성리과학동마을 — 3.1km/40분 — 용마산

단면도

검단산 657 — 고추봉(두리봉) 566 — 용마산 595 — 윗도마치
안창모루 — 2.9km — 1.5km — 1.6km — 1.7km

교통편

용마산
1. 서울지하철 2호선 강변역 - 테크노마트정류장에서 13번, 13-2번 시내버스 - 산곡초등학교·검단산입구 정류장, 어진마을정류장, 엄미리정류장 등에서 하차
2. 서울지하철 5호선 하남시청역 - 신장사거리로 도보이동 후 13번, 13-2번 시내버스 - 각 목적지 정류장 하차

검단산
1. 서울지하철 5호선 하남검단산역 - 월남전참전기념탑까지 도보 이동
2. 하남검단산역 4번 출구 버스정류장에서 30번, 30-3번 시내버스 - 산곡초등학교·검단산입구 정류장 하차
3. 상단 용마산 교통편 1번, 2번 참조
   * 30번, 30-3번 시내버스는 상산곡공영차고지가 종점.
   * 13번, 13-2번 시내버스는 서울지하철 5호선·8호선 천호역 3번 출구 버스정류장에서도 이용 가능.

■ 팔당호 서쪽 하남시와 광주시에 걸쳐 검단산과 용마산 능선이 솟아 있는데, 한강을 사이에 두고 운길산, 예봉산과 마주보고 있다. 검단산은 백제 시대 검단선사가 은거했다 하여 검단산으로 불리게 되었다. 산의 규모는 크지 않으나 산세가 가파르며, 산마루에 펼쳐진 억새풀 군락과 산중턱의 노송이 아름답다.

■ 검단산 남쪽으로 이어진 능선 위에는 용마산이 이어져있는데, 일자봉, 거문봉, 갑성봉 등 여러 이름으로 불린다. 두 산 동쪽으로는 굽이쳐 흐르는 한강과 팔당호가 보이고 서쪽으로는 시가지가 펼쳐져 있어, 그다지 높지 않은 고도에도 불구하고 전망이 훌륭하다.

■ 산이 높지 않고 등반 시간이 짧아 종주산행이 일반적이며, 가벼운 산행이나 가족 단위 등반객에게 알맞다. 또한, 서울과 가깝고 교통이 편리하여 주말이면 수도권 등산객들이 많이 찾는다.

축 제 · 볼 거 리

1. 남한산성 문화제
남한산성문화제는 남한산성도립공원이 백제의 도읍지이자 국난 극복의 장소라는 '역사성'에 초점을 둔 축제이다. 매년 9월 열리는 축제로서 주요 행사로는 각종 풍물놀이, 공연, 전시, 체험, 특산물 마당 등이 있다.
문의) 1522-0338(광주시 문화재단)

2. 하남 이성산성 문화제
1989년 광주군 동부읍에서 시로 승격된 후 시민의 날 기념 행사의 일환으로 매년 하남 문화축제를 개최하여 오다가 하남의 지역성과 정체성을 찾고자 축제 명칭을 공모하여 초기 백제의 도읍이라 추정되는 춘궁동 "이성산성"의 이름을 가져와 2003년부터 이성산성 문화재를 개최하여 오고 있다. 축제는 9월 중순에 개최되며, 이성산성과 광주향교를 중심으로 다양한 행사가 진행된다.
문의) 031-790-6114(하남시 콜센터)

▲ 남한산성 남문

문 의

하남시청 ☎ 031-790-6114
광주시 문화재단 ☎ 1522-0338

* 시각표는 2024년 11월 기준이며 변동될 수 있음.

---

48 태화산 642m 백마산 461m 정광산 563m

서울지하철 2호선 강변역 테크노마트정류장에서 노선버스 이용 또는 경강선 전동열차, 에버라인 경전철 이용

위치 : 경기도 용인특례시 처인구, 광주시 도척면·초월읍·오포동

▲ 태화산 은곡사

▲ 백마산 전경

등산코스

태화산
1. 백련암입구 — 1.4km/1시간 — 태화산
2. 유정리바우산골 — 1.5km/50분 — 시어골고개 — 0.7km/30분 — 태화산

백마산
1. 쌍동리도곡마을 — 3km/1시간10분 — 능선갈림길 — 0.4km/15분 — 백마산
2. 산이리점말마을 — 3.2km/1시간25분 — 삼거리봉 — 2km/1시간 — 백마산
3. 대주파크빌1차 — 2.2km/30분 — 448m봉 — 0.6km/15분 — 백마산

정광산
1. 승방터마을(상림1교) — 2.4km/1시간10분 — 노고봉 — 0.6km/15분 — 정광산
2. 용인자연휴양림 — 1.7km/1시간20분 — 바리나무고개 — 2.4km/1시간 — 정광산

단면도

정광산 563 — 태화산 642 — 백련암입구
한국외국어대학교 (글로벌캠퍼스)
1.7km — 3.7km — 1.2km

교통편

정광산
1. 에버라인 경전철 용전철 용인중앙시장역에서 하차 – 3번 출구 용인중앙시장역정류장에서 20번, 89번 시내버스 이용
2. 서울지하철 2호선 강변역 하차 - 테크노마트정류장에서 1113번, 1117번 노선버스 - 외대사거리정류장 하차
   * 20번 시내버스 이용 시 초부리정류장 하차 후 휴양림까지 약 2.3km 도보 이동.
   * 89번 시내버스는 휴양림입구까지 운행.
   * 1117번 버스 한국외대 교내 도서관정류장 하차 가능

백마산
1. 경강선 초월역 - 도곡마을까지 도보 이동
2. 서울지하철 2호선 강변역 하차 - 테크노마트정류장에서 1113번, 1117번 노선버스 - 오포2동행정복지센터정류장 하차 - 대주파크빌1차까지 도보 이동

태화산
1. 경강선 곤지암역 - 도보 이동 - 곤지암터미널
2. 곤지암터미널 - 추곡리행 37-3번, 37-31번, 37-32번, 37-3A번 시내버스 - 작은안나의집정류장 또는 백련암입구정류장 하차
   * 37-3번 시내버스 1일 7회
     (07:00 / 08:15 / 10:10 / 12:30 / 13:30 / 16:30 / 19:25)
   * 37-31번 시내버스 1일 2회(10:50 / 17:50)
   * 37-32번 시내버스 1일 2회(09:20 / 14:40)
   * 37-32번 시내버스는 백련암까지 운행함.
   * 37-3A번 시내버스 1일 1회(20:40)
   * 37-3A번 시내버스는 추곡리 종점까지 편도 운행임
     (곤지암터미널로 복귀 안함).

■ 용인특례시 동북부와 광주시 서남부를 가르며 태화산과 정광산 능선이 달리고 있다. 나지막한 산으로 산세도 아담하고 등반시간이 짧아 가벼운 산행에 알맞다. 개별 산행도 하지만 종주산행을 하는 경우가 더 많다.

■ 정광산 남쪽으로 이어진 능선에는 태화산이 솟아 있다. 태화산 정상 아래 남쪽 자락에는 고려 충숙왕 때 일연선사가 창건했다는 백련암이 있으며, 백련암 대웅전 아래에 있는 장군샘은 등산객들이 식수로 이용하고 있다. 이 두 산 북쪽에 있는 백마산은 광주시의 오포동, 초월읍, 도척면, 세 읍면동에 능선이 뻗고 있다. 서울과 가깝고 교통도 나쁘지 않은 편이라 가벼운 하루 산행에 적합하다.

축 제 · 볼 거 리

1. 광주 왕실 도자기 축제
경기 광주시는 조선 왕실에 도자기를 만들어 진상하던 지역으로 현재 216개소의 가마터가 있다. 이러한 옛 명성과 역사적 배경을 계승·발전시키고자 광주시는 1998년부터 「광주 왕실도자기축제」를 개최하고 있다. 매년 곤지암 도자공원 일대에서 4~5월에 걸쳐 보름 정도 열린다. 도자기 전시, 도자기 만들기, 다양한 민속 행사 및 이벤트가 펼쳐진다.

2. 용인장(김량장)(5, 10일)
용인특례시 김량장동 일원에서 열리며 다양한 지역 농산물과 생활 용품이 판매된다. 또한, 순대, 떡, 튀김 등 다양한 군것질거리를 맞볼 수 있다.

문 의

경기도 광주시청 ☎ 031-760-2000
용인특례시청 ☎ 031-324-2114

* 시각표는 2024년 11월 기준이며 변동될 수 있음.

48 태화산 · 백마산 · 정광산 (발리봉 · 마구산)

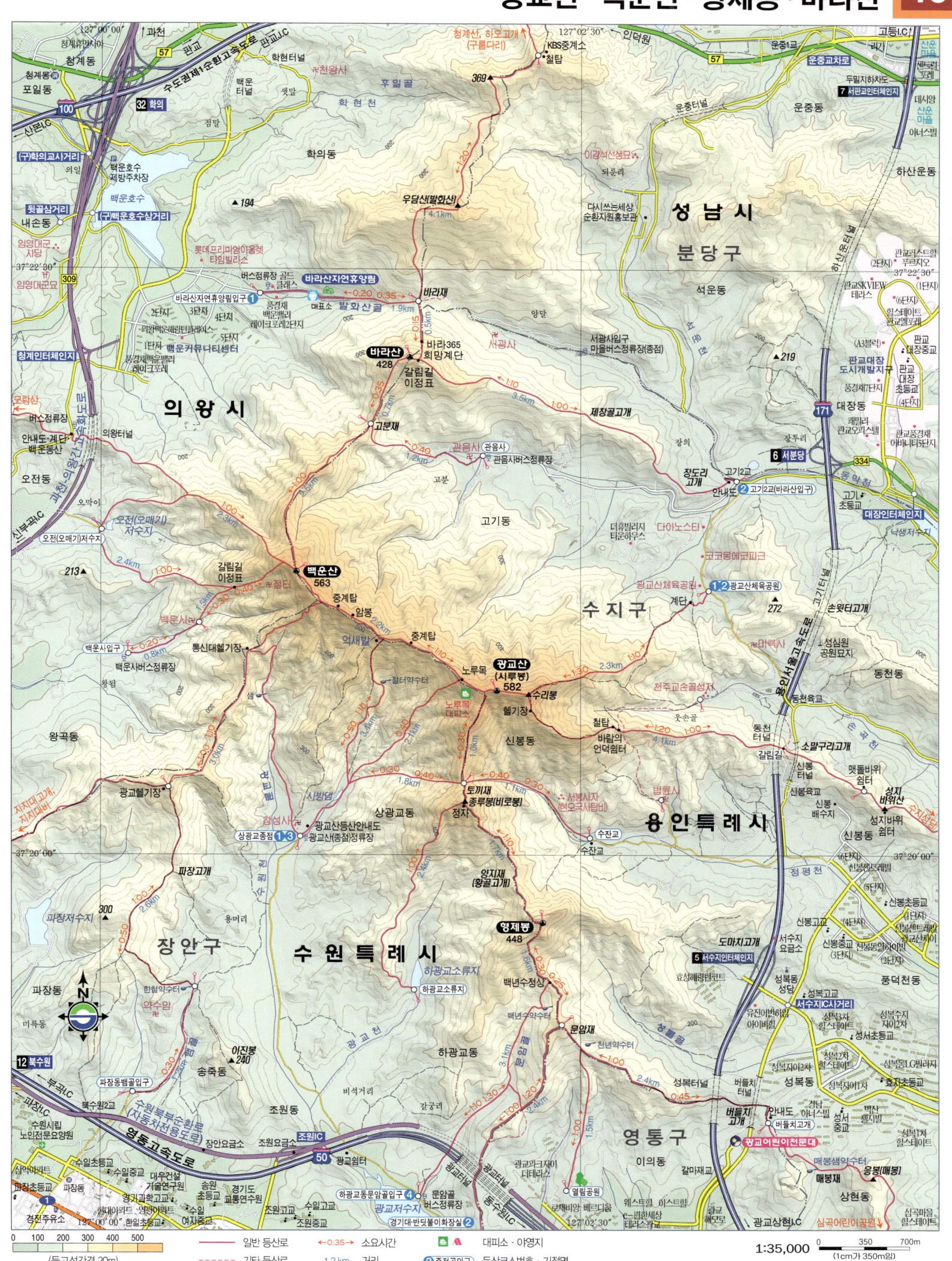

50 경기도편

49 광교산 582m · 백운산 563m · 형제봉 448m · 바라산 428m

수도권 전철1호선, 서울 지하철4호선, 신분당선 지하철을 이용하여 각 출발지역에서 하차 후 도보 이동 또는 시내버스 이용

위치 : 경기도 수원특례시 장안구·영통구, 용인특례시 수지구, 의왕시

▲ 광교산 정상　　　　　▲ 백운산 정상

등산코스

광교산
1. 광교산체육공원 3.7km/2시간40분 광교산 2.2km/1시간10분 백운산 1.5km/30분 백운사 0.8km/20분 백운사입구
2. 경기대·반딧불이화장실 2.4km/1시간20분 문암재 1.6km/30분 형제봉 1.7km/1시간10분 토끼재 1km/30분 광교산
3. 상광교종점 1.8km/40분 토끼재 1km/30분 광교산
4. 하광교동문암골입구 3.1km/1시간30분 형제봉 1.7km/1시간10분 토끼재 1km/30분 광교산

형제봉
1. 상광교동버스종점 1.8km/40분 토끼재 1.7km/1시간10분 형제봉
2. 광교산체육공원 3.7km/2시간40분 광교산 1km/30분 토끼재 1.7km/1시간10분 형제봉

백운산/바라산
1. 바라산자연휴양림입구 2.4km/50분 바라산 0.7km/35분 고분재 2.5km/1시간 백운산
2. 고기2교(바라산입구) 3.5km/1시간10분 바라산 0.7km/35분 고분재 2.5km/1시간 백운산

단면도

교통편

광교산 / 형제봉
1. 수도권 전철1호선 수원역 – 상광교행 13번 시내버스 – 광교산입구정류장(반딧불이화장실), 문암골정류장, 광교산(종점)정류장 등에서 하차
2. 신분당선 광교역 1번 출구 광교역·광교대학로정류장에서 자이·열림공원행 2번, 6번 마을버스 또는 400번 시내버스 – 자이·열림공원정류장 하차
 * 마을버스 색은 노란색임.

백운산
1. 수도권 전철1호선 금정역 6번 출구 금정역버스정류장에서 백운사행 87번 시내버스 – 백운사입구(종점)정류장

바라산
1. 수인분당선 미금역 2, 3, 6, 7번 출구 정류장에서 고기동 관음사행 14번 마을버스 – 관음사(종점)정류장 하차
2. 서울 지하철 4호선 인덕원역 2번 출구 버스정류장에서 바라산휴양림행 5번, 6번 마을버스 또는 인덕원역 6번 출구 버스정류장에서 33번 시내버스 – 백운밸리종점정류장 – 도보 이동 – 바라산자연휴양림
 * 33번 시내버스는 평촌역, 범계역도 경유.

■ 청계산에서 남으로 이어진 능선에 바라산–백운산–광교산–형제봉이 솟아 있다. 이 능선은 수원특례시, 용인특례시, 의왕시, 성남시 등 네 시에 걸쳐 있으며, 산들 모두 고도가 낮고 산세가 평탄하여 가벼운 산행지로 적합하다.

■ 산 정상에 오르면 수원특례시, 성남시, 의왕시 시가지가 발아래 펼쳐지는 전망이 시원하기 그지없다. 개별 산행도 하지만 여러 산을 이은 종주산행을 더 많이 한다. 광교산은 수림이 울창하여 등산 중 삼림욕을 즐길 수 있고, 특히 겨울철의 아름다운 설경이 유명하다

축제·볼거리

1. 수원화성문화제
매년 10월 초순 경에 열리는 축제로서, 세계문화유산 수원화성과 정조대왕을 테마로 특성화

▲ 화성 화서문

된 축제이다. 주요 행사장은 화성행궁, 행궁광장 일대이며, 다양한 프로그램과 행사로 진행된다.

2. 모란장 (4, 9일)
서울지하철 8호선과 수인분당선이 만나는 모란역에서 하차 후 5번 출구로 나가면 만날 수 있는 민속시장이다. 시장은 크게 구시장과 신시장으로 나눌 수 있으며, 도로 하나를 두고 마주하고 있다.

3. 광교호수공원
광교산 아래 남쪽 기슭에 위치한 곳으로 기존에는 저수지였지만, 지금은 수원을 대표하는 명소 중의 하나이다. 공원은 크게 원천호수와 신대호수로 나뉘며, 각각의 호수 둘레에는 다양한 시설과 테마 명소로 조성되어 있다.

문의

수원특례시 문화재단
☎ 031-290-3600
의왕시청
☎ 031-345-2114
용인시특례시청
☎ 031-324-2114

* 시각표는 2024년 11월 기준이며 변동될 수 있음.

---

51 오갑산 609m · 원통산 657m · 국망산 770m · 보련산 764m

중부내륙선KTX, 경강선 전동열차, 시외버스 등을 이용하여 각 출발지로 이동.

위치 : 경기도 여주시 점동면, 충청북도 충주시 앙성면·노은면, 음성군 감곡면

▲ 오갑산 전경　　　　▲ 보련산 만물상

등산코스

오갑산
1. 어우재미술관 2.1km/40분 국수봉갈림길 2.2km/1시간30분 오갑산
2. 오궁리오갑초등학교 4.7km/1시간15분 아홉사리(오갑)고개 0.7km/30분 오갑산

원통산
1. 복상골낚시터 4.0km/1시간30분 원통산

국망산
1. 하남고개 2.5km/1시간20분 국망산 1.6km/40분 둔터고개

보련산
1. 연하리보련마을 3km/1시간20분 보련산 0.9km/20분 성암고개 4.7km/1시간 동암버스정류장
2. 동암버스정류장 4.7km/1시간20분 성암고개 0.9km/20분 보련산 3.4km/1시간30분 하남고개

단면도

교통편

오갑산
1. 경강선 여주역 – 감곡공용정류장행 929번, 929-1번, 929-2번, 929-3번 시내버스 – 성신1리정류장 또는 관한2리정류장 하차
 * 관한2리정류장 하차 시 어우재미술관까지 도보 이동
 * 929번, 929-1번, 929-2번, 929-3번 시내버스는 중부내륙선 감곡장호원역 경유.
 ① 여주역 → 감곡공용정류장
  * 929번 1일 1회(06:00), * 929-1번 1일 1회(13:45)
  * 929-2번 1일 3회(11:25 / 16:50 / 19:50),
  * 929-3번 시내버스 1일 1회(08:10)
 ② 감곡공용정류장 → 여주역
  * 929번 1일 1회(06:55), * 929-1번 1일 1회(14:55)
  * 929-2번 1일 3회(12:35 / 18:10 / 20:50),
  * 929-3번 시내버스 1일 1회(09:20)

보련산 / 국망산
1. 중부내륙선 KTX – 앙성온천역 하차 후 동암버스정류장까지 약 700m 도보 이동
2. 앙성온천역 – 하남고개 또는 둔터고개까지 택시 이용
 ① 판교역 → 충주역(중부내륙선 KTX 1일 4회 운행)
  판교역(08:29 / 12:25 / 16:03 / 19:45)
  부발역(09:00 / 12:56 / 16:34 / 20:16)
  가남역(09:09 / 13:05 / 16:43 / 20:25)
  감곡장호원역(09:16 / 13:12 / 16:50 / 20:32)
  앙성온천역(09:24 / 13:20 / 16:58 / 20:40)
  충주역(09:34 / 13:30 / 17:08 / 20:50)
 ② 충주역 → 판교역(중부내륙선 KTX 1일 4회 운행)
  충주역(06:30 / 10:44 / 14:20 / 17:48)
  앙성온천역(06:40 / 10:54 / 14:30 / 17:58)
  감곡장호원역(06:49 / 11:03 / 14:39 / 18:07)
  가남역(06:57 / 11:11 / 14:47 / 18:15)
  부발역(07:04 / 11:18 / 14:54 / 18:00)
  판교역(07:35 / 11:49 / 15:25 / 18:53)

원통산
1. 동서울종합터미널 – 감곡공용정류장행 1336번 노선버스
2. 감곡공용정류장에서 감곡농협정류장까지 약 300m 도보 이동 – 감곡농협정류장 365번 시내버스 – 오갑초등학교정류장 하차 후 복상골낚시터까지 약 2km 도보 이동
3. 감곡공용정류장에서 왕장리버스정류장까지 약 300m 도보 이동 – 왕장리버스정류장에서 사곡2리 경유하는 문촌리행 780번 마을버스 – 사곡2리정류장 하차
 * 780번 마을버스 기점은 감곡장호원정류장.
 * 감곡장호원정류장에서 왕장리정류장까지 약 5분 소요.
 * 780번 시내버스 1일 5회 (감곡장호원 기준, 07:50 / 11:10 / 14:00 / 16:40 / 17:40)

■ 충주시와 경기도 끝자락에 걸쳐 있는 오갑산 일원은 옛날 고구려와 신라의 접경 지역인 중원 지방으로 전쟁이 잦았던 곳이다. 지금도 오갑산 정상 가까이에는 진터(陣)유적이 남아 있다. 큰 특징이 없는 편이지만 정상 조망이 시원하다.

■ 국망산은 산세가 험준하며, 명성황후가 임오군란 때 피신했던 곳으로 유명하다. 반면 보련산은 산세가 부드럽고 4개의 봉우리로 이루어진 능선의 숲은 울창하다. 보련산 정상에는 보련산성이 있고, 국망산과 원통산도 보인다. 개별 산행은 물론 종주산행도 할 수 있으며 산 아래 앙성온천지구에서 온천욕을 즐길 수 있다.

축제·볼거리

1. 감곡장 (3, 8일)
충청북도 음성군 감곡면 왕장리 일원에 장이 선다. 청결고추와 미백 복숭아가 특히 유명하다.
*무극장(5, 10일), 대소장(3, 8일)
 삼성장(1, 6일), 음성장(2, 7일)

2. 앙성온천지구
충주시 앙성면 능암리와 동산리 일대에 조성된 온천 타운으로 국내 유일의 탄산온천이다. 지하 700m 아래에서 뽑아 올린 온천수로 수온은 25~38℃로 조금은 낮은 편이다. 피로회복과 가벼운 근육통에 좋으며, 피부 미용과 정신적 안정에도 도움을 준다.

문의

음성군청 ☎ 043-871-3114
충주시청 (시민행복콜센터)
☎ 043-120
충주브랜드콜(통합택시콜센터)
☎ 1577-4422

* 시각표는 2024년 11월 기준이며 변동될 수 있음.

오갑산 · 원통산 · 국망산 · 보련산 51

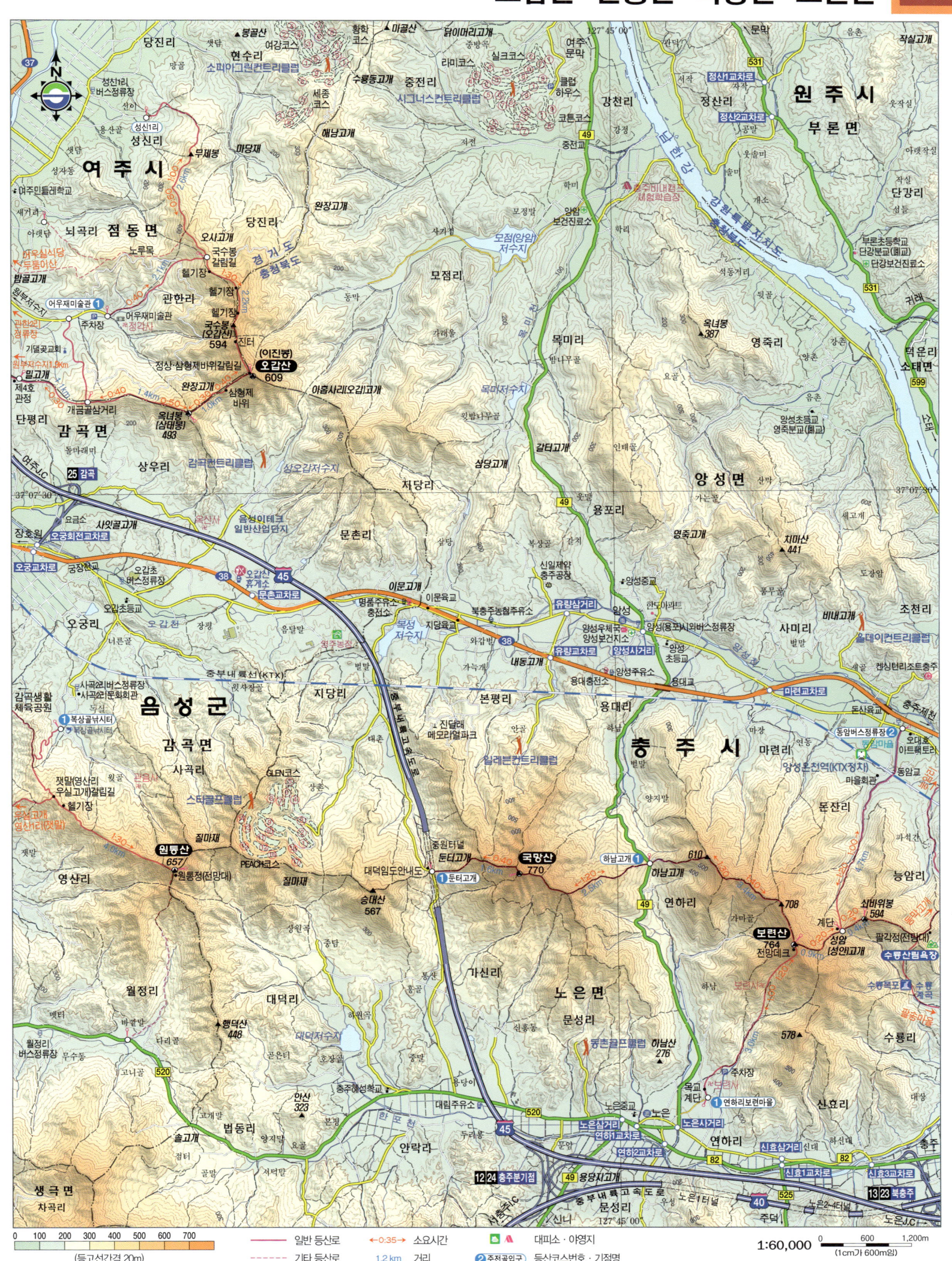

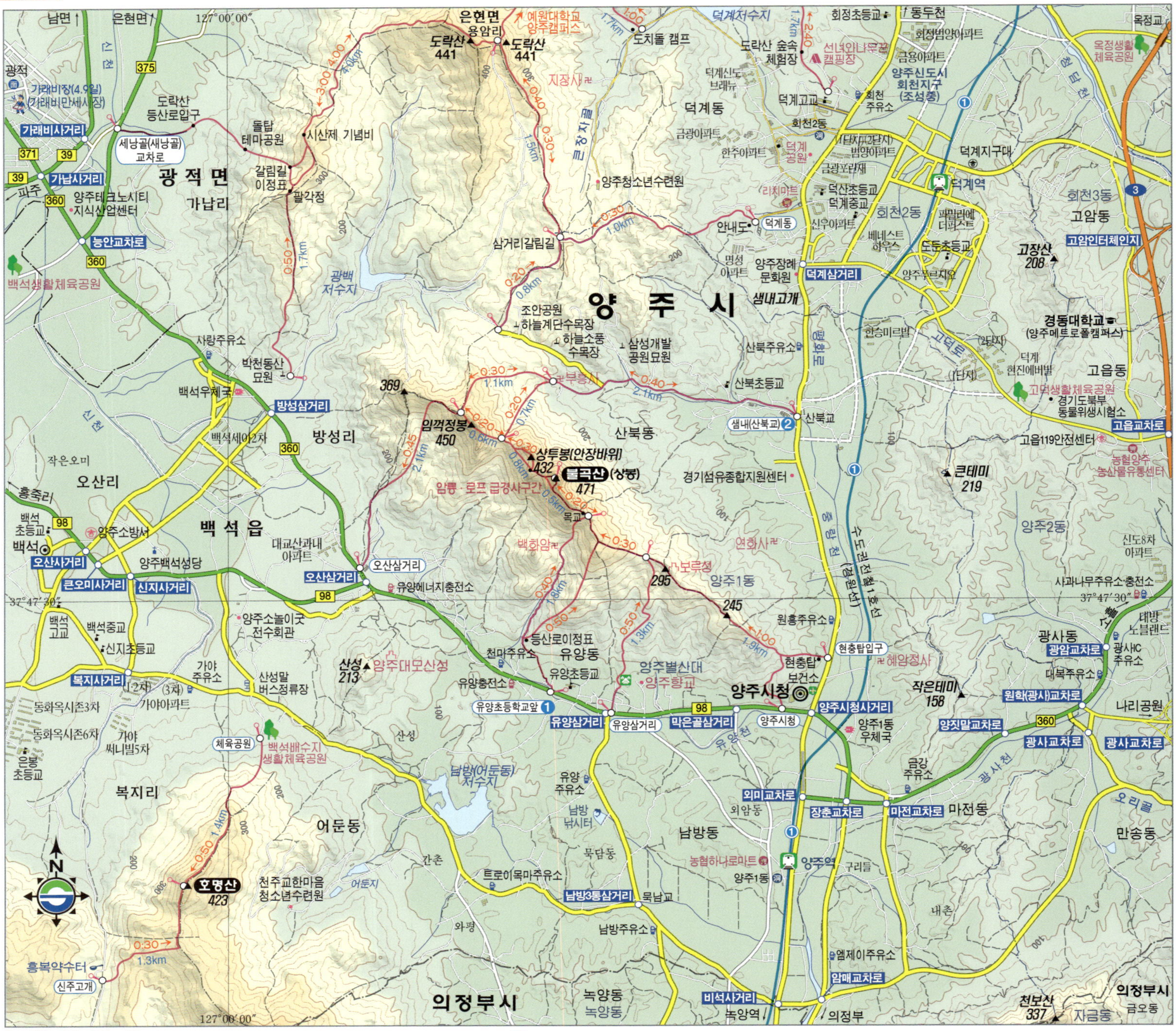

0 100 200 300 400
(등고선간격 20m)

일반 등산로 · 기타 등산로 · ←0:35→ 소요시간 · 1.2 km 거리 · 대피소 · 야영지 · ② 주전골입구 등산코스번호 · 기점명

1:40,000 0 400 800m (1cm가 400m임)

52 불곡산 471m

수도권 전철 1호선 이용 후 각 목적지행 시내 또는 마을버스 이용.

위치 : 경기도 양주시

등 산 코 스

불곡산

① 유양초등학교앞 — 2.3km/1시간 — 불곡산

② 샘내(산북교) — 2.1km/40분 — 부흥사 — 1.1km/30분 — 임꺽정봉 — 1.4km/50분 — 불곡산

*하산은 불유리 쉼터에서 450m봉을 거쳐 방성리로 하산하거나 북쪽 부흥사 를 거처 산북동으로 하산할 수도 있다.

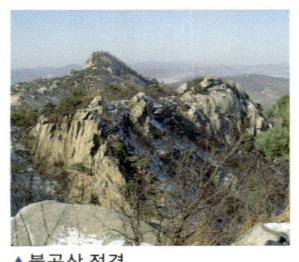

▲불곡산 전경

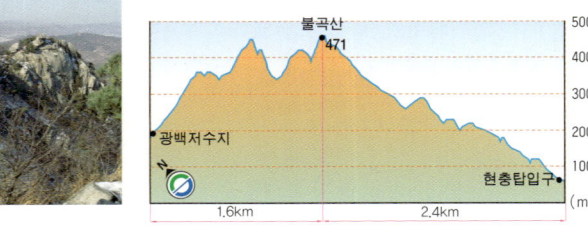

단 면 도

교 통 편

불곡산

1. 수도권 전철 1호선 양주역 – 유양초등학교행 시내 · 마을버스 – 유양초등학교정류장
2. 양주역 – 샘내(산북교)행 시내 · 마을버스 – 샘내(산북교) 정류장
3. 양주역 – 양주시청행 시내 · 마을 버스 – 양주시청정류장
4. 수도권지하철 1 호선 덕계역 1번 출구에서 리치마트까지 약1km 도보 이동

호명산

1. 수도권 전철 1호선 녹양역 – 1번 출구 녹양역서부광장 버스정류장에서 홍죽리 차고지행 5번 시내버스 – 산성말 정류장 하차 후 공원까지 도보 이동

■불곡산은 의정부시 북쪽, 양주시 산북동에 위치한 산으로 불국산으로도 불린다. 주 능선이 암릉으로 이뤄져 있고 산의 북쪽은 기암절벽을 이뤄 산세가 자못 걸상하다. 가을 단풍이 바위와 어우러져 마치 설악의 한 곳을 옮겨다 놓은 듯 경관이 빼어나다. 서울과 가깝고 인적도 드물어 호젓한 하루 산행에 알맞은 코스이다. 산 남쪽 기슭의 백화암 절 마당에 있는 수백 년 된 느티나무는 이 절의 또 다른 명물이다.

축 제 · 볼 거 리

1.양주 천만송이 천일홍 축제

매년 9월 초순~중순 사이에 열리는 축제로서, 주 행사장은 양주시 광사동에 위치한 나리농원이다. 행사장은 천일홍부터 가우라, 핑크뮬리, 칸나, 꽃댑싸리, 코스모스, 장미 등 10여 종 이상의 꽃들로 구성되어 있어 주말 가벼운 나들이뿐만 아니라 소풍 장소로도 많은 사람들이 찾는다.

문 의

양주시청 ☎ 031-8082-4114

* 시각표는 2024년 11월 기준이며 변동될 수 있음.

팔봉산 · 소리산 53

53 팔봉산 327m · 소리산 480m

위치: 강원특별자치도 홍천군 서면, 경기도 양평군 단월면

청춘열차ITX, 경경선 전동열차 또는 시외버스 이용 후 농어촌버스, 마을버스 이용

등산코스

팔봉산
① 팔봉교매표소 — 1.1km/45분 — 3봉 — 1.1km/50분 — 8봉

소리산
① 소리산소금강 — 1.7km/55분 — 소리산 — 0.9km/40분 — 소리산팜빌리지
② 소향산장입구(돌고개마을) — 1.8km/1시간30분 — 소리산

단면도

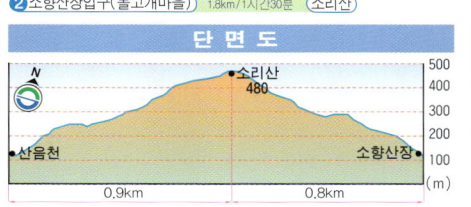

교통편

팔봉산
1. 홍천종합버스터미널 — 북방면(반곡리)행 농어촌버스 — 팔봉산입구정류장
   * 북방면(반곡리)행 농어촌버스 (1일 2회, 09:30/15:30)
2. 경춘선 춘천역 — 중앙시장입구정류장 도보 이동
3. 중앙시장입구정류장 — 남산 1-1, 남산2, 남산2-1 마을버스 — 팔봉산관광지정류장 하차
   * 남산 1-1번 (1일1회, 10:50)
   * 남산2번 (1일4회, 09:00 / 11:25 / 14:50 / 20:35)
   * 남산2-1번 (1일 2회, 06:45 / 17:10)
4. 춘천시외버스터미널 이마트 건너편 시내버스정류장 — 소노벨비발디파크행 현대교통800번 — 팔봉산관광지 하차
   * 소노벨비발디파크행 현대교통 800번 버스
   (1일 7회, 09:00/10:30/11:30/14:30/16:10/18:50/20:40)

▲ 팔봉산 3봉

■ 홍천강이 홍천군 서면에 접어들면서 여덟 개의 암봉군을 휘감아 도는데, 이곳이 홍천 제일명승지인 팔봉산이다. 산이 낮으나 바위 봉이 절벽단애를 이루고 산 아래로 홍천강이 흐른다. 산행시간은 짧지만 바위가 많아 쉽지 않은 코스이다.

*12월부터~3월 결빙기·해빙기 기간 등산로 폐쇄.

■ 소리산은 경기도 양평군 북쪽 끝자락에 자리잡고 있다. 아담하지만 경사가 급하고 산세가 험준하며, 경치가 아름다워 소금강으로도 불렸다. 정상 주위는 바위이고 서쪽은 절벽이며, 계곡은 단애 협곡이다. 석산(용소)은 절경으로 유명하다.

문의

팔봉산관광지 관리사무소
☎ 033-434-0813, 430-4281
팔봉산 매표소 ☎ 430-430-4286
양평군청 ☎ 031-770-2114

* 시각표는 2024년 11월 기준이며 변동될 수 있음.

54 양자산 · 앵자봉 · 관산

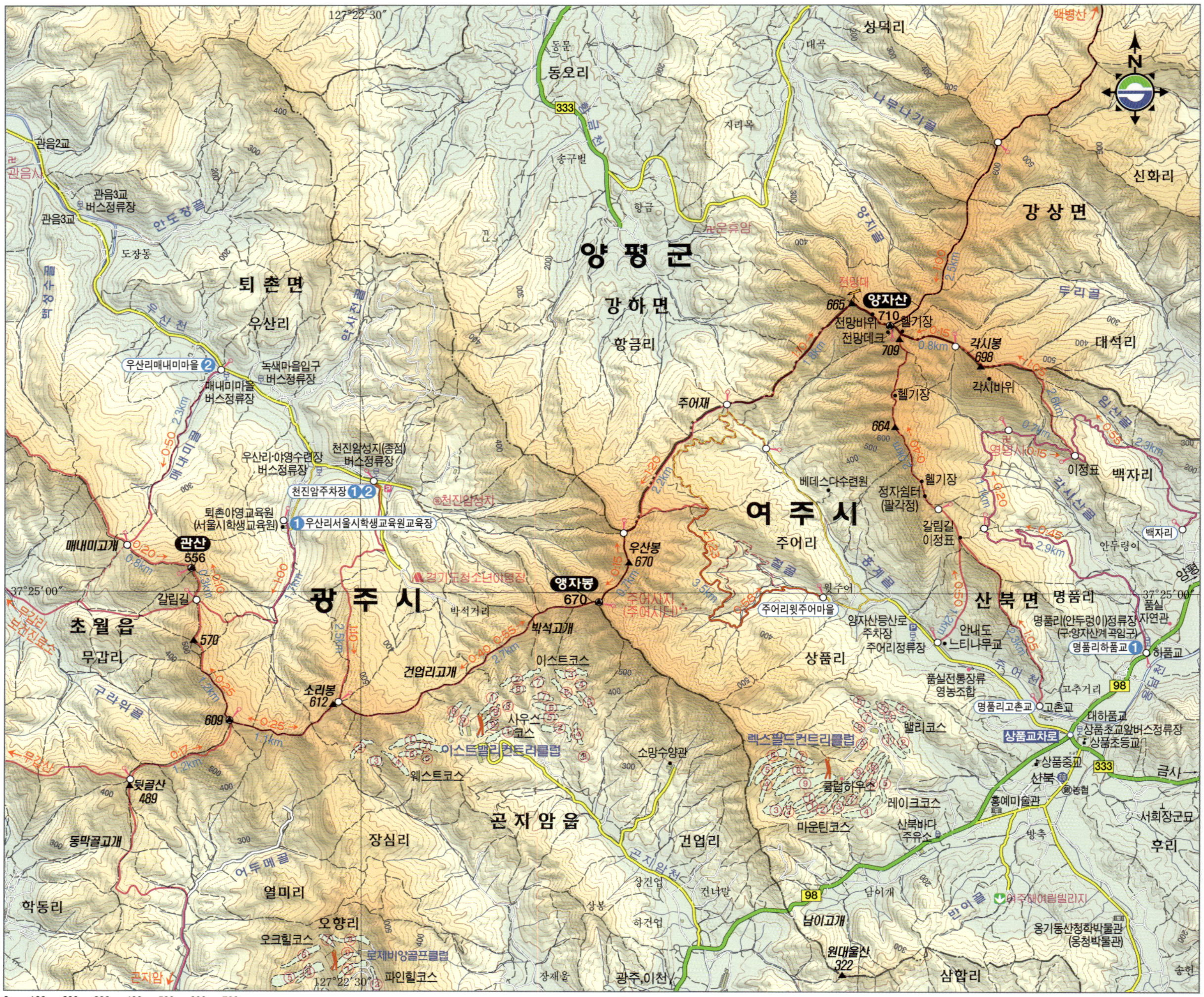

0 100 200 300 400 500 600 700 (등고선간격 20m)

일반 등산로 / 기타 등산로 / ←0:35→ 소요시간 / 1.2 km 거리 / 대피소 · 야영지 / ②주전골입구 등산코스번호 · 기점명

1:50,000 (1cm가 500m임)

54 양자산 710m 앵자봉 670m 관산 556m

서울지하철 2호선 강변역 또는 경강선 열차 이용 후 터미널에서 각 목적지행 노선버스 이용

위치 : 경기도 광주시 퇴촌면, 양평군 강하면, 여주시 산북면

등산코스

양자산

① 명품리하품교 — 4km/1시간5분 — 영명사 — 4.1km/1시간35분 — 양자산

앵자봉

① 천진암주차장 — 4.4km/2시간 — 우산봉 — 0.7km/15분 — 앵자봉

② 천진암주차장 — 2.5km/1시간10분 — 소리봉 — 2.7km/55분 — 앵자봉

관산

① 우산리서울시학생교육원교육장 — 1.7km/1시간 — 갈림길 — 0.3km/10분 — 관산

② 우산리매내미마을 — 2.3km/50분 — 매내미고개 — 0.8km/20분 — 관산

▲양자산 전경

단면도

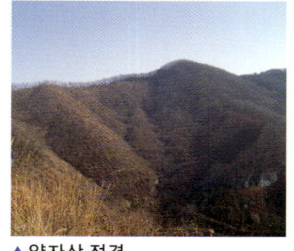

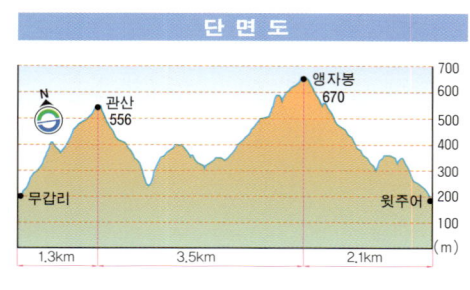

교통편

앵자봉 / 관산

1. 서울지하철 2호선 강변역 – 테크노마트정류장 – 퇴촌면 녹색마을행 13–2번 시내버스– 매내미마을 · 녹색마을입구(종점)정류장 – 천진암 성지까지 약 1.5km 도보 이동
2. 서울지하철 3호선 · 신분당선 양재역 – 9번 출구 버스정류장 퇴촌면 관음3교 종점행 3800번 – 관음3교(종점)정류장
   * 13–2번 시내버스, 3800번 노선버스 수시 운행
3. 경강선 경기광주역 – 1번 출구 버스정류장 – 천진암 성지행 12번 마을버스 – 천진암 성지(종점)정류장
   * 12번 마을버스 시간표 (광주시차량등록사업소 기준)
   * 평일 1일 15회 (06:55 / 07:35 / 08:15 / 09:10 / 10:05/ 11:10 / 12:10 / 13:00 / 14:00 / 14:55 / 15:45 / 16:30 / 17:40 / 18:50 / 19:30)
   * 주말 . 공휴일 1일 10회(06:55 / 08:30 / 09:45 / 11:20 / 12:40 / 14:15 / 15:15 / 16:40 / 18:10 / 19:35)
   * 기점은 광주시차량등록사업소이며, 차량등록사업소에서 경기광주역까지는 약 5분 정도 소요.
   * 천진암성지 회차 막차 – 평일 20:32, 주말 · 공휴일 20:35

양자산

1. 경강선 곤지암역 – 곤지암역 1번 출구 버스정류장 – 양평터미널행 945번 시내버스(1일 3회, 09:05 / 13:00 / 16:00), 946번 시내버스(1일 3회, 07:35 / 14:35 / 17:35), 948A 시내버스(1일 1회, 19:45) – 상품초교앞버스정류장 하차

■ 서울의 동남쪽 양평군과 광주시, 여주시, 이 세 시군에 걸쳐 산줄기를 뻗으며 앵자봉–양자산–관산이 솟아 있다. 수도권 근교이면서도 인적이 드물고 산세가 완만하여 조용한 주말 산행지로 알맞은 곳이다. 앵자봉의 북쪽 기슭에는 한국 천주교 발상지인 천진암 성지가 자리하고 있어 천주교 신자가 아니더라도 천진암 성지를 둘러보고 산행을 겸할 수 있는 가족 산행지로 인기가 높다.

■ 동서로 양자산과 관산이 솟아 있는데, 양자봉은 이렇다 할 특징이 없고, 참나무와 잡목이 울창하다. 특히 잡목 숲은 길을 잃기 쉬운 코스라 주의가 필요하다. 능선과 등반 시간이 길지 않아 세 산을 잇는 종주산행이 일반적인 코스이다.

축제 · 볼거리

1. 여주장(5, 10일)

경기도 여주시 일원의 5일장으로 연원을 따지면 고려 시대까지 거슬러 올라가는 유서깊은 시장이다.

문의

양평군청 ☎ 031-770-2114
경기 광주시청 ☎ 031-760-2000
여주시청 ☎ 031-887-2114

* 시각표는 2024년11월 기준이며 변동될 수 있음.

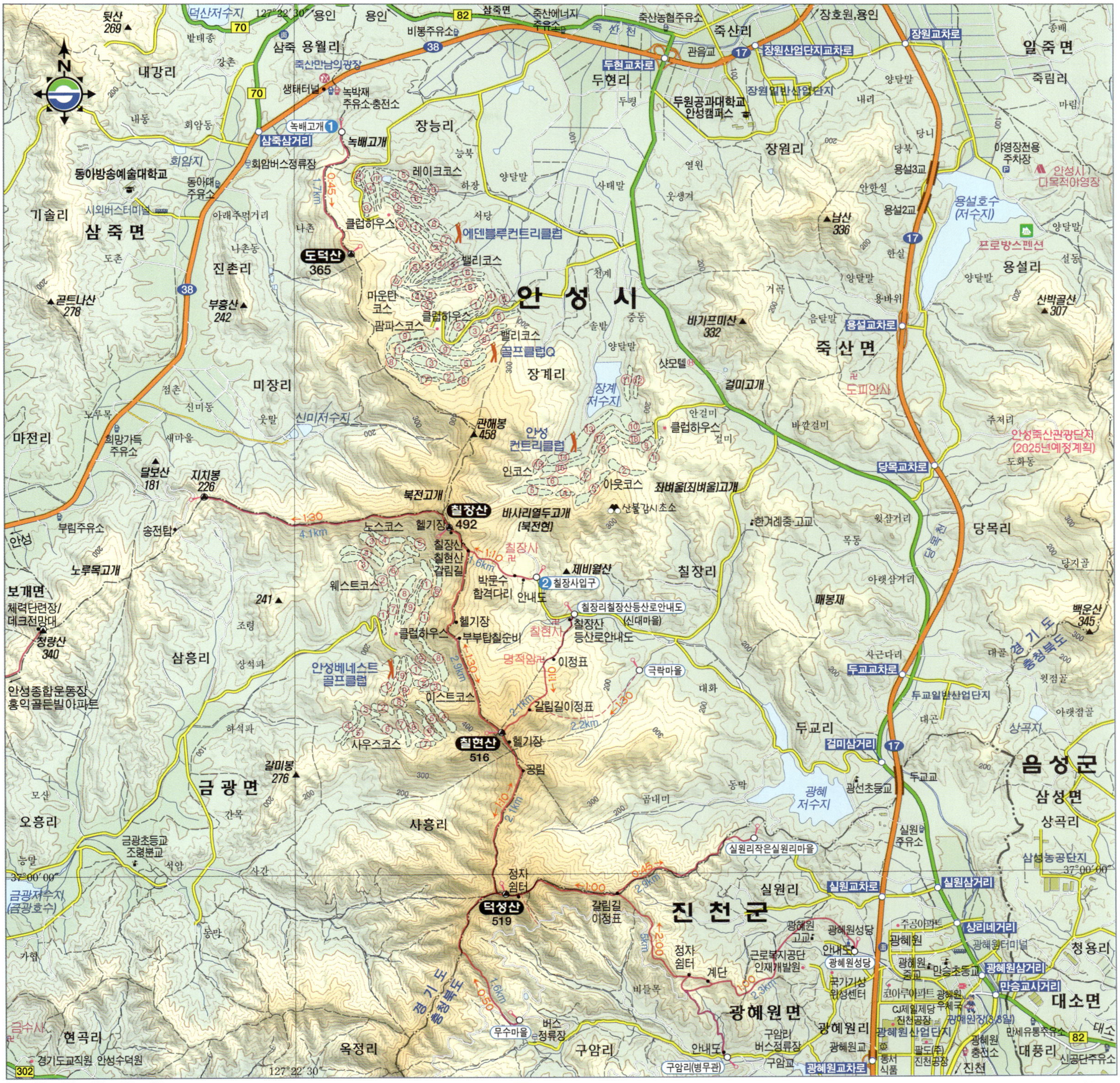

칠장산·칠현산 (덕성산) 55

55 칠장산 492m | 칠현산 516m

동서울종합터미널 또는 서울남부터미널에서 시외버스 이용 후 도보이동 또는 각 목적지행 시내버스 이용

위치 : 경기도 안성시 죽산면·금광면·삼죽면

등산코스

칠장산/칠현산
① 녹배고개 — 1.7km/45분 — 도덕산
② 칠장사입구 — 1.6km/1시간10분 — 칠장산 — 2.9km/1시간30분 — 칠현산 — 2.1km/1시간10분 — 덕성산 — 5.0km/2시간 — 구암리(병무관)

▲ 칠장산에서 본 골프장/장계저수지

단면도

교통편

칠장산 / 칠현산 / 덕성산
1. 동서울종합터미널·서울남부터미널행-죽산시외버스터미널행 시외버스 – 죽산시외버스터미널에서 칠장리행 3-2번 버스 – 칠장리(칠장사)종점 하차
   * 3-2번 시내버스(1일 4회, 06:30/09:30/13:00/18:30)
2. 동서울종합터미널·서울남부터미널 – 광혜원터미널행 시외버스 – 광혜원터미널에서 구암리행 570번 농어촌버스 – 구암리 또는 무수정류장 하차
   * 570번 농어촌버스 1일 3회(08:20 / 15:20 / 17:30)
3. 덕성산 등산 · 출발지일 경우 광혜원터미널에서 광혜원성당(1.5km), 구암리(병무관)(3km), 무수마을(5km)까지 도보

도덕산
1. 동서울종합터미널·서울남부터미널 – 동아방송예술대학교 시외버스터미널행 시외버스 – 학교 하차 후 회암버스정류장 방향으로 도보 이동

- 칠장산은 안성시 죽산면, 금광면, 삼죽면, 세 면에 걸쳐 있는 나지막한 산으로, 칠현산, 덕성산과 같은 능선에 이어져 있다. 예전에는 칠현산의 일부였으나 조선 후기에 세도가의 사유지가 되면서 독립된 산이 되었다.

- 숲이 울창하고 아름다우며, 산이 높지않아 가벼운 산행에 알맞으며 임꺽정이 머물렀다는 칠장사는 이 산의 명물이다. 칠장사 방면에서 등반하는 것이 일반적이나, 칠장산–칠현산–덕성산을 잇는 종주산행도 인기있는 등반 코스이다.

문 의
안성시청 ☎ 031-678-2114

* 시각표는 2024년 11월 기준이며 변동될 수 있음.

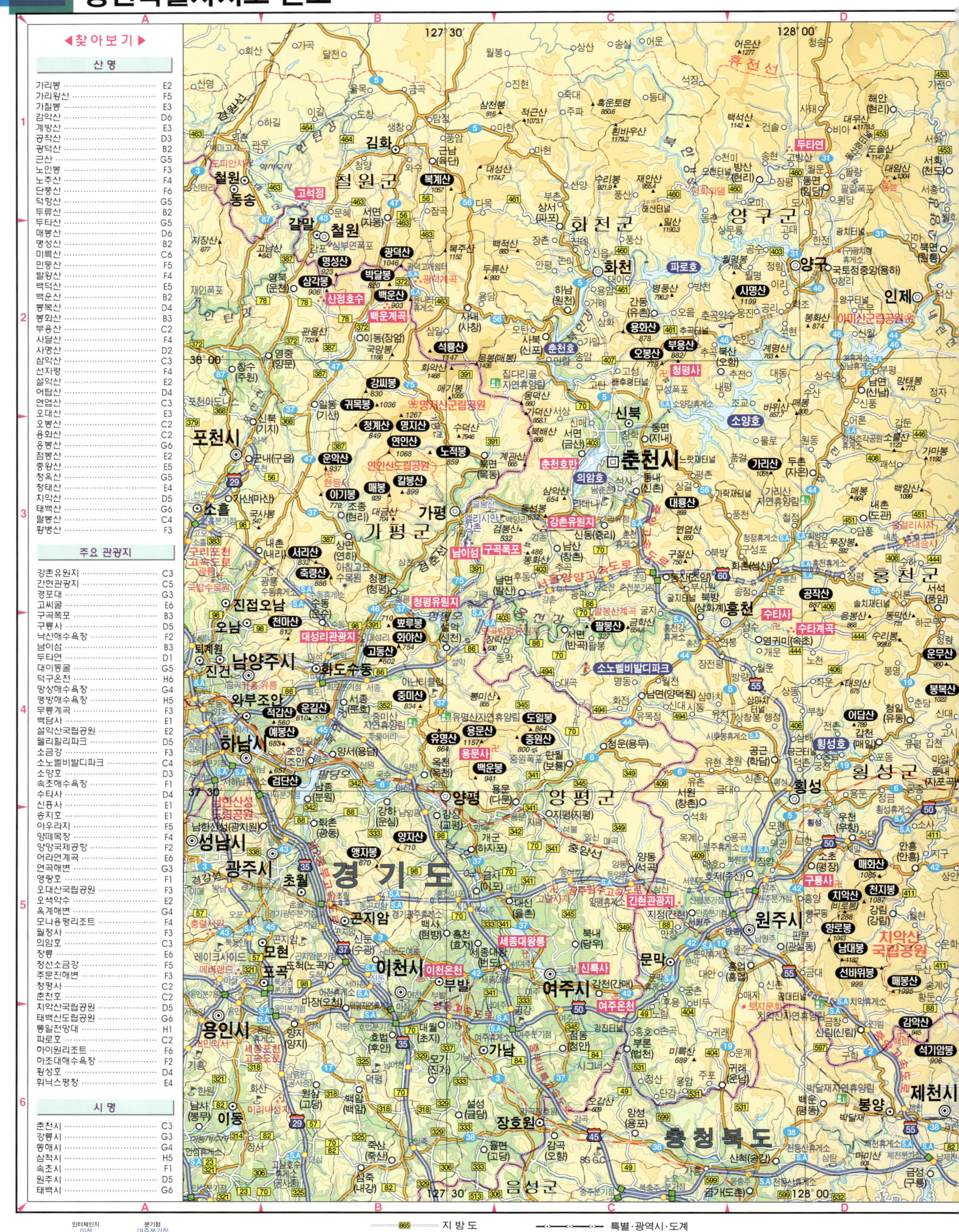

58 설악산 (곰배령·귀때기청봉)

설악산 59

60 설악산 주요부

설악산 주요부

강원특별자치도편

58 설악산 1708m · 곰배령 1164m

고속·시외버스 이용하여 목적지 터미널로 이동 후 각 목적지행 시외·시내버스 이용

위치 : 강원특별자치도 속초시, 양양군 서면
인제군 인제읍·기린면·북면

▲ 설악산 용아장성릉

▲ 점봉산 흘림골 기암군

등산코스

설악산
① 설악동 2.5km/50분 [비선대] 3.8km/2시간20분 [양폭대피소] 3.4km/3시간20분 [소청봉] 1.2km/55분 [대청봉]
② 백담분소 7.4km/2시간 [백담탐방] 6.7km/3시간 [오세암] 4km/3시간20분 [봉정암] 1km/1시간10분 [소청봉] 1.2km/55분 [대청봉]
③ 남설악탐방지원센터 2.8km/2시간30분 [설악폭포] 2.6km/2시간10분 [대청봉]
④ 십이선녀교 5.3km/3시간10분 [두문폭포] 3.5km/2시간35분 [대승령] 6.5km/3시간30분 [귀때기청봉] 7.3km/4시간20분 [대청봉]

곰배령
① 점봉산생태관리센터 5.1km/2시간50분 [곰배령]
② 설악산국립공원점봉산분소 4.1km/2시간20분 [곰배령]

단면도

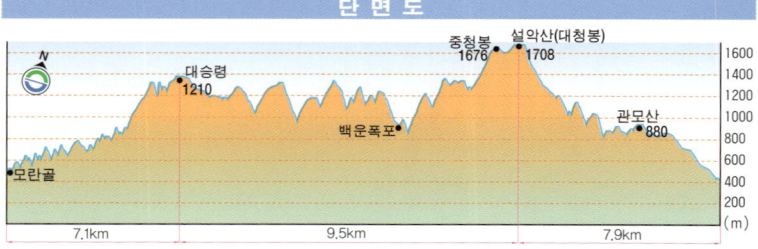

교통편

설악산
1. 동서울터미널 – 현리행 시외버스 – 속초시외버스터미널 – 7번, 7-1번 시내버스 이용 – 설악산 소공원
2. 동서울터미널 – 한계령 경유 속초행 시외버스 – 한계령 휴게소
3. 서울강남터미널·동서울터미널 – 고속버스 이용 – 속초 고속버스터미널 – 7번, 7-1번 시내버스 – 설악산소공원
4. 동서울터미널 – 시외버스 – 백담사정류장 하차 후 백담사 매표소까지 도보 이동 – 백담셔틀버스(유료) 이용
 * 백담사 구간버스 운행시간은 계절별(월별)로 다르므로 사전 확인 필수(문의: 033-462-3009, 용대향토기업)
 * 속초로 이동 시 시외터미널인지 고속터미널인지 사전에 꼭 확인 요망.

곰배령
1. 동서울터미널 – 시외버스(1일 6회) – 현리시외버스터미널
2. 현리터미널 – 귀둔 경유(윗길) 인제행 농어촌버스(1일 6회) – 귀둔정류장 하차 – 점봉산분소까지 도보 이동
 *(07:15 / 09:00 / 11:00 / 13:40 / 16:30 / 19:00)
3. 현리터미널 – 곰배령(점봉산분소)행 농어촌버스
 *(1일 2회, 13:00 / 17:20)
4. 현리터미널 – 진동리종점행 하늘내린 마을버스(1일5회) – 종점정류장 – 점봉산림생태관리센터까지 도보 이동
 *(06:20 / 09:00 / 12:40 / 15:20 / 18:10)

■ 대청봉을 정점으로 무수히 뻗어 내린 산줄기와 골짜기 어디를 보아도 범상치 않고 빼어나지 않은 구석이 없어 그야말로 천하의 명산. 절경을 한데 모아 놓은 듯한 산악미의 극치를 이루고 있는 설악산은 북의 금강산과 쌍벽을 이룬다. 최고봉인 대청봉은 해발 1708m로 남한에서 세 번째로 높은 봉우리인데 그 북서지역을 내설악, 북동지역을 외설악으로 크게 나누고 남쪽 장수대와 오색지역을 남설악이라 하여 설악을 3개 지구로 구분 짓고 있다.

■ 설악산 북동쪽 능선의 동부 일대 모든 지역을 외설악이라 한다. 속초시, 양양군, 고성군 등 3개 시군에 걸쳐 있어 산과 바다를 동시에 즐길 수 있고 교통, 숙박 등 부대 시설이 많아 내설악보다 많은 관광객들이 모인다. 외설악의 경승지로는 신흥사를 비롯하여 비선대, 금강굴, 비룡폭포, 토왕성폭포 등이 있다. 특히 비선대에서 시작되는 천불동계곡은 협곡을 이룬 계곡 양안에 숱한 바위봉이 솟아 마치의 천 개의 불상이 들어선 것 같아 붙여진 이름이다. 설악골, 용소골, 음폭골 등 험난한 지류를 거느리며 오련폭포, 천당폭포 등이 걸려 있어 계곡미의 극치를 이뤄 내설악의 수렴동과 쌍벽을 이루고 있다.

▲ 비선대

■ 신흥사에서 서북쪽 계곡을 따라 1시간 정도 올라가면 우리나라 최대 바위인 울산바위에 이른다. 일명 천후산이라고도 불리는 울산바위는 둘레가 4km, 높이는 950m에 달하며 계단 등산로를 이용해 오를 수 있다.

▲ 울산바위

■ 계조암은 울산바위 아래 암굴 속에 자리 잡은 암자로 신라 진덕여왕(652년) 자장율사가 건립했다. 이 암굴은 동산, 지각, 봉정 세 조사가 수도 했던 곳으로 의상. 원효 두 조사에게 계승케 했다고 하여 계조암으로 불린다. 계조암 앞에는 한사람이 밀때나 여러 사람이 밀때나 똑같이 흔들린다는 흔들바위가 있는데 여기서 바라보면 울산바위와 달마봉. 권금성 등이 한눈에 들어온다.

▲ 계조암

■ 설악동 소공원에서 천불동계곡을 따라 2km 가량 올라가면 넓은 암반과 폭포수가 어우러진 계곡 양안에 하늘을 찌를 듯이 솟아 있는 암봉이 있는데 이곳이 바로 신선이 하늘로 날아갔다는 비선대이다. 천불동계곡을 따라 대청봉에 오르는 등산로가 이곳부터 본격적으로 시작된다.

▲ 설악(권금성) 케이블카

■ 소공원에서 케이블카를 이용해 올라가는 해발 800m의 봉우리로 정상에 약 80 간이나 되는 넓은 암석이 있고 이곳을 중심으로 길이 약 2.1km의 산성이 있다. 신라 시대에 권씨, 김씨 성을 가진 두사람이 난을 피하기 위하여 이 성을 쌓았다고 전해지는데 이곳에 오르면 외설악 일대가 한눈에 들어온다. 지금은 설악(권금성)케이블카가 1100m의 거리를 수시로 운행하고 있다. (이용문의 : 033-636-4300)

■ 소공원에서 비룡교를 지나 계곡을 따라 올라가면 육담폭포가 나온다. 이곳에서 토왕성폭포로 가는 길을 따라 오르면 약 40m의 절벽에서 커다란 소로 떨어지는 힘찬 물줄기를 볼 수 있는데 이것이 비룡폭포이다. 전설에 의하면 폭포수에 사는 용에게 처녀를 바쳐 교룡을 하늘로 올려 보냄으로써 심한 가뭄을 면했다 하여 비룡폭포로 불렸다 한다. 토왕성폭포는 설악을 대표하는 3대 폭포 중 하나이다. 비룡폭포에서 남서쪽으로 깎아 세운 듯한 절벽 바윗길을 지나 올라가면 탁 트인 골짜기에서 떨어지는 거대한 물줄기를 만나게 된다. 토왕성폭포는 석가봉, 문주봉, 노적봉, 보현봉 등의 암벽들이 병풍처럼 둘러친 한 가운데를 3단을 이루며 떨어지는 연폭으로 겨울철이면 거대한 수직 빙벽에 도전하는 산악인의 발길이 끊이지 않는 곳이다.

강원특별자치도편

▲ 비룡폭포

■ 해발 1708m의 대청봉은 설악산의 주봉으로 내·외설악의 분계선이 되며 중청봉과 소청봉이 이웃하여 솟아 있다. 정상 일대는 가을부터 늦봄까지 눈이 덮인 채 기온이 낮고, 바람이 거세 눈잣나무, 전나무, 주목 등이 자라지 못하고 지면에 퍼져 있는 모습이 특이하다. 봄철에 철쭉이 온 산을 붉게 수놓고 겨울에는 고사목과 함께 펼쳐지는 설경이 장관을 이룬다. 대청봉은 산행에도 중요한 포인트가 되는 곳으로 화채봉능선, 천불동계곡, 봉정암으로 갈라지는 분기점이 된다.

▲ 대청봉

■ 내설악 대청봉에서 미시령으로 이어지는 북주릉과 안산으로 이어지는 서북주릉이 감싸고 있는 대청봉 서북 지역을 내설악이라 한다. 내설악의 대표적인 계곡은 수렴동계곡, 가야동계곡, 귀때기골, 십이선녀탕계곡 등으로 폭포와 담이 연속되어 계곡미의 극치를 이룬다.

▲ 옥녀탕

■ 내설악의 장수대로 들어가는 입구 장수1교 다리 옆 계곡으로 5분 거리에 있는 조그만 폭포와 담으로 옥녀봉에서 흘러내린 물줄기가 이곳에서 세 번 꺾이면서 폭포가 된다. 이때 위에서 두 번 꺾이는 것은 작은 폭포이고 세 번째 꺾여 떨어지는 것이 옥녀폭포이고 폭포가 떨어지는 옥석같은 담을 옥녀탕이라고 한다. 하늘벽은 장수대 휴게소 아래쪽 장수교 바로 옆에 있는 병풍처럼 펼쳐진 바위벽으로 높이와 폭이 보는 사람들로 하여금 중압감을 느끼게 한다.

■ 한계령은 내설악과 외설악의 경계를 이루는 고개로 고갯마루 동쪽은 오색령, 서쪽은 한계령이라고 부른다. 고개 정상에는 한계령 휴게소가 있고, 이곳에서 내려다 보는 설악의 풍경은 또다른 설악산의 맛을 느끼게 한다. 한계령 휴게소 뒤편 언덕 위에는 1973년 6월에 준공된 설악루가 있다.

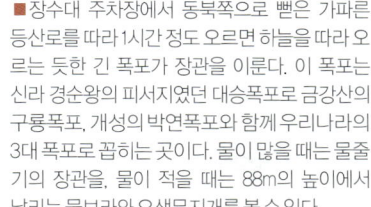
▲ 한계령 휴게소

■ 십이선녀탕 계곡은 원통에서 백담사 입구로 가는 중간 지점인 남교리에서 시작되는 계곡으로 북천을 건너 안산까지의 8km 계곡에 이어지는 폭포와 담소(潭沼)들이 주변의 산경과 조화를 이뤄 절경을 이루고 있는 곳이다. 선녀들이 내려와 목욕을 했다는 전설이 있기도 하다.

■ 점봉산 북서쪽, 한계령 너머에 있는 가리봉은 인적이 드물어 태고의 정취가 물씬 풍긴다. 산세가 험준하고, 가리봉을 위시한 주걱봉, 삼형제봉 등이 우뚝 솟아 있다. 산의 남서쪽으로는 필례약수와 필례계곡이 유명하고, 남쪽으로 흘러내리는 계곡은 하추리(下楸里)일대에서 좋은 경관을 이루고 있다.

■ 장수대 주차장에서 동북쪽으로 뻗은 가파른 등산로를 따라 1시간 정도 오르면 하늘을 따라 오르는 듯한 긴 폭포가 장관을 이룬다. 이 폭포는 신라 경순왕의 피서지였던 대승폭포로 금강산의 구룡폭포, 개성의 박연폭포와 함께 우리나라의 3대 폭포로 꼽히는 곳이다. 물이 많을 때는 물줄기의 장관을, 물이 적을 때는 88m의 높이에서 날리는 물보라와 오색무지개를 볼 수 있다.

▲ 대승폭포

■ 대청봉 남쪽의 오색지역을 남설악이라 부르는데 오색천의 여러 지류와 수려한 산세는 내·외설악에 버금가는 경관을 지니고 있다. 특히 남설악 남쪽의 점봉산에서 흘러내리는 주전골의 깊은 계곡은 남설악을 대표하는 경관을 지니고 있다.

■ 대청봉 남서쪽 오색천을 사이에 두고 솟아 있는 점봉산은 남설악의 주봉으로서 산 북쪽으로 안고 있는 여러 계곡은 설악의 계곡에 버금가는 절승을 이루고 있다. 산 기슭의 오색약수와 주전골이 유명하다.

■ 주전골은 점봉산의 북서쪽 능선에서 북동쪽으로 내려가는 계곡으로 이곳에는 십이폭포와 주전골, 용소폭포가 있다. 주전골이란 옛날 오색석사(성국사)의 한 승려가 위조 주화를 주조하던 골짜기였다는데서 붙여진 이름으로 주전골 상류에 솟아 있는 주전봉 아래 주전암이란 바위 밑에서 몰래 엽전을 만들었다고 한다.

축 제

1. 설악문화제
속초 지역의 산악 제례에서 유래한 향토 축제로 매년 9월 말~10월 초에 속초시 일원에서 열린다. 설악문화제·민속제, 체험 행사 등을 개최한다.

2. 속초 새해맞이 축제
매년 12월 31일 ~ 1월 1일 사이에 열리는 축제로서, 주 행사장은 속초해수욕장이다. 한 해를 보내고 다시 새로이 한 해를 맞이하며 소원과 소망을 기원하는 행사이다.

3. 인제 빙어 축제
매년 1월 중순~ 2월 초 열리는 축제로서, 인제군 남면 부평리 555-2번지 일대에서 열린다. 내설악 경관을 볼 수 있는 빙판 위에서 빙어 낚시, 눈썰매 체험, 눈과 얼음 조각물 감상 등 다양한 체험을 할 수 있다.

4. 양양5일장(4,9일)
강원 양양군 양양읍 남문리 양양전통시장에서 열리며 해안 지역과 산간 지역의 산물이 함께 거래된다. 산나물과 채소, 수산물은 물론 제철 과일, 약재 등도 거래된다.

문 의

설악산국립공원사무소
☎ 033-801-0900
점봉산 분소
☎ 033-801-0993
백담분소
☎ 033-801-0978
장수대분소
☎ 033-801-0984
오색분소
☎ 033-801-0974
인제터미널
☎ 033-463-2847
원통터미널
☎ 033-461-3070
현리터미널
☎ 033-461-5364
속초시청
☎ 033-639-2114
양양군청
☎ 033-670-2114
인제군청
☎ 033-461-2122

▲ 가리봉 전경

▲ 주전골

* 시각표는 2024년 11월 기준이며 변동될 수 있음.

64 용화산·오봉산·부용산 (수불무산·매봉산·병풍산)

64 용화산 878m 오봉산 779m 부용산 882m

ITX청춘열차, 경춘선 전동열차, 시외버스 이용하여 춘천으로 이동 후 춘천↔양구 구간 운행하는 시외버스 또는 춘천 마을버스 이용

위치 : 강원특별자치도 화천군 간동면, 춘천시 사북면, 북산면

▲ 용화산 거북바위

▲ 오봉산 기암과 노송/소양호

등산코스

용화산
① 양통계곡 2.2km/1시간10분 — 큰고개 0.8km/40분 — 용화산
② 사여골마을 2.5km/1시간20분 — 시여령(고개) 3.4km/2시간 — 고탄령 2.0km/55분 — 용화산
③ 유촌리 2.4km/1시간55분 — 수불무산 2.1km/40분 — 고탄령 2.0km/55분 — 용화산

오봉산/부용산
① 배후령 2.4km/1시간 — 오봉산
② 선착장매표소 1.5km/30분 — 청평사 1.2km/1시간 — 망부석 0.8km/30분 — 오봉산
③ 백치고개 1.2km/1시간 — 부용산

단면도
발산리 — 오봉산 779 — 부용산 882 — 부귀터
2.4km / 2km / 1.9km

교통편

부용산 / 오봉산
1. 경춘선 남춘천역 – 춘천시외버스터미널까지 이동 – 양구행 시외버스 – 간척사거리정류장 – 배치(백치)고개 약 3km 이동
2. 경춘선 춘천역 – 1번 출구 춘천역버스환승센터정류장까지 도보 이동 – 양구행 시외버스 – 간척사거리정류장 하차 후 배치(백치)고개까지 약 3km 도보 이동 또는 택시이용
   * 양구행 시외버스 1일 15회 (춘천시외버스터미널 기준 첫차 07:10, 막차 21:00)
   * 상세 시간표는 68쪽 사명산 교통편 참조
   * 춘천시외터미널 ~ 춘천역버스환승센터정류장약 10분 소요.
3. 경춘선 춘천역 – 1번 출구 춘천역버스환승센터정류장 경유하는 북산1마을버스(1일6회) – 간척사거리정류장 하차 후 백치고개까지 약 3km 도보 이동
   * (06:10 / 08:20 / 10:50 / 14:30 / 17:10 / 20:35(회차 안함))
4. 중앙로입구정류장 – 청평사종점행 북산2마을버스(1일2회) – 배치(백치)고개정류장 하차 * (08:40 / 16:55)
5. 경춘선 춘천역 1번 출구 – 춘천역버스환승센터정류장으로 이동 – 소양강댐정상행 11번, 11–1번, 12번 시내버스 – 소양강댐 정상정류장(종점)에서 하차 – 선착장까지 도보 이동

용화산
1. 경춘선 춘천역 – 도보 이동 – 중앙로입구정류장
2. 중앙로입구정류장 – 인람리 운행 후 양통종점 경유 사북3마을버스 – 양통종점정류장
3. 중앙로입구정류장 – 양통종점 운행 후 인람리 경유 사북3–1마을버스 – 양통종점정류장
   * 사북3마을버스(1일 3회 06:45 / 08:45 / 10:55)
   * 사북3–1마을버스(1일 3회, 13:45 / 16:15 / 19:00)

매봉산 / 병풍산
1. 화천공영버스터미널 – 도보 이동 – 화천시내버스터미널
2. 화천시내버스터미널 – 오음리, 간척1행 5번 농어촌버스
   * 매봉산은 구만리뱃턱정류장에서 하차
   * 병풍산은 간동면 유촌리정류장에서 하차
   * 5번 농어촌버스1일 10회(07:00 / 08:00 / 09:30 / 10:30 / 11:30 / 13:30 / 14:30 / 16:10 / 17:30 / 18:30)
   * 09:30 / 13:30 / 17:30 버스는 오음2리 미운행

■ 춘천시 북쪽, 춘천시와 화천군의 경계에 걸친 능선 위에 용화산이 솟아 있고, 남으로는 오봉산과 부용산이 자리 잡고 있다. 용화산은 산 전체가 온통 기암괴석과 암릉으로 이루어진 험준한 산으로 정상에 서면 파로호, 춘천호, 소양호가 한눈에 들어오며, 산세와 지형이 용트림하는 용과 흡사하다. 특히 가을철의 용화산은 단풍과 바위, 짙푸른 호반이 어울려 장관을 이룬다. 산행은 험준한 산세에 비해 수월한 편이다.

■ 오봉산은 이름처럼 다섯 봉우리로 이루어져 있으며, 고도도 높지 않고 산을 이루는 바위도 오밀조밀 하지만 오르기는 쉽지 않다. 또한 오봉산 동쪽 배치(백치)고개 너머 솟은 부용산은 육중한 모습이어서, 두 산을 남녀에 빗대기도 한다. 부용산의 남서쪽은 지형이 급준하여 등산로를 벗어나지 않도록 주의해야하며, 또 오봉산 기슭에는 청평사와 적멸보궁이 자리하고 있어 산행 중에 들러 잠시 피로를 잊는 것도 좋다.

축제·볼거리

1. 춘천마임축제
매년 초여름(5월 말~6월 초) 춘천에는 전 세계 마임 예술가들이 모인다. 춘천 마임 축제는 프랑스 미모스 마임 축제, 영국 마임 축제와 어깨를 나란히 하는 세계적인 축제로 국내외 극단과 예술가들이 공연을 펼친다. 8일 동안 춘천 시내 극장, 대학, 야외무대에서 다채로운 공연이 열린다.

2. 화천 산천어 축제
매년 1월 말 ~ 2월 중순까지 열리는 축제로서, 주 행사장은 화천군 화천읍 중리 186-5번지 일대이다. 문의)1688-3005

문 의
춘천시청 ☎ 033-253-3700
화천군청 ☎ 033-442-1211
강원고속 ☎ 033-255-3205

* 시각표는 2024년 11월 기준이며 변동될 수 있음.

---

66 목우산 1066m 단풍산 1150m 매봉산 1268m 두위봉 1470m

태백선 열차나 시외버스로 영월에서 내려 녹전이나 상동행 시내버스를 이용한다.

위치 : 강원특별자치도 영월군 상동읍, 중동면, 김삿갓면, 정선군 남면

▲ 목우산의 바위문

▲ 단풍산 전경

등산코스

목우산
① 응고개입구 3.7km/1시간30분 — 목우산 1.9km/50분 — 낙엽송숲 2.7km/1시간 — 응고개입구

단풍산
① 양지말솔고개 2.3km/1시간30분 — 전망대 0.8km/40분 — 단풍산 0.6km/25분 — 전망바위

매봉산
① 주채용주채교 7.5km/2시간30분 — 매봉산 0.7km/20분 — 멧둥이재 3.5km/50분 — 아시내마을

두위봉
① 안경다리 — 단곡계곡 — 두위봉
8.2km/2시간20분

교통편

목우산 / 단풍산 / 매봉산
1. 동서울터미널 – 시외버스 – 영월버스터미널에서 녹전리행 10번, 12번, 12–1번, 22번 버스 이용 – 하동수퍼종점정류장 하차 – 상동100번, 100–1번 행복버스로 환승 – 응고개정류장(목우산), 솔고개정류장(단풍산), 수채동정류장(매봉산), 아시내정류장(매봉산)
   * 녹전리행 10번, 12번, 12–1번, 22번 영월교통버스 (1일 12회, 06:20 / 06:30 / 08:00 / 08:40 / 10:30 / 12:30 / 13:00 / 14:40 / 15:30 / 17:00 / 17:40 / 19:00)
   * 상동행 100번, 100–1번 행복버스 (1일 6회, 06:10 / 08:00 / 09:50 / 11:20 / 13:50 / 18:00)
   * 150번 농어촌버스
     상동시외버스터미널 → 영월버스터미널(1일 1회, 06:50)
     영월버스터미널 → 상동시외버스터미널(1일 1회, 17:30)

두위봉
1. 영월버스터미널 – 함백행 20번, 20–1번 시내버스(10회) – 함백종점정류장 하차
   * 20번, 20–1번 시내버스 (1일 10회, 06:20 / 07:40 / 09:00 / 10:30 / 12:00 / 13:30 / 15:30 / 17:30 / 18:30 / 19:30)

■ 영월군 김삿갓면, 중동면, 상동읍, 세 읍면의 경계에 목우산이 서있다. 정상 가까운 능선에는 진달래 군락이 펼쳐져 있고 기암이 많아 산세가 아름답다.

■ 목우산 북동쪽에 솟아 있는 단풍산은 가을 풍광이 유난히 아름다우며, 매봉산은 울창한 노송 숲과 기암절벽의 조화가 뛰어난 산이다.

축 제 · 볼 거 리

1. 영월 단종문화제
조선 6대 임금 단종과 충신들을 기리는 행사로서 매년 4월 말에 열린다. 주 행사장은 장릉, 동강 둔치, 청령포 등이며, 단종 제향·국장 재현, 정순왕후 선발 대회, 축하 공연 등의 행사가 진행된다.
문의) 033-376-6353(영월문화관광재단)

▲ 단종의 한이 서린 청령포

문 의
영월군청 ☎ 1577-0545
정선군청 ☎ 1544-9053

단면도
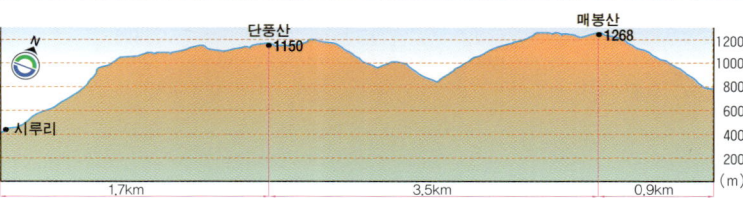
시루리 — 단풍산 •1150 — 매봉산 •1268
1.7km / 3.5km / 0.9km

* 시각표는 2024년 11월 기준이며 변동될 수 있음.

66 목우산·단풍산·매봉산·두위봉

68 강원특별자치도편

67 대룡산 899m

ITX청춘열차, 경춘선 전동열차 이용하여 춘천역에서 하차 후 중앙시장입구버스정류장에서 원창고개행 마을버스 이용.

위치 : 강원특별자치도 춘천시 동내면, 동산면, 동면, 홍천군 북방면

▲ 대룡산

교통편

대룡산
1. 경춘선 춘천역 – 중앙시장입구버스정류장까지 도보 이동
2. 중앙시장입구버스정류장에서 동산1 ~ 동산5 마을버스 이용 – 원창고개정상정류장에서 하차
  * 동산1~동산5 마을버스(1일 15회)
  (06:00 / 06:25(901번으로 운행) / 07:00 / 08:05 / 09:00 / 09:45 / 11:05 / 12:00(901번으로 운행) / 14:20 / 14:50 / 15:25 / 17:20 / 18:30 / 20:35 / 20:40
  * 06:25분, 12:00분 운행 버스는 901번으로 운행함.
3. 중앙시장입구버스정류장에서 동내2, 동내2-1 마을버스 – 신촌리정류장 하차
  * 동내2, 동내2-1 마을버스 (1일 6회)
  (08:00 / 09:45 / 11:15 / 15:25 / 17:25 / 20:25)
4. 중앙시장입구버스정류장에서 – 동내3, 동내3-1 마을버스 – 고은리종점정류장 하차
  * 동내3, 동내3-1 마을버스 (1일 8회)
  (07:50 / 09:30 / 11:00 / 13:00 / 14:50 / 16:25 / 18:00 / 20:40)
5. 중앙시장입구정류장 – 동내4 버스 – 대룡산종점정류장
  * 동내4 마을버스(1일 5회, 08:55 / 11:10 / 14:20 / 16:35 / 19:50)

■ 강원특별자치도 춘천시 동면과 동내면, 홍천군 북방면 세 면의 경계에 솟아 있는 부드러운 육산이다. 정상 해발 고도는 899m이지만, 등산이라기보다는 가볍게 산길을 걷는 산행에 가깝다. 하지만, 일단 정상에 올라 전망대에서 주위를 둘러보면 해발고도 900m에 걸맞게 서쪽으로는 계관산, 북배산, 북쪽으로는 용화산,동쪽으로는 가리산, 남쪽으로는 매화산까지 조망이 가능하다.

축제·볼거리

1. 춘천 막국수·닭갈비 축제
춘천의 대표적인 먹거리인 닭갈비와 막국수를 알리기 위한 음식 축제로 매년 6월 중순에 열린다. 닭갈비·막국수 먹기 대회, 전통 막국수 체험, 가요제 등이 펼쳐진다.

2. 소양강문화제
1966년「개나리문화제」로 시작되어 1983년부터 현재의「소양강문화제」로 바뀌었으며, 춘천에서 가장 오래 된 향토 축제 행사다. 봉의산제, 축하 공연, 외바퀴수레싸움 시연, 다양한 민속체육행사, 문예 행사 등이 열리고 있다.

문 의
춘천시청 ☎ 033-253-3700

* 시각표는 2024년 11월 기준이며 변동될 수 있음.

등산코스

대룡산
1. 고운리종점 0.8km/15분 – 수레간골갈림길 2.5km/1시간30분 – 대룡산
2. 원창고개 2.2km/1시간 – 수리봉 3.8km/1시간50분 – 대룡산
3. 신촌1리버스정류장 3.2km/1시간40분 – (760m봉) 1.8km/40분 – 대룡산

단면도

▲ 대룡산 정상에서 바라본 춘천 시가지

69 사명산 1199m

ITX청춘열차, 경춘선 전동열차, 시외버스 이용하여 춘천으로 이동 후 춘천 → 양구 구간 운행하는 시외버스 또는 춘천 마을버스 이용.

위치 : 강원특별자치도 양구군 양구읍, 춘천시 간동면

▲사명산 문바위 석탑

▲ 추곡약수

교통편

사명산
1. 경춘선 남춘천역 – 춘천시외버스터미널까지 도보 – 양구행 시외버스 – 추곡리(북산지서)정류장, 수인리정류장, 웅진리윗길정류장, 양구터미널 등 각 출발지에서 하차
2. 경춘선 춘천역 1번 출구 – 춘천역버스환승센터정류장까지 도보 – 양구행 시외버스 – 각 출발지 근처 정류장 하차
  * 양구행 시외버스 1일 15회(춘천시외버스터미널 기준)
  (07:10 / 08:40 / 09:40 / 10:30 / 11:20 / 13:00 / 13:40 / 14:50 / 16:05 / 16:40 / 17:40 / 18:40 / 19:20 / 20:10 / 21:00)
  * 춘천시외버스터미널 ~ 춘천역버스환승센터정류장 약 10분 소요.
3. 경춘선 춘천역 – 도보 이동 – 중앙로입구버스정류장 – 추곡약수터 경유하는 북산마을버스 – 추곡약수터정류장 하차
  * 북산1마을버스 1일 6회
  (06:10 / 08:20 / 10:50 / 14:30 / 17:10 / 20:35 (회차 안함))
4. 양구시외버스터미널 – 석현리행 농어촌버스 – 웅진리정류장, 수인리정류장, 석현리정류장 등에서 하차
  * 석현리행 농어촌버스 1일 8회,
  (09:00 / 10:00 / 11:30 / 13:00 / 14:30 / 16:00 / 18:30 / 19:40)
5. 양구시외버스터미널 – 상무룡리행 농어촌버스 – 월명리 정류장 하차
  * 상무룡리행 농어촌버스 1일 4회
  (07:00 / 11:00 / 14:00 / 18:30)

■ 강원특별자치도 화천군 간동면과 양구군 양구읍의 경계에 사명산이 산줄기를 드리우고 있다. 사명산은 육산으로 능선 북쪽으로는 파로호가, 남쪽으로는 소양호가 자리 잡고 있다. 산 남쪽에서 서쪽으로 46번 국도가 지나가고 있어 드라이브를 겸한 등산을 즐길 수 있는 산이다. 봄이면 진달래가 흐드러지고, 가을 단풍도 아름다우며, 설경 또한 수려해서 사계절 변화있는 자연을 만끽할 수 있다.

정상에 오르면 파로호와 소양호가 발 아래 펼쳐지고, 춘천시와 양구군, 화천군 일대도 한눈에 들어와 천상의 전망대를 방불케 한다. 산 남서쪽 기슭에는 산신령의 계시로 찾았다는 추곡약수가 유명하며, 등산로 입구에서 약 300m 정도 거리에 위치하고 있어 산행 전후 들러 볼 만하다.

축제·볼거리

1. 양구5일장(5, 10일)
양구군 양구읍 상리 양구중앙시장에서 열리는 오일장이다. 제철 과일, 채소, 잡화는 물론 강원도 토속 먹거리를 맛볼 수 있다.

2. 추곡약수(楸谷藥水)
춘천시 북산면 추곡리에 있으며 약 200년 전에 발견되었다. 철분과 탄산이 주성분으로, 붉은색을 띤 물은 감초 맛이 난다. 위장병, 빈혈, 부인병, 무좀 등에 효험이 있다고 한다.

3. 양구곰취축제
매년 5월 초순에 열리는 축제로 주 행사장은 양구읍 상리에 위치한 양구레포츠공원이다. 축제 기간은 보통 3일 정도로 짧지만, 다양한 체험 및 행사가 진행되며 특히 평소 접하기 쉽지 않은 곰취 활용 음식을 직접 시식할 수 있다.
문의)033-482-9612(양구문화재단)

문 의
양구군청 ☎ 033-481-2191
현대운수(주) ☎ 033-481-2393~4

* 시각표는 2024년 11월 기준이며 변동될 수 있음.

등산코스

사명산
1. 양구학생야영장 1.8km/30분 – 무량사 2.5km/30분 – 갈림길 1.3km/1시간 – 1162봉 0.8km/20분 – 사명산
2. 양구학생야영장 1.8km/30분 – 무량사 1.8km/40분 – 월북현 3.4km/1시간40분 – 사명산

단면도

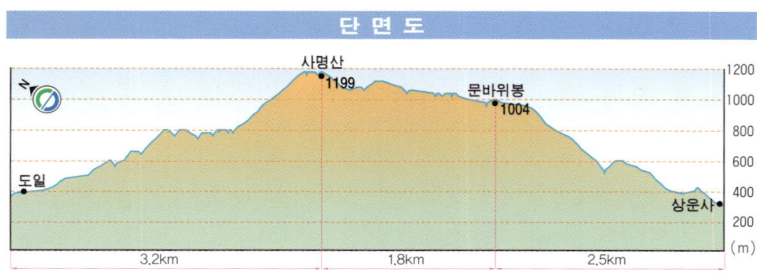

사명산 (문바위봉) 69

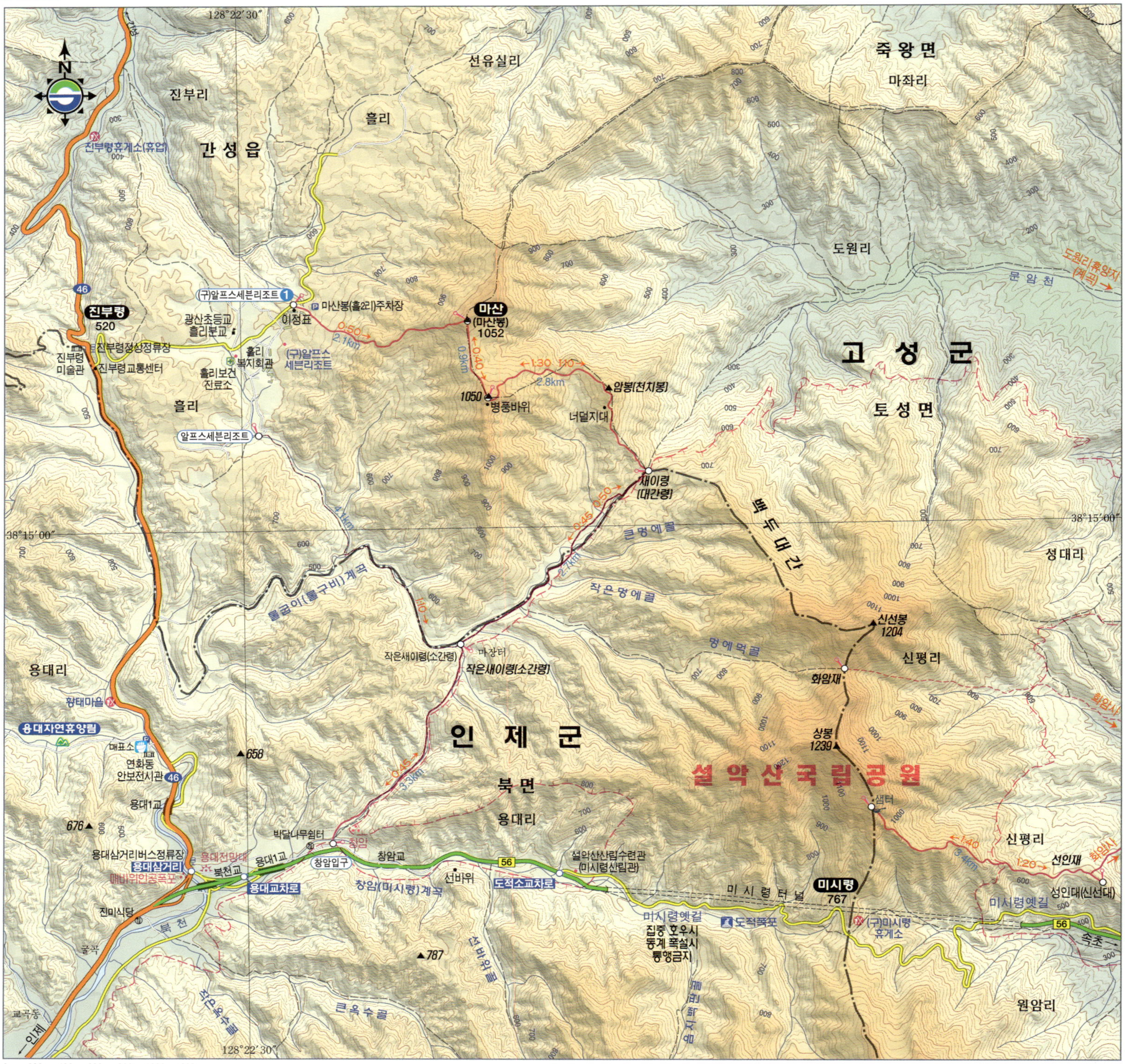

0 200 400 600 800 1000 1200 (등고선간격 20m)

일반 등산로 / 기타 등산로 / ←0:35→ 소요시간 / 1.2 km 거리 / 대피소 · 야영지 / ②주전골입구 등산코스번호 · 기점명

1:50,000 0 500 1,000m (1cm가 500m임)

70 마산 1052m

등산코스

마산

①알프스세븐리조트 — 2.1km/50분 — 마산 — 3.7km/1시간50분 — 새이령 — 2.7km/45분 — 작은새이령 — 3.3km/45분 — 창암입구

단면도

동서울터미널에서 진부령행 시외버스 또는 원통버스터미널에서 진부령행 농어촌버스 이용

위치 : 강원특별자치도 인제군 북면, 고성군 간성읍, 토성면

▲신선봉의 운해

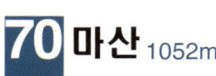

교통편

마산

1.동서울터미널 – 진부령행 시외버스 – 진부령정류소
* 진부령 시외버스 1일 9회 (06:49/08:20/09:30 / 11:20 / 13:35 / 15:00 / 16:09 / 17:30 / 19:15)

2.동서울터미널 – 원통버스터미널행 시외버스(수시) – 원통버스터미널 – 진부령행 농어촌버스
* 진부령행 농어촌버스 1일 9회 (07:00/08:20/09:50/ 11:40/13:20 / 15:00/16:10/17:10/18:40)

■강원특별자치도 북부 대간령을 중심으로 마산 능선이 솟아 있다. 마산 능선은 고성군의 토성면과 간성읍을 가르며 남동쪽으로 신선봉, 미시령과 이어져 백두대간을 이루고 있다.
마산은 금강산 1만 2천봉 중 남한 제2봉으로 1053m의 고봉이다. 설경이 장관이며 정상에서는 동해안을 볼 수 있다.

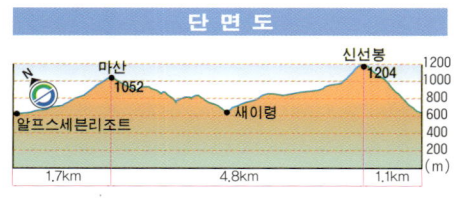

축제·볼거리

1.고성5일장(2, 7일) / 거진5일장(1, 6일)
고성군 간성읍 신안리와 거진읍 거진리 거진전통시장 근처에 서는 5일장으로서, 내륙의 5일장과는 달리 많은 수산물을 접할 수 있다.

문 의

고성군청 ☎ 033-680-3114
인제군청 ☎ 033-461-2122

* 시각표는 2024년 11월 기준이며 변동될 수 있음.

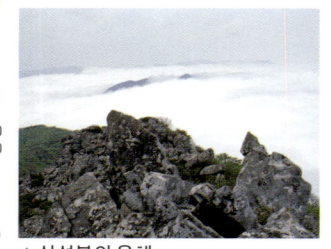

가리산 71

71 가리산 1051m

위치: 강원특별자치도 홍천군 두촌면, 화촌면, 춘천시 동면, 북산면

등산코스

가리산
① 가리산휴양림매표소 — 1.8km/20분 — 갈림길 — 1.7km/1시간 — 가삽고개 — 1.6km/50분
휴양림 — 1.8km/20분 — 갈림길 — 1.3km/30분 — 무쇠말재 — 0.9km/20분 — 가리산

※ 가리산 정상에서 야시대리 방면으로 하산 시 야시대리(2리)정류장까지 도보 이동해야함.

단면도

동서울터미널에서 홍천행 시외버스 이용 후 홍천터미널에서 휴양림행 또는 역내리행 농어촌버스 이용

▲ 정상에서 바라본 북동능선

교통편

가리산
1. 동서울터미널 — 홍천행 시외버스 — 홍천종합버스터미널
2. 홍천터미널 — 역내리(평촌) 경유 농어촌버스 — 역내리(평촌)가리산휴양림정류장 하차 — 휴양림까지 약 4.5km 도보 이동
   * 역내리(평천) 경유 농어촌버스 1일 16회
   (첫차 06:10, 막차 19:00)
3. 홍천터미널 — 가리산휴양림행 농어촌버스 — 가리산휴양림 정류장 하차
   * 가리산휴양림 8번, 250번, 252번 농어촌버스 1일 3회
   (06:40 / 12:10 / 17:20)
4. 홍천터미널 — 야시대리행 농어촌버스 — 야시대리종점정류장 하차 후 (구)수불사입구까지 약 7km 도보 이동
   * 야시대리 231번, 231-1번, 232번 농어촌버스 1일 5회
   (06:50 / 08:20 / 12:55 / 17:50 / 18:50)
   * 18:50분 버스(막차)는 야시대1까지만 운행하며, 야시대 종점까지 약 4Km 도보 이동해야 함.

■ 춘천시 동쪽, 춘천시와 홍천군의 경계에 솟은 가리산은 1997년에 개장한 가리산자연휴양림에서 주로 등산을 시작한다. 가리산은 전체적으로 산세가 부드러운 육산이지만 정상부는 바위봉으로 이뤄져 한눈에 정상을 알아볼 수 있으며, 산 전체에는 수림이 우거져 분위기가 아늑하다.

■ 1000m가 넘는 고봉이라 정상에 오르면 소양호와 춘천 시가지, 가덕산, 북배산, 백두대간 줄기까지 볼 수 있는 조망이 장관을 이룬다. 바위와 절벽으로 이뤄진 정상까지 데크계단이 설치되어 있어 수월하게 오를 수 있다.

문의

가리산자연휴양림사무소
☎ 033-435-6034

* 시각표는 2024년 11월 기준이며 변동될 수 있음.

72 공작산

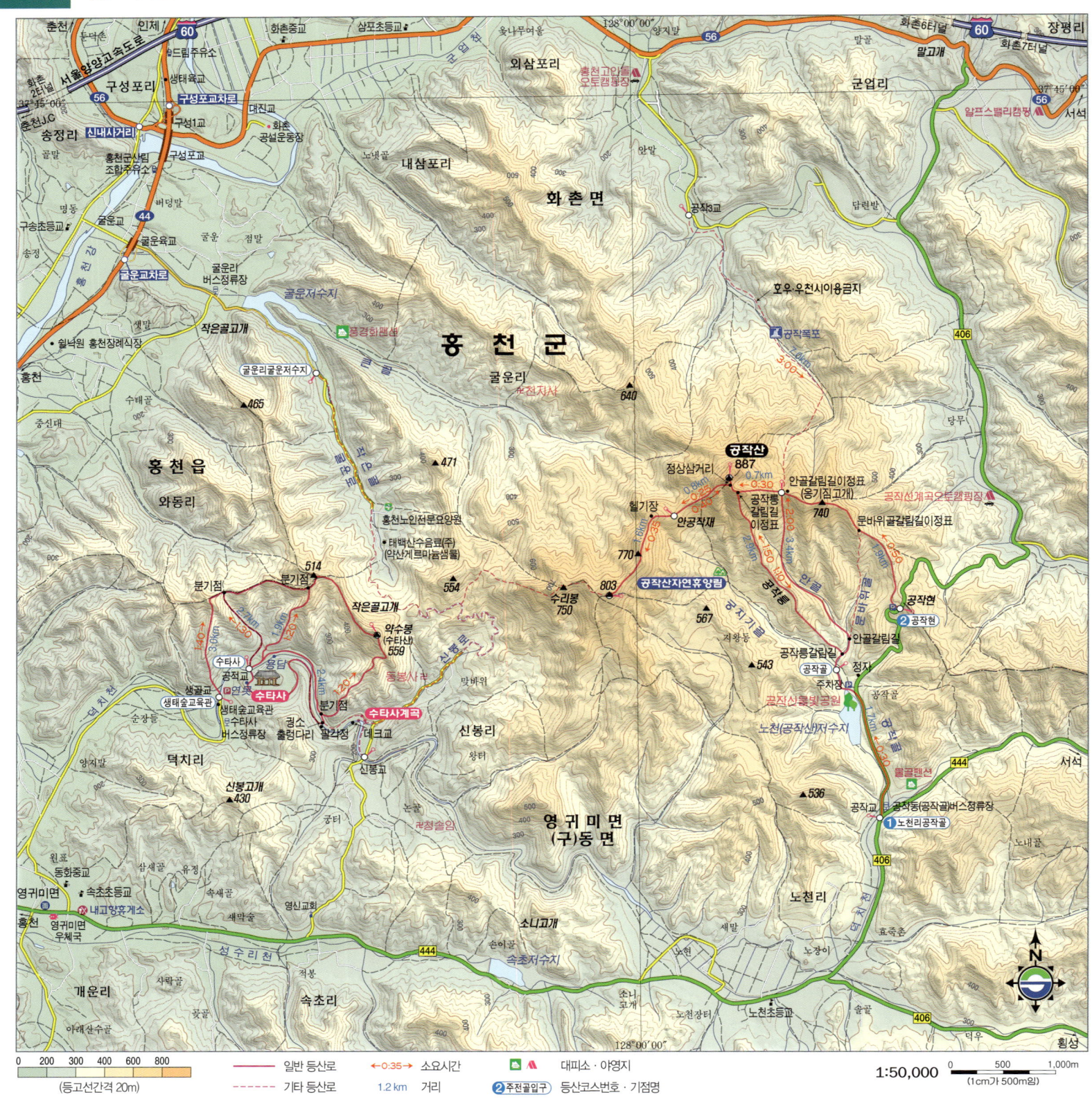

72 공작산 887m

위치 : 강원특별자치도 홍천군 동면, 화촌면

동서울종합터미널에서 홍천행 시외버스 이용.

등산코스
1. 노천리공작골 — 1.7km/30분 — 공작골 — 2.9km/1시간50분 — 공작산
2. 공작현 — 1.9km/50분 — 안골갈림길 — 0.7km/30분 — 공작산

단면도
신봉리 — 803 — 공작산 887 — 당부
3.5km / 2.3km

▲ 공작산 수타사

교통편

공작산
1. 동서울종합터미널 — 시외버스 이용 — 홍천종합버스터미널
2. 홍천종합버스터미널 — 수타사행 농어촌버스 — 수타사 입구정류장 하차
   * 수타사행 600번, 601번 농어촌버스
   (1일 4회, 06:15/09:10/12:30/16:30)
3. 홍천종합버스터미널 - 노천 경유 물골가든행 농어촌버스 — 공작동(공작골)정류장 하차
   * 공작동행 633번, 650번 농어촌버스
   (1일 4회, 06:20/08:30/14:00/17:20)
4. 홍천종합버스터미널 — 와동·송정행 농어촌버스 — 굴운리정류장 하차
   * 와동·송정행 201번, 201-1번 농어촌버스
   (1일 6회, 06:50/08:25/10:25/13:30/16:50/19:10)

■ 홍천읍에서 동북쪽으로 약 12km지점에 위치한 공작산은 산세가 공작새처럼 아름답다 하여 이런 이름을 얻었다. 그 이름에 걸맞게 산 능선 곳곳에 바위와 절벽, 소나무가 어우러져 한 폭의 동양화를 보는듯 하다.

■ 봄이면 철쭉이, 가을에는 단풍이, 겨울에는 눈 덮인 풍광이 제각각 아름다움을 뽐내며, 산 남서쪽의 수타사계곡은 울창한 수림과 풍부한 수량으로 여름철 피서지로 유명하다. 교통이 불편한 편이라, 대중교통을 이용할 때에는 차편에 맞춰 스케줄을 잘 짜야 한다.

문 의
홍천군청 ☎ 033-432-7801

* 시각표는 2024년 11월 기준이며 변동될 수 있음.

어답산 73

73 어답산 789m

위치: 강원특별자치도 횡성군 갑천면

동서울종합터미널에서 시외버스로 횡성에 도착하여 갑천행 또는 병지방리행 농어촌버스 이용.

등산코스

1. 횡성온천 1.8km/1시간20분 – 장송 1.5km/1시간10분 – 어답산 3km/1시간30분 – 병지방오토캠핑장
2. 동막마을 1.5km/1시간10분 – 장송 1.5km/1시간10분 – 어답산

단면도

어답산 789 – 장송 741 – 병지방리 – 동막마을
1.3km / 2.4km

▲ 산위계곡 산사람들

교통편

어답산

1. 동서울종합터미널 – 시외버스 – 횡성시외버스터미널
2. 횡성시외버스터미널 – 만세공원정류장까지 도보 이동 – 만세공원정류장에서 갑천(면)행 41번, 42번 농어촌버스 이용 – 횡성온천정류장 또는 화전리정류장에서 하차
  * 41번 농어촌버스는 구방리 → 갑천 → 대관대리 → 내지리 반시계방향으로 운행함.
  * 41번 농어촌버스 1일 5회 (08:50 / 10:50 / 14:20 / 16:20 / 17:10)
  * 42번 농어촌버스는 내지리 → 대관대리 → 갑천 → 구방리 시계방향으로 운행함.
  * 42번 농어촌버스 1일 4회 (07:05 / 12:10 / 14:25 / 15:45)
3. 만세공원정류장 – 마옥리 경유 병지방리행 40번 농어촌버스 이용 – 병지방오토캠핑장정류장에서 하차
  * 40번 농어촌버스 (1일 4회, 06:30 / 10:15 / 13:45 / 18:40)

■ 어답산(御踏山)은 박혁거세가 진한의 태기왕을 쫓다 이 산에 들어왔다 하여 어답산(어탑산)이라 불리게 되었다고 한다. 또 갑천(甲川)도 태기왕이 피묻은 갑옷을 씻었다 하여 붙여진 이름이라고 한다.

■ 높이는 789m로, 그다지 높지 않지만 산세는 병풍을 두른 듯하다. 맑은 물이 흐르는 어답산 북쪽 기슭의 병지방리에는 규모가 제법 큰 병지방오토캠핑장과 선바위자연캠핑장이 자리하고 있다.

문의

횡성군청 ☎ 033-340-2144
명성교통 ☎ 033-343-4410

* 시각표는 2024년 11월 기준이며 변동될 수 있음.

74 태기산 · 봉복산 · 운무산 · 덕고산

74 태기산 1259m · 봉복산 1022m · 운무산 980m

동서울종합터미널에서 시외버스로 횡성까지 이동한 후 횡성에서 신대리행 농어촌버스 이용.

위치: 강원특별자치도 횡성군 청일면, 둔내면 평창군 봉평면, 홍천군 서석면

등산코스

태기산
① 신대리 — 2.4km/30분 — 송덕사 — 2.8km/1시간 — 태기산성비 — 5.3km/1시간 35분 — 태기산

봉복산
① 신대리 — 1km/20분 — 신대계곡알프스펜션 — 4.7km/2시간 — 봉복산

운무산
① 청량저수지 — 2.0km/1시간 10분 — 757m봉(원넘이재) — 0.6km/45분 — 운무산

교통편

태기산 / 봉복산 / 덕고산
1. 동서울종합터미널 — 시외버스 이용 — 횡성시외버스터미널
2. 횡성터미널 — 만세공원버스정류장으로 도보 이동 후 청일면행 45번 농어촌버스 이용
3. 청일면에서 산대리종점행 희망버스 이용
   * 청일면행 45번 농어촌버스(1일 10회, 07:05 / 08:20 / 10:35 / 11:00 / 12:45 / 14:15 / 15:45 / 16:45 / 18:10 / 19:00)
   * 신대리행 희망버스 1일 5회(06:50 / 11:10 / 12:30 / 14:50 / 17:25)

운무산
1. 동서울종합터미널 — 시외버스 이용 — 홍천종합터미널
2. 홍천터미널 — 서석면행 농어촌버스 이용(06:00 ~ 19:00, 수시 운행) — 서석터미널 — 청량리행 46번 농어촌버스 이용 — 청량리정류장(종점)에서 하차
   * 서석초등학교 청량분교정류장에서 하차 시 삼근암마을까지 약 4km 도보로 이동
   * 청량리행 46번 농어촌버스(1일 3회, 07:35 / 13:05 / 18:10)
3. 상단 태기산 / 봉복산 / 덕고산 교통편 2번 참조
4. 청일면에서 속실마을회관 경유하는 봉명리행 희망버스 이용
   * 봉명리행 희망버스 1일 5회(07:40 / 09:50 / 13:30 / 16:15 / 18:40)

■ 오대산에서 서쪽으로 갈라져 나간 산줄기는 홍천군과 평창군의 경계를 이루며 횡성군과 만나는데 이곳에 솟은 산이 봉복산과 태기산이다. 봉복산에서부터 동으로 이어지는 주 능선에는 봉복산 보다 높은 봉우리가 연달아 솟아 있다.

■ 봉복산 능선 너머 북쪽에 자리한 운무산은 안개와 구름이 많아 운무산이라 불리며, 암봉과 능선이 아름답다. 정상에서는 횡성의 산들이 한눈에 보이며, 곳곳에 '위험' 표지판이 있는 만큼 주의해서 등산해야 한다.

문 의
횡성군청 ☎ 033-340-2144

* 시각표는 2024년 11월 기준이며 변동될 수 있음.

▲ 봉복산 신대리 삼층석탑

청태산 · 대미산 75

75 청태산 1200m · 대미산 1232m

동서울종합터미널에서 시외버스로 방림, 횡성, 평창에서 내려 시내버스나 택시를 이용한다.

위치: 강원특별자치도 횡성군 둔내면, 평창군 방림면, 봉평면

등산코스

청태산/대미산
1. 청태산자연휴양림숲속의집 1.6km/1시간 → 청태산 1.3km/30분 → 안부 1.4km/50분 → 대미산
2. 계촌리대미동마을 3.4km/2시간 → 안부 1.3km/40분 → 청태산
3. 계촌리대미동마을 3.4km/2시간 → 안부 1.4km/50분 → 대미산

단면도

둔내자연휴양림 — 청태산 1200 — 대미산 1232 — 1157
2.9km / 2.1km / 1.9km

▲ 청태산 휴양림

교통편

청태산 / 대미산
1. 동서울종합터미널 – 시외버스 – 횡성시외버스터미널
2. 횡성터미널–둔내행 70번, 71번, 72번 농어촌버스 이용 (06:50~19:00, 수시운행) – 둔내터미널에서 휴양림까지 택시 이용
3. KTX 둔내역 – 휴양림까지 택시 이용
4. 동서울터미널 – 평창 방림면 경유 정선행 시외버스 – 방림면 정류장
   * 방림면 경유 정선행 시외버스 (1일 5회, 07:00 / 09:25 / 12:50 / 15:10 / 17:35)
5. 방림면정류장 – 대미분교 경유 공영버스 – 대미정류장 하차
   * 대미분교 경유 공영마을버스 1일 3회 (07:00 / 11:00 / 18:50)
   * 황교터정류장 하차 시 대미분교까지 약 5km 도보 이동
   * 황교터정류장 경유 공영마을버스 1일 9회 (07:00 / 08:00 / 09:00 / 11:00 / 12:55 / 14:10 / 15:30 / 16:30 / 18:50)
   * 18:50분 막차는 대미분교 회차 후 평창읍까지 운행함.
6. 동서울종합터미널 – 시외버스 이용 – 평창버스터미널
7. 평창터미널 – 방림행 농어촌버스 – 방림면정류장 하차
   * 방림면행 농어촌버스 1일 6회 (08:30 / 10:40 / 11:40 / 15:05 / 16:00 / 18:30)

■ 횡성군과 평창군을 잇는 둔내터널 남쪽에 청태산–대미산으로 이어지는 산줄기가 서 있다. 이 산줄기는 북쪽의 태기산에서 이어져 청태산을 거쳐 남쪽 백덕산까지 길게 이어지는데 횡성군과 평창군의 경계를 이룬다.

문 의

청태산자연휴양림관리소
☎ 033-343-9707

* 시각표는 2024년 11월 기준이며 변동될 수 있음.

76 오대산 (상왕봉·두로봉·동대산)

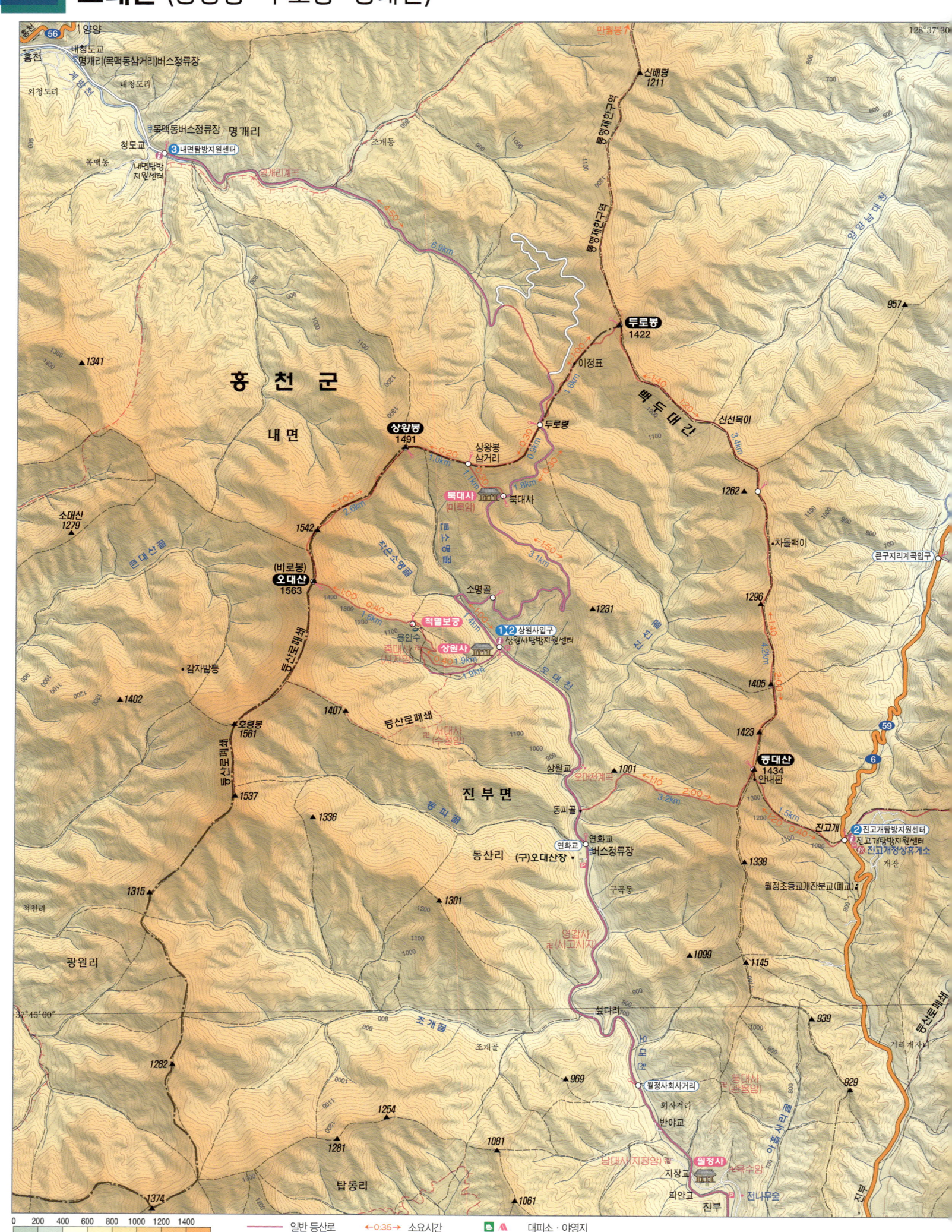

노인봉 (매봉) 77

76 오대산 1563m 노인봉 1338m

동서울 또는 서울남부터미널에서 시외버스로 진부에서 내려 상원사행 시내버스를 이용하거나 강릉에서 소금강행 시내버스를 이용한다.

위치 : 강원특별자치도 강릉시 연곡면, 평창군 대관령면, 진부면, 홍천군 내면

▲ 노인봉에서 본 오대산 전경

▲ 소황병산 정상

▲ 황병산에서 본 노인봉 전경

■ 해발 1539m의 최고봉인 비로봉을 중심으로 1000m급 산줄기가 남서쪽으로 뻗으면서 호령봉(1561m), 북동쪽으로는 상왕봉(1493m), 두로봉(1422m)에 이르러 다시 남동쪽으로 크게 꺾어 내려오면서 동대산(1434m)이 솟어 이들 다섯 개의 봉우리가 마치 연꽃 모양으로 둘러섰으며, 이들 산봉우리는 모두 모나지 않고 평평한 대지를 이루고 있어 오대산이라 이름 지어졌다. 1000m급 거봉이 연이은 거대한 산줄기는 고산답게 웅장하고 골이 깊으나 그리 험하지 않으며, 온 산이 울창한 수림으로 뒤덮여 국내 제일의 삼림 지대를 이루고 있다.

■ 삼국유사에는 이 산이 최고의 명산이며 불법이 길이 흥할 것이라고 기록되어 있는데, 그 때문인지 오대천 골짜기마다 사찰, 암자 등 많은 불교 유적이 산재해 있어 우리나라 최고의 불교 성지로 꼽히는 곳이다. 오대산 일대는 1975년 2월 국립공원으로 지정되었다.

■ 오대산 봉우리의 하나인 동대산에서 동쪽으로 이어지는 산줄기는 진고개를 분수령으로 하여 북동쪽으로 노인봉을 일으키고 다시 남동쪽으로 소황병산, 매봉으로 이어지는데 이 산줄기의 북쪽으로 골골이 흘러내리는 계곡이 바로 절승을 이룬 청학동 소금강이다. 청학동 소금강은 예로부터 이름난 비경지였고, 1970년 1월 우리나라에서는 처음으로 명승 제1호로 지정되었으며 현재는 오대산국립공원에 포함되어 있다.

축제·볼거리

1. 오대산 불교문화축전
매년 10월 초 또는 중순 월정사를 개방하여 여는 불교문화 축제로 걷기 명상 체험, 월정사 탑돌이, 불교 문화 공연 및 체험, 산사 음악회, 헌다례 시연, 다양한 공연 및 전시 등의 행사가 열린다.
문의) 033-339-6800(월정사)

2. 소금강 청학제
예로부터 지내오던 청악산 산신제에서 유래한 축제로 매년 10월 둘째 주 토~일요일에 열린다. 청학 제례, 농악 공연, 민속놀이 등이 펼쳐진다.
문의) 033-660-3681(연곡면사무소)

3. 적멸보궁(寂滅寶宮)
중대사 위쪽, 비로봉 동쪽 지릉 상에 위치한 적멸보궁은 자장율사가 당나라에서 가져온 석가모니 정골사리를 모신 우리나라 불교 사원 중 제일의 성지로 꼽히는 곳이다.

4. 상원사(上院寺)
비로봉 동남쪽 기슭에 자리한 이 절은 신라 선덕여왕 때 창건된 수선도장으로 유명하고 국보인 동종은 신라 성덕왕 24년(726년)에 주조된 우리나라에서 가장 오래된 범종이다.

▲ 상원사

5. 월정사(月精寺)
동대산 남쪽 기슭 울창한 수림 속에 자리한 이 절은 신라 선덕여왕 14년(645년)에 자장율사가 창건한 절로 현재 대한불교조계종 제4교구 본사로서 강원특별자치도 중·남부의 사찰 및 기타 지역 사찰 약 90여 개를 관장하는 거찰이다. 경내에 국보인 팔각구층 석탑과 보물 석조보살좌상이 보존되어 있다.

▲ 월정사

6. 청학동 소금강
청학동 소금강은 예로부터 강릉소금강 또는 명주소금강으로 불릴 만큼 경관이 빼어난 곳이다. 소금강은 무릉계를 경계로 하류 쪽을 외소금강, 그 상류 쪽을 내소금강으로 구분하는데 내·외소금강 가릴 것 없이 온 골짜기가 빚어내는 계곡의 경관은 가히 절승이 아닐 수 없다. 청학천 본류에서 갈라지는 구룡폭계곡, 선녀탕계곡, 사문다지계곡 등은 아직 인적 드문 비경으로 남아 있다.

▲ 청학동 소금강

7. 대관령 눈꽃 축제
강원특별자치도 대관령 일원에서 열리는 겨울 축제로 매년 1월 개최된다. 눈 조각 경연, 얼음 조각, 눈썰매 타기, 루지 썰매 체험, 마라톤 대회, 황병산 멧돼지 숯래잡기 등의 프로그램이 있다.

8. 진부장(3, 8일)
강원특별자치도 평창군 진부면 하진부리 일원에서 열리며 고랭지 채소, 각종 산나물, 약초, 잡곡 등이 거래된다.

등산코스

오대산

1. 상원사입구 — 상원사 1.9km/40분 — 적멸보궁 1.6km/1시간 — 오대산(비로봉)

2. 상원사입구 4.5km/2시간50분 — 북대사 2.1km/50분 — 상왕봉 2.6km/1시간 — 오대산(비로봉)

3. 내면탐방지원센터 6.9km/4시간50분 — 두로령 1.9km/50분 — 상왕봉 2.6km/1시간 — 오대산(비로봉)

노인봉/소황병산

1. 소금강주차장 3.9km/2시간 — 구룡폭포 1.3km/40분 — 만물상 3.3km/1시간30분 — 낙영폭포 2.1km/1시간30분 — 노인봉
   진고개탐방지원센터 3.6km/1시간20분

2. 진고개탐방지원센터 3.6km/1시간40분 — 노인봉 2.1km/1시간 — 낙영폭포 8.5km/4시간10분 — 소금강주차장

단면도

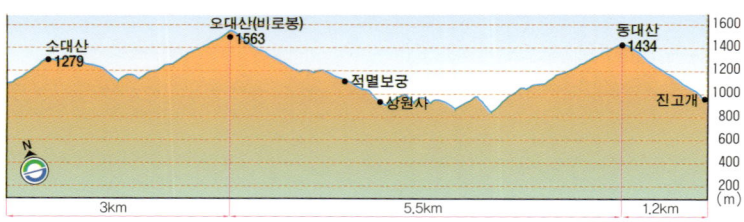

소대산 1279 — 오대산(비로봉) 1563 — 적멸보궁 — 상원사 — 동대산 1434 — 진고개
3km / 5.5km / 1.2km

교통편

오대산
1. 동서울터미널(1일 8회) 또는 서울남부터미널(1일 3회) — 시외버스 — 진부시외버스터미널
2. KTX진부(오대산역) — 진부행 농어촌버스 — 진부시외 버스터미널
   * 진부행 시내버스 1일 7회
   (08:55/10:45/13:40/14:50/16:50/17:50/19:10)
   * 19:10 시내버스는 금·토·일요일만 운행함.
3. 진부시외버스터미널 — 상원사행 농어촌버스 이용 — 상원사 종점정류장
   * 월정사종점 시내버스 (1일 1회, 07:50)
   * 월정사 경유 상원사종점농어촌버스
   (1일 9회, 09:05~17:40, 약 1시간 간격)
4. 홍천종합버스터미널 — 시외버스 또는 농어촌버스 이용

— 내면버스터미널 — 명개리 목맥동행 공공형버스 이용 — 목맥동종점정류정 하차
* 내면행 시외버스 1일 4회 (08:00 / 12:00 / 15:00 / 18:30)
* 내면행 500번 농어촌버스 1일 3회 (07:10 / 10:20 / 13:00)
* 목맥동행 공공형버스 1일 4회 (06:40 / 10:30 / 13:20 / 17:50)

노인봉
1. 강릉 시내에서 연곡(면) 경유 주문진 향호리행 시내버스 이용 — 연곡(면)정류장 하차
2. 연곡(면)정류장 — 소금강행 922번 마실버스 이용
   * 922번 마실버스(1일 11회, 06:45 / 08:05 / 09:00 / 10:20 / 12:00 / 13:20 / 14:40 / 15:20 / 17:00 / 17:50 / 19:20)

문의

오대산 국립공원 사무소
☎ 033-332-6417
오대산국립공원 소금강분소
☎ 033-661-4161
오대산국립공원 계방산분소
☎ 033-332-6419
강릉시청
☎ 033-660-2018
평창군청
☎ 033-330-2000

* 시각표는 2024년 11월 기준이며 변동될 수 있음.

80 방태산 1436m 개인산 1342m 가칠봉 1240m

동서울종합터미널에서 시외버스를 이용하여 기린면 현리 또는 상남면 상남리로 이동 후 미산리행 농어촌버스, 하늘내린버스 이용

위치 : 강원특별자치도 인제군 기린면, 상남면, 홍천군 내면

▲ 방태산 주억봉 정상

▲ 가칠봉 정상

▲ 살둔계곡에서 바라본 개인산 전경

등산코스

방태산
1. 방태산자연휴양림매표소 — 3.4km/1시간 — 적가리골 — 2.8km/1시간50분 — 주억봉 — 4.2km/2시간 — 방태산
2. 미산리남전동마을 — 6.5km/1시간30분 — 미산너와집 — 개인약수 — 방태산 (4.0km/2시간50분)
3. 미산리남전동마을 — 한닉동 — 용늪골 — 방태산 (7.2km/2시간30분)

개인산/구룡덕봉
1. 미산리남전동마을 — 6.5km/1시간30분 — 미산너와집 — 2.2km/1시간 — 침석봉 — 2.7km/1시간 — 개인산 — 3.9km/1시간40분 — 구룡덕봉

가칠봉/갈전곡봉
1. 삼봉약수 — 2.2km/1시간20분 — 가칠봉
2. 구룡령 — 4.5km/2시간10분 — 갈전곡봉 — 2.5km/1시간40분 — 갈천리치래마을

단면도

방태산(깃대봉) 1436 — 구룡덕봉 1388 — 가칠봉 1240

3.5km / 5.1km / 4.2km / 1.5km

교통편

방태산
1. 동서울터미널 — 시외버스 이용 — 현리시외버스터미널
   * 현리행 시외버스 1일 6회
   (08:35 / 10:25 / 11:30 / 14:05 / 16:30 / 17:55)
2. 현리터미널 — 방동리 경유 진동리행 하늘내린버스 이용 — 방동리정류장에서 하차
   * 방동리 경유 진동리행 하늘내린버스 1일 5회
   (06:20 / 09:00 / 12:30 / 15:20 / 18:10)
3. 현리터미널 — 상남터미널행 농어촌버스 — 상남에서 미산리행 하늘내린버스 이용
   * 상남행, 상남 경유하는 농어촌버스 1일 9회 (06:55 / 09:30 / 11:00 / 12:30 / 14:20 / 15:00 / 16:30 / 18:20 / 19:25)
4. 동서울터미널 — 시외버스 이용 — 상남터미널(상남여객쉼터) — 미산리행 하늘내린버스 이용
   * 상남행 시외버스 1일 4회 (08:35 / 10:25 / 14:05 / 17:55)

* 미산리행 하늘내린버스 1일 4회
(07:00 / 10:15 / 14:45 / 18:20)

가칠봉 / 갈전곡봉
1. 홍천종합버스터미널 — 시외버스 또는 농어촌버스 이용 — 홍천 내면버스터미널 — 명개리 목맥동행 공공형버스 — 삼봉자연휴양림정류장에서 하차
   * 내면행 시외버스 1일 4회 (08:00 / 12:00 / 15:00 / 18:30)
   * 내면 500번 농어촌버스 1일 3회 (07:10 / 10:20 / 13:00)
   * 목맥동행 공공형버스 1일 4회 (06:40 / 10:30 / 13:20 / 17:50)
2. 양양종합여객터미널 — 갈천리행 10번 농어촌버스 — 갈천리(종점)정류장
   * 갈천리행 10번 농어촌버스
   (1일 4회, 07:00 / 11:00 / 15:10 / 18:40)

강원특별자치도편 79

■ 산이 많은 강원특별자치도에서도 가장 산간 오지로 알려진 인제군의 남동쪽 끝머리에 위치한 산이 방태산이다. 백두대간의 갈전곡봉에서 서쪽으로 뻗어 나간 산줄기가 가칠봉, 구룡덕봉에 이르러 솟구치면서 산줄기는 크게 세 갈래로 갈라지는데 서쪽으로 뻗은 산줄기에는 주억봉과 방태산이 솟아 있고, 남으로 뻗은 산줄기에는 개인산이 솟아 있다.

■ 이들 산줄기의 산자락으로는 구절양장 내린천이 휘감아 돌면서 그야말로 산수경의 절경을 이루고, 방태산 남쪽의 개인약수를 비롯 북쪽의 방동약수, 동남쪽 삼봉약수 등 유명한 약수가 산재해 있어 이 산의 진가를 더해주고 있다.

■ 흔히 방태산을 이 산줄기에서 가장 높은 1444m 주억봉으로 지칭하지만, 산줄기 서쪽 끝부분에 솟은 1436m봉이 방태산이다. 또한, 방태산을 깃대봉, 풋대봉이라 하는 것도 확실한 근거가 없는 것이다.

■ 구룡덕봉 북쪽, 분지형 골짜기에 방태산자연휴양림이 들어서면서 휴양림을 기점으로 방태산 등산과 약수터를 찾기가 수월해졌다.

■ 가칠봉은 홍천군과 인제군의 경계를 나누는 능선 위에 있으며, 동쪽으로는 갈전곡봉, 서쪽으로는 응복산과 이어져 있다. 높이는 1240m로 높은 산이다.

■ 가까이에 오대산국립공원과 방태산 등 이름난 산들도 많다. 전나무와 활엽수가 조화를 이룬 울창한 숲의 풍광은 감탄을 자아낼 만큼 아름다우며, 산 정상에 오르면 주변의 산과 멀리 양양 앞바다까지 볼 수 있다.

■ 산 아래에는 유명한 삼봉약수가 있는데, 한국 명수 100에 선정되기도 했다. 또한 남쪽에 자리 잡고 있는 삼봉자연휴양림에서 삼림욕을 즐길 수 있다.

축제·볼거리

1. 인제5일장(4, 9일)
강원특별자치도 인제군 인제읍 상동리 인제시장 근처에 서는 오일장이다. 상설시장이 있는 관계로 규모는 크지 않지만, 시간적 여유가 있다면 잠시 들러 볼 만하다.

2. 강원특별자치도 기린(현리)장(3, 8일)
강원특별자치도 인제군 기린면 현리 일원에서는 5일장으로 규모는 작지만, 정겨운 시골 장터를 경험할 수 있다.

3. 기타 인제군 내 5일장
산행 시 일정과 맞을 경우 들러 볼 만한 인제군 내 오일장은 다음과 같다.
※ 신남5일장(3, 8일)
   원통5일장(2, 7일)
   서화5일장(1, 6일)

4. 합강문화제
매년 10월 인제군 인제잔디구장 일대에서 열리는 향토 문화 축제로 제례 행사와 다양한 문예 행사, 체육행사 등이 열린다.

5. 방태산자연휴양림
방태산 북쪽 계곡에 있으며, 1997년에 산림청에서 개장했다. 자연적 입지 조건은 전국 휴양림 중 으뜸으로 꼽힌다. 1,000m가 넘는 산줄기에 둘러싸인 계곡은 타원형의 분지를 이루며 수림이 울창하고 계곡 또한 수려하다. 활엽수종이 다양하며 가을이면 단풍이 절경을 이룬다. 휴양림 시설은 산림휴양관 내에 숙소가 마련되어 있고, 폭포 위쪽으로 야영장이 있다.

6. 삼봉자연휴양림
삼봉자연휴양림은 1992년 개장하였으며, 홍천군 내면 가칠봉 남쪽 산자락에 있다. 가칠봉, 응복산, 사삼봉 등 1000m가 넘는 산에 둘러싸인 천연림이다. 다양한 침엽수와 활엽수가 어우러져 울창한 숲을 이루고 있으며, 계곡에는 다양한 생물이 살고 있다. 봄에는 꽃과 산나물이, 가을에는 단풍이, 겨울에는 설경이, 사계절 내내 눈부신 절경을 볼 수 있다. 산책로, 산장, 삼림욕장, 야영 데크 등 다양한 시설이 구비되어 있고, 주변에 소금강, 상원사, 오대산국립공원 등 관광지가 산재해 있다.

▲ 삼봉자연휴양림

문의

인제군청
☎ 033-461-2122
방태산자연휴양림
☎ 033-463-8590
홍천군청
☎ 033-432-7801
삼봉자연휴양림
☎ 033-435-8536
현리버스터미널
☎ 033-461-5364

* 시각표는 2024년 11월 기준이며 변동될 수 있음.

80 방태산 · 개인산 · 구룡덕봉

가칠봉 · 갈전곡봉 81

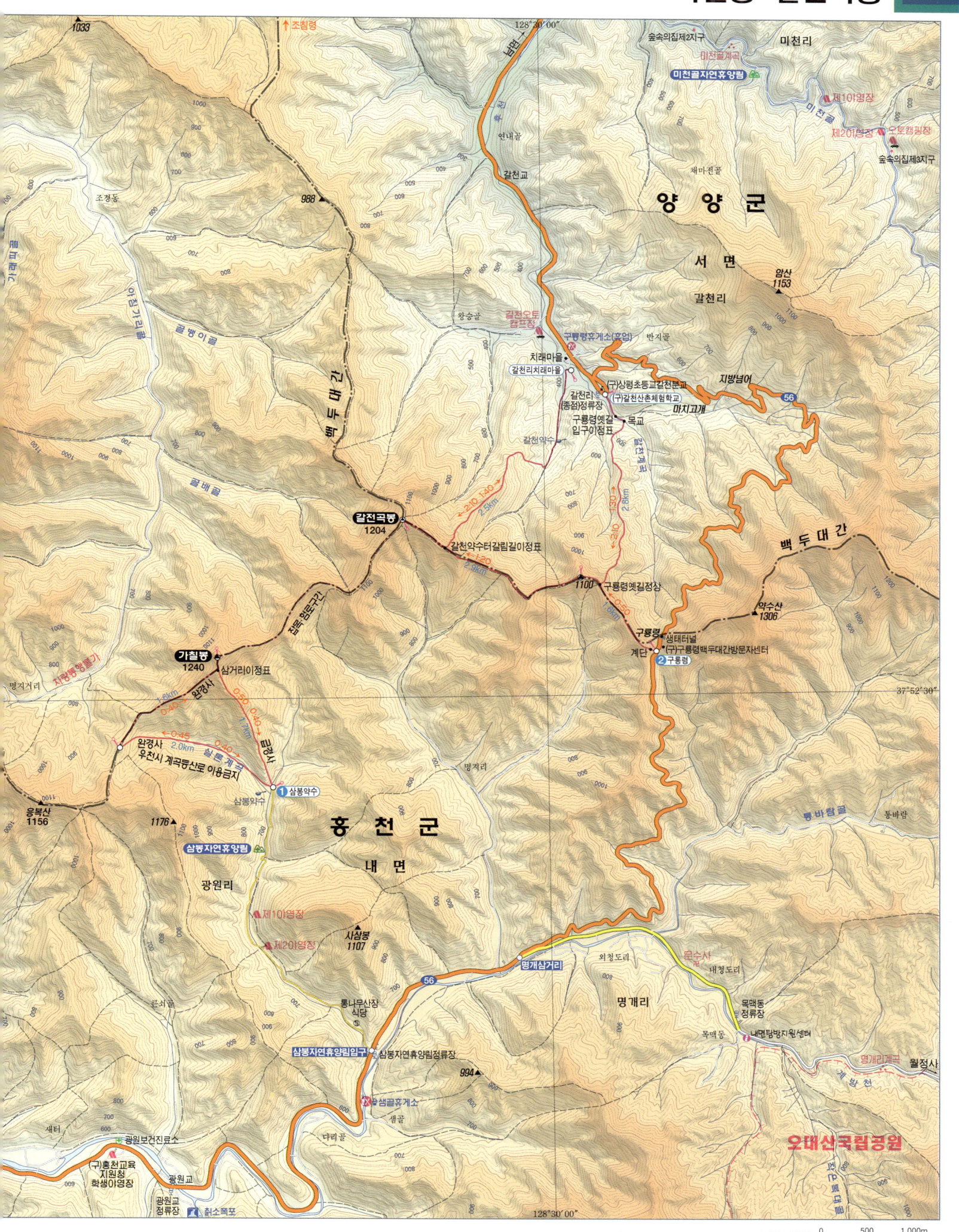

82 계방산

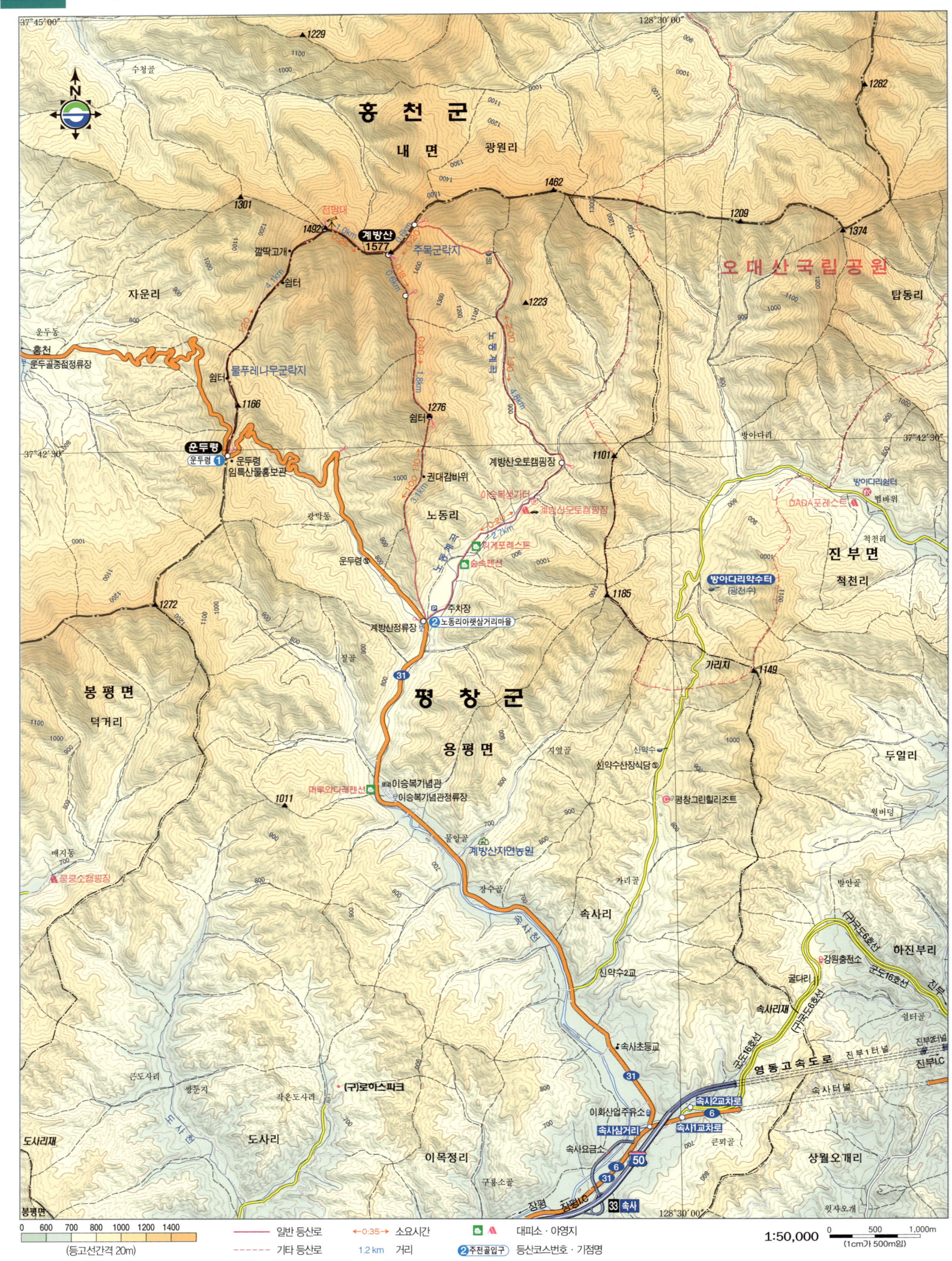

82 계방산 1577m

▲ 계방산 정상능선

▲ 방아다리 약수

동서울 또는 서울남부터미널에서 시외버스로 진부까지 도착후 진부에서 노동리행 농어촌버스를 이용한다.

위치 : 강원특별자치도 평창군 용평면, 홍천군 내면

등산코스

계방산
1. 운두령 — 4.1km/1시간20분 — 1492m봉, 전망대 — 1km/25분 — 계방산
2. 노동리아랫삼거리마을 — 3.1km/1시간10분 — 1276m봉, 쉼터 — 2.4km/55분 — 계방산
3. 노동리아랫삼거리마을 — 2.7km/20분 — 계방산오토캠핑장 — 5.4km/2시간20분 — 계방산

단면도

교통편

계방산
1. 동서울종합터미널 — 장평, 진부 경유하는 강릉행 시외버스 이용 — 장평 또는 진부시외버스터미널에서 하차
   * 강릉행 시외버스 1일 8회 (06:40 / 08:00 / 10:25 / 12:45 / 13:50 / 16:20 / 17:55 / 20:20)
2. 장평시외버스터미널 — 노동리 경유 진부행 121번 농어촌버스(1일 3회) — 이승복기념관정류장 하차 후 아랫삼거리마을 2.5km 도보 이동
   * 진부 121번 농어촌버스 (07:45 / 12:50 / 16:50)
3. 진부시외버스터미널 — 노동리 경유 장평행 211번 농어촌버스(1일 3회) — 이승복기념관정류장 하차
   * 장평행 211번 농어촌버스 (10:00 / 14:50 / 17:10)
4. KTX진부(오대산)역 — 진부행 224번 농어촌버스 이용 — 진부시외버스터미널 — 노동리 경유 장평행 211번 농어촌버스 이용 — 이승복기념관정류장 하차
   * 진부행 224번 농어촌버스 1일 7회 (08:55 / 10:45 / 12:10 / 14:50 / 16:50 / 17:50 / 19:10)
   * 19:10 농어촌버스는 금·토·일요일만 운행함
5. 홍천종합버스터미널 — 시외버스 또는 농어촌버스 이용 — 홍천 내면버스터미널 — 운두령 공공형버스 이용 — 운두골 종점정류장 하차 후 운두령까지 약 5.5km 도보 이동
   * 내면행 시외버스 (1일 4회, 08:00 / 12:00 / 15:00 / 18:30)
   * 내면 500번 농어촌버스 (1일 3회, 07:10 / 10:20 / 13:00)
   * 운두령 공공형버스 (1일 3회, 09:00 / 14:00 / 17:10)

■ 강원특별자치도 홍천군과 평창군의 경계에 솟아 있는 계방산은 높이가 1577m로 남한에서는 한라산, 지리산, 설악산, 덕유산에 이어 다섯 번째로 높은 산이다. 또한 주변의 황병산, 오대산, 방태산과 같은 1000m 전후의 고봉들과 태백산맥을 이루고 있어 고산의 정취를 즐길 수 있다.

■ 정상에 오르면 표고가 높은 만큼 조망 또한 장관이다. 북으로는 설악산, 점봉산이, 서쪽으로는 태기산이 보이고, 동쪽으로는 오대산의 노인봉과 대관령이 보인다. 예로부터 이름난 오대산의 명성에 가려 많이 알려지지 않았지만, 산세와 풍광은 결코 뒤지지 않는 명산이다. 산 서남쪽 능선에 있는 운두령(1089m)은 차로 오를 수 있는 고개로 이곳에서 산행을 시작하면 정상까지 1시간 반이면 충분하다.

강원특별자치도편 83

축제·볼거리

1. 방아다리 약수
평창군 진부면 척천리, 계방산 기슭에 위치한 이 약수는 조선 숙종 때부터 알려진 오래된 약수이다. 철분, 나트륨, 칼슘, 마그네슘 성분 등이 함유된 탄산천으로 피부병, 신경통, 위장병에 효과가 있다고 한다.

2. 이승복 반공기념관
계방산 남쪽 계곡에 위치한 이곳은 1968년 10월 울진·삼척에 침입한 북한 무장공비들에 의해 무참히 살해당한 이승복군(당시 속사초등교 계방분교 2학년생)의 희생을 기리고 반공의 생생한 교육장으로 조성된 곳이다.

▲ 이승복 반공기념관

3. 평창 고랭지 김장 축제
매년 11월 초순에 열리는 축제로서, 주 행사장은 진부면 오대천 축제장(평창 송어 축제장)이다. 진부시외버스터미널과 진부역(KTX)에서 도보로 이동이 가능하며, 체험료를 내고 직접 김장을 담글 수 있다.
문의) 033-336-4000
(평창 고랭지 김장 축제 위원회)

문 의
평창군청 ☎ 033-330-2000

* 시각표는 2024년 11월 기준이며 변동될 수 있음.

---

84 노추산 1322m 사달산 1182m

▲ 노추산 이성대

▲ 노추산 정상표석과 사달산

동서울종합터미널에서 정선에 도착 후 시내버스를 이용하여 여량리까지 가거나 정선 아리랑 열차를 이용하여 아우라지역에서 하차한다.

위치 : 강원특별자치도 정선군 여량면, 강릉시 왕산면

등산코스

노추산
1. 구절리절골마을 — 1.7km/30분 — 조주선관 — 2.2km/1시간20분 — 병풍바위 — 1.2km/1시간 — 노추산
2. 구절리종량동마을 — 3.8km/1시간50분 — 병풍바위 — 1.2km/1시간 — 노추산 — 2.1km/1시간20분 — 사달산

사달산
1. 고단리새목재입구 — 1.2km/30분 — 새목재 — 2.7km/1시간 — 사달산 — 2.1km/1시간20분 — 노추산

단면도

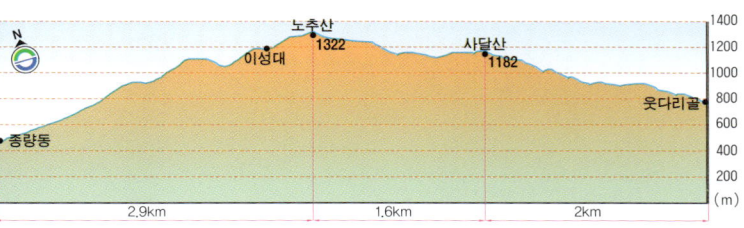

교통편

노추산 / 사달산
1. 동서울터미널 — 시외버스 — 정선시외버스터미널
   * 정선행 시외버스 1일 5회 (* 평창, 미탄 경유함) (07:00 / 09:25 / 12:50 / 15:10 / 17:35)
2. 정선시외버스터미널 — 나전, 여량, 임계 경유하는 강릉행 시외버스 — 여량버스터미널 또는 임계버스터미널 하차
   * 강릉행 시외버스 1일 5회 (07:40 / 09:30 / 11:00 / 14:20 / 18:10)
2-1. 정선시외버스터미널에서 여량행 또는 여량 경유 임계행 와와버스 이용
   * 10번, 10-1번, 14번, 15번, 34번, 35번 여량행 또는 여량 경유 임계행 와와버스 1일 14회 (06:30 / 07:25 / 08:05 / 09:25 / 10:45 / 11:00 / 11:55 / 13:05 / 14:00 / 14:30 / 16:10 / 17:10 / 17:30 / 18:50)
3. 여량버스터미널 — 종량동행 와와버스 — 각 출발지 정류장에서 하차
   * 종량동행 10-3번, 10-4번 와와버스 1일 5회 (06:40 / 10:00 / 12:40 / 15:10 / 18:25)
   * 10-2번 와와버스 (1일 2회, 08:10 / 17:40)는 구절보건진료소 정류장까지만 운행함.
4. 정선시외버스터미널에서 여량 경유 임계행 34번, 35번 와와버스 이용
   * 임계행 34번, 35번 와와버스 (1일 4회, 07:25 / 11:00 / 14:00 / 17:10)
4-1. 임계버스터미널 — 고단행 34-4번 농어촌버스(1일 3회) — 안고단종점정류장 하차
   * 고단행 34-4번 농어촌버스 (09:10 / 13:50 / 16:30)
5. 서울 청량리역 — 정선아리랑열차 이용 — 민둥산역 하차 후 임시 2층 투어버스를 이용하여 아우라지역으로 이동 후 여량버스터미널로 도보 이동
   * 정선아리랑열차
   ① 정선 5일장 (2, 7, 12, 17, 22, 27일), 매주 토·일요일에만 1회(08:30발) 운행함.
   ② 정식 구간은 청량리역 ~ 아우라지역이지만, 낙석 사고로 철로가 유실되어 복구 전까지 민둥산역까지만 운행.

■ 강원특별자치도 정선군 여량면과 강릉시 왕산면의 경계에 노추산-사달산 줄기가 솟아 있다. 두 산 모두 1000m가 넘는 높은 산으로 태백산맥 줄기에 속한다. 사달산이라는 이름은 길이 사방으로 통하여 붙여졌다고도 하고, 네 명의 득도자가 나올 것이라 하여 그렇게 불려졌다고도 한다. 설총, 의상, 율곡이 이 산에서 득도하였다고 한다.

■ 사달산 서쪽 지척에 노추산이 있는데 이곳에서 중국의 노(魯)나라와 추(鄒)나라의 이름을 따서 지었다고 전한다. 노추산의 서쪽 계곡인 송천은 그야말로 구절양장 굽이쳐 흐르며 임계천과 어우러지는데 그 합수 지점이 정선아리랑의 무대이기도한 아우라지이다. 노추산은 강원특별자치도 오지에 있지만 정선선 아우라지역과 종량동행 와와버스를 이용할 수 있으며, 절골에서 조주선관을 거쳐 오르는 코스가 주 등산로이다. 두 산의 정상에 오르면 삽당령과 발왕산이 보이고, 정선군 여량면도 내려다 보인다.

축제·볼거리

1. 아우라지 뗏목 축제
아우라지는 조선 시대 물을 따라 목재를 운반하던 뗏목 터였고 정선아리랑의 발상지이다. 이것을 복원하여 매년 7월 말에 정선군 북면 일대에서 뗏목 축제를 연다. 뗏목 시연 및 제례, 전통 돌다리 건너기, 뗏목 타기 등의 행사가 열린다.
문의) 033-563-3069(여량면 번영회)

2. 정선 아리랑제
민초들의 애환이 담긴 정선 아리랑을 계승 발전시키기 위한 문화 축제로 9월 말~10월 초에 정선공설운동장 일대에서 열린다. 정선아리랑 경창대회, 향토 음식 먹거리 장터 운영, 아리랑공연, 아리랑 특강, 아리랑 체험 행사 등의 프로그램이 있다.
문의) 033-560-3013
(정선아리랑문화재단)

문 의
정선군청 ☎ 1544-9053

* 시각표는 2024년 11월 기준이며 변동될 수 있음.

84 노추산 · 사달산

금당산·거문산·잠두산·백석산

강원특별자치도편

85 금당산 1174m / 거문산 1173m / 잠두산 1243m / 백석산 1365m

동서울종합터미널에서 평창행 시외버스, 장평, 진부 경유하는 강릉행 시외버스 이용 또는 서울역, 청량리역 등에서 강릉선 KTX 열차 이용

위치 : 강원특별자치도 평창군 대화면, 진부면, 용평면

▲ 금당산 정상과 거문산

등산코스

금당산
1. 평창KTX역 — 4.2km/2시간20분 — [금당산]
2. 금당동마을등산안내판 — 2.9km/1시간40분 — [왕관바위] — 0.6km/15분 — [금당산]

거문산
1. 재산재(고개) — 3.7km/2시간10분 — [금당산] — 2.3km/1시간10분 — [거문산]
2. 법장사입구 — 3.6km/2시간 — [거문산]

잠두산
1. 모릿재터널 — 3.8km/1시간30분 — [잠두산] — 2.7km/1시간20분 — [백석산]

백석산
1. 대화리가지동마을 — 3.1km/1시간20분 — [던지골] — 1.9km/1시간10분 — [마랑치] — 0.8km/30분 — [백석산]

단면도

잠두산 1243 / 백석산 1365 / 모릿재 / 상막동

교통편

금당산 / 거문산
1. 동서울터미널 – 장평 경유 강릉행 시외버스 – 장평터미널
   * 장평 경유 강릉행 시외버스 1일 8회
   (06:40/08:00/10:25/12:45/13:50/16:20/17:55/20:20)
1-1. 의정부 ↔ 장평 ↔ 강릉 시외버스 이용 – 장평터미널
   * 장평 경유 의정부 ~ 강릉 시외버스 1일 3회
   (의정부 08:00/13:30/17:30, 강릉 09:00/13:00/18:20)
2. 장평터미널 – 대화 경유 평창행 농어촌버스 – 재산(재산3리)정류장 또는 광천(굴앞길입구)정류장 하차
   * 대화 경유 평창행 농어촌버스 1일 14회 (09:20~1
3. 장평터미널 – 유포리행 농어촌버스 이용 – 등매지정류장 또는 유포1리(버들개마을)정류장 하차
   * 유포리행 160번 농어촌버스 (1일 2회, 06:50/17:50)
4. 동서울터미널 – 평창, 미탄 경유 정선행 시외버스 이용 – 평창터미널 – 대화 경유 장평행 농어촌버스 이용
   * 평창행 시외버스 (* 미탄, 정선까지 운행함) 1일 5회
   (07:00/09:25/12:50/15:10/17:35)
   * 대화 경유 장평행 농어촌버스 1일 15회
   (첫차: 08:20 ~ 막차: 19:30)
   * 11:50분, 13:10분 농어촌버스는 유포리 경유함.
5. 서울역, 청량리역 등에서 강릉선 KTX 열차 – 평창역 하차
   * KTX 열차 이용 시 매일 운행, 주말 운행, 금토일 운행인지 꼭 확인해야함.

백석산
1. 평창버스터미널 – 대화4리행 농어촌버스 – 대화4리종점 정류장에서 하차
   * 대화4리행 농어촌버스 (1일 2회, 07:00/16:00)
2. 평창터미널 또는 장평터미널에서 대화 경유 농어촌버스 (수시 운행) 이용 – 대화터미널에서 대화4리 가지동마을까지 약 3km 도보 이동

■ 평창군을 가로지르는 31번 국도를 사이에 두고 동쪽에는 백석산–잠두산 능선이, 서쪽에는 거문산–금당산 능선이 솟아 있다. 백석산–잠두산 능선은 대화면과 진부면을 가르며 뻗어 있는데, 백석산은 정상에 흰바위가 있어서, 잠두산은 산세가 누에와 닮아서 이런 이름을 얻었다.

■ 거문산–금당산 능선은 태백산맥 줄기 중 하나로, 두 산 모두 1000m가 넘는 고봉이다. 두 산의 정상에서는 이웃한 백석산과 잠두산이 선명하고, 태기산, 회령봉, 계방산까지 볼 수 있다.

▲ 백석산 정상 운해

축제·볼거리

1. 효석문화제
이효석의 〈메밀꽃 필무렵〉의 배경이었던 봉평에서 열리는 문화 축제로 9월 초 열흘 일정으로 열린다. 소설 속 메밀꽃밭 체험, 각종 공연·전시, 체험 행사, 문학의 밤, 전통 마당 등의 행사가 마련되어 있다.
문) 033-335-2323(이효석 문학 선양회)

2. 봉평장(2, 7일)
강원 평창군 봉평면 창동리 봉평전통시장에서는 장으로 이효석의 〈메밀꽃 필 무렵〉의 무대로 소개되어 유명세를 타고 있다. 메밀, 각종 산나물, 잡곡 등이 판매된다.

문 의
평창군청 ☎ 033-330-2000

* 시각표는 2024년 11월 기준이며 변동될 수 있음.

---

87 가리왕산 1561m / 중왕산 1376m / 청옥산 1256m

동서울종합터미널에서 시외버스 이용하여 장평, 평창, 미탄, 정선 등에서 하차 한 후 각 목적지행 농어촌(공영)버스 이용

위치 : 강원특별자치도 정선군 정선읍, 북평면, 평창군 대화면, 미탄면, 진부면

▲ 가리왕산 정상의 돌탑

▲ 청옥산 삼신제단

등산코스

가리왕산
1. 숙암리장구목이골입구 — 4.7km/2시간30분 — [가리왕산]
2. 가리왕산자연휴양림어은동골입구 — 6.0km/2시간20분 — [가리왕산]
3. 회동2교 — 3.2km/3시간10분 — [중봉] — 2.5km/1시간 — [가리왕산]

중왕산
1. 하안미리가평동마을 — 3.4km/1시간40분 — [갈림길] — 1.8km/1시간30분 — [1376m봉] — 0.4km/10분 — [안부] — 0.7km/30분 — [중왕산]

청옥산
1. 평안리한치동마을 — 7.5km/2시간50분 — [청옥산]

단면도

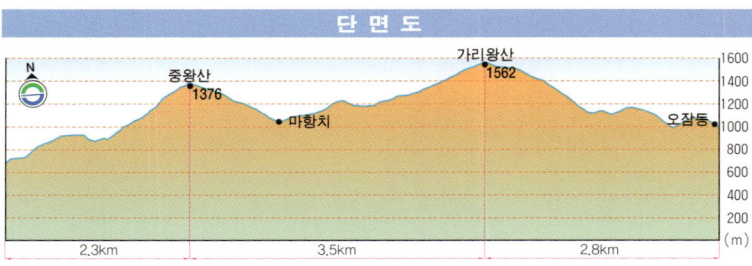

중왕산 1376 / 마항치 / 가리왕산 1562 / 오잠동

교통편

가리왕산 / 중왕산
1. 동서울종합터미널 – 평창, 미탄 경유 정선행 시외버스 이용 – 정선공영버스터미널
   * 평창, 미탄 경유 정선행 시외버스 1일 5회
   (07:00/09:25/12:50/15:10/17:35)
2. 정선터미널 – 회동(가리왕산휴양림)행 공영버스 이용 – 회동(휴양림)종점정류장 하차
   * 회동행 8번 와와버스 1일 8회
   (07:10/08:25/10:10/11:20/12:55/14:50/16:40/18:25)
3. 정선터미널 – KTX 진부역행 21-1번 와와버스 이용 – 장구목이정류장 또는 장전교정류장에서 하차
   * KTX 진부역행 21번, 21-1번 공영버스 1일 6회
   (07:20/09:20/11:20/13:10/15:20/17:30)
3-1. KTX 진부역 – 정선터미널행 21번 와와버스 이용
   * KTX 진부역발 정선터미널행 21번 와와버스 1일 6회
   (09:00/11:00/13:00/14:30/15:00/19:10)
4. 미탄터미널(창리정류장) – 평안리 경유 공영버스 이용 – 한치정류장, 회동2리정류장 등에서 하차
   * 평안리, 회동리 경유 공영버스 1일 5회
   (07:00/09:50/14:25/15:50/18:35)
5. 평창터미널 – 338번 농어촌버스 – 지동리종점정류장
   * 338번 농어촌버스 (1일 3회, 10:20/14:30/17:30)
6. 평창터미널 – 대화 경유 장평행 농어촌버스 (1일 15회, 08:20 ~19:30) – 장평터미널 – 하안미5리(가평)행 농어촌버스 – 하안미5리종점정류장
   * 하안미5리(가평)로 지정하며 경유하는 181번, 183번, 190번 농어촌버스 1일 5회
   (장평터미널 기준, 07:15/08:10/11:35/13:10/17:40)

■ 정선군 북서쪽으로 평창군과 경계를 이루며 우람하게 솟아 있는 가리왕산은 높이가 1562m로 인근의 고산준령 가운데서도 가장 높은 산으로 꼽힌다.

■ 가리왕산을 중심으로 중봉, 하봉, 상봉, 중왕산, 청옥산 등 1000m가 넘는 높은 봉이 우뚝 솟아 있다. 가리왕산의 전체적인 산세는 육산으로 이뤄져 계곡이나 산악미는 내세울 것이 없으나 사방으로 뻗어 나간 육중한 산줄기와 온 산을 뒤덮은 울창한 수림은 고산다운 면모를 유감없이 발휘하고 있다.

■ 등산로 중 어느 코스로 오르나 중봉에서 정상을 거쳐 중왕산에 이르는 능선 종주가 이 산이 주는 매력 포인트이기 때문에 이점을 고려하여 산행 계획을 짜는 것이 바람직하다.

축제·볼거리

1. 정선장/정선시장(2, 7일)
정선군 정선읍 아리랑시장에서 열리며 고추, 마늘, 황기(생약류), 채소류 등이 판매되고 옥수수 동동주, 메밀묵같은 음식도 맛볼 수 있다. 또 인근에 약초 시장이 형성되어 관광객이 많이 찾는다.

2. 정선소금강(旌善小金剛)
정선읍에서 동쪽으로 동면 화암리, 몰운리 일대 강변의 기암적벽은 맑은 물과 어울려 절승을 이루는데 이곳이 예로부터 유명한 정선소금강이다. 화암8경이라고도 하는 이곳은 현재 화암관광지로 지정되어 위락·편의 시설이 들어서서 많은 관광객이 찾아 들고 있다.

문 의
가리왕산자연휴양림 ☎ 033-562-5833

* 시각표는 2024년 11월 기준이며 변동될 수 있음.

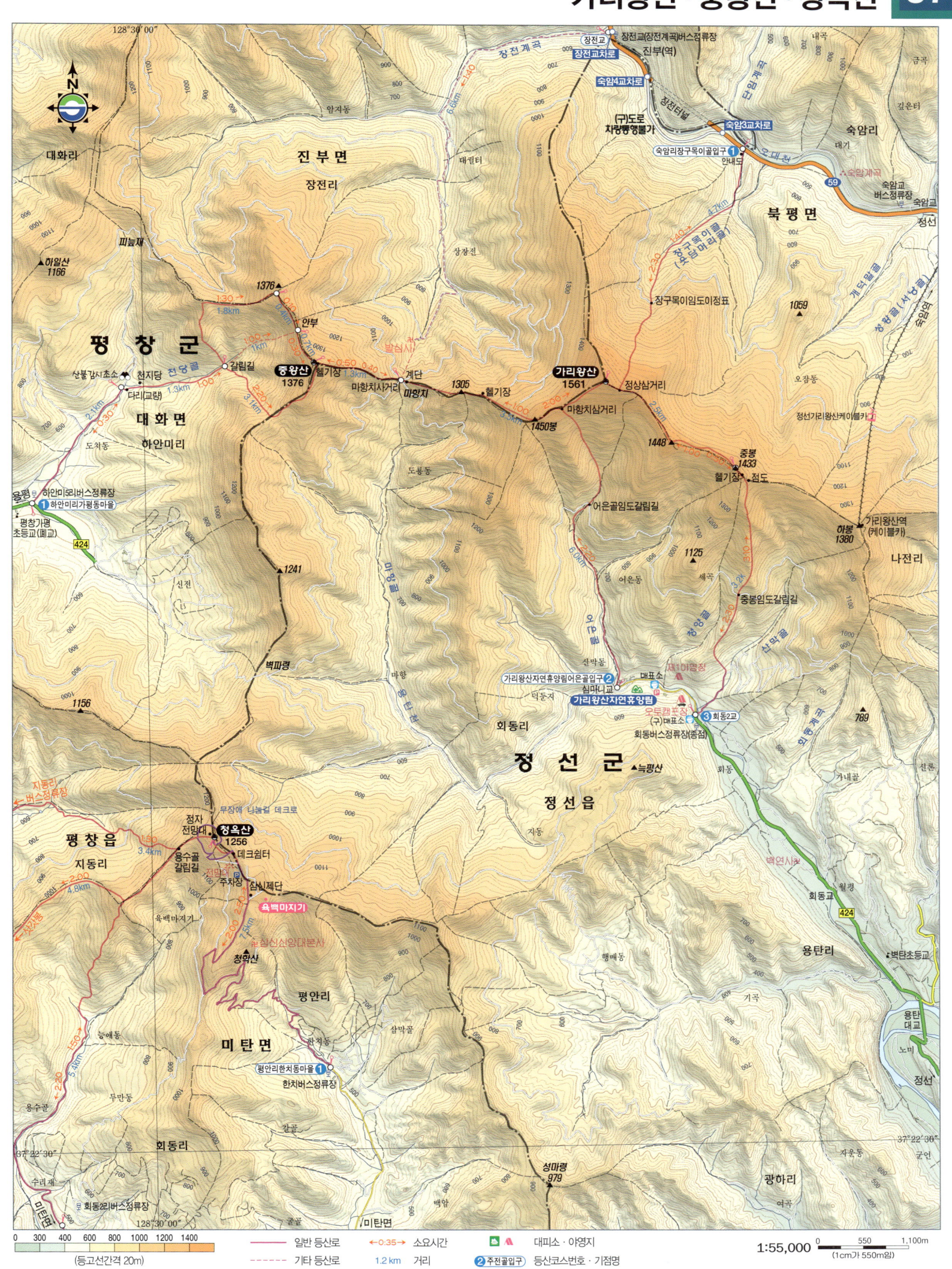

발왕산 (고루포기산)

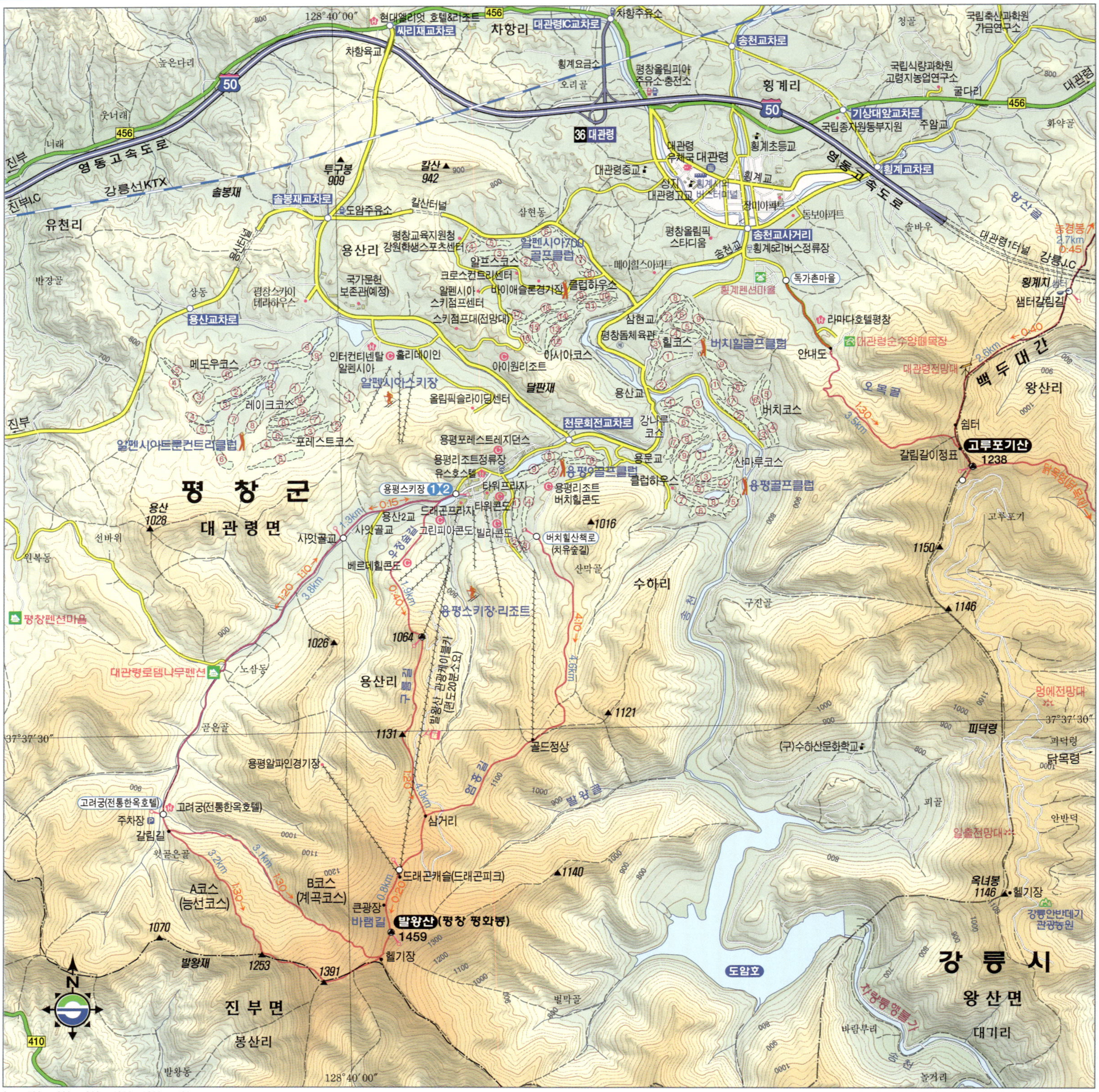

0 700 800 900 1000 1200 1400
(등고선간격 20m)

일반 등산로
기타 등산로
←0:35→ 소요시간
1.2 km 거리
대피소 · 야영지
② 주전골입구 등산코스번호 · 기점명

1:50,000 0 500 1,000m (1cm가 500m임)

88 발왕산 1459m

서울남부 또는 동서울종합터미널에서 횡계행 시외버스 이용 후 횡계터미널에서 용평리조트행 농어촌버스 이용

위치 : 강원특별자치도 평창군 대관령면, 진부면

등 산 코 스

발왕산

① 용평스키장 1.3km/15분 (사잇골교) 3.8km/1시간20분 (고려궁) 3.2km/1시간30분 (발왕산)

② 용평스키장 1.9km/40분 (1064m봉) 4.8km/1시간40분 (발왕산)

단 면 도

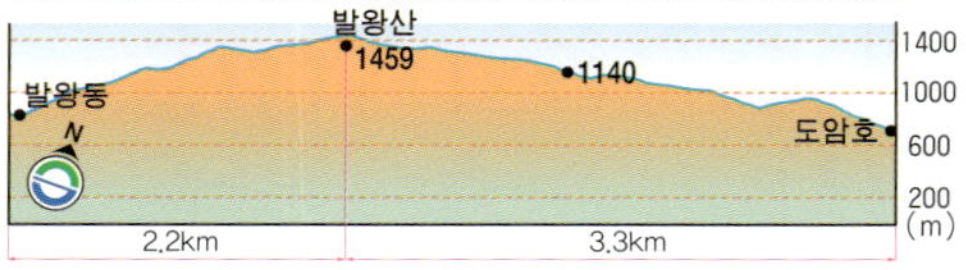

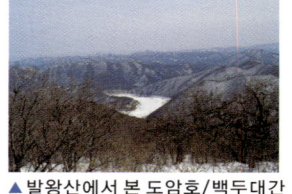

▲ 발왕산에서 본 도암호/백두대간

교 통 편

발왕산 / 고루포기산

1. 서울남부 또는 동서울터미널에서 횡계행 시외버스 이용 – 횡계시외버스터미널
   * 서울남부터미널 (1일 3회, 07:40 / 11:00 / 17:40)
   * 동서울종합터미널 1일 8회 (06:40 / 08:00 / 10:25 / 12:45 / 13:50 / 16:20 / 17:55 / 20:20)
2. 횡계터미널 – 용평리조트 · 알펜시아행 441번 버스 이용
   * 발왕산은 용평리조트정류장에서 하차
   * 고루포기산은 횡계5리정류장에서 하차
   * 용평리조트 · 알펜시아행 441번 농어촌버스 (1일 4회, 09:35/10:40/13:30/14:40)
3. KTX 진부역 – 진부터미널 – 횡계행 공영버스 이용
   * 횡계행 버스 (1일 4회, 08:35 / 09:10 / 13:10 / 18:00)

■ 용평리조트를 북쪽 산자락에 품고 있는 발왕산은 행정상으로는 평창군 대관령면과 진부면의 경계를 이루고 있다. 태백산맥 줄기인 중앙산맥에 포함되는 산으로 고루포기산 ,옥녀봉, 두루봉과 같은 봉우리와 싸리재, 피덕령과 같은 고개들이 솟아 있다. 또한, 이 봉우리들에는 발왕과 옥녀의 애절한 사랑의 전설이 깃들어 있다. 발왕산은 육산으로 산세가 부드러우며 주 능선에 올라서면 주목 군락지를 볼 수 있고, 봄이면 산철쭉이 정상 부근을 수놓는다. 정상에서는 백두대간과 동해 바다가 시야에 펼쳐진다.

문 의

용평리조트 ☎ 033-335-5757

* 시각표는 2024년 11월 기준이며 변동될 수 있음.

90 치악산 (비로봉)

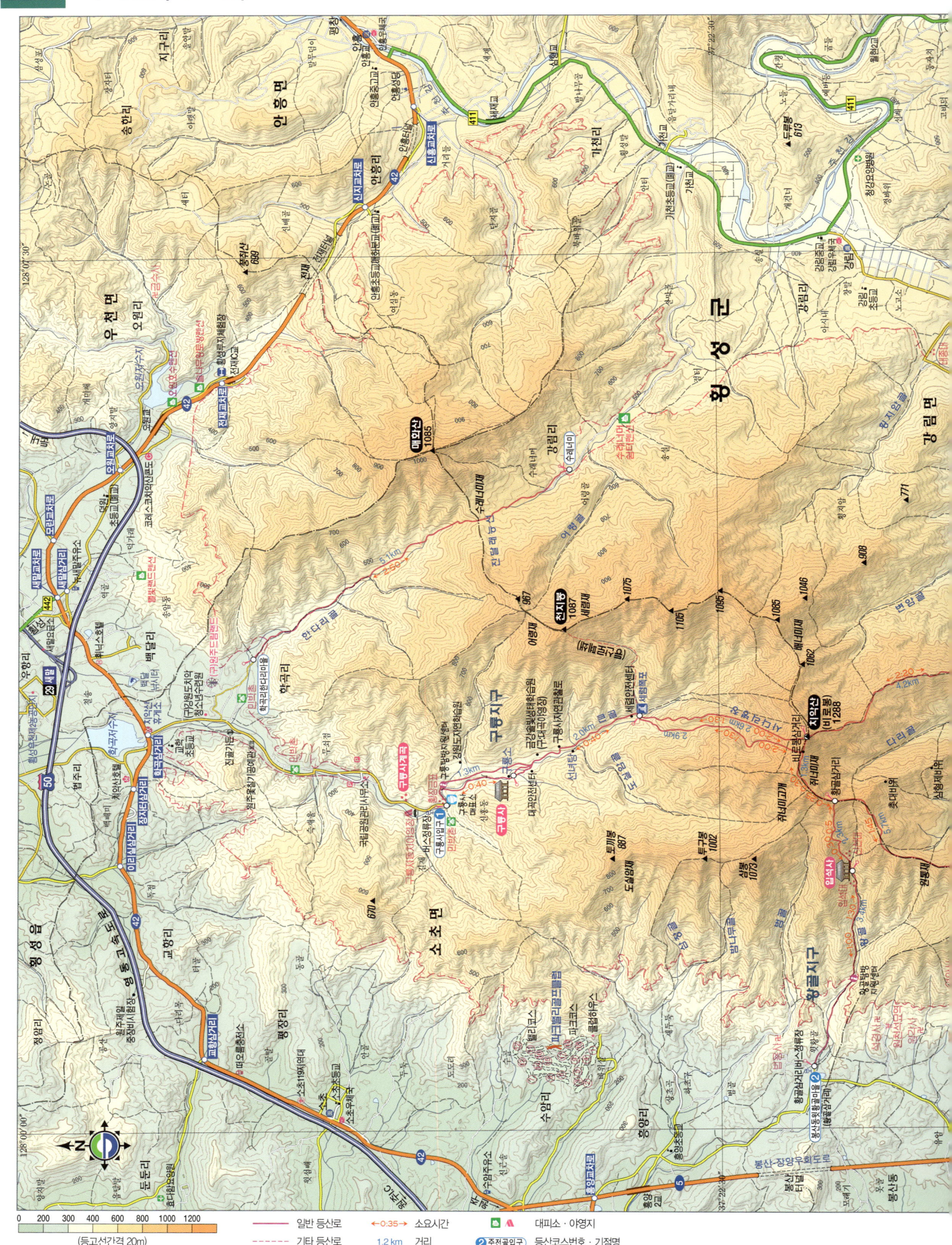

향로봉 · 남대봉 · 매봉산 91

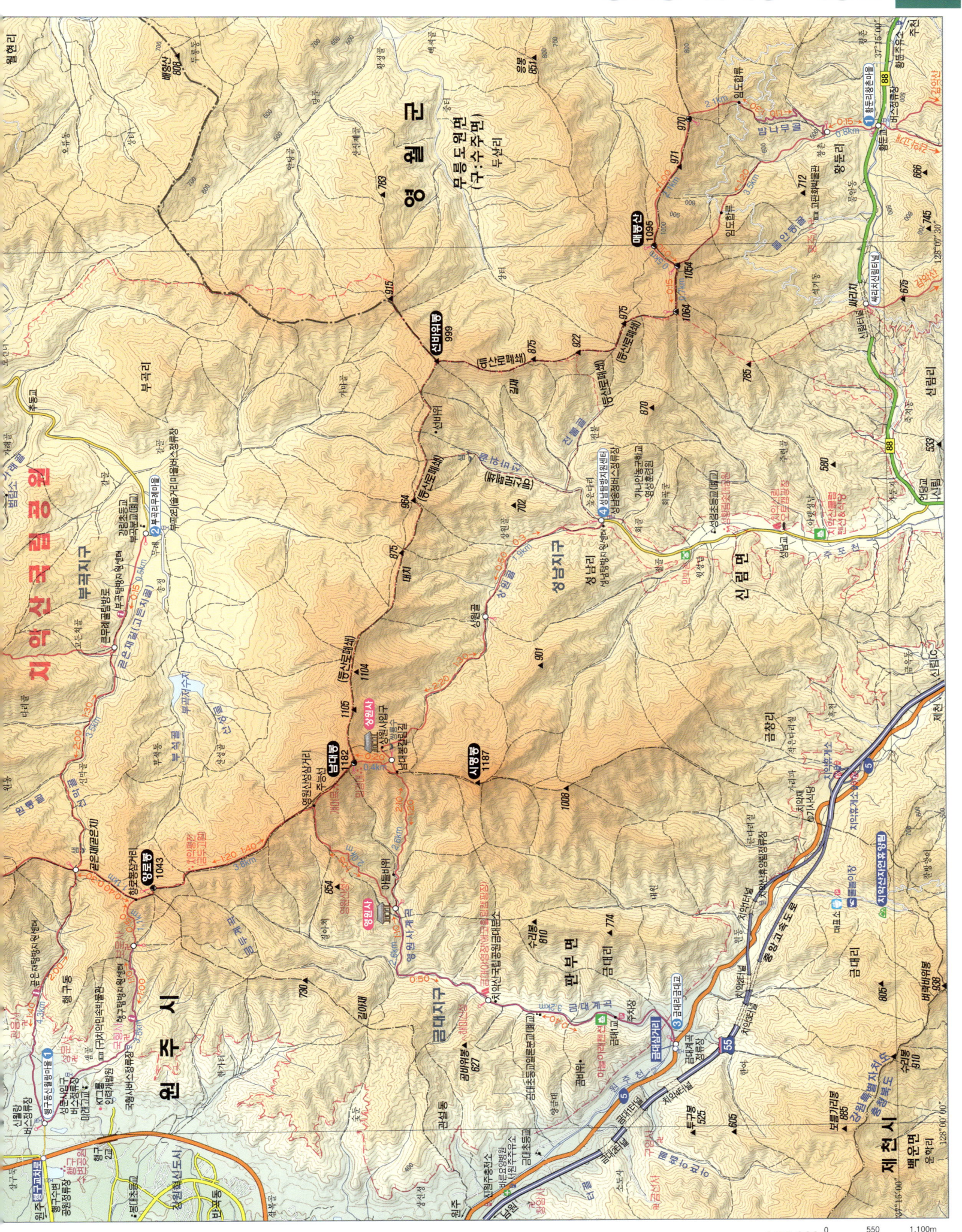

강원특별자치도편

90 치악산 1288m / 향로봉 1043m / 남대봉 1182m / 매봉산 1095m

서울 청량리역에서 중앙선 KTX 열차 이용 또는 동서울종합터미널에서 원주행 시외버스 이용 후 원주 시내에서 각 목적지행 시내버스

위치 : 강원특별자치도 원주시 소초면, 판부면, 신림면, 횡성군 강림면, 우천면, 영월군 수주면

■ 일찍이 동양 명산이라 일컫는 치악산은 원주시 동쪽을 가로막고 선 장대한 산줄기로 산세가 웅장하고 산역이 광활하여 각종 동·식물의 좋은 서식처이다. 또한 구룡사, 상원사 등 신라 천년의 역사가 서린 사찰을 비롯 영원산성, 해미산성 등 전란사가 담긴 유서 깊은 곳이다. 애초 적악산으로 불리다가 '꿩의 보은 전설'로 치악산이 되었다고 한다. 이인직의 소설 '치악산'의 본향이기도 하다. 치악산 일대는 1984년 국립공원으로 지정되었으며 매년 수많은 관광객과 등산객들이 찾는 명승지이다. 최고봉인 비로봉—향로봉—남대봉에 이르는 큰 산줄기는 무려 14km에 이르며, 봉우리별로 개별 산행을 하거나 종주산행에 도전하는 것도 좋다. 또한, 향로봉 치악평전의 억새밭은 가을 산행의 백미라고 할 수 있다.

■ 비로봉—남대봉 능선 북쪽으로는 천지봉, 매화산이, 남동쪽으로는 시명봉, 선바위봉, 매봉산이 산줄기를 뻗고 있다. 매봉산은 가을 단풍이 유명한데, 하산길도 아름다운 것이 특징이다.

▲ 토끼봉에서 본 치악산 비로봉

등산코스

치악산/남대봉
1. 구룡사입구 3.3km/1시간0분 → 세렴폭포 2.6km/2시간 → 비로봉 8.1km/2시간50분 → 향로봉 3.8km/1시간40분 → 남대봉 0.4km → (성남탐방지원센터) 1.9km/30분 → 상원골 3.1km/1시간30분 → 상원사 20분
2. 봉산동윗황곡마을 3.4km/1시간30분 → 입석사 3.6km/1시간20분 → 비로봉
3. 금대리금대교 3.2km/40분 → 금대야영장 2.6km/1시간10분 → 영원사 3.0km/2시간30분 → 남대봉
4. 성남탐방지원센터 1.9km/50분 → 상원골 3.5km/2시간40분 → 남대봉

향로봉
1. 행구동신월랑마을 3.5km/1시간10분 → 국향사 → 보문사 1.1km/50분 → 향로봉
2. 부곡리무레마을 4.0km/2시간15분 → 곧은재 1.1km/40분 → 향로봉

매봉산/선바위봉
1. 황둔리장촌마을 2.9km/1시간45분 → 970m봉 2.1km/1시간 → 매봉산

단면도

향로봉 1043 — 치악산(비로봉) 1288 — 천지봉 1087
질아치
2.6km / 4.2km / 3.3km / 2.1km

교통편

치악산 / 매봉산
1. 서울 청량리역 KTX 열차 – 원주역 – '시내 방면 버스 타는곳 정류장'에서 18번, 111번 시내버스 이용 – 롯데시네마 남원주점정류장 하차 – 건너편 한신1차아파트정류장에서 구룡사행 41번 시내버스로 환승
2. 동서울종합터미널에서 원주행 시외버스 이용 (수시 운행) – 원주종합버스터미널에서 하차 – 터미널 건너편 시외·고속버스정류장에서 16번, 18번, 100번, 111번 시내버스 이용 – 롯데시네마 남원주점정류장 하차 – 건너편 한신1차아파트정류장에서 구룡사행 41번 시내버스로 환승
3. 원주종합버스터미널 앞 시외·고속버스정류장에서는 성문사 입구행 13번 시내버스, 터미널 건너편 시외·고속버스정류장에서는 성문사 입구행 8번 시내버스 이용 – 신월랑정류장 또는 성문사입구 정류장에서 하차
4. 성문사 입구행 8번, 13번 시내버스 – 행구수변공원정류장 하차 – 황골삼거리 경유하는 82번 시내버스 (1일 7회 운행) 환승 – 황골삼거리정류장에서 하차 또는 행구수변공원에서 황골삼거리까지 약 3km 도보 이동
5. KTX 원주역 '시내 방면 버스 타는 곳 정류장' 또는 터미널 건너편 시내버스 – 판부농협정류장 – 금대리 경유하는 21번 ~25번 시내버스로 환승 – 금대계곡에서 하차 – 영원사 방면으로 이동
   * 23번 시내버스(1일 5회 운행)는 성남종점까지 운행함.
   * 24번 시내버스(1일 3회), 25번 시내버스(1일 3회) 이용 시 창촌정류장에서 하차 후 매봉산으로 이동
6. 동서울종합터미널 – 새말 경유 안흥행 강원여객 시외버스 이용 – 안흥터미널에서 하차 – 강림면 부곡리행 희망버스 이용 – 부곡2리정류장 하차
   * 안흥행 시외버스 (1일 5회, 07:25 / 09:25 / 12:50 / 15:10 / 17:35)
   * 강림면 부곡리행 희망버스 1일 5회(07:15 / 10:50 / 14:10 / 16:50 / 19:10

▲ 향로봉에서 본 남대봉

▲ 매화산 입구의 노송 (학곡리)

축제·볼거리

1. 영원산성
영원사 뒤편 산줄기에는 통일신라 말기에 반란을 일으켰던 양길이 쌓았다는 영원산성이 남아 있는데 궁예가 이곳에서 진을 치고 인근 고을을 공략하였다고 하며, 임진왜란 때는 원주 목사 김제갑이 왜적과 싸우다가 장렬하게 전사한 곳이기도 하다.

▲ 영원산성

2. 영원사
원주시 판부면 금대리에 위치한 절로서, 대한불교조계종 제4교구 본사인 월정사의 말사이다. 신라 문무왕 16년(676년) 의상대사가 창건하였으며, 여러 차례의 중수를 거쳐 오늘에 이르고 있다.

▲ 영원사

3. 금대야영장
치악산 남대봉에서 흘러내리는 맑은 물과 숲이 우거진 계곡에 자리 잡은 금대야영장(금대에코힐링캠핑장)은 원주시 남쪽 판부면에 있다. 야영장으로 오르는 입구에는 계곡을 가로지르는 높이 약 40m의 거대한 길아천철교(백척교)가 있으며, 향후 전망대로 활용될 예정이다.

▲ 금대야영장

4. 구룡사(龜龍寺)
비로봉 북쪽 골짜기 울창한 노송림 가운데 자리한 이 절은 치악산을 대표하는 사찰로 문무왕 8년(668년) 의상대사가 창건하였다단다. 절 부근 계곡에 구룡소를 비롯 선녀탕, 세렴폭포 등의 명소가 산재해 있다.

▲ 구룡사

5. 상원사(上院寺)
남대봉 직하(直下)에 자리한 우리나라에서 세 번째로 높은 곳에 위치한 절로 신라 경순왕 때 무착도사가 개창한 이래 참선도장으로 일관해 온 수도처이다. 구렁이와 꿩에 얽힌 전설을 간직한 절로 유명하다.

▲ 상원사

문의

치악산국립공원사무소
☎ 033-740-9900
치악산국립공원 금대분소
☎ 033-763-5232
원주시청 ☎ 033-742-2111

* 시각표는 2024년 11월 기준이며 변동될 수 있음.

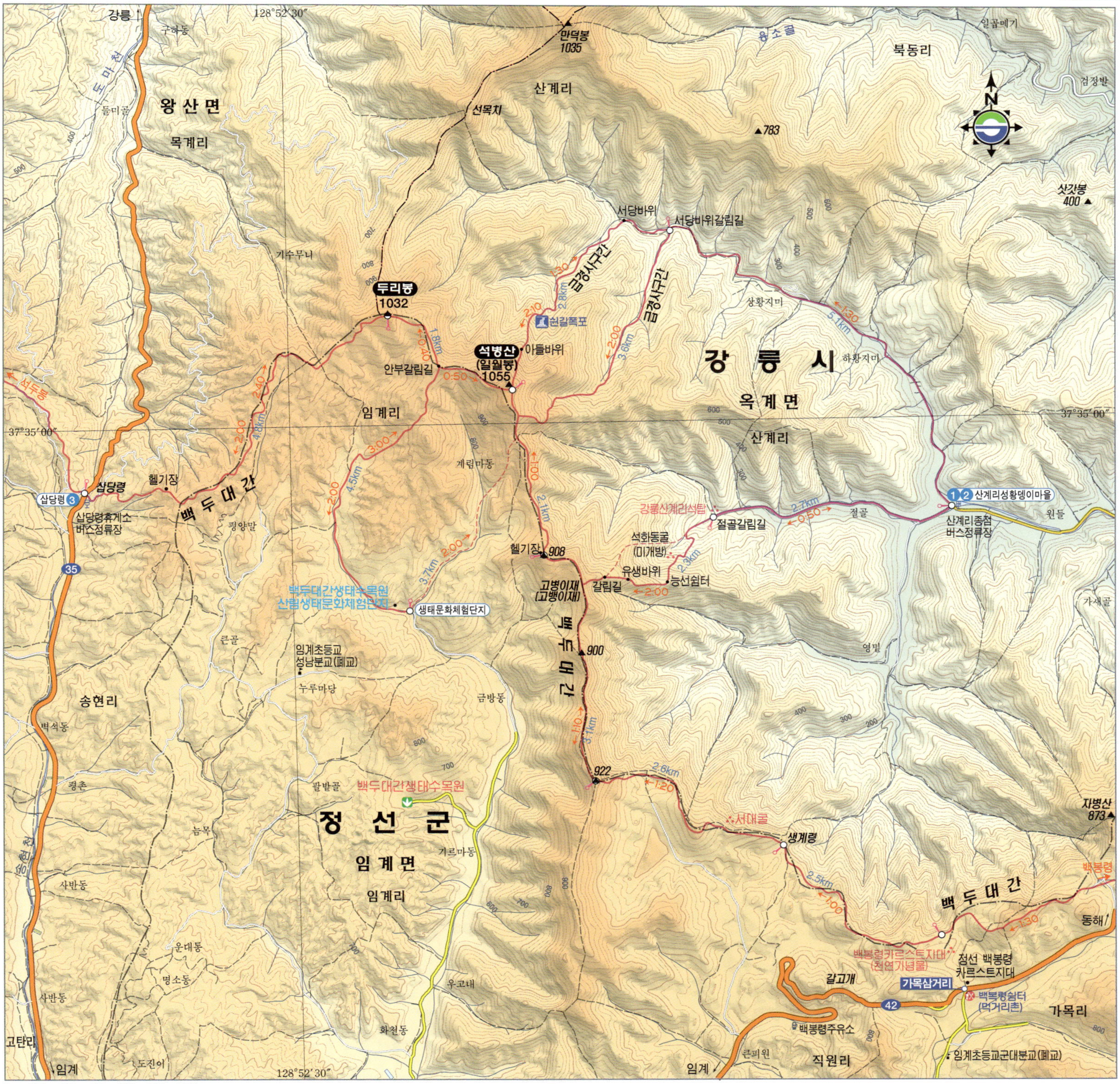

석병산 (두리봉) 93

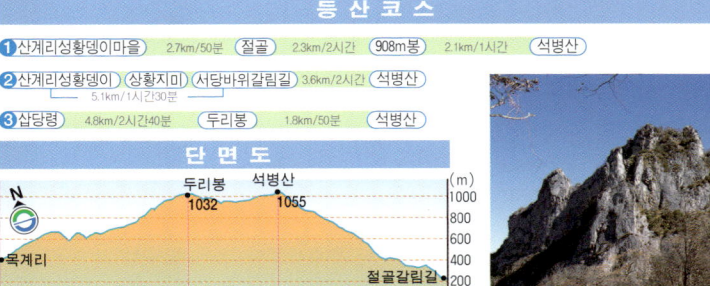

▲ 석병산 정상

93 석병산 1055m

서울고속버스터미널(영동선) 또는 동서울종합터미널에서 강릉행 고속·시외버스 이용 또는 강릉행 KTX 열차 이용

위치: 강원특별자치도 강릉시 옥계면, 정선군 임계면

등산코스

1. 산계리성황뎅이마을 2.7km/50분 절골 2.3km/2시간 908m봉 2.1km/1시간 석병산
2. 산계리성황뎅이(상) 상황지미/서당바위갈림길 3.6km/2시간 석병산 5.1km/1시간30분
3. 삽당령 4.8km/2시간40분 두리봉 1.8km/50분 석병산

교통편

석병산

1. 강릉행 KTX 열차 – 강릉역 건너편 승강장정류장에서 옥계면행 110번 좌석버스 – 옥계현내시장정류장 – 산계리행 962번 마실버스 – 산계리종점정류장 하차
   * 110번 좌석버스 1일 6회
     (08:10 / 10:00 / 13:00 / 15:00 / 17:30 / 20:10)
   * 962번 마실버스 1일 6회
     (06:50 / 08:30 / 10:10 / 13:20 / 15:05 / 17:30)
   * 17:30 막차는 회차하지 않음.

2. 강릉행 고속·시외버스 – 강릉터미널에서 강릉 경유하는 101번, 202–1번, 202–2번, 234번, 302번, 314번 시내버스 – KTX 강릉역승강장정류장에서 하차 후 건너편 강릉역건너편 승강장정류장에서 옥계면행 110번 좌석버스 이용

3. 정선공용버스터미널 또는 강릉시외버스터미널에서 정선 – 강릉 시외버스 이용 – 삽당령에서 하차
   * 정선 – 강릉 시외버스 1일 5회
     (07:40 / 09:30 / 11:00 / 14:20 / 18:10)
   * 강릉 → 정선 시외버스 1일 5회
     (07:20 / 10:10 / 13:50 / 17:00 / 18:30)

3–1. KTX 강릉역 공영주차장환승정류장에서 삽당령 경유하는 고단리행 941–1번 마실버스 이용
   * 941–1번 마실버스 (1일 2회, 06:10 / 16:00)
   * KTX 강릉역 공영주차장환승정류장에서 마실공영버스 이용 시 주차장 남단 마실버스정류장전용 주차장에서 승차준비해야함.

■ 석병산 남쪽에는 옥계석회동굴과 유명한 백봉령카르스트 지대가 분포되어 있어 풍광이 독특하다. 석병산 동쪽과 북쪽에서는 주수천의 지류가, 서쪽에서는 임계천의 지류가 발원하고 있다. 석병산 정상은 이름처럼 두개의 흰 암봉으로 이루어져 있으며 주 능선의 동쪽은 급사면이고 반대로 서쪽은 산세가 완만하다.

문 의
강릉시청 ☎ 033-660-2018

* 시각표는 2024년 11월 기준이며 변동될 수 있음.

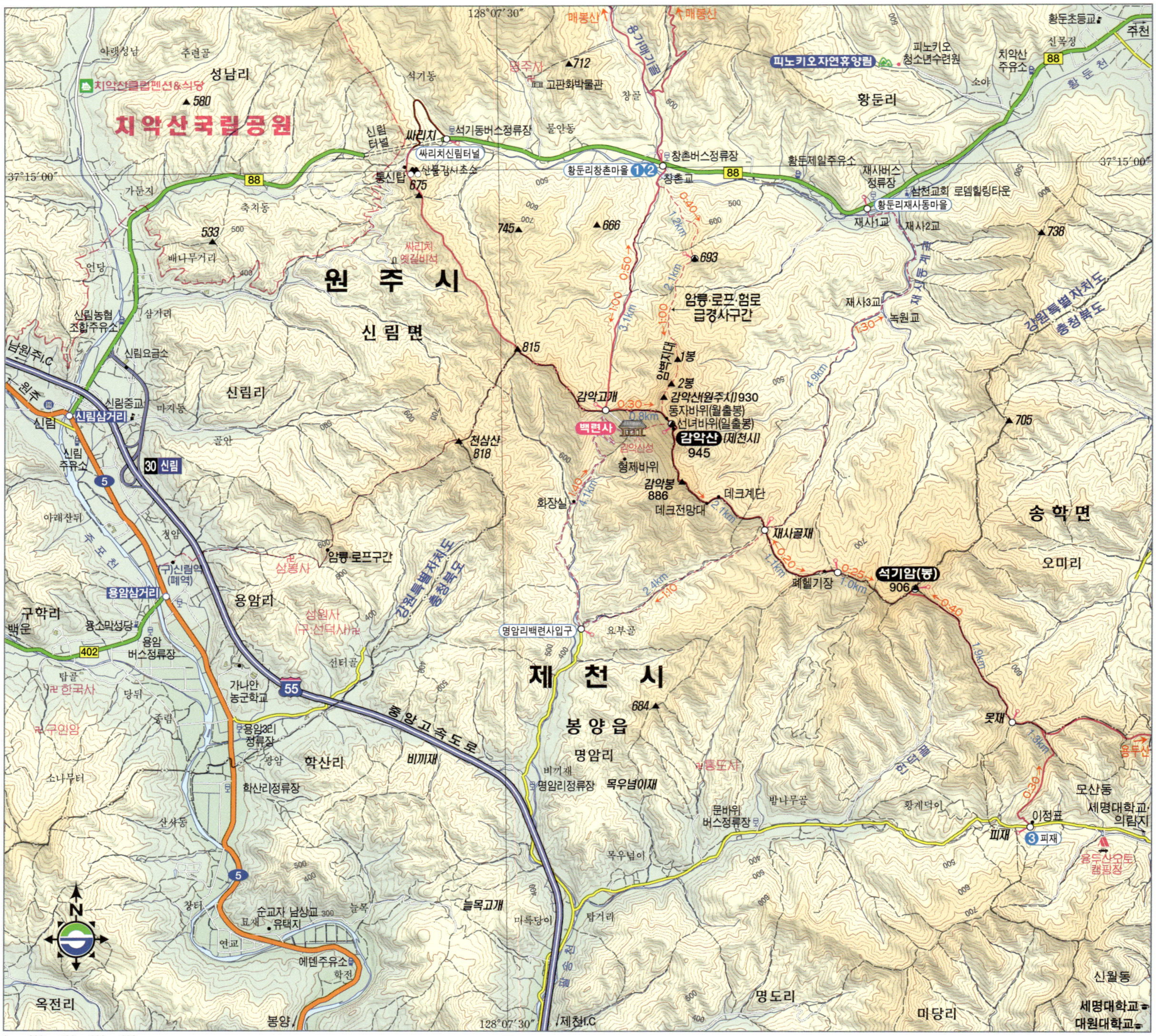

94 감악산 · 석기암(봉)

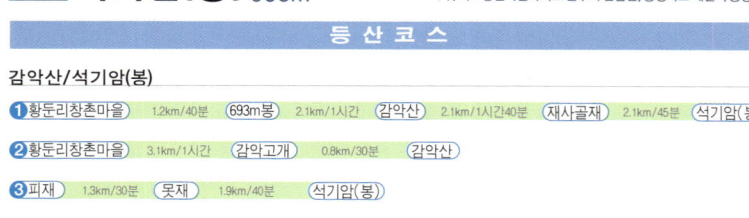

94 감악산 945m
석기암(봉) 906m

서울 청량리역에서 중앙선 KTX 열차 이용 원주역, 제천역에서 하차 또는 동서울종합터미널에서 원주, 제천행 시외버스 이용 원주터미널, 제천터미널에서 하차

위치: 강원특별자치도 원주시 신림면, 충청북도 제천시 봉양읍

등산코스

감악산/석기암(봉)

① 황둔리창촌마을 1.2km/40분 693m봉 2.1km/1시간 감악산 2.1km/1시간40분 재사골재 2.1km/45분 석기암(봉)

② 황둔리창촌마을 3.1km/1시간 감악고개 0.8km/30분 감악산

③ 피재 1.3km/30분 못재 1.9km/40분 석기암(봉)

단면도

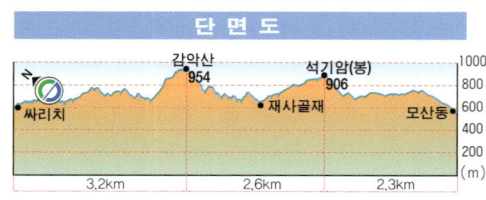

▲ 감악산 정상(일출봉/월출봉)

교 통 편

감악산 / 석기암(봉)

1. 서울 청량리역 KTX 열차 – 원주역 – '시내 방면 버스 타는 곳 정류장'에서 111번 시내버스 – 판부농협정류장 – 신림면 방면으로 운행하는 21번 ~25번 시내버스로 환승
2. 동서울종합터미널에서 원주행 시외버스 이용 (수시 운행) – 원주종합버스터미널 하차 – 터미널 건너편 시외·고속버스 정류장에서 111번 시내버스 – 판부농협정류장 – 신림면 방면으로 운행하는 21번 ~25번 시내버스로 환승
   ① 21번 시내버스 (1일 12회 운행) – 용암3리정류장 하차
   ② 22번 시내버스 (1일 6회 운행) – 용암정류장 하차 또는 용암리정류장 하차 후 용소막성당까지 약 400m 도보 이동
   ③ 23번(1일 5회 운행), 24번(1일 3회 운행), 25번(1일 3회 운행) 시내버스 이용 시 석기동정류장, 창촌정류장, 재사정류장 등에서 하차
3. 서울 청량리역 KTX 열차 – 제천역 – 역 앞 제천역정류장에서 수련관행 35번 시내버스 이용 – 청소년수련관(종점)정류장에서 하차 후 피재까지 약 3Km 도보 이동
   * 청소년수련관행 35번 시내버스 (1일 3회, 10:03 / 13:03 / 16:03)
4. 동서울종합터미널 – 제천행 시외버스 – 제천버스터미널 – 터미널 오른쪽 의림대로 건너편 시외버스터미널·우리은행 정류장까지 도보 이동 – 청소년수련관행 35번 시내버스 이용
   * 제천역에서 시외버스터미널·우리은행정류장까지 약 5분 정도 소요됨.

■ 강원특별자치도 원주시와 충청북도 제천시의 경계를 지으며 뻗은 능선 위에 감악산(954m)이 솟아 있다. 산 전체가 바위로 되어 있는 산으로 주위에 용두산, 석기암(봉) 등이 자리 잡고 있다. 산행 시간이 짧고 경사도 완만한 편이라 초보 산행객이나 가족 단위 산행객에 알맞으며, 사계절 산을 찾는 발길이 끊이지 않는다. 산 동쪽 기슭에는 백련사가 있고, 절 뒤쪽으로 동자바위 (일명 감악바위)와 선녀바위가 있다.

축 제 · 볼 거 리

박달가요제
매년 9월 초 제천시 모산동 제천비행장에서 열리는 트로트 경연 대회이다. 1·2차 예심을 통과한 참가자들이 벌이는 경연인 만큼 수준이 높아 매년 많은 사람들이 찾는다.

문 의
원주시청 ☎ 033-742-2111
제천시청 ☎ 043-641-5114

* 시각표는 2024년 11월 기준이며 변동될 수 있음.

백덕산 · 사자산 · 구봉대산 (신선바위봉) 95

95 백덕산 1349m | 사자산 1180m
구봉대산 870m

동서울종합버스터미널에서 영월행, 평창행 시외버스 이용 후 각 터미널에서 목적지행 공영버스, 행복(마을)버스 등을 이용

위치: 강원특별자치도 평창군 평창읍, 영월군 수주면, 횡성군 안흥면

등산코스

백덕산
① 운교리먹골마을 — 2.5km/1시간20분 — 원당계곡갈림길 — 2.6km/1시간10분 — 백덕산 — 3.8km/2시간10분 — 홍원사(관음사)

사자산
① 문재쉼터 — 2.4km/1시간20분 — 1125봉 — 1.4km/40분 — 사자산 — 3.2km/1시간20분 — 백덕산 — 3.8km/2시간10분 — 홍원사(관음사)

구봉대산
① 법흥사입구일주문 — 3.1km/1시간15분 — 구봉대산 — 1.7km/1시간10분 — 늘목재 — 2.4km/1시간 — 법흥사

단면도

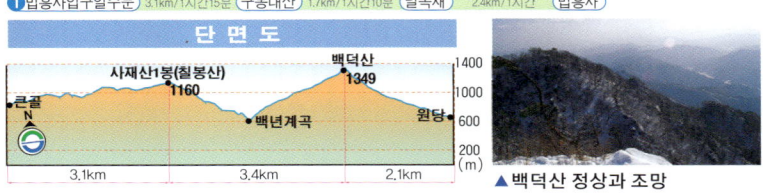

▲ 백덕산 정상과 조망

교통편

백덕산 / 사자산 / 구봉대산

1. 동서울종합버스터미널 – 시외버스 – 영월버스터미널에서 하차 후 터미널사거리정류장에서 주천(면)행 50번 농어촌버스 이용
   * 영월행 시외버스 1일 9회(07:00 / 08:30 / 10:00 / 11:30 / 13:00 / 14:30 / 16:00 / 17:40 / 19:00)
   * 주천행 50번 농어촌버스 1일 9회(06:35 / 07:45 / 08:35 / 10:05 / 11:25 / 13:45 / 16:05 / 17:25 / 19:15)

2. 주천버스정류장 – 법흥사행 행복버스 – 법흥사종점정류장
   * 법흥사행 행복(마을)버스 1일 7회
   (07:20 / 09:10 / 11:00 / 13:00 / 15:20 / 17:00 / 18:20)

3. 동서울종합터미널 – 방림, 평창 경유 정선행 시외버스 – 방림터미널에서 순환공영버스 이용 – 먹골정류장, 운교삼거리정류장, 문재(상안 종점)정류장 등에서 이용
   * 방림, 평창 경유 정선행 시외버스 1일 5회
   (07:00 / 09:25 / 12:50 / 15:10 / 17:35)
   * 순환공영버스 1일 9회(07:00/08:00/09:00/11:00/ 12:55/14:10/15:30/16:30/18:50)
   * 08:00 / 12:55 / 16:30 순환공영버스는 문재(상안 종점)정류장 까지 운행함.
   * 18:50 막차는 평창터미널까지 운행함.

■ 치악산 동쪽, 횡성·평창·영월군 세 군이 만나는 곳에 산줄기가 어지럽게 펼쳐져있다. 백덕산에서부터 칠봉산, 구봉대산으로 이어지는데, 종주 산행 코스로 좋은 능선이다. 백덕산은 산줄기가 육중하고 골이 깊으며 정상은 바위 봉으로 이뤄져있다.

■ 아홉 봉우리로 이루어진 구봉대산은 봉마다 인생과 환생을 상징하는 이름을 갖고 있으며, 하이킹부터 암벽 등반까지 다양한 등반을 즐길 수 있다. 또, 주 능선의 노송과 바위 봉의 조화가 아름답고, 산기슭에는 적멸보궁과 여러 문화재를 가진 법흥사가 있다.

문의
영월군청 ☎ 033-1577-0545

* 시각표는 2024년 11월 기준이며 변동될 수 있음.

1:50,000

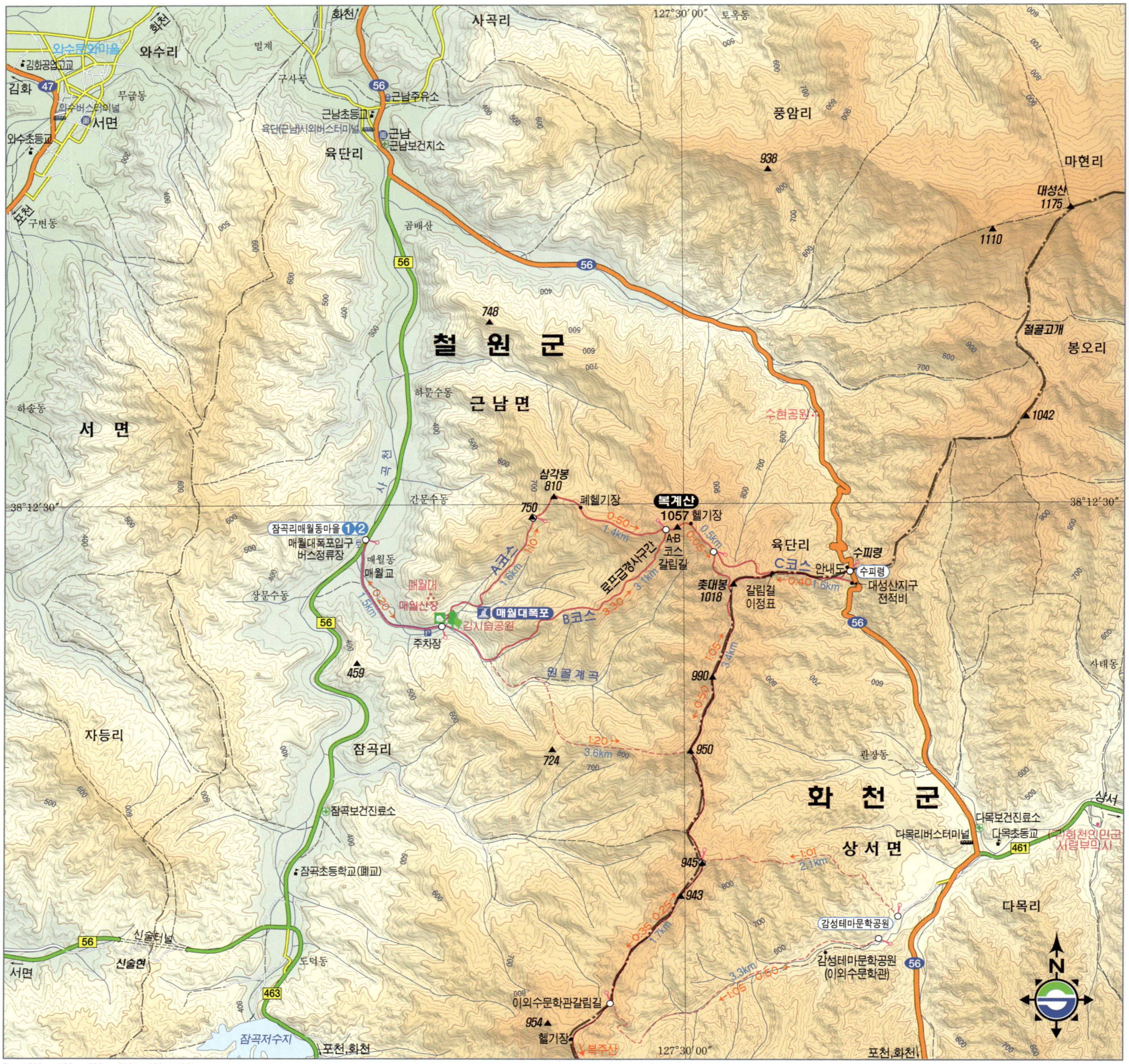

0 300 400 500 600 800 1000
(등고선간격 20m)

일반 등산로 | 기타 등산로 | ←0:35→ 소요시간 | 1.2 km 거리 | 대피소 · 야영지 | ②주전골입구 등산코스번호 · 기점명

1:50,000 (1cm가 500m임)

96 복계산 1057m

동서울종합터미널에서 와수리행 시외·노선버스를 타고 와수버스터미널에서 하차, 잠곡리행 농어촌버스 이용 후매월대폭포입구정류장에서 하차한다.

위치 : 강원특별자치도 철원군 근남면

등 산 코 스

①잠곡리매월동마을 1.5km/15분 매월산장 1.6km/1시간10분 750m봉 1.4km/50분 복계산

②잠곡리매월동마을 1.5km/15분 청석골세트장 3.1km/1시간50분 복계산

단 면 도

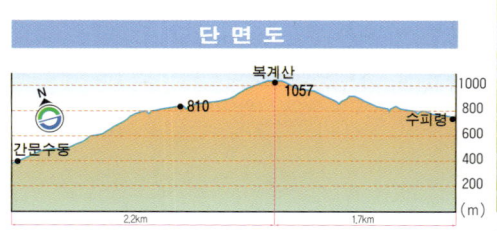

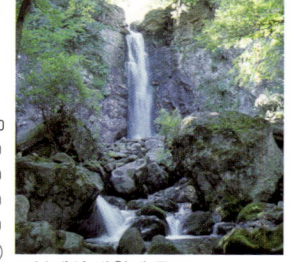

▲복계산 매월대 폭포

교 통 편

복계산

1. 동서울종합터미널 – 와수리행 (주)강원고속시외버스 또는 (주)경기고속 3002번 노선버스 –와수버스터미널 하차
2. 와수터미널에서 잠곡리 방면으로 운행하는 4–5번, 18번 농어촌버스 이용 – 매월대폭포입구정류장 하차
   * 4–5번 농촌버스 (1일 4회, 07:00/11:00/15:30/17:30)
   * 18번 농촌버스 (1일 5회, 06:40/09:20/12:20/14:40/18:30)

■북위 38도 12분 선상에 위치한 복계산은 수도권은 물론 강원특별자치도 고성의 마산(1052m)을 제외하고는 가장 북쪽에 위치한 산행지이다. 복계산은 산 서쪽 주 능선 위에 솟은 매월대와 매월대폭포로 알려진 산으로 TV드라마 임꺽정과 다모(茶母)의 촬영 장소였다.

■여름철 가족 산행지로 최적인 복계산 정상에 오르면 북으로는 휴전선 너머 북녘 산하가 보이고 동으로는 56번 국도가 달리고 있으며, 그 건너에 우뚝 선 대성산이 손에 잡힐 듯하다. 남쪽으로는 한북정맥의 줄기가 복주산을 거쳐 남으로 뻗어 가고 멀리 화악산도 눈에 들어온다.

축 제 · 볼 거 리

와수장(1, 6일)

철원군 서면 와수리 와수시장에서 서는 오일장이다. 철원 명물 오대산쌀과 농산물, 제철 채소, 잡화 등이 주로 거래된다.

문 의

철원군청 ☎ 033-450-5114

* 시각표는 2024년 11월 기준이며 변동될 수 있음.

강원특별자치도편

97 백운산 883m 완택산 916m

동서울종합터미널에서 각 목적지행 시외버스 이용 또는 서울 청량리역에서 기차 이용하여 영월역, 예미역에서 하차

위치 : 강원특별자치도 정선군 신동읍, 평창군 미탄면, 영월군 영월읍

▲ 백운산 동강 나래소

▲ 연하역에서 본 완택산 전경

등산코스

백운산
1. 점재마을(구)점재나루터 2.7km/2시간30분 → 백운산 1.8km/45분 → 칠족령(칠목령) 1.4km/1시간 → 제장마을
2. 백룡동굴(문화마을) 1.3km/40분 → 칠족령(칠목령) 1.8km/1시간10분 → 백운산

완택산
1. 삼옥리작골마을 4.3km/1시간40분 → 855m봉 0.9km/40분 → 봉화대 0.5km/15분 → 완택산
2. 연하역 4.6km/2시간50분 → 봉화대 0.5km/15분 → 완택산

단면도

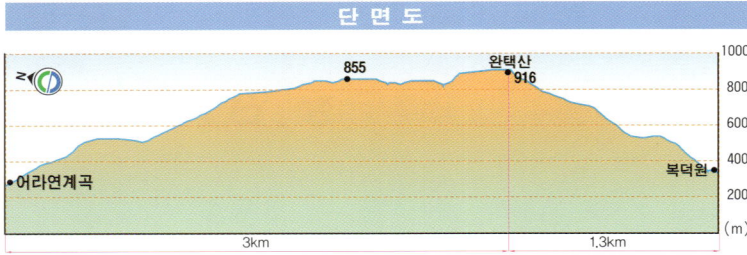

교통편

백운산
1. 동서울종합터미널 – 평창, 미탄 경유 정선행 시외버스 – 미탄터미널 또는 정선터미널에서 하차
   * 평창, 미탄 경유 정선행 시외버스
     (1일 5회, 07:00 / 09:25 / 12:50 / 15:10 / 17:35)
   ① 미탄터미널(창리정류장)에서 백룡동굴 공영버스 이용 – 백룡동굴 공영점정류장에서 하차
   * 백룡동굴 공영버스 (1일 3회, 08:10 / 12:40 / 17:35)
   ② 정선터미널에서 수동쉼터종점행 9번 와와버스 이용
   * 수동쉼터종점행 9번 와와버스
     (1일 5회, 07:00 / 10:30 / 13:30 / 15:10 / 17:40)
2. 서울 청량리역 – 무궁화 열차 또는 정선아리랑 열차 이용 – 예미역 – 여미솔아파트정류장까지 약 800m 도보 이동 – 수동쉼터종점행 26–3번 ~ 26–6번 와와버스 이용 – 백운산입구정류장에서 하차
   * 정선아리랑열차
     ① 정선 5일장(2, 7, 12, 17, 22, 27일), 매주 토·일요일에만 1일 1회(08:30분) 운행함.
     ② 정식 구간은 청량리역 ~ 아우라지역이지만, 낙석 사고로 철로가 유실되어 복구 전까지 민둥산역까지만 운행함.
   * 수동쉼터종점행 26–3번 ~ 26–6번 와와버스
     (1일 4회, 06:52 / 10:32 / 13:22 / 17:42)

완택산
1. 동서울종합터미널 – 영월행 시외버스 이용 또는 서울 청량리역에서 무궁화 열차, 정선아리랑열차 – 영월버스터미널 또는 영월역에서 문산1리 종점행 7번 농어촌버스 – 작골정류장(완택산), 거운리·어라연정류장(잣봉), 문산리종점정류장(능암덕산) 등에서 하차
   * 영월행 시외버스
     (1일 9회, 07:00 / 08:30 / 10:00 / 11:30 / 13:00 / 14:30 / 16:00 / 17:40 / 19:00)
   * 7번 농어촌버스 터미널에서 승차 시
     (1일 5회, 06:35 / 08:30 / 12:40 / 15:20 / 18:30)
   * 7번 농어촌버스 영월역에서 승차 시
     (1일 7회, 06:38 / 08:33 / 12:43 / 15:23 / 18:33)

■ 영월 동강 주변에 솟아 있는 백운산은 동강과 더불어 명소가 된 산이다. 우리나라의 대표적인 감입곡류(嵌入曲流)인 동강은 문자 그대로 구절양장(九折羊腸)의 형상으로 하늘에서 내려다 보지 않으면 전체를 볼 수 없는데, 백운산의 동강 전망대에서 그 모습을 볼 수 있다. 등산로 곳곳에 아찔한 절벽이 있어, 등산할 때 각별한 주의가 필요하다. 특히, 교량을 거쳐 등산을 하는 만큼 장마철에는 더욱 주의해야 한다. 산행 후 레프팅을 할 수 있는 것도 이 산의 매력이다.

■ 완택산은 삼옥리와 연하리(영월읍)에 걸쳐 자리하고 있으며, 산 서쪽에는 동강이 흐르고 있다. 산세는 동고서저(東高西低)의 형태를 이루고 있어, 예로부터 천혜의 요새로 곳곳에 산성을 쌓았던 흔적이 남아 있다. 동강을 끼고 있어 강과 산이 어우러진 풍광이 아름답다. 정상의 전망바위에서는 동강이 한눈에 들어오는 것은 물론, 멀리 가리왕산까지 볼 수 있다.

축제·볼거리

1. 동강 뗏목 축제
매년 8월 초 동강 일원에서 열리는 여름 축제로 동강의 아름다운 풍광과 자연, 다양한 여름 레포츠를 즐길 수 있다. 뗏목 시현, 래프팅 체험, 장터운영, 콘서트 등의 행사가 열린다.
문의) 033-375-6353(영월문화관광재단)

2. 덕포장 (4, 9일)
강원특별자치도 영월군 영월읍 덕포리 일원에서 열리며 지역 농·수산물, 의류, 약재, 산나물 등이 판매된다.

문의
정선군청 ☎ 1544-9053
영월군청 ☎ 1577-1545

* 시각표는 2024년 11월 기준이며 변동될 수 있음.

---

99 지억산 1117m 민둥산 1119m

동서울종합터미널에서 정선행 시외버스 이용, 또는 서울 청량리역에서 무궁화 열차 이용하여 민둥산역에서 하차

위치 : 강원특별자치도 정선군 화암면, 남면

▲ 지억산에서 본 큰 구슬골과 연봉

▲ 민둥산 억새밭 능선

등산코스

지억산/민둥산
1. 증산초등교 2.3km/1시간30분 → 민둥산 2.2km/50분 → 삼내약수갈림길 1.1km/30분 → 지억산 2.0km/40분 → 물운리윗제동마을
2. 물운리윗제동마을 2.0km/40분 → 지억산 1.1km/30분 → 삼내약수갈림길 2.2km/50분 → 민둥산
3. 삼내약수 1.5km/55분 → 삼내약수갈림길 1.1km/30분 → 지억산 / 민둥산 2.2km/50분
4. 불암사 2.1km/30분 → 구슬동갈림길 2.4km/40분 → 지억산 1.1km/30분 → 삼내약수갈림길 2.2km/50분 → 민둥산
5. 화암관광단지 2.2km/40분 → 물운갈림길 4.2km/1시간10분 → 지억산 1.1km/30분 → 삼내약수갈림길 2.2km/50분 → 민둥산
   (윗제동마을갈림길코스)

단면도

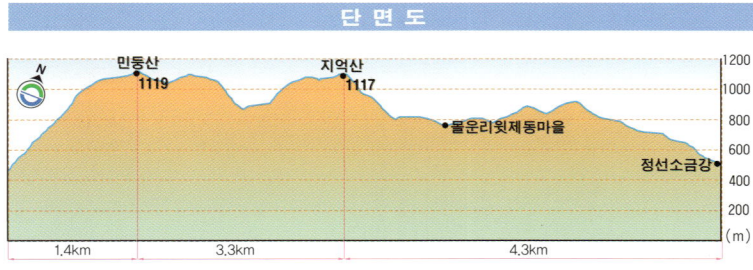

교통편

민둥산
1. 서울 청량리역 – 무궁화 열차 또는 정선아리랑 열차 이용 – 민둥산역
   * 청량리역발 민둥산역 경유 무궁화 열차
     (1일 5회, 07:34 / 09:55 / 12:30 / 17:08 / 19:10)
   * 정선아리랑열차 – 백운산 교통편 참조
2. 동서울종합터미널 – 고한사북공영터미널 경유 태백행 시외버스 – 고한사북공영버스터미널 – 민둥산역행 와와버스 이용
   * 고한사북 경유 태백행 시외버스 (1일 22회, 06:00 ~ 22:30)
   * 민둥산역행 와와버스 (1일 29회, 07:10 ~ 21:40)
3. 민둥산역 이용 – 증산초등학교까지 약 1.5km 도보 이동 또는 와와버스 이용(1일 12회, 07:30 ~ 19:10)

지억산
1. 동서울종합터미널 – 정선행 시외버스 – 정선공영버스터미널 – 화암면행 1번, 1–1번 ~ 1–5번 와와버스 – 화암공영정류장 – 화암관광지로 도보 이동
   * 정선행 시외버스
     (1일 5회, 07:00 / 09:25 / 12:50 / 15:10 / 17:35)
   * 화암면행 1번, 1–1번 ~ 1–5번 와와버스
     (1일 10회, 06:40 / 08:10 / 09:10 / 10:40 / 11:50 / 13:20 / 15:00 / 16:20 / 17:30 / 18:30)
   * 1–3번 ~ 1–5번 와와버스 – 한치2정류장에서 하차 가능
2. 화암공영버스정류장에서 1–6번 ~ 19번 와와버스 이용 – 한치2정류장에서 하차
   * 1–6번 ~ 1–9번 와와버스 기점은 화암공영정류장
     (1일 8회, 07:20 / 09:20 / 10:20 / 11:25 / 14:00 / 15:40 / 17:00 / 18:30)
   * 1–9번 와와버스 (1일 4회, 07:20 / 10:20 / 14:00 / 17:00) – 제 종점정류장에서 하차 가능

■ 강원특별자치도 정선군 화암면, 정선소금강 남쪽에 솟은 산이 지억산이고, 그 남쪽 같은 산줄기에 솟은 산이 민둥산이다. 지억산과 민둥산이 위치하는 지역은 석회암이 용식된 카르스트 지형으로 산기슭과 능선 곳곳에 큰 원형으로 움푹 파인 지형인 돌리네(Doline)가 산재해 있다. 특히 민둥산 동쪽아래 발구덕(發九德) 마을에 구뎅이라 불리는 돌리네가 몰려있어 이색 지대로 소개되고 있다.

■ 지억산에서 민둥산으로 이어지는 능선은 지질편편한 완만한 산세로 억새와 야생화가 가득한 초원 지대를 이루고 있고, 가을철 민둥산 산정 일대는 황금색 억새가 기막힌 장관을 이룬다.

■ 10월이면 억새풀 축제가 열리는데, 등반 대회와 산신제 등 다양한 부대 행사도 함께 열린다. 지억산과 민둥산은 개별 산행 보다는 종주산행을 하는 것이 더 알맞은데, 민둥산역에서 북쪽으로 능선을 타고 몰운리로 하산하는 것이 일반적인 코스이다. 또한, 민둥산의 발구덕마을을 돌리네와 지억산 북쪽의 정선소금강을 볼 수 있는 것 또한 이 산이 지닌 매력이다.

축제·볼거리

1. 화암약수제
매년 5월 초 화암면 화암약수터 일원에서 화암약수제가 열린다. 단오를 전후해서 열리던 약수제에서 발전한 축제로 이 지역의 대표적인 축제이다. 약수제례, 풍물패 공연, 노래자랑, 공연 등의 행사가 있으며, 소금강, 몰운대 관광도 즐길 수 있다.
문의) 033-560-2641(화암문화체육축제위원회)

2. 민둥산억새꽃 축제
매년 9월 말~10월 말 민둥산 억새 군락지 일원에서 열리는 가을 축제로 아름다운 가을산의 경치와 산행을 함께 즐길 수 있다. 등반 대회, 산신제, 전통 공연, 사진 전시회, 가요제 등의 행사가 열린다.
문의) 033-591-9141(민둥산억새꽃축제위원회)

문의
정선군청 ☎ 1544-9053
정선군 남면 ☎ 033-591-1004

* 시각표는 2024년 11월 기준이며 변동될 수 있음.

100 청옥산 · 두타산 (쉰움산)

0	200	400	600	800	1000	1200	1400

(등고선간격 20m)

일반 등산로 · 기타 등산로 · ←0:35→ 소요시간 · 1.2 km 거리 · 대피소 · 야영지 · ②주전골입구 등산코스번호 · 기점명

1:55,000 0 550 1,100m (1cm가 550m임)

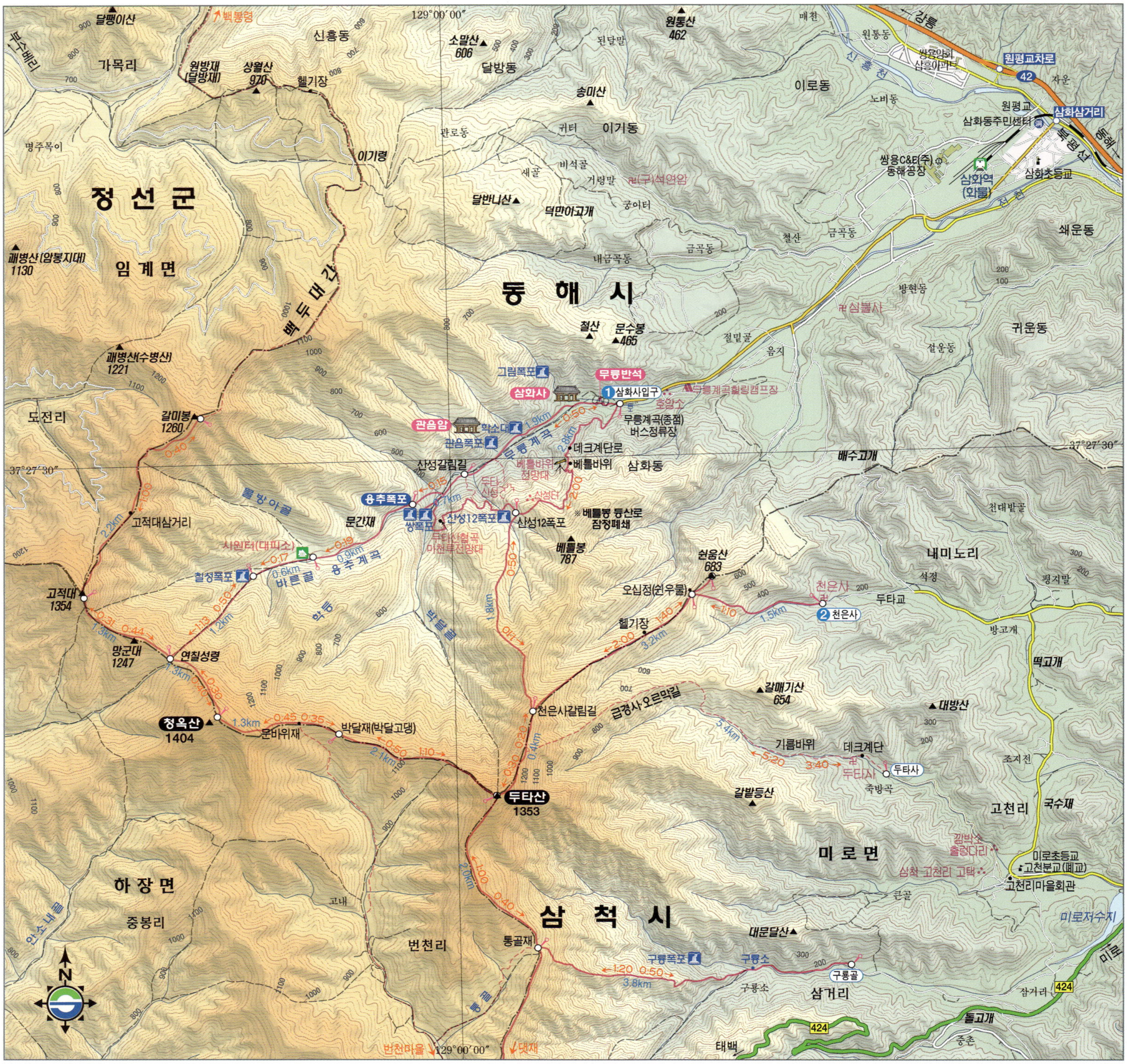

100 청옥산 1404m 두타산 1353m

동서울종합터미널에서 동해행 고속 · 시외버스 이용. 서울역 또는 청량리역에서 동해역행 열차 이용

위치 : 강원특별자치도 동해시, 삼척시 미로면, 하장면

등 산 코 스

청옥산/두타산

① 삼화사입구 1.9km/50분 무릉계곡 0.5km/30분 산성터 1.8km/1시간10분 천은사갈림길 1.4km/30분 두타산 3.4km/1시간35분 청옥산

② 천은사 1.5km/1시간10분 오십정(쉰우물) 3.2km/2시간00분 천은사갈림길 1.4km/30분 청옥산

단 면 도

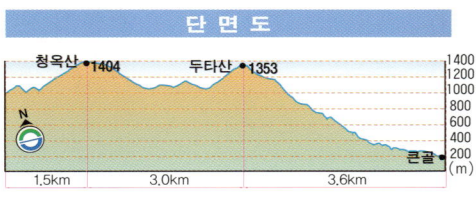

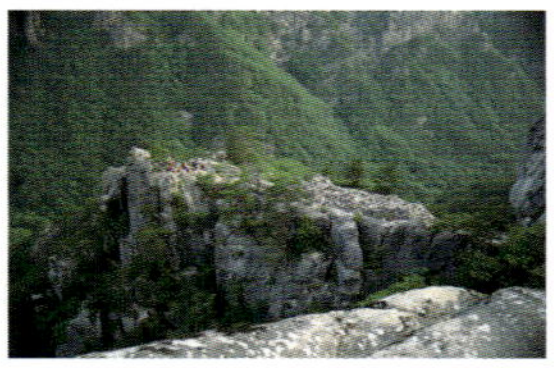

▲두타산성

교 통 편

청옥산 / 두타산

1. 동서울터미널 – 동해행 고속 · 시외버스 이용 – 동해종합버스터미널
   * 동해행 고속버스 1일 11회 (06:45 ~ 19:50
   * 동해행 시외버스 1일 8회 (07:40 ~ 20:05)

1–1. 서울고속버스터미널(경부선) – 고속버스 – 동해종합버스터미널
   * 동해행 고속버스 1일 19회 (06:20 ~ 22:30)

2. 동해종합버스터미널 남쪽 평릉길 건너편 종합버스터미널(뉴동해관광호텔앞)정류장에서 무릉계곡행 111번 시내버스 이용 – 무릉계곡종점정류장
   * 무릉계곡행 111번 시내버스 1일 18회 (06:24 ~ 18:24)

3. 서울 청량리역 – KTX, 무궁화호 열차 이용 – 동해역
   * 청량리역발 동해역행 열차 평일 10회, 주말 · 공휴일 13회 (07:16 ~ 20:11)

3–1 서울역 – KTX 열차 – 동해역
   * 서울역발 동해역행 KTX 1일 4회(10:59 / 15:01 / 18:20 / 19:50)

4. 동해역 – 우리들연합의원앞정류장 – 무릉계곡행 111번 시내버스 이용

■동해시의 남서쪽, 삼척시와의 경계를 이루는 곳에 솟은 두타산은 서쪽으로는 청옥산, 고적대로 이어지는 산줄기와 북동쪽으로는 쉰움산(五十井山)으로 산줄기를 뻗고, 북쪽에는 유명한 무릉계곡을 안고 있다. 청옥산은 두타산 서쪽 3㎞ 떨어진 능선에 위치한 산으로 이 산들 중 가장 높은 산이다.

■이들 산은 해발 1300여m로 동해안에 가까이 솟아 있어 고도차가 무려 1200m나 되며, 무릉계곡의 골짜기와 지릉은 곳곳에 험준한 단애를 이루고 있어 충분한 일정을 두고 등산하는 것이 바람직하다.

문 의

무릉계곡 힐링캠프장(동해시 시설관리 공단) ☎ 033–539–3700~1

동해시청 ☎ 033–530–2114

* 시각표는 2024년 11월 기준이며 변동될 수 있음.

태화산 101

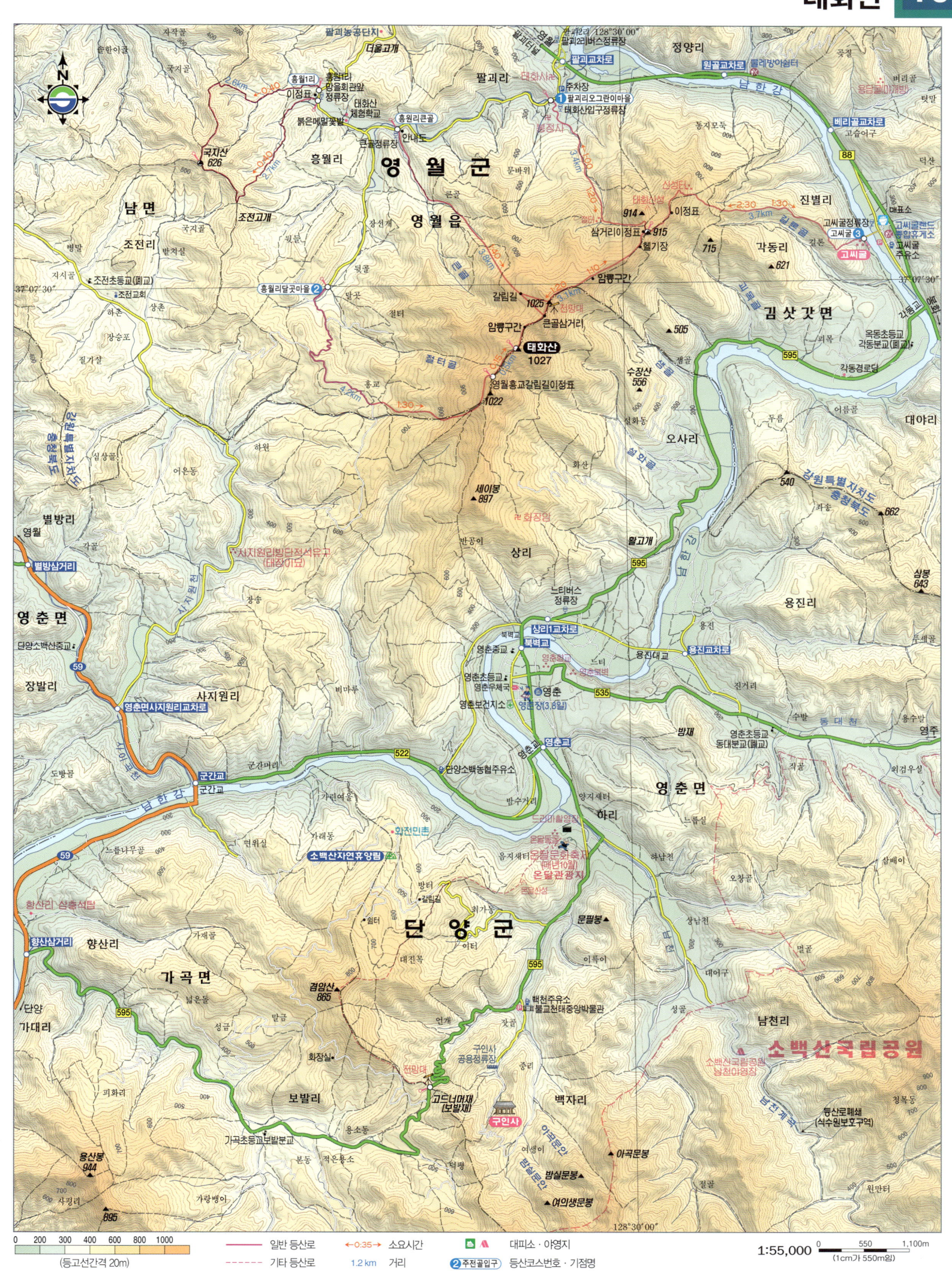

강원특별자치도편

101 태화산 1027m

위치: 강원특별자치도 영월군 영월읍 충청북도 단양군 영춘면

동서울종합터미널에서 시외버스를 타고 영월에서 하차하여 옥동 또는 녹전행 시내버스를 이용한다.

▲ 태화산 정상의 억새밭

▲ 고씨굴

등산코스

태화산
1. 팔괴리오그란이마을 3.4km/1시간20분 915m봉 3.1km/1시간20분 태화산
2. 흥월리달곳마을 4.2km/1시간30분 영월흥교갈림길이정표 0.5km/15분 태화산
3. 고씨굴 3.7km/2시간30분 915m봉 3.1km/1시간20분 태화산

단면도

교통편

태화산
1. 동서울터미널 – 시외버스 이용 – 영월시외버스터미널
2. 영월시외버스터미널 – 옥동 또는 녹전행 농어촌버스 이용 – 팔괴2리정류장 또는 고씨굴정류장
   * 옥동 또는 녹전행 농어촌버스 (수시 운행, 06:10 ~ 18:55)
3. 영월시외버스터미널 – 구인사행 15번 농어촌버스 이용 – 영춘중학교정류장
4. 서울 청량리역 – 정동진행 태백선 기차 이용 – 영월역
4-1. 서울 청량리역 – 아우라지행 아리랑 열차 이용 – 영월역
5. 영월역에서 옥동 또는 녹전행 농어촌버스 이용 – 팔괴2리정류장 또는 고씨굴정류장
   * 영월역에서 구인사행 15번 농어촌버스 이용 시 덕포보건소 또는 덕포시장정류장까지 도보 이동
   * 구인사행 15번 농어촌버스 (1일 5회, 06:50/08:50/11:30/14:50/17:50)
6. 영월 시내 덕포시장 앞 덕포시장입구정류장 – 흥월2리행 5번 농어촌버스 이용 – 흥월2리정류장에서 하차
   * 흥월2리행 5번 농어촌버스 (1일 2회, 09:11/14:05)
   6-1. 덕포시장 건너편 덕포시장입구정류장 – 흥월2리행 6번 농어촌버스 이용 – 흥월2리정류장에서 하차
   * 흥월2리행 6번 농어촌버스 (1일 2회, 07:02/17:32)

■ 강원특별자치도 영월군 영월읍과 충청북도 단양군 영춘면의 경계를 이루며 남북으로 뻗은 능선 위에 솟아 있는 산이 태화산이다. 《신증동국여지승람(新增東國輿地勝覽)》에는 대화산으로 기록되어 있고, 영월 주민들은 화산으로 부르기도 한다. 태화산의 북쪽에서 동쪽, 남쪽에 이르기까지 남한강이 산자락을 휘감아 돌아가고 있으며 아름다운 산세와 더불어 경관이 빼어난 산이다.

■ 강을 낀 모든 산들이 그렇듯이 능선 위에서는 굽이쳐 흐르는 물줄기를 볼 수 있으며, 정상에 오르면 북쪽으로는 고려 시대 토성인 태화산성과 남으로는 웅장하게 뻗은 백두대간 줄기를 볼 수 있다. 정상에서 산과 강이 함께 보이는 시원한 풍광은 이 산의 큰 매력이다. 또한, 이 산의 동쪽 강변에는 유명한 고씨굴이 자리하고 있어 태화산은 등산의 대상지로서 뿐만 아니라 관광지로서도 인기가 높은 곳이다.

■ 태화산의 산행은 산의 남쪽 영춘면을 기점으로 정상에 오른 후 고씨굴 쪽으로 하산하는 것이 무난한 코스인데 고씨굴 쪽으로 하산할 때에는 영월읍으로의 대중교통이 좋으므로 서둘러 하산하지 않아도 된다.

축제·볼거리

1. 단양 온달문화축제
단양은 온달산성의 온달과 평강공주의 전설이 깃든 고장으로 매년 10월 초순에 온달문화제가 열린다. 온달산성을 비롯한 온달관광지 일원에서 개최되며, 축하공연, 음악회 및 다양한 공연, 체험 행사 등이 열린다.
문의) 043-420-2552(단양군 문화체육과)

2. 고씨굴(高氏窟)
영월읍 남동쪽으로 10㎞ 지점. 남한강 변에 있는 이 동굴은 약 4~5억 년 전에 생성된 석회암 동굴로 굴의 길이는 4㎞에 이르고 동굴 내에는 잘 발달된 종유석과 호수, 폭포, 광장 등이 연이어 일대 장관을 연출한다.

문의
영월군청 ☎ 1577-0545
고씨굴 관리소 ☎ 033-372-6871
단양군청 ☎ 043-420-3114

* 시각표는 2024년 11월 기준이며 변동될 수 있음.

---

103 함백산 1573m 장산 1409m

위치: 강원도 태백시, 정선군 고한읍, 영월군 상동읍

동서울 또는 서울남부터미널에서 시외버스 이용하여 고한·사북터미널에서 하차 후 만항행 시내버스 이용

▲ 함백산 설경

▲ 장산의 촛대바위

등산코스

함백산
1. 두문동재 2.4km/40분 은대봉 2.3km/1시간 1325m봉 2.6km/1시간30분 함백산 2.8km/1시간 만항재 4km/1시간10분 화방재
2. 적조암입구 2.3km/1시간20분 1325m봉 2.6km/1시간30분 함백산

장산
1. 구래리교촌마을 2.1km/1시간20분 촛대바위 1.7km/55분 장산 4.1km/1시간50분 어평마을
2. 장산야영장 2.5km/1시간40분 장산

단면도

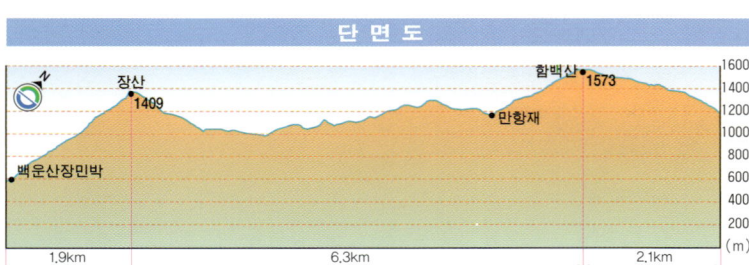

교통편

함백산
1. 동서울터미널에서 고한사북 경유 태백행 시외버스 이용 – 고한사북공영터미널에서 하차
   * 고한사북 경유 태백행 시외버스 (1일 22회, 06:00 ~ 22:30)
1-1. 서울남부터미널에서 고한사북행 시외버스 (1일 3회, 06:30/11:30/18:00)
2. 고한사북공영버스터미널에서 만항행 57번, 57-4번 와와버스 이용 – 적조암입구정류장, 만항종점정류장에서 하차
   * 만항행 57번, 57-4번 와와버스 (1일 5회, 07:25/09:35/13:20/15:15/18:20)
   * 만항종점에서 하차 시 만항재까지 약 2.2Km 도보 이동
3. 서울 청량리역 – 정동진행 태백선 기차 이용 – 고한역 - 하차 후 고한역정류장에서 만항행 27번, 57-4번 와와버스 이용
   * 만항행 57번 57-4번 와와버스 (1일 5회, 07:33/09:43/13:28/15:23/18:28)
4. 고한사북터미널 – 태백행 60번 와와버스 이용 – 두문동재삼거리정류장에서 하차 후 두문동재까지 약 3Km 도보 이동
   * 태백행 60번 와와버스 (1일 9회, 06:55/07:50/08:40/10:10/11:50/14:05/15:35/17:20/18:50)
4-1. 고한역에서 하차 후 고한역정류장에서 태백행 60번 와와버스 이용
   * 고한사북터미널에서 고한역정류장까지 약 5분 정도 소요됨.
4-2. 고한사북터미널 – 태백행 60번 와와버스 이용 시 두문동정류장에서 하차 후 지하 통로를 이용하여 두문동재삼거리방향으로 이동해야함.
   * 태백 → 고한사북행 60번 와와버스(1일9회, 07:35~19:30)

장산
1. 동서울터미널 – 영월행 시외버스 이용 – 영월버스터미널에서 산솔면 녹전리행 10번, 12번, 12-1번, 22번 영월교통버스 이용 – 하동수목종점정류장에서 하차 – 상동시외교통터미널 경유 상동 종점행 100번, 100-1번 행복버스로 환승
   * 녹전리행 10번, 12번, 12-1번, 22번 영월교통버스 (1일 12회, 06:20 ~ 19:00)
   * 상동행 100번, 100-1번 행복버스 (1일 6회, 06:10/08:00/09:50/11:20/13:50/18:00)
   * 150번농어촌버스 상동시외버스터미널 → 영월버스터미널 (1일 1회, 06:50)
   영월버스터미널 → 상동시외버스터미널 1일 1회, 17:30
2. 태백시외버스터미널 – 상동시외버스터미널 경유 상동 종점행 영암고속 6번 좌석버스 이용 – 상동종점정류장
   * 상동 종점행 태백 영암고속 6번 좌석버스 (1일 5회, 07:50/11:10/13:40/16:20/18:40)
3. 태백시외버스터미널 – 상동행 영암고속 6번 좌석버스 이용 – 구래리종점
   * 상동행 태백 영암고속 6번 좌석버스 (1일 5회, 07:50/11:10/13:40/16:20/18:40)

■ 정선군과 태백시를 가르는 태백산맥 위에 함백산이 솟아 있다. 정상은 1573m로 강원도 동부의 최고봉이다. 정상에서는 태백산, 백운산, 가리왕산 등 강원치특별자치도의 고봉을 볼 수 있으며 동해 일출도 볼 수 있다. 정상 북쪽 능선에는 주목과 고사목 군락이 있으며 시호 등의 약초도 많이 자라고 있다. 또한, 함백산 일대는 전국 최대의 탄광 지대이기도 하다. 북쪽 능선은 산세가 험준한 편이라 오르기가 힘들지만, 정상 남쪽에서부터 정상까지 도로가 있어 도보 여행이나 태백산을 이은 드라이브 코스로도 좋다.

■ 장산은 함백산 능선이 서남쪽으로 갈라져 나온 산 줄기에 서 있는 바위산으로 옥동천까지 능선이 뻗어 있다. 암릉이 많은 산이지만 숲도 울창하고 계곡도 깊어 경치가 수려하다. 특히 산 서남쪽은 바위로 뒤덮혀 있고 절벽도 많아, 그 모습이 성벽처럼 웅장하다. 정상에서는 태백산, 함백산, 문수봉 등 이름난 고봉(高峯)들과 한반도를 가로지르는 백두대간의 줄기까지 볼 수 있는 장쾌한 조망이 일품이다.

축제·볼거리

1. 백두대간 함백산 야생화 축제
매년 여름 함백산 만항재에서 열리며 흐드러지게 핀 야생화와 함백산의 아름다운 풍광, 산행을 즐길 수 있는 축제이다. 야생화 전시 및 함백산 야생화 트레킹 등의 행사가 열린다.
문의) 033-592-5455

문의
태백시청 ☎ 033-552-1360
정선군청 ☎ 1544-9053
영월군청 ☎ 1577-0545

* 시각표는 2024년 11월 기준이며 변동될 수 있음.

함백산·장산 (금대봉·은대봉) 103

104 태백산·청옥산 (부쇠봉·문수봉·깃대배기봉)

104 태백산 1567m 청옥산 1276m

동서울종합터미널에서 시외버스를 타고 태백에서 하차 후 시내버스를 이용하여 당골에서 내린다. 또한 봉화군 춘양에서 석포행 시내버스를 이용한다.

위치 : 강원특별자치도 태백시, 경상북도 봉화군 석포면, 소천면

▲ 태백산 주목

▲ 청옥산 정상

등산코스

태백산
1. 백단사탐방지원센터 — 2km/1시간 — 반재 — 1.8km/50분 — 망경사 — 15분 — 태백산
2. 당골탐방지원센터 — 3.2km/1시간 — 반재 — 1.8km/50분 — 망경사 — 15분 — 태백산
3. 유일사매표소 — 1.3km/30분 — 유일사 — 1.4km/50분 — 태백산
4. 당골탐방지원센터 — 4km/1시간40분 — 문수봉 — 2.1km/50분 — 부쇠봉 — 1.2km/40분 — 태백산
5. 백천탐방지원센터 — 5km/2시간50분 — 문수봉 — 2.1km/50분 — 부쇠봉 — 1.2km/40분 — 태백산

청옥산
1. 늦재(넛재) — 3.3km/2시간10분 — 청옥산

단면도

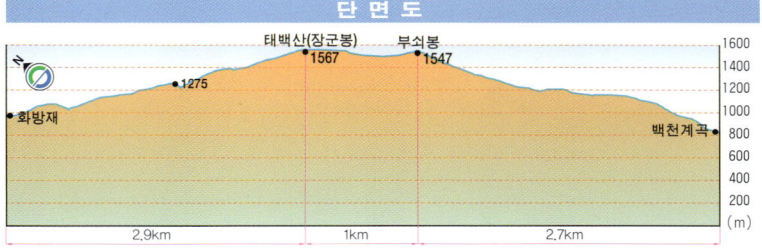

교통편

태백산
1. 동서울터미널에서 고한사북 경유 태백행 시외버스 이용 – 고한사북공영버스터미널에서 하차
   * 고한사북 경유 태백행 시외버스 (1일 22회, 06:00 ~ 22:30)
2. 서울 청량리역 – ITX, 무궁화호 열차 이용 – 태백역 – 하차 후 터미널로 도보 이동
   * 청량리역발 태백역 경유 열차 1일 5회 (07:34 / 09:57 / 12:10 / 17:08 / 19:10)
3. 태백시외버스터미널 – 당골행 7번, 7-2번, 7-3번 시내버스 이용 – 태백산(당골)종점정류장
   * 당골행 7번 시내버스 (1일 18회, 07:25 ~ 21:35)
4. 태백시외버스터미널 – 상동 종점행 영암고속 6번 좌석버스 이용 – 유일사입구정류장 또는 유일사 정류장에서 하차
   * 상동 종점행 태백 영암고속 6번 좌석버스 (1일 5회, 07:50 / 11:10 / 13:40 / 16:20 / 18:40)

청옥산
1. 동서울터미널 – 봉화 경유 춘양행 시외버스 이용 – 춘양버스터미널
   * 춘양행 시외버스 (1일 6회, 07:40 / 09:40 / 11:50 / 13:50 / 16:10 / 18:20)
2. 춘양버스터미널 – 석포행 57번, 58번 농어촌버스 이용 – 대현2리(둔지)정류장에서 하차 – 약 4km 도보 이동
   * 석포행 57번, 58번 농어촌버스 (1일 2회, 08:35 / 13:00)

■ 태백산은 예로부터 삼한의 명산이자 토속신앙의 성지로 우리 민족의 성산으로 숭앙되어 왔던 산이다. 산세는 완만한 육산으로 고산다움은 갖추고 있으나 등산로 입구가 되는 산의 북쪽은 광산 개발로 인하여 해발800~900m까지 찻길이 닦여 산 높이에 비해 등반 거리가 짧은 것이 흠이다. 산 일대는 국립공원으로 지정되어 있고 산기슭에는 눈썰매장과 민박촌이 있으며, 매년 태백제와 눈축제도 열리고 있다.

■ 태백산 능선 남쪽으로 갈라져 나온 두 능선 위에 청옥산과 조록바위봉이 마주보고 서 있는데, 청옥산은 백두대간 줄기의 깃대배기봉과도 이어져 있다. 두 산 모두 1000m가 넘는 고봉으로 태백의 봉우리에 뒤지지 않으며, 인적이 드물어 자연 그대로의 모습을 많이 간직하고 있다. 특히 두 산 사이에 자리한 백천계곡은 천연기념물 열목어의 세계 최남단 서식지이며, 산기슭에는 전국 최대 규모의 청옥산자연휴양림이 있어 삼림욕을 할 수도 있다.

축제 · 볼거리

1. 태백산 눈축제
매년 1월 초에 열리는 겨울 축제로 태백산국립공원과 황지연못에서 열린다. 눈·얼음조각 전시회, 눈썰매장, 얼음 썰매, 다양한 문화 예술 공연이 열린다.
문의) 033-553-6900(태백시문화재단)

2. 철암장 (매월 10일, 20일, 30일)
태백시 철암역 근처 철암시장에서 10일 간격으로 열리는 오일장으로서, 농·수산물, 과일, 잡화 등을 주로 거래한다. 영동선 철암역은 무궁화호 열차를 이용할 수 있다.

문 의

태백산국립공원사무소
☎ 033-550-0000
백천분소
☎ 054-672-9502
검룡소분소
☎ 033-554-9887
봉화군청
☎ 054-679-6114

* 시각표는 2024년 11월 기준이며 변동될 수 있음.

---

106 덕항산 1071m 지각산 1079m

동서울종합터미널에서 시외버스 이용하여 삼척에서 하차 후 환선굴행 시내버스 이용

위치 : 강원특별자치도 태백시, 삼척시 신기면

▲ 덕항산 촛대바위

▲ 덕항산 너와집

등산코스

덕항산/지각산
1. 골말 — 2.6km/2시간45분 — 덕항산 — 1.2km/45분 — 구부시령 — 2.1km/50분 — 하사미동점촌마을
2. 골말 — 1.7km/1시간20분 — 자암재 — 1.7km/1시간10분 — 지각산 — 1.8km/1시간15분 — 덕항산

단면도

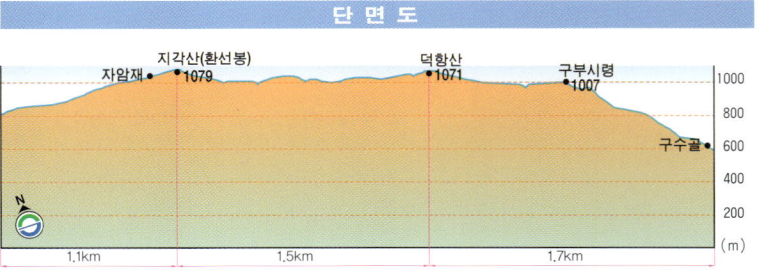

교통편

덕항산
1. 동서울터미널에서 고한사북 경유 태백행 시외버스 이용 – 태백시외버스터미널에서 하차
   * 고한사북 경유 태백행 시외버스 (1일 22회, 06:00 ~ 22:30)
2. 서울 청량리역 – 정동진행 태백선 열차 이용 – 태백역 – 하차 후 터미널로 도보 이동 – 태백시외버스터미널 – 조탄행 시내버스 이용 – 예수원정류장
   * 조탄행 13번 시내버스 (1일 6회, 06:20 / 09:35 / 12:00 / 14:40 / 17:30 / 19:00)
3. 태백시외버스터미널 – 도계, 삼척, 동해 경유 강릉행 시외버스 이용 – 삼척 도계버스터미널에서 하차
4. 도계버스터미널 – 환선굴행 60번 시내버스 이용 – 환선굴종점정류장
   * 환선굴행 60번 시내버스 (1일 5회, 06:50 / 10:40 / 12:30 / 15:40 / 17:40)
5. 동서울터미널 – 시외버스 이용 – 삼척종합버스터미널 – 환선굴행 80번 시내버스 이용 – 환선굴종점정류장
   * 환선굴행 80번 시내버스 (1일 5회, 06:50 / 08:30 / 10:30 / 14:20 / 17:40)

■ 덕항산–지각산 능선은 삼척시와 태백시를 가르는 백두대간 줄기 위에 솟아 있다. 덕항산은 1071m, 지각산은 1079m로 1000m 전후의 강원도의 여느 산들과 비슷하다. 산세는 동서가 확연히 다르다. 동쪽은 가파르고 험준하나, 서쪽은 완만하다. 산 정상 동남쪽 방향 일대에는 병풍암, 촛대봉 등의 기암괴석이 장관을 이루고 있다. 또 대이리군립공원 내에는 너와집, 굴피집, 통방아 등의 민속 유물이 잘 보존되어 있다.

■ 천연기념물 대이리 동굴지대가 자리하고 있는 덕항산 일대는 군립공원으로 지정되어 있다. 산행은 하사미동(태백시)나 환선굴이 있는 절골(삼척시 신기면)에서 시작하는데, 환선굴에서 자암재로 오르는 코스는 전망대가 있어 조망이 좋으나 경사가 급하다.

축제 · 볼거리

1. 통리장 (매월 5일, 15일, 25일)
태백시 통동에서 열리는 10일 간격 오일장이다. 원래는 5일 간격이었으나, 중복과 경쟁을 피하기 위해 철암장과 함께 10일 간격으로 날짜를 조정하여 현재 이르고 있다.

2. 환선굴
대이리군립공원 안에 있는 석회암 동굴로, 1966년 천연기념물로 지정되었으나 일반에게 공개된 것은 1997년이다. 환선굴은 총길이 6.5km, 주굴 길이 3.3km의 거대한 동굴이다. 동굴 내부에는 폭포와 여러 개의 호수가 있고, 다양한 종유석과 석순이 있어 땅 밑 금강산으로 불린다. 또 동굴 내부와 주변에 다양한 동·식물이 서식하고 있어 학술적 가치도 높다.

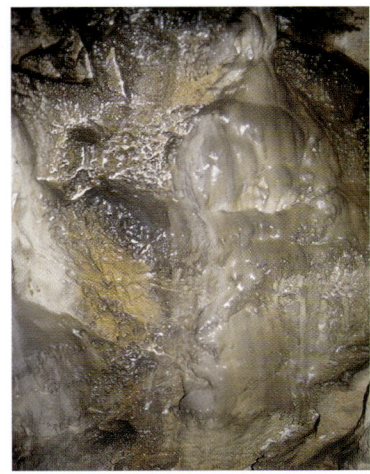
▲ 환선굴

문 의

삼척모노레일(환선굴 모노레일)
☎ 033-541-2621
*대금굴 모노레일 인터넷 사전예약 필수

* 시각표는 2024년 11월 기준이며 변동될 수 있음.

106 덕항산·지각산 (환선봉)

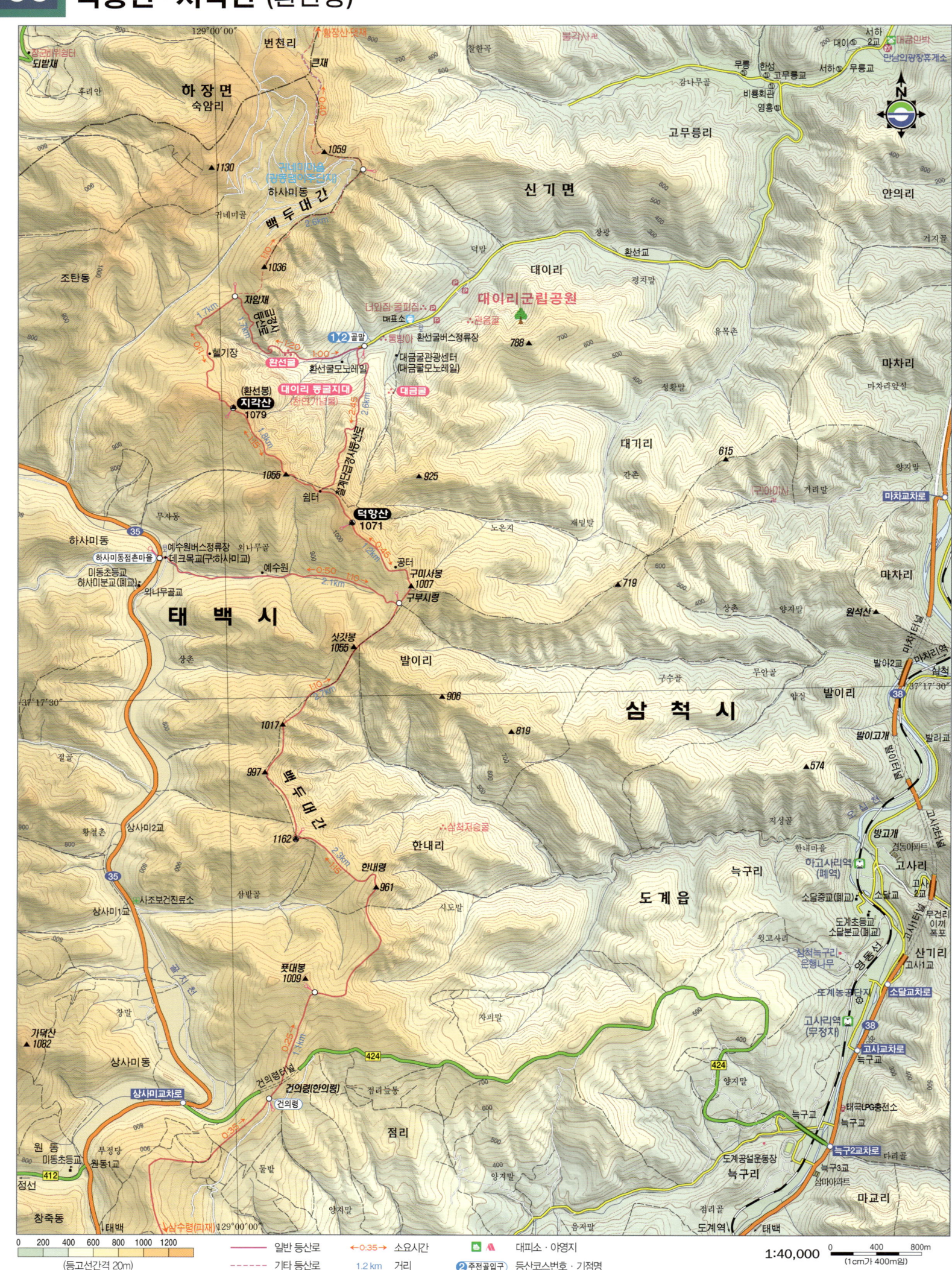

응봉산 · 육백산 107

107 응봉산 1267m / 육백산 1244m

동서울종합터미널에서 태백 또는 삼척으로 이동 후 다시 도계터미널로 이동한 후 캠퍼스행 시내버스 이용

위치: 강원특별자치도 삼척시 도계읍, 노곡면

등산코스

응봉산/육백산
① 강원대학교 2.8km/1시간40분 — 육백산 1.3km/30분 — 장군목 1.4km/40분 — 응봉산
② 문의재 8.1km/2시간50분 — 응봉산

단면도

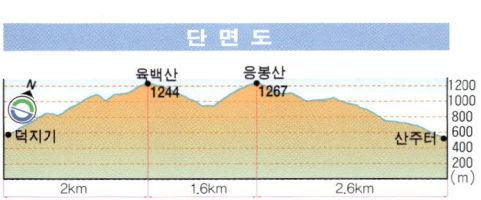

▲ 육백산 국유림 표석

교통편

응복산 / 육백산
1. 동서울터미널 — 시외버스 이용 — 삼척종합버스터미널
2. 삼척종합버스터미널 — 시외버스, 시내버스 이용 — 삼척 도계버스터미널 — 도계캠퍼스행 시내버스 이용 — 캠퍼스 종점정류장
  * 도계 경유 태백행 시외버스
    (1일 7회, 07:35 / 10:05 / 11:35 / 15:10 / 17:20 / 19:35 / 21:05)
  * 도계행 70번 시내버스
    (1일 4회, 09:40 / 11:30 / 13:40 / 16:00)
  * 강원대학교 도계캠퍼스행 43-1번 시내버스
    (1일 4회, 08:40 / 10:40 / 15:50 / 18:00)
3. 삼척종합버스터미널 — 상마읍행 시내버스 이용 — 상마읍 (산주터)정류장
  * 상마읍행 30-1번, 30-4번, 210번, 211번 시내버스
    (1일 6회, 06:40 / 08:40 / 11:10 / 13:45 / 16:00 / 17:35)

■ 응봉산은 삼척시 도계읍 신리와 노곡면의 상마읍리와 경계를 이루는 산으로 육백산 정상은 조 600섬을 뿌릴 수 있을 정도로 넓은 고위평탄면이 생성되어 있어 붙여진 이름이다. 응봉, 육백산은 1000m 이상의 고도로 사람들의 발길이 흔치 않고 등산로도 정비되어 있지 않지만 두 산 모두 정상 아래까지 임도가 잘 나 있어 이 길을 이용하면 쉽고 빠르게 오를 수 있다.

문 의
삼척시청 ☎ 033-572-2011

* 시각표는 2024년 11월 기준이며 변동될 수 있음.

충청남·북도 전도

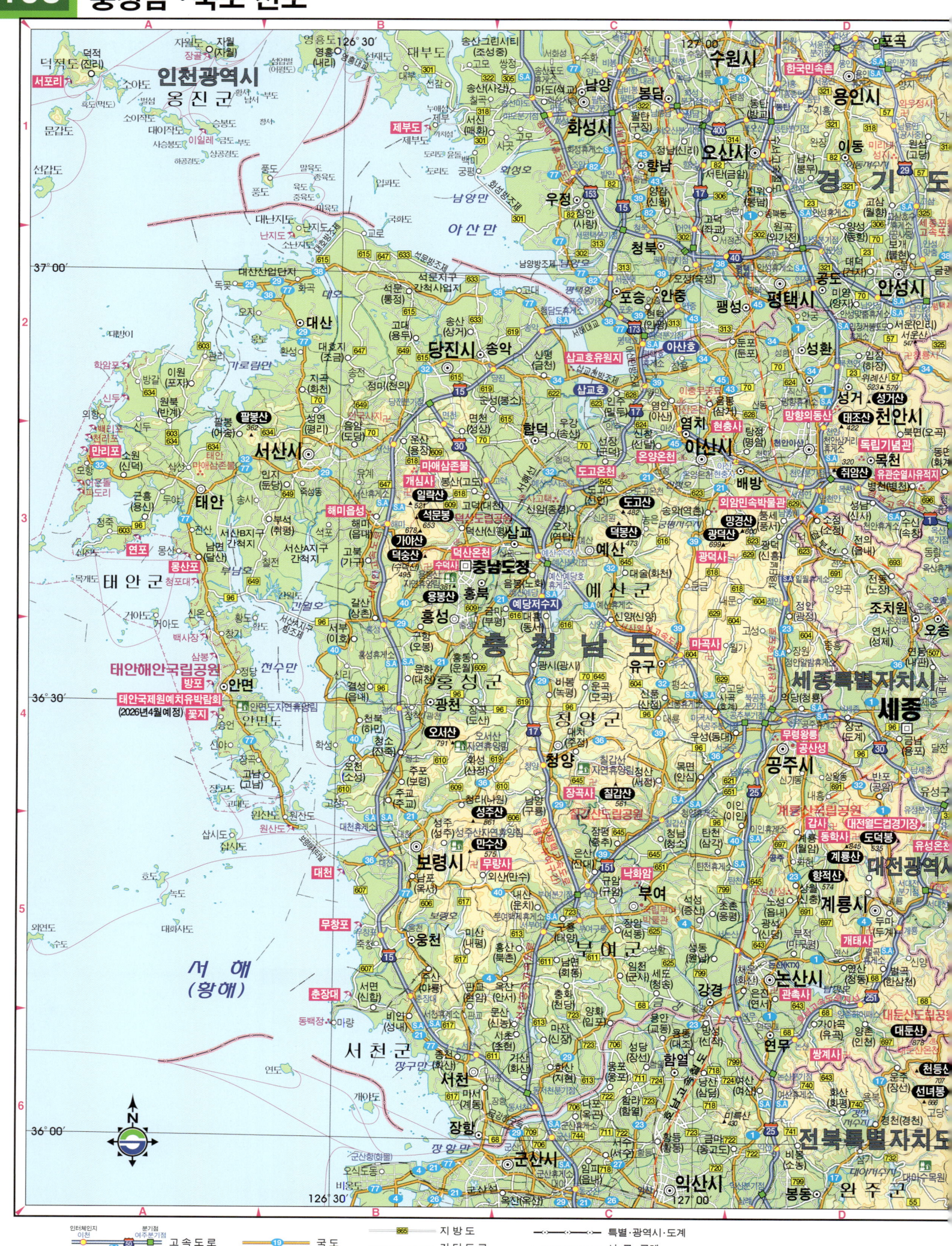

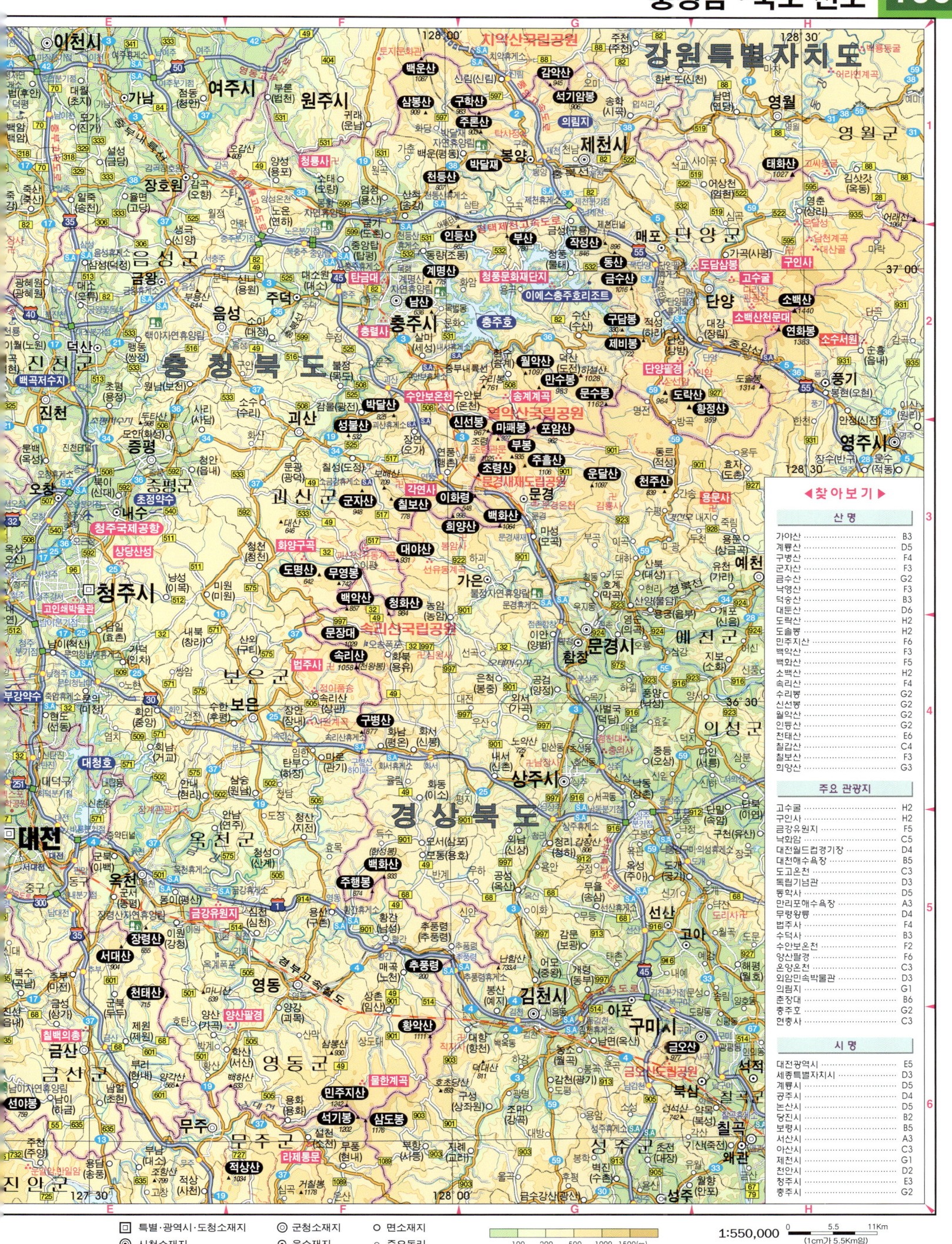

도명산·칠보산·대야산 (아가봉·막장봉·장성봉)

충청도편

110 속리산 1058m 대야산 931m
도명산 642m 칠보산 778m

동서울종합터미널, 서울남부터미널, 서울센트럴시티터미널 등에서 각 목적지행 고속·시외버스 이용

위치: 충청북도 괴산군, 보은군, 경상북도 문경시, 상주시

▲ 천왕봉에서 본 문장대/관음봉

▲ 속리산 전경

등산코스

속리산
1. 법주사 5.1km/1시간50분 → 중사자암 1.5km/50분 → 문장대 1.2km/30분 → 신선대
2. 상오리버스정류장 2km/30분 → 칠충석탑 4.6km/2시간20분 → 천왕봉 2.6km/1시간30분 → 신선대
3. 법주사 6.2km/2시간40분 → 천왕봉
4. 문장대입구 3km/1시간 → 오송폭포 3km/1시간40분 → 문장대

칠보산
1. 중말마을 1.4km/30분 → 각연사 1.9km/1시간 → 청석재 0.7km/30분 → 칠보산
2. 떡바위골 2.5km/1시간30분 → 청석재 0.7km/30분 → 칠보산 0.7km/30분 → 활목고개 2.1km/1시간 → 각연사 1.4km/30분 → 중말마을
3. 용추골(절말) 3.8km/2시간10분 → 활목고개 0.7km/30분 → 칠보산

도명산/낙영산/무영봉
1. 화양삼교 2.4km/1시간20분 → 도명산 2.1km/1시간15분 → 낙영산 1.4km/35분 → 무영봉 3.9km/2시간30분 → 자연학습원
2. 공림사입구 1.2km/25분 → 공림사 2.1km/1시간15분 → 낙영산 2.1km/1시간15분 → 도명산 2.4km/1시간20분 → 화양삼교

백악산
1. 입석리산직동 4.8km/1시간20분 → 수안재 2.9km/2시간10분 → 백악산 4.9km/2시간20분 → 입석마을

대야산
1. 완장리벌바위 2.0km/45분 → 월영대 2.2km/45분 → 밀재 1.4km/1시간 → 대야산

도장산
1. 용추교 3.2km/2시간 → 도장산 2.0km/1시간 → 헬기장 2.0km/1시간20분 → 용주교
2. 용유교 1.7km/1시간10분 → 헬기장 2.0km/1시간 → 도장산 3.2km/1시간45분 → 용주교

청화산
1. 늘재 2.8km/2시간 → 청화산 4.2km/2시간 → 갓바위재
2. 의상골 6.5km/3시간 → 조항산 1.4km/1시간 → 갓바위재 4.2km/2시간 → 청화산

단면도

낙영산 684 — 화양동구곡 — 문장대 1029 — 속리산(천왕봉) 1058 — 만수리
2.3km | 8.6km | 2.8km | 4km

교통편

속리산
1. 동서울터미널(1일 6회, 07:30(창리 경유)/07:30(창리 미경유)/09:30/10:10/11:50(창리 경유)/11:50(창리 미경유)), 서울남부터미널(1일 2회, 16:20/20:00), 서울센트럴시티터미널(호남선)(1일 1회, 07:05/10:30/17:30) - 고속·시외버스 이용 - 속리산터미널 - 하차 후 도보 이동
  * 보은터미널 경유 후 속리산터미널로 이동
2. 보은시외버스공용정류장 - 속리산행 시외버스 이용
  * (수시 운행 07:55 ~ 22:50)

도장산
1. 동서울종합터미널 - 문경읍, 가은 경유 농암행 시외버스 이용 - 농암정류소
2. 농암정류소 - 화북주행 시내버스 이용 - 병천정류소, 화북용유정류장에서 하차
  * 농암행 시외버스 (1일 3회, 07:50/13:10/17:50))
  * 화북행 42번, 42-2번 시내버스 (1일 3회, 08:15/13:40/17:35)

대야산
1. 동서울터미널 또는 서울고속버스터미널(경부선) - 고속·시외버스 이용 - 점촌시외버스터미널
  * 점촌시외버스터미널행 고속·시외버스 수시 운행(동서울 06:00 ~ 21:00/서울고속버스터미널(경부선) 06:50 ~ 21:00)
1-1. 동서울터미널 - 시외버스 - 가은아자개장터버스정류소
  * 가은아자개장터행 시외버스 (1일 3회, 07:50/13:10/17:50)
2. 점촌시외버스터미널 - 모전우체국정류장까지 도보 이동 - 가은행 또는 가은 경유 벌바위행 30번 ~ 34번 좌석버스 이용
  * 가은행 30번 ~ 34번 좌석버스
    (평일 16회, 06:20 ~ 19:10/주말 14회, 06:20 ~ 18:25)
  * 가은 경유 벌바위행 33번 좌석버스
    (1일 4회, 08:10/10:20/12:20/17:00)
  * 점촌시내버스터미널 출발 시간 기준이며, 모전우체국정류장까지 약 5분 소요됨.
3. 가은아자개장터버스정류소 - 벌바위행 좌석버스 이용 - 벌바위종점정류소

  * 가은발 벌바위행 33번 좌석버스
    (1일 5회, 07:25/09:00/11:15/13:05/17:50)

청화산 / 백악산
1. 동서울터미널 - 시외버스 이용 - 상주종합버스터미널
   (1일 19회, 06:00 ~ 21:00)
2. 상주종합버스터미널 - 화서면 화령공용버스터미널, 화북면 경유하는 830번, 840번 시내버스 이용
   * 830 시내버스는 장암주유소에서 997번 지방도 → 용화삼거리 → 화평정류장까지 운행
   * 840 시내버스는 장암주유소에서 → 32번, 49번 지방도 → 이평정류장까지 운행
   * 830번 시내버스 (1일 2회, 09:35/15:00) * 840번 시내버스 (1일 6회, 05:55/07:40/11:15/13:10/16:40/18:00)

칠보산
1. 동서울터미널 - 시외버스 - 괴산시외버스터미널에서 아성교통터미널로 이동
2. 아성교통터미널 이용 - 쌍곡(리)행 농어촌버스 - 쌍곡(떡바위)정류장 또는 쌍곡휴게소정류장
   * 괴산행시외버스 (1일 10회, 06:50 ~ 19:00)
   * 쌍곡리행 농어촌버스 (1일 4회, 06:20/09:30/13:50/18:40)

낙영산 / 도명산
1. 괴산터미널에서 아성교통터미널로 이동 - 청천행 농어촌버스
   * 청천행 농어촌버스 (1일 10회, 06:10 ~ 18:40)
2. 청천버스터미널에서 사담, 용화, 귀만리행 농어촌버스 이용 - 사담리(공림사입구)정류장에서 하차
   * 사담, 용화, 귀만리행 농어촌버스 (1일 5회, 06:25/09:10/12:30/15:30/18:50)
3. 청천버스터미널에서 화양동행 또는 화양동 경유 송면리행 농어촌버스 이용 - 화양동분소, 학습원분소에서 하차
   * 화양동 경유 송면리행 농어촌버스 (1일 8회, 07:40/08:00/09:00/10:50/13:40/14:00/16:20/18:40)

■ 속리산은 예로부터 산세가 수려하여 한국 8경 중의 하나로 손꼽아 왔다. 소금강산이라고도 일컬어 온 속리산의 묘봉에서부터 관음봉, 문장대, 신선대, 입석대, 비로봉, 천왕봉으로 이어지는 산줄기는 충북과 경북의 경계를 이루고 있으며, 충북쪽은 보은속리산, 경북쪽은 상주속리산으로 구분지어 부르고 있다. 보은속리산이 더 유명하지만, 상주속리산도 그 수려함이 뒤지지 않는다. 장각폭포에서 천왕봉에 이르는 계곡과 장암리에서 문장대를 향해 오르는 계곡은 속리산의 숨은 비경이라 할 만하다. 속리산 일대는 1970년 3월에 국립공원으로 지정되었다.

■ 괴산읍 동남쪽 일대에는 군자산을 비롯하여 보배산, 칠보산과 같은 산들이 이웃하여 솟아 있는데, 그 가운데를 가로지르며 금강산의 축소판 같다는 쌍곡계곡이 흐르고 있다. 속리산국립공원에 속한 군자산은 기암석벽과 암릉으로 이뤄져 산세가 험준하다. 예로부터 천하 절승지로 이름난 화양동계곡 남쪽을 가로 막고 선 도명산은 화강암의 바위 봉과 기암절벽이 어울려 화양 계곡 못지 않은 경관을 자랑한다. 도명산의 바위는 화강암으로 이뤄져 산악인들의 암벽 등반 훈련장으로도 사랑받고 있으며, 정상 북쪽 바로 아래에는 도명산 제1명승지 거대한 마애삼존불이 있어 사적 순례를 겸한 산행지로 인기가 높다. 또한, 도명산 남쪽 능선 3km 거리에 위치한 낙영산도 빼어난 산세를 지니고 있다.

▲ 도명산 정상

■ 백악산은 문장대에서 화양구곡으로 뻗어 나간 능선에 자리한 산으로, 산 곳곳에 크고 작은 바위들이 솟아 있다. 속리산의 고봉처럼 높지 않지만, 하얀 화강암으로 이루어진 기암괴석과 아름다운 계곡, 울창한 숲이 어우러진 풍광은 그 못지않다. 또한, 4개의 암봉과 2개의 폭포, 조선 7대 왕인 세조의 딸이 아비의 왕위 찬탈에 상심해 은거했다는 동굴 등이 있다. 대야산은 깎아지른 바위 벼랑과 기암괴석이 어울려 곳곳에 절승을 이루고 계곡 또한 폭포와 담소가 연이어 수려한 경관을 이루는데, 특히 산 동쪽의 문경 선유동계곡과 산 서쪽의 괴산 선유동계곡은 예로부터 절승지로 이름난 계곡이다. 속리산의 정상 천왕봉 동쪽 건너 문경과 상주의 경계에 솟아 있는 도장산은 산 북쪽을 가로지르는 쌍룡계곡과 더불어 알려진 산이다. 쌍룡계곡은 빼어난 비경지이며, 정상 조망도 일품이다. 속리산의 암봉과 백두대간 산줄기, 문경 시가지가 시야에 들어온다.

▲ 대야산 정상의 기암

▲ 도장산 전경

축제·볼거리

1. 속리산 축제
속리산 잔디공원(조각공원) 일원에서 5월 말에 열리는 축제이다. 축제 기간은 3일이며, 주요 행사로는 산에서 채취한 산나물로 산채비빔밥을 만드는 체험 행사, 산채 요리 경연, 다양한 축하 행사 등이 있다.

2. 괴산장(3, 8일)
괴산읍 동부리 일대에서 열리는 5일장으로 괴산에서 생산된 괴산청결고추, 고추가루, 제철 산나물, 버섯류 등이 거래된다.

3. 보은 대추 축제
보은 황토 대추 수확 시기에 맞춰 10월 중순에 열리는 축제이다. 축제 기간 중 다양한 문화 행사, 체험, 전시 및 공연 등이 진행된다.
문의)1670-6114(축제 콜센터)

4. 가은 아자개장(4, 9일)
문경시 가은읍 왕능리에 서는 5일장이다. 이곳은 예전에는 광산 지역이었으나 탄광이 폐쇄된 후 다소 한산해졌다. 곡류류, 약초, 도라지 외 농산물이 거래되는데 특히 산나물과 버섯이 많이 거래된다.

5. 정이품송(正二品松)
법주사 초입 도로변에 있는 이 소나무는 조선 시대 세조가 법주사에 행차할 때 어가가 나뭇가지에 걸리자 나뭇가지가 저절로 올라가 왕이 정이품의 벼슬을 내렸다 한다. 수령이 약 600년이 넘었고 높이가 24m, 나무 둘레가 4.5m나 되며 천연기념물로 지정되어 있다.

▲ 정이품송

문 의

속리산 국립공원사무소
☎ 043-542-5267
쌍곡분소 ☎ 043-832-5550
화북분소 ☎ 054-533-3389
화양동분소 ☎ 043-832-4347
괴산군청 ☎ 043-830-3114
상주시청 ☎ 054-537-6114
문경시청 ☎ 054-552-3210

* 시각표는 2024년 11월 기준이며 변동될 수 있음.

114 월악산 1097m 만수봉 983m 제비봉 722m

서울센트럴시티터미널 또는 동서울터미널에서 고속·시외버스로 충주에서 하차 또는 중부내륙선 KTX 충주역에서 하차.

위치 : 충청북도 단양군 단성면, 제천시 덕산면·한수면·대강면, 경상북도 문경시

▲ 월악교에서 본 월악산 전경

▲ 만수봉에서 본 월악산 암릉/영봉

등산코스

월악산
1) 덕주사입구 1.2km/25분 덕주사 2.4km/1시간20분 마애봉 1.5km/50분 월악산
2) 송계2리동창교앞 3.0km/1시간30분 송계삼거리 0.8km/40분 월악산
3) 보덕암입구 1.8km/50분 보덕암 2.8km/2시간10분 월악산
4) 신륵사입구 2.3km/35분 신륵사 3.1km/1시간50분 월악산

만수봉
1) 만수교 2.3km/1시간30분 용암봉 0.7km/40분 만수봉
2) 미륵세계사 2.4km/1시간10분 하늘재 1.3km/1시간 포암산 3.4km/1시간40분 마골치 2.8km/45분 만수봉

제비봉
1) 제비봉공원지킴터 2.5km/1시간25분 제비봉 1.4km/45분 얼음골

두악산
1) 단봉사입구 2.6km/1시간20분 두악산

옥순봉/구담봉
1) 옥순봉·구담봉 1.2km/30분 374m봉 1km/40분 옥순봉 구담봉
   0.7km/45분

도락산
1) 상선암입구 2km/1시간30분 제봉 1km/30분 형봉 0.7km/25분 도락산
2) 상선암입구 2.6km/2시간 검봉 0.9km/40분 형봉 0.7km/25분 도락산
3) 내궁기마을 1.6km/1시간10분 도락산 0.7km/25분 형봉 0.9km/40분 검봉 2.6km/1시간20분 상선암입구

단면도

교통편

월악산
1. 동서울터미널 또는 서울센트럴시티터미널(호남선) – 고속·시외버스 이용 – 충주공용버스터미널
* 충주행 고속·시외버스 수시 운행(동서울터미널, 06:00 ~ 21:00 / 센트럴시티터미널 09:00 ~ 20:05)
1-1. 경기 성남 판교역 – 중부내륙선 KTX 이용 – 충주역
* 경기 성남 판교역발 중부내륙선 충주역행 KTX (1일 4회, 08:29 / 12:25 / 16:03 / 19:45)
2. 충주역 건너편 충주역정류장 또는 터미널 남쪽 건너편 하이마트앞정류장 – 한수면행복지센터앞(송계리행) 222번, 246번 버스 이용 – 제천시 한수면행복지센터앞(종점)정류장
* 살미면 경유 한수면행복지센터앞 222번 시내버스 (1일 4회, 07:55 / 10:50 / 16:45 / 19:40)
* 수안보면 경유 한수면행복지센터앞 246번 시내버스 (1일 4회, 07:15 / 08:15 / 13:20 / 16:10)
3. 충주역 건너편 충주역정류장 또는 터미널 남쪽 건너편 하이마트앞정류장 – 덕산(면)행 223번 시내버스 이용 – 수산1리정류장 → 보덕암정류장(→ 신륵사)
* 덕산(면)행 223번 시내버스 (1일 4회, 05:55 / 11:30 / 18:10) 첫차는 주말·공휴일 미운행이며, 평일은 모아미래도 앞 종점정류장까지 도보 이동(충주역 ~ 약 0.9km, 터미널 ~ 약 1.6km)
4. 한수면행복지센터앞정류장에서 덕산(면)행 981번 시내 버스 – 수산 – (숫강)정류장(→ 보덕암), 월악정류장(→ 신륵사)
* 덕산(면)행 981번 시내버스 (1일 4회, 08:00 / 11:40 / 15:15 / 19:10)

제비봉
1. 동서울터미널 – 시외버스 이용 – 단양시외버스터미널
2. 단양터미널 – 충주·청주시외버스 이용 – 장회나루에서 하차
3. 단양 다누리센터앞정류장에서 장회나루 경유 양당리행 402번 ~ 405번 농어촌버스 이용
* 단양행 시외버스 (1일 9회, 07:00 ~ 18:00)
* 충주 – 청주행 시외버스(1일4회, 07:00 / 09:35 / 10:45 / 16:20)
* 402번 ~ 405번 농어촌버스 (1일 6회, 06:40 / 08:20 / 11:00 / 14:30 / 16:15 / 18:50)
4. 서울역, 청량리역에서 중앙선 KTX 이용 – 단양역에서 하차
* 단양행 KTX (서울역, 1일 3회, 09:01 / 15:01 / 18:26) (청량리역, 1일 6회, 05:38 / 07:07 / 09:22 / 11:51 / 15:00 / 18:47)

포함산 / 만수봉
1. 충주역 건너편 충주역정류장 또는 터미널 남쪽 건너편 하이마트앞정류장 – 미륵리 종점행 또는 미륵리 경유 한수면행(송계리행) 246번 시내버스 이용 – 미륵정류장에서 하차
* 미륵리 종점행 246번 시내버스 (1일 1회, 06:00 / 09:55 / 14:30 / 17:30)
* 06:00 첫차는 종점(차고지) 정류장에서 승차해야함 (상단 월악산 3번 참조)
* 미륵리 경유 한수면행 246번 시내버스 (1일 4회, 07:15 / 08:15 / 13:20 / 16:10)
* 만수봉 등산 시 만수교까지 도보 이동

옥순봉 / 구담봉
1. 장회나루정류장에서 하차 후 약 1.5km 도보 이동

도락산 / 수리봉
1. 단양 다누리센터앞정류장에서 411번 ~ 417번, 521번 ~ 523번 버스이용 – 가산2리정류장(→도락산), 오목내정류장(→수리봉)
* 411번 버스는 벌천까지만 운행함(1일 3회, 10:00 / 12:05 / 15:45)
* 412번 ~ 414번 버스는 벌천삼거리에서 모녀리(종점)정류장으로 운행함.
* 412번 ~ 414번 버스 (1일 3회, 08:40 / 14:00 / 16:55)
* 415번 ~ 417번 버스는 벌천삼거리에서 오목내(종점)정류장으로 운행함.
* 415번 ~ 417번 버스 (1일 3회, 06:15 / 07:35 / 19:05)
* 521번 523번 버스는 사인암, 빗재 경유 방곡리로 운행함. (1일 5회, 09:00 / 10:30 / 13:15 / 14:50 / 17:45)

황정산
1. 단양 다누리센터앞정류장에서 530번대 농어촌버스 이용 – 황정산정류장에서 하차 후 황정산휴양림까지 도보 이동
* 530번대 (531번 ~ 538번) 버스 (1일 10회, 06:20 / 08:05 / 09:20 / 09:35 / 12:40 / 13:45 / 15:15 / 16:30 / 18:30 / 19:35)

두악산
1. 단양 다누리센터앞정류장에서 단성면 경유하는 400번대, 500번대 농어촌버스 이용(수시 운행) – 단성면정류장에서 하차

■ 월악산은 충주호와 함께 중원 지역의 새로운 관광권으로 각광받는 곳으로 산세는 험준하나 단조로운 편이다. 여느 산과는 달리 정상 부쿤이 석성을 둘러친듯 거대한 바위봉으로 이뤄져 장관을 이루며 정상에서의 전망 또한 일품이다. 만수봉은 월악산 남쪽 능선 6km 지점에 위치한 산으로 월악산과 함께 새로운 산행지로 알려진 곳으로, 곳곳에 바위와 노송이 어울려 산세가 가름답고 인적이 드물어 태고의 정취를 느끼게 한다.

■ 제비봉과 구담봉은 충주호 상류, 36번 국도를 사이에 두고 마주보고 있다. 충주 호반과 국도 변에 있어 드라이브를 겸한 산행지로 인기가 높은 곳이다. 제비봉은 산 전체가 기암절벽으로 이뤄져 마치 제비가 날개를 펴고 비상하는 생김새를 하고 있다. 단양8경의 하나인 구담봉과 옥순봉은 깎아지른 기암절벽이 충주호 쪽빛 물결에 드리워 그야말로 선경을 이루는 곳으로 충주호 관광의 핵심이기도 하다. 구담봉과 옥순봉 일대는 기암이 다투어 솟아 있고 거대한 병풍을 둘러 놓은 듯한 부용벽이 절경을 이룬다. 옥순봉은 등산을 하면서 보는 것보다 충주호 유람선을 타고 보는 선상 관망이 일품이다.

▲ 제비봉에서 본 충주호

▲ 옥순봉 전경

■ 월악산의 동편에 위치하는 하설산과 문수봉은 같은 능선 위에 이웃하여 솟아 있는데, 두 산의 남쪽으로 흘러내리는 용하구곡으로 인하여 알려지기 시작했다. 주위의 산과는 달리 육산으로 산세가 평범하지만 산 아래 수려한 경관을 지닌 용하구곡을 품고 있다.

▲ 대미산 용하구곡

■ 백두대간 중간부인 저수재에서 북쪽 남한강으로 뻗어 나가는 능선에 황정산과 도락산, 두악산이 솟아 있다. 기암괴석과 암릉으로 이루어진 바위산으로 산세가 수려하며 인적이 드물어 자연이 잘 보존되어 있다. 도락산 산자락에는 단양8경 중 하선암, 중선암, 사인암 등이 산재해 있고, 황정산에도 단양8경의 하나인 사인암과 제2 단양8경의 하나인 칠성암, 누에바위 등 기암들이 있어 산 전체가 하나의 비경이라 해도 과언이 아니다. 황정산에서 북쪽으로 뻗은 산줄기는 암릉 구간이 많아 반드시 보조 자일이 필요하기 때문에 초보자는 피하는 것이 좋으며, 산 서쪽으로 도락산과 사이에 도로가 개설되어 직티에서 쉽게 오를 수 있다. 도락산은 소금무지산으로 불리며 조용하고 호젓한 산행을 하기에 좋고 정상에서는 월악산을 비롯한 주변의 산이 한눈에 들어온다.

▲ 도락산 기암군

축제·볼거리

1. 월악산 송계 양파 축제
매년 7월 제천시 한수면 송계리에서 열리는 지역 축제로 지역 특산품인 양파를 알리고 농가 소득 보전을 위해 개최되고 있다. 이 지역 양파는 단단하고 맛이 좋기로 유명하다. 양파 판매와 양파 캐기, 양파 요리 시연과 함께 민속 놀이와 문화 행사도 열린다.

2. 수안보 온천 축제
매년 4월 중 수안보온천 물탕공원 일원에서 열린다. 산신제, 발원제, 온천수 봉송제, 수신제, 국악 공연, 콘서트, 가요제, 온천수 체험, 장기 자랑 대회 등이 펼쳐진다.
문의) 043-846-3605(수안보온천관광협의회)

3. 덕주사 산시대재 및 산사 음악회
가을이면 월악산 덕주사에서 음악회가 열린다. 국악, 클래식, 대중음악 등 다양한 장르의 음악이 시연된다.
문의) 043-653-1773(덕주사)

4. 단양장(1, 6일)
충북 단양군 단양읍 도전리 일대에서 열리며 소박하고 정겨움을 느낄 수 있는 장이다. 여느 장터처럼 농수산물과 생활 필수품이 판매되며, 장이 서지 않을 때에는 상설 시장인 단양구경시장을 찾아 다양한 먹거리를 맞볼 수 있다.

5. 수안보장(1, 6일)
충주시 수안보면 온천리 일대에서 열리며 산나물, 밤, 대추, 더덕 등이 거래된다.

6. 신륵사(神勒寺)
월악산 동쪽 계곡에 자리한 이 절은 신라 진평왕 4년(582년)에 창건 되었다고 하며, 신라 때의 삼층석탑이 있다.

7. 덕주사(德周寺)
신라 진평왕 13년(591년) 덕주부인이 세웠다고 전해지며, 원래의 위치는 보물 마애불이 있는 자리라고 한다.

문 의

단양군청 ☎ 043-420-3114
제천시청 ☎ 043-641-5114

* 시각표는 2024년 11월 기준이며 변동될 수 있음.

114 월악산·만수봉·포암산·어래산 (말뫼산·박쥐봉)

옥순봉 · 제비봉 · 두악산 · 도락산 · 황정산 (문수봉 · 가은산 · 수리봉 · 황장산)

116 금수산·작성산·동산 (미인봉·마당재산·용바위봉·신선봉)

충청도편

116 금수산 1016m / 작성산 846m / 동산 896m

동서울종합터미널, 서울역, 청량리 역에서 시외버스나 중앙선 KTX로 단양역에서 하차하여 하진리 또는 상천리행 시내버스 이용.

위치 : 충청북도 제천시 금성면·청풍면·수산면 단양군 적성면

▲ 금수산 전경

▲ 작성산 전경

등산코스

금수산
1. 금수산입구 — 2.2km/1시간30분 — 금수산
2. 상천식당 — 0.7km/30분 — 용담폭포삼거리기점 — 2.2km/1시간30분 — 망덕봉 — 1.7km/30분 — 금수산

작성산
1. 무암사입구 — 0.9km/15분 — 무암사 — 1.8km/1시간 — 작성산
2. 무암사입구 — 0.9km/15분 — 무암사 — 2km/50분 — 새목재 — 1.5km/40분 — 작성산

동산
1. 교리마을 — 2.6km/40분 — 모래고개 — 1.2km/40분 — 성봉 — 1.7km/30분 — 동산
2. 교리마을 — 2.6km/40분 — 모래고개 — 1.6km/20분 — 중고개 — 1.4km/30분 — 동산

단면도

교통편

금수산
1. 동서울터미널 – 시외버스 이용 – 단양시외버스터미널 – 하차 후 별곡2리(여성발전센터)정류장으로 도보 이동
2. 서울역, 청량리역 – 중앙선 KTX 이용 – 단양역 – 단성 시내행 시내버스 이용 – 다누리센터앞정류장에서 하차 후 별곡2리(여성발전센터)정류장으로 도보 이동
3. 별곡2리(여성발전센터)정류장 – 802번, 803번, 304번, 806번, 807번 농어촌버스 이용 – 적성면 경유 – 상학주차장
   * 적성면 경유 상학주차장행 농어촌버스 (1일 5회, 07:45 / 11:30 / 13:40 / 17:25 / 19:05)
   * 단양공동물류센터 기점 출발 시간 기준이며, 별곡2리(여성발전센터)정류장까지 약 10분 소요됨.
   * 805번 농어촌버스는 다누리센터앞정류장에서 15:30 출발 (단성면 경유)
4. 동서울터미널 – 시외버스 – 제천시외버스터미널 – 시외버스터미널·우리은행정류장으로 도보 이동 – 상천휴게소 경유 수산면행 953번 시내버스 이용 – 상천휴게소에서 하차
5. 서울역, 청량리역 – 중앙선 KTX 이용 – 제천역
   * 제천행 시외버스 수시 운행(1일 19회)
   * 수산면행 953 시내버스 1일 3회
     시외버스터미널·우리은행정류장: 06:25 / 12:25 / 16:25
     제천역앞정류장: 06:35 / 12:40 / 16:40
   * 제천역행 KTX
     서울역: 1일 4회(09:01 / 11:01 / 15:01 / 18:26)
     청량리역: 1일 9회(05:38 / 07:07 / 09:22 / 11:22 / 11:51 / 15:22 / 16:42 / 18:47 / 22:00) * 16:42 열차는 주말에만 운행함

작성산 / 동산
1. 제천시외버스터미널·우리은행정류장 또는 제천역앞정류장 – 청풍, 수산, 덕산행 953번 포함 950번대 버스, 97번 버스 이용 – 성내리(무암사)정류장 – 작성산, 교리정류장 – 동산

■ 충청북도 제천시와 단양군의 경계를 이루는 금수산은 산 이름에 걸맞게 풍광이 수려하다. 산 전체가 바위로 이루어져 있고, 봄 철쭉과 가을 단풍이 좋기로 이름나 있다. 정상에서는 북쪽으로는 제천시가, 동쪽으로는 소백산의 웅장한 산줄기가 전개되고 서쪽으로는 여름골에 자리한 능강계곡과 충주호가 시원스레 펼쳐져 산정에서의 조망이 일품이다.

■ 금수산 북쪽으로 작성산과 동산 능선이 펼쳐져 있다. 산줄기 서쪽은 충주 호반과 맞닿아 있고 산세가 자못 아기자기하고 수려하다. 산 전체가 바위로 이루어져 곳곳에 낙타바위, 촛대바위, 부채바위, 남근바위 등 재미있는 이름이 붙은 바위들이 솟아 있다.

■ 특히, 무암골 중간에 있는 배바위는 마치 북한산의 인수봉을 줄여 놓은 것 같은 화강암의 암장으로 이 고장 클라이머들의 암벽 훈련장으로 인기 있는 곳이다. 또한 동산 서남쪽 산줄기에도 545m의 작은 동산이 있어 동산과 더불어 새로운 산행지로 각광받고 있는데, 작은동산의 남쪽 계곡인 학현리 일대는 예로부터 청풍 8경의 하나인 학현취적(鶴峴吹笛)이 있을 만큼 계곡 경관이 아름답기로 유명하다. 동산의 경관도 훌륭한데 충주호와 소백산이 그림처럼 펼쳐져 있다.

▲ 청풍문화재단지

축제·볼거리

1. 금수산 감골 단풍축제
단양군 적성면 상리 886번지 상학주차장 일대에서 10월 중순에 열린다. 금수산 산신제, 단풍 산행, 축하 공연 등 다양한 행사가 마련되어 있다.

문의
단양군청 ☎ 043-420-3114

* 시각표는 2024년 11월 기준이며 변동될 수 있음.

---

118 백운산 1087m / 구학산 983m / 주론산 903m / 삼봉산 909m

서울에서 시외버스나 열차로 원주나 제천에서 내려 서곡리, 구학리, 덕동리, 대호지행 시내버스를 이용한다.

위치 : 강원특별자치도 원주시 신림면·판부면, 충청북도 제천시 백운면

▲ 백운산 전경 / ▲ 주론산 배론성지

등산코스

백운산
1. 백운산자연휴양림 — 1.8km/30분 — 숲속수련장 — 6.5km/3시간35분 — 백운산

구학산
1. 방학동마을 — 2.1km/30분 — 큰골 — 2.6km/1시간20분 — 구학산
2. 운학재 — 1.8km/1시간00분 — 743m봉 — 1.2km/40분 — 구학산

주론산
1. 박달재자연휴양림입구 — 2.6km/1시간20분 — 파랑재 — 1.4km/30분 — 주론산
2. 박달재 — 3km/1시간20분 — 파랑재 — 1.4km/30분 — 주론산

삼봉산
1. 약수동마을 — 4.5km/1시간20분 — 삼봉산 — 4.5km/2시간25분 — 십자봉 — 2.5km/35분 — 갈림길 — 2.0km/40분 — 원덕동마을

단면도

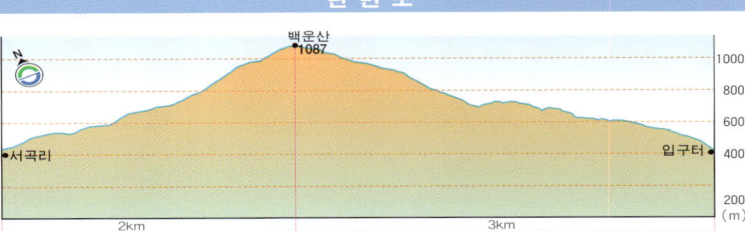

교통편

백운산
1. 서울역, 청량리역 – 중앙선 KTX 이용 – 중앙선 원주역 – 하차 후 원주역사거리 지나 거장아파트까지 약 1km 도보 이동 – 단지 앞 거장아파트정류장에서 판부면 서곡리 용수골(종점)행 32번 시내버스 이용
   * 용수골행 32번 시내버스 (1일 7회, 05:45 / 07:50 / 10:05 / 12:25 / 14:45 / 17:05 / 19:20)
   * 장양리차고지 출발 기준이며, 거장아파트까지 약 50분 소요됨.
   * 원주버스터미널에서는 용수골종점정류장까지 택시 이용.
   * 원주역 KTX
     서울역: 1일 4회, 09:01 / 11:01 / 15:01 / 18:26
     청량리역: 1일 9회(05:38 / 07:07 / 09:22 / 11:22 / 11:51 / 15:22 / 16:42 / 18:47 / 22:00) * 16:42 열차는 주말에만 운행함.

주론산 / 구학산
1. 동서울터미널 – 시외버스 이용 – 제천시외버스터미널 – 봉양읍, 백운면 경유 충주·청주행 시외버스 이용 – 백운면에서 하차 후 휴양림까지 약 2Km 도보 이동
   * 제천행 시외버스 수시 운행(1일 19회)
   * 제천터미널발 백운 경유 충주·청주행 시외버스 1일 5회(09:25 / 13:50 / 15:10 / 16:20 / 18:45)

삼봉산 / 시루봉
1. 상단 주론산 / 구학산 1번 참조
2. 백운평동종점정류장으로 도보 이동 – 차도리행 895번 시내버스 이용 – 화당입구정류장에서 하차
   * 차도리행 895번 시내버스 (1일 3회, 08:55 / 13:20 / 17:40)
   * 13:20 운행하는 시내버스는 차도리에서 회차 후 덕동정류장 경유함.

■ 치악산맥의 큰 산줄기가 남으로 뻗으며 두 줄기로 갈라지는데, 서쪽으로는 백운산으로 이어지고 남쪽으로는 구학산과 주론산을 열 지은 다음 박달재를 지나 사랑산에서 그 맥을 다 한다. 원주시 남쪽을 막고 선 백운산은 원주분지를 감싸고 있으며 강원특별자치도와 충청북도의 경계를 이룬다. 표고가 높아 전망이 훌륭하며 정상에서는 원주 시내와 치악산맥이 한눈에 들어온다.

■ 제천시와 원주시의 경계에 구학산과 주론산 능선이 솟아 있다. 구학산은 이름처럼 학과 관련된 이야기가 전해오며 주변에 학(鶴)자가 들어간 지명이 많다. 구학산에서 남쪽으로 3km 지점에 솟은 주론산은 동쪽 계곡인 조백석골이 마치 배 밑바닥 같이 생겼다 하여 붙여진 이름으로 주유산(舟遊山)이라고도 한다. 주론산 근처에 박달재휴양림과 천주교 배론성지가 있어 등산을 겸한 가족 나들이 코스로 인기가 있다.

■ 삼봉산은 백운산을 모산으로 하는 십자봉에서 뻗는 능선 위에 솟아 있는 산으로 백운산, 주론산, 천등산, 옥녀봉, 십자봉으로 이어지는 능선에 둘러싸여 있다. 예로부터 오지였고 울창한 숲은 원시림을 연상케 한다. 정상에서는 십자봉을 중심으로 삼봉산을 병풍처럼 둘러싼 산들과 박달재가 보이고 산기슭의 덕동계곡과 약수동 계곡은 여름철 관광지로 인기가 있다.

삼봉산–십자봉을 잇는 종주산행 코스는 겨울철에 좋다.

축제·볼거리

1. 제천국제음악영화제
매년 9월 초 ~ 중순 사이에 열리는 축제이다. 주 행사장은 제천 시내 곳곳이며, 약 일주일 정도의 기간 중 다양한 음악 공연, 영화 상영, 퍼포먼스 공연 등이 펼쳐진다.
문의)043-646-2242

문의
백운산자연휴양림 ☎ 033-766-1063
치악산자연휴양림 ☎ 033-762-8288
박달재자연휴양림 ☎ 043-652-0910

* 시각표는 2024년 11월 기준이며 변동될 수 있음.

118 백운산·구학산·주론산·삼봉산·시루봉 (십자봉·보름가리봉·벼락바위봉)

천등산·인등산·지등산·부산 119

충청도편

119 천등산 807m / 인등산 667m / 지등산 535m / 부산 780m

서울센트럴시티터미널, 동서울터미널에서 고속·시외버스 이용 또는 중부내륙선 KTX 이용 충주역에서 하차.
위치 : 충청북도 충주시 동량면·산척면

▲ 천등산 다릿재

▲ 동량역과 삼탄유원지

등산코스

천등산
1. 다릿재(천등사) 2.4km/1시간40분 — 천등산 3.2km/1시간30분 — 느릅재(서대)
2. 대월마을 4.0km/1시간30분 — 천등산 2.4km/1시간20분 — 다릿재(천등사)
3. 느릅재(서대) 3.2km/2시간 — 천등산 4.0km/1시간50분 — 대월마을

인등산
1. 대모천마을 3.7km/1시간40분 — 안부 1.4km/30분 — 인등산
2. 도덕마을 1.3km/35분 — 장재 2.2km/1시간 — 인등산

지등산
1. 동량교 2.7km/1시간 — 지등산

부산
1. 하천리 2.0km/1시간30분 — 부산 1.3km/50분 — 면위산 3.2km/1시간30분 — 국실마을
2. 하곡마을 2.0km/1시간30분 — 부산

단면도

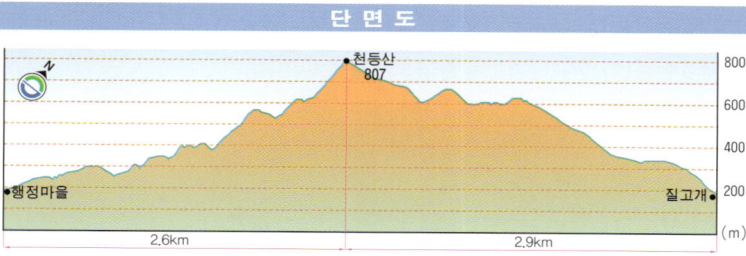

교통편

천등산
1. 117쪽 주론산 / 구학산 교통편 1번 참조
2. 백운평동종점정류장으로 도보 이동 → 방학 → 가정 → 신월 → 대월 순으로 운행하는 892번 시내버스 이용 – 소월리정류장 또는 대월정류장에서 하차
   * 892번 시내버스 (1일 3회, 08:10 / 12:40 / 16:00)
   * 소월리정류장에서 하차 시 천등사(다릿재)까지 약 2Km 도보 이동
3. 충주역에서 하차 후 모아미래도 앞 종점(차고지) 정류장까지 약 0.9km 도보 이동 / 충주공용버스서울터미널에서 하차 시 터미널 북쪽 건너편 터미널정류장까지 도보 이동
4. 종점(차고지)정류장 또는 터미널정류장에서 합천마을행 333번 시내버스 이용 – 소월리정류장 – 하차 후 천등사(다릿재)까지 도보 이동
   * 합천마을행 333번 시내버스 (1일 2회, 07:30 / 16:20)
   * 종점 출발 시간이며, 터미널정류장까지 15분 소요됨.
   * 충주행 고속·시외버스 수시 운행(동서울터미널, 06:00 ~ 21:00 / 서울센트럴시티터미널 09:00 ~ 20:05)
   * 경기 성남 판교역발 중부내륙선 충주역행 KTX (1일 4회, 08:29 / 12:25 / 16:03 / 19:45)

인등산
1. 상단 천등산 3번 참조
2. 종점(차고지)정류장 또는 터미널정류장에서 방대 종점행 332번·명돌 종점행 332번 버스 이용 – 도덕정류장에서 하차
   * 방대종점행 332번 시내버스 (1일 2회, 06:15 / 16:15)
   * 명돌 종점행 332번 시내버스 (1일 2회, 13:20 / 17:15)
   * 종점(차고지)정류장 출발 시간이며, 터미널정류장까지 약 15분 소요됨.
3. 종점(차고지)정류장 또는 터미널정류장에서 대모천 경유 하천리행 316번 시내버스 이용
   * 대모천 경유 하천리행 316번 시내버스 (1일 2회, 14:10 / 17:35)
   * 종점(차고지)정류장 출발 시간이며, 터미널정류장까지 약 15분 소요됨.
4. 충북선·중부내륙선 충주역에서 충북선 삼탄역으로 이동
   * 충주역발 삼탄역행 무궁화호 열차 (1일 5회, 08:35 / 09:41 / 10:28 / 13:55 / 19:29)

지등산
1. 상단 천등산 3번 참조
2. 종점(차고지)정류장 또는 터미널정류장에서 동량면행 또는 동량면 경유하는 310번, 312번, 315번, 316번 시내버스 이용 – 동량(면)정류장에서 하차 – 조동공원으로 도보 이동
   * 310번, 312번, 315번, 316번 시내버스 (1일 19회, 06:20 ~ 22:05)
   * 종점(차고지)정류장 출발 시간이며, 터미널정류장까지 약 15분 소요됨.

부산
1. 상단 천등산 3번 참조
2. 종점(차고지)정류장 또는 터미널정류장에서 하천리행 316번 시내버스 이용 – 하천리 경유 금잠 종점행 316번 시내버스 이용 – 하천정류장
   * 하천리 종점행 316번 버스 (1일 7회, 06:25 / 08:20 / 10:10 / 11:45 / 14:10 / 17:35 / 19:40)
   * 금잠 종점행 316번 버스 (1일 3회, 07:00 / 13:30 / 15:35)
   * 차고지정류장 출발 시간이며, 터미널정류장까지 약 15분.

■ 치악산에서 백운산으로 이어지는 산줄기가 계속 남쪽으로 뻗어 내려오면서 충주시와 제천시의 경계를 이루고 천등산, 인등산, 지등산을 차례로 일으키면서 충주호에 이른다. 이 세 산을 합해 삼등산이라고도 한다. 천등산과 인등산은 인접해있으면서도 도로가 두 산 사이에 있어 별도로 산행을 하게 된다. 이 일대 최고봉인 천등산은 전망이 뛰어나 주변의 산들과 충주호, 충주 시가지를 볼 수 있으며, 인등산은 산 북쪽의 삼탄역을 기점으로 오를 수 있어 철도 산행지로 인기가 있다.

■ 부산은 충주시 동량면, 충주호 동북쪽에 자리잡고 있으며, 그다지 높지 않은 산이다. 옥녀봉, 면위산, 며느리산 등 여러 이름으로 불렸으며 지금은 부산(婦山)으로 정착되었다.

축제·볼거리

1. 충주 다이브 페스티벌
매년 5월 말 충주종합우동장서 일원에서 4일 동안 열리는 관광 축제이다. 주요 행사로는 수상 레저 체험, 다양한 물놀이 기구 체험, 예술 공연, 불꽃놀이, 콘서트 등이 있다.

2. 천등산 고구마 축제
매년 9월 중순 산척면 천지인 문화센터 일원에서 열리는 축제이다. 주요 행사로는 농악 공연, 별도의 체험비를 내고 참여하는 체험 마당, 음악회 등이 있다.
문의) 043-850-8311~3(산척면행정복지센터)

문의
제천시청 ☎ 043-641-5114
충주시청 ☎ 043-120

* 시각표는 2024년 11월 기준이며 변동될 수 있음.

---

121 희양산 998m / 백화산 1064m

서울센트럴시티터미널 또는 동서울터미널에서 고속·시외버스로 문경에 내려 봉암사행 버스를 타거나, 괴산에서 연풍면행 시내버스를 이용한다.
위치 : 충청북도 괴산군 연풍면, 경상북도 문경시 문경읍·가은읍·마성면

▲ 봉암사와 희양산 전경

▲ 분지저수지에서 본 백화산 전경

등산코스

희양산
1. 은티마을 1.8km/35분 — 갈림길 1.1km/30분 — 지름티재 1.2km/1시간15분 — 희양산

백화산
1. 오서골마을 3.9km/1시간50분 — 952m봉 0.7km/30분 — 백화산

단면도

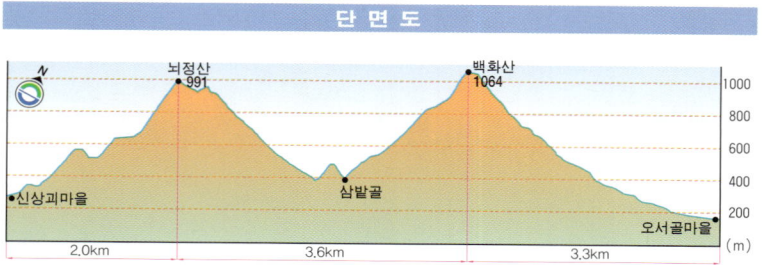

교통편

백화산 / 희양산 / 뇌정산
1. 112쪽 대야산 1번, 1-1번 참조
2. 점촌시외버스터미널 – 모전우체국정류장까지 도보 이동 – 가은행 또는 가은 경유 봉암사행 30번 ~ 34번 좌석버스 이용
   * 가은행 30번 ~ 34번 좌석버스 (평일 16회, 06:20 ~ 19:10 / 주말 14회, 06:20 ~ 18:25)
   * 가은 경유 봉암사행 32번 좌석버스 (1일 4회, 07:40 / 09:40 / 13:40 / 17:40)
   * 점촌시내버스터미널 출발 시간이며, 모전우체국정류장까지 약 5분 소요됨.
3. 가은아자개장터버스정류소 – 봉암사행 좌석버스 이용 – 봉암사종점정류장
   * 가은발 봉암사행 32번 좌석버스 (1일 6회, 07:20 / 08:30 / 10:30 / 14:35 / 18:30 / 19:10)
4. 동서울터미널 – 시외버스 이용 – 문경버스터미널 – 오서골마을까지 약 1.2km 도보 이동
   * 문경버스터미널행 시외버스 (1일 8회, 06:30 ~ 20:00)
4-1. 경기 판교역 – 중부내륙선 KTX – 문경역 – 오서골로 도보이동
   * 문경역발 KTX (1일 4회, 08:50 / 12:55 / 17:25 / 21:36)
4-2. 점촌시외버스터미널 – 모전우체국정류장까지 도보 이동 – 마성(면) 경유 문경(읍)행 20번 ~ 25번 좌석버스 이용 – 마원정류장 또는 종합온천장정류장에서 하차 후 오서골마을까지 도보 이동
   * 점촌시내버스터미널 출발 시간이며, 모전우체국정류장까지 약 5분 소요됨.

희양산
1. 동서울터미널 – 시외버스 이용 – 괴산시외버스터미널 – 아성교통(시내버스)터미널로 이동
2. 아성교통(시내버스)터미널 – 연풍(면) 경유 수안보(면)행 104번 시내버스 이용 – 연풍면정류장
2-1. 연풍경유 수옥정행 109번 버스 이용 – 연풍(면)정류장
3. 수안보발 고사리 → 연풍 → 은티 → 칠성 → 괴산행 아성교통 104번 시내버스 이용 – 은티마을정류장
   * 괴산행 시외버스 (1일 10회, 06:50 ~ 19:00)
   * 연풍 경유 수안보행 104번 버스 (1일 8회, 06:30 ~ 18:10)
   * 연풍 경유 수옥정행 109번 버스 (1일 6회, 06:15 / 19:20)
   * 은티 경유하는 수안보행 괴산행 아성교통 104번 시내버스 (1일 3회, 07:50 / 12:25 / 17:30)
   * 수안보정류장 출발 시간이며, 수안보 정류장에서 연풍 정류장까지 20분 소요되며, 수옥정정류장에서 연풍 정류장까지 약 5분 소요됨.

■ 충청북도 괴산군 연풍면과 문경시 가은읍의 경계에 희양산, 백화산, 뇌정산이 자리 잡고 있다. 희양산은 깎아지른 화강암벽과 암봉으로 이뤄져 거대한 성채와도 같이 험준하고 당당한 위용을 지녔다.

■ 산세가 험준하여 구한말 의병의 본거지가 되기도 했으며, 겨울이면 암릉으로 클라이머들이 몰려든다. 산 남쪽의 경관이 수려하지만, 봉암사에서 일반인 출입을 금지시켜 경관이 좋은 남쪽으로는 접근이 불가능하다. 이는 봉암사 스님들이 수도 도량인 절 주변이 관광지화 되어 황폐되는 것을 막기 위함이다. 이 일대는 초파일 하루만 일반인들에게 개방된다.

■ 희양산 동쪽에 백화산이, 남쪽에는 뇌정산이 솟아있다. 백화산은 겨울철 눈 덮인 봉우리가 흰 천에 씌운 듯 해서 백화산으로 불린다.

■ 백화산과 뇌정산은 표고가 높고 산세가 험하며, 인적이 드물고 이정표나 등산로 정비가 잘 된 편이 아니라서 산에 오르기 전에 철저한 준비가 필요하다. 그리고 백화산은 황학산과 이어져 있는데, 조봉까지 산줄기가 이어진다. 정상에서는 희양산, 이화령 등으로 이어진 주변의 산들과 문경 시내가 한눈에 들어온다.

축제·볼거리

문경 찻사발 축제
1999년 처음 시작되었으며 매년 4월 말·5월 초 동안 문경새재 오픈 세트장 일원에서 열린다. 다기 전시회와 찻 사발 만들기 체험 행사를 개최하며, 그 외에도 다양한 공예품 전시와 체험 행사, 공연, 특산물 판매 등을 한다.
문의) 054-571-7677(문경관광진흥공단)

문의
괴산군청 ☎ 043-830-3114
문경시청 ☎ 054-552-3210

* 시각표는 2024년 11월 기준이며 변동될 수 있음.

희양산·백화산 (뇌정산·구왕봉·옥녀봉) 121

122 주흘산·조령산·신선봉·마패봉·포암산 (부봉·탄항산)

충청도편

122 주흘산 1106m 조령산 1025m 신선봉 967m 마패봉 927m

서울고속터미널속(경부선) 또는 동서울터미널에서 고속·시외버스 이용하여 문경, 점촌에서 새재행, 충주에서 미륵리행 시내버스 이용.

위치 : 충청북도 괴산군 연풍면, 충주시 수안보면 경상북도 문경시 문경읍

▲ 주흘산 전경

▲ 조령산 북릉/부봉

등산코스

조령산
1. 이화령 3.2km/1시간40분 → 조령산 1.0km/30분 → 신풍마을갈림길 3.5km/1시간20분 → 신풍마을
2. 새터마을 3.6km/1시간30분 → 선바위 2.3km/1시간30분 → 신선암봉 1.6km/1시간 → 조령산
3. 영남제3관문 0.9km/30분 → 깃대봉 3.5km/1시간50분 → 신선암봉 1.6km/1시간 → 조령산

주흘산
1. 영남제1관문 1.8km/40분 → 혜국사 2.1km/1시간20분 → 주흘산(주봉)
2. 영남제2관문 3.0km/1시간30분 → 갈림길 1.5km/1시간 → 주흘산(영봉)

신선봉/마패봉
1. 지릅재 2.2km/1시간 → 마패봉 1.5km/1시간 → 신선봉
2. 자연휴양림 1.7km/1시간20분 → 신선봉

단면도

이화령 — 조령산 1025 — 영남제3관문 — 마패봉(마역봉) 927 — 뫼악동마을
2.2km — 5.3km — 1.8km

교통편

주흘산
1. 하단 운달산 1번 참조
2. 점촌시외버스터미널 - 홈플러스 건너편 홈플러스정류장으로 이동 - 문경(읍) 경유 문경새재행 21번 좌석버스 이용 - 문경새재도립공원정류장
   * 점촌발 문경새재행 21번 좌석버스평일 1일 10회(06:30~15:20) 주말·공휴일 1일 9회 평일 06:30분만 미운행)
3. 점촌시외버스터미널 - 홈플러스 건너편 홈플러스정류장으로 이동 - 문경(읍) 경유하는 20번~25번 좌석버스 이용 - 문경버스터미널 - 문경새재행 일반버스, 좌석버스 이용
   * 점촌발 문경(읍) 경유하는 20번~25번 좌석버스 평일 25회(06:30~20:40) 주말 24회(07:00~20:40)
   * 점촌시내버스터미널 출발 시간으로, 홈플러스정류장까지 약 5분 소요됨.
4. 동서울터미널 - 시외버스 이용 - 문경버스터미널 - 새재행 시내·좌석버스 이용
   * 문경버스터미널행 시외버스 (1일 8회, 06:30~20:00)
   * 문경버스터미널발 문경새재행 10-3번 일반버스, 11번·21번 좌석버스 1일 17회(07:20~19:00)
4-1. 경기 판교역 - 중부내륙선 KTX - 문경역 - 문경새재 21-2번 버스 이용
   * 21-2번 버스 1일 12회(05:50~19:15)

조령산
1. 상단 주흘산 3번, 4번 참조
2. 문경버스터미널 - 각서리행 10-2번 좌석버스 이용 - 각서 2리(종점)정류장에서 이화령까지 약 2.5Km도보 이동
   * 각서리행 10-2번 좌석버스 (1일 3회, 09:00/13:30/16:00)

신선봉 / 마패봉 / 포함산
1. 113쪽 월악산 1번, 1-1번 참조
2. 충주역 건너편 충주역정류장 또는 터미널 남쪽 건너편 하이마트앞정류장 - 미륵리 종점행 또는 미륵리 경유 한수면행(송계리행) 246번 시내버스 이용 - 미륵 정류장에서 하차
   * 미륵리 종점행 246번 시내버스 (1일 4회, 06:00/09:55/14:30/17:30)
   * 06:00 첫차는 모아미래도 앞 종점(차고지)정류장에서 승차해야함.
   * 모아미래도 앞 종점(차고지)정류장까지 충주역에서 약 0.9Km 도보 이동, 터미널에서 약 1.6Km 도보 이동
   * 미륵리 경유 한수면행 246번 버스 (1일 4회, 07:15/08:15/13:20/16:10)
   * 지릅재에서 등산 시 미륵정류장에서 약 2Km 도보 이동
   * 마패봉코스정류장은 한수면, 미륵리에서 충주 시내로 회차 시 정차.

■ 행정상 위치로 보면 신선봉은 충청북도 충주시와 괴산군의 경계를 이루고, 조령산은 충청북도 괴산군과 경상북도 문경시의 경계를 이루고 있지만, 위치상 가까우며 능선을 이루고 있다. 신선봉과 조령산은 고도가 높고 산림이 울창하며 산세가 아름답다.

■ 신선봉에는 신라가 북진을 위해 개척한 하늘재가 있고, 특히 조령산에는 영남 선비들이 과거를 위해 지나던 문경새재가 있다. 이 능선 서쪽에는 수안보온천이 있어 산행 후에 온천을 즐길 수 있다.

■ 조령 남동쪽의 주흘산은 문경새재와 함께 널리 알려진 산으로 산세를 보면 산의 서쪽은 지형이 복잡하고, 동쪽과 남쪽은 마치 장막을 드리운 것처럼 급사면을 이루고 있어 산세가 비교적 험준하나 산행은 의외로 수월한 편이다.

■ 산기슭에는 혜국사(惠國寺)가 있고, 주흘산과 조령산 가운데에 난 계곡을 따라서는 문경관문(聞慶關門)이 세워져 있다. 산 정상에 오르면 조령산을 비롯한 주변의 산들과 남으로는 백화산이 보이고 운달산 멀리 소백산까지 조망된다.

축제·볼거리

문경 산악 체전
매년 10월 중순 문경새재도립공원 일원에서 열리는 축제이다. 축제 주요 행사로는 문경새재 등산 대회, 웰빙 산행 등 등산 및 힐링 체험 중심으로 진행된다.
문의)054-556-8848
(대한산악연맹 문경시연맹)

문의
충주시청 ☎ 043-120
괴산군청 ☎ 043-830-3114
문경시청 ☎ 054-552-3210
문경새재관리사무소 ☎ 054-550-8363

* 시각표는 2024년 11월 기준이며 변동될 수 있음.

---

124 운달산 1097m 천주산 839m

서울고속터미널속(경부선) 또는 동서울터미널에서 고속·시외버스로 문경에서 내려 김룡사나 동로면행 좌석버스 이용.

위치 : 경상북도 문경시 문경읍·산북면·동로면

▲ 운달산 성주봉 전경

▲ 천주봉에서 본 경천호/국사봉

등산코스

운달산
1. 김룡사입구 1.4km/35분 → 화장암 2.9km/1시간40분 → 운달산
2. 김룡사입구 1.4km/35분 → 화장암 2.5km/1시간 → 장구목 1.3km/1시간 → 운달산

천주산
1. 천주사입구 2.1km/1시간20분 → 천주산

단면도

용연 — 운달산 1097 — 운달계곡 — 갓산 697 — 전두리
2.9km — 3.2km — 1.2km

교통편

운달산
1. 동서울터미널 또는 서울고속버스터미널(경부선) - 고속·시외버스 이용 - 점촌시외버스터미널
   * 점촌시외버스터미널행 고속·시외버스 수시 운행(동서울 06:00~21:00 / 서울고속버스터미널(경부선) 06:50~20:20)
2. 점촌시외버스터미널 - 모전교정류장으로 이동 - 점촌시내버스터미널행 시내버스 이용 - 시내버스터미널에서 김룡사행 60번 좌석버스 이용
   * 김룡사행 60번 좌석버스 (1일 7회)(06:50 / 08:30 / 10:30 / 12:50 / 15:10 / 17:10 / 18:40)
   * 15:10분 버스는 주말·공휴일 미운행
3. 상단 주흘산 3번, 4번 참조
4. 문경버스터미널 - 갈평리 방면으로 운행하는 10-6번, 22번~25번 좌석버스 이용
   * 10-6번, 22번~25번 좌석버스 1일 14회(06:40~19:35)
   * 당포1리정류장은 24번 좌석버스만 1일 2회(12:10 / 15:30)
   * 당포정류장에서 하차 후 당포1리 마을회관으로 약 1km 도보 이동

천주산
1. 상단 운달산 1번 참조
2. 점촌시외버스터미널 - 모전교정류장으로 이동 - 점촌시내버스터미널행 시내버스 이용 - 시내버스터미널에서 산북면 경유 동북면행 60번, 62번 좌석버스 이용 - 천주정류장 또는 간송정류장에서 하차
   * 동로면행 60번~62번 좌석버스 (1일 10회, 06:00 / 07:00 / 08:10 / 09:50 / 11:10 / 12:25 / 13:40 / 14:40 / 16:00 / 18:00)
   * 09:50분 버스는 주말(공휴일) 미운행

■ 경상북도 문경시 문경읍 동쪽에 우뚝 솟은 운달산은 대미산과 주흘산에 이어 문경에서 세 번째로 높은 산이다. 산세가 부드러우면서 둔중한 육산으로 별다른 특징은 없으나 산 전체에 수림이 울창하여 자못 고산다운 의젓함을 지닌 산이다. 지리상으로는 문경읍에서 멀지 않으나 산행 들머리가 산의 동쪽인 김룡사 쪽이다.

■ 산기슭에 천년 고찰인 김룡사가 있어 사찰 순례를 겸한 산행지로 인기가 높다. 정상 높이가 1000m가 넘는 고봉으로 시원하고 탁 트인 전망이 일품이며 문경 시내가 한눈에 들어온다.

■ 운달산 동쪽에는 천주산 능선이 펼쳐져 있다. 천주산은 하늘 높이 우뚝 솟은 기둥과 같은 산세가 하늘을 받치고 있는 기둥처럼 보인다 하여 천주산이란 이름을 얻었다. 옛날에는 천주봉으로 불리기도 했으며, 멀리서 보면 산세가 봉어가 입을 벌리고 있는 모습이라 봉어산으로도 불린다.

■ 정상은 839m로 높지 않지만, 이름처럼 가파른 절벽이 많아 등반 시 주의해야 한다. 정상에서는 운달산, 대미산, 문수봉 등 웅장한 백두대간 줄기가 보이며 남쪽의 경천호가 내려다 보인다.

축제·볼거리

1. 동로장(3, 8일)
경북 문경시 동로면 적성리 일원에서 열리는 장으로 조선 시대에는 벌재장으로 유명했다. 생필품과 농산물이 거래되며, 이 지역 특산물인 산나물이 많이 출하된다.

2. 김룡사(金龍寺)
운달산 동남쪽 계곡에 자리한 김룡사는 신라진평왕 10년(588년) 운달조사가 창건한 절로 처음에는 운봉사라 하였는데 조선 시대 중기에 중창하면서 김룡사로 개칭하였다 한다. 한때는 전국 31본산의 하나로 50개의 말사를 거느린 거찰이었으나 현재는 직지사의 말사이다. 절 주위에 대성암, 화장암, 양진암, 금선대 등의 암자를 거느리고 있으며 현존하는 건물로는 대웅전을 비롯 48동의 대소 전각이 들어서 있다.

문의
문경시청 ☎ 054-552-3210
문경새재관리사무소 ☎ 054-550-8363

* 시각표는 2024년 11월 기준이며 변동될 수 있음.

124 운달산·천주산 (공덕산·단산·배너미산)

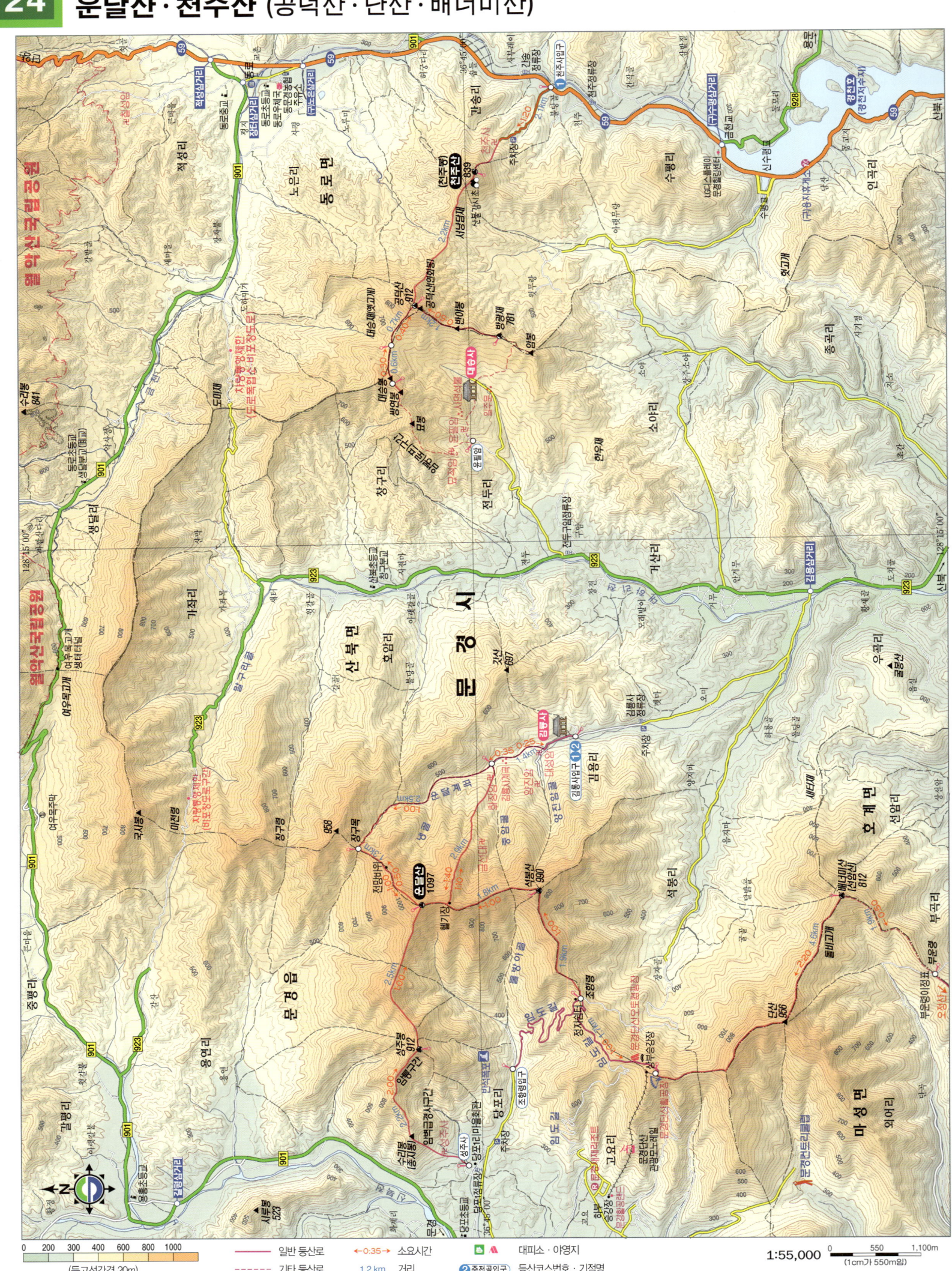

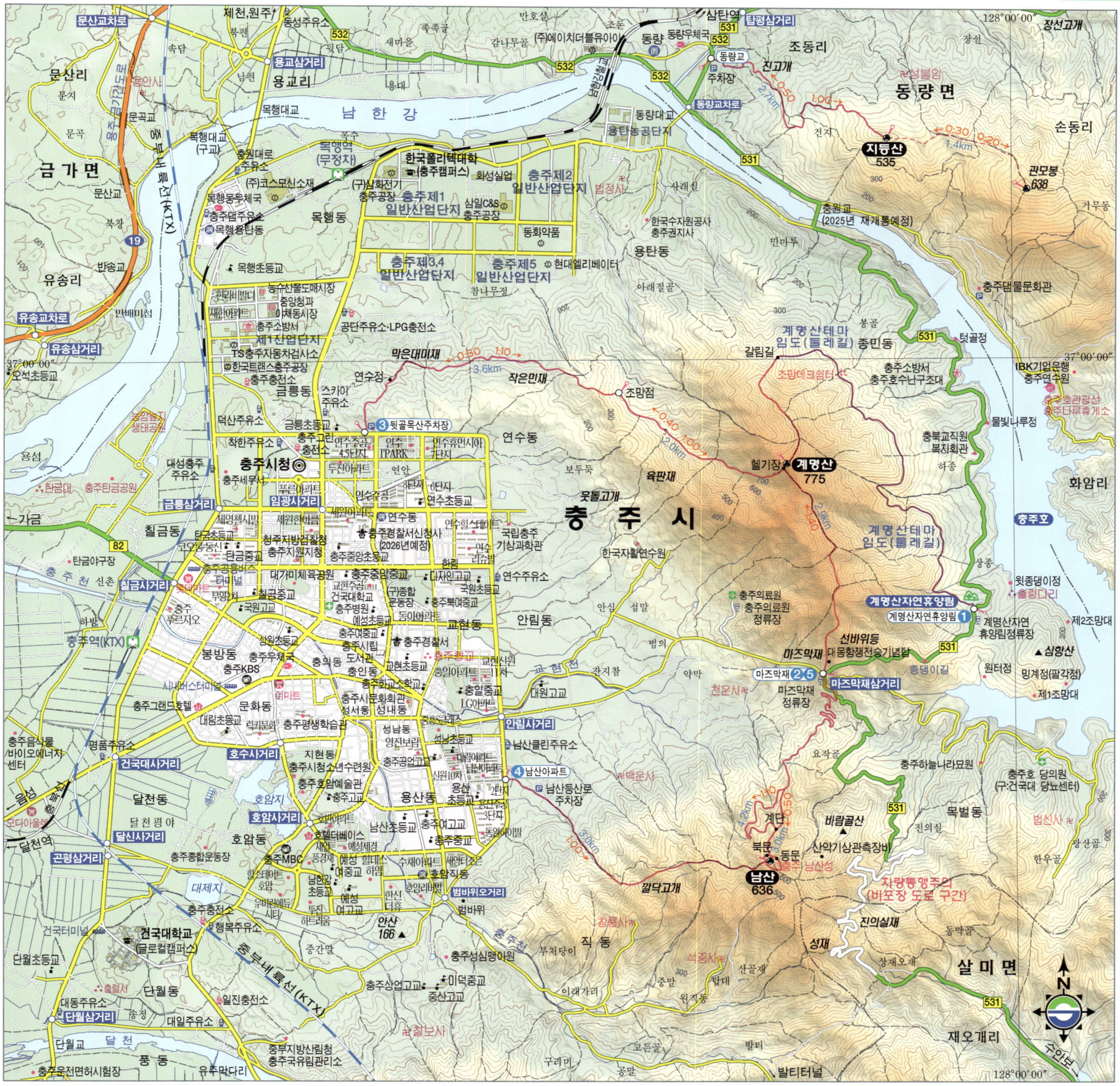

0 100 200 300 400 500 600 700
(등고선간격 20m)

일반 등산로 / 기타 등산로 / ←0:35→ 소요시간 / 1.2 km 거리 / 대피소 · 야영지 / ②주전골입구 등산코스번호 · 기점명

1:50,000 0 500 1,000m (1cm가 500m임)

125 계명산 775m 남산 636m

동서울터미널·서울센트럴시티터미널(호남선)에소 충주행 고속·시외버스 이용, 또는 충주행 중부내륙선 KTX 이용

위치 : 충청북도 충주시

등산코스

계명산

①계명산자연휴양림	계명산테마임도	계명산
②마즈막재	2.9km/1시간40분	계명산
③뒤골목산주차장	5.6km/2시간10분	계명산

남산

④남산아파트	3.0km/1시간	남산
⑤마즈막재	3.0km/50분	남산

▲계명산 전망대에서 본 충주호

단면도

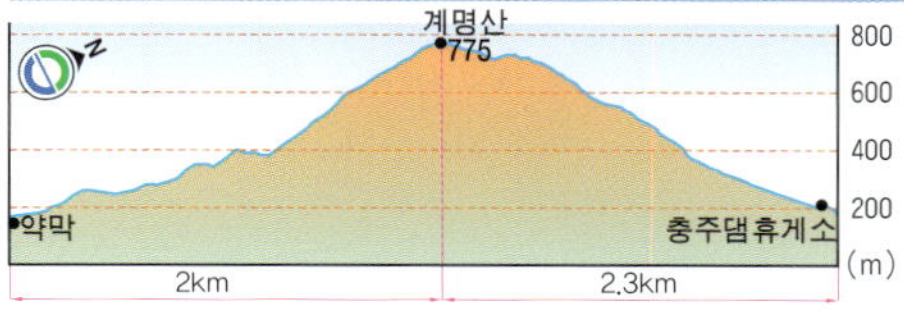

교통편

계명산 / 남산

1. 113쪽 월악산 1번, 1–1번 참조
2. 충주역정류장 또는 터미널정류장에서 시계 방향 777번 시내순환버스 또는 반시계 방향 888번 시내순환버스 이용 – 두진아파트, 남산아파트에서 하차
   * 777번 시내순환버스 수시 운행(06:30 ~ 22:24), 888번 순환버스 수시 운행(06:40 ~ 22:50)
3. 터미널 동쪽 건너편 버스터미널정류장(기점)에서 충주의료원행 119번 시내버스 이용 – 충주의료원(종점)정류장에서 하차 후 마즈막재까지 약 1.5Km 도보 이동
   * 충주의료원행 119번 시내버스 평일 1일 11회(08:10 / 09:10 / 10:00 / 10:20 / 10:50 / 11:15 / 13:20 / 13:45 / 14:10 / 15:00 / 15:55)
   * 주말·공휴일 1일 4회 (상단 적색 운행 시간)
   * 충주역에서 하차 시 충주역 건너편 충주역정류장에서 777번 시내순환버스 이용 – 버스터미널(기점)에서 하차 – 충주의료원행 119번 시내버스 이용
4. 터미널 동쪽 건너편 버스터미널정류장(기점)에서 종민동행 119번 시내버스 이용 – 마즈막재 또는 휴양림정류장에서 하차
   * 종민동행 119번 시내버스 (1일 3회, 08:55 / 14:35 / 17:10)
   * 08:55분 버스는 터미널 남쪽 건너편 하이마트앞정류장에서 승차해야함.

■계명산은 충주시 안림동에 자리 잡고 있으며 동으로는 충주호를 끼고 있다. 마즈막재를 사이에 두고 마주보고 있는 남산과 함께 충주시를 병풍처럼 감싸고 있다. 산세가 아름답고 정상의 경관도 절경이다. 북쪽으로는 지등산, 인등산, 천등산, 시랑산이 동쪽으로는 충주호 너머 부대산까지 보인다. 예전에는 심항산 또는 오동산으로 불렸는데 닭으로 지네를 쫓았다 하여 계족산으로도 불렸고, 1958년 충주시에서 이름을 계명산으로 고쳤다. 표고가 높지 않아 산행 코스로 좋다.

문의
충주시청 ☎ 043–120

* 시각표는 2024년 11월 기준이며 변동될 수 있음.

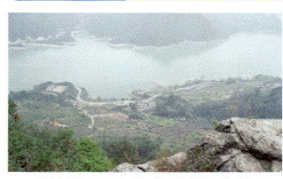

126 박달산·성불산

126 박달산 825m / 성불산 532m

동서울종합터미널에서 시외버스로 괴산에서 내려 감물면 또는 칠성면 경유 장연·광석·장암행 농어촌 버스를 이용한다.

위치: 충청북도 괴산군 감물면, 장연면

등산코스

박달산
① 느릅재 1.9km/1시간20분 745m봉 1.6km/40분 박달산 3.2km/1시간20분 매전리양산목마을

성불산
① 기곡마을 1.9km/1시간30분 성불산

▲ 박달산 전경

교통편

박달산 / 성불산
1. 동서울터미널 → 시외버스 이용 → 괴산시외버스터미널
   * 괴산행 시외버스 (1일 10회, 06:50~19:00)
2. 괴산시외버스터미널에서 아성교통(시내버스터미널)로 이동 → 감물면 → 간곡리 → 장연면 → 칠성면 → 아성교통터미널 시계방향으로 운행하는 107-1번 시내버스 이용
   * 107-1번 시내버스(1일 4회, 06:10 / 07:50 / 10:50 / 17:20)
   * 107-2번 버스는 107-1번 버스 역순(반시계 방향)으로 운행
   * 107-2번 시내버스 (1일 4회, 09:20 / 13:10 / 14:40 / 18:50)
3. 아성교통(시내버스)터미널 → 매전(리)행 105번, 181번 시내버스 이용 → 도전정류장
   * 매전(리)행 105번, 181번 시내버스 (1일 3회, 06:10 / 12:50 / 18:50) * 18:50분 버스 기곡정류장 경유함
4. 아성교통(시내버스)터미널 → 감물면 경유 불정면(목도리)행 105번, 106-1번 시내버스 이용 → 기곡정류장
   * 105번, 106-1번 시내버스(1일 14회, 06:10 ~ 19:40)
   * 06:10 / 09:20 / 14:30 / 18:30분에 운행하는 105번 시내버스 이용시 박달정류장에서 하차 후 느릅재까지 약 3Km 도보 이동

충북 괴산읍에서 충주로 이어지는 19번 국도의 느릅재 오른쪽에 위치한 박달산은 월악산과 같은 명산의 그늘에 가려 잘 알려지지 않았다. 그러나, 능선 군데군데 바위가 섞인 암릉길과 능선에서의 전망이 일품이며, 거리가 짧아 산의 들머리가 되는 느릅재에서 2시간 정도면 정상에 오를 수 있다. 박달산 서쪽에는 굽이쳐 흐르는 달천을 낀 성불산이 있다. 산 정상에 불상이 있었다 하여 성불산이라 불리며, 능선 전체에 소나무가 자라고 있어 사철 푸른 산이다. 정상 전망은 탁 트여 멀리 월악산 줄기, 속리산국립공원의 산들을 볼 수 있다.

문 의
괴산군청 ☎ 043-830-3114

* 시각표는 2024년 11월 기준이며 변동될 수 있음.

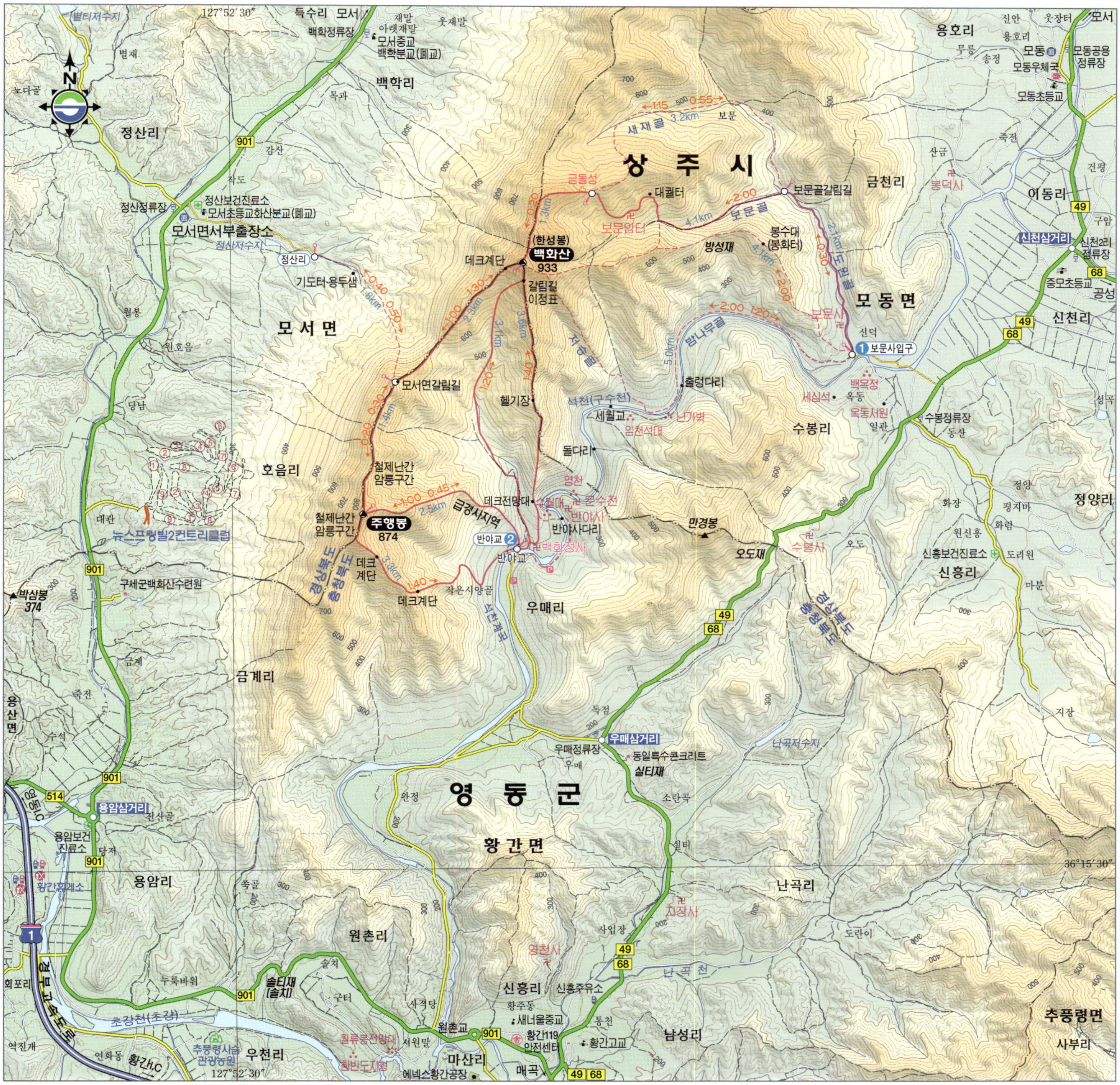

0 200 300 400 600 800
(등고선간격 20m)

일반 등산로 · 기타 등산로 · ←0:35→ 소요시간 · 1.2 km 거리 · 대피소 · 야영지 · ②주전골입구 등산코스번호 · 기점명

1:50,000 0 500 1,000m (1cm가 500m임)

127 백화산 933m 주행봉 874m

동서울종합터미널에서 시외버스 이용하여 상주에서 하차 후 보현사행 시내버스 이용

위치 : 경상북도 상주시 모동면·모서면
충청북도 영동군 황간면

등 산 코 스

백화산/주행봉

① 보현사입구 2.1km/30분 보문골갈림길 4.1km/2시간 금돌성 1.3km/20분 백화산 3.7km/1시간20분 주행봉 3.3km/1시간40분 반야교

② 반야교 2.5km/1시간 주행봉 3.7km/2시간 백화산

▲백화산 정상 표석

단 면 도

교 통 편

백화산

1. 동서울터미널 – 시외버스 이용 – 상주종합버스터미널
   * (1일 19회, 06:00 ~ 21:00)
2. 상주종합버스터미널 – 모동면 경유 상판리·반계리(반진계)행 710번, 712번 시내버스 이용– 신천2리정류장에서 하차 후 보문사까지 약 3Km 도보 이동
   * 710번 시내버스 (1일 2회, 07:10 / 09:10)
   * 712번 시내버스 (1일 3회, 10:40 / 14:40 / 17:00)
3. 상주종합버스터미널 – 모동면 경유 영동군 황간면행 751번 시내버스 이용 – 수봉정류장 또는 우매정류장에서 하차
   * 황간면행 751번 시내버스 (1일 2회, 06:10 / 15:15)

■충청북도 영동군 황간면과 상주군 모서면, 모동면의 경계에 솟아 있는 백화산은 한성봉으로도 불린다. 주 능선이 남북으로 길게 뻗어 있고 산줄기의 북쪽과 서쪽은 산세가 가파르고 험준한 반면 동쪽은 대체적으로 완만한 산세를 이루고 있다. 전체적으로는 바위와 잡목 숲이 한데 어울려 아기자기한 산세를 이루고 있다. 정상 북쪽으로는 한성봉이라는 별칭에 걸맞게 산성이 길게 이어져 있고, 산 남동쪽 아래로는 경관이 수려한 석천계곡이 굽이쳐 흐르며 일대에는 반야사, 옥동서원, 백옥정 등의 볼거리가 산재해 있다.

문 의

영동군청 ☎ 043-740-3114
상주시청 ☎ 054-537-6114

* 시각표는 2024년 11월 기준이며 변동될 수 있음.

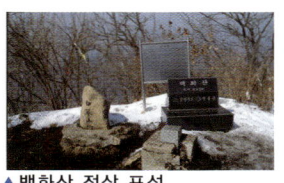

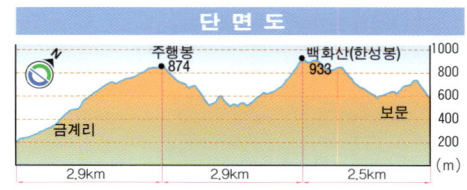

128 민주지산·삼도봉·각호산·석기봉·박석산

128 민주지산 1242m · 삼도봉 1176m · 석기봉 1202m · 각호산 1202m

서울남부터미널, 서울역에서 열차나 시외버스로 영동, 설천, 무주에서 내려 군내버스로 물한리, 조동리, 대불리 등지에서 하차한다.
위치: 충청북도 영동군 상촌면·용화면, 전북특별자치도 무주군 설천면, 경상북도 김천시 부항면

등산코스

민주지산/석기봉/각호산
① 민주지산자연휴양림 — 5.0km/1시간50분 — 민주지산 — 2.4km/1시간20분 — 쪽새골삼림길 — 1.8km/30분 — 물한계곡
② 물한계곡 — 1.8km/40분 — 쪽새골삼림길 — 2.4km/1시간40분 — 민주지산 — 3.1km/1시간30분 — 석기봉 — 1.3km/40분 — 삼도봉

삼도봉/박석산
① 해인산장앞 — 2.5km/1시간30분 — 삼마골재 — 1.0km/30분 — 삼도봉 — 4.0km/1시간25분 — 박석산

▲ 민주지산 정상

교통편

민주지산
1. 서울역 — ITX-새마을 또는 무궁화호 열차 이용 — 영동역
   * 영동역행 열차 시간 (1월 18회, 05:54 ~ 20:18)
2. 영동역 건너편 버스정류장 — 조동리행 143번 ~ 145번 시내버스 이용 — 조동정류장에서 하차 후 휴양림까지 도보 이동
   * 조동리행 143번 ~ 145번 시내버스 (1일 4회, 06:10/10:20/13:40/17:20)
3. 영동역 건너편 버스정류장 — 물한계곡행 640번 ~ 642번 시내버스 이용 — 물한2리(종점)정류장
   * 물한계곡행 640번 ~ 642번 시내버스 (1일 5회, 06:30/07:30/12:20/14:40/17:50)
4. 서울남부터미널 — 시외버스 이용 — 무주공용버스터미널 — 설천면 미천리행 농어촌버스 이용 — 미천리회관정류장
   * 무주행 시외버스 (1일 5회, 07:40/09:20/10:40/14:35/18:00)
   * 07:40분 시외버스는 설천버스정류소 경유함.
   * 무주터미널발 미천리행 농어촌버스 (1일 3회, 06:05/10:20/13:40)
   * 설천(면)발 미천리행 농어촌버스 (1일 3회, 06:25/10:40/14:00)

문의
영동군청 ☎ 043-740-3114
무주군청 ☎ 063-320-2114
민주지산자연휴양림 ☎ 043-740-3437

영동군과 무주군 사이에 각호산-민주지산-석기봉-삼도봉 능선이 펼쳐져 있다. 민주지산 정상은 민둥산이고 석기봉은 이름처럼 바위봉이며 정상 아래에 삼두마애불상이 있다. 삼도봉은 충청·전라·경상도를 가르는 정점이다. 뿔 달린 호랑이가 살았다는 전설이 전하는 각호산은 산으로 둘러싸인 오지로 조용하고 호젓하며, 정상의 M자 모양의 암봉은 몹시 가파르다. 정상에서는 민주지산-석기봉-삼도봉 산맥이 한눈에 들어오며, 물한계곡은 폭포와 담소, 울창한 숲이 어우러진 비경이다.

* 시각표는 2024년 11월 기준이며 변동될 수 있음.

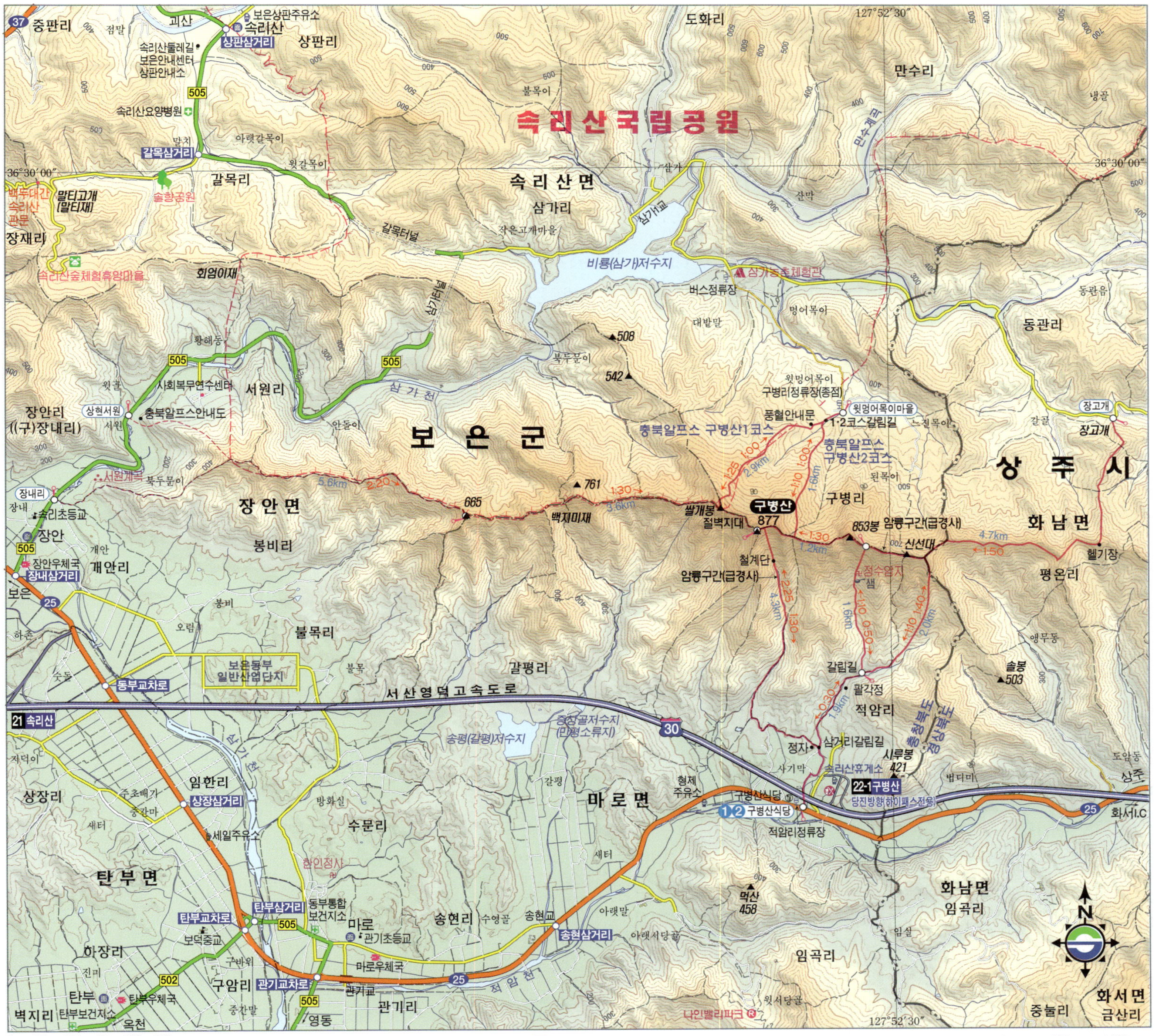

0	200	300	400	600	800

(등고선간격 20m)

일반 등산로 · 기타 등산로 · ←0:35→ 소요시간 · 1.2 km 거리 · 대피소 · 야영지 · ② 주전골입구 등산코스번호 · 기점명

1:50,000 0 500 1,000m (1cm가 500m임)

129 구병산 877m

동서울터미널, 서울남부터미널, 서울센트럴시티터미널 등에서 보은행 고속·시외버스 이용

위치 : 충청북도 보은군 마로면·속리산면, 경상북도 상주시 화남면

등 산 코 스

구병산

① 구병산식당(구:적암휴게소) — 1.9km/30분 — 갈림길 — 1.6km/1시간10분 — 853m봉 — 1.2km/1시간30분 — 구병산

② 구병산식당(구:적암휴게소) — 4.3km/2시간25분 — 구병산

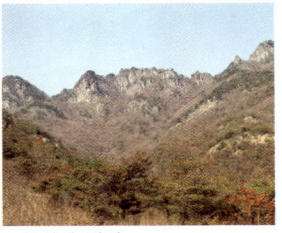

▲구병산 전경

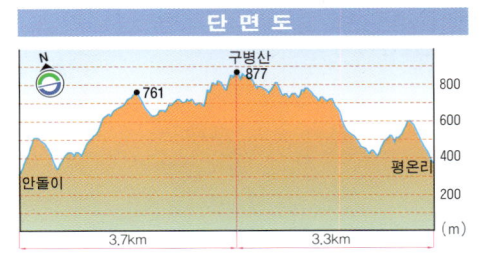

단 면 도

교 통 편

구병산

1. 동서울터미널
(1일 7회, 07:30(창리 경유) / 07:30 (창리 미경유) / 09:30 / 10:10 / 11:50(창리 경유) / 11:50(창리 미경유) / 14:30)
서울남부터미널
(1일 4회, 14:00 / 16:20 / 18:20 / 20:00)
서울센트럴시티터미널(호남선)
(1일 3회, 07:05 / 10:30 / 17:30)
– 고속·시외버스 이용 – 보은시외버스공용정류장
2. 보은시외버스공용정류장 – 구병리행 또는 구병리 경유하는 530번 ~ 532번, 540번 시내버스 이용 – 구병리정류장
* 530번 ~ 532번, 540번 시내버스
(1일 7회, 06:30 / 08:00 / 08:30 / 12:00 / 12:10 / 15:30 / 17:25)
* 06:30, 08:30, 12:00, 15:30분 버스는 일요일·공휴일 미운행
3. 보은시외버스공용정류장 – 적암리행 또는 적암리 경유하는 210번, 211번, 212번, 214번, 215번, 216번 시내버스 이용 – 적암정류장
* 적암행 또는 적암 경유 시내버스 (1일 12회, 06:35~ 18:55)
* 06:35, 06:55분 버스는 일요일·공휴일 미운행

■충북 제일의 명산인 속리산 남쪽 산자락에 솟은 구병산은 마치 속리산의 외곽을 지키듯 아홉 개의 바위 봉이 병풍처럼 솟아 예로부터 구봉산으로 불렸다. 행정상으로는 보은군 속리산면과 장안면, 미로면의 경계를 이루며 산의 동쪽은 경상북도 상주시에 속해 있다. 동서로 달리는 주능선의 북쪽 지역만 속리산국립공원에 속해 있는데 산행은 교통이 편리한 남쪽 지역에서 주로 이뤄지고 있다. 암릉 곳곳에 깎아지른 절벽지대가 있으므로 주의하여 산행을 해야 한다.

축 제 · 볼 거 리

오장환 문학제

보은 출생으로 1930~50년대에 활약했던 시인 오장환을 기념하는 문학제로 매년 10월 중순 회인면 중앙리 오장환문학관에서 열린다.

문의) 043-540-3373(보은군 문화관광과)

문 의

보은군청 ☎ 043-540-3000~4000

* 시각표는 2024년 11월 기준이며 변동될 수 있음.

130 연화봉 (용산봉)

소백산·국망봉·신선봉 131

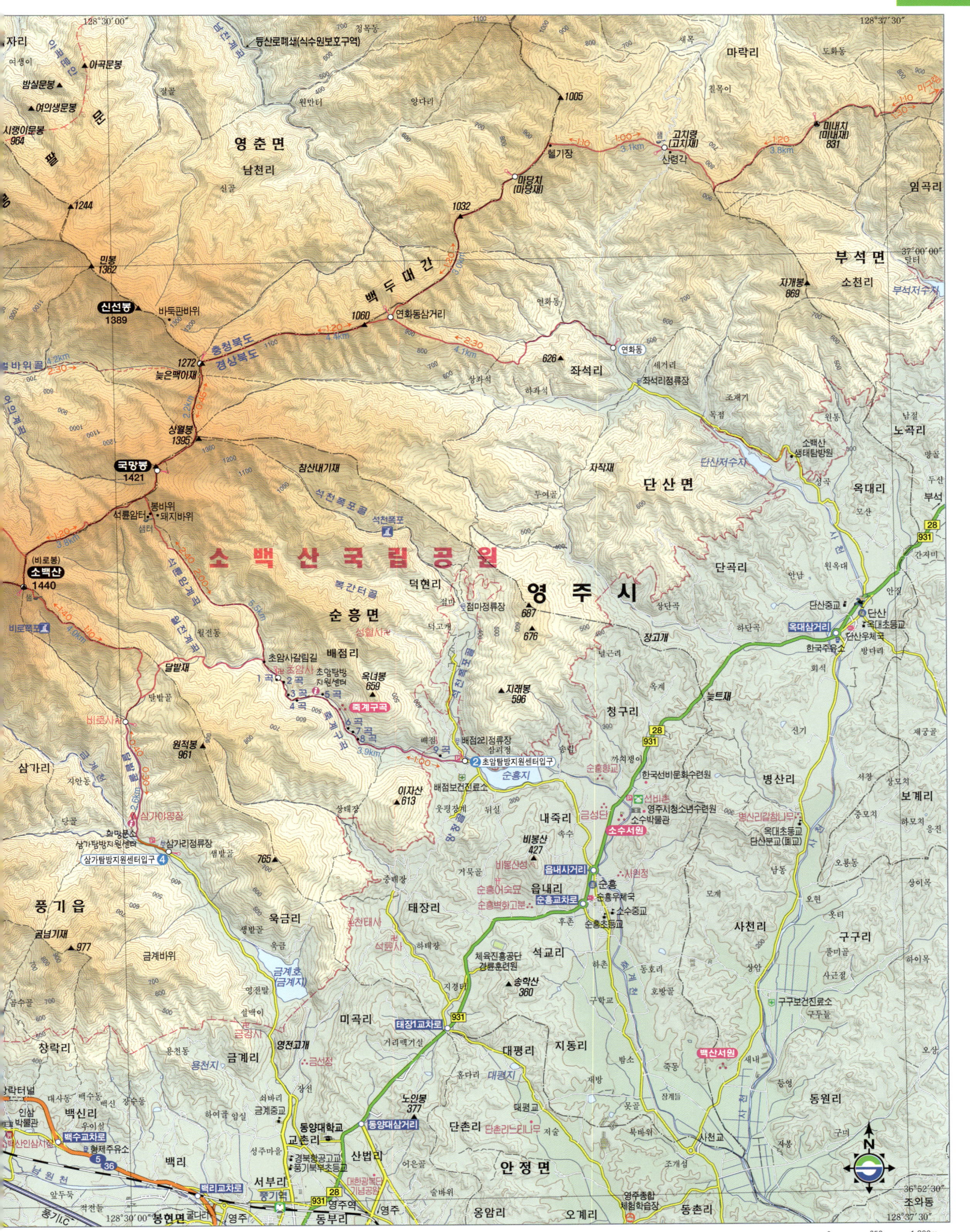

충청도편

130 소백산 1440m

서울에서 열차나 고속·시외버스로 단양, 풍기, 영주에서 내려 시내버스로 갈아타고 천동리, 희방사, 배점리 등지에서 하차한다.

위치 : 충청북도 단양군 단양읍·가곡면, 경상북도 영주시 풍기읍·순흥면

▲ 소백산 비로봉

▲ 연화봉 천문대

등산코스

소백산
1. 희방사입구 2.4km/50분 희방사 2.8km/1시간30분 연화봉 1.9km/40분 제1연화봉 3.1km/1시간10분 소백산
2. 초암공원지킴터입구 3.9km/1시간 초암사 5.5km/2시간40분 소백산
3. 천동관광지 2.9km/50분 천동탐방지원센터 6.5km/2시간 소백산
4. 삼가탐방지원센터입구 2.6km/40분 비로사 4.0km/1시간40분 소백산
5. 어의곡탐방지원센터입구 5.9km/2시간 소백산
6. 죽령 7.5km/2시간30분 연화봉 1.9km/40분 제1연화봉 3.1km/1시간10분 소백산

단면도

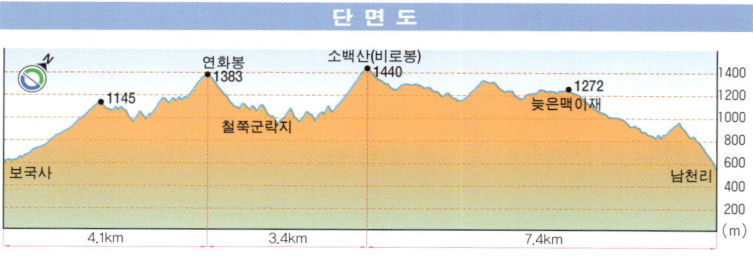

보국사 — 1145 — 연화봉 1383 (철쭉군락지) — 소백산(비로봉) 1440 — 1272 — 늦은맥이재 — 남천리
4.1km / 3.4km / 7.4km

교통편

소백산
1. 동서울터미널 – 시외버스 이용 – 단양시외버스터미널 – 다누리센터앞정류장으로 이동
   * 단양행 시외버스 (1일 9회, 07:00 ~ 18:00)
2. 서울역, 청량리역 – 중앙선 KTX 이용 – 단양역 – 단양 시내행 시내버스 이용 – 다누리센터앞정류장으로 이동
   * 단양행 KTX (서울역: 1일 3회, 09:01 / 15:01 / 18:26)
     (청량리역: 1일 6회, 05:38 / 07:07 / 09:22 / 11:51 / 15:00 / 18:47)
3. 다누리센터앞정류장 또는 단양 시내에서 다리안관광지행 301번, 303번, 304번 시내버스 이용 – 다리안관광지종점정류장
   * 301번, 303번, 304번 시내버스 (1일 12회, 07:10 ~ 20:00)
   * KTX 단양역 → 단양 시내 수시 운행 (07:30 ~ 21:40)
4. 단양 시내에서 새밭계곡(어의곡탐방지원센터)행 602번, 603번, 605번 시내버스 이용 * 새밭계곡행 버스 (1일 7회)
   (06:30/08:55/11:00/13:10/15:25/17:35/19:00)
   * 단양공동물류센터 기점 출발 시간이며, 별곡2리(여성발전센터앞)정류장까지 약 5분 정도 소요됨.
5. 다누리센터앞정류장에서 죽령행 516번, 517번, 518번 버스 이용
   * 죽령행 시내버스 (1일 4회, 07:45 / 13:00 / 15:00 / 17:05)
   * 단양 시내 출발 후 단양역 경유함.
6. 동서울터미널 · 서울고속버스터미널(경부선) – 고속 · 시외버스 이용 – 영주종합터미널
   * 동서울터미널 (1일 17회, 06:50 ~ 22:0)
   * 서울고속버스터미널 (1일 13회, 07:10 ~ 20:40)
7. 영주종합버스터미널 – 터미널 북쪽 영주종합터미널(읍면)정류장에서 희방사행 25번 시내버스 이용 – 희방사정류장, 삼가동행 26번 시내버스 이용 – 삼가동정류장, 부석사행 27번 시내버스 이용 – 순흥면사무소정류장 또는 단산면사무소정류장
   * 희방사행 25번 시내버스 (1일 10회, 06:20 / 08:00 / 09:20 / 10:50 / 12:50 / 14:40 / 15:40 / 16:30 / 18:30 / 19:35)
   * 08:00, 15:40 운행버스는 희방사 경유 후 죽령까지 운행함.
   * 삼가동행 26번 시내버스 (1일 8회, 06:15 / 07:30 / 08:25 / 09:30 / 13:20 / 14:00 / 15:10 / 18:00)
   * 부석사행 27번 시내버스 (1일 10회, 06:10 / 06:50 / 07:50 / 10:00 / 11:30 / 12:20 / 14:10 / 16:10 / 18:10 / 19:20)
   * 25번 26번, 27번 시내버스 모두 영주여객차고지 출발 시간이며, 영주종합터미널까지 약 5분 정도 소요됨.
8. 영주종합버스터미널 – 터미널 북쪽 영주종합터미널(읍면)정류장에서 영주여객차고지행 22·23·25·26·27번 시내버스 이용
8-1. 영주여객차고지에서 덕현리행 53번 시내버스 이용 – 배점2리정류장, 좌석리행 54번 시내버스 이용 – 좌석(리)정류장
   * 덕현리행 53번 시내버스 (1일 5회, 06:20 / 08:10 / 14:00 / 16:00 / 18:50)
   * 좌석리행 54번 시내버스 (1일 3회, 07:00 / 12:10 / 17:30)
   * 53번, 54번 시내버스는 영주터미널 미경유함.

■ 소백산맥의 첫머리, 충북과 경북을 가르면서 국망봉에서 비로봉, 연화봉으로 이어지는 해발 1300여m의 일대 산군이 소백산이다. 산세는 장중한 육산으로 해발 1000m 이상은 고원 지대와 같은 초원을 이루고 있으며, 위치상으로 동·식물의 분포학상 중요한 특성을 지니고 있다.

■ 겨울철이면 하얀 눈을 머리에 이어 소백산으로 불리는 이 산은 어느 때보다도 봄철이 되면 광활한 능선에 온통 기화요초가 만발하여 마치 천상의 화원을 상상케 할 정도로 장관을 이룬다. 더구나 비로봉 정상 일대에는 천연기념물로 지정된 주목 군락지와 한국산 에델바이스인 솜다리가 군락을 이루고 있다.

■ 산 동쪽의 계곡 또한 골이 깊은데 그 중에서도 소백산을 대표할 만한 죽계구곡은 예로부터 그 윽한 계곡미로 명성을 지니고 있으며, 산의 서쪽인 남한강 가의 산자락에는 석회동굴이 발달하여 고수동굴을 비롯한 천동굴, 노동굴이 또 다른 비경을 이루고 있다. 산 북쪽으로는 천태종의 총본산인 구인사가 자리하고 있으며, 소백산 북쪽으로 흘러내리는 남천계곡은 소백산 내에서는 가장 수려한 계곡으로 첫손 꼽히는 곳이다.

축제·볼거리

1. 소백산 철쭉제
철쭉이 만발하는 5월 말이 되면 소백산 일원에서 철쭉제가 열린다. 축제는 경북 영주와 충북 단양에서 열리는데 개최 시기가 비슷하다.
문의) 043-423-0701(단양문화원)
054-630-8707(영주문화관광재단)

문의
소백산국립공원사무소 ☎ 054-630-0700
소백산국립공원북부사무소 ☎ 043-423-0708
부석분소 ☎ 054-631-4762
죽령분소 ☎ 043-422-7181
희방분소 ☎ 054-637-3794
어의곡탐방지원센터 ☎ 043-421-0708

* 시각표는 2024년 11월 기준이며 변동될 수 있음.

---

133 계룡산 845m / 향적산 574m / 도덕봉 535m / 금수봉 532m

동서울 또는 서울남부터미널에서 시외버스로 공주에서 내려 시내·좌석버스로 동학사, 갑사, 계룡시, 유성구 등지에서 하차한다.

위치 : 대전광역시, 충청남도 공주시 반포면·계룡면, 계룡시 엄사면, 논산시 상월면

▲ 계룡산 전경

▲ 동학사 전경

등산코스

계룡산(관음봉)
1. 동학사입구 1.8km/40분 동학사 1.6km/1시간 남매탑 2.1km/1시간20분 관음봉
2. 갑사입구 2.5km/1시간30분 금잔디고개 2.1km/1시간20분 관음봉
3. 신원사입구 3.4km/2시간 연천봉 1.0km/25분 관음봉

향적산
1. 향한1리(윗마을) 2.7km/1시간45분 향적산 1.5km/40분 굴날고개 3.5km/1시간40분 도곡마을

도덕봉/금수봉
1. 삽재 2.0km/1시간30분 도덕봉
2. 수통골입구 1.9km/1시간10분 성북동삼거리 1.1km/45분 금수봉

단면도

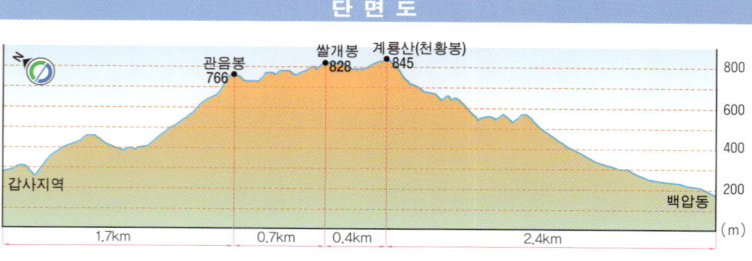

갑사지역 — 관음봉 766 — 쌀개봉 828 — 계룡산(천황봉) 845 — 백암동
1.7km / 0.7km / 0.4km / 2.4km

교통편

계룡산
1. 서울남부터미널 – 시외버스 이용 – 동학사시외버스정류소
   * 동학사행 시외버스 (1일 8회)
     (07:00 / 10:00 / 11:00 / 12:10 / 14:20 / 16:20 / 18:40 / 20:00)
2. 동서울터미널 – 시외버스 이용 – 공주종합버스터미널 – 터미널 앞 정류장에서 125번 시내버스 이용 – 산성동 (구)터미널정류장에서 하차 – 산성동 시내버스정류장으로 이동
3. 산성동 시내버스정류장 – 신원사행 310번, 갑사행 320번 시내버스 이용
   * 신원사행 301번 시내버스 (1일 12회, 06:40 ~ 20:20)
   * 갑사행 320번 시내버스 (1일 10회, 06:30 / 20:40)

향적산
1. 서울남부터미널 – 시외버스 이용 – 계룡(금암)시외버스정류소
   * 계룡(금암)행 시외버스 (1일 8회)
     (07:00 / 10:00 / 11:00 / 12:10 / 14:20 / 16:20 / 18:40 / 20:00)
2. 계룡(금암)시외버스정류소 – 건너편 계룡시보건소정류장 또는 계룡시선거관리위원회정류장에서 무상사행 300번 버스 이용
   * 무상사행 300번 시내버스 (1일 7회)
     (07:30 / 09:35 / 12:20 / 14:30 / 17:15 / 19:10 / 21:25)

도덕봉 / 금수봉
1. 대전 시내에서 수통골행 102번, 103번, 104번 시내버스 이용
   (수시 운행, 05:40 ~ 22:35)

■ 예로부터 신라 오악의 하나이며 전국 4대 명산의 하나인 계룡산은 일찍이 1968년 12월 국립공원으로 지정되었다. 산세가 마치 닭의 볏을 쓴 용과 같다 하여 계룡산으로 부르게 되었다. 산줄기 곳곳에 솟은 바위 봉이 기암절벽을 이루고, 울창한 수림과 층암절벽이 어울린 깊은 계곡의 수려한 경관을 뽐내는 충청남도 제일의 산이다. 더욱이 갑사와 동학사 등 유명 사찰과 백제 시대의 문화 유적이 산재해 있고 가까이에 유성온천이 있어 사철 탐방객이 끊이지 않는다.

■ 계룡산국립공원 서쪽 끝에 도덕봉과 금수봉이 솟아 있다. 도덕봉은 주민들이 흑룡산(黑龍山)이라 부르는데, 동서가 확연이 다른 이채로운 산세와 꽃과 단풍으로 봄·가을의 풍광이 아름다우며, 계룡산과 대전시가 한눈에 들어오는 시원한 정상 조망이 유명하다. 금수봉은 이름처럼 풍광이 아름답고 산세가 부드러워 시민들의 휴식 공간으로 사랑받고 있다. 또한, 이 두 산 기슭에는 유성온천과 백제문화권이 있어 주변 관광도 할 수 있다.

▲ 계룡산 갑사

축제·볼거리

계룡산 벚꽃 축제
매년 4월 벚꽃이 필 때 계룡산 자락 동학사 일원의 벚꽃이 장관을 이루고, 이곳에서 벚꽃 축제가 개최된다. 국악 풍물 공연, 특산물 판매, 벼룩시장 등 다양한 행사가 열린다.

문의
계룡산국립공원사무소 ☎ 042-820-3100
동학사탐방안내소 ☎ 042-825-3002
갑사분소 ☎ 041-857-5178

* 시각표는 2024년 11월 기준이며 변동될 수 있음.

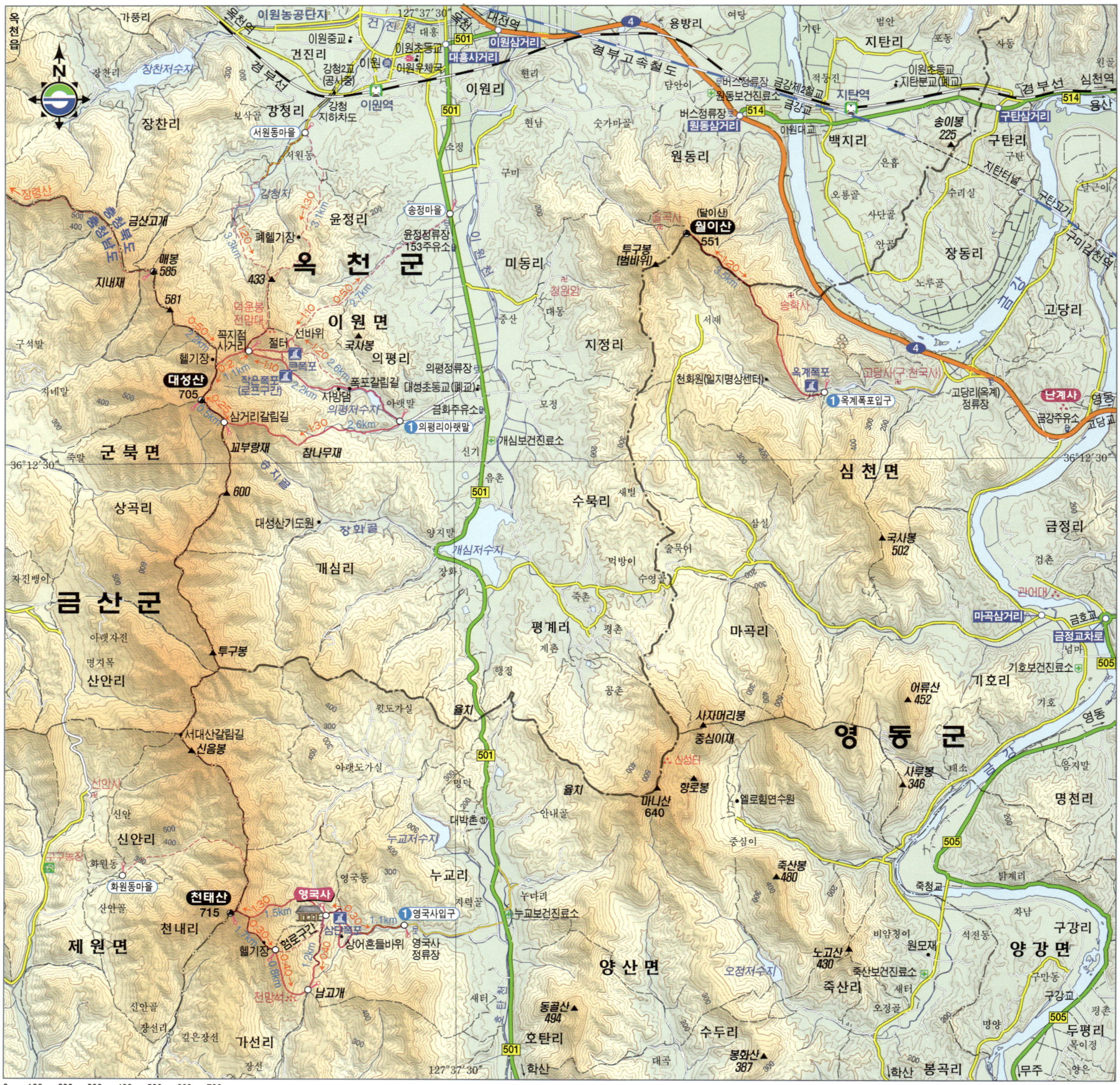

0	100	200	300	400	500	600	700

(등고선간격 20m)

- 일반 등산로
- 기타 등산로
- ←0:35→ 소요시간
- 1.2 km 거리
- 대피소 · 야영지
- ② 주전골입구 등산코스번호 · 기점명

1:60,000 0 600 1,200m (1cm가 600m임)

134 천태산 715m 대성산 705m 월이산 551m

서울에서 열차로 영동이나 옥천에서 내려 시내버스로 영국사나, 의평리 등에서 하차한다.

위치 : 충청북도 옥천군 이원면, 영동군 양산면·심천면

등 산 코 스

천태산

① 영국사입구 — 1.1km/30분 — 영국사 — 1.5km/1시간30분 — 천태산

대성산

① 의평리아랫말 — 3.3km/1시간30분 — 대성산

월이산

① 옥계폭포입구 — 3.5km/1시간20분 — 월이산

▲망태봉 삼층석탑/천태산 전경

단 면 도

교 통 편

천태산 / 대성산

1. 서울역 – ITX–새마을 또는 무궁화호 열차 이용 – 영동역
   * 영동역행 열차 시간 (1일 18회, 05:54 ~ 20:18)
2. 영동역 건너편 버스정류장 – 영국사행 125번, 126번 농어촌버스 이용 – 영국사정류장에서 하차
   * 영국사행 125번, 126번 농어촌버스 (1일 4회, 06:20 / 08:10 / 10:50 / 13:10)
3. 서울역 – ITX–새마을, 무궁화호 열차 이용 – 옥천역
   * 옥천역행 ITX–새마을, 무궁화호 열차 (1일 9회, 05:54~17:28)
4. 옥천역 건너편 옥천버스운송으로 이동 – 수묵리(마곡리)행 701번 ~ 706번 촌농어촌버스 이용 – 의평정류장에서 하차
   * 수묵리(마곡리)행 701번 ~ 706번 촌농어촌버스 (1일 12일, 06:30 ~ 19:00, 약 1시간 간격 배차)

월이산

1. 영동역 – 영동역앞정류장 – 날근이 경유 고당리행 430번, 고당리행 431번 농어촌버스 이용 – 고당리(옥계)정류장에서 하차
   * 430번, 431번 농어촌버스 (1일 3회, 06:50 / 10:30 / 16:00)

1–1. 영동 시내에서 택시 이용

■충청북도의 남쪽, 금강이 휘감고 돌아가는 서쪽에 천태산, 대성산, 월이산, 마니산이 서로 이웃하며 산줄기를 펼치고 있다. 천태산은 충북의 설악산으로 불리만큼 경치가 아름답고, 대성산은 기암괴석과 수려한 계곡으로 유명하다. 금강 변에 자리한 월이산은 산세가 여성스러우나 정상은 기암괴석으로 뒤덮여 가파르다. 남쪽의 마니산은 문어가 금강으로 발을 뻗고 있는 독특한 산세로 코스가 다양하다.

문 의

옥천군청 ☎ 043-730-3114
영동군청 ☎ 043-740-3114

* 시각표는 2024년 11월 기준이며 변동될 수 있음.

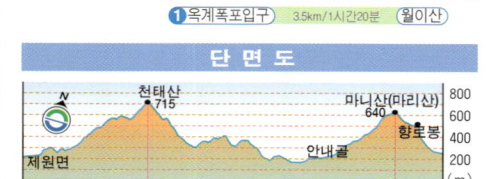

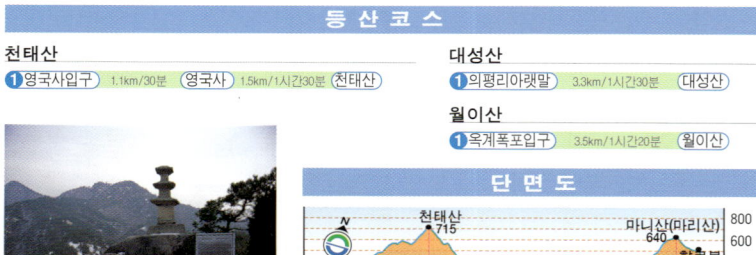

서대산·장령산·식장산 (용봉·마성산) 135

충청도편

135 서대산 904m / 장령산 655m / 식장산 598m

서울에서 고속버스, 열차 이용하여 금산, 옥천, 대전으로 이동 후 각 목적지행 시내버스 이용

위치: 대전광역시, 충청북도 옥천군 옥천읍·이원면, 충청남도 금산군 추부면

▲ 서대산 전경

▲ 장령산 왕관바위

등산코스

서대산
① 서대산드림리조트 2.1km/1시간30분 — 사자바위 1.2km/30분 — 서대산
② 개덕사입구 2.9km/1시간50분 — 서대산

장령산
① 장령산자연휴양림 1.5km/1시간 — 전망대 1.3km/25분 — 장령산
② 용암사입구 1.3km/1시간 — 전망대 1.3km/25분 — 장령산

식장산
① 고산사입구 1.5km/1시간 — 식장산

단면도

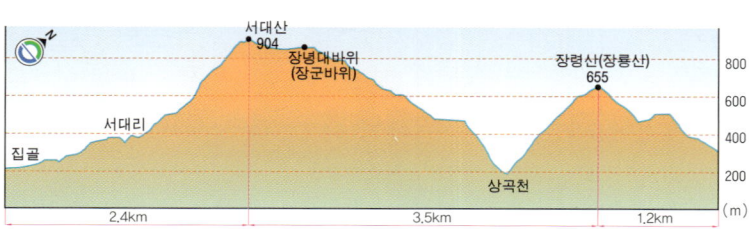

교통편

서대산
1. 서울고속버스터미널(경부선) – 추부면(마전리) 경유 금산행 고속버스 이용 – 추부(마전)정류소에서 하차
   * 추부(마전)정류소는 추부우체국 건너편에 위치한 CU편의점임.
   * 금산터미널행 고속버스 (1일 6회) (06:30 / 08:05 / 11:30 / 13:30 / 15:05 / 18:40)
2. 추부(마전)정류소 – 마전종점정류장으로 약 300m 도보 이동 – 서대산행 910번, 920번 농어촌버스 이용 서대산드림리조트정류장
   * 810번, 910번, 920번 농어촌버스 (1일 8회) (07:00 / 07:40 / 09:35 / 10:25 / 12:25 / 14:20 / 16:25 / 18:40)
2-1. 금산시외고속버스터미널에서 출발 시 서대산행 920번 농어촌버스 이용
   (1일 4회, 10:00 / 12:00 / 16:00 / 18:10)
3. 134쪽 천태산/대성산 교통편 3번 참조
4. 옥천역 건너편 옥천버스운송으로 이동 – 마전(추부)행 801번 – 803번 농어촌버스 이용 – 성당1리정류장에서 하차 – 개덕사로 도보 이동
   * 마전(추부)행 801번 – 803번 농어촌버스 (1일 14회) (06:40 / 07:10 / 08:00 ~ 19:00 사이에 매시 정각 출발함)

장령산
1. 134쪽 천태산/대성산 교통편 3번 참조
2. 옥천역 건너편 옥천버스운송으로 이동 – 금천리(휴양림)행 806번, 807번 농어촌버스 이용 – 휴양림(종점)정류장에서 하차
   * 금천리(휴양림)행 806번, 807번 농어촌버스 (1일 5회, 06:50 / 09:50 / 13:10 / 16:20 / 18:40)

식장산
1. 대전 시내 또는 대전지하철 판암역 1번 출구 판암역정류장에서 세천공원행 611번 시내버스 이용
2. 대전 시내에서 낭월동행 511번, 512번, 514번 시내버스 이용 – 고산사입구정류장에서 하차

■ 충남 금산군, 충청북도 끝자락과 맞닿은 지점에 서대산 능선이 서 있다. 높이가 해발 904m로 충청남도에서 최고봉이다. 산세는 별로 크지 않으나 곳곳에 기암괴석과 바위 절벽이 절경을 드러내고 있어 중부의 금강이라고 일컫는다. 바위로 이뤄진 산정에 올라서면 대전광역시를 비롯하여 북으로 옥천, 남으로 금산 일대가 발 아래 펼쳐져 조망이 일품이다.

■ 서대산 동쪽 계곡인 금산천을 끼고 자연휴양림이 조성되어 휴양림을 기점으로 장령산의 산행은 물론 남쪽의 서대산 산행도 할 수 있다. 정상 북쪽 봉우리에는 정자가 있는 전망대가 있어 시원한 조망을 즐길 수 있다.

■ 서대산에서 동북쪽으로 약 3.5km 떨어진곳에 위치한 장령산은 그다지 높지 않으나 기암과 괴봉이 어울린 자연 경관이 아름다운 산으로 정상 북쪽의 아기자기한 암릉은 산 이름대로 용이 굽이치는 것 같다.

■ 식장산은 대전시 동구 끝에 솟아 있다. 그리 높지 않으나, 대전의 최고봉이며 대전의 진산이다. 정상에서는 대청호와 대전 시내가 한눈에 들어오고, 산기슭에는 고산사, 개심사, 식장사 같은 고찰이 자리 잡고 있다. 또한, 교통이 편리하고 도심에서 가까워 시민들이 많이 찾는 산이다.

축제·볼거리

보곡산골 산벚꽃축제(구: 비단고을 산꽃축제)
금산군 군북면 산벚꽃마을 오토캠핑장 일원에서 매년 4월 중순에 열리며 산꽃 술래길 걷기, 음악회, 예술 작품 전시 등으로 구성되어 있다.
문의) 041-750-2307 (금산축제관광재단)

문의
옥천군청 문화관광과 ☎ 043-730-3400
대전광역시청 ☎ 042-120

* 시각표는 2024년 11월 기준이며 변동될 수 있음.

---

137 가야산 678m / 덕숭산 495m / 용봉산 381m / 일락산 521m

서울에서 열차나 시외버스로 예산, 홍성에 도착하여 시내버스로 덕산이나 수덕사, 용봉사 등지에서 하차한다.

위치: 충청남도 서산시 해미면, 예산군 덕산면, 홍성군 홍북면

▲ 원효봉서 바라본 가야산

▲ 수덕산 정상서 본 용봉산 운해

등산코스

가야산/석문봉
① 상가리 3.3km/1시간30분 — 석문봉 2.6km/1시간10분 — 가야산

덕숭산
① 수덕사입구 0.6km/10분 — 수덕사 1.3km/40분 — 정혜사 0.7km/20분 — 덕숭산

용봉산
① 용봉사입구 1.3km/30분 — 용봉사 2.2km/50분 — 용봉산 1.6km/45분 — 용봉초등교앞

석문봉/일락산
① 일락사입구 1.7km/55분 — 일락산 2.1km/1시간 — 석문봉

단면도

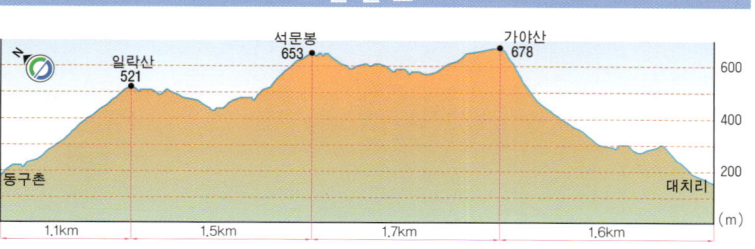

교통편

덕숭산
1. 서울센트럴시티터미널(호남선) – 덕산 스파 경유 예산행 고속버스 이용 – 예산종합터미널
   * 예산행 고속버스 (1일 7회, 07:10 / 10:10 / 12:20 / 14:10 / 16:30 / 18:40 / 20:40)
1-1. 예산종합터미널 – 수덕사행 농어촌버스 이용 – 수덕사정류장에서 하차
   * 수덕사행 농어촌버스 (1일 9회, 08:20~19:15)
2. 서울센트럴시티터미널(호남선) – 홍성행 고속버스 이용 – 홍성종합터미널
   * 홍성종합터미널행 고속버스 (1일 12회, 06:40 ~ 20:50)
2-1. 홍성종합터미널 – 수덕사행 농어촌버스 이용 – 수덕사정류장
   * 수덕사행 농어촌버스 (1일 17회, 07:30 ~ 20:20)

용봉산
1. 예산종합터미널 – 용봉산행 농어촌버스 이용 – 용봉산입구(종점)정류장
   * 용봉산행 농어촌버스 (1일 14회, 07:30 ~ 17:25)
   * 16:35분 버스는 주말(공휴일)미운행
2. 예산종합터미널 – 리솜스파행 또는 덕산온천행 농어촌버스 이용 – 스파캐슬앞정류장 또는 덕산온천정류장에서 하차
   * 리솜스파행 또는 덕산온천행 농어촌버스 (1일 12회, 06:20 ~ 19:15)
2-1. 상단 덕숭산 교통편 1번 참조

가야산/석문봉/일락산
1. 예산종합터미널 – 덕산 경유 상가리(가야산)행 농어촌버스 이용 – 상가리(종점)정류장
   * 상가리(가야산)행 농어촌버스 (1일 2회, 09:10 / 14:50)
2. 예산종합터미널 – 덕산 경유 해미면행 농어촌버스 이용 – 해미면종점정류장에서 하차
   * 덕산 경유 해미면행 농어촌버스 (1일 5회, 07:50 / 09:20 / 12:30 / 14:20 / 16:15)

■ 서산시에 위치한 가야산은 경남 합천의 가야산과 구별하여 충남 가야산으로 부른다. 덕산도립공원 내에 자리 잡고 있으며, 서쪽으로 서해안 고속도로가 지나간다. 또한, 산 주위에 문화 유적이 산재해 있어 사적 탐방을 겸한 산행지로 인기이다. 현재 가야산 정상 일대는 출입이 통제되어 있어 석문봉이 정상을 대신하고 있는데 산행 코스는 단조로운 편이나 석문봉 북쪽의 일락산을 포함하게 되면 산행의 묘미를 더 할 수 있다.

■ 천년 고찰인 수덕사로 알려진 덕숭산(수덕산)은 부근의 덕산온천과 더불어 쉽게 찾을 수 있는 산으로 수덕사를 찾으면서 가볍게 오를 수 있는 산이다. 381m로 낮은 산이나 기암괴석이 묘하게 어울린 산세는 마치 금강산의 만물상을 축소해 놓은 것 같아 이 고장 사람들은 소금강이라고 자랑하고 있다. 특히 이 산은 폭우가 쏟아질 때면 온 산이 삽시간에 폭포를 이룰 장관을 이룬다고 하며 가을철 단풍도 볼만하다.

축제·볼거리

1. 서산 해미읍성 축제
매년 10월 중순에 열리는 해미읍성 체험 축제로서, 조선 시대를 체험할 수 있는 체험 축제이다. 관아 체험, 전통 공예품 체험, 축하 공연을 비롯하여 많은 예술 단체들도 참여하여 축제 기간 동안 해미 지역은 흥겨운 축제 한마당을 연출한다.
문의) 041-2652-2679 (서산문화재단)

2. 덕산장 (4, 9일)
충남 예산군 덕산면 일원에 서는 장으로 이 일대의 특산물인 삽교 쌀, 더덕, 예산사과, 고추, 콩, 참깨 등이 주요 품목으로 거래된다.

문의
서산시청 ☎ 1422-45

* 시각표는 2024년 11월 기준이며 변동될 수 있음.

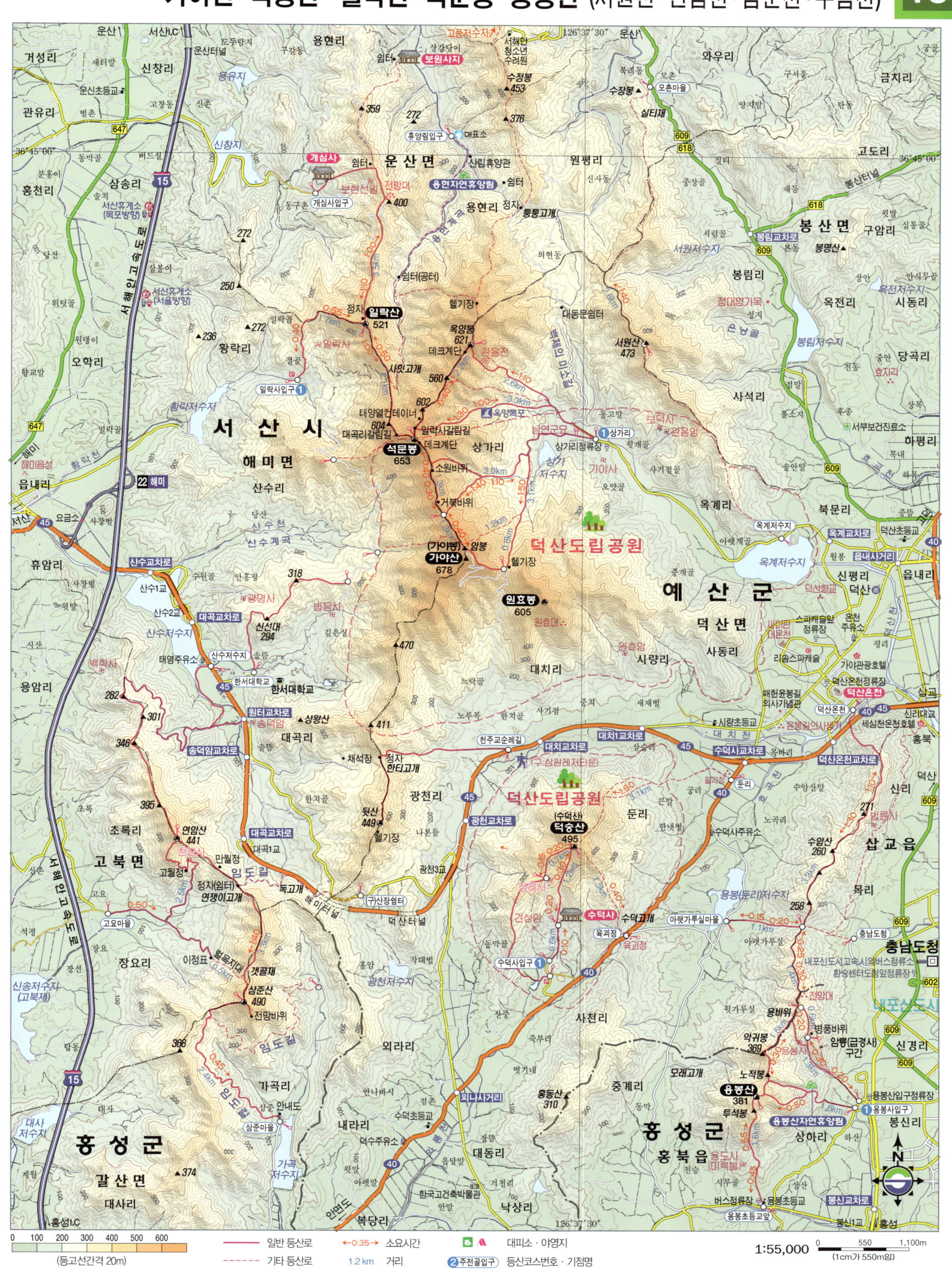

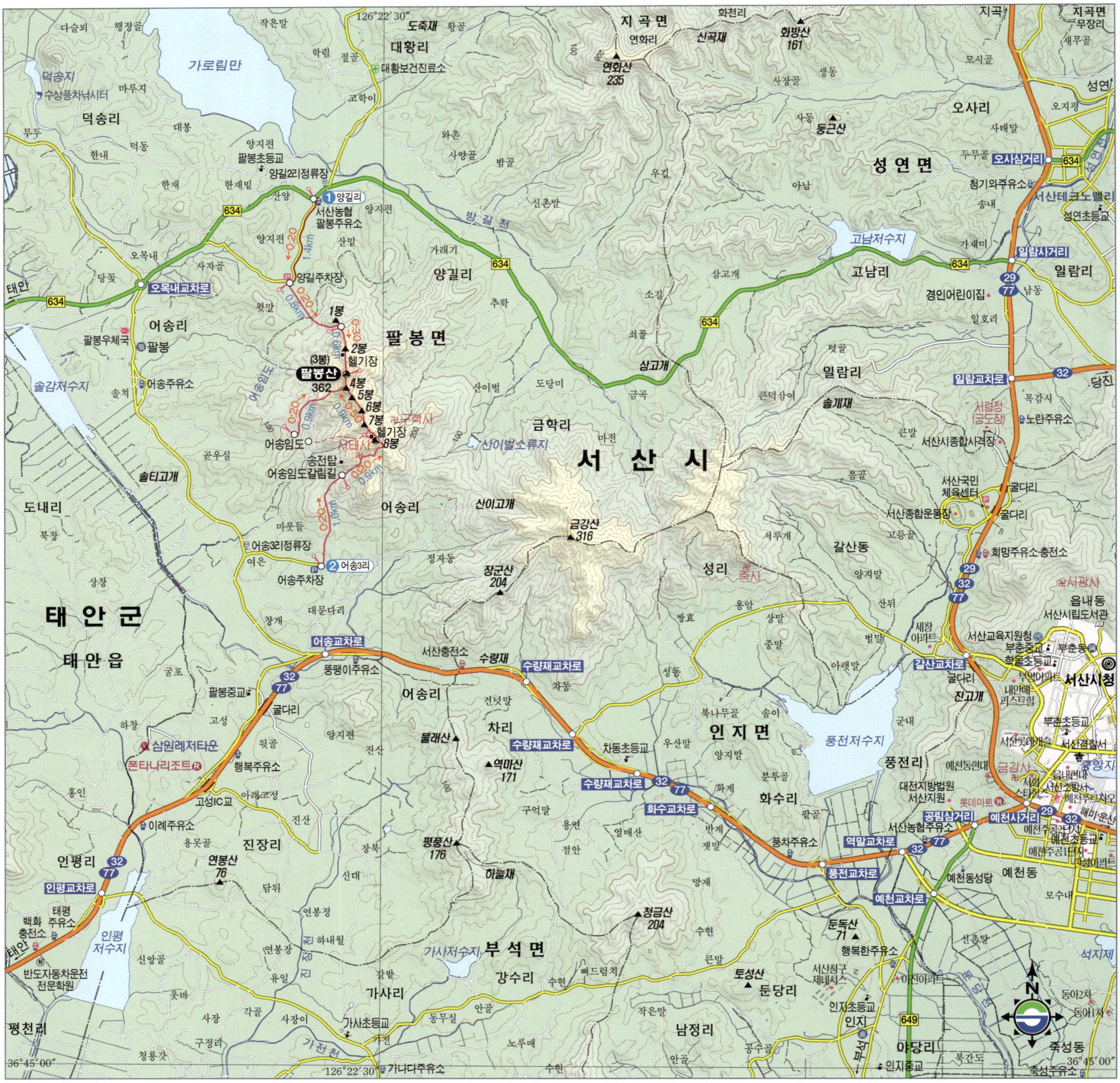

0 100 200 300 (등고선간격 20m)

일반 등산로 · 기타 등산로 · ←0:35→ 소요시간 · 1.2 km 거리 · 대피소 · 야영지 · ② 주전골입구 등산코스번호 · 기점명

1:50,000 0 500 1,000m (1cm가 500m임)

138 팔봉산 362m

동서울남부터미널, 서울남부터미널, 서울센트럴시티터미널에서 고속·시외버스로 서산에서 내려 시내버스를 타고 등산로 입구에서 하차한다.

위치 : 충청남도 서산시 팔봉면

등 산 코 스

팔봉산

① 양길리 — 1.4km/20분 — 주차장 — 0.8km/20분 — 1봉 — 0.6km/30분 — 팔봉산

② 어송3리 — 1.0km/20분 — 어송임도갈림길 — 0.9km/20분 — 8봉 — 0.9km/50분 — 팔봉산

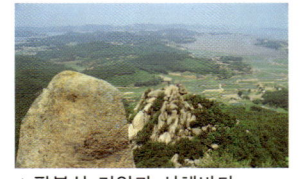

▲팔봉산 기암과 서해바다

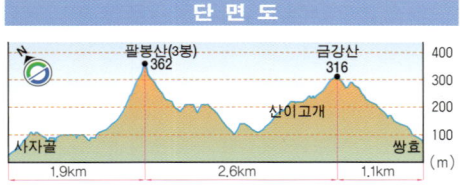

단 면 도

교 통 편

팔봉산

1. 서울센트럴시티터미널(호남선)(수시 운행, 06:05 ~ 22:05), 서울남부터미널(1일 11회, 06:30 ~ 19:30), 동서울터미널(1일 4회, 07:20 / 10:25 / 14:30 / 18:10)에서 고속·시외버스 이용 – 서산공용버스터미널
2. 서산공용버스터미널 – 양길리 경유 농어촌버스 이용 – 양길2리정류장
   * 양길리 경유 농어촌버스
   (1일 6회, 06:20 / 09:20 / 11:20 / 13:35 / 15:00 / 16:35)

2–1. 서산공용버스터미널–어송 경유 농어촌버스 이용 – 어송3리정류장
   * 어송리 경유 농어촌버스
   (1일 6회, 06:20 / 08:25 / 11:20 / 15:00 / 17:00 / 18:40)

■서산시 바닷가에 솟은 팔봉산은 362m의 낮은 산이지만 태안반도의 최고봉이다. 이름처럼 봉우리 8개가 연이어 솟아 있다. 규모는 작지만 기암괴석과 암릉이 어우러져 강원특별자치도 홍천에 있는 팔봉산과 흡사하다.

■팔봉산 산행의 핵심은 1봉부터 3봉까지의 암릉 구간인데 곳곳에 밧줄과 계단이 설치되어 있으며 비좁은 바위틈을 비집고 빠져나가야 하는 통천굴 등이 있어 산행에 재미를 더하며 정상(제3봉)에서의 조망은 막힘이 없다. 그림 같은 가로림만의 해안과 능선 끝의 8봉이 내려다 보이고, 멀리 가야산과 덕숭산, 금북정맥 줄기와 서산시가 조망된다.

문 의

서산시청 ☎ 1422–45

* 시각표는 2024년 11월 기준이며 변동될 수 있음.

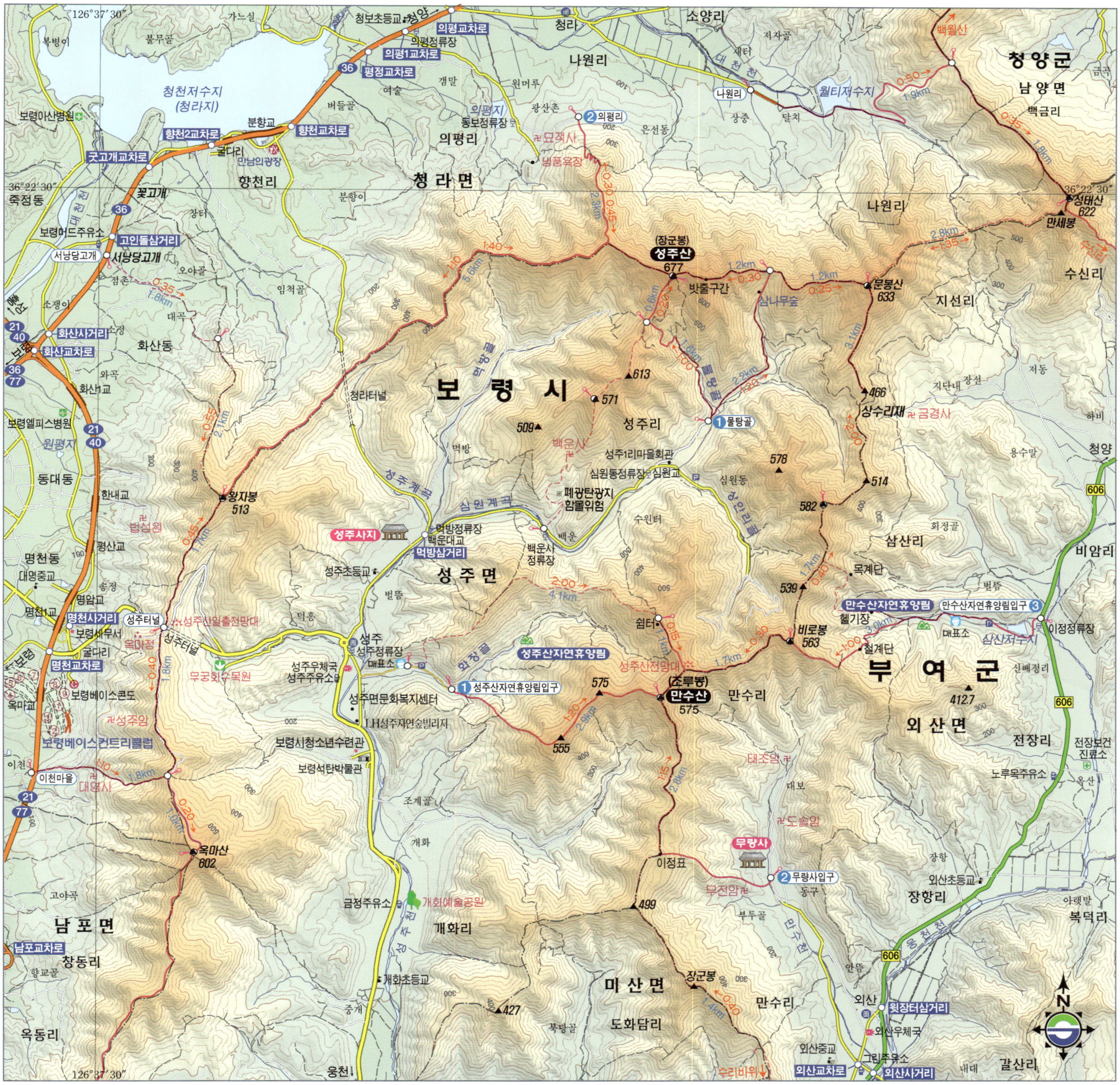

139 성주산 · 만수산 (왕자봉 · 옥마산 · 문봉산 · 성태산)

139 성주산 677m | 만수산 575m

서울에서 열차와 고속·시외버스로 보령(대천)에서 내려 시내버스로 백운사 또는 의평리까지 간다.

위치 : 충청남도 보령시 성주면 · 청라면, 부여군 외산면

등산코스

성주산
1. 물탕골 2.2km/1시간20분 성주산
2. 의평리 2.3km/45분 성주산

만수산
1. 성주산자연휴양림입구 2.9km/1시간20분 만수산
2. 무량사입구 4km/1시간35분 만수산, 3.1km/1시간20분 태조암입구
3. 만수산자연휴양림입구 3km/1시간 비로봉 1.7km/30분 만수산

교통편

성주산(물탕골 코스)
1. 서울센트럴시티터미널(호남선) (1일 19회, 06:00 ~ 21:50), 인천종합버스터미널 (1일 7회, 07:55 / 09:00 / 12:00 / 15:50 / 16:40 / 17:45 / 19:00)에서 보령행 고속·시외버스 이용 - 보령종합버스터미널
1-1. 서울 용산역 - 장항선 열차 - 대천역 - 메디컬센터정류장까지 약 1.2km 도보 이동
  * 대천역 새마을호·무궁화호 열차 (1일 15회, 05:35 ~ 20:43)
2. 보령종합버스터미널에서 메디컬센터정류장으로 약 1Km 도보 이동 - 백운사먹방행 806번, 806-1번, 807-1번 시내버스 이용 - 심원동정류장에서 하차
  * 백운사(먹방)행 시내버스 (1일 8회)
  08:45 / 10:50 / 12:05 / 13:25 / 15:50 / 16:35 / 18:30 / 20:00)
  * 기점 출발 시간이며, 메디컬센터정류장까지 약 2분 소요됨.

성주산(의평리 코스)
1. 대천역 또는 터미널에서 (구)대천역정류장까지 약 1.5 ~ 1.7km 도보 이동 - 청라(면)행 시내버스 이용 - 의평정류장에서 하차
  * 청라(면)행 600번, 601번, 602번, 600-2번, 6002-3번 시내버스 (1일 19회, 06:30 ~ 21:00)

* 동보행 605번, 605-1번 시내버스 (1일 2회, 09:50/12:30)

만수산
1. 서울남부터미널 (1일 20회, 06:30 ~ 21:00), 동서울터미널 (1일 3회, 08:50 / 11:10 / 17:30) - 시외버스 이용 - 부여시외버스터미널
2. 터미널 건너편 우체국 · 성요셉병원정류장에서 외산면행 120번 농어촌버스 이용 (1일 18회, 06:05 ~ 20:10) - 외산면에서 하차 후 무량사로 도보 이동
  * 기점(차고지) 출발 시간이며, 정류장까지 약 10분 소요됨.
  * 부여 - 무량사 120번 버스 (1일 2회, 08:20 / 13:00)
2-1. 외산면에서 문신리행 124번 농어촌버스 이용 - 이정정류장에서 하차 124번 농어촌버스 이용
  (1일 5회, 06:27 / 08:20 / 11:40 / 16:17 / 18:15)

문 의
보령시청 ☎ 041- 930-3114
성주산자연휴양림 ☎ 041- 934-7133
만수산자연휴양림 ☎ 041- 832-6561

* 시각표는 2024년 11월 기준이며 변동될 수 있음.

▲ 성주산 정상

단면도

140 칠갑산

140 칠갑산 561m

위치: 충청남도 청양군 대치면·정산면·장평면

서울센트럴시티터미널, 인천종합버스터미널에서 고속·시외버스를 타고 청양에서 하차하여 장곡사나 대치리행 시내버스를 이용한다.

등산코스

칠갑산
1. 장곡사입구 4km/1시간20분 → 칠갑산 4.4km/1시간10분 → 천장호입구
2. 대치리(한티마을) 2.2km/30분 → 한치고개 2.7km/20분 → 433m봉 2.4km/50분 → 칠갑산
3. 장곡주차장 5.6km/3시간20분 → 칠갑산 2.5km/50분 → 도림리

교통편

칠갑산
1. 서울센트럴시티터미널(호남선) – 정산면 경유 청양행 고속버스 이용 – 정산터미널 또는 청양시외버스터미널에서 하차 – 청양에서 하차 시 청양시외버스터미널까지 약 300m 도보 이동
  * 서울발 청양행 고속버스 (1일 6회, 07:20 ~ 19:50)
1-1. 인천종합터미널 – 시외버스 이용 – 청양시외버스터미널
  * 인천발 청양행 시외버스 (1일 3회, 08:30 / 13:50 / 18:40)
2. 청양시내버스터미널 – 정산(면)행 농어촌버스 이용 – 광대리정류장(→ 칠갑산자연휴양림) / 대치정류장(→ 한치고개) / 천장리정류장(→ 천장호) 등에서 하차 후 도보 이동
  * 정산(면)행 농어촌버스 (1일 16회, 06:10 ~ 18:40)
  * 15:20분 버스는 청양 → 정산면 → 도림리정류장 → 지천리정류장 → 장곡사 → 청양 순환 운행함.
  * 칠갑산휴양림에서 등산 시 광대리정류장 경유하는 오룡리행 버스 이용 가능 (1일5회, 06:40 / 11:20 / 14:40 / 16:40 / 19:20)
3. 청양시내버스터미널 – 장평면 지천리행 농어촌버스 이용 – 장곡정류장 또는 지천리정류장에서 하차
  * (1일9회, 06:55 ~ 19:30) 18:50분 버스는 청양 경유함.
4. 청양시내버스터미널에서 700번 ~ 702번 칠갑산 순환버스 이용 (1일 6회, 08:10 / 09:20 (10:20) / 10:20 (11:00) / 12:30 (13:40) / 15:20 (15:45) / 16:10 (17:00))
  * 08:10, 10:20, 15:20 순환버스는 칠갑산 주차장 → 장곡주차장 시계방향 운행, (08:10분 버스는 정산면 미경유)
  * 09:20 / 12:30 / 16:10 순환버스는 장곡주차장 → 칠갑산 주차장 반시계방향 운행, (08:10분 버스는 정산면 미경유)
  * 적색시간은 정산면에서의 출발 시간임. * 순환버스는 청양시내버스터미널, 정산터미널 외에서는 이용하기 힘듦.

■ 청양군 대치면, 정산면, 장평면의 경계를 이루는 이 산은 전체적인 산세는 부드러운 편이나 사방으로 뻗어나간 산줄기와 골짜기는 예기치 못했던 비경을 간직하고 있다. 산 북동쪽 마치리로 냉천골, 북서로 널울계곡, 서쪽 장곡사 쪽으로 장곡천, 아흔아홉골, 동쪽 천장리 쪽으로 천장계곡, 남쪽 절골 쪽으로 도림계곡 등 여러 계곡이 울창한 수림 사이로 비경을 이뤄내고 있다. 봄이면 진달래와 벚꽃이 군락을 이뤄 장관을 이룬다.

문의
칠갑산자연휴양림 ☎ 041-940-2428

* 시각표는 2024년 11월 기준이며 변동될 수 있음.

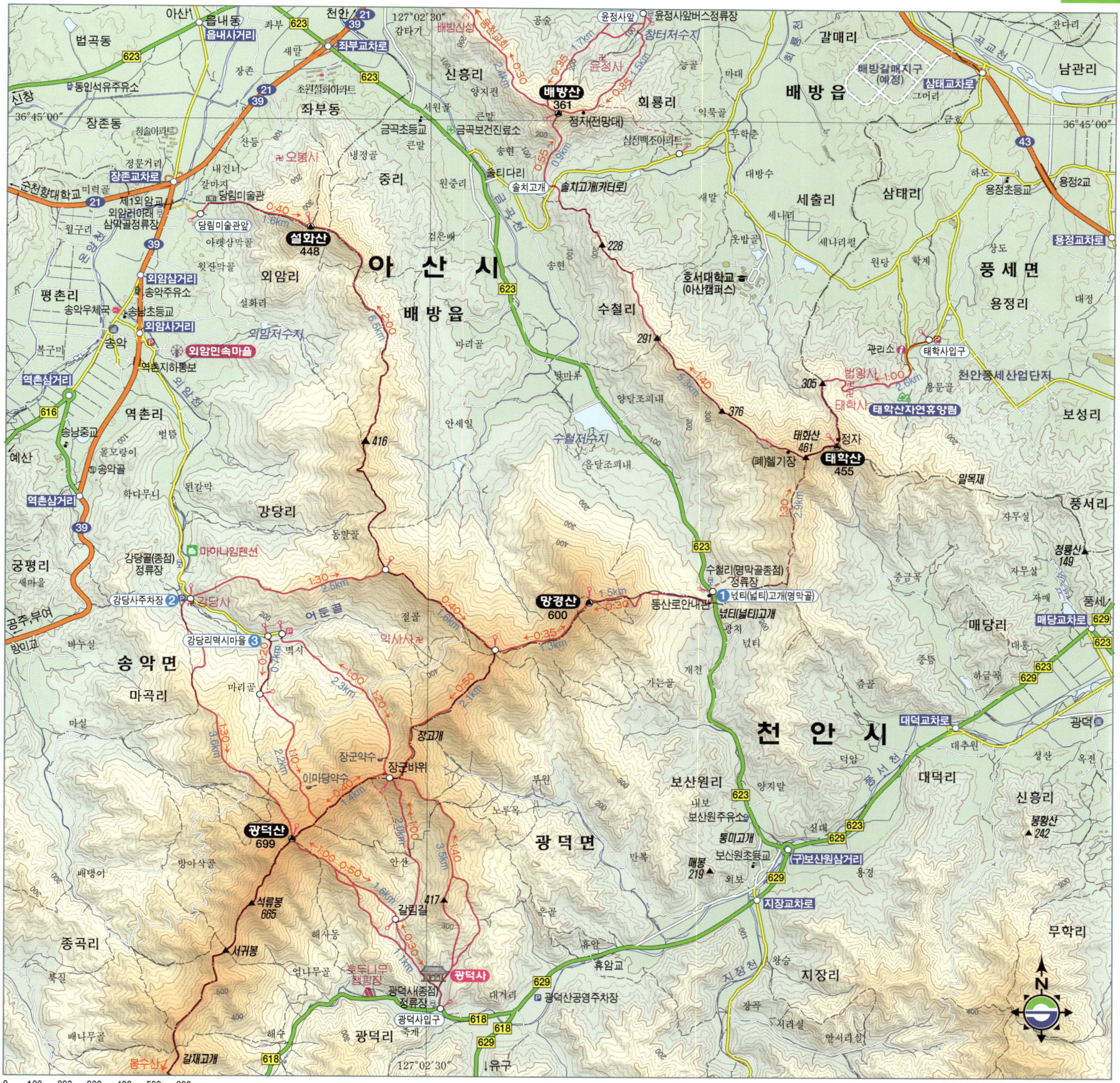

0	100	200	300	400	500	600

(등고선간격 20m)

일반 등산로 · 기타 등산로 · ←0:35→ 소요시간 · 1.2 km 거리 · 대피소 · 야영지 · ②주전골입구 등산코스번호 · 기점명

1:50,000 0 500 1,000m (1cm가 500m임)

141 광덕산 699m 망경산 600m

서울에서 수도권 전철 1호선, 고속·시외버스로 천안이나 온양에서 내려 버스로 광덕사, 강당골, 수철리 등으로 이동.

위치 : 충청남도 아산시 배방읍·송악면, 천안시 광덕면 · 풍세면

등 산 코 스

광덕산/망경산

① 넓티(넙티)고개 — 1.5km/30분 — 망경산 — 3.4km/1시간25분 — 장군바위 — 1.4km/40분 — 광덕산 — 2.7km/1시간20분 — 광덕사입구

② 강당사주차장 — 5.4km/2시간45분 — 망경산

③ 강당리먹시마을 — 0.7km/20분 — 마리골 — 2.2km/1시간10분 — 광덕산

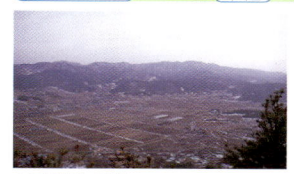

▲광덕산 전경

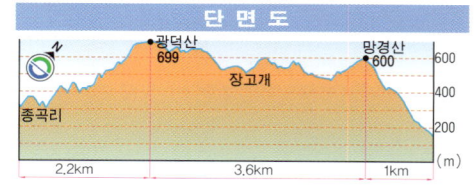

단 면 도

교 통 편

광덕산

1. 동서울터미널(수시 운행, 06:00 ~ 22:00), 서울남부터미널(1일 14회, 06:30 ~ 20:30), 서울고속버스터미널(경부선)(수시 운행, 06:00 ~ 00:20) – 고속·시외버스 이용 – 천안고속터미널, 천안종합터미널 – 종합터미널정류장으로 이동
2. 종합터미널정류장 – 광덕사행 600번 시내버스 이용 – 광덕사(종점)정류장

2–1. 경부선·수도권 전철 1호선 천안역 3번 출구 천안역 동부광장정류장에서 광덕사행 600번 시내버스 이용
 * 광덕사행 600번 시내버스 수시 운행(06:35 ~ 22:00)
 * 광덕사 경유 해수부락행 601번 시내버스 (1일 5회, 06:05 / 07:05 / 13:50 / 17:20 / 20:00)

망경산 / 설화산

1. 동서울터미널(수시 운행, 06:00 ~ 20:55), 서울고속버스터미널(경부선)(수시 운행, 06:10 ~ 22:20) – 고속·시외버스 이용 – 아산시외버스터미널 – 터미널정류장
2. 장항선·수도권 전철1호선 온양온천역 – 온양온천역정류장
 * 용산역발 온양온천역행 새마을호·무궁화호 열차 (1일 15회, 05:35 ~ 20:43)
3. 터미널정류장 또는 온양온천역정류장 – 강당골행 101번 시내버스 – 외암리아래삼막골정류장 또는 강당골(종점)정류장
 * 강당골행 101번 시내버스 (1일7회, 08:25/10:30/13:00/15:00/17:30/19:30/21:45)

3–1. 터미널정류장 또는 온양온천역정류장 – 수철리 명막골행 172번 시내버스 – 명막골(종점)정류장
 * 수철리 명막골행 172번 시내버스 (1일 5회, 08:40/11:45/15:45/17:45/19:45)
 * 아산시평생학습관 기점 출발 시간이며, 온양온천역까지 약 3분 ~ 5분, 버스터미널까지는 약 7분 ~ 10분 정도 소요됨.

■아산시와 천안시의 경계를 이루며 솟은 광덕산은 금북정맥 중 오서산 다음으로 높은 산으로 큰 특징이 없는 육산이지만 산줄기가 힘차며, 광덕산 동쪽으로 이어진 능선에 자리한 망경산은 산세가 부드럽다. 두 산 모두 정상에서의 전망은 시원하며 금북정맥을 비롯하여 주변 일대가 한눈에 들어온다.

문 의

천안시청 ☎ 1422–36
아산시청 ☎ 1422–42

* 시각표는 2024년 11월 기준이며 변동될 수 있음.

성거산 · 태조산 · 취암산 (흑성산) 143

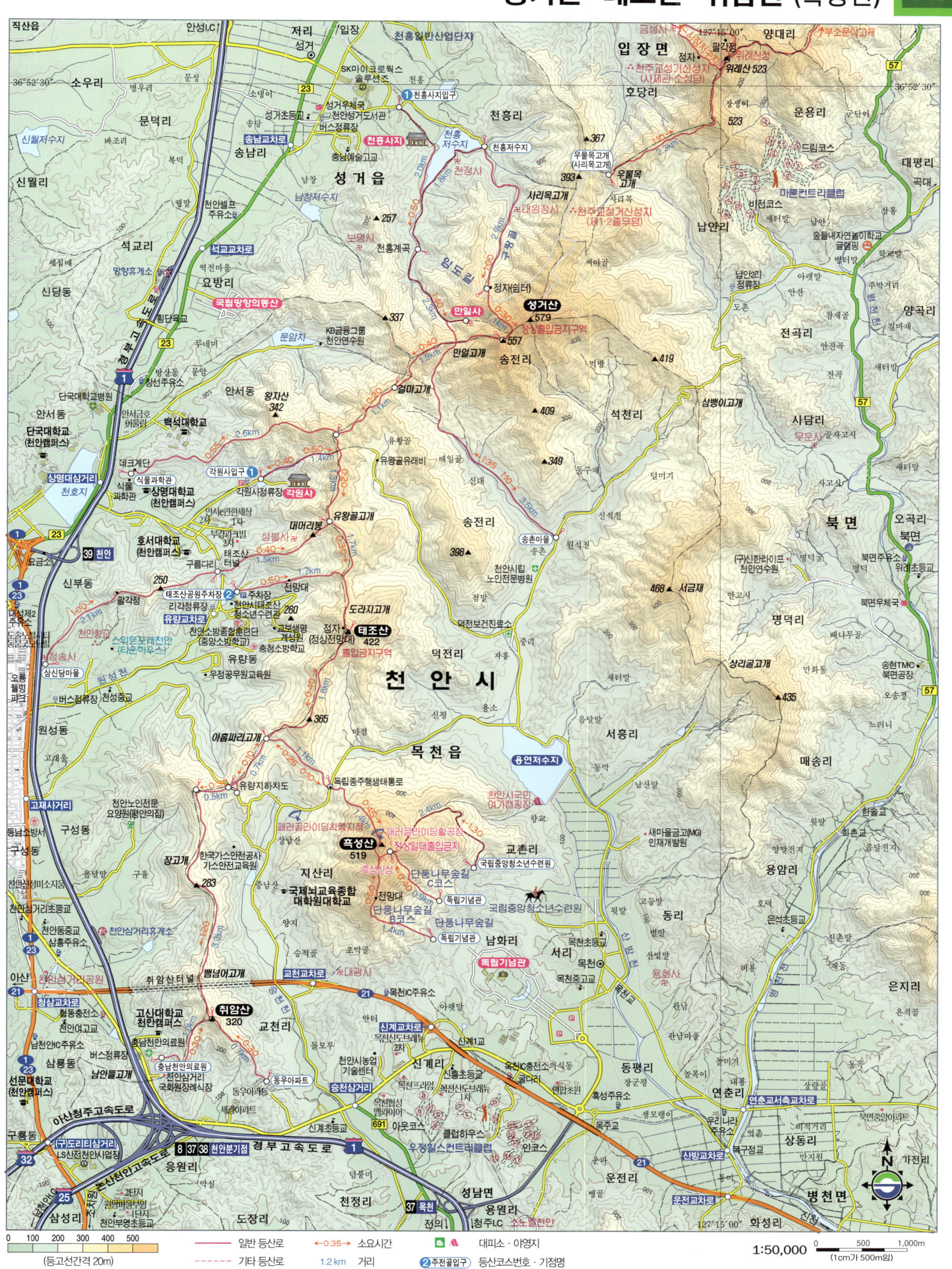

144 충청도편

143 성거산 579m / 태조산 422m

서울에서 수도권 전철, 고속·시외버스로 천안에서 내려 시내버스를 타고 각원사, 태조산 등지에서 하차한다.

위치 : 충청남도 천안시 성거읍·목천읍

▲ 성거산 만일사

▲ 태조산 각원사 마애불

등산코스

성거산
① 천흥사지입구 2km/50분 천흥계곡 2.3km/1시간40분 성거산 1.9km/40분 걸마고개 2.5km/1시간 각원사입구

태조산
① 각원사입구 2.7km/1시간10분 유왕골고개 1.7km/30분 태조산
② 태조산공원주차장 1.7km/50분 태조산 1.8km/40분 사거리갈림길 1.3km/30분 원유랑마을

단면도

교통편

성거산 / 태조산
1. 141쪽 광덕산 1번 참조
2. 종합터미널정류장 – 각원사행 51번, 52번 시내버스 이용 – 리각미술관정류장(→ 태조산), 각원사정류장(→ 성거산)
   * 51번 시내버스(1일 11회, 07:10 ~ 22:00)
   * 52번 시내버스(1일 11회, 06:20 ~ 21:30)
2-1. 경부선·수도권 전철 1호선 천안역 3번 출구 천안역동부광장정류장에서 각원사행 51번, 52번 시내버스 이용
   * 종합터미널정류장에서 천안역동부광장정류장까지 약 3분 ~ 5분 정도 소요됨.

취암산
1. 상단 성거산 / 태조산 1번 참조
2. 종합터미널정류장 – 천안의료원 경유 대평리 곡대행 380번 ~ 383번 시내버스 이용
   * 380번 ~ 383번 시내버스(1일 13회, 06:45 ~ 20:30)
2-1. 경부선·수도권 전철 1호선 천안역 3번 출구 천안역동부광장정류장에서 곡대행 380번 ~ 383번 시내버스 이용
   * 상단 성거산 / 태조산 2-1번 참조

위례산
1. 상단 취암산 1번, 2번, 2-1번 참조
1-1. 납안2리정류장 경유하는 383번 시내버스 이용
   * (1일 6회, 08:05 / 10:50 / 13:35 / 15:40 / 18:25 / 20:30)

■ 천안시를 가로지르며 남북으로 뻗은 능선 위에 성거산과 태조산이 자리하고 있다. 두 산 모두 고려 태조 왕건에 얽힌 전설을 품고 있다. 산세가 완만하고 고도도 높지 않아, 가볍게 오를 수 있다. 성거산 정상 가까운 능선에는 성환배와 거봉포도 재배지가 한눈에 들어온다.

산행초입이나 하산길에 각원사와 천흥사를 둘러보는 것도 좋다. 또한, 산 북쪽에는 백제 도읍지였던 위례산성이 있다.

■ 태조산은 천안의 진산(鎭山)으로 천안 시민의 휴식 공간으로 사랑받는 산이다. 정상에 오르면 천안 시내가 한눈에 들어와 전망도 좋다. 천안시 쪽에서 산을 오르면 각원사와 성불사를 둘러 볼 수 있고, 또한, 가까이에 독립기념관, 유관순 유적지, 현충사 등의 문화 유적이 있어, 하산 후에 주변 관광을 할 수 있다.

축제·볼거리

1. 천안 흥타령 춤 축제
매년 9월 말 천안종합운동장 일원에서 열리는 국내 최대 규모 춤 축제이다. 축하 전야제, 다양한 전통 민속 춤 공연, 춤 경연 대회 등 다양한 행사가 진행된다.
041-900-7020~3(천안문화재단)

2. 위례산성
천안시 북면 운용리와 입장면 호당리의 경계를 지으며 들어서 있는 백제 시대 산성이다. 백제의 시조 온조가 남하하여 도읍으로 정한 후 축조한 성이다. 산세를 이용한 테뫼식 산성으로, 성환읍과 서평택, 직산면의 사산성까지 볼 수 있는 요충지였다. 또, 성 안에는 당시의 것으로 보이는 용샘(우물)이 남아 있는데, 지금도 물이 솟는다.

▲ 독립기념관

문 의

천안시청 ☎ 1422-36

* 시각표는 2024년 11월 기준이며 변동될 수 있음.

---

145 대둔산 878m / 천등산 707m / 월성봉 651m

서울에서 열차나 고속·시외버스로 대전, 논산에서 내려 좌석·시내버스로 대둔산 또는 수락리에서 하차한다.

위치 : 충청남도 금산군 남이면·진산면, 논산시 벌곡면·양촌면, 전북특별자치도 완주군 운주면

▲ 대둔산 삼선구름다리/마천대

▲ 천등산 전경

등산코스

대둔산
① 집단시설지구입구 2.3km/1시간30분 대둔산 0.6km/30분 낙조대 2km/1시간 배티재
② 수락리 2.4km/50분 수락폭포 1.9km/1시간30분 대둔산

월성봉
① 채광리 4.1km/2시간 수락재 1.6km/50분 월성봉 2.0km/40분 수락리

천등산
① 원장선마을 2.4km/1시간50분 감투봉 0.8km/45분 천등산 3km/1시간40분 고산촌·평촌

선야봉
① 금산산림문화타운 3.0km/1시간20분 선야봉
② 원고당 2.9km/1시간40분 선야봉

단면도

교통편

대둔산
1. 대전 서남부터미널 – 대둔산휴게소행 34번 시내(외곽)버스 이용 – 대둔산휴게소(배티재정류장)
   * 34번 버스(1일 22회, 06:00 ~ 22:00), 평균 45분 간격 배차
2. 대둔산휴게소 – 대둔산공용버스터미널, 운주면 경유 고산면행 군내버스(시민여객) 이용 – 대둔산공용버스터미널
   * 고산면행 군내버스(1일 8회, 06:40 ~ 19:00)
3. 전주 시내 – 고산(면)정류소 535번 시내버스 이용 – 고산(면)정류소에서 운주(면)정류소 경유 대둔산휴게소행 군내버스(시민여객) 이용
   * 535번 시내버스(1일 40회(주말 27회), 06:12 ~ 22:12)
   * 고산(면)정류소발 대둔산휴게소행 군내버스 (1일 8회, 05:50 ~ 18:20)
4. 운주(면)정류소에서 안심사까지 약 5Km 도보 이동 또는 안심사행 농어촌버스(1일 3회, 06:55 / 10:10 / 18:30) 이용
4-1. 하단 천등산 2번 참조

월성봉
1. 대전 서남부터미널 – 대둔산 수락계곡행 21번 시내(외곽)버스 이용 – 수락리(종점)정류장
   * 대둔산 수락계곡행 21번 시내(외곽)버스 (1일 15회, 06:00 ~ 21:55)
2. 논산시내버스정류장(차고지) – 벌곡면 수락리행 304번, 304-1번 시내버스 이용 – 수락리(종점)정류장
   * 수락리행 304번, 304-1번 시내버스 (1일 9회, 06:20 ~ 18:20)
   * 10:50분 304번 시내버스는 공휴일·일요일 미운행
3. 논산시내버스정류장(차고지) – 양촌면 오산리행 402번 시내버스 이용 – 오산1리(종점)정류장
   * 오산리행 402번 시내버스 (1일 4회, 07:58 / 11:15 / 15:15 / 18:50)
   * 논산시내버스정류장(차고지)에서 논산역(KTX) 1분, 논산터미널은 3분 정도 소요됨.

천등산
1. 대둔산휴게소 또는 대둔산공용버스터미널 – 운주면 경유 고산면행 군내버스(시민여객) 이용 – 고산촌정류장 또는 장선리정류장에서 하차
2. 논산시내버스정류장(차고지) – 운주면행 315번 또는 321번 버스 이용 – 운주(면)정류소에서 하차 후 원장선마을로 이동
   * 운주면행 315번, 321번 시내버스 (1일 4회, 07:50 / 08:45 / 12:40 / 16:00)
   * 315번, 321번 시내버스 이용 시 채광리정류장(→ 월성봉), 원왕참마을정류장 → 안심사 → 대둔산)에서 하차
3. 논산시내버스정류장(차고지)에서 논산역(KTX) 1분, 논산터미널은 3분 정도 소요됨.

선야봉
1. 운주(면)정류소 – 피묵(고당리)행 농어촌버스 이용 – 원고당 정류장
   * 피묵(고당리)행 농어촌버스(1일 6회) (06:35 / 09:25 / 11:25 / 13:45 / 15:55 / 17:45)

■ 대둔산은 충남 논산시와 전북특별자치도 완주군의 경계에 솟아 있으며 충남의 두 번째 고봉이다. 정상인 마천대를 비롯하여 사방으로 뻗은 바위 능선은 기암괴석과 수목이 어울려 수려한 경관을 이루고 있다. 대둔산의 바위는 편마암 계통으로 바위질은 단단하나 암괴들이 떨어져 낙석의 위험이 많고 협곡은 떨어진 바윗돌로 너덜을 형성하고 있다. 또한, 마천대에서 낙조대에 이르는 바위 능선은 전망이 좋고 낙조대에서의 일몰 광경은 일품이다. 이 산은 전북특별자치도와 충남 양도에서 각각 도립공원으로 지정하고 있다.

■ 대둔산도립공원 남동쪽에 선야봉과 신선봉 능선이 펼쳐져 있다. 두 산 모두 600~700m 전후로 그리 높지 않다.
선야봉은 전북특별자치도와 충청남도의 경계에 능선을 뻗치고 있는 산으로, 골이 깊고 산세가 웅장한 오지이다. 산 정상에서 북쪽으로 바위 절벽이 성채를 이룬 것 같은 대둔산이 펼쳐져 있어 조망이 훌륭하다.

축제·볼거리

완주군 5일장
1. 고산미소장(4, 9일)
   (완주군 고산면 남봉로 134)
2. 봉동생강골장(1, 6일)
   (완주군 봉동읍 봉동동서로 134-5)
3. 삼례장(3, 8일)
   (완주군 삼례읍 삼봉로 6)

문 의

완주군청 ☎ 063-290-2114
금산군청 ☎ 041-750-2114

* 시각표는 2024년 11월 기준이며 변동될 수 있음.

146 전북특별자치도 전도

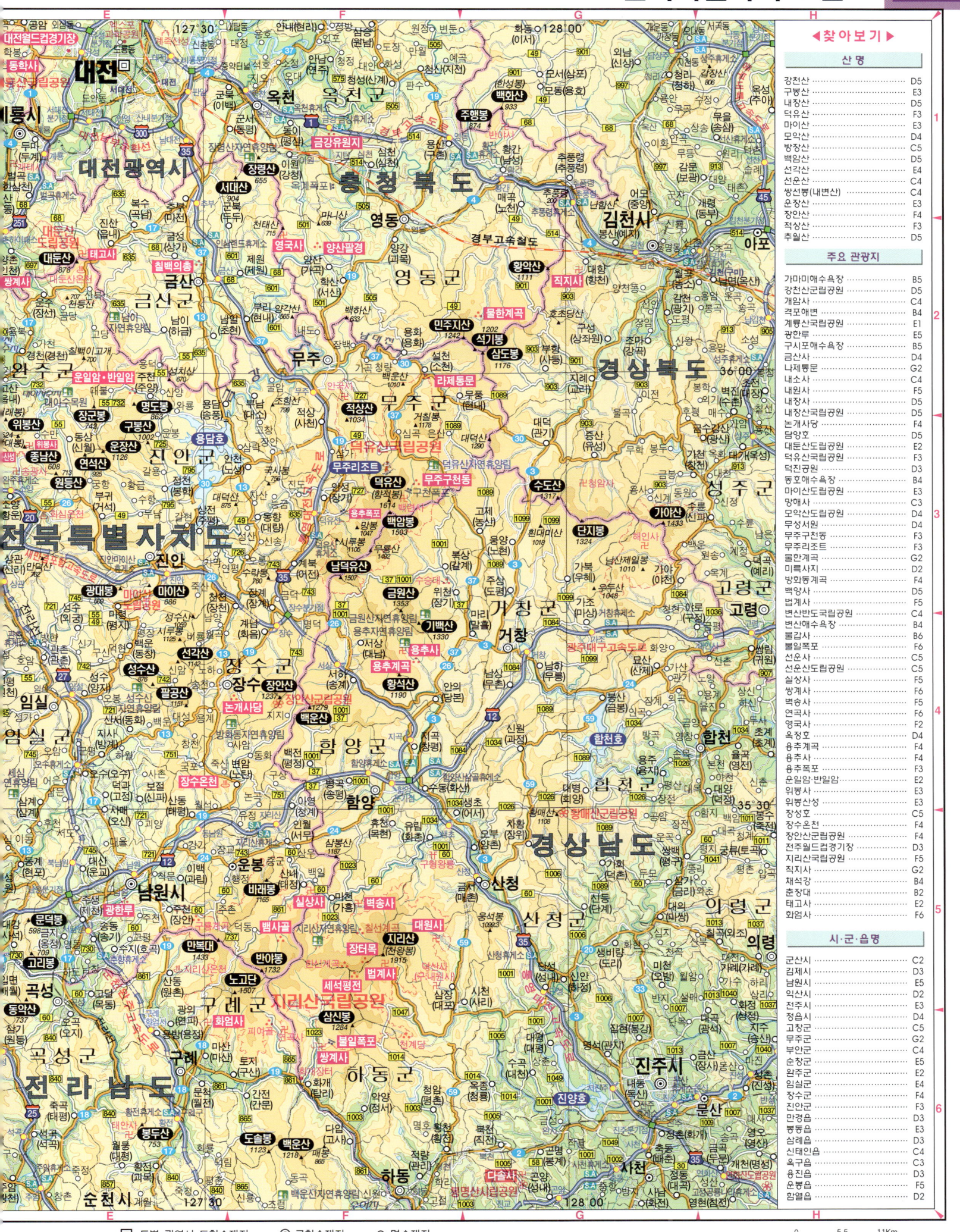

148 적상산

덕유산·백암봉·남덕유산 (무룡산)

전라도편

148 덕유산 1614m / 적상산 1034m / 남덕유산 1507m / 백암봉 1503m

위치: 전북특별자치도 무주군 적상면·설천면·안성면, 경상남도 거창군 북상면, 함양군 서상면

서울에서 시외버스로 무주, 거창, 함양에서 내려 시외버스, 시내버스를 타고 구천동 또는 각 목적지에 하차한다.

▲ 덕유산 정상과 대피소

■ 덕유산은 소백산맥 줄기 중 지리산 다음으로 높은 산이다. 해발 1614m의 향적봉을 최고봉으로 하며, 남서진하는 주 능선은 남덕유산까지 16km의 장대한 산줄기를 이루고 있으며 골짜기도 한 길고 골이 깊다. 흔히 덕유산하면 무주구천동계곡과 함께 덕유산(향적봉)만을 논하는데, 일정에 여유가 있으면 남덕유산을 잇는 능선종주도 할 만하며 전북 무주군 안성면과 경남 거창군 쪽에서도 계곡을 거슬러 오를 수 있다. 덕유산 일대는 1975년 2월 국립공원으로 지정되었다.

■ 무주읍 남쪽을 가로 막아 선 적상산은 가을이면 기암 석벽에 붉게 물든 단풍이 붉은 치마를 두른 여인에 비유돼서 붙여진 이름이다. 사방이 깎아지른 절벽으로 이뤄져 그 자체가 천혜의 요새로 조선 시대 때 성곽을 쌓고 절을 지어 조선왕조실록을 보관하기도 했다. 이 산은 산의 바깥쪽이 가파른 반면 그 안쪽은 움푹 패인 분지를 이루는 지형인데 최근 이 분지의 물길을 막아 양수발전소를 건설하는 바람에 산정에 인공 호수가 생기고 산에 있던 문화유적이 수몰을 피해 이전하였다. 더구나 산 위까지 도로가 놓여 등산의 즐거움을 반감되었지만, 적상산의 걸출한 산세는 결코 산행 대상지로서의 면모를 잃지 않고 있으며, 산상의 댐은 또 하나의 명물이 되고 있다.

▲ 적상산 적상호

▲ 삿갓봉에서 본 남덕유산 동봉과 서봉

■ 덕유산국립공원의 최남단에 솟은 남덕유산은 북쪽의 덕유산과 더불어 백두대간의 큰 산줄기를 이루는 고봉으로 전북특별자치도와 경상남도의 경계를 이룬다. 주봉은 동봉과 서봉으로 이루어져 있다. 서봉 남쪽의 육십령에서부터 오르는 백두대간 종주는 남덕유산에 올라서면서 덕유산으로 이어지는 16km의 장쾌한 덕유산 종주의 출발점이 된다. 남덕유산은 백두대간 종주 시 통과해야 되는 봉우리지만 지역 산악인들의 주말 산행지로도 인기가 높은 산이다. 남덕유산에서 남동쪽으로 갈라지는 큰 산줄기는 하봉을 일으키고 남령을 거쳐 다시 월봉산을 일으키고, 큰목재에서 두 갈래로 갈라지면서 금원산, 기백산과 거망산, 황석산으로 이어진다.

등산코스

덕유산/백암봉
1. 구천동 2.7km/45분 → 덕유산(신대)휴게소 3.3km/50분 → 백련사 2.6km/1시간30분 → 덕유산
2. 송계사입구 2.9km/1시간30분 → 횡경재 3.7km/1시간20분 → 백암봉 2.2km/40분 → 덕유산
3. 안성탐방지원센터입구 3.2km/45분 → 칠연계곡 3.6km/2시간10분 → 동엽령, 샘 2.6km/50분 → 백암봉 2.2km/40분 → 덕유산

적상산
1. 서창마을 3.3km/1시간10분 → 서문 1.8km/50분 → 적상산
2. 치목마을 3.5km/2시간10분 → 적상산

남덕유산
1. 황점마을 3.7km/1시간35분 → 삿갓재 3km/2시간20분 → 월성치 1.5km/1시간 → 남덕유산
2. 양악리 5.6km/3시간 → 월성치 1.5km/1시간 → 남덕유산
3. 영각탐방지원센터·영각사 2.7km/1시간10분 → 샘 0.8km/50분 → 남덕유산

교통편

덕유산
1. 서울남부터미널 – 무주행 또는 무주 경유 장수행 시외버스 이용
   * 무주행 또는 무주 경유 장수행 시외버스
     (1일 5회, 07:40 / 09:20 / 10:40 / 14:35 / 18:00)
   * 07:40분 노선은 무주 → 설천 → 무주리조트 → 구천동임.
   * 09:20분 ~ 18:00분 노선은 무주 → 무주안성 → 장계 → 장수임.
2. 무주공용버스터미널에서 하차
2-1. 설천(면), 무주리조트 경유 구천동행 시외(직행)버스 이용
   * 구천동행 시외(직행)버스 (1일 8회)
     (08:00 / 09:50 / 11:50 / 14:00 / 14:25 / 17:05 / 19:25 / 20:00)
   * 구천동터미널에서 무주행시외(직행)버스 막차시간은 18:40분임.
2-2. 설천(면), 무주리조트 경유 구천동행 농어촌(군내)버스 이용
   * 구천동행 농어촌(군내)버스 (1일 5회, 08:10 / 11:00 / 13:00 / 16:00 / 17:50)
   * 08:10분, 13:00분 농어촌(군내)버스는 빼재까지 운행함.
   * 구천동터미널에서 무주행 농어촌(군내)버스 막차 시간은 17:15분임.
2-3. 무주공용버스터미널에서 대각선 건너편에 위치한 무주관광안내소 옆 주차장에서 구천동 경유하는 덕유산리조트 무료 셔틀버스 이용 (1일 4회, 05:00 / 07:20 / 10:20 / 16:30)
   * 16:30분 셔틀버스는 구천동 미경유함.
2-4. 무주안성시외버스터미널 경유 전주행 시외(직행)버스 이용
   * 무주안성 경유 전주행 시외(직행)버스
     (1일 5회, 08:15 / 13:15 / 14:45 / 15:30 / 19:25)
2-5. 무주안성시외버스터미널 경유 광주행 시외(직행)버스 이용
   * 무주안성 경유 광주행 시외(직행)버스
     (1일 5회, 06:45 / 12:05 / 13:50 / 15:40 / 17:40)
2-6. 적상(면) 경유 무주안성행 또는 적상, 안성 경유 장수군 장계면행 농어촌(군내)버스 이용
   * 무주안성행 또는 적상 경유 장수면행 농어촌(군내)버스
     (1일 12회, 06:00 ~ 19:20)
3. 무주안성시외버스터미널 – 명천·통안행 또는 통안·명천행 농어촌(군내)버스 이용 – 통안정류장에서 하차
   * 명천·통안행 농어촌(군내)버스
     (1일 4회, 08:20 / 11:10 / 14:20 / 17:20)
   * 통안·명천행 농어촌(군내)버스
     (1일 5회, 07:30 / 10:40 / 13:20 / 16:20 / 19:20)
4. 서울남부터미널 – 거창행 시외버스 이용 – 거창버스터미널에서 하차 후 터미널 뒤에 위치한 서흥여객버스터미널로 이동
   * 거창행 시외버스 (1일 9회)
     (07:30 / 10:30 / 11:40 / 13:15 / 14:10 / 15:10 / 16:10 / 18:10 / 23:00)
4-1. 서흥여객버스터미널 – 위천선(거창 ↔ 북상) 농어촌버스 이용 – 북상(면)에서 송계사행 농어촌버스 이용 – 송계사 정류장에서 하차
   * 북상(면)행 농어촌버스 (1일 20회, 06:50 ~ 18:50)
   * 북상(면)에서 송계사행 농어촌버스
     (1일 6회, 07:20 / 09:30 / 12:10 / 16:10 / 16:50 / 18:50)

남덕유산
1. 동서울터미널 또는 서울남부터미널 – 함양행 시외버스 이용
   * 동서울터미널발 함양행 시외버스 (1일 12회, 07:00 ~ 23:59)
   * 서울남부터미널발 함양행 시외버스
     (1일 6회, 07:30 / 15:10 / 16:10 / 16:50 / 19:40 / 23:00)
2. 함양시외버스터미널 – 영각사행 농어촌버스 이용 – 영각사 종점정류장에서 하차 – 영각탐방지원센터로 도보 이동
3. 무주공용버스터미널 – 적상, 무주안성 경유 장계행 농어촌(군내)버스 이용 – 주고정류장에서 하차 후 양악리까지 약 2.5km 도보 이동
   * 무주안성 경유 장계행 농어촌(군내)버스 (1일 4회, 06:00 / 09:00 / 13:00 / 18:00)

적상산
1. 무주공용버스터미널 – 적상(면)경유 무주안성행 또는 적상, 안성 경유 장수군 장계면행 농어촌(군내)버스 이용 – 신대마을정류장에서 하차
   * 무주안성행 또는 안성 경유 장계행 농어촌(군내)버스 (1일 12회, 06:00 ~ 19:20)
2. 무주공용버스터미널 – 괴목(리)행 농어촌(군내)버스 이용 – 치목정류장에서 하차
   * 치목 경유 괴목(리)행 농어촌(군내)버스
     (1일 6회, 06:25 / 08:00 / 10:00 / 12:20 / 16:00 / 18:00)

축제·볼거리

1. 무주 반딧불 축제
매년 9월 초 무주 일원에서 열리는 자연생태 축제로 자연 보전, 청정 환경, 감동을 주제로 한다. 반딧불 탐사 체험, 곤충 전시, 축하 공연 등의 행사가 열리며 가족 단위 방문객들이 많이 찾는다.

2. 무주군 5일장
* 무주 반딧불 장터 (1, 6일)
  무주군 무주읍 읍내리 1152번지 일대
* 삼도봉 장터 (2, 7일)
  무주군 설천면 소천리 904-29번지 일대
* 덕유산 장터 (5, 10일)
  무주군 안성면 장기리 1151-6번지 일대
* 대덕산 장터 (3, 8일)
  무주군 무풍면 현내리 650-6번지 일대

3. 무주구천동계곡(茂朱九千洞溪谷)
덕유산 북쪽으로 흘러내리는 30여km의 구절양장 계곡을 구천동 33경이라 하여 예로부터 수려함을 자랑하고 있으나 지금은 삼공리까지 도로가 놓여져 33경 중 제16경인 인월담에서부터 계곡을 제대로 볼 수 있다.

4. 사선대(四仙臺)
남덕유 동쪽 월성계곡에 있는 사선대는 바위가 4층으로 포개져 보이고, 맨 위에 얹힌 바위는 거북이나 봉황 같기도 한데 그 옛날 신선이 바둑을 두던 곳이라 전한다.

5. 백련사(白蓮寺)
덕유산 동쪽 기슭 해발 900여m에 위치한 이 절은 신라 흥덕왕 5년(830년) 무염국사가 창건하였다고 전한다.

6. 적상산성(赤裳山城)
고려 말 최영장군의 건의로 축성되었다는 이 성은 이후 조선 인조 때 다시 쌓았다. 성의 둘레는 8km에 달하며 사적으로 지정되었다.

7. 안국사(安國寺)
적상산성 내에 있는 고찰로 고려 충렬왕 때 창건되었다고 한다. 이 절은 임진왜란 때에는 승병의 병사로 사용되고 적상사고가 설치되기도 했다.

문의

- 무주군청 ☎ 063-320-2114
- 덕유산국립공원사무소 ☎ 063-322-3174
- 적상분소 ☎ 063-322-4174
- 남덕유분소 ☎ 055-943-3174
- 거창군청 ☎ 055-940-3114
- 함양군청 ☎ 055-960-5114

단면도

용추폭포 1.3km – 망봉 700 – 안성지구 6.3km – 덕유산(향적봉) 1614 – 신양담 6.8km – 흥덕산(투구봉) 1275 – 모도막골 2.4km

* 시각표는 2024년 11월 기준이며 변동될 수 있음.

152 내변산 459m 관음봉 424m 쇠뿔바위봉 475m

서울에서 시외버스로 부안에서 내려 좌석·군내버스로 곰소나 격포, 내소사입구에서 하차한다.

위치 : 전북특별자치도 부안군 변산면·진서면 상서면·하서면·보안면

▲ 내변산 전경

등산코스

내변산
1. 남여치 1.6km/50분 월명암
2. 내변산탐방지원센터 1.5km/40분 봉래곡삼거리 2.3km/1시간 월명암 1.6km/40분 남여치
3. 원암마을 3km/1시간10분 직소폭포 1.1km/25분 봉래곡삼거리 2.3km/1시간 월명암 1.6km/40분 남여치

관음봉
1. 내소사입구 0.7km/10분 내소사 1.5km/50분 관음봉
2. 내소사입구 2.8km/1시간20분 세봉삼거리 1km/20분 관음봉
3. 내변산탐방지원센터 2.6km/1시간05분 직소폭포 2.9km/1시간05분 관음봉
4. 내변산탐방지원센터 0.9km/50분 가마터 1.2km/40분 세봉삼거리 1km/20분 관음봉

쇠뿔바위봉
1. 청림마을 2.6km/1시간40분 쇠뿔바위봉 1.6km/30분 비룡상천봉 2.6km/1시간20분 남산동마을

교통편

내변산 관음봉 / 신선봉 / 쌍선봉
1. 서울센트럴시티터미널(호남선), 동서울터미널 - 부안행 고속·시외버스 이용 - 부안버스터미널 - 부안농어촌버스휴게소까지 약 200m 도보 이동
   * 서울센트럴시티터미널발 부안행 고속버스 (1일 13회, 06:50 ~ 19:40)
   * 동서울터미널발 부안행 시외버스 (1일 3회, 09:00 / 14:00 / 19:00)
2. 부안농어촌버스휴게소 - 내소사행 농어촌버스 이용 - 내소사정류장에서 하차
   * 내소사행 농어촌버스 (1일 18회, 06:40 ~ 19:55)
3. 부안농어촌버스휴게소 - 중계리 사자동행 농어촌버스 이용 - 사자동정류장에서 하차 후 내변산탐방지원센터까지 도보 이동
   * 사자동행 농어촌버스 (1일 7회, 06:30/08:20/10:25/13:20/15:40/17:45/19:30)
4. 부안농어촌버스휴게소 - 변산 경유 격포행 농어촌버스 이용 - 변산면에서 하차 후 남여치까지 택시 이용

내변산 비룡상천봉
1. 부안터미널 - 부안농어촌버스휴게소까지 200m 도보 이동 - 중계리 사자동행 농어촌버스 이용 - 남산(남성)정류장 또는 청림정류장에서 하차
   * 사자동행 농어촌버스 (1일 7회, 06:30/08:20/10:25/13:20/15:40/17:45/19:30)

직소천잼버리탐방로
1. 부안농어촌버스휴게소 - 부안댐행 농어촌버스 이용 - 부안댐정류장
   * 부안댐행 농어촌버스 (1일 4회, 07:30 / 09:00 / 13:10 / 15:30)

▲ 직소폭포

▲ 쇠뿔바위봉

단면도

내변산(쌍선봉) 459 — 관음봉 433
남여치 — 1.2km — 3.3km (선녀탕) — 1.7km — 내소사 — 석포리 (m)

▲ 관음봉 전경

■ 내변산은 변산반도에 자리하고 있는 산으로 예로부터 지리산 내장산 등의 명산들과 함께 호남 5대 명산으로 꼽는다. 경관이 수려하여 봉래산, 능가산 등 여러 이름으로 불렸다. 내변산은 변산반도 내부 남서부 산악 지대를 말하며, 바다 가까이로 뻗어 있는 산들은 외변산으로 불린다. 내변산은 쌍선봉, 낙조대, 관음봉, 비룡상천봉, 쇠뿔바위봉, 옥녀봉 일대가 중심이다.

■ 이 산들의 높이는 400~500m 정도로 나지막하지만, 바닷가에서 바로 솟아 있어 정상에서는 서해 바다를 내려다 볼 수 있다. 내변산의 첩첩한 산과 골짜기는 마치 심산유곡을 방불케 하고 특히 봉래구곡과 낙조대에서의 월명낙조는 변산의 경승 중 으뜸으로 꼽는다. 직소폭포(直沼瀑布), 울금바위, 가마소, 봉래구곡·분옥담 등 수많은 비경지를 품고 있으며, 내소사(來蘇寺)와 같은 고찰도 고즈넉이 자리 잡고 있다. 또한, 호랑가시나무, 후박나무, 꽝꽝나무 등의 희귀 식물이 자라고 있는 자연의 보고(寶庫)이기도 하다.

■ 산 아래에는 변산해수욕장과 격포해수욕장, 채석강 등의 여름 휴양지가 많아 등산과 관광을 동시에 즐길 수 있어, 여름이면 찾는 사람들이 더욱 많다. 1988년 6월 국립공원으로 지정된 이곳은 산과 계곡, 바다를 연결하는 관광지로서 각광받고 있다.

전라도편 151

축제·볼거리

1. 부안 곰소 젓갈 발효 축제
부안의 특산물인 젓갈을 홍보하기 위한 축제로 매년 10월 초 부안군 진서면 곰소만 일원에서 열린다. 향토 젓갈 시식회 및 체험, 다양한 문화 행사도 함께 열린다.
문의: 063-580-4489
(축제 추진 위원회)

2. 내소사(來蘇寺)
변산반도의 남단 곰소 북서쪽에 위치한 이 절은 신라 선덕여왕 2년(633년) 혜구선사에 의해 개창되었다 하는데 경내에는 보물 고려동종과 법화경 절본사본 그리고 대웅보전이 있다.

▲ 내소사

3. 개암사
개암사는 내변산 서쪽, 감교리에 자리한 사찰로 옛 변한의 왕궁 터 위에 지어진 가람이다. 백제 무왕 35년(634년)에 묘련왕사가 궁궐을 절로 고쳐 개암사와 묘암사라 하였으며, 정조 때 중수하였다. 경내의 대웅전은 보물로 지정되어 있다.

4. 변산해수욕장(邊山海水浴場)
변산반도 북쪽에 있는 이 해수욕장은 수심이 고르고 수온이 일정하여 전국에서 가장 조건이 좋은 해수욕장으로 꼽힌다.

▲ 변산해수욕장

▲ 채석강

문 의

변산반도 국립공원사무소
☎ 063-582-7808
변산반도 탐방안내소
☎ 063-581-7833
내소분소 ☎ 063-583-2443
내변산분소 ☎ 063-584-7808
상서분소 ☎ 063-581-2316
부안군청 ☎ 063-580-4191

* 시각표는 2024년 11월 기준이며 변동될 수 있음.

152 내변산 (쌍선봉)

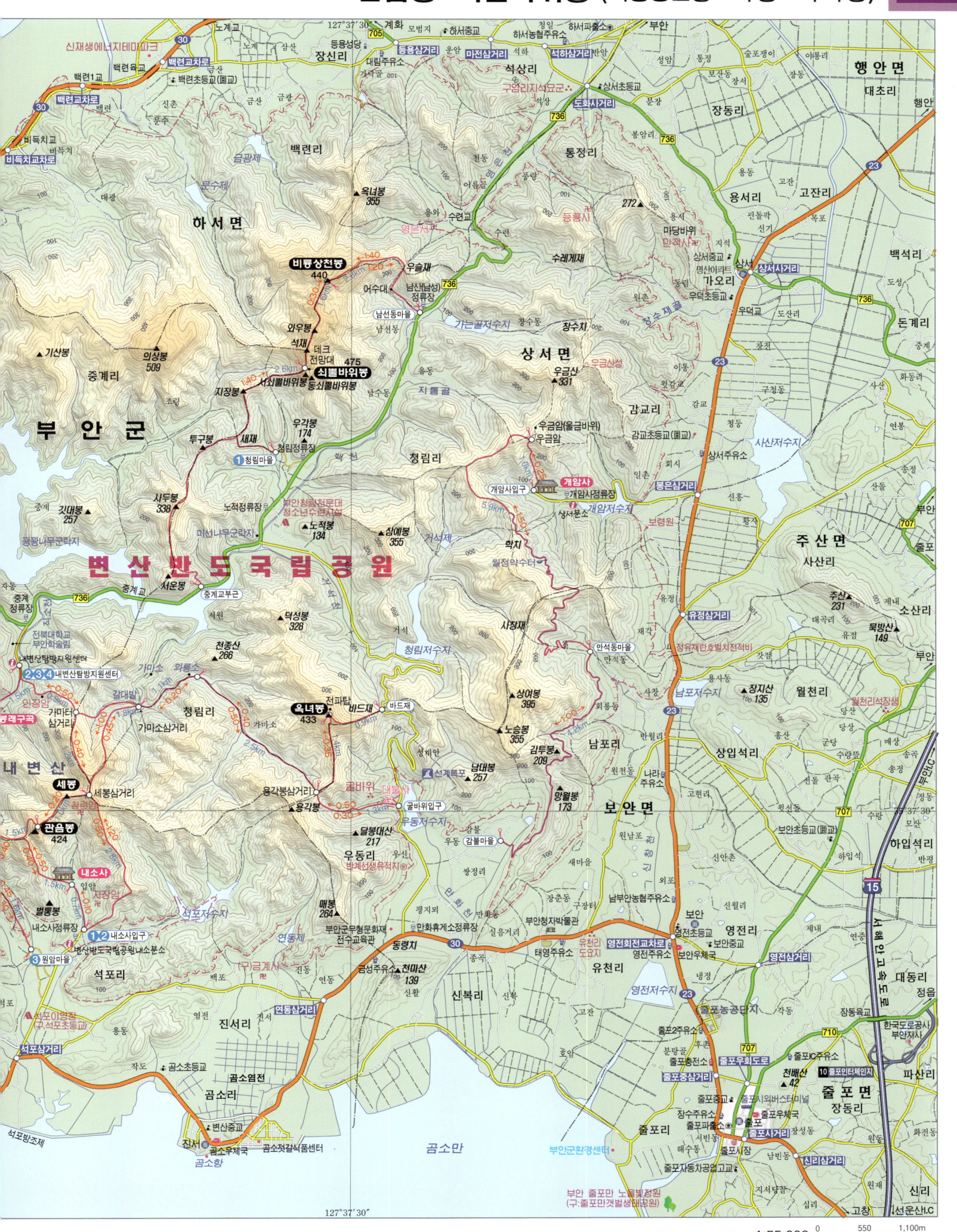

154 모악산

154 모악산 794m

서울 용산역이나 서울센트럴시티 또는 동서울터미널에서 열차나 고속버스로 전주, 김제에서 내려 시내버스로 금산사에 하차한다.

위치: 전북특별자치도 완주군 구이면, 김제시 금산면

등산코스

모악산
① 모악산야영장 — 4.0km/1시간30분 — 북봉 — 0.5km/10분 — 모악산
② 모악산야영장 — 2.5km/1시간 — 배재 — 1.0km/30분 — 장근재 — 1.5km/50분 — 모악산
③ 모악산관광단지 — 2.5km/1시간 — 수왕사 — 0.9km/30분 — 모악산
④ 금선암입구 — 1.4km/20분 — 금선암 — 4.2km/1시간40분 — 모악산

▲ 금산사 미륵전

단면도
(모악산 794 / 늘연계곡 / 금산사 3km / 모악산관광단지 2.3km)

교통편

모악산

1. 서울센트럴시티터미널(호남선) – 고속버스 이용 – 김제종합버스터미널
  * 김제행 고속버스 (1일 6회) (06:40 / 10:40 / 13:50 / 14:30 / 16:30 / 19:30)

2. 동서울터미널 – 김제행 시외버스 이용 – 김제종합버스터미널
  * 김제행 시외버스 (1일 3회, 09:00/14:00/19:00)

3. 터미널 건너편 버스터미널2정류장에서 금산사행 5번 시내버스 이용
  * 금산사행 5번 버스 (06:30 ~ 19:50, 30분 ~ 50분 간격 운행)
  * 시내버스 출발지는 시장통정류장(대중교통어울림쉼터)이며, 터미널까지 약 3분 ~ 5분 소요됨

4. 서울 용산역 – 호남선 열차 이용 – 전주역에 하차 후 전주역 첫마중길정류장으로 이동 – 금산사행 79번 시내버스 이용
  * 용산역발 전주행 열차 (수시 운행, 05:08(첫차) ~ 21:48(막차))
  * 금산사행 79번버스(평일 27회 / 주말 22회 운행, 06:00 ~ 22:20)
  * 금산사 79번 시내버스는 고속·시외버스터미널 앞 정류장에서도 승차 가능 *전주동물원 차고지 기준 시간이며, 전주역까지는 약 5분, 터미널까지는 약 15분 ~ 20분 정도 소요됨

5. 전주행 고속·시외버스 이용 시 각 터미널에서 하차 후 고속터미널입구·금암1동주민센터정류장에서 모악산 관광단지행 970번 시내버스 이용

* 서울센트럴시티터미널(호남선)발 전주행 고속버스 (수시운행, 05:30 ~ 24:00)
* 서울남부터미널발 전주행 시외버스 (수시 운행, 06:00 ~ 21:30)
* 모악산 관광단지행 970번 시내버스 (수시 운행, 06:02 ~ 22:32)
* 예코시타차고지 기준 시간이며, 터미널정류장까지 약 17분 ~ 20분 정도 소요됨

■ 전주 남서쪽 드넓은 김제·만경평야를 굽어보며 솟아있는 모악산은 전주, 김제 일원의 근교산으로 유명한 금산사와 함께 이 고장 사람들의 당일 산행지로 사랑받는 곳이다. 봄철이면 벚꽃이 유명한 금산사 일대는 호남 4경의 하나로 손꼽히고, 모악산은 진달래와 철쭉이 꽃동산을 이뤄 장관을 이룬다. 정상 부근에 케이블카와 송신탑이 있어 정상 일부는 출입이 통제된다.

문 의
완주군청 ☎ 063-290-2114

* 시각표는 2024년 11월 기준이며 변동될 수 있음.

선운산 · 경수산 (국사봉 · 청룡산 · 국기봉 · 비학산 · 구황봉)

155 선운산 336m | 경수산 444m

서울센트럴시티터미널(호남선)에서 고속버스로 고창에서 내려서 농어촌(군내)버스를 타고 선운사에서 하차한다.

위치 : 전북특별자치도 고창군 아산면·심원면

등산코스

선운산
1. 도립공원입구 — 3.5km/1시간10분 — 경수산 — 2.6km/50분 — 마이재 — 0.6km/15분 — 선운산
2. 선운사입구 — 마이재/40분 — 마이재 — 0.6km/15분 — 선운산
3. 선운사입구 — 1.1km/20분 — 자연의집 — 1.5km/30분 — 참당암 — 1.5km/40분 — 선운산
4. 선운사입구 — 1.1km/20분 — 자연의집 — 2.1km/35분 — 장사송 — 0.5km/20분 — 낙조대 — 2.3km/1시간15분 — 국사봉 — 2.3km/1시간5분 — 선운사

단면도

▲ 경수산에서 본 선운산 전경

교통편

선운산
1. 서울센트럴시티터미널(호남선) – 고창행 고속버스 이용 – 고창문화터미널
   * 고창행 고속버스
     (1일 16회, 07:05 ~ 19:30)
2. 고창문화터미널 – 선운사행 농어촌(군내)버스 또는 시외(직행)버스 이용
   * 선운사행 농어촌(군내)버스
     (1일 15회, 07:10 ~ 19:50, 50분 ~ 1시간 간격 운행)
   * 선운사행 시외(직행)버스
     (1일 2회, 08:55 / 13:45)

■ 선운산은 호서 지방 굴지의 사찰인 선운사로 인하여 이름 붙여지고 알려지기 시작했다. 변산반도의 남쪽 곰소만 건너에 남북으로 달리는 일련의 산줄기는 경수산을 정점으로 남으로 수리봉으로 불리는 선운산과 국사봉(개이빨산), 청룡산 등이 차례로 솟아 있다. 이 산들은 산세는 별로 크지 않으나 곳곳이 기암괴석으로 이뤄져 울창한 수림과 함께 경관이 빼어나다. 특히 천연기념물인 선운사의 동백나무 숲은 봄이면 마치 꽃병풍을 친 듯 장관을 이룬다. 선운산 일대는 1979년 12월 도립공원으로 지정되었다.

문 의
고창군청 ☎ 063-564-2121

* 시각표는 2024년 11월 기준이며 변동될 수 있음.

156 운장산·구봉산·명도봉·장군봉·연석산 (복두봉)

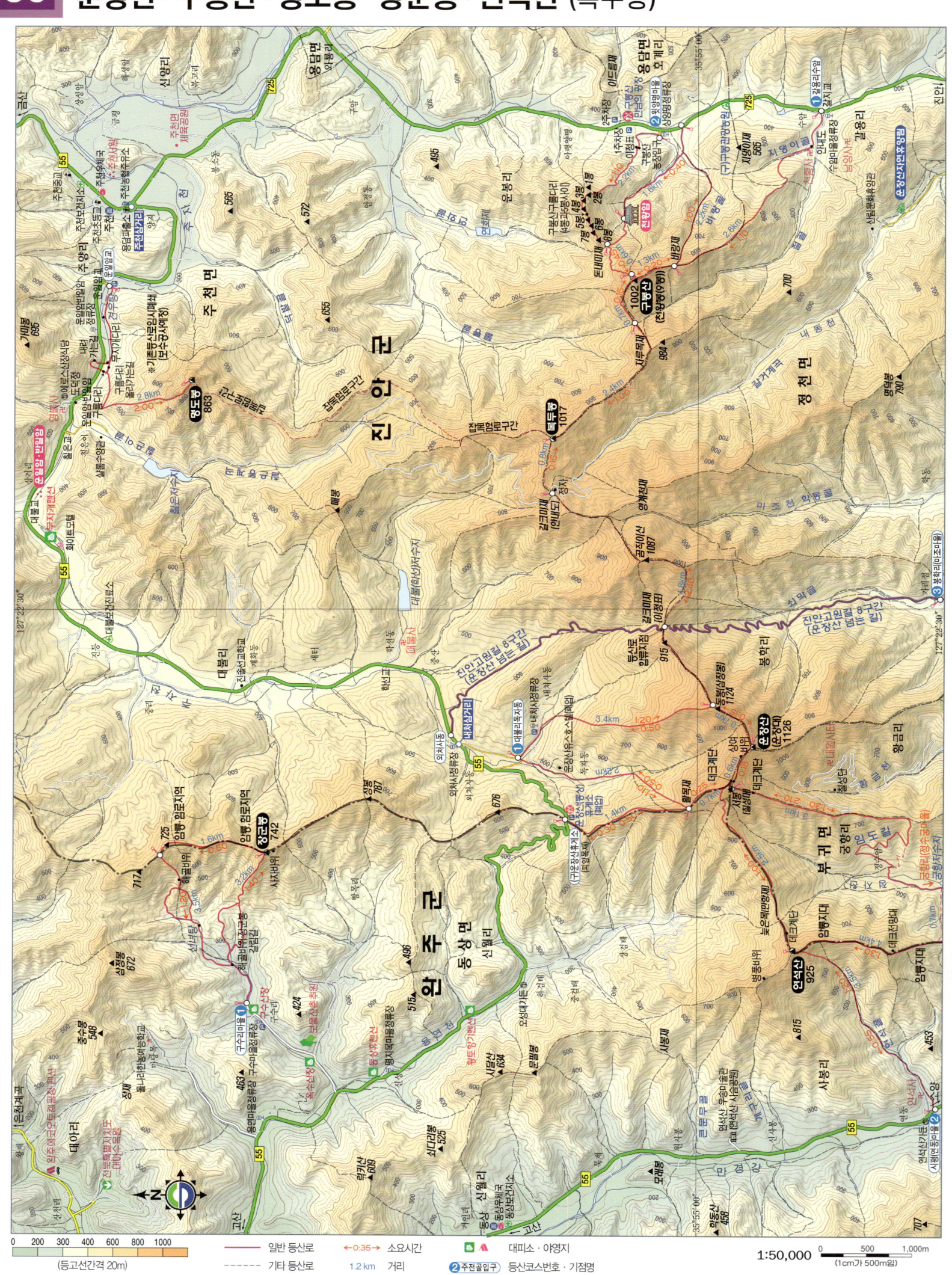

156 운장산 1126m 구봉산 1002m
장군봉 742m 명도봉 863m

서울센트럴시티터미널 또는 서울남부터미널에서 고속·시외버스로 전주나 진안에서 내려 내처사행 농어촌버스 이용 후 하차한다.

위치 : 전북특별자치도 완주군 동상면·부귀면, 진안군 주천면·정천면

▲ 운장산 상여바위

▲ 구봉산 전경

등산코스

운장산/연석산
1. 대불리독자동 3.4km/1시간20분 동봉 0.7km/15분 운장산
2. 시평(연동)마을 3.5km/1시간20분 연석산 2.5km/1시간 서봉 0.6km/15분 운장산
3. 봉학리(마조마을) 진안고원길7구간 갈크미재(이정표) 진안고원길8구간 외처사동 운장산

구봉산
1. 갈용리수암 2.8km/1시간10분 바랑재 1.3km/1시간 구봉산
2. 윗양명마을 1.6km/1시간 천황암 0.5km/25분 8봉 0.6km/45분 구봉산
3. 운봉리안정동 3.3km/1시간40분 8봉 0.6km/45분 구봉산

명도봉
1. 주양리 2.3km/1시간/10분 명도봉 1.5km/1시간10분 칠은이마을

장군봉
1. 구수리마을 3.2km/1시간40분 장군봉 1.6km/50분 725m봉 3.5km/1시간20분 구수리마을

단면도

교통편

운장산 / 연석산
1. 서울센트럴시티터미널(호남선) – 진안행 고속버스 이용 – 진안시외버스공용정류장
   * 진안행 고속버스 (1일 2회, 10:10 / 15:10)
2. 서울센트럴시티터미널(호남선) – 전주행 고속버스 이용 – 전주고속버스터미널에서 하차 후 전주시외버스터미널로 이동
   * 서울센트럴시티터미널(호남선)발 전주행 고속버스 (수시 운행, 05:30 ~ 24:00)
3. 서울남부터미널 – 전주행 시외버스 이용 – 전주시외버스터미널에서 하차
   * 서울남부터미널발 전주행 시외버스 (수시 운행, 06:00 ~ 21:30)
4. 전주시외버스터미널 – 진안행 시외버스 이용 – 진안시외버스공용정류장에서 하차
   * 전주시외버스터미널발 진안행 시외버스 (수시 운행, 06:20 ~ 21:00)
5. 진안시외버스공용정류장 – 정천방면 내처사행 농어촌버스 이용 – 내처사(종점)정류장 * 내처사행 농어촌버스(1일 6회) (08:00 / 11:30 / 13:40 / 14:50 / 17:05 / 19:00)

명도봉
1. 진안시외버스공용정류장 – 정천 방면 내처사행 농어촌버스 이용 – 운일암반일암정류장
   * 내처사행 농어촌버스 상단 운장산, 연석산 교통편 5번 참조

구봉산
1. 진안시외버스공용정류장 – 정천 방면 내처사행 농어촌버스 이용 – 수암아르정류장 또는 상양명정류장에서 하차
   * 내처사행 농어촌버스 상단 운장산, 연석산 교통편 5번 참조

장군봉
1. 상단 운장산, 연석산 교통편 2번, 3번 참조
2. 전주고속버스터미널 또는 전주시외버스터미널에서 하차 후 각 터미널 앞 정류장에서 전주역 방면 999번 시내버스 이용 또는 각 터미널 건너편 정류장에서 전주역 방면 200번 시내버스 이용 – 동부대로전주역정류장에서 하차 – 고산버스터미널행 535번 시내버스 이용 – 고산터미널정류장에서 하차
3. 전주고속버스터미널 또는 전주시외버스터미널에서 하차 후 모래내정류장까지 약 1.5km 도보 이동 – 고산버스터미널행 535번 시내버스 이용 – 고산터미널(종점)정류장에서 하차
4. 서울용산역 KTX, 새마을호, 무궁화호 열차, 수서역 SRT 열차 – 전주역 – 전주역 앞 동부대로전주역정류장에서 하차 – 고산버스터미널행 535번 시내버스 이용 – 고산터미널(종점)정류장에서 하차
   * 용산역발 전주행 열차(수시 운행, 05:08(첫차) ~ 21:48(막차))
   * 수서역발 전주행 SRT 열차 (1일 2회, 10:20 / 19:08)
   * 고산버스터미널행 535번 시내버스 (평일 39회 운행 / 주말·공휴일 25회 운행)
5. 고산버스터미널 – 명지목행 또는 하검태행 시민여객버스 이용 – 용연마을정류장 또는 명지목마을정류장에서 하차 후 구수마을로 도보 이동
   * 명지목, 하검태행 시민여객버스 (1일 5회, 09:10 / 12:00 / 14:00 / 16:30 / 18:30) *18:30분 운행 버스만 구수마을정류장 경유함

---

158 위봉산 524m 종남산 608m
원등산 713m 귀골산 613m

서울남부터미널이나 서울센트럴시티터미널에서 고속·시외버스로 전주에 도착하여 시내버스로 송광사, 위봉사 등지에서 하차한다.

위치 : 전북특별자치도 완주군 용진읍·동상면·소양면

▲ 위봉산 위봉사

▲ 원등산 전경

등산코스

위봉산(장대봉)
1. 위봉사입구 1.2km/50분 위봉산(장대봉)
2. 위봉재 1.4km/40분 서래봉갈림길 1.5km/40분 위봉산(장대봉)

원등산
1. 위봉재 0.8km/40분 귀뚤봉 2.8km/1시간30분 안부 1.8km/50분 원등산갈림길 0.8km/20분 원등산
2. 원암마을 1.6km/30분 갈림길 4.9km/2시간 원등사갈림길 1.3km/30분 원등산

귀골산
1. 원암마을 1.6km/30분 갈림길 4.9km/2시간 원등사갈림길 1.3km/30분 원등산 3.1km/1시간20분 귀골산
2. 위봉재 0.8km/40분 귀뚤봉 2.8km/1시간30분 안부 1.8km/50분 원등산갈림길 2.3km/1시간 귀골산

종남산/서방산
1. 봉서사입구 2.6km/1시간20분 서방산 2.6km/1시간10분 종남산 3km/1시간 죽절리

단면도

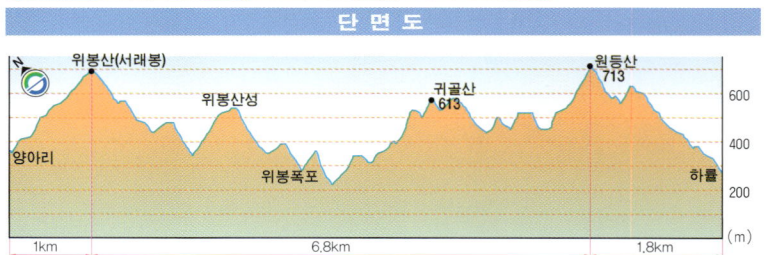

교통편

위봉산(장대봉) / 귀골산
1. 상단 운장산, 연석산 교통편 2번, 3번 참조
2. 상단 장군봉교통편 2번, 3번 참조 – 전주역첫마중길정류장에서 하차 후 소양면행 810번 시내버스로 환승 – 소양면행 복지센터정류장에서 하차
   * 소양면행 810번 시내버스 (1일 20회, 05:50 ~ 21:40, 평균 50분 간격 운행)
   * 차고지인 평화동종점 기준 시간이며, 전주역첫마중길정류장까지 약 40분 정도 소요됨.
3. 전주고속버스터미널 또는 전주시외버스터미널에서 하차 후 모래내정류장까지 약 1.5km 도보 이동 – 소양면 820번 시내버스로 환승 – 소양면행정복지센터정류장에서 하차
   * 소양면행 820번 시내버스 (평일 35회(평균 25분 간격 운행) / 주말·공휴일 26회 운행(평균 25분 ~ 50분 간격 운행)
   * 차고지인 이서회차지 기준 시간이며, 모래내정류장까지 약 40분 정도 소요됨.
4. 소양면행정복지센터정류장 – 82-1번 마을버스 이용 – 위봉 정류장에서 하차
   * 82-1번 마을버스 (1일 7회, 07:13 / 09:10 / 12:13 / 14:30 / 16:23 / 18:13 / 20:25) *20:25분 운행 버스는 삼리정류장에서 출발 후 소양면행복지센터정류장 경유 후 위봉사 방향으로 운행하며, 삼리정류장에서 소양면정류장까지는 약 10분 정도 소요됨.

서방산 / 종남산 / 위봉산(서래봉)
1. 소양면행정복지센터정류장에서 인덕마을행 84번 마을버스 이용 – 송광사정류장에서 하차
   * 84번 마을버스 (1일 9회) (07:10 / 08:32 / 11:00 / 12:35 / 14:55 / 17:15 / 19:05 / 20:0 / 21:30)
   * 82-1번 마을버스 이용 시에도 송광사정류장에서 하차 가능함.

원등산
1. 소양면행정복지센터정류장에서 다리목행 87-2번 마을버스 이용 – 원암마을정류장에서 하차
   * 소양면 – 다리목행 87-2번 마을버스 (1일 2회, 12:00 / 18:25)
2. 약암마을 기점에서 출발 후 소양면 경유 후 다목리행 87-2번 마을 버스 이용 – 원암마을정류장에서 하차
   * 약암마을발 소양면 경유 다목리행 마을버스 (1일 6회, 07:00 / 08:55 / 13:15 / 15:30 / 18:25 / 21:0)
   * 약암마을정류장에서 소양면정류장까지는 약 10분 정도 소요됨.

■ 완주군의 1읍2면(용진읍, 소양면, 동상면)에 여러 갈래로 뻗은 산줄기가 있다. 그 산줄기 위에 위봉산, 원등산, 귀골산, 종남산, 서방산이 솟아 있다. 높이가 500~700m 전후로 그다지 높지 않지만, 풍광이 수려하고 전망이 훌륭한 산들이다.

전라도편 157

■ 운장산을 중심으로 연석산과 구봉산이 동서로 뻗어 있는데, 이 산줄기는 완주군과 진안군의 접경을 이루고 있다. 운장산은 노령산맥의 최고봉으로 정상부는 서봉, 중봉, 동봉의 세 봉우리로 이루어져 있다. 구봉산은 운장산 동쪽 능선 7km 지점에 위치하는 산으로, 산의 남동쪽 천황사 쪽에서 바라보면 아홉 개의 봉우리가 뚜렷하여 구봉산으로 불린다.

■ 운장산에서 구봉산으로 이어지는 산줄기 북쪽으로 흘러내리는 골짜기는 금강 상류인 주자천을 이루는데, 명도봉과 명덕봉 사이의 계곡이 유명산 운일암과 반일암계곡이다.

■ 연석산은 운장산에서 동으로 뻗은 산줄기 위에 솟은 산으로 완주군과 진안군이 맞닿은 지점에 있다. 높이는 925m로 높지만, 경사가 완만해서 그리 힘든 등산 코스는 아니며 전주시와도 가깝다. 연곡(연석계곡)은 이 산 최고의 절경으로 여러 개의 소(沼), 크고 작은 폭포, 빽빽하게 들어선 수림들이 조화를 이루어 한 폭의 그림 같다.

축제·볼거리

1. 진안고원 운장산 고로쇠축제
진안의 고로쇠 약수는 해발 400m 이상에서만 채취한 것으로 맛과 효능이 뛰어나다. 매년 봄(3월 중순) 운일암·반일암 삼거광장에서 고로쇠축제를 개최하며 고로쇠 놀이, 진안고원길 걷기, 축하공연, 지역 특산물 판매 등을 한다.

문 의
진안군청 ☎ 063-430-2114
완주군청 ☎ 063-290-2114

* 시각표는 2024년 11월 기준이며 변동될 수 있음.

■ 위봉산은 능선 위에 위봉산성과 백제의 고찰 위봉사가 자리하고 있으며, 원등산과 귀골산은 비경을 간직한 알려지지 않은 명산이다.

■ 종남산과 서방산은 위봉산, 원등산, 귀골산 세 산의 서쪽, 용진읍과 소양면이 맞닿은 지점에 줄기를 뻗고 있다. 능선을 중심으로 산 동쪽으로는 산악 지대가 펼쳐지고, 서쪽으로는 전주시가 펼쳐져 있어 정상에서는 첩첩이 이어진 산과 시가지를 한눈에 볼 수 있다. 숲이 울창하고 계곡이 아름다우며 전주시가 가까워 시민들이 많이 찾으며, 산기슭의 송광사가 유명하다.

축제·볼거리

1. 완주곶감제
매년 12월 중순 경 완주군 운주면 대둔산광장 일원에서 열리는 곶감 축제이다. 좋은 품질의 완주곶감을 저렴하게 구입할 수 있는 장터 및 시식 체험, 문화 공연 등의 행사가 진행된다.

2. 봉동장 (1, 10일)
전북특별자치도 완주군 봉동읍 장기리 봉동생강골시장에 서는 장으로 생강, 왕포도, 양배추, 딸기 등 지역 농산물과 산나물이 판매된다.

3. 송광사
전북특별자치도 완주군 종남산 남쪽 자락에 있는 사찰로서, 신라 시대 도의선사가 창건했다. 대웅전, 일주문, 나한전 등의 당우와, 벽암당부도, 소조사천왕상 등의 문화재가 있다. 또한, 봄이면 진입로에 벚꽃이 흐드러지게 피어 방문객이 더욱 늘어난다.

문 의
완주군청 ☎ 063-290-2114
전주시청 ☎ 063-222-1000

* 시각표는 2024년 11월 기준이며 변동될 수 있음.

158 위봉산·종남산·원등산·서방산·귀골산 (귀뜰봉·대부산·학동산)

마이산·광대봉 159

159 마이산 686m | 광대봉 609m

서울센트럴시티터미널 또는 서울남부터미널에서 고속·시외버스로 전주, 진안에 도착 후 마이산으로 이동

위치 : 전북특별자치도 진안군 진안읍·마령면

등산코스

마이산
1. 북부주차장앞 1.3km/50분 암마이봉
2. 탑사입구 1.8km/35분 탑사 1km/45분 암마이봉

광대봉
1. 강정리 3.5km/1시간20분 광대봉
2. 북부주차장앞 1.9km/40분 비룡대 1.0km/20분 고금당 2.5km/50분 광대봉
3. 강정마을 2.8km/1시간25분 광대봉

▲ 마이산 전경

교통편

광대봉
1. 진안시외버스공용정류장 – 마령(면) 방면 농어촌버스 이용 – 평산, 월운, 원강정, 마령활력센터정류장 등에서 하차
  * 마령(면)행 농어촌 버스 (수시 운행, 06:25 ~ 20:30)

마이산
1. 서울센트럴시티터미널(호남선) – 진안행 고속버스 이용 – 진안시외버스공용정류장
  * 진안행 고속버스 (1일 2회, 10:10 / 15:10)
2. 서울센트럴시티터미널(호남선) – 전주행 고속버스 이용 – 전주고속버스터미널에서 하차 후 전주시외버스터미널로 이동
  * 서울센트럴시티터미널(호남선)발 전주행 고속버스 (수시운행, 05:30 ~ 24:00)
3. 서울남부터미널 – 전주행 시외버스 이용 – 전주시외버스터미널에서 하차 * (수시 운행, 06:00 ~ 21:30)
4. 전주시외버스터미널 – 진안행 시외버스 이용 – 진안시외버스공용정류장에서 하차
  * 전주시외버스터미널발 진안행 시외버스 (수시 운행, 06:20 ~ 21:00)
5. 진안시외버스공용정류장 – 마이산행 농어촌버스 이용 – 진안마이산명인명품정류장
  * 진안마이산명인명품정류장행 농어촌버스 (1일 11회, 07:30 ~ 18:20)

5-1. 진안시외버스공용정류장 – 탑사입구행 농어촌버스 이용 – 마이산남부정류장에서 하차
  * 탑사입구행 농어촌버스 (1일 3회, 09:30행 / 13:30행 / 17:20)

■ 진안 남서쪽에 자리한 마이산도립공원내 동서로 길게 뻗은 산줄기 위에 마이산과 광대봉이 있다. 마이산은 말귀를, 광대봉은 탈을 쓴 광대와 닮아 산세가 독특하다. 마이산은 숫마이봉과 암마이봉으로 이뤄져 있으며, 암마이봉은 등산로를 따라 정상에 오를 수 있다. 광대봉은 마이산에 비해 호젓하고 오르기도 어렵지 않으며 정상에서는 마이산과 운장산까지 보인다. 암마이봉 기슭의 탑사는 마이산의 명물로 유명하다.

문 의
마이산도립공원관리소 ☎ 063-430-8751~3
진안군청 ☎ 063-430-2114

* 시각표는 2024년 11월 기준이며 변동될 수 있음.

160 내장산 · 백암산

160 내장산 763m 백암산 741m

서울용산역이나 서울센트럴시티터미널에서 열차나 고속버스로 정읍에서 내려, 시내버스로 백양사나 내장산에서 하차한다.
위치 : 전북특별자치도 정읍시, 순창군 복흥면, 전라남도 장성군 북하면

▲ 내장산의 심삼계곡

▲ 백암산 설경

등산코스

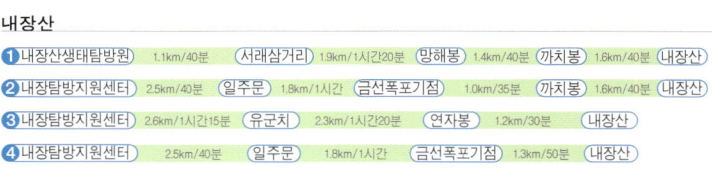

내장산
① 내장산생태탐방원 1.1km/40분 [서래삼거리] 1.9km/1시간20분 [망해봉] 1.4km/40분 [까치봉] 1.6km/40분 [내장산]
② 내장탐방지원센터 2.5km/40분 [일주문] 1.8km/1시간 [금선폭포기점] 1.0km/40분 [까치봉] 1.6km/40분 [내장산]
③ 내장탐방지원센터 2.6km/1시간15분 [유군치] 2.3km/1시간20분 [연자봉] 1.2km/30분 [내장산]
④ 내장탐방지원센터 2.5km/40분 [일주문] 1.8km/1시간 [금선폭포기점] 1.3km/50분 [내장산]

백암산
① 백양자원봉사센터 2km/55분 [청류암] 3.3km/1시간40분 [능선사거리] 0.6km/20분 [백암산]
② 백양자원봉사센터 1.4km/30분 [백양사] 2.6km/1시간30분 [772m봉] 1.8km/50분 [백암산]

단면도

백암산(상왕봉) 741 사자봉 — 내장산(신선봉) 763
신성리 — 대가 — 내장산지구 — 내장사 — 내장동
2.8km — 2.7km — 3.5km

교통편

내장산
1. 서울센트럴시티터미널(호남선) – 고속버스 이용 – 정읍고속버스터미널
 * 정읍행 고속버스(1일 13회, 07:00 ~ 22:00)
 * 정읍고속·시외버스터미널 통합 운영함.
2. 서울 용산역 – KTX, 새마을호, 무궁화호 열차 이용 – 정읍역
 * 서울역발 정읍행 정차 열차(수시 운행 05:08 ~ 22:23)
 * 수서역발 정읍행 SRT 열차(1일 9회, 05:08 ~ 22:20)
3. 정읍역과 정읍고속버스터미널, 정읍공용버스터미널 중간에 위치한 터미널승강장(종로약국)정류장에서 내장산행 171번 시내버스 이용 – 내장터미널(종점)정류장에서 하차
 * 내장산행 시내버스 (06:20~20:30, 평균 30분 간격 배차)
4. 정읍공용(시외)버스터미널에서 백양사 경유 장성행 시외버스 이용 가능함.
 * 백양사 경유 장성행 시외버스(1일 2회, 11:45 / 13:55)

백암산
1. 서울센트럴시티터미널(호남선) – 고속버스 이용 – 장성공영버스터미널
 * 장성행 고속버스(1일 2회, 09:50 / 16:05))
2. 서울 용산역 – KTX, 새마을호, 무궁화호 열차 이용 – 장성역 – 장성공영버스터미널까지 약 400m 도보 이동
 * 정읍행 열차(1일 14회, 06:25 ~ 20:03)
3. 장성공영버스터미널 – 백양사행 농어촌버스 이용 – 백양사정류장에서 하차
 * 백양사행농어촌버스(1일11회): 06:40~18:40, 1시간 간격 배차)
4. 장성공영버스터미널 – 백양사 경유 정읍행 시외버스 이용 – 백양사정류장에서 하차
 * 백양사 경유 정읍행 시외버스 (1일 3회, 10:15 / 12:15 / 15:55)
5. 서울 용산역 – 새마을호, 무궁화호 열차 이용 – 백양사역 – 장성사거리버스여객터미널까지 약 150m 도보 이동 – 사거리터미널에서 백양사행 또는 남창(남창계곡)행 농어촌버스 이용
 * 백양사역 정차 열차
  (1일 5회, 06:25 / 07:34 / 13:34 / 16:15 / 18:10)
 * 백양사행 농어촌버스(1일10회),07:50 / 09:10 / 10:10 / 11:10 / 12:10 / 13:40 / 14:10 / 15:10 / 16:10 / 17:00)
 * 남창골(남창계곡)행 군내버스
  (1일 4회, 08:30 / 10:00 / 13:50 / 16:50)

■ 내장산은 노령산맥 줄기의 끝머리, 전라도를 남북으로 가르면서 솟은 호남 5대 명산의 하나로 이 일대는 국립공원으로 지정되어 있다. 산세는 크지 않으나 기암괴석으로 이뤄진 바위 봉과 울창한 수림, 맑은 계류가 어울린 풍광이 아름답다. 내장사를 중심으로 북으로 서래봉에서 불출봉, 연지봉, 까치봉, 신선봉, 장군봉에 이르기까지 산줄기가 말발굽처럼 둘러쳐져 마치 철옹성의 요새 같은 지형을 이루고 있어 코스 잡기에 따라 산행도 다양하게 즐길 수 있다.

■ 내장산 남쪽에는 백암산과 입암산이 전북특별자치도와 전라남도의 경계를 이루며 솟아 있다. 산기슭에 백양사가 자리하고 있는데, 봄 풍경이 아름답기로 유명하여 조선8경으로 불렸다. 춘백양(春白羊) 추내장(秋內藏)이라 불리기도 하고, "산은 내장이고 절은 백양사"라 하여 내장산, 백양사를 연결하는 산행 코스가 인기있다.

축제·볼거리

1. 정읍사 문화제
매년 10월 말 이틀간의 일정으로 열리는 문화 축제이다. 주 행사장은 정읍사사문화공원 일원이며, 식전 행사 및 제례, 공연 행사 등이 진행된다.

2. 장성 백양 단풍 축제
매년 10월 말~11월 초 백암산 백양사 일원에서 장성 백양 단풍축제가 열린다. 다양한 공연 및 체험 행사 등이 진행된다.

3. 내장사(內藏寺)
내장산의 한복판에 자리한 이 절은 백제 무왕 37년(636년) 영은조사가 창건한 고찰이나 잦은 병화로 인하여 이렇다 할 문화재는 없다. 부속 암자로 원적암이 있는데 원적암 일대는 천연기념물로 지정된 비자림이 유명하다.

문 의
내장산국립공원사무소 ☎ 063-538-7875~6
내장산국립공원 백암사무소 ☎ 061-392-7288
내장산탐방안내소 ☎ 063-538-7874
입암분소 ☎ 063-538-7872
남창분소 ☎ 061-393-7288
장성군청 ☎ 061-393-1989
순창군청 ☎ 063-650-1114
정읍시청 ☎ 063-539-7114

* 시각표는 2024년 11월 기준이며 변동될 수 있음.

---

162 동악산 737m 고리봉 709m 문덕봉 598m

서울용산역이나 서울센트럴시티터미널에서 열차나 고속버스로 곡성이나 남원에서 내려 군내버스로 도림사나 청계동에서 하차한다.
위치 : 전북특별자치도 남원시 금지면·주생면 전라남도 곡성군 곡성읍

▲ 동악산의 암릉

▲ 고리봉 전경

등산코스

고리봉
① 방촌마을 4.7km/1시간50분 [고리봉] 4.2km/3시간25분 [그럭재] 2.0km/1시간 [문덕봉] 4.2km/1시간 [비홍재]
② 석촌삼거리 3.4m/1시간35분 [고리봉] 4.7km/1시간20분 [방촌마을]

문덕봉
① 비홍재 4.2km/1시간25분 [문덕봉] 2.0km/1시간 [그럭재] 4.2km/3시간25분 [고리봉] 4.7km/1시간20분 [방촌마을]

동악산
① 도림사입구 3km/1시간 [배넘이재] 2.6km/55분 [동악산]
② 청계동 1.9km/1시간15분 [삼인재] 4.1km/2시간5분 [동악산]
③ 도림사입구 3km/1시간20분 [동악산]
④ 도림사입구 1.9km/40분 [길상암] 1km/20분 [형제봉] 0.6km/10분 [대장봉] 1.9km/50분 [배넘이재] 2.6km/55분 [동악산]

단면도

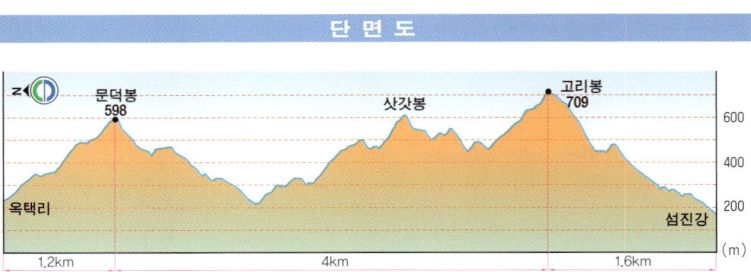

문덕봉 598 — 삿갓봉 — 고리봉 709
옥택리 — — 섬진강
1.2km — 4km — 1.6km

교통편

동악산
1. 서울 용산역 – KTX, 새마을호, 무궁화호 열차 이용 – 곡성역 – 곡성버스터미널까지 1km 도보 이동
 * 서울역발 곡성행 정차 열차(1일 14회, 05:44 ~ 20:08)
 * 수서역발 곡성행 SRT 열차(1일 2회, 10:20 / 19:08)
2. 곡성버스터미널 – 삼기(면) 옥과(면)행 또는 석곡(면)행 농어촌버스 이용 – 도림사정류장에서 하차 후 도보 이동
 * 도림사정류장 경유하는 농어촌버스는 수시 운행함.
3. 곡성역에서 곡성향교 또는 학림원까지 도보 이동
4. 청계동(사방댐)에서 등산 시 곡성 시내에서 택시 이용

고리봉
1. 서울센트럴시티터미널(호남선) – 고속버스 이용 – 남원문화(공용)터미널
 * 남원행 고속버스(1일 7회, 07:30 / 09:35 / 11:30 / 14:05 / 16:05 / 18:35 / 20:40)
2. 서울 용산역 KTX, 새마을호 열차, 수서역 SRT 열차 이용 – 남원역 – 대강면행 231번 ~ 233번 시내버스 이용
 * 남원행KTX, 새마을호, 무궁화호 열차(수시운행, 05:08 ~ 21:48)
 * 수서역발 남원행 SRT 열차(1일 2회, 10:20 / 19:08)
3. 남원문화(공용)터미널 – 대강면행 231번 ~ 233번 시내버스 이용 – 사석정류장 또는 석촌정류장에서 하차
 * 대강면행 231번 ~ 233번 시내버스 (1일 7회)
  (07:35 / 09:25 / 10:20 / 12:35 / 13:35 / 16:55 / 19:00)
 * 월락삼거리정류장 기점 기준 시간이며, 터미널까지 약 5분, 남원역까지는 약 15분 정도 소요됨.
4. 남원문화(공용)터미널 – 금지면 경유 대강면행 211번 ~ 214번 시내버스 이용 – 매촌정류장 또는 석촌정류장에서 하차
 * 금지면 경유 대강면행 211번 ~ 214번 시내버스 (1일 7회)
  (07:10 / 08:35 / 10:40 / 13:20 / 14:55 / 17:30 / 19:20)
 * 07:10분, 13:20분 운행하는 211번 시내버스는 내기정류장까지만 운행하며, 나머지 시내버스는 석촌정류장 경유함.
 * 월락삼거리정류장 기점 기준 시간이며, 터미널까지 약 5분 정도 소요됨.

문덕봉
1. 남원문화(공용)터미널 – 금지면 경유 대강면행 211번 ~ 214번 시내버스 이용 – 반월마을정류장에서 하차
 * 금지면 경유 대강면행 211번 ~ 214번 시내버스 (1일 7회)
  (07:10 / 08:35 / 10:40 / 13:20 / 14:55 / 17:30 / 19:20)
 * 07:10분, 13:20분 운행하는 211번 시내버스는 내기정류장까지만 운행하며, 나머지 시내버스는 석촌정류장 경유함.
 * 월락삼거리정류장 기점 기준 시간이며, 터미널까지 약 5분 정도 소요됨.
2. 남원문화(공용)터미널 – 대강면행 231번 ~ 233번 시내버스 이용 – 비홍재정류장 또는 강석정류장에서 하차
 * 대강면행 231번 ~ 233번 시내버스 (1일 7회)
  (07:35 / 09:25 / 10:20 / 12:35 / 13:35 / 16:55 / 19:00)

* 월락삼거리정류장 기점 기준 시간이며, 터미널까지 약 5분, 남원역까지는 약 15분 정도 소요됨.

■ 전라도를 북도와 남도로 나누는 섬진강을 사이에 두고 문덕봉–고리봉 줄기와 동악산이 마주보고 있다. 남북으로 길게 뻗어 남원시와 대강면의 경계를 이루는 문덕봉–고리봉 줄기는 전북특별자치도의의 대표적인 바위 산으로 웅장한 산세가 장관이다. 문덕봉 산세는 설악산의 용아능선을 닮아 '작은 용아릉'이라는 별칭으로 불린다.

■ 섬진강 남쪽, 곡성읍 서쪽을 가로 막고 선 동악산은 골이 깊고 바위로 이루어져 오르기 쉽지 않은 산이다. 산기슭에는 천년 고찰 도림사가 자리하고 있으며, 주 계곡인 청류구곡은 널찍한 반석과 맑은 계류, 울창한 숲이 조화를 이뤄 수석의 경관이 삼남(三南)에서 으뜸이라 할 만큼 수려한 계곡미를 이룬다. 동악산은 곡성군에서 계곡과 능선을 따라 여러 갈래로 등산로를 내고, 갈라지는 곳마다 안내판을 세워 놓아 코스 잡기에 따라 다양한 산행을 즐길 수 있다.

축제·볼거리

1. 곡성 심청 어린이대축제
매년 10월 말 곡성군 오곡면 섬진강기차마을에서 열리는 문화 축제로 어린이 합창대회, 예술 공연, 체험 행사 등이 열린다.

2. 도림사(道林寺)
동악산 남쪽, 청류구곡 가에 자리한 이 절은 신라 때 원효대사가 창건했다. 옛날에는 도인들이 수없이 모여들어 도림사라 했다. 절 일원이 전라남도 문화재 자료로 지정되어 있다.

문 의
남원시청 ☎ 063-620-6114
곡성군청 ☎ 061-363-2011

* 시각표는 2024년 11월 기준이며 변동될 수 있음.

162 동악산·고리봉·문덕봉 (형제봉·삼인봉)

백운산 · 장안산 (사두봉 · 범골봉 · 영취산)

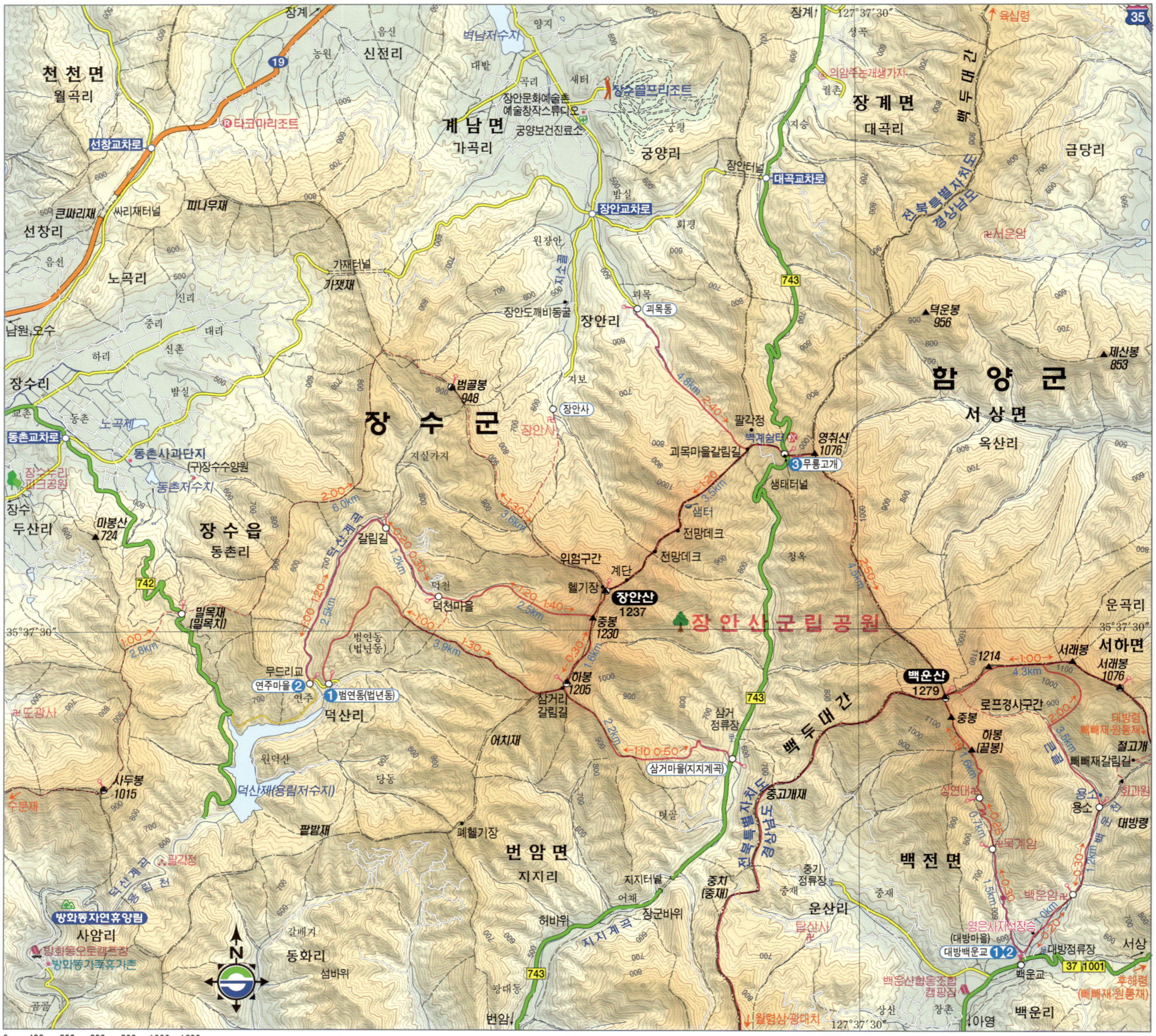

0 400 500 600 800 1000 1200
(등고선간격 20m)

일반 등산로 · 기타 등산로 · ←0:35→ 소요시간 · 1.2 km 거리 · 대피소 · 야영지 · ②주전골입구 등산코스번호 · 기점명

1:60,000 0 600 1,200m (1cm가 600m임)

164 백운산 1279m 장안산 1237m

서울남부 또는 동서울터미널에서 시외버스로 장수, 함양에서 내려, 농어촌버스로 장안리, 신촌에서 내린다.

위치 : 전북특별자치도 장수군 장수읍·번암면
경상남도 함양군 백천면 서상면

등 산 코 스

백운산

① 대방백운교 1.0km/20분 백운암 1.2km/30분 용소 3.5km/2시간 백운산

② 대방백운교 1.5km/30분 묵계암 0.7km/25분 상연대 1.6km/1시간15분 백운산

장안산

① 범연동 3.9km/1시간30분 갈림길 1.6km/30분 장안산

② 연주마을 2.5km/1시간20분 갈림길 1.2km/30분 덕천 2.5km/1시간40분 장안산

③ 무룡고개 3.5km/1시간20분 장안산

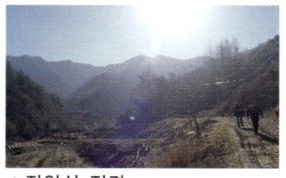

▲장안산 전경

단 면 도

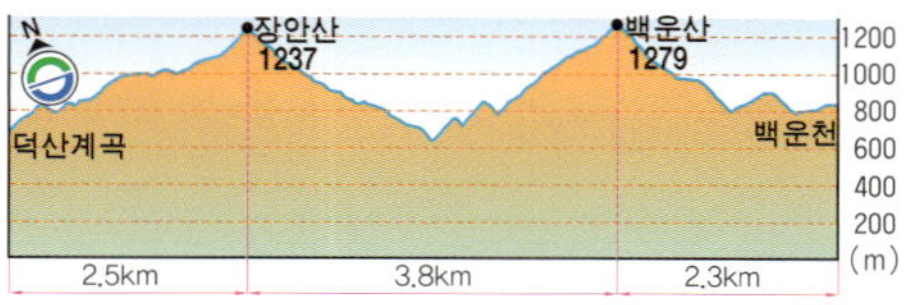

교 통 편

장안산

1. 서울남부터미널 – 시외버스 이용 – 장수공용버스터미널
   * 장수행 시외버스 (1일 4회, 09:20 / 10:40 / 14:35 / 18:00)
2. 장수공용버스터미널 또는 장수 시내에서 범연동까지 택시 이용
   * 덕산리 범연동행 노선 운행 중단되었음.
3. 장수공용버스터미널 – 장계(면)행 농어촌버스 또는 장계 경유 대전행 시외버스 이용
   * 장계(면)행 농어촌버스 (1일 11회, 06:20 ~ 19:10)
   * 장계 경유 대전행 시외버스 (1일 5회, 09:15 / 11:20 / 13:25 / 16:30 / 19:25)
4. 서울남부터미널 – 장계행 시외버스 이용 – 장계시외버스공용터미널에서 하차
   * 장계행 시외버스 (1일 4회, 09:20 / 10:40 / 14:35 / 18:00)
   * 장계터미널 경유 후 장수터미널로 운행함.

4–1. 장계시외버스공용터미널 – 계남면 장안리행 농어촌버스 이용 – 괴목동(종점)정류장에서 하차
   * 장안리행 농어촌버스 (1일 6회, 06:45 / 08:25 / 11:00 / 13:30 / 16:40 / 18:10)

백운산

1. 동서울터미널 – 함양행 시외버스 이용 – 함양시외버스터미널
   * 함양행 시외버스 (14회, 07:00 ~ 23:59)
2. 서울남부터미널 – 함양행 시외버스 이용 – 함양시외버스터미널
   * 함양행 시외버스 (1일 6회, 07:30 / 15:10 / 16:10 / 16:50 / 19:40 / 23:00)
3. 터미널에서 하차 후 함양지리산고속정류장까지 약 200m 도보 이동 – 중기, 중기(상조), 신촌, 신촌(상조)행 농어촌버스 이용 – 신촌정류장에서 하차
   * 중기, 중기(상조), 신촌, 신촌(상조)행 농어촌버스 (1일 14회, 06:20 ~ 19:40)

■장안산은 의기 논개의 혼이 서려 있는 장수군의 진산으로 능선에는 정상인 상봉을 비롯하여 남으로 중봉, 하봉이 솟아 산행에 아기자기한 변화가 있고 정상에서는 덕유산과 백두대간의 큰 산줄기, 멀리 지리산의 웅장한 모습이 파노라마처럼 전개된다.

■장안산 동쪽 건너에 위치한 백운산은 흔히 함양의 백운산으로 불리는데 이 두 산은 산행의 들머리가 달라 이웃하고 있으면서도 별개의 산으로 구분되어지고 있다.

문 의

장수군청 ☎ 063–351–2141
함양군청 ☎ 055–960–5114

* 시각표는 2024년 11월 기준이며 변동될 수 있음.

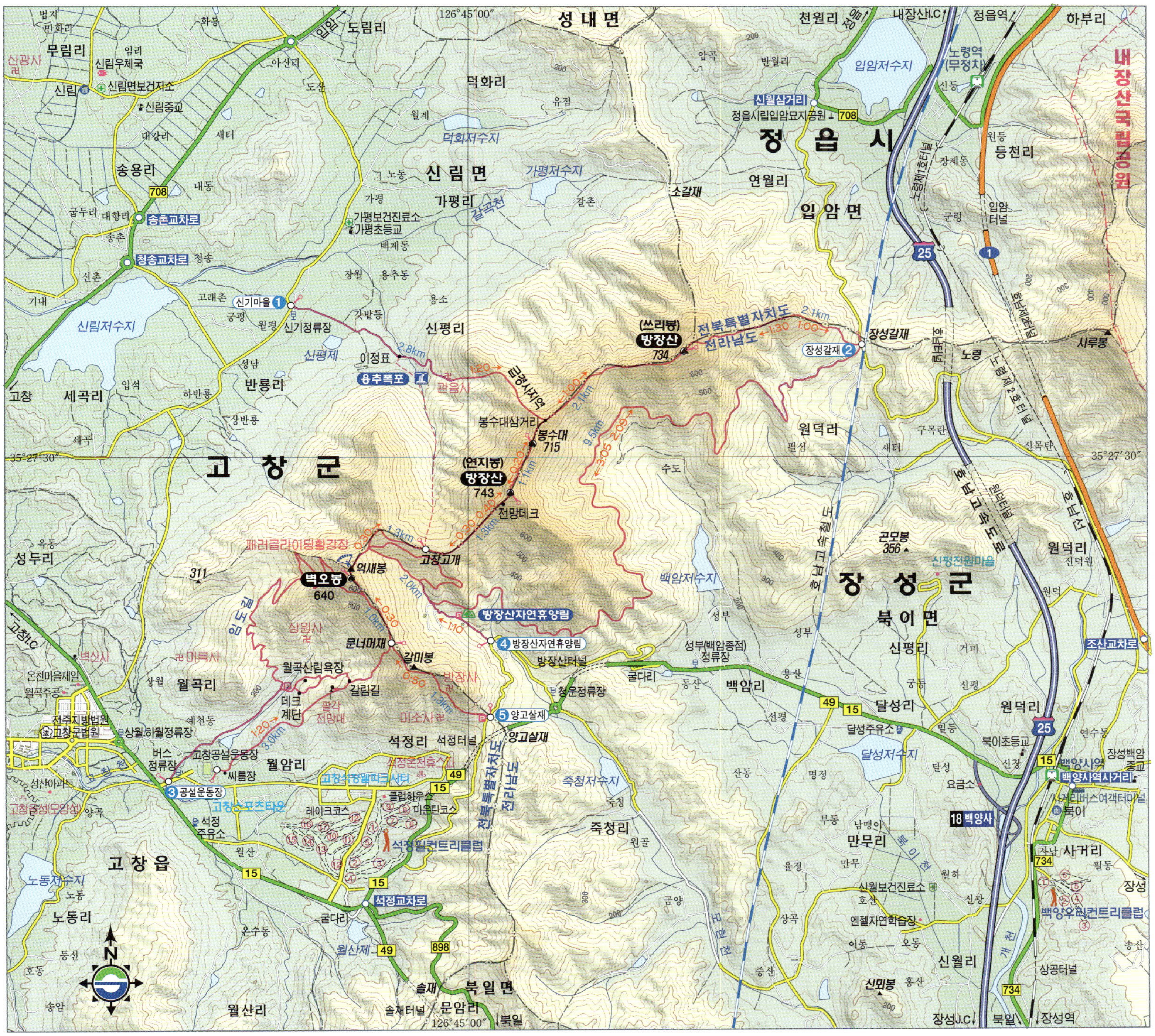

0	100	200	400	600

(등고선간격 20m)

일반 등산로 · 기타 등산로 · ←0:35→ 소요시간 · 1.2 km 거리 · 대피소 · 야영지 · ②주전골입구 등산코스번호 · 기점명

1:50,000 (1cm가 500m임)

165 방장산 743m

서울용산역 또는 서울센트럴시티터미널에서 열차나 고속버스로 장성에서 내려 농어촌버스로 망골(청운마을)에서 내린다.

위치 : 전북특별자치도 고창군 고창읍 · 신림면, 전라남도 장성군 북이면

등산코스

방장산

1. 신기마을 2.5km/1시간20분 용추폭포 1.3km/40분 고창고개 1.3km/40분 방장산
2. 장성갈재 2.1km/1시간30분 쓰리봉 3.2km/1시간20분 방장산
3. 공설운동장 3.0km/1시간20분 벽오봉 1.3km/30분 고창고개 1.3km/40분 방장산
4. 방장산자연휴양림 2.0km/1시간10분 고창고개 1.3km/40분 방장산
5. 양고살재 2.3km/1시간20분 벽오봉 1.3km/30분 고창고개 1.3km/40분 방장산

▲방장산의 용추폭포

단면도

교통편

방장산

1. 서울 용산역 – 새마을호, 무궁화호 열차 이용 – 백양사역 – 장성사거리버스여객터미널까지 약 150m 도보 이동 – 사거리터미널에서 청운정류장 경유 모현행 21번 농어촌버스 이용
   * 백양사역 정차 열차 (1일 5회, 06:25 / 07:34 / 13:34 / 16:15 / 18:10)
   * 청운 경유 모현행 21번 농어촌버스 (1일 4회, 06:20 / 10:00 / 13:00 / 16:00)
2. 서울센트럴시티터미널(호남선) – 고속버스 이용 – 장성공영버스터미널
   * 장성행 고속버스(1일 2회, 09:50 / 16:05)
3. 서울 용산역 – KTX, 새마을호, 무궁화호 열차 이용– 장성역 – 장성공영버스터미널까지 약 400m 도보 이동
   * 장성역행 열차 (1일 14회, 06:25 ~ 20:03)
   * 장성터미널발 사거리터미널행 농어촌 버스 (1일 8회, 06:20 ~ 17:30)
   * 장성터미널발 사거리터미널행 직행(시외)버스 (1일 7회) (09:45 / 10:15 / 11:00 / 14:15 / 12:15 / 13:10 / 15:55)
4. 서울센트럴시티터미널(호남선) – 고창행 고속버스 이용 – 고창문화터미널
   * 고창행 고속버스 (1일 16회, 07:05 ~ 19:30)
5. 고창문화터미널 – 석정온천행 농어촌버스 이용 – 공설운동장정류장에서 하차
   * 석정온천행 농어촌버스 (1일13회, 07:15 ~ 19:15)
6. 고창문화터미널 – 반룡리행 또는 반룡리 경유 정읍행 농어촌버스 이용 – 신기정류장에서 하차
   * 반룡리행 또는 반룡리 경유 정읍행 농어촌버스 (1일 8회) (06:50 / 09:12 / 10:50 / 11:05 / 13:40 / 16:05 / 17:20 / 18:12)

■전북특별자치도에서 전라남도로 들어서려면 장성갈재를 넘어야 한다. 갈재에서 서쪽으로 뻗은 능선에 고창의 진산인 방장산이 있다.

■고창읍의 동쪽을 가로막고 선 방장산 줄기는 전북특별자치도와 전라남도의 경계를 이룬다. 산 남쪽 기슭에 방장산자연휴양림이 자리하고 있고 고창읍 석정리에는 석정온천이 있어, 자연휴양림과 온천을 더불어 즐길 수 있는 산행지로 각광을 받고 있다.

문 의

장성군청 ☎ 061–393–1989
방장산자연휴양림 ☎ 061–394–5523

* 시각표는 2024년 11월 기준이며 변동될 수 있음.

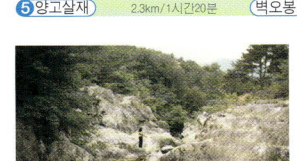

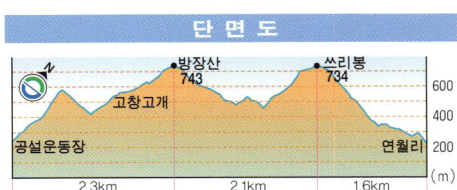

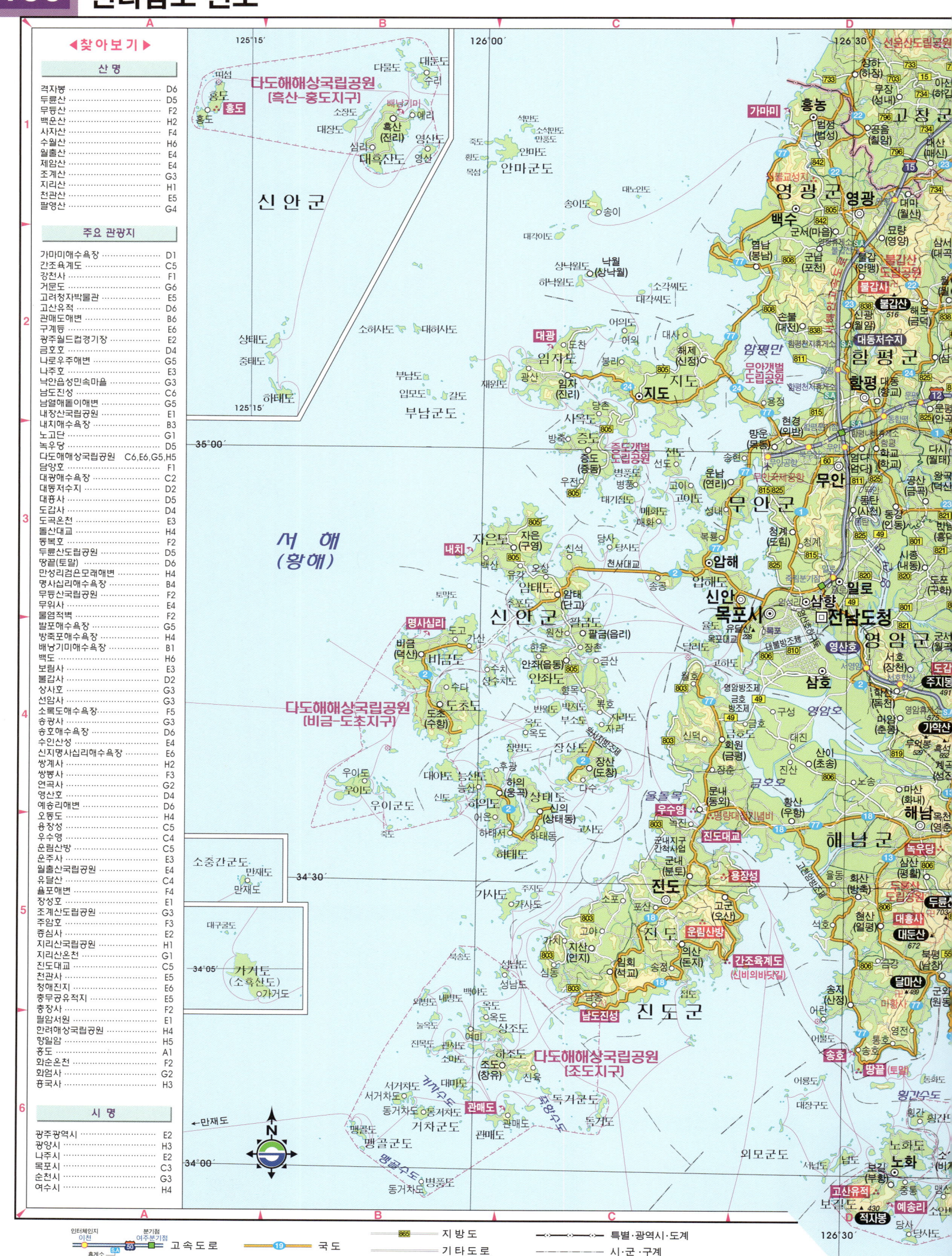

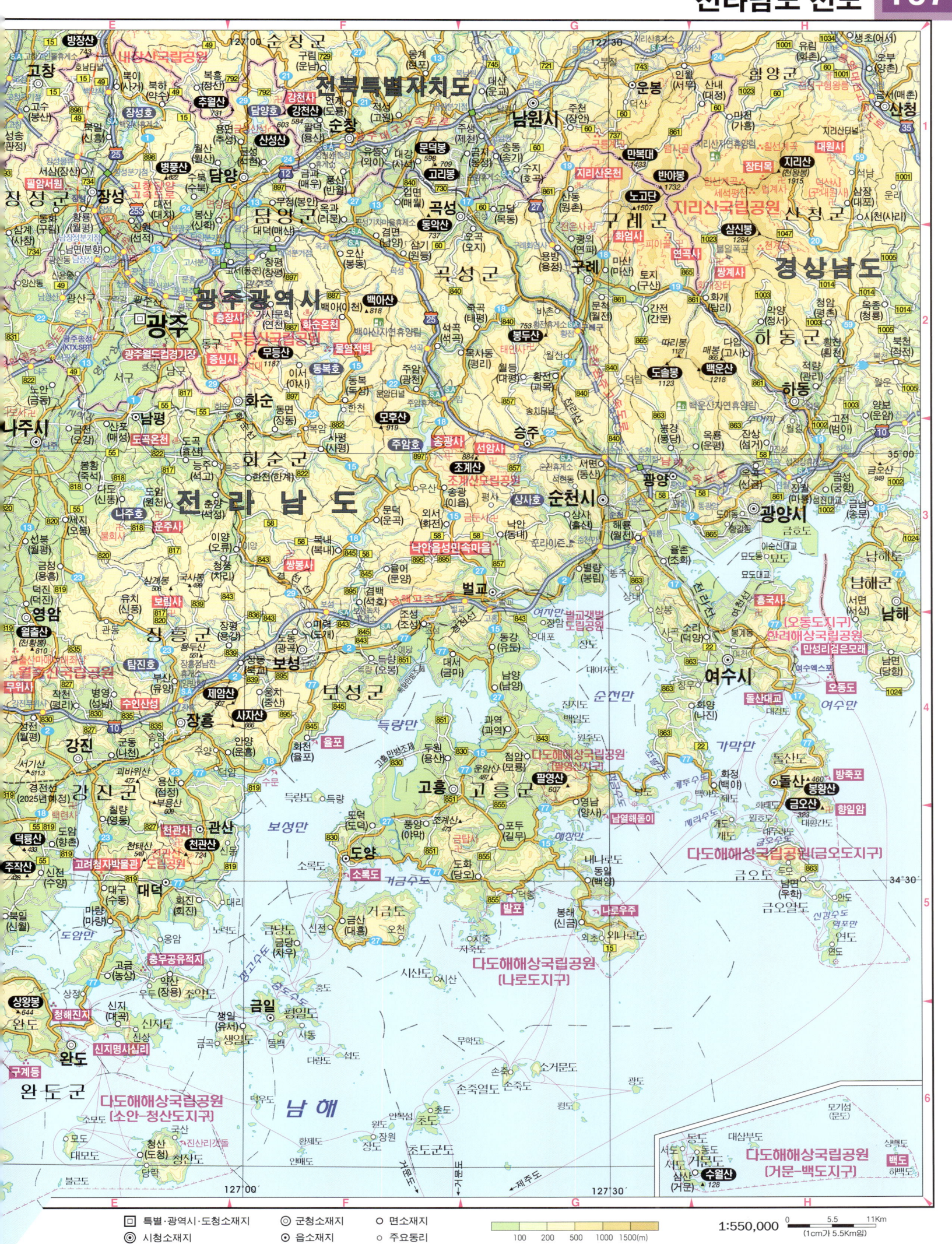

168 노고단·반야봉 (삼각고지·만복대)

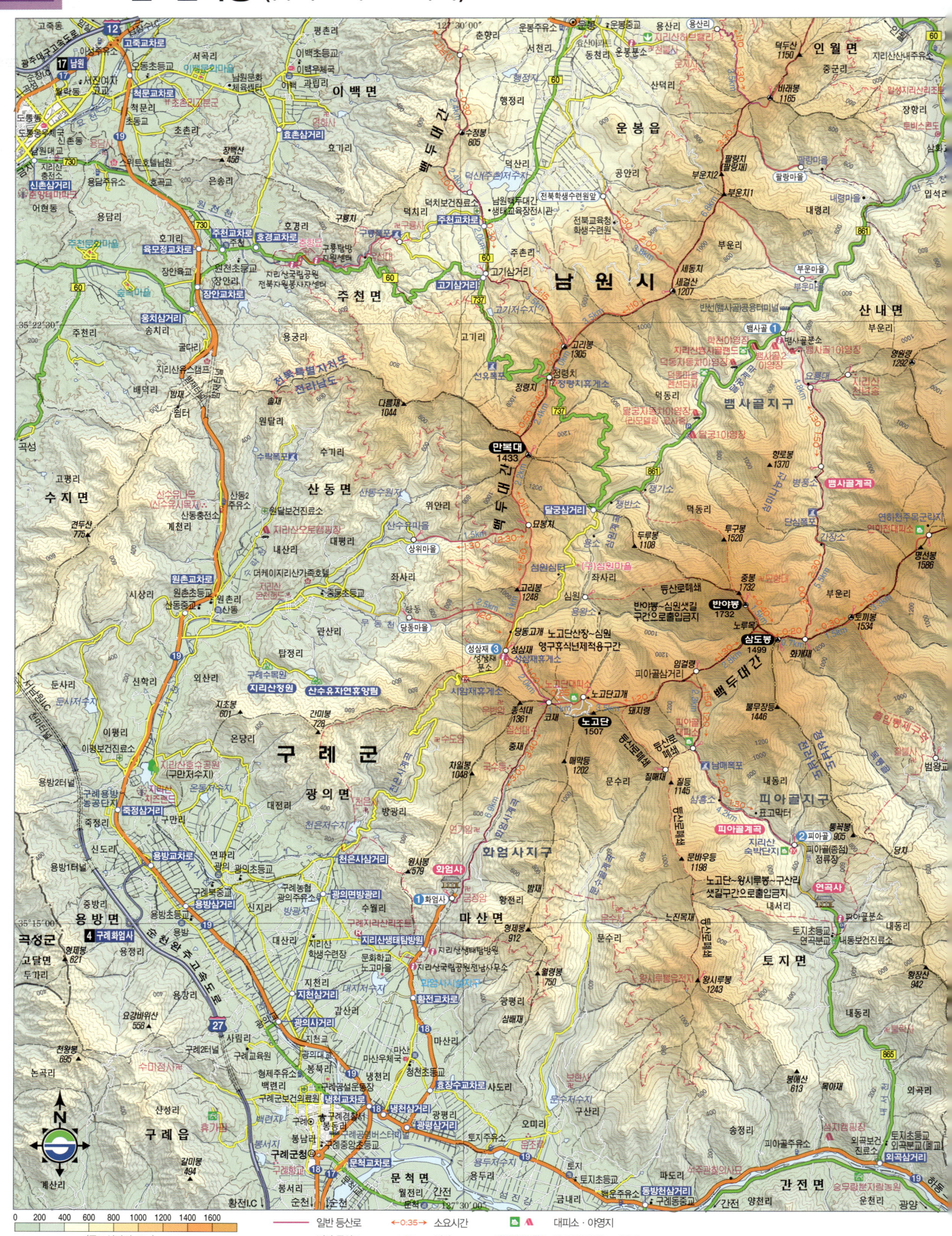

지리산 (천왕봉) 169

172 지리산 동부

지리산 동부 173

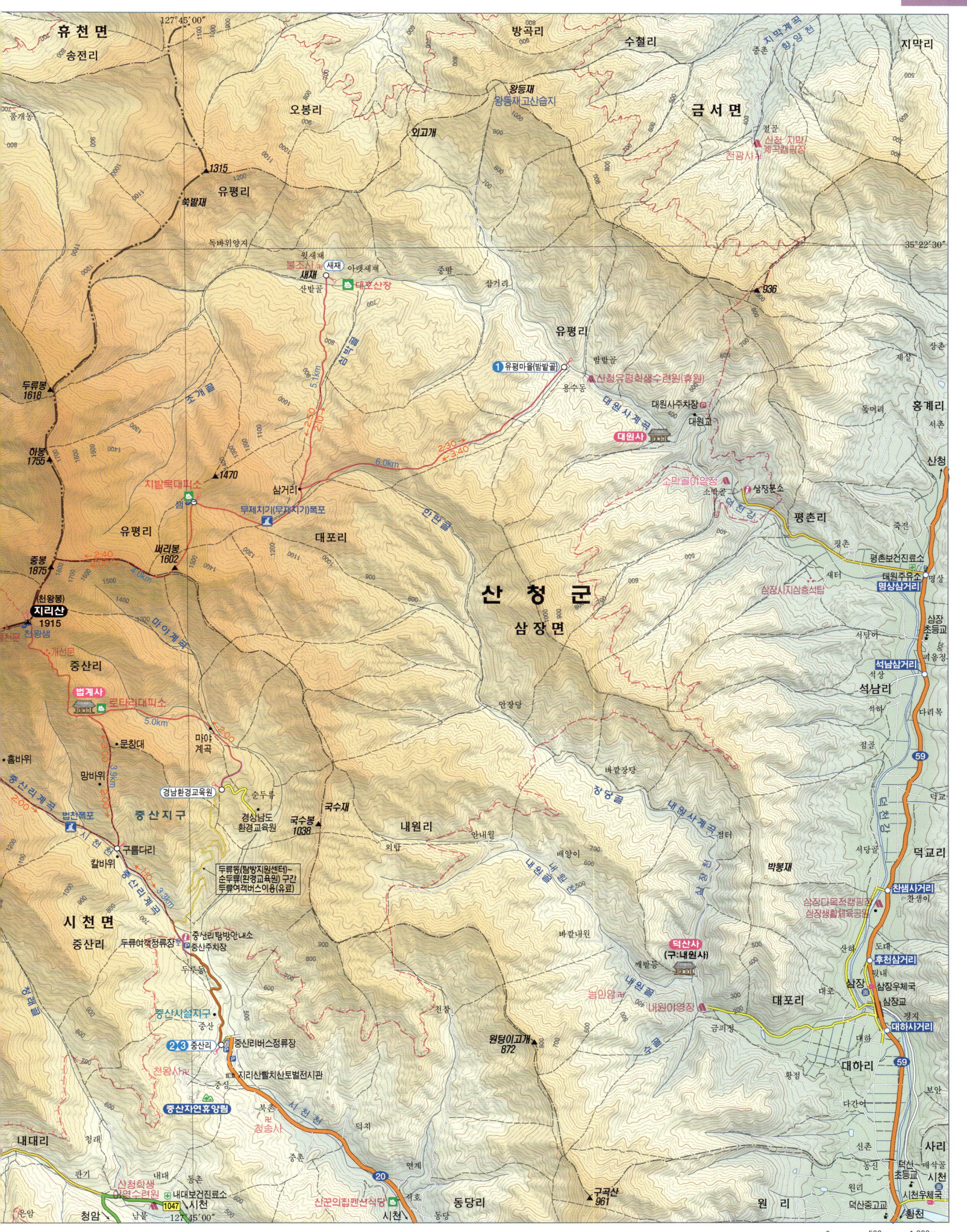

전라도편

168 지리산 1915m

서울용산역이나 각 터미널에서 열차나 고속·시외버스로 남원, 구례, 하동에 내려 쌍계사, 화엄사, 대원사행 버스를 이용한다.

위치: 전북특별자치도 남원시, 전라남도 구례군
경상남도 함양군, 산청군, 하동군

▲ 삼신봉에서 본 백두대간(천왕봉)

등산코스

화엄사 / 노고단 / 연곡사
1. 화엄사 8km/4시간5분 — 노고단대피소 6.3km/2시간50분 — 삼도봉 8.4km/3시간40분 — 벽소령 11.6km/5시간40분 — 천왕봉
2. 피아골 6.5km/3시간50분 — 임걸령 5km/2시간20분 — 토끼봉 6.2km/2시간50분 — 벽소령 11.6km/5시간40분 — 천왕봉
3. 성삼재 3.1km/1시간25분 — 노고단대피소 6.3km/2시간50분 — 삼도봉 8.4km/3시간40분 — 벽소령 11.6km/5시간40분 — 천왕봉

쌍계사 / 내대리 / 거림
1. 쌍계사 5.3km/3시간 — 상불재 12.5km/6시간 — 세석대피소 3.6km/1시간40분 — 장터목 1.6km/1시간 — 천왕봉
2. 내대리거림 6.7km/3시간 — 세석대피소 3.6km/1시간40분 — 장터목 1.6km/1시간 — 천왕봉
3. 청학동 2.5km/1시간35분 — 삼신봉 8.4km/4시간 — 세석대피소 3.6km/1시간40분 — 장터목 1.6km/1시간 — 천왕봉
4. 대성리의신마을 9.6km/4시간30분 — 세석대피소 3.6km/1시간40분 — 장터목 1.6km/1시간 — 천왕봉

중산리 / 대원사
1. 유평마을(밤밭골) 6km/3시간2분 — 치밭목대피소 4km/2시간40분 — 천왕봉
2. 중산리 3.3km/1시간10분 — 갈림길 3.9km/3시간 — 천왕봉
3. 중산리 3.3km/1시간10분 — 갈림길 4.1km/3시간 — 장터목 1.6km/1시간 — 천왕봉

벽송사 / 백무동 / 뱀사골
1. 뱀사골 11km/5시간10분 — 삼도봉 8.4km/3시간40분 — 벽소령 11.6km/5시간40분 — 천왕봉
2. 추성동 2.5km/2시간 — 선녀탕 2.5km/1시간40분 — 칠선폭포 4.2km/3시간 — 천왕봉
3. 백무동탐방지원센터 3km/1시간 — 가내소폭포 4km/3시간 — 세석대피소 3.6km/1시간40분 — 장터목 1.6km/1시간 — 천왕봉
4. 백무동탐방지원센터 — 소지봉 — 장터목 1.6km/1시간 — 천왕봉 (5.9km/4시간)

교통편

지리산

백무동탐방지원센터
1. 동서울종합터미널 — 시외버스 이용 — 백무동시외버스터미널
   * 백무동행 시외버스(1일 8회)
   (07:00/08:20/10:30/13:20/15:20/17:30/19:00/23:59)
   * 백무동행 운행 노선은 동서울터미널 — 함양 — 인월 — 마천 — 백무동임.
2. 서울남부터미널 — 시외버스 이용 — 백무동버스터미널
   * 백무동행 시외버스(1일 2회, 16:50/19:40)
   * 백무동행 운행 노선은 서울남부터미널 — 서상 — 함양 — 인월 — 마천 — 백무동임.
3. 동서울터미널 — 함양행 버스 이용 — 함양시외버스터미널
   * 함양행 시외버스(1일 14회, 07:00~23:59)
4. 서울남부터미널 — 함양행 버스 이용 — 함양시외버스터미널
   * 함양행 시외버스(1일 6회)
   (07:30/15:10/16:10/16:50/19:40/23:00)
   * 함양시외버스터미널 — 백무동행 시외일반버스 이용 — 백무동 시외버스터미널
   * 백무동행 시외일반버스(1일 14회, 07:00~18:30)

구룡탐방지원센터
1. 서울센트럴시티터미널(호남선) — 고속버스 이용 — 남원문화(공용)터미널
   * 남원행 고속버스(1일 7회)
   (07:30/09:35/11:30/14:05/16:05/18:35/20:40)
2. 서울 용산역 KTX, 새마을호, 무궁화호 열차, 수서역 SRRT 열차 이용 — 남원역 — 남원여객차고지까지 약 1km 도보 이동 — 육모정행 101번, 102번 시내버스 이용
   * 남원역행 열차(수시 운행, 05:08 ~ 21:48)
   * 수서역발 남원행 SRT 열차(1일 2회, 10:20/19:08)
3. 남원문화(공용)터미널 건너편 정류장에서 육모정행 101번, 102번 시내버스 이용
   * 육모정행 101번, 102번 시내버스(1일 9회, 06:50/08:15/09:15/10:00/11:50/14:00/16:00/17:50/19:30)
   * 남원여객차고지 기준 시간이며, 차고지에서 터미널까지 약 5분 정도 소요됨.

정령치
1. 정령치 순환버스(4월 ~ 11월 중순, 1일 6회 운행)
   ① 상행선1코스
   남원역(07:20/11:05/14:50) — 광한루원(+6분) — 남원문화(공용)터미널(07:29/11:14/14:59) — 둘레길안내센터(+13분) — 고기삼거리(+13분) 정령치(08:15/12:00/15:45)
   ② 상행선2코스
   남원역(08:30/12:30/16:30) — 광한루원(+6분) — 남원문화공용터미널(08:40/12:40/16:40) — 운봉(+25분) — 인월터미널(09:15/13:15/17:15) — 실상사(+10분) — 산내(+2분) — 반선(뱀사골) — 달궁(+5분) — 정령치(10:05/14:05/18:05)
   ③ 하행선1코스
   정령치(08:30/12:15/16:00) — 달궁 — 반선(뱀사골) — 인월터미널(09:18/13:03/16:48) — 운봉 — 고기삼거리 — 둘레길안내센터 — 남원문화공용터미널(10:03/13:46/17:33) — 광한루원 — 남원역(10:15/13:55/17:45)
   ④ 하행선2코스
   정령치(10:10/14:20/18:15) — 달궁 — 반선(뱀사골) — 실상사 — 인월터미널(11:00/15:10/19:05) — 운봉 — 남원문화공용터미널(11:32/15:32/19:45) — 광한루원 — 남원역(11:40/15:40/19:55)
2. 정령치 순환버스
   (11월 중순 ~ 3월(동절기), 1일 3회 달궁까지만 단축 운행함.)
   ① 상행선 코스
   남원역(08:30/12:30/16:30) — 광한루원(+6분) — 남원문화공용터미널(08:40/12:40/16:40) — 운봉(+25분) — 인월터미널(09:15/13:15/17:15) — 실상사(+10분) — 산내(+2분) — 반선(뱀사골)(+13분) — 달궁(09:45/13:45/17:45)
   ② 하행선 코스
   달궁(10:30/14:40/18:35) — 반선(뱀사골)(+5분) — 산내(+13분) — 실상사(+2분) — 인월터미널(11:00/15:10/19:05) — 운봉(+8분) — 남원문화공용터미널(11:32/15:32/19:45) — 광한루원(+3~5분) — 남원역(11:40/15:40/19:55)
   * 정령치 순환버스는 월요일에 운행하지 않음.
   * 문의) 남원여객(063-631-3116)

청학동
1. 서울남부터미널 — 하동행 시외버스 이용 — 하동버스터미널
   * 하동행 시외버스(1일 8회)
   (06:40/09:00/11:00/13:00/14:30/16:20/17:40/19:30)
   * 하동행 시외버스 운행 노선은 서울남부터미널 — 구례 — 화개 — 하동임.
2. 하동버스터미널 — 청학동행 15-1번 — 15-4번 농어촌버스 이용 — 청학동정류장
   * 청학동행 15-1번 — 15-4번 농어촌버스
   (1일 5회, 08:50/10:40/13:10/15:50/18:30)
   * 청학동에서 하동행 농어촌버스 막차는 17:30분임.

쌍계사
1. 하동버스터미널 — 쌍계사행, 칠불행, 의신행 농어촌버스 이용 — 쌍계사입구정류장
   * 쌍계사행 농어촌버스
   (1일 9회, 08:00/09:20/10:00/12:00/13:20/14:40/16:00/17:10/18:20)
2. 하동버스터미널 — 쌍계사행 시외직행버스 — 쌍계사
   * 쌍계사행 시외직행버스
   (1일 2회, 13:50/20:00)
3. 구례공영버스터미널 — 쌍계사행 농어촌버스 이용 — 쌍계사
   * 구례터미널발 쌍계사행 농어촌버스(1일 7회)
   (06:40/08:10/10:50/12:25/14:30/17:00/18:00)

반선(뱀사골)
1. 상단 정령치 참조
2. 상단 구룡탐방지원센터 1번, 2번 참조
3. 남원에서 하차 시 남원역 앞 정류장에서 달궁행 142번 시내버스 이용

교통편

* 달궁행 142번 시내버스 (1일 3회, 07:35/09:30/16:50)
4. 남원문화터미널에서 하차 시 터미널 건너편 정류장에서 달궁행 142번 시내버스 이용
5. 남원역에서 터미널까지 약 5분 정도 소요됨.
6. 상단 백무동탐방지원센터 1번, 2번 참조
6. 인월지리산공용터미널 — 반선(뱀사골)행 또는 반선 경유 달궁행 농어촌버스 이용
   * 반선(뱀사골)행 농어촌버스
   (1일 6회, 08:30/09:30/10:25/12:35/17:45/19:50)
   ② 반선(뱀사골) 경유 달궁행 농어촌버스
   (1일 3회, 08:30/10:25/17:45)
6-1. 인월지리산공용터미널 — 반선(뱀사골) 경유 달궁행 142번 시내버스 이용

연곡사 / 피아골
1. 서울남부터미널 — 구례행 시외버스 이용 — 구례공영버스터미널
   * 구례행 시외버스(1일 8회)
   (06:40/09:00/11:00/13:00/14:30/16:20/17:40/19:30)
   * 구례행 시외버스 운행 노선은 서울남부터미널 — 구례 — 화개 — 하동임.
2. 구례공영버스터미널 — 연곡사 · 피아골행 농어촌버스 이용 — 피아골(종점)정류장
   * 연곡사 · 피아골행 농어촌버스(1일 14회, 06:40 ~ 19:40)

노고단(성삼재)
1. 구례공영버스터미널 — 노고단(성삼재)행 농어촌버스 이용 — 성삼재정류장
   * 월요일 ~ 목요일 노고단(성삼재)행 농어촌버스
   (1일 2회, 09:00/14:20)
   * 공휴일, 휴가철(7월중순 ~ 8월중순), 단풍철10월 중순 ~ 11월 초순), 금요일 ~ 일요일 노고단(성삼재)행 농어촌버스
   (1일 4회, 08:40/10:20/14:20/16:20)
   * 동서울터미널 ~ 노고단(성삼재) 함양지리산고속 시외버스는 매년 5월1일 ~ 11월14일까지만 운행함

화엄사
1. 구례공영버스터미널 — 화엄사행 버스 이용 — 화엄사정류장
   * 화엄사행 농어촌버스
   (1일 11회, 06:40/08:30/09:30/11:30/12:30/14:20/14:30/16:30/17:30/19:30/20:00)
2. 하동버스터미널 — 시외직행버스 이용 — 화엄사
   * 화엄사행 시외직행버스(1일 4회, 10:50/12:20/16:50/19:50)

구례구역 → 구례공영버스터미널
1. 서울용산역 KTX, 새마을호, 무궁화호 열차, 수서역 SRT 열차 이용 — 구례구역에서 하차 — 구례공영버스터미널행 버스 이용
   * 구례역 정차 열차(1일 13회, 05:44 ~ 19:15)
   * 수서역발 구례구행 SRT 열차(1일 2회, 10:20/19:08)
   * 구례공영버스터미널행 농어촌버스
   (1일 19회, 07:10 ~ 19:45, 30분 ~ 1시간 간격 운행)

벽송사
1. 164쪽 백운산 교통편 참조
2. 함양시외버스터미널 — 추성(리) 시외버스 이용 — 추성(종점)정류장
   * 추성(리)행 시외버스(1일 4회, 07:20/13:10/15:40/17:30)
3. 함양지리산고속정류장 — 추성(리)행 농어촌버스 이용 — 추성(종점)정류장에서 하차
   * 추성(리)행 농어촌버스(1일 20회, 06:30 ~ 18:30)

대원사
1. 서울남부터미널 — 원지버스정류소 경유 진주행 버스 이용 — 원지버스정류소
   * 원지 경유 진주행 시외버스(1일 20회, 06:00 ~ 23:30)
2. 원지버스정류소 — 대원사행 버스 이용 — 대원(유평)주차장
   * 대원사행 시외버스
   (1일 6회, 07:30/10:00/12:00/15:00/16:40/19:10)

중산리
1. 대원사 교통편1번 참조
2. 원지버스정류소 — 중산리행 시외버스 — 중산리정류소
   * 중산리행 시외버스(1일 9회, 06:30/08:10/09:00/10:55/13:00/14:00/15:50/17:50/20:30)
3. 서울남부터미널 — 중산리행 시외버스 — 중산리정류소
   * 중산리행 시외버스 금요일 · 토요일 1일 1회, 23:30
   * 중산리발 서울남부터미널행 시외버스
   토요일 · 일요일 1일 1회, 15:00
4. 중산리정류소에서 두류동정류장까지 도보 이동 — 두류동 ~ 환경교육원입구 두류역 셔틀버스 이용(유료 2,000원)
   * 평일 8회(08:00 ~ 16:40), 주말 · 공휴일 10회(07:00 ~ 17:30)

단면도

천은사계곡 — 집선대 — 노고단 1507 — 화개재 — 덕평봉 1522 — 제석봉 1808 — 지리산(천왕봉) 1915 — 써리봉 — 한판골 — 대원사

(4km / 12.2km / 6.5km / 7.8km)

전라도편

- 소백산맥의 끝머리 부분 3도 5군에 걸쳐 무려 둘레 800여 리에 산자락을 펼친 지리산은 남한에서 한라산 다음으로 높은 산이다. 서쪽 노고단에서 동쪽 천왕봉에 이르는 42km의 장대한 주능선은 반야봉을 비롯하여 삼도봉, 삼각봉, 명선봉, 덕평봉, 촛대봉, 영신봉, 제석봉 등 1500m급 고산 준봉이 10여 개나 솟아 광활한 산세는 웅장하기 이를 데 없다.

- 웅대한 산줄기 못지않게 계곡 또한 골이 깊어 골짜기마다 비경을 이뤄, 소위 지리산 12동천이라 일컫는다. 산줄기의 북쪽으로는 뱀사골, 백무동계곡, 칠선계곡이 대표적이며, 남쪽으로는 연곡천, 화개천, 내대계곡, 중산리계곡 등이 주류를 이루고 비경을 간직한 무수한 지류들이 산줄기를 파고든다.

- 1967년 12월 국립공원 제1호로 지정된 지리산은 예로부터 금강산, 한라산과 더불어 3신산의 하나로 신성시되어 왔으며 곳곳에 숱한 명소와 문화 유적이 산재해 있어 역사, 종교, 문화적인 측면에서 중요한 위치를 점하고 있다.

- 또한, 지리산은 삼림이 울창하여 다양한 식물의 분포를 이루고 있으며 야생 동물의 요람이기도 하다. 특히, 겨울철에는 적설량이 많아 산악인들에게는 적설기 등반 훈련장으로 최적지이며, 산역이 커서 극지법 등산 훈련에도 좋다.

▲ 천왕봉 일출에서 본 반야봉

▲ 지리산의 운해

축제·볼거리

1. 구례 산수유꽃 축제
매년 3월 중순~하순 산동면 온천관광지 일원에서 열리는 자연 축제로 산수유꽃담길 걷기, 산수유 가요제, 지 사진전, 국악 한마당 등의 행사가 개최된다.
문의) 061-782-2014(구례군청)

2. 지리산 남악제
신라 시대에 남악이라 불리던 지리산은 예로부터 성스러운 산으로 여겨져 노고단에서 제를 올리고 안녕과 풍년을 기원했다. 그것을 복원하여 매년 4월 구례군 주최로 지리산 남악제를 개최하고 있다.

3. 지리산 피아골 단풍 축제
구례군 지리산 피아골 표고막터 일원에서 열리는 단풍제로 매년 10월 말~11월 초 열린다. 단풍제례, 단풍길 걷기, 사진 콘테스트, 지리산 등반 체험 등의 행사가 열린다.
문의) 061-782-2014(구례군청)

4. 남원바래봉 철쭉제
지리산 바래봉 철쭉 군락지에서 매년 4월말~5월 중순 사이에 바래봉 철쭉제가 열린다. 주 행사장은 바래봉 및 허브 밸리 일원이다.
문의) 063-620-6114(남원시청)

5. 산청한방 약초 축제
산청은 수많은 의병과 의인이 살던 곳으로 허준이 살았던 곳으로도 유명하며 약초로도 이름 높은 고장이다. 이를 기념하고 알리기 위해 산청군에서는 매년 9월 말~10월 초 한방 약초 축제를 개최한다. 축제 주요 행사로는 체험, 전시, 문화 예술 공연, 학술 강의 등이다.
문의) 055-970-6670~1(산청축제관광재단)

6. 지리산10경(智異山十景)
① 천왕봉의 일출, ② 피아골의 단풍, ③ 노고단의 운해, ④ 반야봉의 낙조, ⑤ 벽소령의명월, ⑥ 세석평전의 철쭉, ⑦ 불일폭포, ⑧ 연하선경, ⑨ 칠선계곡, ⑩ 섬진청류

▲ 지리산 노고단고개와 노고단

▲ 장터목의 고사목

7. 화엄사(華嚴寺)
노고단 남서쪽 산기슭에 위치한 이 절은 대한불교조계종 제19교구 본사로 신라 경덕왕 때(742~765년) 연기조사가 창건하였다. 이 절은 창건 이후 오늘날까지 많은 대각 고승들이 수도하면서 화엄 사상의 구현에 애써왔다. 경내에는 국보 각황전을 비롯하여 석등, 사사자 삼층석탑등 귀중한 문화재를 많이 간직하고 있다.

▲ 화엄사

8. 연곡사(燕谷寺)
연곡천 중간쯤에 자리한 이 절은 신라 진흥왕 6년(545년) 연기조사에 의해 창건되었다. 경내에 국보 동승탑(동부도)와 국보 북승탑(북부도)가 간직되어 있고 절 상류에는 유명한 피아골이 있다.

▲ 연곡사

9. 대원사(大源寺)
천왕봉 동쪽 기슭에 자리한 이 절은 신라 진흥왕 9년(548년) 연기조사가 창건하였다. 절 주변은 울창한 수림과 맑은 계류가 어울려 풍치가 좋다.

10. 쌍계사(雙磎寺)
지리산 주 능선의 중앙부 벽소령 남쪽 계곡에 자리한 이 절은 신라 성덕왕 22년(723년) 의상의 제자인 삼법이 창건하면서 옥천사라 하였는데 그 뒤 흥덕왕 5년(830년) 진감국사 혜소가 중창 하면서 쌍계사로 개칭하였다. 국보 진감선사대공탑비가 있으며, 절 북동쪽 4km 지점에 불일암과 불일폭포가 있다.

▲ 쌍계사

11. 벽송사(壁松寺)
천왕봉 북쪽 칠선계곡의 초입에 위치한 이 절은 경내에 있는 보물 삼층석탑이 고려 초기의 것으로 추정되어 창건 연대는 신라 말이나 고려 초로 미뤄지나 조선 중종 때 벽송 지엄이 중창하면서 벽송사라 하였다 한다.

▲ 천은사와 천은저수지

12. 천은사(泉隱寺)
화엄사 북동쪽 원사봉 너머에 자리한 이 절은 신라 흥덕왕 3년(828년) 인도의 승려 덕운이 창건하고 감로사라 하였는데 조선 임진왜란 후 중건하면서 천은사라 하였다 한다.

문 의

지리산국립공원 전북특별자치도사무소
☎ 063-630-8900
지리산국립공원 전남사무소
☎ 061-780-7700
지리산국립공원 경남사무소
☎ 055-970-1000
뱀사골탐방안내소
☎ 063-630-8958
지리산남부탐방안내소
☎ 061-783-9106
중산리탐방안내소
☎ 055-972-7785
성삼재분소 ☎ 061-783-9109
운봉분소 ☎ 063-630-8981
뱀사골분소 ☎ 063-630-8950
산청분소 ☎ 055-972-7785
피아골분소 ☎ 061-783-9110
삼장분소 ☎ 055-972-7775
함양분소 ☎ 055-962-5354
하동분소 ☎ 055-883-1750

* 시각표는 2024년 11월 기준이며 변동될 수 있음.

176 무등산

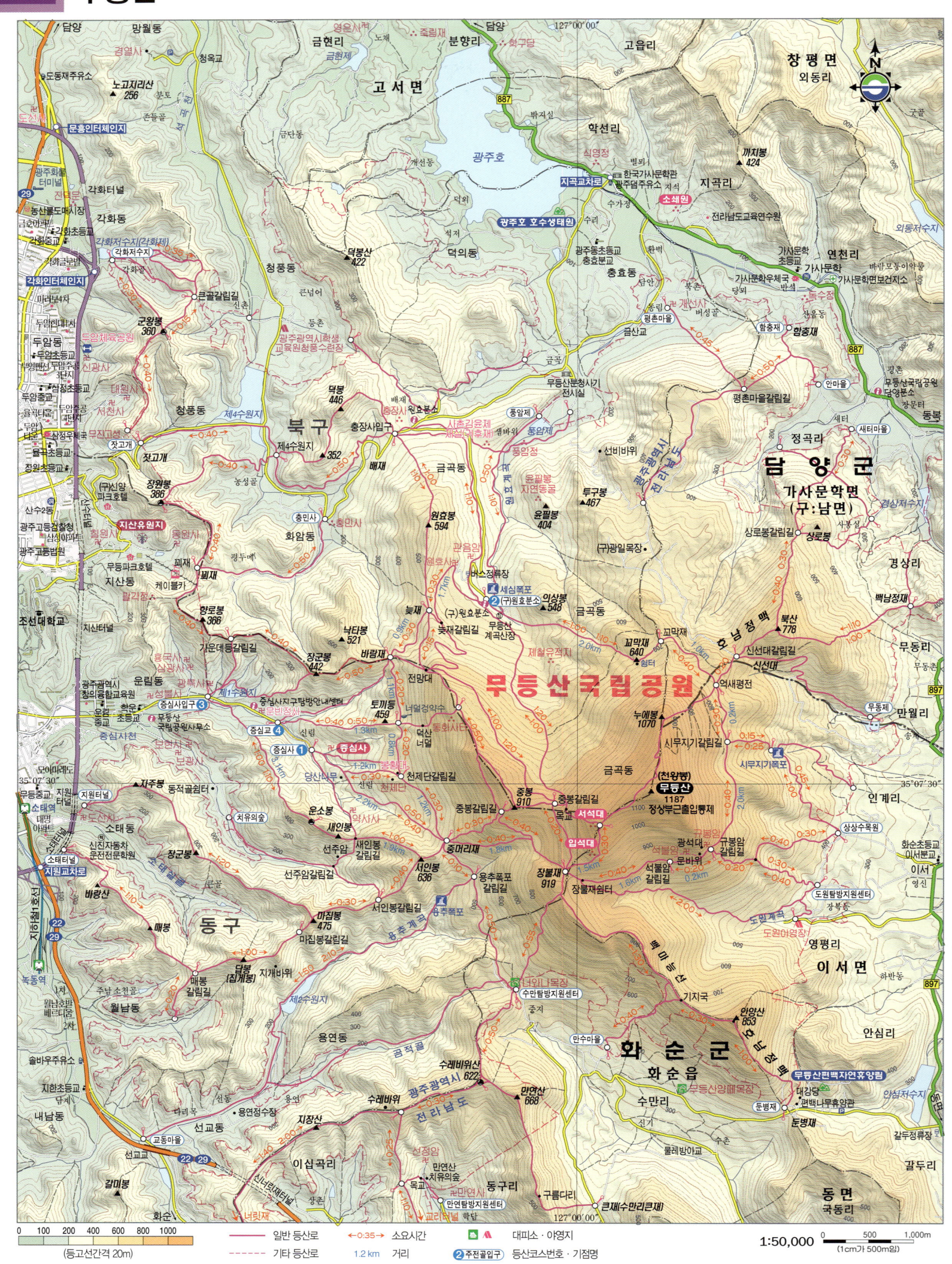

176 무등산 1187m

위치: 광주광역시, 전라남도 화순군 이서면, 담양군 남면

서울에서 열차나 고속·시외버스로 광주에서 하차하여, 시내버스나 지하철을 이용하여 증심사, 원효사 입구에서 내린다.

▲ 장불재에서 본 서석대

▲ 입석대

등산코스

무등산
① 증심사 2.2km/50분 중머리재 1.8km/40분 장불재 1.8km/1시간 규봉암 3.2km/1시간50분 꼬막재 2.0km/1시간 원효분소
② 원효분소 2.6km/1시간 바람재 1.1km/20분 토끼등 2km/50분 중머리재 1.8km/40분 장불재 1.5km/30분 서석대
③ 증심사입구 3.1km/1시간10분 운소봉 1.9km/1시간 중머리재 1.8km/40분 장불재 1.5km/30분 서석대
④ 증심교 1.3km/50분 토끼등 2km/50분 중머리재 1.8km/40분 장불재 1.5km/30분 서석대

단면도

소태동 – 약사사 – 운소봉 – 중봉 925 – 서석대 – 무등산 1187 – 인계리
3km / 1.5km / 2.2km

교통편

증심사
1. 서울용산역 KTX, 새마을호, 무궁화호 열차, 수서역 SRT 열차 이용 – 광주송정역(KTX)
   * 용산역발 광주송정역 정차 열차(수시 운행, 05:08 ~ 22:23)
   * 수서역발 광주송정역 SRT 열차(수시 운행, 05:08 ~ 22:55)
2. 광주지하철1호선 광주송정역 – 지하철 이용 – 학동·증심사입구역 – 하차 후 1번 출구 학2마을아파트정류장에서 증심사행 시내버스 이용(수시 운행)
3. 서울센트럴시티터미널(호남선) – 고속버스 이용 – 광주유스퀘어
   * 광주유스퀘어행 고속버스 (수시 운행, 00:45 ~ 24:00)
4. 광주유스퀘어 앞 광주종합버스터미널정류장에서 증심사행 02번 좌석버스 이용 – 증심사(종점)정류장
4-1. 광주유스퀘어 – 터미널 뒤 이마트 앞 신세계정류장에서 증심사행 수완12번 시내버스 이용 – 증심사(종점)정류장

늦재
1. 광주유스퀘어 앞 광주종합버스터미널정류장 또는 터미널 뒤 이마트 앞 신세계정류장에서 원효사행 1187번 시내버스 이용 – 원효사(종점)정류장

■ 광주광역시 도심의 동쪽을 에워싸고 솟은 무등산은 광주의 진산으로 백제 때 무진악(武珍岳), 고려 때 서석산(瑞石山)이라고 했다. 전체적인 산세는 산줄기와 골짜기가 뚜렷하지 않고 커다란 둔덕과 같은 흙산이다.

■ 해발 1187m의 최고봉인 천왕봉 일대는 서석대, 입석대, 규봉 등 수직 절리 위의 암석이 석책을 두른 듯 치솟아 특이한 경관을 이루며 장불재에서 서쪽 능선 상에 솟은 새인봉은 병풍같은 바위 절벽으로 이뤄져 마치 옥새같다 하여 붙여진 이름이다. 또한, 다양한 약료 작물과 야생 식물이 자라는 식물상의 보고이기도 하며, 산기슭의 수박과 차(茶)가 유명하다.

■ 1972년 5월 도립공원으로 지정되었다가 2012년 12월 국립공원으로 승격하였다. 정상 일대 일부는 출입이 통제되고 있다.

증심사(證心寺)·원효사(元曉寺) 등의 사찰과 보물 석조여래좌상을 소장하고 있는 약사암(藥師庵)·천문사(天門寺)·미력사(彌力寺) 등의 암자가 있다.

축제·볼거리

1. 광주비엔날레
2년에 한 번씩(짝수 해) 광주에서 열리며 세계 각국의 예술 작품이 전시되고 각국의 문화 예술 단체의 공연이 펼쳐지는 국제적인 문화 축제이다.
문의) 062-608-4114 (재)광주비엔날레

2. 증심사(證心寺)
천왕봉 서쪽 산기슭에 자리한 이 절은 무등산 내에서 규모가 가장 큰 고찰로 신라 경문왕 때(861~875년) 철감 도윤이 창건하였다. 경내에 보물 철조비로자나불좌상과 오백나한을 모신 오백전 등이 있다.

3. 원효사(元曉寺)
산 북쪽 원효계곡의 안쪽에 위치한 이 절은 신라 문무왕 때 원효대사가 개축하면서 원효사로 불리게 되었다고 한다.

문의
무등산국립공원사무소 ☎ 062-227-1187
무등산국립공원 동부사무소 ☎ 061-371-1187
원효분소 ☎ 062-252-1187
담양분소 ☎ 061-383-2013

* 시각표는 2024년 11월 기준이며 변동될 수 있음.

---

178 강천산 584m / 산성산 603m / 추월산 731m / 광덕산 565m

위치: 전북특별자치도 순창군 팔덕면, 전라남도 담양군 용면·금성면

서울에서 열차나 고속버스로 정읍, 순창에서 내려 강천사행 버스를 이용한다.

▲ 강천산 현수교

▲ 산성산 전경

등산코스

강천산
① 강천산군립공원매표소 0.7km/10분 갈림길 0.9km/40분 깃대봉삼거리 1.5km/45분 강천산
② 강천산군립공원매표소 0.7km/10분 갈림길 1.5km/20분 강천사 1.4km/1시간10분 강천산

산성산
① 금성산성안내판입구 2.6km/1시간 내남문 1.4km/20분 강천사갈림길 0.9km/30분 산성산

광덕산
① 강천산군립공원매표소 0.7km/10분 갈림길 1.5km/20분 강천사 1km/40분 삼선대(전망대) 1.3km/40분 광덕산

추월산
① 담양호(추월산)관광단지 1.8km/1시간30분 상봉 1.3km/40분 추월산
② 밀재 2.5km/1시간20분 추월산

단면도

대성리 – 보국사터 – 산성산(연대봉) 603 – 강천산 584 – 깃대봉 572
1.6km / 2km / 0.7km / 1km

교통편

강천산 / 산성산 / 광덕산
1. 서울센트럴시티터미널(호남선) – 순창행 고속버스 – 순창공용버스정류장
   * 순창행 고속버스
   월요일 ~ 목요일(1일3회, 10:30 / 13:30 / 17:10),
   금요일 ~ 토요일(1일 5회, 09:30 / 10:30 / 13:30 / 14:45 / 17:10)
2. 순창공용버스정류장 – 강천사행 버스 이용 – 강천산정류장
   * 강천산행 군내버스 (1일 9회, 06:50 / 08:10 / 09:00 / 12:20 / 13:10 / 13:40 / 14:40 / 16:40 / 17:50)
3. 서울센트럴시티터미널 – 담양행버스 – 담양공용버스터미널
   * 담양행 고속버스 (1일 4회, 08:10 / 11:10 / 15:20 / 18:10)
3-1. 담양공용버스터미널 – 강천사행 시외버스 – 강천산정류장
   * 강천사행 시외버스 (1일 1회, 10:30)
3-2. 담양공용버스터미널 – 금성면 담양온천 경유 버실행 10-1번 농어촌버스 이용 – 담양온천정류장에서 하차
   * 담양온천 경유 버실행 10-1번 농어촌버스 (1일 9회, 07:00 / 08:00 / 09:40 / 11:00 / 12:40 / 14:30 / 16:20 / 18:40 / 19:40)
4. 서울센트럴시티터미널(호남선) – 고속버스 이용 – 정읍고속버스터미널 – 옆 정읍시외버스터미널로 이동
   * 정읍행 고속버스 (1일 13회, 07:00 ~ 22:00)
   * 정읍고속·시외버스 통합 운영함.
5. 서울 용산역 KTX, 새마을호, 무궁화호 열차, 수서역 SRT 열차 이용 – 정읍역 – 정읍시외버스터미널까지 약 400m 도보 이동
   * 용산역발 정읍역 정차 열차 (수시 운행 05:08 ~ 22:23)
   * 수서역발 정읍행 SRT 열차 (1일 8회, 05:08 ~ 22:20)
6. 정읍시외버스터미널 – 복흥(면), 강천사 경유 순창행 버스 이용
   * 강천사 경유 순창행 시외버스 (1일 6회, 08:40 / 09:50 / 11:40 / 15:00 / 17:10 / 19:20)

추월산
1. 상단 강천산 교통편 3번 참조
2. 담양공용버스터미널 – 추월산 경유 용면 가마골행 60-1번 농어촌버스 이용 – 추월산정류장에서 하차
   * 추월산 경유 가마골행 60-1번 농어촌버스 (1일 9회, 07:00 / 08:20 / 10:00 / 12:00 / 13:40 / 15:20 / 17:30 / 18:30 / 19:10)

■ 전북특별자치도와 전라남도가 맞닿은 순창군 서남부에 강천산군립공원이 자리 잡고 있다. 강천산, 산성산, 광덕산이 솟아 있는 산줄기가 펼쳐져 있는데, 모두 600m가 못되는 나지막한 산이다. 강천산 계곡은 곳곳에 바위 봉과 절벽을 이뤄 경관이 수려하며, 산성산 일대에는 옛 성터가 남아 있다. 특히, 서쪽으로 조망되는 담양호와 추월산은 강천산 산행에서 빼놓을 수 없다.

■ 전남의 5대 명산 중 하나인 추월산은 강천산 서쪽, 담양호 너머에 있다. 울창한 수림과 기암절벽이 어우러진 비경과 사철 특색있고 아름다운 풍광이 일품이다. 주 능선에 올라서면 발아래 담양호가 내려다 보여 전망 또한 장관이다.

축제·볼거리

1. 순창 장류 축제
순창의 고추장은 조선 시대 진상품으로 유명했고, 지금도 순창의 고추장은 유명하다. 순창장의 우수성을 알리기 위해 매년 10월 중순 순창 장류 축제가 열리고 있다. 주 행사장은 순창 전통 고추장 민속 마을이며, 다양한 행사가 진행된다.
문의) 063-650-1624(축제추진위원회)

2. 담양 대나무 축제
고려 시대부터 주민들이 대나무를 심고 죽엽주를 마시며 친목을 도모하던 행사를 되살려 매년 4월 말~5월 초 축제가 열린다. 죽제품 전시 및 판매와 다양한 문화행사가 열리며, 주 행사장은 죽녹원 및 관방제림 일원이다.
문의) 061-380-3152 (담양군청)

▲ 한국대나무박물관

문의
강천산군립공원사무소 ☎ 063-650-1672
순창군청 ☎ 063-650-1114

* 시각표는 2024년 11월 기준이며 변동될 수 있음.

178 강천산·산성산·추월산·광덕산

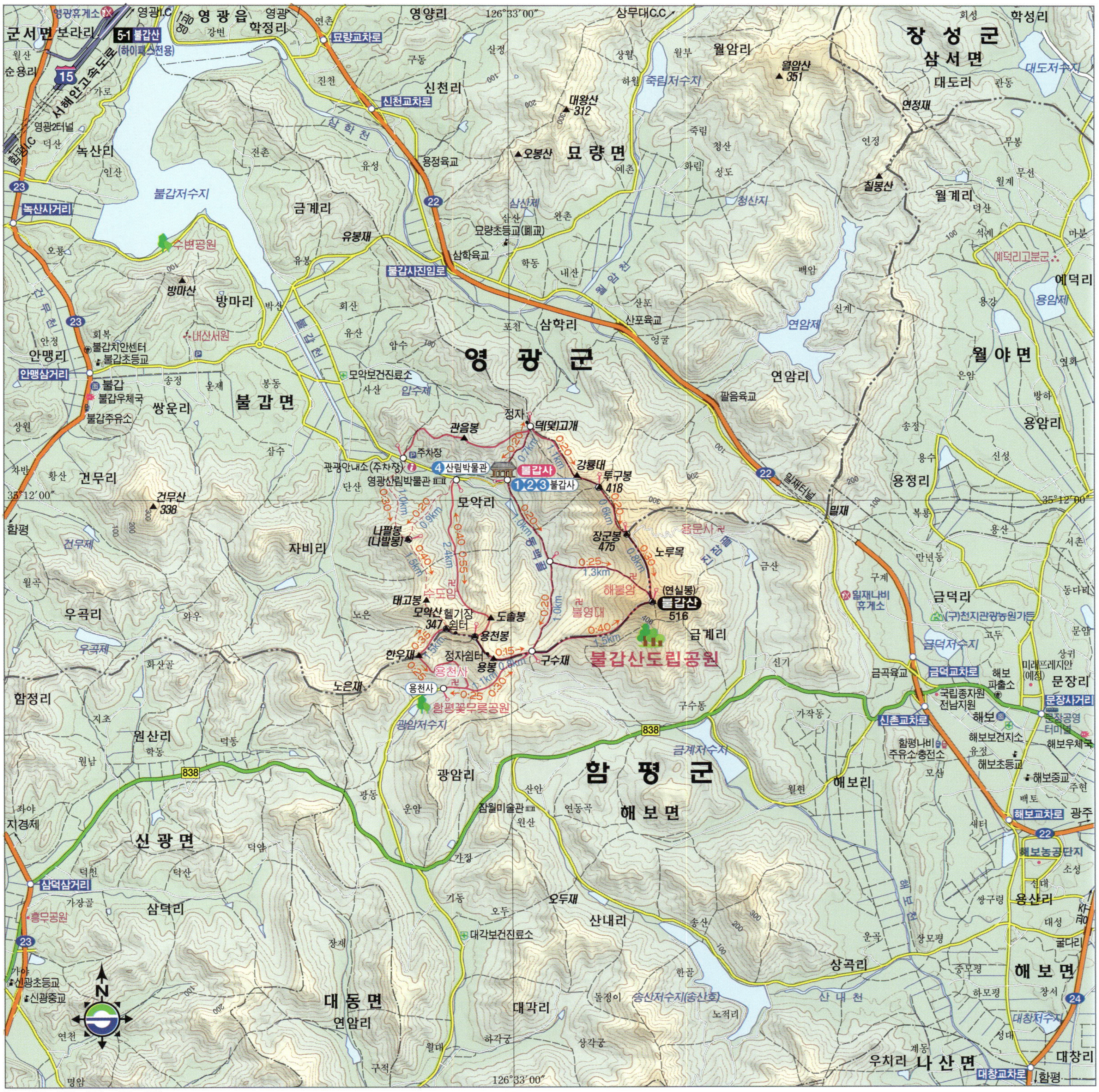

0 100 200 300 400 500

(등고선간격 20m)

일반 등산로 · 기타 등산로 · ←0:35→ 소요시간 · 1.2 km 거리 · 대피소 · 야영지 · ②주전골입구 등산코스번호 · 기점명

1:50,000 (1cm가 500m임)

179 불갑산 516m

서울센트럴시티터미널에서 고속버스로 영광에서 내려 불갑사행 군내버스를 이용한다.

위치 : 전라남도 영광군 불갑면, 함평군 해보면

등산코스

- ① 불갑사 — 2.3km/45분 — 불갑산
- ② 불갑사 — 0.7km/25분 — 덕(덫)고개 — 1.1km/20분 — 법성봉 — 1.4km/50분 — 불갑산
- ③ 불갑사 — 1km/20분 — 동백골 — 1km/20분 — 구수재 — 1.5km/40분 — 불갑산
- ④ 산림박물관 — 0.9km/20분 — 나팔봉 — 1.5km/40분 — 모악산 — 0.8km/15분 — 구수재 — 1.5km/40분 — 불갑산

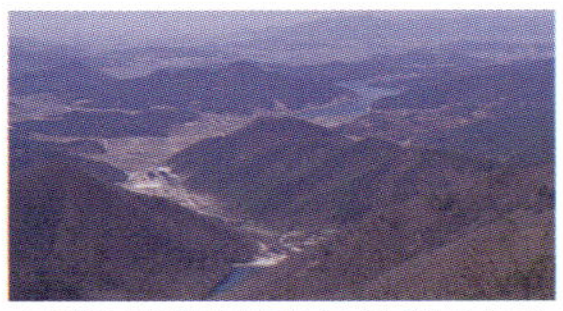

▲ 불갑산에서 바라본 불갑저수지

단면도

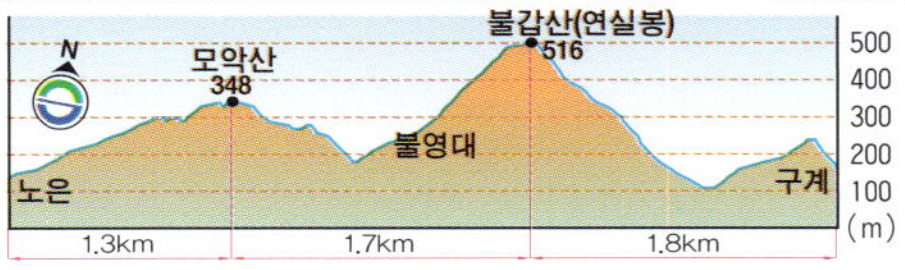

교통편

불갑산

1. 서울센트럴시티터미널 – 버스 이용 – 영광종합버스터미널
   * 영광행 고속버스 (1일 10회, 07:00 ~ 22:00)
2. 영광종합버스터미널 – 불갑사행 버스 이용 – 불갑사정류장
   * 불갑사행 군내버스 (1일 9회, 06:40 / 09:00 / 10:30 / 11:30 / 12:30 / 14:30 / 16:20 / 17:40 / 19:30)

■ 전남 영광군 불갑면과 함평군 해보면에 걸쳐 솟아 있는 불갑산은 백제의 고찰 불갑사로 더 잘 알려진 산이다. 그다지 높지 않으나, 넓은 산자락에는 수림이 울창하고 능선 곳곳에는 바위가 어울려 산세가 아기자기하다. 정상 조망은 어느 명산 못지 않게 훌륭한데, 동쪽으로는 호남평야의 광활한 평원이 펼쳐지고, 무수한 섬들이 떠 있는 서해 칠산바다가 가득 펼쳐진다. 모악산을 거쳐 불갑사로 하산하는 종주 산행도 해 볼 만하다.

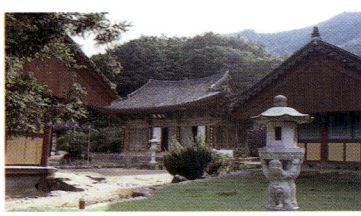

▲ 불갑사

문 의

영광군청 ☎ 061-350-5114

* 시각표는 2024년 11월 기준이며 변동될 수 있음.

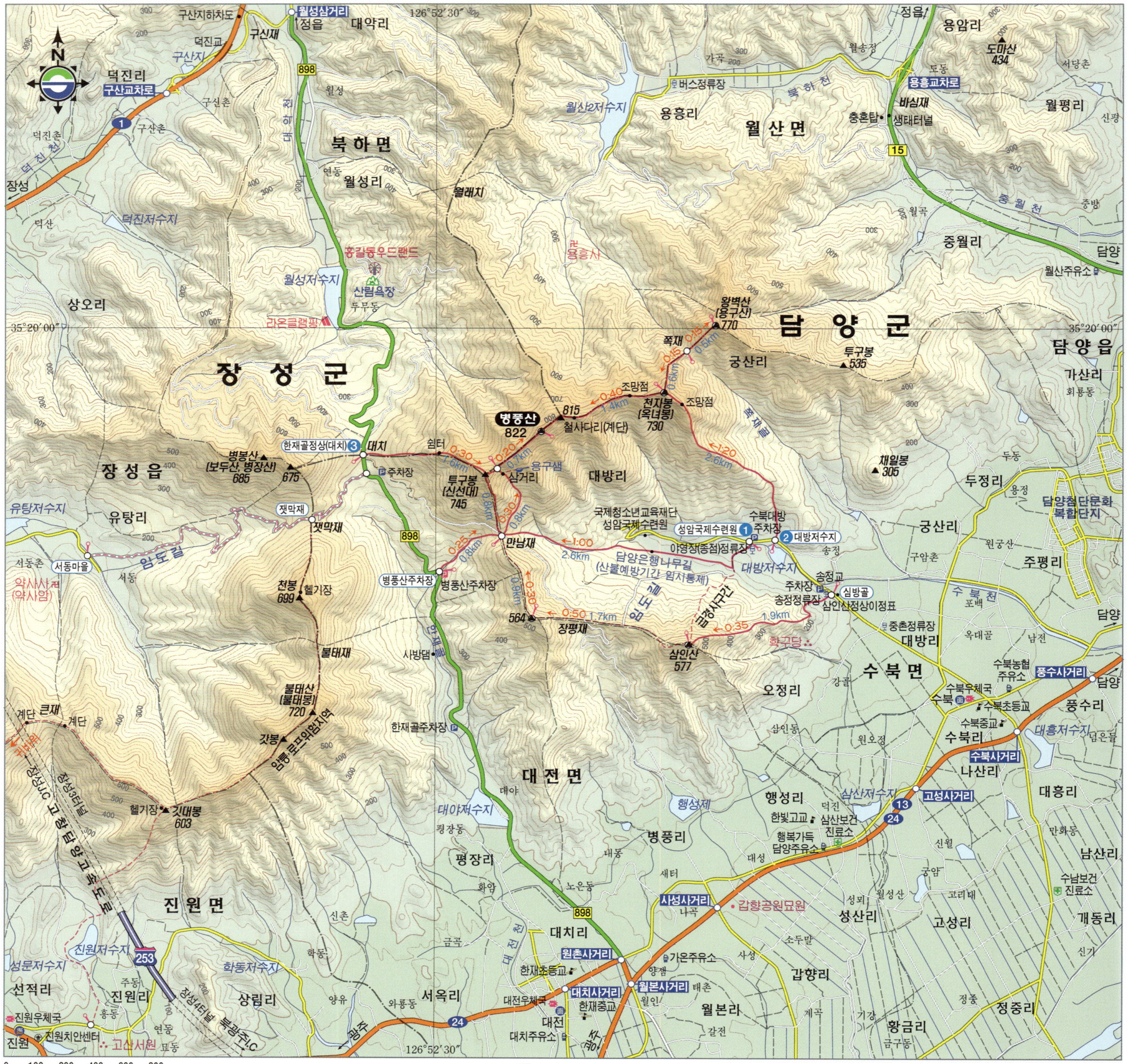

180 병풍산 (왕벽산·삼인산)

180 병풍산 822m

위치 : 전라남도 담양군 수북면·대전면

등산코스

병풍산
1. 성암국제수련원 2.6km/1시간 만남재 1.5km/50분 병풍산
2. 대방저수지 2.6km/1시간20분 천자봉 1.4km/40분 병풍산
3. 대치 1.6km/30분 투구봉 0.7km/20분 병풍산

▲ 병풍산 전경

단면도

서울센트럴시티터미널에서 고속버스로 담양에서 하차, 야영장행 군내버스를 이용한다.

교통편

병풍산 / 왕벽산 / 삼인산
1. 177쪽 강천산 교통편 3번 참조
2. 담양공용버스터미널 – 수북면 청소년수련원(야영장)행 41-1번 농어촌버스 이용 – 송정정류장(삼인산) 또는 야영장 정류장(병풍산)에서 하차
   * 41-1번 농어촌버스 (1일 8회)
     (06:30 / 07:50 / 09:40 / 11:30 / 13:20 / 15:20 / 17:20 / 19:00)
3. 광주광역시 지하철1호선 금남로4가역 3번 출구 금남로4가역 정류장에서 수북면행 용전184번 시내버스 이용 – 중촌(충점) 정류장에서 하차 후 송정정류장(삼인산정상이정표)까지 도보 이동
   * 용전 184번 시내버스는 수북면이 기·종점이며, 1일 13회 운행 (06:00 ~ 21:10)

호남정맥에서 담양군과 장성군을 가르며 뻗어 나간 능선에 솟은 병풍산은 두 군에서 가장 높은 산이다. 산 이름처럼 담양의 서쪽을 병풍처럼 가로막고 서 있으며 암릉으로 이뤄진 산세는 자못 당당하다. 사방으로 뻗어 내린 무수한 산줄기 사이로 골짜기 또한 수없이 많아 99개에 이른다. 정상 가까이에는 바위굴 속에서 샘이 솟는 용구샘이 있어 오아시스 역할을 톡톡히 한다. 정상에 서면 조망이 거칠 것 없어 백암산, 내장산, 추월산과 같은 주위의 산들과 장성호와 담양호가 보이고, 담양 벌판이 발아래 펼쳐지며, 멀리 지리산의 연봉과 무등산까지 조망된다.

문 의

담양군청 ☎ 061-380-3114

* 시각표는 2024년 11월 기준이며 변동될 수 있음.

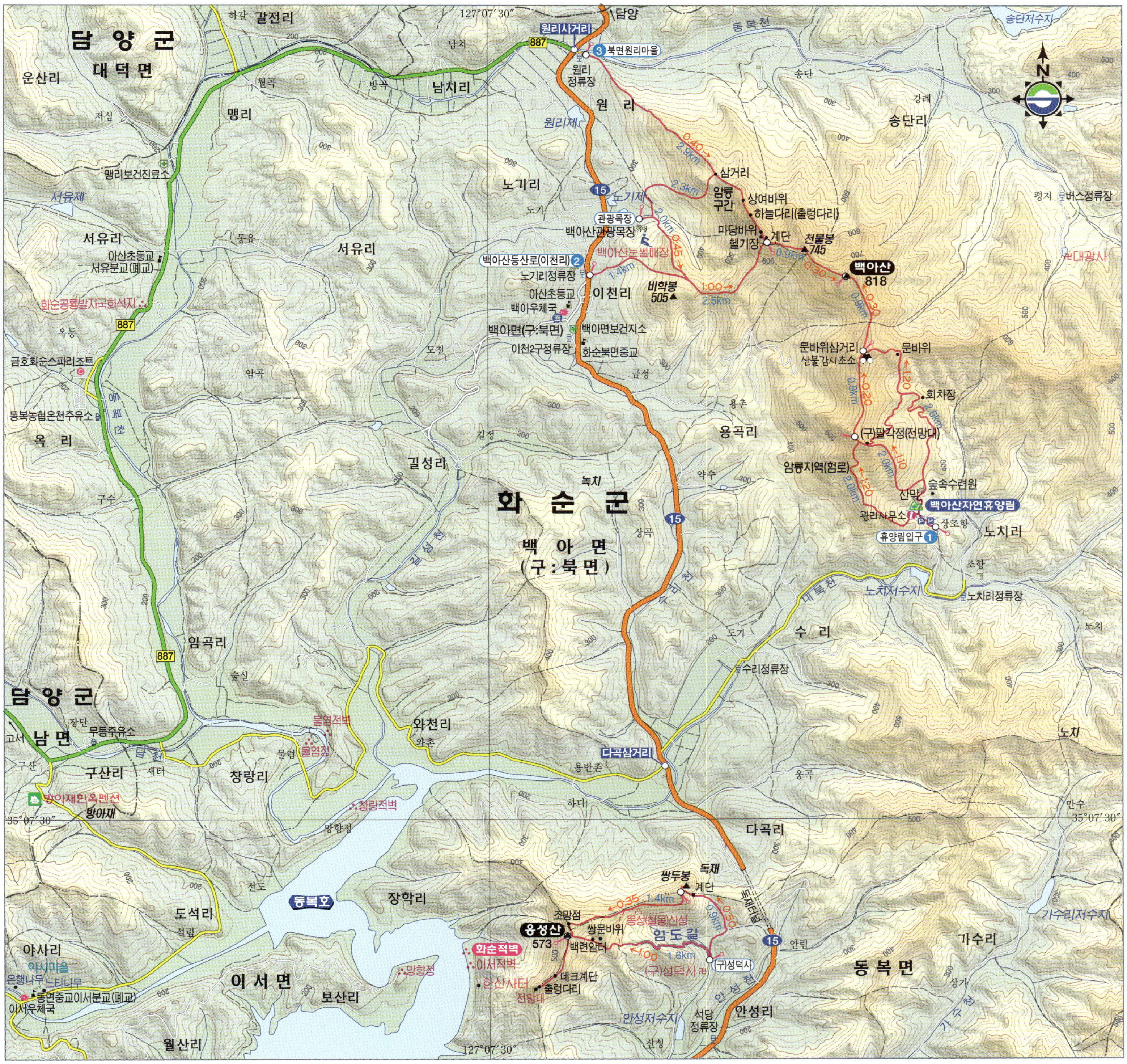

0 200 300 400 600 800 (등고선간격 20m)
일반 등산로 · 기타 등산로 · ←0:35→ 소요시간 · 1.2 km 거리 · 대피소 · 야영지 · ②주전골입구 등산코스번호 · 기점명
1:50,000 0 500 1,000m (1cm가 500m임)

181 백아산 818m

서울센트럴시티터미널에서 고속버스로 화순에서 내려 시내버스로 노치리에서 하차한다.

위치 : 전라남도 화순군 백아면(구:북면)

등산코스

백아산

1. 휴양림입구 — 2.0km/1시간10분 — (구)팔각정 — 0.9km/20분 — 문바위삼거리 — 0.9km/30분 — 백아산
2. 백아산등산로(이천리) — 2.5km/1시간 — 마당바위 — 0.9km/30분 — 백아산
3. 원리마을 — 2.9km/40분 — 마당바위 — 0.9km/30분 — 백아산

▲백아산 마당바위 주변

단면도

교통편

백아산 / 옹성산

1. 서울센트럴시티터미널 – 고속버스 이용 – 화순시외버스공용정류장 – 화순경찰서 건너편 화순군내버스정류장(터미널)까지 약 700m 도보 이동
   * 화순행 고속버스(1일 2회, 09:00 / 16:05)
2. 화순군내버스정류장 – 노치(리) 경유 백아면(구: 북면)행 또는 노치(리), 백아면 경유 송단행 217번 농어촌버스 이용 – 이천2구정류장에서 하차 후 출발지 등산로까지 도보 이동
   * 백아면(구: 북면)행 217번 농어촌버스 (1일 6회, 07:07 / 09:15 / 09:40 / 14:45 / 15:55 / 19:08)
   * 백아산자연휴양림에서 등산 시 노치리정류장에서 하차
   * 07:07분, 15:55분 운행버스는 주말 · 공휴일 노치리 미경유함.
   * 옹성산 등산 시 신성정류장 또는 석당정류장에서 하차
3. 서울센트럴시티터미널 – 고속버스 이용 – 곡성 옥과터미널 – 곡성 오산면 경유 화순 백아면(이천리)행 농어촌버스 이용 – 이천2구정류장
   * 곡성 옥과터미널행 고속버스 (1일 2회, 08:40 / 15:10)
   * 백아면(구: 북면) 이천리행 농어촌버스 (1일 5회, 07:05/10:10/11:40/16:10/17:20)

* 이천리는 백아면사무소 소재지 리명임.
* 07:05분, 11:40분 버스는 주말 · 공휴일에는 운행하지 않음.

■광주 무등산의 동쪽, 호남정맥 지맥에 솟은 백아산은 석회암 지대인 관계로 온 산이 하얀 바위로 이뤄져 독특한 산세를 지녔다. 자연휴양림이 조성된 골짜기는 사방이 산으로 둘러싸인 천연적 요새로 해방 이후부터 6.25전쟁 때까지 빨치산의 활동 근거지로 알려진 곳이기도 하다. 또한, (구)팔각정에서의 조망도 시원하지만 정상에서의 조망은 사방 거칠 것이 없이 펼쳐져, 동쪽으로는멀리 지리산의 거대한 산줄기가 시야에 가득하고, 서쪽으로는 무등산의 위용이, 남쪽으로는 모후산과 조계산이 조망된다.

문 의

화순군청 ☎ 061-374-0001
백아산자연휴양림 ☎ 061-379-3737

* 시각표는 2024년 11월 기준이며 변동될 수 있음.

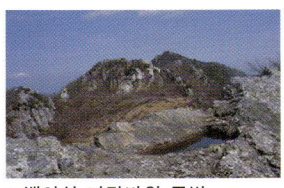

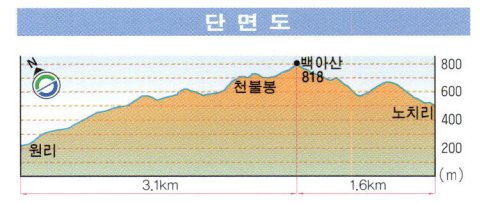

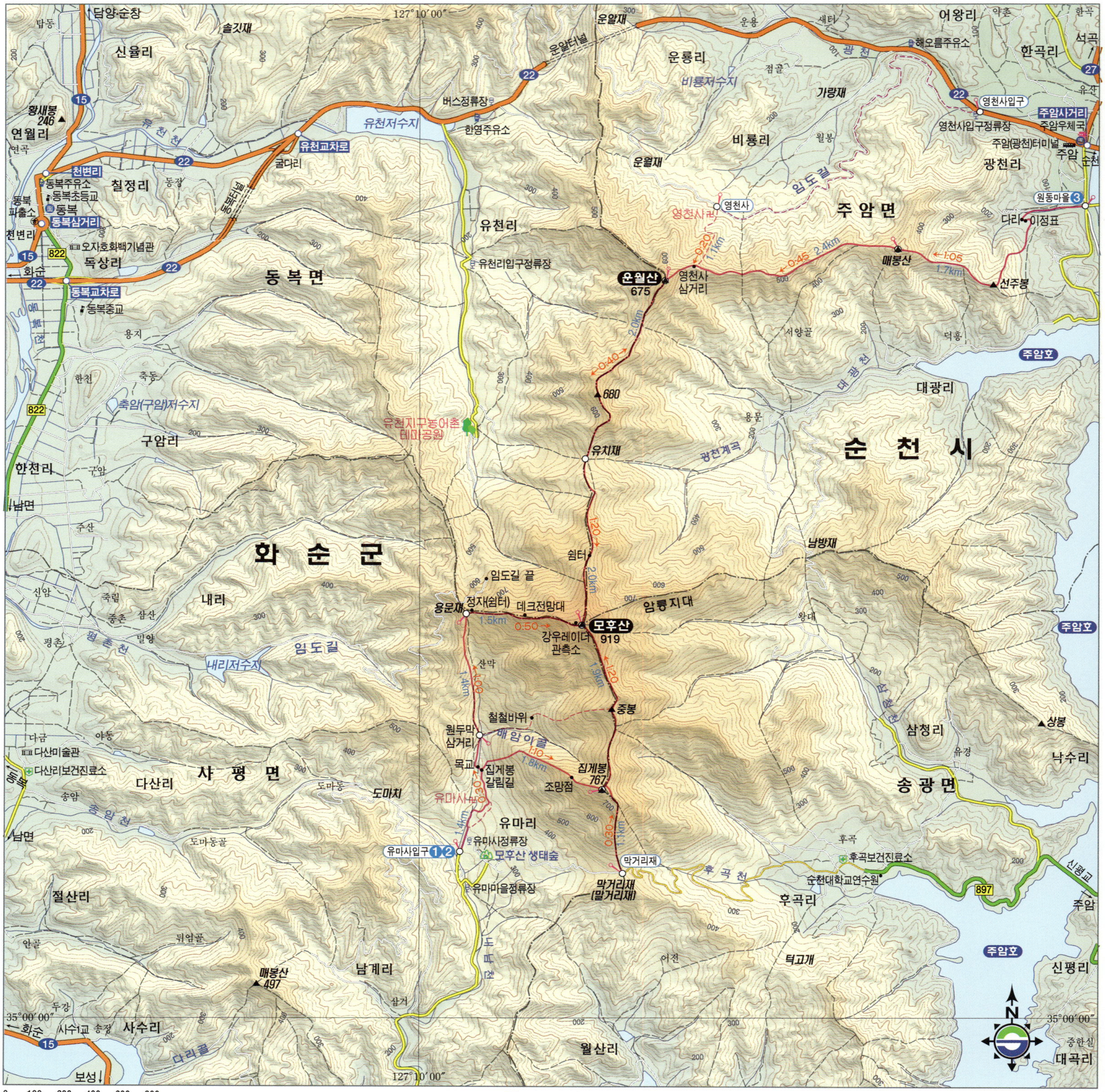

182 모후산 · 운월산

182 모후산 919m

서울센트럴시티터미널에서 고속버스로 화순에서 내려 유천리 또는 유마사행 시내버스 이용.
위치: 전라남도 화순군 남면 · 동복면, 순천시 송광면 · 주암면

등산코스
1. 유마사입구 2.8km/1시간30분 (용문재) 1.5km/50분 (모후산)
2. 유마사입구 1.8km/1시간10분 (집게봉) 1.9km/1시간20분 (모후산)
3. 원동마을 1.7km/1시간5분 (매봉산) 2.4km/45분 (운월산)

▲ 모후산 정상과 주암호

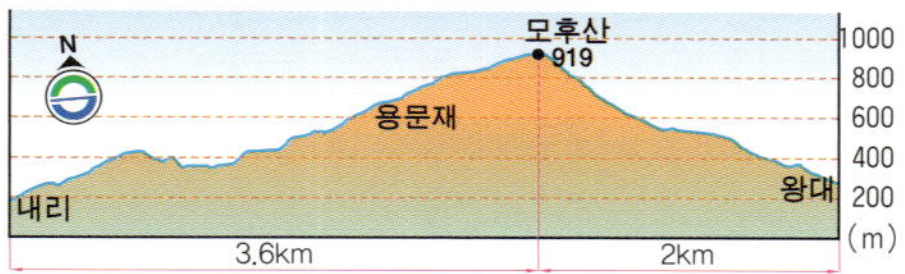

교통편

운월산
1. 서울센트럴시티터미널 - 고속버스 이용 - 순천종합버스터미널
   * 순천행 고속버스(1일 18회 운행, 06:10 ~ 23:30)
2. 순천종합버스터미널 앞 정류장 - 주암(광천)행 또는 주암(광천) 경유 송광사행 111번 시내버스 이용 - 주암면사무소정류장에서 하차 원동마을까지 도보 이동
   * 111번 시내버스 ① 평일(1일 16회, 05:40 ~ 21:00)
     ② 주말 · 공휴일(1일 12회, 05:55 ~ 21:00)
3. 서울 용산역 KTX, 새마을호, 무궁화호 열차, 수서역 SRT 열차 이용 - 순천역 - 역 앞 정류장에서 111번 시내버스 이용
   * 용산역발 순천역 정차 열차 (수시 운행, 05:08 ~ 21:45)
   * 수서역발 순천행 SRT 열차(1일 2회, 10:20 / 19:08)

모후산
1. 181쪽 백아산 교통편 1번 참조
2. 화순군내버스정류장 - 유마사(종점)행 농어촌버스 이용
   * 유마사행 농어촌버스(1일 4회, 06:45 / 10:40 / 13:19 / 17:20)

■ 주암호 동쪽의 모후산은 호남정맥의 지맥 끝부분에 솟은 산으로 웅장한 산세를 지닌 육산이다. 정상을 정점으로 산줄기가 십자(十字)형으로 뻗어 내렸는데 화순군과 순천시를 가른다. 정상 조망은 그야말로 일망무제로, 동쪽과 남쪽 산자락은 주암호의 푸른 물이 감싸고 있어 마치 호수 속의 섬과 같은 풍광이고 남으로는 남해 득량만까지 보이며, 동쪽으로는 조계산, 북쪽으로는 백아산이 손에 잡힐 듯하다. 산행 후 주암댐과 인동공원을 돌아 볼 수 있다.

문 의
화순군청 ☎ 061-374-0001

* 시각표는 2024년 11월 기준이며 변동될 수 있음.

봉두산 183

183 봉두산 753m

위치 : 전라남도 곡성군 죽곡면

등산코스

봉두산
1. 태안사입구 — 1.1km/30분 — 남릉안부 — 1.2km/30분 — 무명 — 0.8km/30분 — 봉두산
2. 태안사입구 — 1.8km/40분 — 절재 — 1.3km/40분 — 봉두산

▲ 태안사 일주문

단면도

서울 용산역에서 열차 이용하여 곡성역에서 하차 후 원달리행 농어촌버스 이용.

교통편

봉두산
1. 서울 용산역 KTX, 새마을호, 무궁화호 열차, 수서역 SRT 열차 이용 — 곡성역 — 곡성버스터미널까지 약 1Km 도보 이동
   * 용산역발 곡성역 정차 열차 (1일 14회, 05:44 ~ 20:08)
   * 수서역발 곡성행 SRT 열차 (1일 2회, 10:20 / 19:08)
2. 곡성버스터미널 — 태안사 경유 원라(리) 농어촌버스 이용 — 건모정류장에 하차
   * 태안사 경유 농어촌버스 (1일 7회)
   (08:00 / 10:00 / 12:20 / 14:10 / 16:00 / 17:20 / 19:20)
   * 14:10분, 19:20분 버스는 주말·공휴일에는 운행하지 않음.

■ 구례군 남서쪽 섬진강에 산자락을 드리운 봉두산은 신라 선문구산의 하나인 동리산문의 본거지였던 태안사를 안고 있는 산으로 태안사 관광과 더불어 가볍게 오를 수 있는 산행지이다. 정상은 그다지 넓지 않으나 전망은 수려하다. 북쪽으로 섬진강과 보성강이 내려다 보이고 북동쪽으로는 지리산의 거대한 산줄기가 눈앞에 가득히 펼쳐지며, 사방이 온통 산으로 둘러싸여 있다. 산기슭에는 고찰 태안사와 고려의 개국 공신인 신숭겸 장군을 모시는 장군단이 있다.

문 의
곡성군청 ☎ 061-363-2011

* 시각표는 2024년 11월 기준이며 변동될 수 있음.

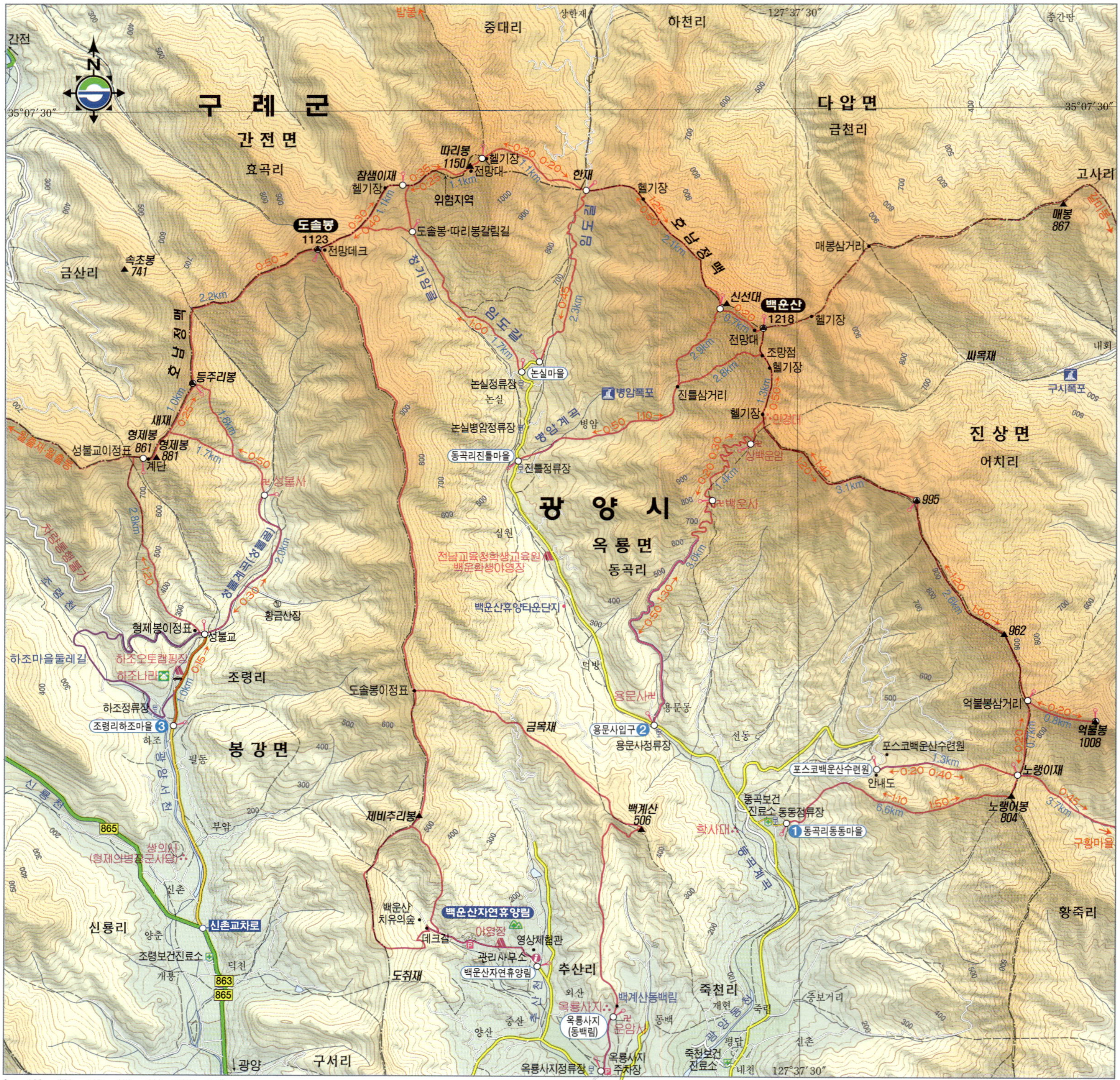

184 백운산·도솔봉 (따리봉·억불봉)

184 백운산 1218m / 도솔봉 1123m

서울에서 고속버스로 광양에서 내려 시내버스로 조령리, 동곡리 등지에서 하차한다.

위치 : 전라남도 광양시 옥룡면·봉강면·진상면

등산코스

백운산 / 도솔봉
1. 동곡리동동마을 6.6km/1시간50분 노랭이재 1.5km/40분 억불봉 3.4km/1시간40분 995m봉 3.1km/1시간40분 백운산
2. 용문사입구 3.0km/1시간30분 백운산 1.4km/30분 상백운암 1.3km/50분 백운산
3. 조령리하조마을 3.8km/1시간35분 형제봉 3.2km/1시간15분 도솔봉 2.2km/1시간5분 따리봉 3.9km/2시간5분 백운산

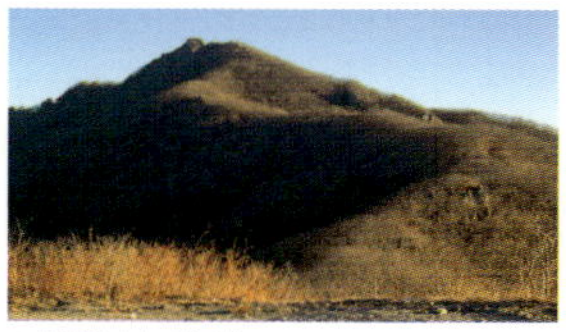

단면도

도솔봉 1123 — 청기암골 — 백운산 1218
금산리 1.5km / 4.2km / 1.8km — 싸목재

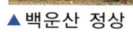
▲ 백운산 정상

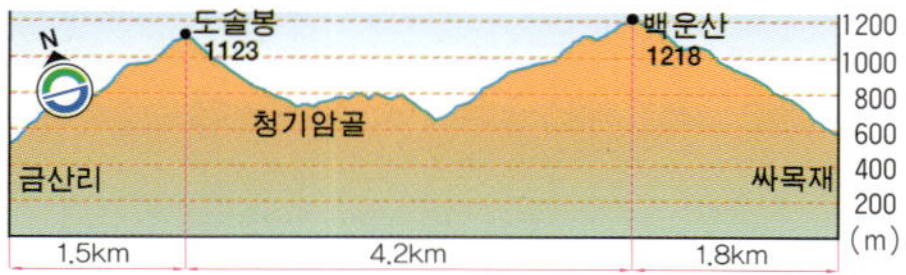

교통편

백운산 / 도솔봉
1. 서울센트럴시티터미널 – 고속버스 이용 – 광양터미널
2. 광양터미널 앞 정류장 – 논실행 21–1번, 21–2번, 21–3번 시내버스 이용 – 동동정류장, 용문사정류장, 진틀정류장, 논실(종점)정류장 등에서 하차
   * 21–1번 시내버스 (1일 4회, 08:30 / 09:30 / 14:30 / 17:30)
   * 21–1번 시내버스는 백운산휴양림 경유함.
   * 21–2번 시내버스 (1일 3회, 07:00 / 12:30 / 19:30)
   * 21–3번 시내버스 (1일 8회)
     (05:20 / 06:40 / 10:30 / 13:30 / 15:30 / 16:30 / 18:30 / 20:30)
   * 광양교통 차고지 기준 시간이며, 광양터미널까지 약 5분 ~ 7분 정도 소요됨.

도솔봉
1. 상단 백운산 / 도솔봉 교통편 참조
2. 광양터미널 앞 정류장 – 하조행 20번 시내버스 이용 – 하조(종점)정류장
   * 하조행 20번 시내버스 (1일 16회, 05:40 / 20:10)

백운산과 도솔봉은 광양시 북부를 둘러싸고 광양만을 향해 산줄기를 뻗고 있는 고봉으로 백운산을 중심으로 도솔봉, 매봉, 억불봉으로 산줄기가 이어진다. 억불봉~백운봉 능선의 억새와 철쭉 군락, 성불사 상류의 고로쇠나무가 유명하며, 정상에서는 주변과 지리산의 고봉들, 다도해와 한려수도, 여수산업단지를 볼 수 있다.

문 의
광양시청 ☎ 061-797-2114

* 시각표는 2024년 11월 기준이며 변동될 수 있음.

월출산·가학산 (별뫼산·흑석산) 185

185 월출산 810m / 가학산 575m

서울센트럴시티에서 고속버스를 이용하여 영암에서 내려 농어촌버스로 천황사나 도갑사에서 하차한다.

위치 : 전라남도 영암군 영암읍 · 군서면, 강진군 성전면, 해남군 계곡면

▲ 월출산 구름다리

▲ 가학산 정상

등산코스

월출산
1. 천황사입구 1km/30분 천황사 0.7km/50분 구름다리 1.5km/1시간20분 월출산
2. 천황사입구 1km/30분 천황사 1.8km/1시간10분 월출산
3. 금릉경포대 1.1km/40분 경포대삼거리 1.5km/1시간20분 바람재 1km/1시간 월출산
4. 도갑사입구 3.2km/1시간30분 미황재 1.9km/1시간 바람재 1km/1시간 월출산
5. 산성대입구 1.8km/1시간50분 산성대 2.1km/1시간45분 월출산

가학산
1. 강절리태인마을 1.1km/25분 흑석산기도원 1.8km/50분 가학산

단면도

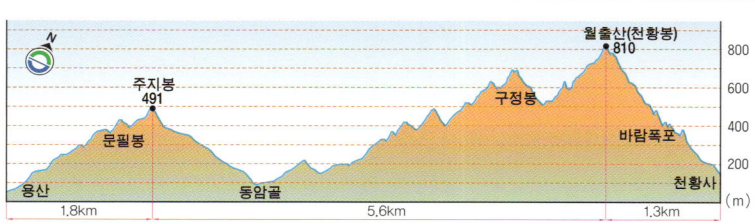

교통편

월출산
1. 서울센트럴시티터미널-고속버스 이용-영암여객자동차터미널
   * 영암행 고속버스 (1일 2회, 08:40 / 15:05)
2. 영암여객자동차터미널-천황사행 농어촌버스 이용-월출산국립공원(종점정류장)
   * 천황사행 농어촌버스 (1일 4회, 07:20 / 09:00 / 10:10 / 16:50)
3. 영암여객자동차터미널-도갑사행 농어촌버스 이용-도갑사정류장
   * 도갑사행 농어촌버스 (1일 2회, 09:35 / 16:10)
4. 영암여객자동차터미널에서 산성대입구까지 도보 이동
5. 서울센트럴시티터미널-고속버스 이용-강진버스여객터미널
   * 강진행 고속버스 (1일 4회, 07:20 / 10:50 / 13:40 / 17:10)
6. 강진버스여객터미널-무위사행 농어촌버스 이용-무위사
   * 무위사행 농어촌버스 (1일 6회, 06:40/08:20/10:30/13:40/15:00/17:20)
   * 08:20분, 13:40분 운행 버스는 경포대정류장까지 운행함.

가학산
1. 서울센트럴시티터미널-고속버스 이용-해남종합버스터미널
   * 해남행 고속버스 (1일 6회, 07:00 / 09:15 / 10:00 / 15:00 / 17:00 / 19:30)
   * 09:15분 운행 버스는 토요일에만 운행함.
2. 해남종합버스터미널-태인(마을) 경유 농어촌버스 이용-태인마을정류장
   * 태인(마을)행 농어촌버스 (1일 4회, 07:30 / 09:15 / 12:30 / 17:00)

■ 영암군과 강진군의 경계에 산줄기를 펼치고 있는 월출산은 최고봉인 천황봉을 비롯하여 구정봉, 향로봉 등 높이 700~800m의 봉우리들이 능선 위에 솟아 있다. 경관이 아름다워 예로부터 소금강으로 불렸으며, 온 산이 암봉과 절벽 단애를 이뤄 마치 기암괴석의 전시장 같다. 해안 가까이 위치하여 안개가 자주 끼어 산행 시 주의를 요하고, 능선 상에는 샘터가 전혀 없어 식수를 준비해야 한다. 1988년 국립공원으로 지정되었다.

■ 가학산은 남도의 끝인 해남의 북쪽 끝, 해남군과 영암군을 가르며 달리는 능선 위에 솟아 있다. 최고봉이 575m로 그리 높지 않으나, 거대한 돔형바위로 된 정상은 웅장하기 그지없다. 정상 윗부분이 평평하여 올라서서 전경을 내려다보기 안성맞춤이나, 사면이 가파른 절벽이라 주의가 필요하다.

■ 정상에서는 월출산이 눈앞에 있는 듯 선명하고, 남쪽의 두륜산이 아련하게 보인다. 소나무가 울창한 능선은 온통 바위로 뒤덮여 있어 다소 힘든 산행을 각오해야 한다. 그러나, 겨울에 눈이 잘 쌓이지 않기 때문에 겨울철 산행도 별 어려움 없이 할 수 있다. 서쪽으로는 흑석산과, 동쪽으로는 별매산과 이어져 있는데, 두 산을 이어 종주산행을 하기도 한다. 특히, 가학산, 흑석산에서 바라본 별매산의 전경은 아름답기로 유명하다.

축제 · 볼거리

1. 왕인 문화 축제
영암은 수많은 인재를 배출한 고장으로 삼국시대 왜(倭)에 천자문을 전한 왕인박사가 살던 곳으로 이를 기리기 위해 매년 4월 초 왕인 문화 축제를 개최한다. 주 행사장은 왕인박사 유적지 일원이다.
문의) 061-470-2114 (영암군청)

2. 영암장 (5, 10일)
전남 영암군 영암읍 동무리 일원에서 서는 장으로 참깨, 수박, 곡물류 등의 농산물과 수산물이 판매된다.

문의
월출산국립공원사무소 ☎ 061-473-5210
해남군청 ☎ 061-530-5114

* 시각표는 2024년 11월 기준이며 변동될 수 있음.

187 조계산 884m

동서울터미널에서 시외버스로 순천에서 내려 시내버스를 이용하여 선암사 또는 송광사에서 하차한다.

위치 : 전라남도 순천시 송광면 · 승주읍

▲ 조계산 전경

▲ 선암사 대웅전

등산코스

조계산
1. 선암사입구 4km/2시간 큰굴목재 1.5km/1시간 송광굴목재 3km/1시간20분 송광사
2. 선암사입구 1.8km/40분 대각암 2.7km/2시간 조계산
3. 선암사입구 4km/2시간 큰굴목재 2.1km/1시간45분 조계산
4. 송광사 3.6km/1시간40분 연산봉사거리 1.9km/1시간25분 조계산

단면도

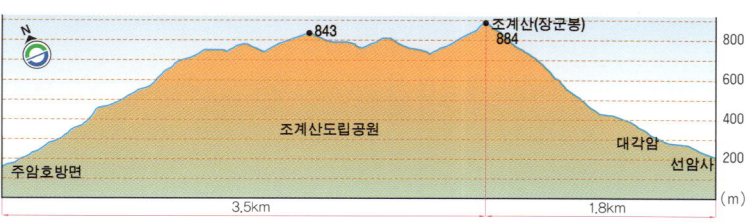

교통편

조계산
1. 서울센트럴시티터미널-고속버스 이용-순천종합버스터미널
   * 순천행 고속버스 (1일 18회 운행, 06:10 ~ 23:30)
2. 순천종합버스터미널 앞 정류장-선암사행 1번 시내버스 이용-선암사정류장
   * 선암사행 1번 시내버스 (1일 10회, 07:00 / 08:45 / 10:30 / 12:00 / 13:40 / 15:15 / 16:50 / 18:20 / 19:40 / 21:30)
   * 해룡(면) 대안(리) 차고지 기준 시간이며, 터미널까지 약 10분 정도 소요됨.
2-1. 순천종합버스터미널 앞 정류장-송광사행 111번 시내버스 이용-송광사정류장
   * 송광사행 111번 시내버스
     ① 평일 (1일 13회, 05:40 ~ 18:40)
     ② 주말·공휴일 (1일 9회, 07:10 / 08:30 / 09:50 / 11:10 / 12:35 / 14:00 / 15:30 / 17:00 / 18:40)
   * 해룡(면) 대안(리) 차고지 기준 시간이며, 터미널까지 약 7분 ~ 10분 정도 소요됨.
3. 서울용산역 KTX, 새마을호, 무궁화호 열차, 수서역 SRT 열차 이용-순천역-역 앞 정류장에서 111번 시내버스 이용
   * 용산역발 순천역 정차 열차 (수시 운행, 05:08 ~ 21:45)
   * 수서역발 순천행 SRT 열차 (1일 2회, 10:20 / 19:08)
   * 해룡대안 차고지에서 순천역까지 약 5분 ~ 7분 정도 소요됨.

■ 유명한 고사거찰 선암사와 송광사를 동서에 거느린 조계산은 전체적인 산세는 웅장하지 않으나 질펀한 산자락은 그 산역이 넓다. 온 산을 뒤덮은 수림과 맑고 그윽한 계곡이 불교 성지다운 정취를 한껏 느낄 수 있다.

■ 이 산의 이름은 원래 송광산이었으나 고려 희종 때부터 조계산으로 바꿔 부르게 되었다. 산 가운데 남쪽으로 흐르는 조계수를 사이에 두고 그 동쪽의 산을 조계산(주봉 장군봉)이라 하고 그 서쪽의 산을 송광산(주봉 연산봉)이라고 구분지어 부르기도 한다. 이 산은 1979년 12월 도립공원으로 지정되었다.

축제 · 볼거리

1. 낙안읍성 민속 문화 축제
낙안읍성 일대에서 매년 10월 중순 열리는 민속 축제로 전통 문화를 보전하고 알리기 위한 취지로 개최되고 있다. 수문장 교대식, 성곽 쌓기 체험, 전통 놀이 경연, 국악 공연 등의 행사가 진행된다.
문의) 061-749-8840

2. 순천만 갈대 축제
순천만 일원 갈대 군락지에서 열리는 자연 축제로 가을 정취에 흠뻑 취할 수 있다. 매년 10월 중순 열리며 갈대음악회, 특산물 판매 장터, 사진전, 천연기념물 전시, 무진기행 백일장 등의 행사가 열린다.
문의) 061-749-6081 (순천만 보전과)

3. 웃장 (5, 10일), 아랫장 (2, 7일)
순천시를 대표하는 5일장으로는 순천시 외동 199-62번지 일대에서 열리는 웃장과 순천시 풍덕동 동천 변에서 열리는 아랫장이 있다. 두 시장 모두 먹거리와 볼거리가 많아 장이 서는 날에는 많은 사람들이 찾는다.

4. 송광사 (松廣寺)
우리나라 3대 사찰로 꼽히는 이 절은 신라 말 혜린선사가 창건하였는데 보조국사 이래 16국사가 배출되었고, 국보 제 42호 목조삼존불상을 비롯해 많은 문화재가 보존되어 있다.

5. 선암사 (仙巖寺)
이 절은 백제 성왕 7년(529년) 아도화상이 창건한 절로, 울창한 수림에 둘러싸인 절 주위의 계곡은 절승을 이룬다.

문의
순천시청 ☎ 061-749-3114

* 시각표는 2024년 11월 기준이며 변동될 수 있음.

조계산 187

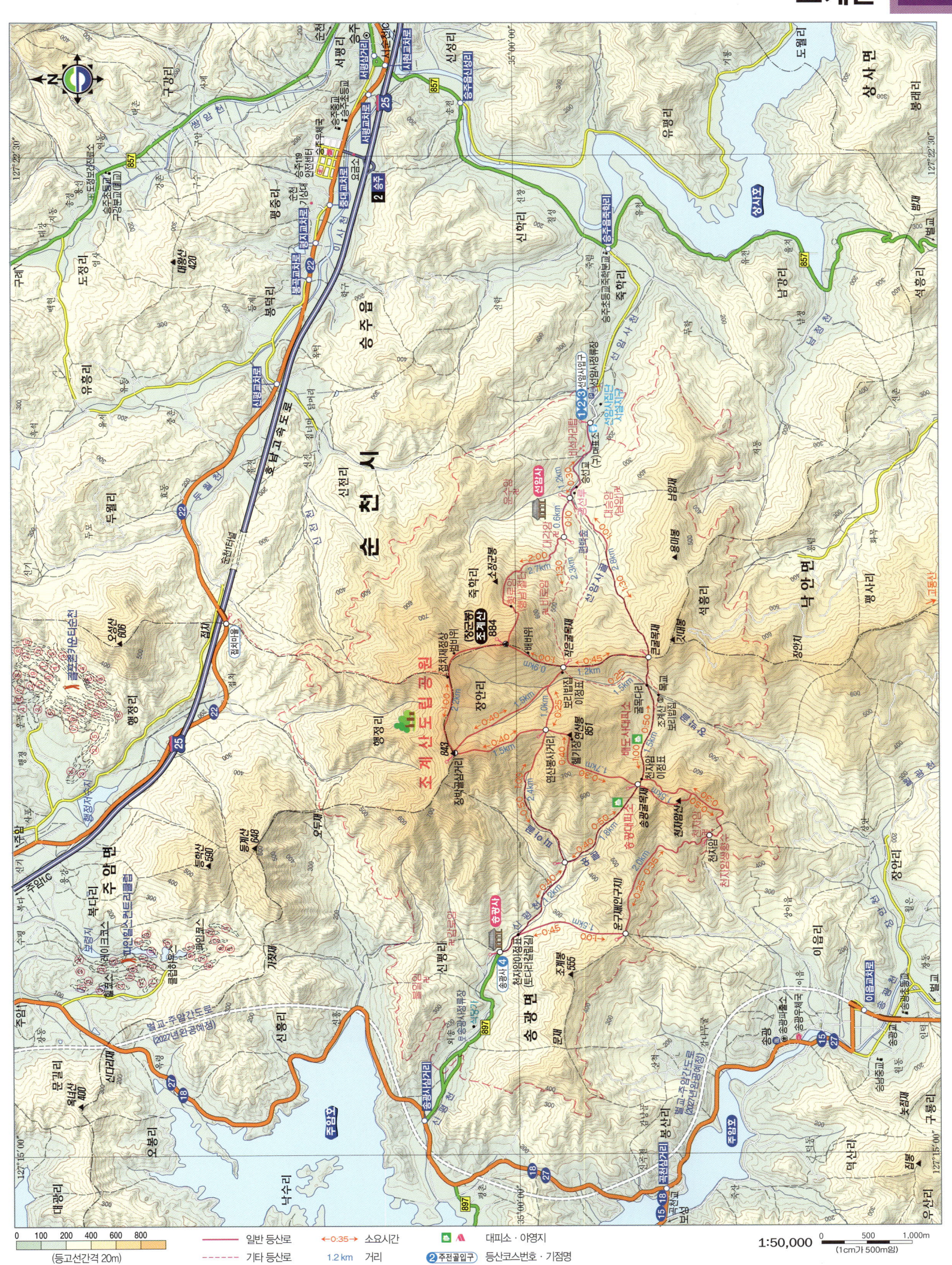

188 주작산 · 덕룡산

188 주작산 428m | 덕룡산 433m

서울센트럴시티터미널에서 고속버스로 강진, 해남에서 하차하여 각 목적지행 농어촌버스를 이용한다.

위치 : 전라남도 강진군 도암면·신전면

등산코스

주작산
1. 수양리덕룡마을 1.5km/1시간 삼거리 4.9km/1시간 40분 주작산 (주봉)
2. 휴양림입구 1.7km/55분 주작산 (주봉)

덕룡산
1. 수양리덕룡마을 1.5km/1시간 삼거리 1.5km/35분 덕룡산
2. 소석문 2.4km/1시간 동봉 덕룡산

교통편

주작산 / 덕룡산(석문산)
1. 서울센트럴시티터미널 – 고속버스 이용 – 강진버스여객터미널
   * 강진행 고속버스(1일 4회, 07:20 / 10:50 / 13:40 / 17:10)
2. 강진버스여객터미널 – 사초·좌일 농어촌버스 이용 – 석천마을정류장, 월하마을정류장, 수양마을정류장 등에서 하차
   * 사초·좌일 농어촌버스(1일 12회, 06:10 ~ 18:50)

주작산
1. 서울센트럴시티터미널 – 고속버스 이용 – 해남종합버스터미널
   * 해남행 고속버스
   (1일 6회, 07:00 / 09:15 / 10:00 / 15:00 / 17:00 / 19:30)
   * 09:15분 운행버스는 토요일에만 운행함.
2. 해남종합버스터미널 – 좌일·내동행 농어촌버스 이용 – 오심재정류장
   * 좌일·내동행 농어촌버스(1일9회, 06:40 / 08:20 / 09:00 / 10:10 / 12:00 / 13:20 / 15:15 / 17:50 / 19:10)

▲ 주작산(주봉) 전경과 기암군

단면도

문 의

강진군청 ☎ 061-430-3114

* 시각표는 2024년 11월 기준이며 변동될 수 있음.

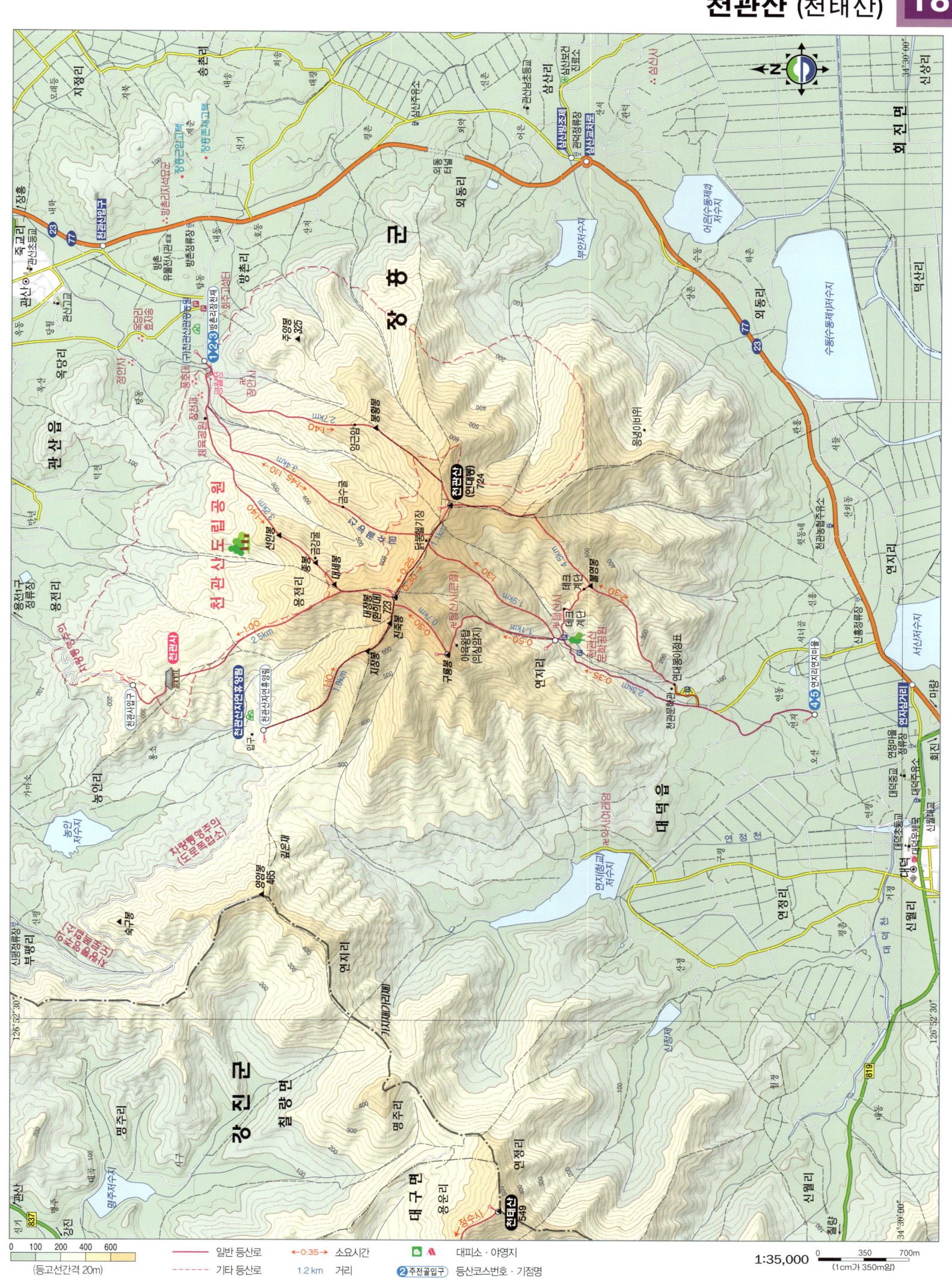

전라도편

189 천관산 724m

위치 : 전라남도 장흥군 관산읍·대덕읍

서울센트럴터미널에서 고속버스로 장흥에서 내려 직행버스로 회진면에서 하차한다.

▲ 천관산 기암괴석   ▲ 천관사

등산코스

천관산
1. 방촌리장천재 3.4km/1시간45분 — 천관산
2. 방촌리장천재 3.2km/1시간40분 — 대장봉 1.1km/30분 — 천관산
3. 방촌리장천재 2.7km/1시간40분 — 천관산 1.1km/25분 — 대장봉 2.5km/1시간 — 천관사
4. 연지리연지마을 4.5km/2시간30분 — 천관산
5. 연지리연지마을 2.5km/35분 — 탑산사 1.1km/50분 — 구룡봉 0.7km/30분 — 대장봉 1.1km/30분 — 천관산

단면도

(명주리 — 양암봉 465 — 깊은재 — 대장봉 723 — 천관산 724 — 삼산사(2km))
2km / 2.6km / 0.9km / 1.9km

교 통 편

천관산
1. 서울센트럴시티터미널 — 고속버스 이용 — 장흥공용버스터미널
   * 장흥행 고속버스
     (1일 8회, 07:20 / 08:40 / 09:50 / 10:50 / 13:40 / 15:05 / 16:05 / 17:10)
2. 장흥공용버스터미널 — 용산, 관산, 대덕 경유 회진행 직행버스 이용 — 방촌정류장 또는 신흥정류장에서 하차
   * 관산 경유 회진행 직행버스
     (1일 9회, 07:45 / 09:50 / 10:50 / 13:00 / 14:50 / 17:00 / 18:40 / 19:20 / 21:50)
3. 장흥공용버스터미널 — 용산(면)·관산(읍)·대덕읍 방면 농어촌버스 이용 — 방촌정류장 또는 신흥정류장에서 하차
   * 대덕(읍)행 농어촌버스
     (1일 22회, 06:05 ~ 19:40)

■ 전라남도 장흥군 관산읍의 남서쪽을 막아선 천관산은 예로부터 지리산, 내장산, 월출산, 내변산과 함께 호남 5대 명산의 하나로 꼽히던 산으로 천풍산, 지제산 등 여러 이름으로 불렸다. 전체적인 산세는 부드러우나 주 능선상에는 기묘한 바위들이 침봉 군을 이뤄, 멀리서 보면 마치 주옥으로 장식된 천자의 면류관 같다 하여 산 이름도 천관산으로 불린다.

■ 수림이 울창하고 봄에는 진달래와 동백이, 가을에는 억새와 단풍이 절경이다. 옛날에는 천관사를 비롯한 많은 사찰이 있었으나 지금은 절터와 석탑 정도만 남아 있다. 문화재로는 천관사 오층석탑(天冠寺五層石塔·전라남도유형문화재)·천관사 석등(天冠寺石燈·전라남도유형문화재)·천관사 삼층석탑(天冠寺三層石塔·보물) 등이 있다.

축 제·볼 거 리

1. 천관산 억새제
매년 10월 중순 천관산 억새 군락지에서 열리는 가을 축제로 억새 제례, 억새 아가씨 선발, 국악 공연, 가요제 등의 행사가 열린다.
문의) 061-863-7071 (장흥군청)

2. 제암산 철쭉제
매년 5월 초 제암산 일원 및 철쭉 제단에서 열리는 축제이다. 주요 행사로는 철쭉 제례, 음악회, 사진 촬영 등이 있다.
문의) 061-860-5771(장흥 제암산악회)

3. 장흥 정남진 키조개 축제
매년 5월 중순 장흥군 안양면 수문항 일원에서 열리는 축제이다. 키조개 먹거리 장터 및 판매, 공예품 제작 체험, 요리 경연 등이 열린다.
문의) 061-862-1305(안양면 수문어촌계)

4. 천관사(天冠寺)
천관산 북쪽 기슭에 자리한 천관사는 신라 진흥왕 때 통영(通靈)이 창건한 절로 한때는 89개의 암자를 거느렸던 거찰이었으나 지금은 옛 모습을 찾을 수 없다. 절 입구에 보물로 지정된 고려 때 삼층석탑이 이 절의 역사를 대변해 주고 있다.

문 의

천관산자연휴양림 ☎ 061-867-6974
장흥군청 ☎ 061-863-7071

* 시각표는 2024년 11월 기준이며 변동될 수 있음.

---

191 두륜산 703m / 대둔산 672m

위치 : 전라남도 해남군 삼산면·북일면·북평면·현산면

서울시티터미널에서 고속버스로 해남에 도착하여 대흥사행 군내버스를 이용한다.

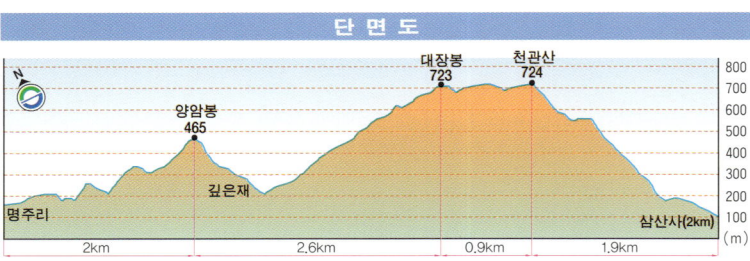

▲ 두륜산 가련봉   ▲ 대흥사

등산코스

두륜산
1. 일주문 1.7km/50분 — 진불암 0.7km/25분 — 만일재 0.5km/25분 — 두륜산
2. 일주문 1.7km/1시간 — 북미륵암 0.5km/15분 — 오심재 0.9km/30분 — 두륜산

대둔산
1. 일주문 1.4km/20분 — 남암 2km/1시간25분 — 대둔산
*대둔산 정상 부근은 출입을 통제하고 있다.

단면도

(조산리 — 진흥사 — 대둔산 672 — 띠밭재 — 두륜봉 630 — 두륜산 703 — 오소재)
1.8km / 2.3km / 0.6km / 1.9km

교 통 편

두륜산 / 대둔산
1. 서울센트럴시티터미널 — 고속버스 이용 — 해남종합버스터미널
   * 해남행 고속버스
     (1일 6회, 07:00 / 09:15 / 10:00 / 15:00 / 17:00 / 19:30)
   * 09:15분 운행 버스는 토요일에만 운행함.
2. 해남종합버스터미널 — 대흥사행 농어촌버스 이용 — 두륜승강장(대흥사입구정류장)
   * 대흥사행농어촌버스(1일18회, 06:50 ~ 19:40(동절기에는 19:30))
3. 해남종합버스터미널 — 좌일·내동행 농어촌버스 이용 — 오심재정류장
   * 좌일·내동행 농어촌버스
     (1일9회, 06:40 / 08:20 / 09:00 / 10:10 / 12:00 / 13:20 / 15:15 / 17:50 / 19:10)

■ 한반도의 남서쪽 끝머리에 돌출한 해남반도에 솟아 있는 두륜산은 한반도의 가장 남쪽을 장식하면서 고찰 대흥사(대둔사)를 거느리고 있는 호남 굴지의 명산으로 1979년 12월에 도립공원으로 지정되었다.

■ 주봉인 가련봉을 중심으로 두륜봉·연화봉·도솔봉 등 여덟 봉우리가 솟아 있다. 정상에 오르면 다도해의 크고 작은 섬들이 한눈에 들어오는 시원한 전망이 일품이며, 남서쪽으로 이어진 대둔산(大芚山)까지 등반할 수도 있다. 또한, 왕벚나무(천연기념물)의 자생지로 밝혀진 두륜산은 동백나무 숲과 계곡의 절경으로 유명하다.

■ 가을이면 두륜봉과 가련봉 사이의 억새밭이 장관을 이루어 가을 산행객을 유혹한다. 또한, 여름의 짙은 녹음과 봄의 춘백도 그 못지 않게 아름다워 사계절 색다른 절경을 자랑한다. 특히 산의 주변은 예로부터 유자(柚子)의 명산지이고 차(茶) 산지로도 유명하다. 대흥사 외에도 한국의 다성(茶聖)인 초의(草衣) 장의순(張意恂)이 수도했던 일지암(一枝庵)이 있으며 이 일대는 예로부터 한국 고유의 차와 다도로 유명하다.

축 제·볼 거 리

1. 명량대첩 축제
세계 해전 사상 유례없는 승전인 명량대첩을 재조명하는 역사 축제이다. 매년 10월 중순 진도군 녹진관광지, 해남군 우수영관광지 일원에서 진도군과 해남군이 공동으로 개최하는 축제로서 다양한 공연과 퍼레이드, 축하 행사 등이 진행된다.
문의) 061-286-5265

▲ 명량대첩탑

2. 해남군 5일장
해남5일장(1, 6일)
산정5일장(2, 7일)
남창5일장(2, 7일)
좌일5일장(3, 8일)
남리5일장(3, 8일)
월송 5일장(4, 9일)
우수영5일장(4, 9일)
화원5일장(5, 10일)

문 의

해남군청 ☎ 061-530-5114

* 시각표는 2024년 11월 기준이며 변동될 수 있음.

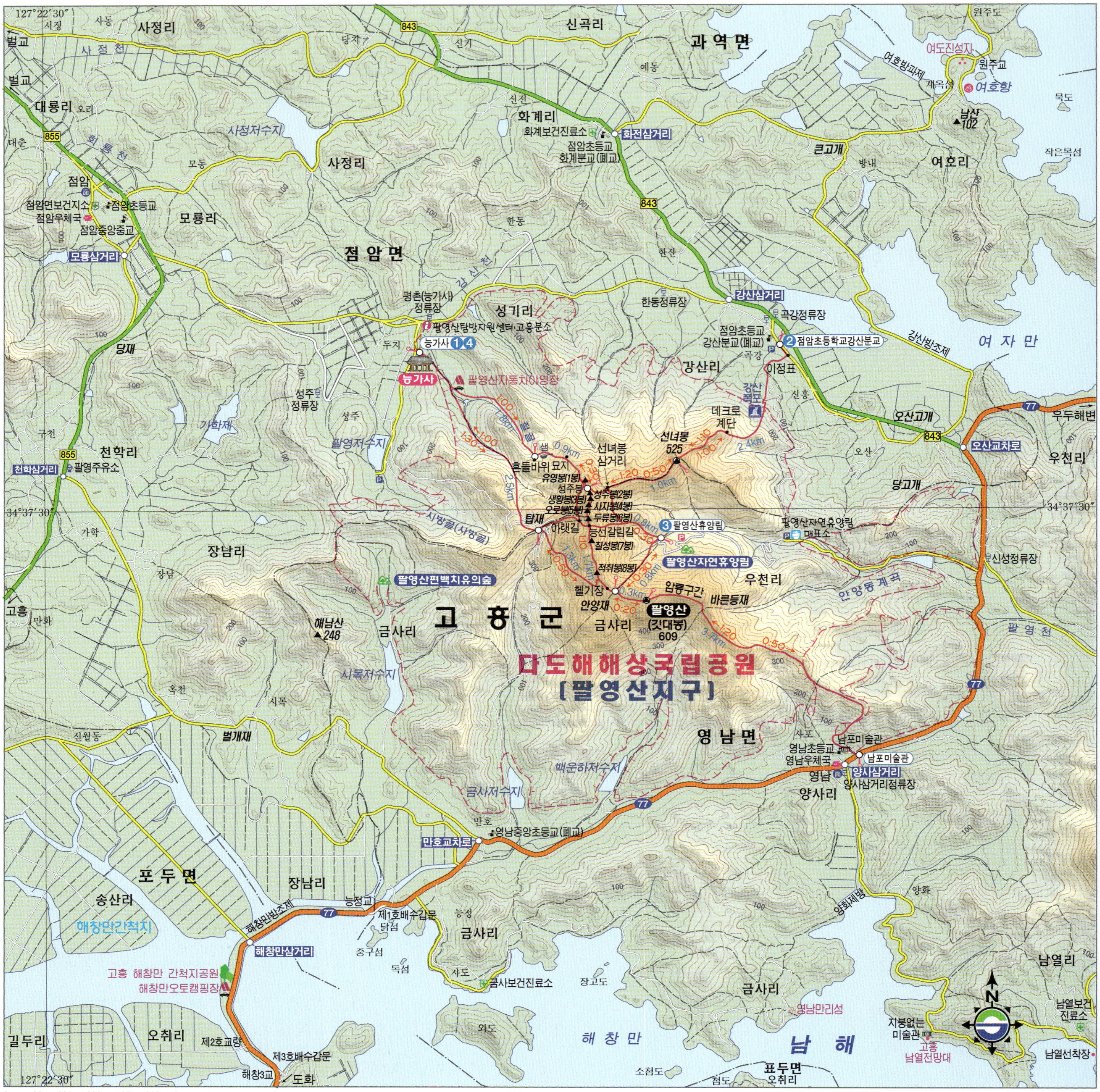

0 100 200 300 400 600 (등고선간격 20m)

일반 등산로 · 기타 등산로 · ←0:35→ 소요시간 · 1.2 km 거리 · 대피소 · 야영지 · ②주전골입구 등산코스번호 · 기점명

1:50,000 0 500 1,000m (1cm가 500m임)

192 팔영산 609m

서울센트럴시티터미널에서 고속버스로 고흥에 도착하여 군내버스를 타고 영남면이나 능가사에서 하차한다.

위치 : 전라남도 고흥군 영남면·점안면

등 산 코 스

① 능가사 – 1.8km/1시간 – 흔들바위 – 0.9km/30분 – 성주봉(2봉) – 2.0km/1시간30분 – 팔영산

② 점암초등학교강산분교 – 2.4km/1시간10분 – 선녀봉 – 1km/1시간20분 – 성주봉(2봉) – 2.0km/1시간30분 – 팔영산

③ 팔영산휴양림 – 0.8km/30분 – 안양재 – 0.3km/20분 – 팔영산

④ 능가사 – 2.5km/1시간30분 – 탑재 – 1.3km/50분 – 안양재 – 0.3km/20분 – 팔영산

▲능가사와 팔영산 전경

단 면 도

교 통 편

팔영산

1. 서울센트럴시티터미널 – 고속버스 이용 – 고흥공용버스정류장
   * 고흥행 고속버스
   (1일 4회, 08:00 / 09:30 / 14:40 /17:30)
2. 고흥공용버스정류장 – 점암 방면 남열리행 농어촌버스 이용 – 양사삼거리정류장에서 하차
   * 남열리행 농어촌버스(1일 7회)
   (06:00 / 08:20 / 10:20 / 12:40 / 14:40 / 17:10 / 19:40)
   * 08:20분, 12:40분, 17:10분 버스는 공휴일에 운행하지 않음.
3. 고흥공용버스정류장 – 점암 방면 과역(면)행 또는 벌교 방면 과역(면) 경유 농어촌버스 이용
   * 과역행 또는 과역 경유 농어촌 버스
   (1일 12회, 06:05 / 06:10 / 06:40 / 07:20 / 09:40 / 10:30 / 11:20 / 12:20 / 13:40 / 14:10 / 15:40 / 18:40)
   * 06:40분, 10:30분, 14:10분 버스는 공휴일에 운행하지 않음.
4. 과역버스터미널 – 성주 경유 남열리행 농어촌버스 이용 – 평촌(능가사)정류장, 곡강정류장 등에서 하차
   * 성주 경유 남열리행 농어촌버스
   (1일 3회, 09:00/12:50/16:40)

■ 팔영산은 고흥반도의 최고봉이며 빼어난 산세로 남해안 으뜸이다. 여덟 개의 바위 봉우리가 연이어 솟아 있으며, 1봉에서부터 8봉을 지나 정상인 팔영산(깃대봉)까지 이어진 바위 능선은 약 2㎞나 되어 암릉 등반의 묘미를 만끽할 수 있으며, 곳곳에 철사다리와 난간이 설치되어 있다.

문 의

고흥군청 ☎ 061–830–5114
팔영산자연휴양림 ☎ 061–830–6990

* 시각표는 2024년 11월 기준이며 변동될 수 있음.

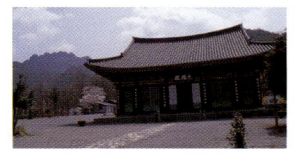

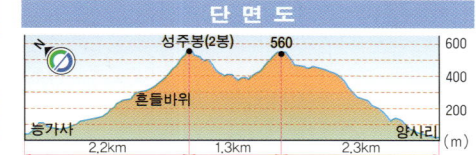

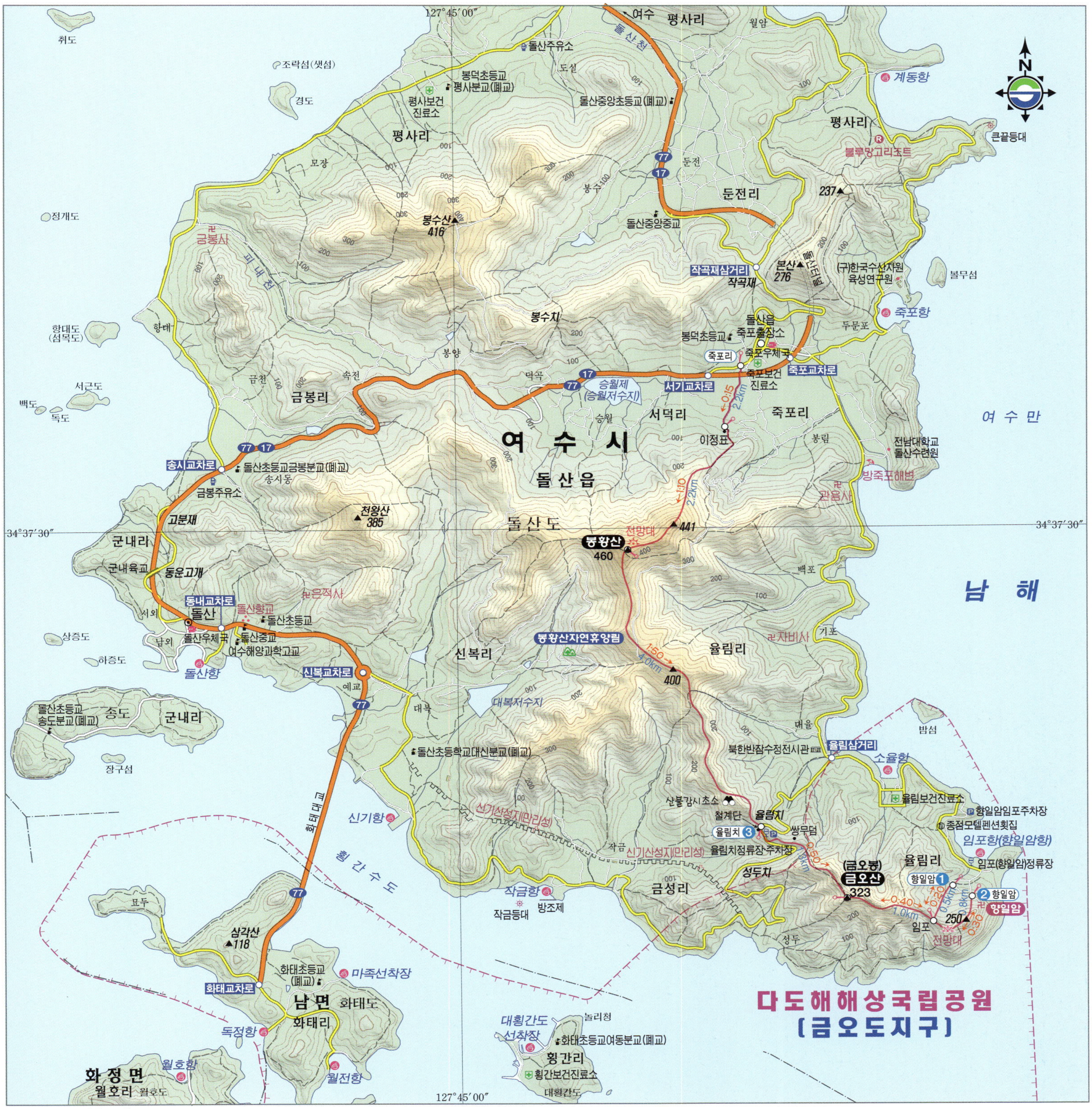

금오산 (봉황산) 193

193 금오산 323m

위치 : 전라남도 여수시 돌산읍

서울용산역이나 수서역, 동서울 또는 서울 센트럴시티터미널에서 열차나 고속버스를 타고 여수에서 내려 시내버스로 임포(항일암)에서 하차한다.

등산코스

1. 항일암 0.5km/20분 임포(갈림길) 1.0km/40분 금오산
2. 항일암 0.8km/30분 임포(갈림길) 1.0km/40분 금오산
3. 율림치 1.3km/50분 금오산

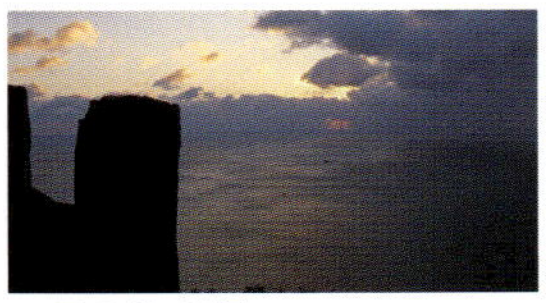

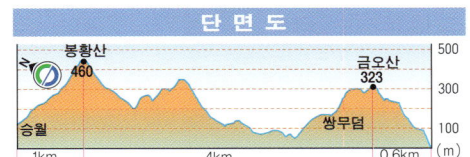
▲ 금오산 일출

단면도
봉황산 460 / 금오산 323
승월 / 쌍무덤
1km — 4km — 0.6km (m)

교통편

금오산

1. 서울용산역 KTX, 새마을호, 무궁화호 열차, 수서역 SRT 열차 이용 – 여수엑스포역(KTX·SRT)
   * 용산역발 여수엑스포행 열차 (수시 운행, 05:08 ~ 21:48)
   * 수서역발 여수엑스포행 SRT 열차 (1일 2회, 10:20 / 19:08)
2. 역에서 하차 후 여수엑스포역 L(엘) 정류장으로 이동 – 임포(항일암)행 111번 시내버스 이용
   * 여수엑스포역 L(엘) 정류장발 임포(항일암)행 111번 시내버스 (1일 5회, 04:30 / 05:00 / 05:30 / 06:10 / 06:50)
3. 동서울 또는 서울센트럴시티터미널 – 고속버스 이용 – 여수 종합터미널
4. 터미널 건너편 정류장 – 임포마을(항일암) 111번 시내버스 이용 (1일 20회, 07:30 ~ 21:40) – 임포(항일암)정류장
5. 터미널 건너편 정류장 – 돌산항 – 율림치(성두) 경유 116번 버스 이용 (1일 3회, 07:45/12:20/16:15) – 임포(항일암)정류장
   * 미평초등학교 기점 출발 기준임

* 미평초등학교에서 터미널 건너편 정류장까지 약 5분 소요됨.
* 임포(항일암)에서 미평초등학교행 111번 시내버스 막차는 21:40분임.
* 임포(항일암)에서 율림치 경유 미평초등학교행 116번 시내버스 막차는 18:20분임.

■ 여수 시내에서 돌산대교와 거북선대교로 이어진 돌산도는 이제 육지처럼 찾기 쉬운 곳이 되어 섬 남쪽의 명찰 항일암과 더불어 금오산이 부각되고 있다. 금오산은 낮지만 항일암 뒤로 아기자기한 암릉이 이어져 있고 시야가 확 트인 바다로 둘러싸여 풍광이 뛰어나다.

문 의
여수시청 ☎ 061-659-2114

* 시각표는 2024년 11월 기준이며 변동될 수 있음.

194 달마산 (연포산)

194 달마산 489m

위치 : 전라남도 해남군 북평면·송지면·현산면

동서울 또는 서울센트럴시티터미널에서 고속·시외버스로 해남에 도착하여 미황사행 시내버스를 이용한다.

▲ 달마산 전경　▲ 미황사

등산코스

달마산
1. 미황사 — 0.8km/40분 — 달마산
2. 미황사 — 0.5km/30분 — 문바위 — 0.3km/15분 — 달마산
3. 월송리송촌마을 — 3.0km/1시간30분 — 달마산
4. 도솔암주차장 — 2.1km/1시간40분 — 떡봉 — 2.4km/2시간 — 문바위 — 0.3km/15분 — 달마산

* 북쪽 바람재에서부터 연포산(도솔봉)까지 능선 종주 할 수 있음.

단면도

통호리 — 419 — 연포산(도솔봉) — 귀래봉 — 달마산 489 — 문바위 — 바람재
1.4km / 4km / 1.8km

교통편

달마산
1. 서울센트럴시티터미널 – 고속버스 이용 – 해남종합버스터미널
 * 해남행 고속버스 (1일 6회, 07:00 / 09:15 / 10:00 / 15:00 / 17:00 / 19:30)
 * 09:15분 운행버스는 토요일에만 운행함.
2. 동서울터미널 – 해남행 시외버스 이용 – 해남종합버스터미널
 * 해남행 시외버스(1일 2회, 07:10 / 15:40)
3. ① 해남종합버스터미널 – 해원(리) 경유 산정(정류소)행 농어촌버스 이용 – 서정정류장에서 하차 후 미황사까지 도보 이동
 * 해원 경유 산정행 농어촌버스(1일 1회, 06:00)
 ② 해남종합버스터미널 – 해원(리), 미황사 경유 산정(정류소)행 농어촌버스 – 미황사정류장
 * 미황사 경유 농어촌버스(1일 3회, 11:15 / 14:05 / 17:00)
 ③ 해남종합버스터미널 – 산정(정류소) 선행 후 미황사행 농어촌버스 – 미황사정류장
 * 산정 선행 후 미황사행 농어촌버스(1일 2회, 12:40 / 16:50)
4. 해남종합버스터미널 – 금강(리) 경유 산정행 또는 산정행 농어촌버스 이용 – 산정정류소
 * 금강(리) 경유 산정행 또는 산정행 농어촌버스 (1일 17회, 06:25 ~ 19:40)
5. 해남종합버스터미널 – 산정(정류소) 경유 땅끝행 직행버스 이용 – 산정정류소
 * 산정 경유 땅끝행 직행버스(1일 2회, 06:40 / 11:00)
6. 산정정류소 – 미황사행 농어촌버스 – 미황사정류장
 * 미황사행 농어촌버스(1일 4회, 09:45 / 14:00 / 17:50 / 18:40)
7. 산정정류소 – 마봉리행 농어촌버스 – 마련정류장
 * 마봉리행 농어촌버스(1일 3회, 07:30 / 12:30 / 18:10)

■ 멀리 백두산에서부터 줄기차게 뻗어 내려와 백두대간 끝머리에서 갈라진 호남정맥이 다시 남으로 지맥을 가르며 월출산을 일으키고, 두륜산을 거쳐 그 맥을 다하는 곳이 한반도의 최남단인 해남의 땅끝이다. 이 지맥이 땅끝에 다다르면서 절승을 빚어 놓은 산이 달마산이다. 500m가 되지 않은 나지막한 산이지만 땅끝을 향해 일직선으로 내달리는 산줄기는 마치 금강산의 만물상을 압축해놓은 듯 날카로운 암릉의 연속이다. 산등성이는 온통 돌기둥과 석순을 촘촘히 박아 놓은듯 하고, 희뿌연 바위 색을 이룬 암릉 아래 숲이 우거져 있어 산수화 병풍을 보는 듯 절묘한 산세미를 연출한다. 더구나 이 산은 작고 아름다운 고찰 미황사를 안고 있어 미황사 관광을 겸해 찾을 수 있는 산이다.
　미황사를 둘러보고 달마산 정상까지는 40분이면 충분하다. 능선 상에는 물이 없기 때문에 반드시 식수를 지참해야 되고, 안개 끼는 날에는 길을 잘못 들지 않도록 주의해야 한다.

축제·볼거리

1. 땅끝 해넘이·해맞이축제
매년 12월 31일~1월 1일 이틀간 해남군 송지면 땅끝(갈두)마을 일원에서 열린다. 해넘이 행사, 해돋이 행사, 축하 및 기념행사 등이 열린다.
문) 061-530-5157~5160 (관광실 축제팀)

2. 땅끝(土末)
해남군 송호리 갈두마을 남쪽 해안 벼랑 끝이 한반도의 최남단인 땅끝이다. 포구에서 해안 절벽을 따라 난 길을 따르다 보면 계단 아래로 좁다란 자리에 삼각형의 첨탑이 서 있고, 위도 상으로 북위 34° 17′ 22″ 지점이다. 땅끝 북쪽 사자봉 위에는 전망대가 설치되어 있다.

▲ 사자봉에서 내려다 본 땅끝마을

문 의
해남군청 ☎ 061-530-5114

* 시각표는 2024년 11월 기준이며 변동될 수 있음.

---

196 상왕봉(구:상황봉) 644m

위치 : 전라남도 완도군 완도읍·군외면

서울센트럴시티터미널에서 고속버스로 완도에 도착하여 남창리행 군내버스를 이용한다.

▲ 완도와 상왕봉 전경　▲ 정도리 구계등

등산코스

상왕봉(구:상황봉)
1. 대신리소세포(소식포) — 4.2km/2시간 — 상왕봉
2. 화흥초등학교 — 3.4km/1시간40분 — 상왕봉
3. 완도자연휴양림입구 — 1.9km/50분 — 관음사터 — 1.4km/40분 — 상왕봉
4. 불목저수지 — 1.3km/1시간 — 숙승봉 — 2.1km/1시간 — 백운봉 — 2.7km/1시간 — 상왕봉

*상왕봉 북릉을 거쳐 불목리로 이어지는 코스는 하산코스로 많이 이용된다.

단면도

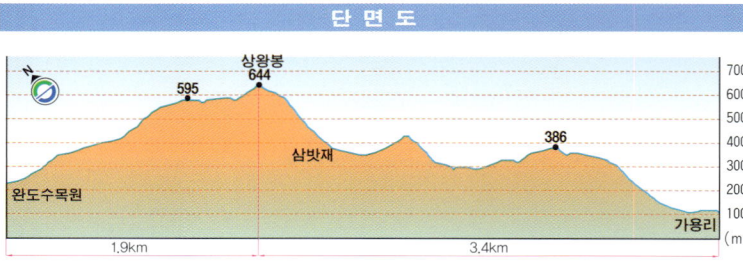

완도수목원 — 595 — 상왕봉 644 — 삼밧재 — 386 — 가용리
1.9km / 3.4km

교통편

상왕봉(구:상황봉)
1. 서울센트럴시티터미널 – 고속버스 이용 – 완도공용버스터미널
 * 완도행 고속버스(1일 2회, 07:40 / 15:10)
2. 완도공용버스터미널 – 청해진 유적 방향 남창리행 동부 군내(농어촌)버스 이용 – 각 목적지 정류장에서 하차
 * 동부 군내(농어촌)버스 (1일 17회, 06:05 ~ 19:15)
 * 10:35분, 15:00분 군내버스는 소가용리정류장 경유함.
 * 남창리는 해남군 북평면 남창리임.
3. 완도공용버스터미널 – 정도리 구계등 방향 남창리행 서부 군내(농어촌)버스 이용 – 각 목적지 정류장에서 하차
 * 서부 군내농어촌버스 (1일 16회, 06:10 ~ 19:15)
 * 06:55분, 10:10분 버스는 교인정류장 경유함.
 * 남창리는 해남군 북평면 남창리임.

■ 해남군 북평면 남창리와 연륙교로 이어져있는 완도는 우리나라에서 일곱 번째로 큰 섬이다. 이 섬 가운데 상왕봉이 솟아 여러 개의 봉우리를 거느리며 바닷가로 산줄기를 뻗어 내리고 있어 섬 전체가 마치 산으로 이루어진 것 같다.

■ 상왕봉은 남쪽 화흥리 쪽에서 바라보면 다섯 개의 봉우리로 보인다 하여 오봉이라고도 하는데, 상왕봉 남쪽으로 뻗어 내린 능선에 봉우리 다섯 개가 솟아 있다.

■ 상왕봉의 등산은 북쪽 불목리 코스 외에는 쉬엄쉬엄 2시간이면 오를 수 있기 때문에 등산과 더불어 장보고의 유적지 청해진지와 섬 남쪽의 정도리 구계등을 둘러보는 재미를 더할 수 있다. 상왕봉 정상에 서면 정상 표지석과 함께 봉수대 기념 비석이 서 있고, 사방으로 일망무제 조망이 펼쳐져 섬 산행의 즐거움을 만끽할 수 있다. 근처에 완도 청해포구 촬영장이 자리하고 있어 완도를 찾는 즐거움을 더하고 있다.

축제·볼거리

1. 완도장보고 수산물 축제
완도는 장보고의 해상 왕국 청해진이 있던 곳이다. 매년 5월 초에 완도 일원에서 장보고 수산물 축제가 열린다. 완도 청정 수산물 대전, 전통 노젓기대회, 다양한 체험 존 운영, 각종 전시회 등 다채로운 행사가 함께 열린다.
문) 061-550-5411 (완도군청)

2. 청산도 슬로 걷기 축제
매년 4월 완도군 청산면 일원에서 열리는 축제로서, 슬로길 11코스로 청산도를 완보하는 힐링 체험 축제이다.
문)061-550-5432(완도군청 축제팀)

3. 청해진지(淸海鎭址)
완도읍 장좌리 동쪽 앞바다에 위치한 장도(將島)가 사적인 청해진 유적지다.
장보고가 청해진을 설치한 것은 신라 흥덕왕 3년(828년)으로 당시 군사 1만 여명을 거느리고 해상권을 장악하여 청해진이 중계 무역항으로서 요충지가 되었다. 목조(데크) 인도교가 설치되어 있어 밀물·썰물에 상관없이 언제든지 쉽게 둘러볼 수 있다.

▲ 청해진지

문 의
완도군청 ☎ 061-550-5114

* 시각표는 2024년 11월 기준이며 변동될 수 있음.

196 상왕봉(구:상황봉)·백운봉

제암산 · 사자산 (작은산 · 일림산) 197

197 제암산 807m 사자산 666m

서울센트럴시티터미널에서 고속버스로 장흥이나 보성에 내려 군내버스로 제암산휴양림 또는 기산리에서 하차한다.

위치 : 전라남도 장흥군 장흥읍·안양면·장동면, 보성군 웅치면

교통편

제암산 / 사자산
1. 서울센트럴시티터미널 – 고속버스 이용 – 보성버스터미널
   * 보성행 고속버스(1일 2회, 08:40/15:10)
2. 보성버스터미널 – 옥암·웅치·대산·용추 51번대 군내(농어촌)버스 이용 – 제암산자연휴양림정류장
   * 휴양림행 군내버스(1일 7회)
   (06:00 / 08:40 / 11:00 / 13:00 / 15:00 / 16:40 / 19:10)
   * 대야·웅치·삼수·회령 방면 휴양림행 50~4번 군내버스 포함됨.

사자산
1. 서울센트럴시티터미널 – 고속버스 이용 – 장흥공용버스터미널
   * 장흥행 고속버스(1일 8회)
   (07:20 / 08:40 / 09:50 / 10:50 / 13:40 / 15:05 / 16:05 / 17:10)

2. 장흥공용버스터미널 – 용산, 관산, 대덕 방면 군내버스 이용 – 기산정류장
   * 용산, 관산, 대덕 방면 군내버스 (수시 운행, 06:00 ~ 19:40)

■ 장흥군 동쪽의 제암산과 사자산은 철쭉과 억새로 유명하다. 산세가 임금 제(帝)자와 사자를 닮아 지금의 이름을 얻었으며 정상에서는 보성만과 고흥반도, 무등산까지 보인다.

문 의
보성군청 ☎ 061-852-2181
장흥군청 ☎ 061-863-7071

* 시각표는 2024년 11월 기준이며 변동될 수 있음.

경상북도 전도

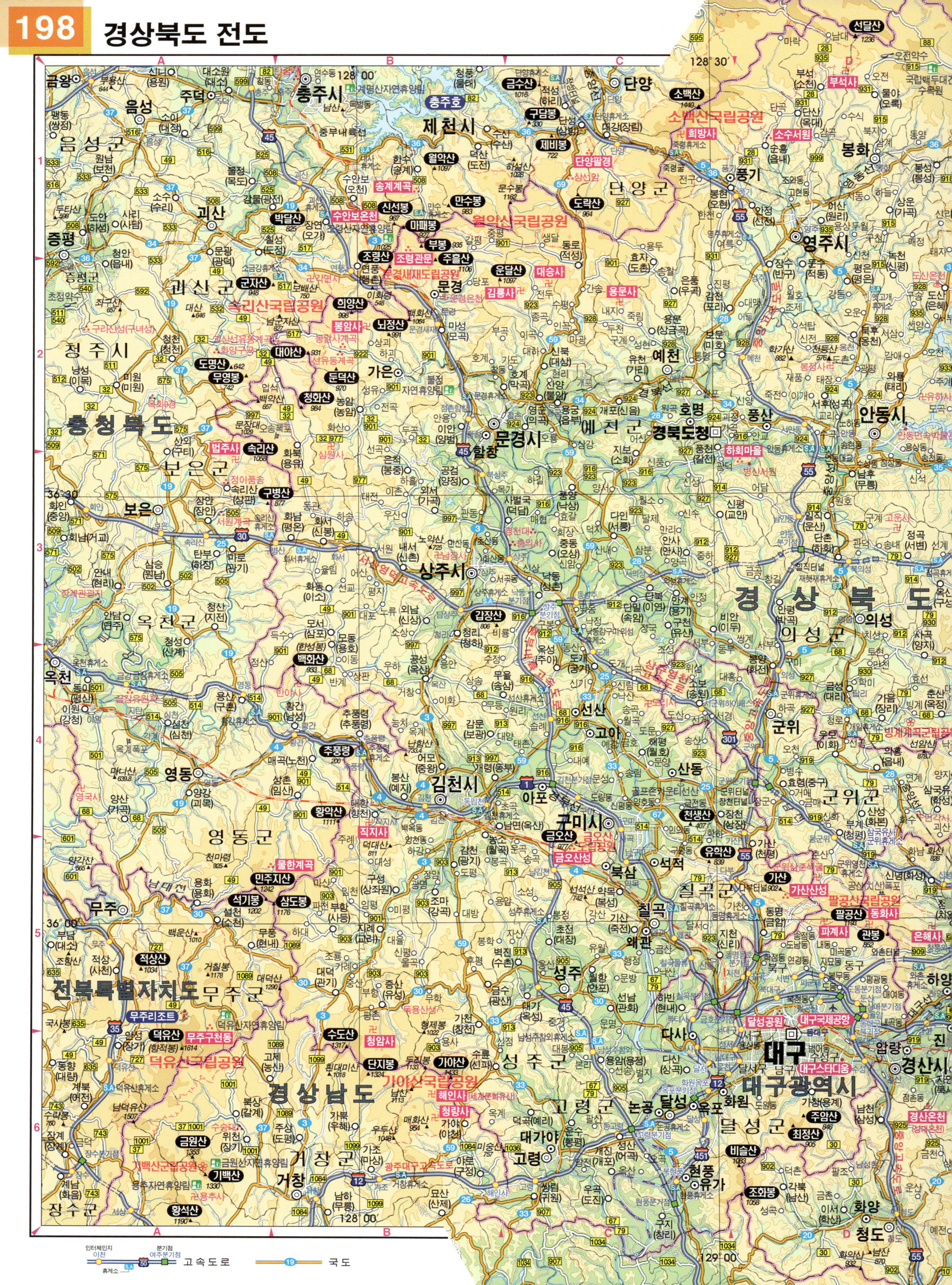

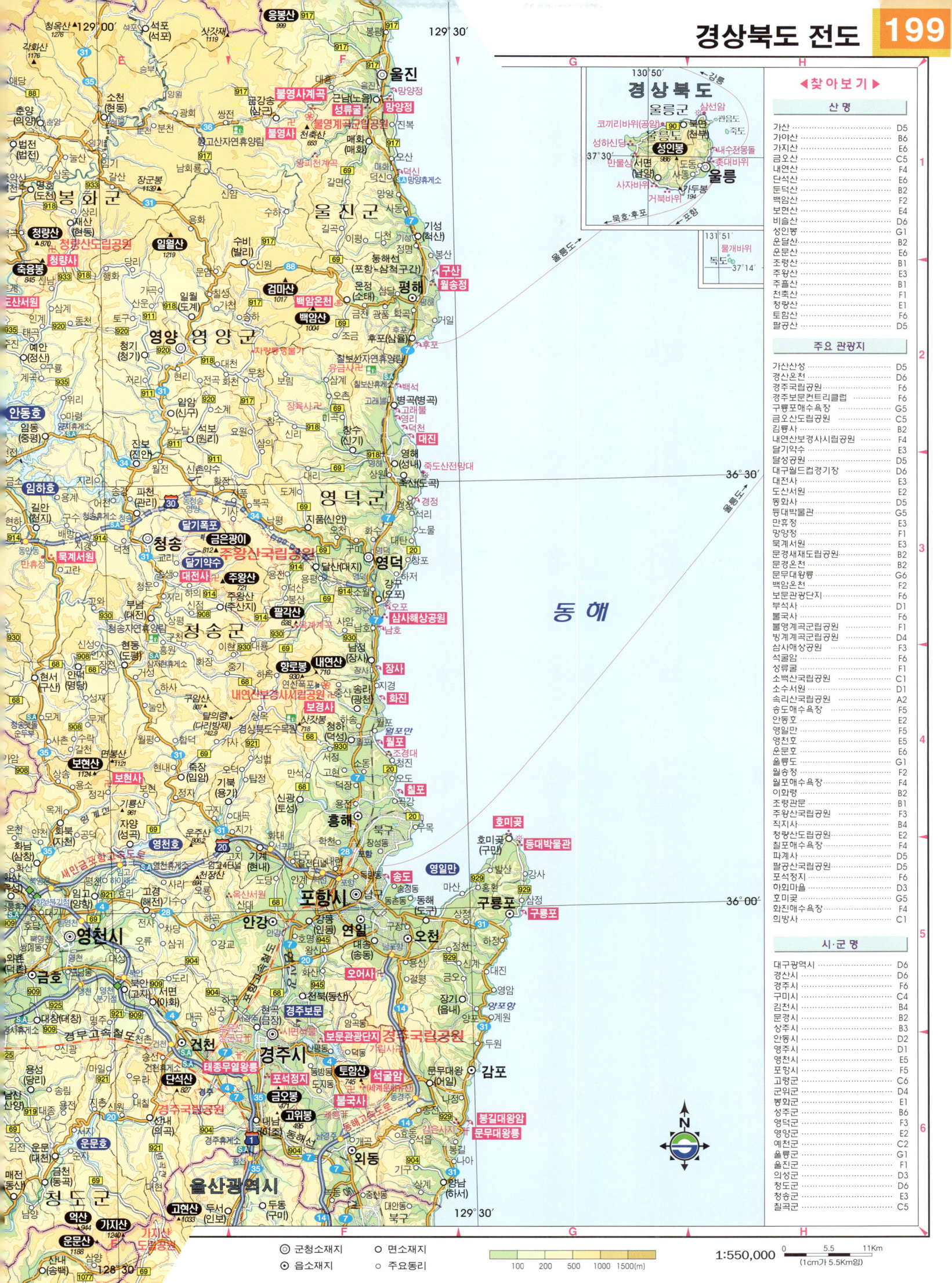

200 가산 (물불산)

경상도편

200 팔공산 1193m / 관봉 852m / 가산 902m

서울역이나 수서역 또는 서울고속버스터미널에서 열차나 버스를 이용하여 동대구에서 하차한 후, 시내버스로 동화사, 파계사, 갓바위 등지에서 하차한다.

위치 : 대구광역시 동구·북구·군위군, 경상북도 칠곡군, 경산시, 영천시

▲ 팔공산 기암

■ 대구광역시 북단을 병풍처럼 가로 막으며 솟아 있는 팔공산은 해발 1192m로 대도시 주변의 산으로는 가장 높은 산이다. 이 산은 대구의 진산으로 일찍이 경북 산악 운동의 요람이 되어 왔는데, 최고봉인 비로봉(毘盧峰)을 중심으로 1000여m 높이의 산줄기를 동서로 뻗쳐 산세가 웅장하고, 특히 동봉 일대는 암릉과 암벽이 어울려 팔공산의 경관을 대표하고 있다.

그리고 2023년 5월 팔공산 도립공원에서 국립공원으로 승격되었다

▲ 관봉 갓바위

■ 팔공산국립공원의 동남쪽. 대구시와 경산시 와촌면 사이에 관봉이 솟아 있는데, 갓바위라는 이름으로 더 유명하다. 태백산맥의 한 줄기인 팔공산맥 위에 있으며, 대구를 둘러싸고 있는 산과 봉 중 하나로 경관이 빼어나기로 유명하다. 정상에는 보물 관봉석조여래좌상이 있는데, 갓바위 부처라고도 불리며, 소원을 들어준다 하여 사시사철 사람들이 끊이지 않는다.

■ 대구의 진산인 팔공산의 서쪽에 위치하는 가산은 한티재를 사이에 두고 팔공산과 같은 산줄기에 솟아 있다. 행정상으로 칠곡군 동명면과 가산면의 경계를 이루고, 규모는 보잘것 없으나 지형적으로 특이한 형태를 지니고 있다. 산 정상부의 주 능선이 좁은 U자 형인데. 능선의 바깥쪽은 경사가 급하여 깎아지른 절벽이고 그 안쪽은 좁다란 분지 모양으로 마치 쪽박 속과 같은 지형을 이루고 있어 그야말로 천혜의 요새라 할 수 있다. 예로부터 가산은 산 전체가 그대로 산성이라 해도 과언이 아닐 만큼 산줄기를 따라 산성이 둘러싸고 곳곳에 유적이 산재해 있어 유서 깊은 산성을 답사하면서 가벼운 산행을 즐길 수 있다.

축제·볼거리

1. 경산 갓바위 소원 성취 축제
매년 8월 말 또는 9월 초 팔공산국립공원 갓바위 일원에서 다례 봉행을 시작으로 진행되는 축제이다. 예술 공연, 다양한 체험 프로그램 등 다채로운 행사로 이루어진다.

2. 동화사(桐華寺)
팔공산 동봉 남쪽에 자리한 이 절은 31본산의 하나로 신라 소지왕 15년(493년) 극달화상이 창건하였는데 통일 신라 때의 것으로 추정되는 많은 문화재를 간직하고 있다. 부속 암자로 금당암, 비로암, 부도암, 내원암, 양진암, 염불암 등이 있는데 이들 암자 중 염불암은 동봉 남쪽 아래 해발 900여m에 위치하여 팔공산 내에서는 가장 높은 곳에 자리한 전망 좋은 암자이다.

▲ 동화사

3. 파계사(把溪寺)
파계재 남쪽 기슭 울창한 송림에 싸여 있는 이 절은 신라 애장왕 5년(804년) 심지화상이 개창하였다 한다. 이 밖에 팔공산 주 능선 남쪽 산록에는 부인사(符仁寺)가 있으며 갓바위(冠峰) 서쪽으로는 북지장사(北地藏寺), 관암사(冠巖寺)가 있다.

4. 군위 아미타여래 삼존 석굴
(軍威 阿彌陀如來 三尊 石窟)
파계재 북쪽 5km 지점 군위군 부계면 남산동에 위치한 삼존석굴(三尊石窟)로 경주 석굴암보다 조성 연대가 앞선다고 추정되며 국보로 지정되었다.

5. 은해사(銀海寺)
관봉 동쪽 기슭, 영천시 청룡면에 위치한 이 절은 31본산의 하나로 신라 헌덕왕 원년(809년) 혜철국사가 창건한 절이다. 부속 암자로 백흥암(百興庵), 운부암(雲浮庵), 묘봉암(妙峰庵) 등을 거느리고 있다.

6. 가산산성(架山山城)
사적으로 지정되어 있는 이 산성은 조선 시대 중기 외침을 겪은 후 왜적의 침입에 대비하기 위해 지형적 형세를 이용하여 축성한 성으로 성내에 있던 옛 건물은 남아 있지 않으나 성곽은 비교적 잘 보존되어 있는 상태이다.

등산코스

팔공산
1. 동화사 2.1km/1시간20분 — 염불암 1.2km/1시간 — 동봉
2. 동화사입구 폭포골 3.3km/1시간20분 — 도마재 3km/1시간30분 — 동봉
3. 파계사입구 1.4km/25분 — 파계사 1.3km/50분 — 파계재 2.3km/1시간 — 마당재 2.7km/1시간20분 — 서봉 1km/1시간 — 동봉
4. 갓바위입구 1.4km/1시간 — 관봉 2km/1시간 — 느패재 2.8km/1시간 — 도마재 3km/1시간30분 — 동봉
5. 은해사 3km/50분 — 백흥암 3.9km/1시간50분 — 느패재 2.8km/1시간 — 도마재 3km/1시간30분 — 동봉

관봉
1. 은해사 3km/50분 — 백흥암 3.9km/1시간50분 — 느패재 2km/1시간 — 관봉
2. 갓바위입구 1.4km/1시간 — 관봉

가산
1. 진남문 4.5km/1시간 — 동문 0.6km/20분 — 가산 1.3km/40분 — 가산바위 2.4km/1시간 — 계정사
2. 진남문 2.7km/1시간30분 — 가산바위 0.8km/30분 — 847봉 2.0km/1시간 — 가산 2.4km/50분 — 치키봉 2.1km/45분 — 진남문

단면도
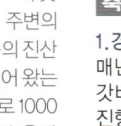
팔공산(비로봉) 1193 — 염불봉 — 동산리 2.1km — 도학동 — 팔공컨트리클럽 5.4km — 관봉 852 — 음양리 2.2km

교통편

팔공산
동화사
1. 서울에서 동대구역행 KTX, 새마을호, 무궁화호 열차 이용 (수시 운행, 05:03~22:58)
2. 서울 수서역에서 동대구역행 SRT 열차 이용 (수시 운행, 05:30~22:40)
3. 동대구역, 동대구터미널에서 동대구역지하도2정류장으로 이동 후 동화사행급행1번 버스 이용(수시 운행) — 동화사시설집단지구정류장(종점)에서 하차

파계사
1. 상단 동화사 교통편 1번~4번 참조
2. 동대구역지하도2정류장에서 파계사 종점행 101-1번 시내버스 이용 (수시 운행)
3. 동대구역지하도2정류장 건너편 동대구역지하도1정류장에서 파계사 종점행 101번 시내버스 이용 (수시 운행)

은해사
1. 상단 동화사 교통편 1번~3번 참조
2. 대구 도시철도(지하철)1호선 동대구역에서 부호역으로 이동 – 부호역정류장에서 은해사 경유 신녕(신녕버스정류장)행 와촌 1번 시내버스 이용 (1일 17회, 06:35 ~ 19:40)
3. 하양역에서 하차 시 하양시외버스정류소가 아닌 하양시외버스터미널정류장에서 은해사 경유 신녕행 와촌 1번 시내버스 이용

관봉
1. 동대구역지하도2정류장 – 갓바위지구행 401번 시내버스 이용 (수시 운행) – 갓바위(종점)정류장에서 하차

가산
1. 대구 도시철도(지하철)1호선 동대구역 – 지하철 이용 – 1·3호선 환승역 명덕역 – 명덕역에서 3호선으로 환승 – 3호선 구암역에서 하차 – 구암역(운전면허시험장)1정류장에서 칠곡3번 시내버스 이용 – 남원2리정류장에서 하차 후 진남문으로 도보 이동
  * 남원리·방턱골행 칠곡 3번 시내버스 (1일 10회, 05:30 ~ 20:40)
  * 구암역(운전면허시험장)1정류장 기준
2. 상단 교통편 1번 참조
2-1. 대구 도시철도(지하철) 3호선 팔거역에서 하차 – 팔거1정류장 또는 팔거역정류장에서 칠곡 1-1번 시내버스 이용 – 북구 복호동(종점)2정류장에서 하차 후 칠곡경대병원역 건너편2정류장까지 약 200m 도보 이동 – 팔공3 시내버스로 환승 – 가산산성 진남문정류장에서 하차
  * 칠공1-1번 시내버스 수시 운행 (06:38~23:41, 팔거역1정류장 기준)
  * 팔공3번 시내버스는 주말(가운데점)공휴일에만 운행함.
  * 팔공3번 시내버스는 가산산성 진남문 – 파계사 – 동화사 – 갓바위 순으로 운행.
  * 팔공3번 시내버스 1일 20회 (05:35 ~ 21:39)
3. 대구 도시철도(지하철) 3호선 칠곡경대병원역(종점)에서 하차 후 칠곡경대병원후문앞정류장까지약 700m 도보 이동 – 한티재행 38번 농어촌버스 이용 – 방턱골정류장에서 하차 후 진남문으로 도보 이동
  * 한티재행 38번 농어촌버스 (1일 4회, 09:40 / 11:20 / 14:10 / 16:05)

▲ 가산 바위

문의

팔공산 국립공원 동부사무소
☎ 053-989-8300
팔공산 국립공원 서부사무소
☎ 054-970-8300
대구광역시청 ☎ 053-120
경산시청 ☎ 053-811-2231(평일)
053-811-2222(주말)
칠곡군청 ☎ 054-973-3321

* 시각표는 2024년 11월 기준이며 변동될 수 있음.

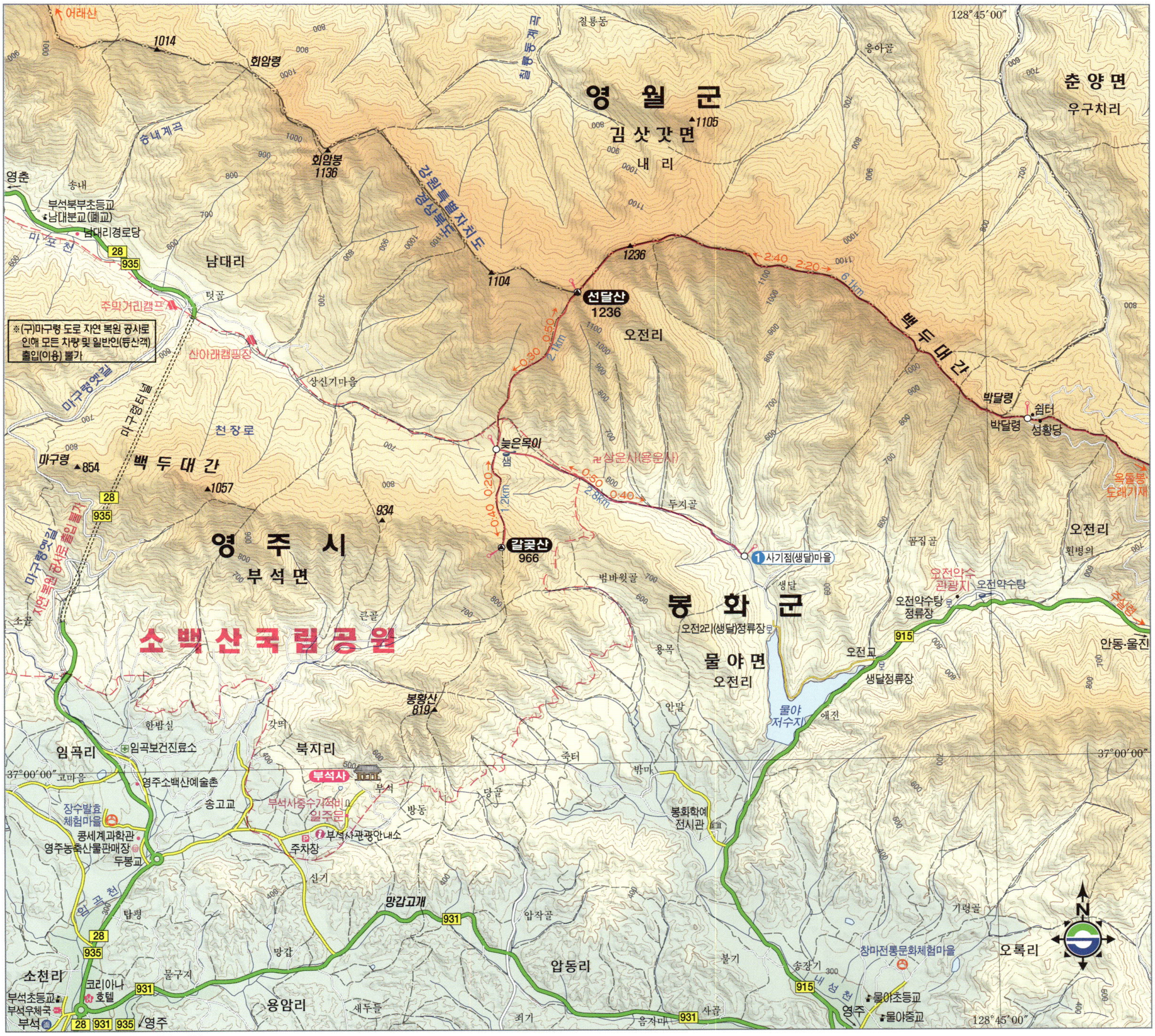

0	300	400	600	800	1000	1200

(등고선간격 20m)

일반 등산로 ←0:35→ 소요시간 대피소 · 야영지

기타 등산로 1.2 km 거리 ②주전골입구 등산코스번호 · 기점명

1:50,000 0 500 1,000m (1cm가 500m임)

203 선달산 1236m

동서울터미널에서 시외버스로 봉화에 도착하여 군내버스를 타고 오전리에서 하차한다.

위치 : 강원특별자치도 영월군 김삿갓면, 경상북도 영주시 부석면, 봉화군 물야면·수주면

등 산 코 스

선달산

①사기점마을 — 2.8km/50분 — 늦은목이 — 2.1km/50분 — 선달산

단 면 도

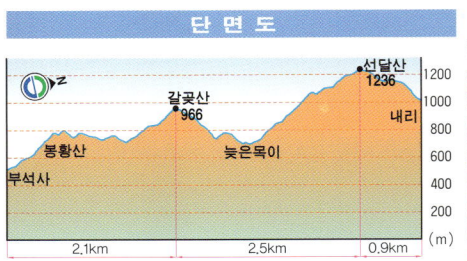

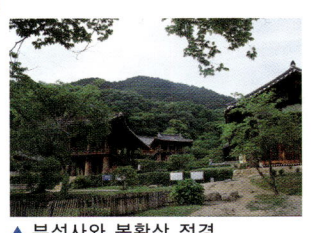

▲ 부석사와 봉황산 전경

교 통 편

선달산

1. 동서울종합터미널 – 시외버스 이용 – 봉화공용정류장
   * 봉화행 시외버스 1일 6회
   (07:10 / 09:10 / 11:50 / 13:50 / 16:10 / 18:20)
2. 봉화공용정류장 – 물야면 오전약수탕행 군내버스 이용 – 오전약수탕정류장
   * 오전약수탕행 군내버스
   (1일 9회, 07:20 / 09:35 / 11:20 / 12:40 / 14:10 / 15:20 / 16:20 / 18:40 / 19:30)
   * 07:20분, 14:10분 군내버스는 사기점(생달)마을 경유함.

■강원특별자치도 영월군 김삿갓면과 경상북도 영주시, 봉화군의 경계를 이루며 솟아 있는 선달산은 산의 북쪽인 영월 쪽에 기막힌 비경을 간직한 내리계곡이 있어 알려지기 시작했다. 내리계곡은 초입에서부터 울창한 수림과 풍부한 수량이 마치 원시의 비경을 연상케 하고, 계곡을 거슬러 오를수록 점입가경의 계곡미가 펼쳐지는데, 상류가 석회암 지대라 계곡 바닥이 온통 석회석으로 덮여 물을 마실 수가 없는 것이 흠이다. 그러나 늪다리에 이르러 칠룡동계곡으로 들어서면 계곡물은 옥같이 맑고 폭포와 소가 이어져 심산유곡이 펼쳐진다.

문 의

영월군청 ☎ 1577–0545
봉화군청 ☎ 054–679–6114

* 시각표는 2024년 11월 기준이며 변동될 수 있음.

204 응봉산

204 응봉산 999m

위치: 경상북도 울진군 북면,
강원특별자치도 삼척시 가곡면·원덕읍

동서울종합터미널에서 시외버스 이용하여 부구 또는 울진에서 내려 덕구온천행 농어촌버스를 이용한다.

등산코스

응봉산
① 덕풍마을 — 4.4km/2시간30분 — 흰바위 — 6.3km/3시간30분 — 응봉산

▲ 응봉산 덕구계곡

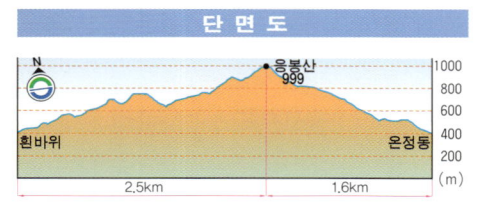
단면도

교통편

응봉산
1. 동서울종합터미널 – 시외버스 이용 – 부구터미널
   * 부구행 시외버스
     (1일 7회, 07:10 / 09:35 / 10:50 / 14:15 / 15:25 / 17:45 / 20:05)
2. 부구터미널 – 덕구온천행 농어촌버스 이용 – 덕구온천정류장
   * 덕구온천행 시내버스
     (1일 12회, 06:15 / 07:15 / 08:35 / 09:40 / 10:35 / 12:30 / 13:40 / 14:35 / 15:30 / 16:30 / 17:55 / 18:55)
3. 동서울종합터미널 – 시외버스 이용 – 울진종합버스터미널
   * 울진행 시외버스(1일 11회, 07:10(첫차) ~ 20:05(막차)
4. 울진터미널 – 농어촌버스 이용 – 덕구온천정류장
   * 덕구온천행 농어촌버스
     (1일 13회, 05:50 / 06:45 / 08:00 / 09:05 / 10:05 / 11:00 / 12:00 / 13:10 / 14:00 / 15:00 / 16:00 / 17:25 / 18:25)

■ 강원특별자치도 삼척시와 경북 울진군의 경계를 이루며 동해안에 급박하게 솟은 응봉산은 1000m에 가까운 고봉으로 동서로 깊고 험준한 계곡을 거느리고 있다. 산 동쪽의 덕구온천 때문에 알려지기 시작했으며, 산 서쪽의 용소골은 이 산의 비경이다. 용소골은 협곡이라 비가 올 때는 주의를 요한다.

문 의
삼척시청 ☎ 033-570-2011
울진군청 ☎ 054-782-1501

* 시각표는 2024년 11월 기준이며 변동될 수 있음.

천등산 · 학가산 205

205 천등산 576m / 학가산 882m

위치: 경상북도 안동시 서후면·북후면, 예천군 보문면

서울에서 시외버스나 열차로 안동에서 내려 시내버스로 재품리, 봉정사에서 하차한다.

등산코스

학가산
1. 학가산자연휴양림 — 3.4km/1시간40분 — 학가산
   - 당재(느르치마을) 1.0km/50분
2. 천주마을 1.1km/30분 애련암 1.1km/35분 학가산
3. 보건진료소 5.0km/1시간30분 삼모봉 0.5km/10분 학가산

천등산
1. 봉정사입구 0.7km/30분 지조암 1.5km/50분 천등산
2. 봉정사입구 1.0km/40분 개목사 0.7km/20분 천등산

교통편

천등산
1. 서울역, 서울청량리역에서 안동역행 열차 이용 – 안동역 – 건너편 안동터미널로 이동
   - 서울역발 안동역행 KTX (1일 4회, 09:01 / 11:01 / 15:01 / 18:26)
   - 청량리역발 안동역행 KTX, 새마을호, 무궁화호 열차 이용 (1일 14회, 05:38 ~ 22:00)
2. 동서울터미널 – 시외버스 이용 – 안동터미널
   - 안동행 시외버스 (1일 13회, 07:00 ~ 18:30)
3. 안동터미널앞정류장 – 봉정사(종점)행 급행 2번 버스 이용
   - 봉정사행 금행 2번 버스 (1일 5회, 07:20 / 09:00 / 11:40 / 14:30 / 17:20)

학가산
1. 안동터미널 앞 안동터미널정류장 – 천주마을(종점)행 312번 시내버스 이용
   - 천주마을행 312번 시내버스 (1일 2회, 09:40 / 16:00)
   - 상백현행 312번 시내버스 (1일 1회, 18:20) 이용 시 삼거리정류장에서 하차 후 천주마을까지 약 3Km 도보 이동
2. 안동터미널 건너편 안동터미널정류장 – 옹천 경유 압영골행 311번 시내버스 이용 – 신전정류장에서 하차
   - 옹천 경유 압영골행 311번 시내버스 (1일 3회, 08:00 / 10:10 / 18:00)

▲ 봉정사 만세루

단면도
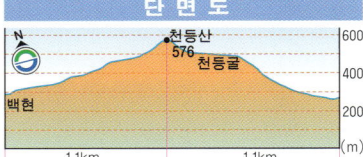

문의
- 학가산자연휴양림 ☎ 054-652-0114
- 안동시청 ☎ 054-853-6000

* 시각표는 2024년 11월 기준이며 변동될 수 있음.

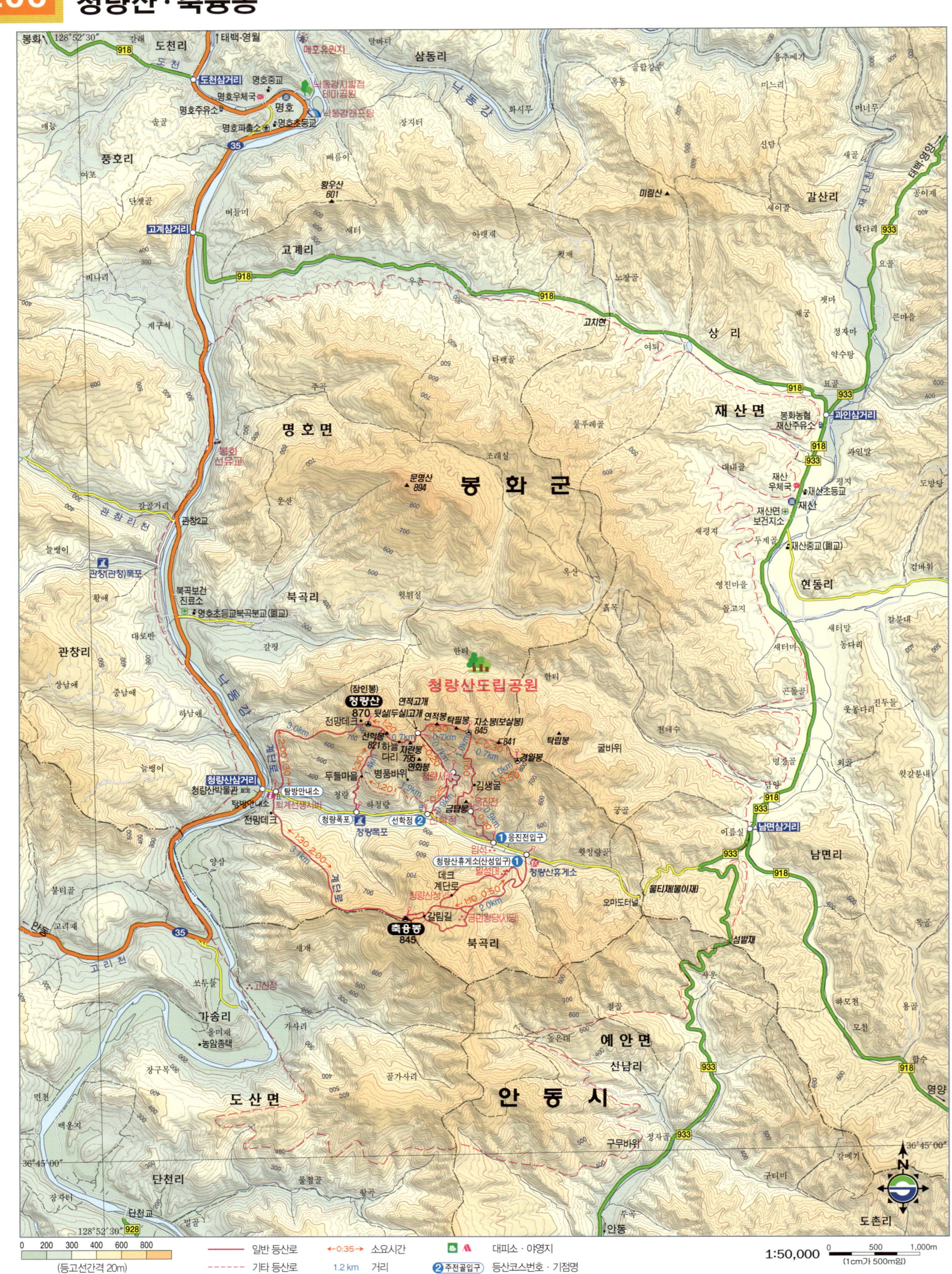
206 청량산·축융봉

206 청량산 870m 축융봉 845m

서울청량리역이나 동서울종합터미널에서 열차나 시외버스로 봉화에서 내려 청량산행 군내버스를 이용한다.

위치 : 경상북도 봉화군 명호면

▲ 청량산 자소봉(보살봉)

등산코스

청량산
1. 응진전입구 0.9km/20분 – 응진전 1km/1시간 – 자소봉 0.7km/30분 – 뒷실고개 0.7km/1시간20분 – 청량산
2. 선학정 0.9km/25분 – 청량사 0.7km/20분 – 뒷실고개 0.7km/1시간20분 – 청량산

축융봉
1. 청량산휴게소 2.0km/1시간10분 – 축융봉

단면도

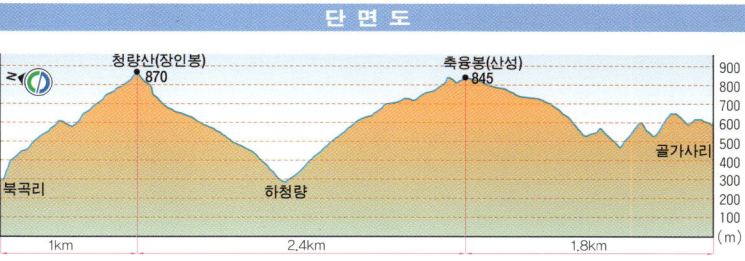

교통편

청량산 / 축융봉
1. 동서울터미널 – 시외버스 이용 – 봉화공용정류장
   * 봉화행 시외버스
   (1일 6회, 07:10 / 09:10 / 11:50 / 13:50 / 16:10 / 18:20)
2. 봉화공용정류장 – 북곡 · 청량산행버스 이용 – 청량산도립공원
   * 청량산행 농어촌버스 (1일 4회, 06:20 / 08:35 / 13:30 / 17:40)
3. 서울청량리역 – 영주역 – 영주역에서 봉화역행 열차 이용 – 봉화역에서 봉화공용정류장까지 도보 이동
   * 청량리역발 영주역행 KTX, 새마을호, 무궁화호 열차 이용
   (1일 14회, 05:38 ~ 22:00)
   * 영주역발 봉화역행 열차
   (1일 5회, 08:14 / 08:31 / 12:46 / 17:30 / 20:06)

■ 경상북도의 북동쪽 봉화군 명호면에 위치하는 청량산은 산세는 크지 않으나 연이어 솟은 바위 봉우리와 기암절벽이 어울려 예로부터 소금강 또는 3대 기악(奇嶽)의 하나로 꼽힐 만큼 산세가 수려하다. 최고봉인 장인봉을 비롯 자소봉(보살봉), 경일봉, 금탑봉, 탁필봉, 선학봉, 자란봉, 연적봉, 연화봉 등 무수한 바위 봉들이 솟아 소위 절승 12봉을 이루며, 또한 김생굴을 위시하여 동굴이 8개 소나 있고 골짜기에는 이름난 소(沼)가 네 군데나 된다.

▲ 축융봉과 청량산 전경

축제 · 볼거리

1. 봉화 송이 축제
매년 10월 중순 봉화읍 내성리 506번지 봉화읍 체육공원 및 송이산 일원에서 열리는 축제이다. 축제는 크게 공연 행사, 문화 행사, 체험 행사, 전시 행사, 부대행사로 구성되어 있으며, 각 부문별로 다양한 프로그램이 진행된다.
문의) 054-674-3053(봉화축제관광재단)

2. 봉화장 (2, 7일)
경북 봉화군 봉화읍 내성리 일원에서 열리며 고추, 토종 대추, 약초(당귀, 지황 등), 봉화 송이 등이 거래된다.

3. 내청량사(內淸凉寺)
기승을 이룬 바위 봉들 사이에 자리한 이 절은 신라 문무왕 3년(663년) 원효대사가 창건하였고 법당인 유리 보전 내에는 많은 불교 조각품이 간직되어 있다.

4. 외청량사(外淸凉寺)
내청량사 아래쪽 금탑봉 밑에 자리한 이 절은 신라 신문왕 3년(683년) 의상대사가 초창하였다고 전해지고 현재 당우로는 응진전(應眞殿)과 산령각, 요사채 등이 있다.

문의
청량산도립공원 사무소
☎ 054-679-6653

* 시각표는 2024년 11월 기준이며 변동될 수 있음.

---

208 주왕산 721m

동서울종합터미널에서 주왕산행 시외버스를 타거나, 청송에서 주왕산행 군내버스를 이용한다.

위치 : 경상북도 청송군 청송읍 · 부동면 · 진보면, 영덕군 지품면

▲ 주왕산의 기암

등산코스

주왕산
1. 대전사 2.6km/2시간10분 – 주왕산
2. 대전사 1.3km/30분 – 망월대 1.8km/40분 – 절구폭포 3.4km/1시간50분 – 칼등고개 0.7km/15분 – 주왕산
3. 월외탐방지원센터 2.1km/40분 – 달기폭포 1.8km/30분 – 너구동 3.1km/1시간30분 – 금은광이
4. 절골분소입구 6.9km/3시간 – 가메봉 4.7km/1시간40분 – 칼등고개 0.7km/15분 – 주왕산
5. 대전사 1.5km/1시간20분 – 장군봉표석 2.5km/1시간25분 – 금은광이
6. 대전사 1.3km/30분 – 망월대 1.8km/40분 – 절구폭포 2.2km/1시간30분 – 금은광이

단면도

교통편

주왕산
1. 동서울터미널 – 시외버스 이용 – 주왕산버스터미널
   * 주왕산행 시외버스 (1일 3회, 08:40 / 12:00 / 15:30)
2. 안동 또는 대구에서 출발 시 진보버스터미널, 청송버스터미널로 이동 후 주왕산행 농어촌버스 이용
   * 진보버스터미널 → 주왕산버스터미널 (1일 12회, 06:50 ~ 18:50)
   * 청송버스터미널 → 주왕산버스터미널 (1일 12회, 07:50 ~ 18:20)

■ 경상북도의 동단 중앙부 청송군에 솟은 주왕산은 경상북도의 으뜸가는 경승지로 꼽힌다. 주왕산(周王山)이라는 이름은 동진(東晉)의 주도(周鍍)가 후주천왕이라 칭하며 당과 싸워 패하고 도망쳐 이 산에 은거했다는 전설에서 유래됐다. 산 곳곳에 주왕굴, 주방천, 장군봉 등 전설과 관련된 지명이 많다.

■ 주왕산 외에 석병산(石屛山), 석벽산 등의 다른 이름으로도 불리는데, 이름처럼 기암괴봉과 깎아지른 암벽이 병풍처럼 둘러서 있는 아름다운 산이다. 기암괴석 사이에 자리 잡은 담폭(潭瀑)과 아름다운 계곡은 가히 경북 제일의 절승지로 꼽을 만하다. 또한, 300여 종이 넘는 다양한 식물과 수많은 동물이 서식하는 자연의 보고이기도 하다.

▲ 달기폭포

축제 · 볼거리

1. 청송 5일장
청송장(4, 9일), 진보장(3, 8일)
부남장(3, 8일), 도평장(5, 10일)
화목장(1, 6일), 안덕장(4, 9일)

2. 청송 사과 축제
청송의 대표적 특산물인 청송사과를 알리기 위한 축제로 매년 10월 말에 사흘 동안 청송읍 월막리 362(용전천) 일원에서 열린다. 체험, 문화, 공연 등 연계 행사가 함께 열려 매년 많은 축제객들이 찾고 있다.
문의) 054-870-6237(청송군청 관광정책과)

3. 대전사(大典寺)
주왕산 북서쪽 초입에 있는 이 절은 고려 태조 2년(919년) 보조국사가 주왕의 아들 대전(大典)의 명복을 빌기 위해 창건하였다고 전한다.

▲ 주왕산 대전사

문의
주왕산 국립공원사무소
☎ 054-870-5300
절골분소 ☎ 054-873-0019
영덕분소 ☎ 054-733-5892
상의탐방안내소 ☎ 054-870-5341

* 시각표는 2024년 11월 기준이며 변동될 수 있음.

208 금은광이·장군봉

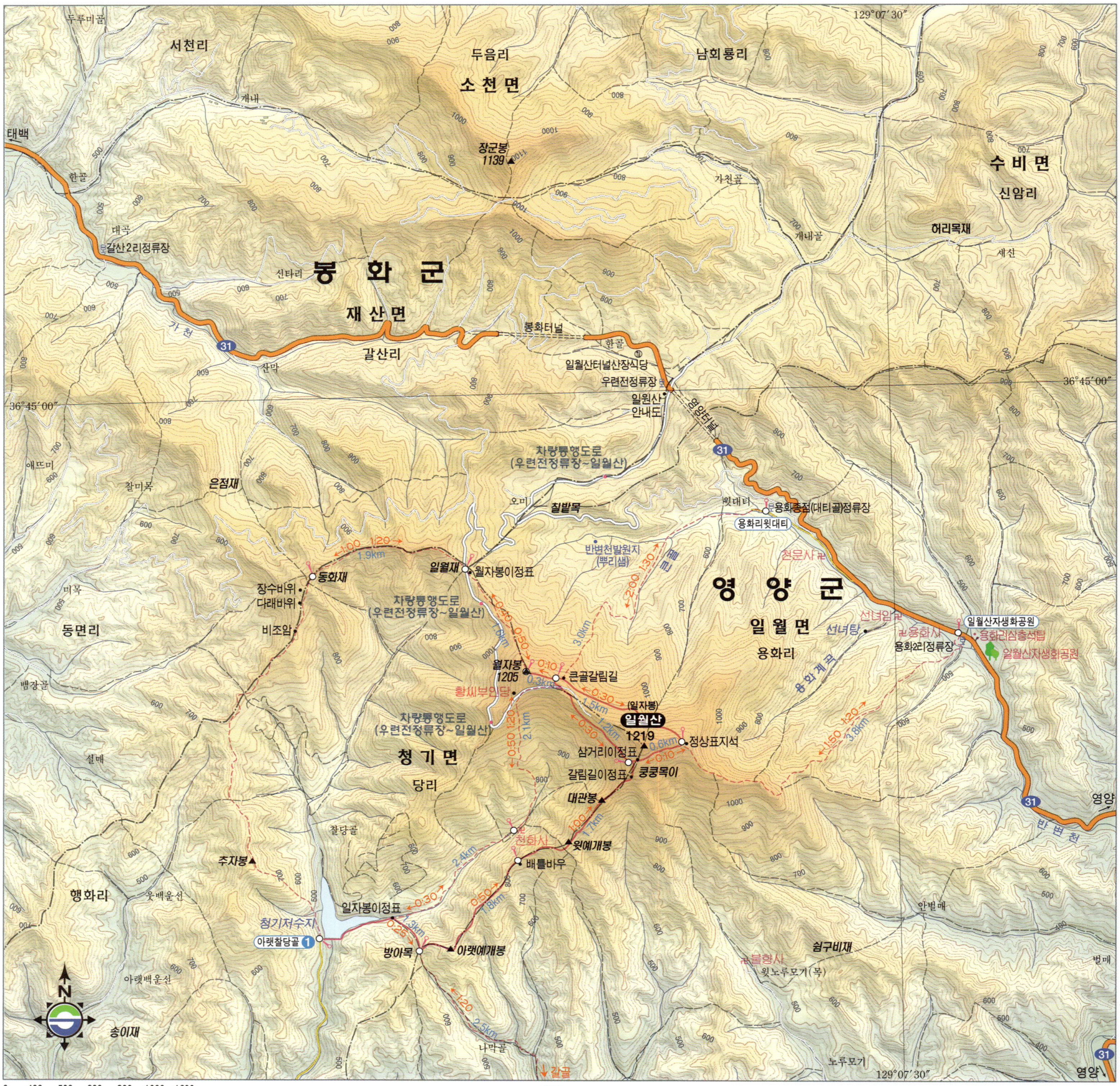

0 400 500 600 800 1000 1200 (등고선간격 20m)

일반 등산로 · 기타 등산로 · ←0:35→ 소요시간 · 1.2 km 거리 · 대피소 · 야영지 · ② 주전골입구 등산코스번호 · 기점명

1:50,000 0 500 1,000m (1cm가 500m임)

210 일월산 1219m

동서울종합터미널에서 시외버스로 영양에 도착하여 용화리나 당리행 농어촌버스를 이용한다.

위치 : 경상북도 영양군 일월면·청기면, 봉화군 재산면·소천면

등 산 코 스

일월산

① 아랫찰당골 1.3km/25분 방아목 1.8km/50분 배틀바우 1.7km/1시간 쿵쿵목이 1.5km/40분 월자봉 3.3km/1시간40분 용화리(윗대티)

▲일월산 정상의 일월송사비

단 면 도

교 통 편

일월산

1. 동서울터미널 – 시외버스 이용 – 영양버스정류장(터미널)
   * 영양행 시외버스 (1일 3회, 08:10 / 14:00 / 16:20)
2. 영양버스정류장 – 청기면 당리행 농어촌버스 이용 – 당리정류장 – 하차 후 청기저수지까지 약 4km 도보 이동
   * 당리행 농어촌버스 (1일 8회, 06:10 / 07:50 / 08:10 / 09:55 / 12:25 / 14:00 / 15:25 / 17:25 / 18:20)
3. 영양버스정류장 – 일월면 용화(리)방면 농어촌버스 이용 – 용화2리 또는 용화종점(대티골)정류장
   * 용화리행 농어촌버스 (1일 4회, 06:20/10:0/14:00/18:10)

■경북 영양군의 북쪽에 솟은 일월산은 경북 내륙의 고봉이다. 특징이 없는 육산으로, 산세가 웅장하고 산중기가 육중하지만 모난 데 없이 여성스럽다. 최고봉인 일자봉에는 방송 중계탑이 들어서 경관이 좋지 않으며, 북서쪽의 월자봉이 정상을 대신한다. 산세가 크고 골이 깊어 일자봉 동북쪽의 용화계곡은 제일의 경관을 자랑한다. 또한, 일자봉 서쪽의 찰당골은 두릅 산지로 유명하여 이 일대의 산나물은 전국 제일이다. 교통이 불편한 것이 흠이나 계절별로 코스 잡기에 따라 다양한 산행을 즐길 수 있다.

문 의

영양군청 ☎ 054–682–2241

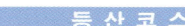

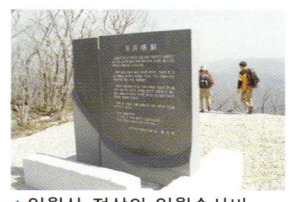

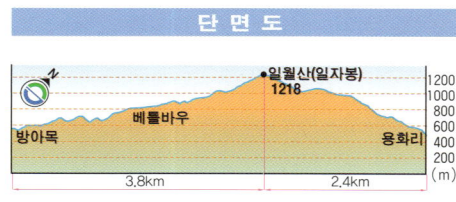

* 시각표는 2024년 11월 기준이며 변동될 수 있음.

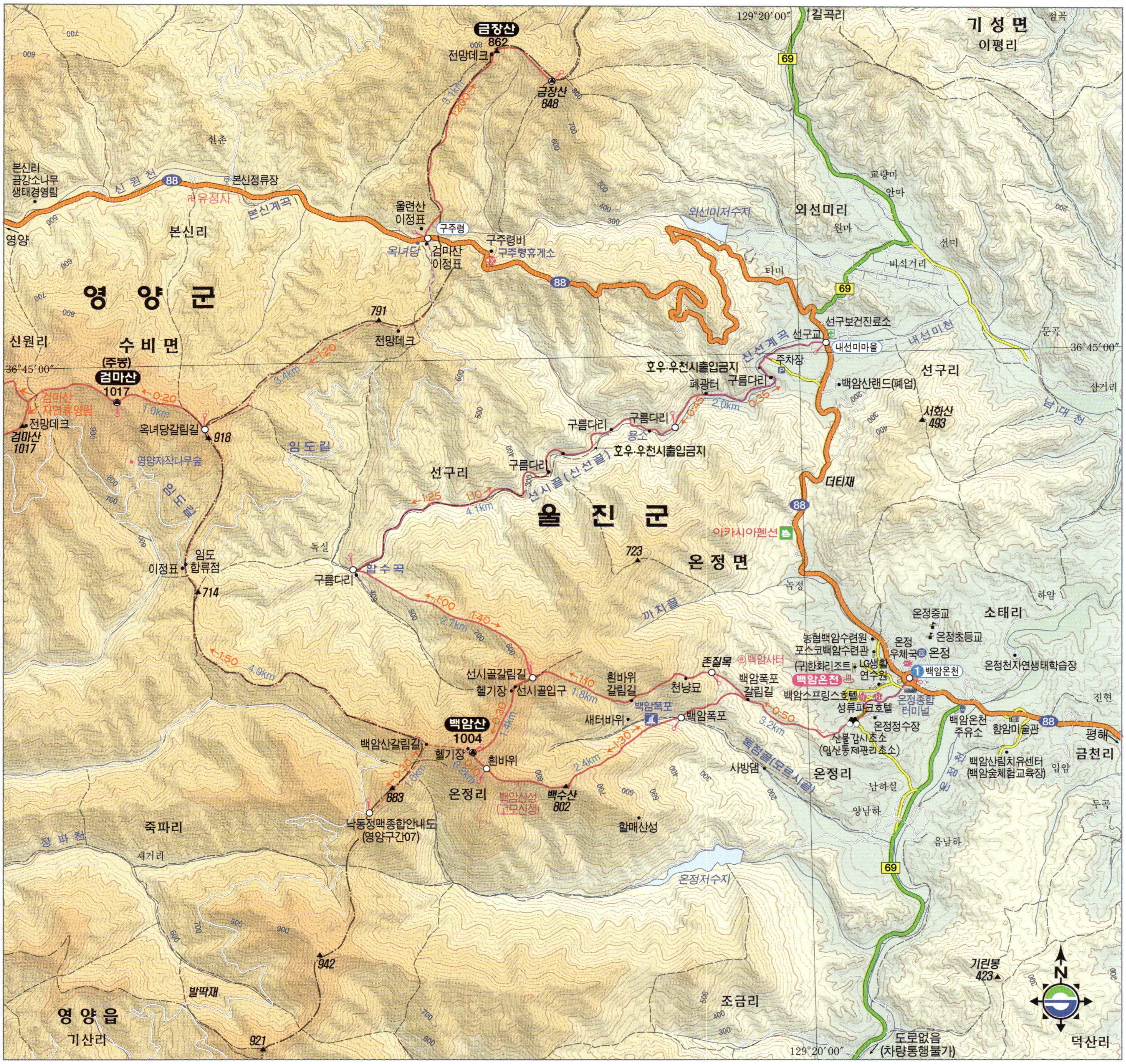

백암산 (검마산·금장산) 211

211 백암산 1004m

위치: 경상북도 울진군 온정면

동서울종합터미널에서 백암온천행 버스를 타거나, 시외버스로 영양에서 내려 본신리행 농어촌버스를 이용한다.

등산코스

백암산
① 백암온천 3.2km/50분 | 존질목 1.8km/1시간10분 | 선시골갈림길 1.4km/30분 | 백암산 2.4km/1시간30분 | 백암폭포 3.6km/50분 | 백암온천

단면도

▲ 백암산 정상 삼각점

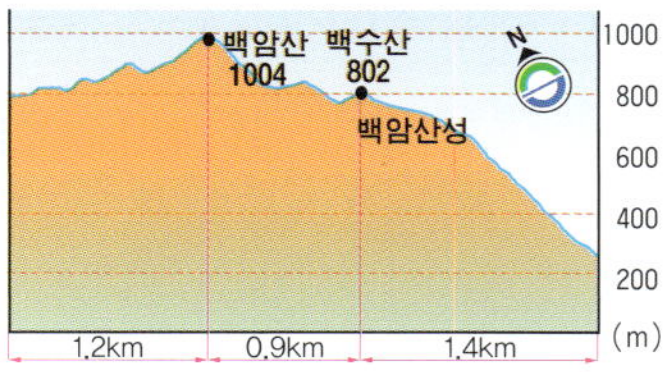

교통편

백암산
1. 동서울터미널 – 시외버스 이용 – 온정종합터미널
* 백암온천 온정종합터미널행 시외버스
 (1일 4회, 08:20/10:05/15:30/16:50)

금장산 / 검마산
1. 동서울터미널 – 시외버스 이용 – 영양버스정류장 (터미널)
* 영양행 시외버스
 (1일 3회, 08:10 / 14:00 / 16:20)
2. 영양버스정류장 – 수비면 본신리행 농어촌버스 이용
 ① 금장산 등산 시 본신정류장에서 하차 후 구주령까지 약 2Km 도보 이동
 ② 검마산 등산 시 신원2리정류장에서 하차 후 검마산자연휴양림까지 약 2Km 도보 이동
* 본신행 농어촌버스
 (1일 3회, 07:20 / 10:30 / 16:15)

경북 영양군과 울진군의 경계에 솟아진 백암산은 높이가 1004m로 경상북도 동해안 일대에서는 가장 높은 산이다. 고산답게 산세가 자못 웅장하고 골이 깊다. 산 북쪽으로 흘러내리는 선시골은 울창한 수림 사이로 가마소, 용소, 매미소 등 크고 작은 담소가 셀 수 없이 연이어 마치 원시의 비경을 간직한 듯한 계곡미를 지니고 있다. 이 산은 산 동쪽에 자리한 유명한 백암온천 때문에 알려진 산으로 산행과 온천을 함께 즐길 수 있는 산행지로 인기가 더해가고 있다. 선시골은 구름(출렁)다리와 데크를 이용하여 호박소, 함박소, 신선탕 등을 두루 볼 수 있다.

문 의
울진군청 ☎ 054-782-1501

* 시각표는 2024년 11월 기준이며 변동될 수 있음.

212 황악산

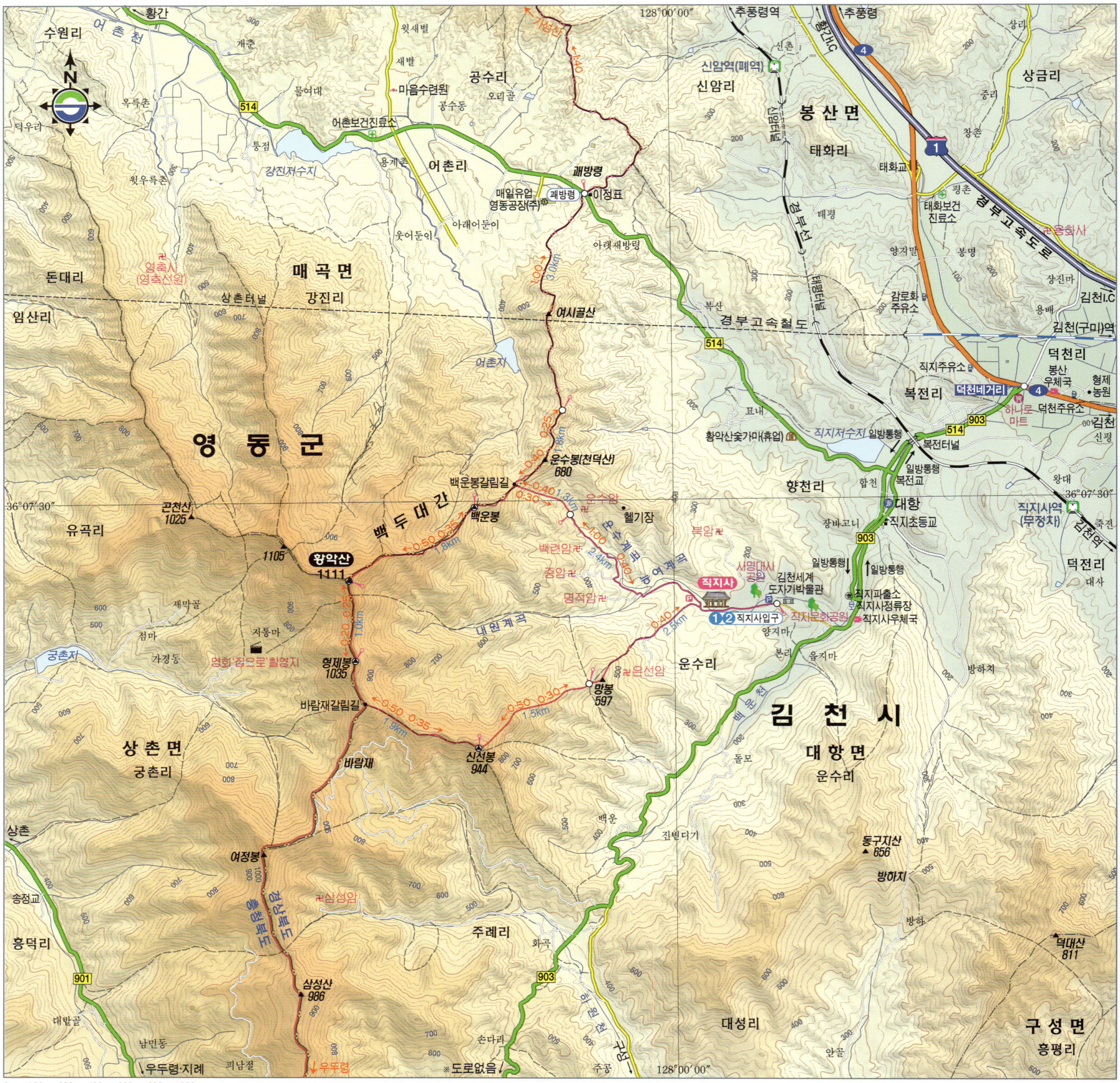

0 100 200 400 600 800 1000
(등고선간격 20m)

—— 일반 등산로	←0:35→ 소요시간	대피소 · 야영지	1:50,000
------ 기타 등산로	1.2 km 거리	② 주천골입구 등산코스번호 · 기점명	0 500 1,000m (1cm가 500m임)

212 황악산 1111m

서울역이나 서울경부터미널에서 열차나 시외버스로 김천에서 하차하여 직지사행 시내버스를 이용한다.

위치 : 경상북도 김천시 대항면

등산코스

황악산

①직지사입구 — 2.4km/1시간 — 운수암 — 1.3km/40분 — 백운봉 — 1.8km/50분 — 황악산

②직지사입구 — 2.5km/40분 — 망봉 — 1.5km/50분 — 신선봉 — 1.9km/50분 — 형제봉 — 1.0km/25분 — 황악산

▲직지사와 황악산

단면도

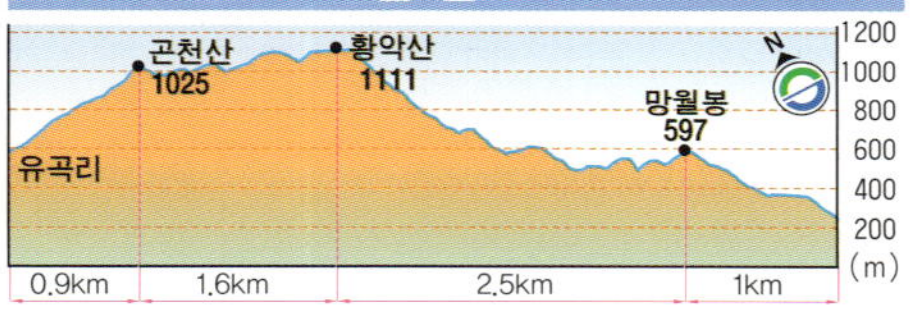

교통편

황악산

1. 서울역에서 김천구미역행 KTX, 서울 수서역에서 김천구미역행 SRT 이용 – KTX · SRT 김천구미역

1-1. KTX · SRT 김천구미역 – 김천시외버스정류장(터미널)행 KTX 12번, KTX 13–2번, KTX 14–6번, KTX 20번 시내버스 이용 – 터미널에서 하차 후 직지사행 김천 11번, 김천 111번 시내버스 이용 – 직지사정류장에서 하차

* 서울역발 김천구미역행 KTX (수시 운행, 05:27 ~ 22:58)

* 수서역발 김천구미역행 SRT (1일 10회, 06:54 ~ 22:00)

2. 서울역 – 새마을호, 무궁화호 열차 이용 – 경부선 김천역 – 김천역 앞 김천역정류장에서 직지사행 김천 11번, 김천 111번 시내버스 이용 – 직지사정류장에서 하차

* 서울역발 김천역행 새마을호, 무궁화호 열차 (1일 25회, 05:54 ~ 20:18)

* 직지사행 김천 11번, 김천 111번 시내버스 (수시 운행, 06:10 ~ 22:35)

* 경부선 김천역과 김천시외버스정류장(터미널)은 평화육교를 이용하여 오고 갈 수 있음.

■소백산맥 줄기가 추풍령에 이르러 주춤하다가 다시 솟구치기 시작한 곳에 위치한 산이 황악산이다. 예로부터 학이 많이 찾아들어 황악산(黃鶴山)으로도 불렸는데, 전체적인 산세는 특징없이 완만한 편이나 온 산에 수림이 울창하고 산 동쪽으로 흘러내리는 계곡은 곳곳에 폭포와 소를 이뤄 그윽한 계곡미를 이루고 있다. 특히 직지사 서쪽 200m지점에 있는 천룡대(天龍臺)에서부터 펼쳐지는 능여계곡(能如溪谷)은 이 산의 대표적인 계곡으로 봄철에는 진달래, 벚꽃, 산목련이 볼만하고 가을철 단풍 또한 절경을 이룬다.

문 의

김천시청 ☎ 054–420–6114

* 시각표는 2024년 11월 기준이며 변동될 수 있음.

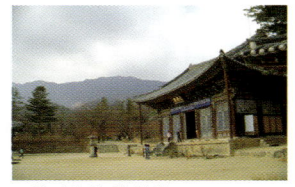

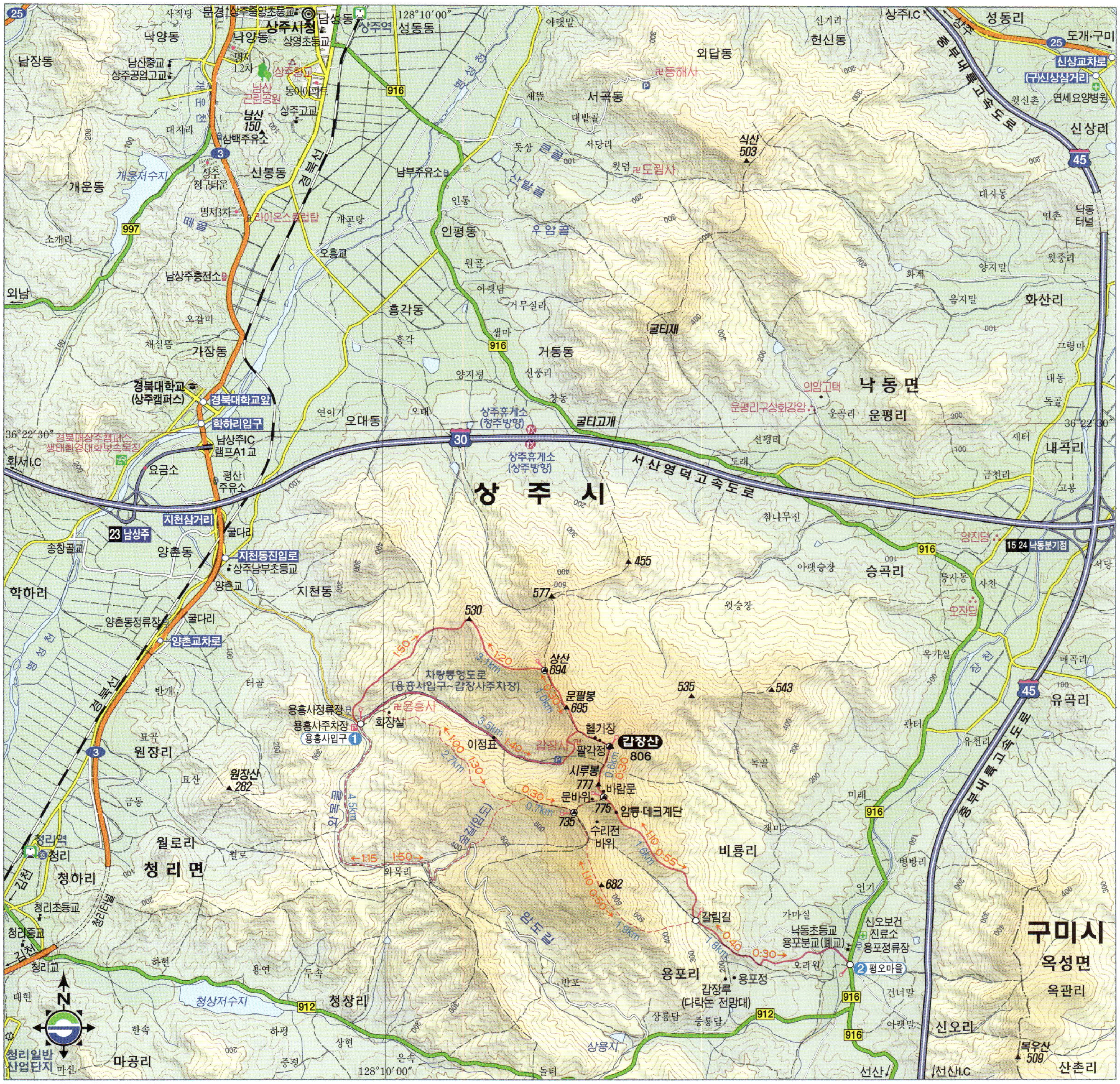

0 100 200 400 600 800
(등고선간격 20m)

일반 등산로 / 기타 등산로 / ←0:35→ 소요시간 / 1.2 km 거리 / 대피소 · 야영지 / ② 주전골입구 등산코스번호 · 기점명

1:50,000 0 500 1,000m (1cm가 500m임)

213 갑장산 806m

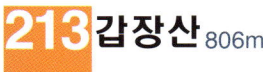

동서울 또는 서울경부터미널에서 고속·시외버스로 상주에 내려 용흥사행 시내버스를 이용한다.

위치 : 경상북도 상주시 낙동면

등산코스

갑장산

① 용흥사입구 — 3.5km/1시간40분 — 갑장사 — 갑장산

② 평오마을 — 3.4km/1시간50분 — 시루봉 — 0.6km/30분 — 갑장산

단면도

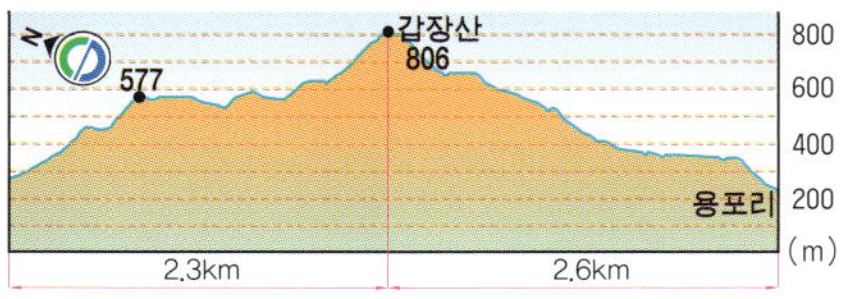

▲갑장산 정상

교통편

갑장산

1. 서울경부고속버스터미널 – 상주행 고속버스 이용 – 상주버스터미널 * 상주행 고속버스 (1일 14회, 07:00 ~ 19:40)
2. 동서울터미널 – 상주행 시외버스 이용 – 상주버스터미널 * 상주행 시외버스 (1일 18회, 06:00 ~ 21:00)
3. 상주버스터미널 – 경북대학교 상주캠퍼스 경유 용흥사행 590번 시내버스 이용 * (1일 3회, 09:05 / 11:55 / 16:20)

3–1. 상주버스터미널 – 청리면행 또는 청리면 경유하는 500번, 510번, 530번, 580번 시내버스 이용 – 양촌동정류장에서 하차 후 용흥사까지 약 2.5Km 도보 이동 * 500번 ~ 580번 시내버스 (1일 16회, 06:35 ~ 18:20)

4. 상주버스터미널 – 용포리 경유하는 시내버스 이용 – 용포정류장에서 하차
   * 470번 버스(1일 1회, 06:40, 평일에만 운행함)
   473번 버스(1일 1회, 13:20, 평일에만 운행함)
   474번 버스(1일 1회, 10:50)
   910번 버스(1일 4회, 06:40 / 13:15 / 15:45 / 18:00)
   911번 버스 (1일 2회, 10:00 / 14:40) 913번 버스 (1일 1회, 19:30)
   920번 버스(1일 1회, 11:20, 평일에만 운행함)

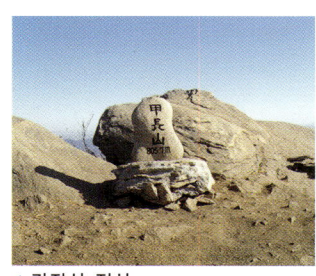

■상주 시가지 가까이에 산줄기를 펼치고 있는 갑장산은 상주 삼악(연악–갑장산, 노악–노음산, 석악–석봉산) 중 최고봉이자 으뜸으로 꼽힌다. 산기슭에는 다양한 수목과 식물이 자라고 폭포와 어우러진 계곡 또한 절경이다. 정상 주위에는 시루봉, 백길바위 같은 기암들이 우뚝 서 있고, 덕유산과 낙동강이 보이는 정상의 조망도 수려하다. 산행 시 잠시 산 중턱과 정상 가까이에 있는 용흥사와 갑장사를 방문해 보는 것도 좋다.

문 의

상주시청 ☎ 054–537–6114

* 시각표는 2024년 11월 기준이며 변동될 수 있음.

214 내연산·천령산·팔각산·향로봉

214 내연산 710m / 천령산 776m / 팔각산 628m / 향로봉 930m

위치: 경상북도 포항시 북구, 영덕군 달산면

▲ 내연산 은폭포

▲ 팔각산 주봉

등산코스

내연산/향로봉
1. (구)보경사매표소 — 4.0km/55분 — 이정표 — 3km/1시간30분 — 시명리 — 2km/1시간20분 — 향로봉 — 4.7km/1시간40분 — 내연산

천령산
1. 보경3교 — 2.7km/1시간40분 — 하늬재 — 1.4km/40분 — 천령산

팔각산
1. 팔각산장 — 2km/1시간30분 — 팔각산
2. 팔각산장 — 1.8km/1시간 — 3봉 — 1km/1시간 — 팔각산

단면도

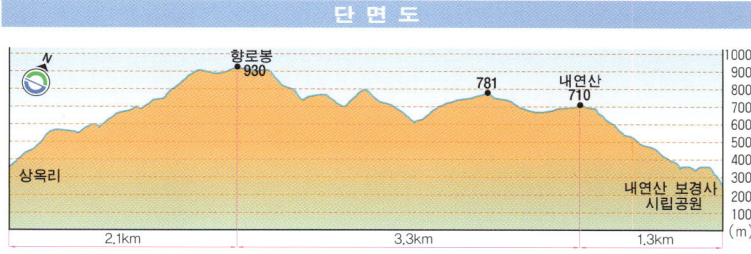

교통편

내연산 / 천령산 / 향로봉
1. 서울역 – 포항역행 KTX 이용 – 포항역
   * 서울역발 포항역행 KTX (1일 16회, 05:03 ~ 22:18)
2. 서울 수서역 – 포항역행 SRT 이용 – 포항역
   * 수서역발 포항역행 SRT (1일 2회, 06:30 / 16:34)
3. 서울경부고속버스터미널 – 포항행 고속버스 이용 – 포항고속버스터미널
   * 포항행 고속버스 (1일 27회, 01:00 ~ 24:00)
4. 동서울터미널 – 포항행 시외버스 이용 – 포항(시외버스)터미널
   * 포항행 시외버스 (1일 7회)
   (07:00 / 08:40 / 09:30 / 11:40 / 14:10 / 15:30 / 18:10)
   * 08:40분 버스는 주말에만 운행함.
5. ① 포항(시외)터미널 건너편 시외버스터미널정류장
   ② 포항역(흥행 방면)정류장에서 보경사행 5000번 시내버스 이용
   ③ 고속터미널에서 하차 시 죽도지구대(파출소)정류장까지 약 700m 도보 이동 후 5000번 버스 이용
   * 보경사행 5000번 버스 (1일 36회, 05:10 ~ 20:15)
   * 문덕차고지 기준 시간임.

팔각산
1. 동서울터미널 – 영덕행 시외버스 이용 – 영덕터미널
   * 영덕행 시외버스 (1일 7회)
   (07:00 / 09:10 / 10:30 / 12:40 / 13:20 / 15:00 / 18:30)
2. 서울경부고속버스터미널 – 영덕행 고속버스 이용 – 영덕터미널
   * 영덕행 고속버스 (1일 3회, 07:20 / 10:40 / 14:40)
3. 영덕터미널 – 옥계, 원담행 농어촌버스 이용 – 팔각산장 정류장에서 하차
   * 옥계, 원담행 농어촌버스 (1일 8회)
   (06:40 / 08:40 / 10:30 / 11:50 / 13:00 / 14:50 / 16:20 / 18:10)

■ 영덕군과 맞닿은 포항시 북부에 내연산, 천령산, 향로봉이 솟은 산줄기가 복잡하게 뻗어 있는데, 이 일대는 내연산 보경사시립공원으로 지정되어 있다. 이 산군(山群)의 북쪽에는 내연산이, 서쪽에는 향로봉이, 남쪽에는 천령산이 자리 잡고 있다. 이 산의 백미는 산줄기로 둘러싸인 14km에 달하는 청하골이다. 계곡 양안은 깎아지른 절벽으로 이뤄져 마치 동굴 속의 미로를 연상케 하고 곳곳에 폭포가 걸려 이른바 내연산 12폭포라 하여 경북8경의 하나로 꼽고 있다. 산과 폭포, 계곡을 동시에 즐길 수 있어 내연산 보경사시립공원의 산들은 여름이면 수많은 등산객들이 찾는 명소이다. 겨울에서 봄 사이에는 산불 방지를 위해 등산로가 통제되므로 산행 전에 확인해야 한다.

■ 경북 영덕군 남서쪽에 있는 옥계계곡은 이름 그대로 옥같은 맑은 계곡이 협곡을 휘돌며 절경을 이룬다. 이 옥계계곡과 어울려 산자수명의 풍광을 연출하는 기암 준봉이 팔각산이다. 옥계8봉으로도 불리는 팔각산은 산의 규모는 크지 않으나 여덟 개의 뿔 같은 암봉이 연이어 솟아 있고 산 아래로는 깊은 계곡이 휘감아 돌며 전망까지 뛰어나 명산이 지니고 있는 요소를 다 갖춘 산이다.

축제·볼거리

1. 포항장
구룡포장(3, 8일)
포항시 남구 구룡포읍 구룡포리 963-2번지 일원
장기장(4, 9일)
포항시 남구 장기면 임중리 368-1번지 일원
청하장(1, 6일)
포항시 북구 청하면 미남리 382-3번지 일원
흥해장(2, 7일)
포항시 북구 흥해읍 성내리 61-2번지 일원
오천장(5, 10일)
포항시 남구 오천읍 세계리 823-4번지 일원
도구장(2, 7일)
포항시 남구 동해면 도구리 668-6번지 일원
죽장장(3, 8일), 기북장(2, 7일), 송라장(3, 8일)
기계장(1, 6일), 신광장(5, 10일)

문 의
포항시청 ☎ 054-270-8282
보경사 ☎ 054-262-1117
영덕군청 ☎ 054-730-6114

* 시각표는 2024년 11월 기준이며 변동될 수 있음.

---

216 금오산 977m

위치: 경상북도 구미시, 칠곡군 북삼읍, 김천시 남면

서울에서 열차나 고속·시외버스로 구미에 도착하여 시내버스로 금오산이나 지경리에서 하차한다.

▲ 금오산 약사암 설경

등산코스

금오산
1. 금오산매표소앞 — 1.7km/25분 — 도선굴 — 2.2km/1시간20분 — 철탑 — 1.1km/45분 — 약사암 — 금오산 — 3km/1시간10분 — 왕벌식당
2. 금오산매표소앞 — 1.7km/25분 — 도선굴 — 2.2km/1시간20분 — 철탑 — 1.1km/45분 — 약사암 — 금오산 — 4.2km/1시간30분 — 지경마을

단면도

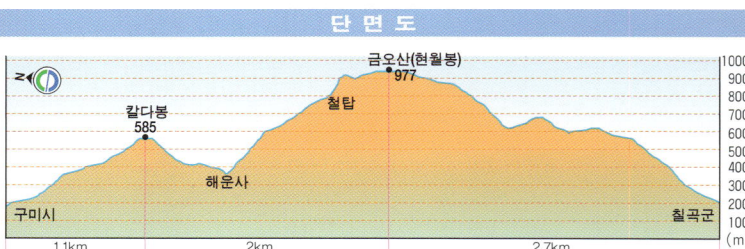

교통편

금오산
1. 서울역 – 새마을호, 무궁화호 열차 이용 – 경부선 구미역 – 구미역 앞 구미역정류장 – 금오산행 27번(1일 5회), 27-1번(1일 2회), 27-2번(1일 3회), 27-3번(1일 11회) 시내버스 이용 – 금오산(종점)정류장에서 하차
   * 서울역발 구미역행 열차 (수시 운행, 05:54 ~ 20:18)
2. 서울고속버스터미널, 동서울터미널 – 고속·시외버스 이용 – 구미종합터미널 – 구미종합터미널 건너편 구미종합터미널 건너편정류장에서 구미역 경유 김천행 53번(1일 22회), 53-1번(1일 4회), 553번(1일 9회), 554번(1일 2회), 555-1번(1일 9회) 시내버스 이용 – 구미역정류장에서 하차 후 건너편 구미역 앞 구미역정류장에서 금오산행 27번 ~ 27-3번 시내버스 이용

■ 금오산은 구미시의 남서단 김천시와 칠곡군의 경계에 위치하고 있으며, 산 동쪽으로 경부고속국도가 뻗어 있다. 금오산은 산세가 단순한 편이지만 경사가 심해, 고려 말 왜구의 침략을 막기 위해 쌓았다는 금오산성(2km)이 남아 있는데, 이곳은 임진왜란 때 왜적을 방어하는 요새로 이용되었다. 또한, 기암절벽과 계곡에는 대혜(명금)폭포와 세류폭포 같은 시원한 폭포가 걸려 있고, 금강사, 법성사, 해운사, 약사암 등의 고찰들이 있다.

▲ 대혜(명금)폭포

축제·볼거리

1. 장천장(5, 10일)
구미시 장천면 상장리 919-24번지 일원에서 열리는 5일장으로서 여름철에는 많은 과일들이 거래된다. 구미역에서 장천면행 시내버스 노선이 있고 근처에 천생산이 있어 장이 서는 날에는 꽤 많은 사람들이 찾는다.

2. 선산 봉황장 (2, 7일)
경북 구미시 선산읍 완전리 253반지 일원에서 열리며 농·수산물, 생필품, 과일 등이 거래된다.

3. 채미정(採薇亭)
금오산 등산로 초입에 위치한 이 정자는 고려 말의 학자인 야은 길재(冶隱 吉再)가 은둔 생활을 하던 곳으로 경모각(敬慕閣)과 구인재(求仁齊), 비각 등이 있다.

4. 약사암(藥師庵)
금오산 정상 북쪽 50m 벼랑 아래 자리한 이 절은 신라 눌지왕 때 아도화상이 개창한 절로 전망이 좋으며, 절 주위에 보물로 지정된 마애여래입상이 있다. 이 밖에 대혜(명금)폭포 아래에 해운사가 있다.

문 의
금오산도립공원 관리사무소
☎ 054-480-4601

* 시각표는 2024년 11월 기준이며 변동될 수 있음.

216 금오산

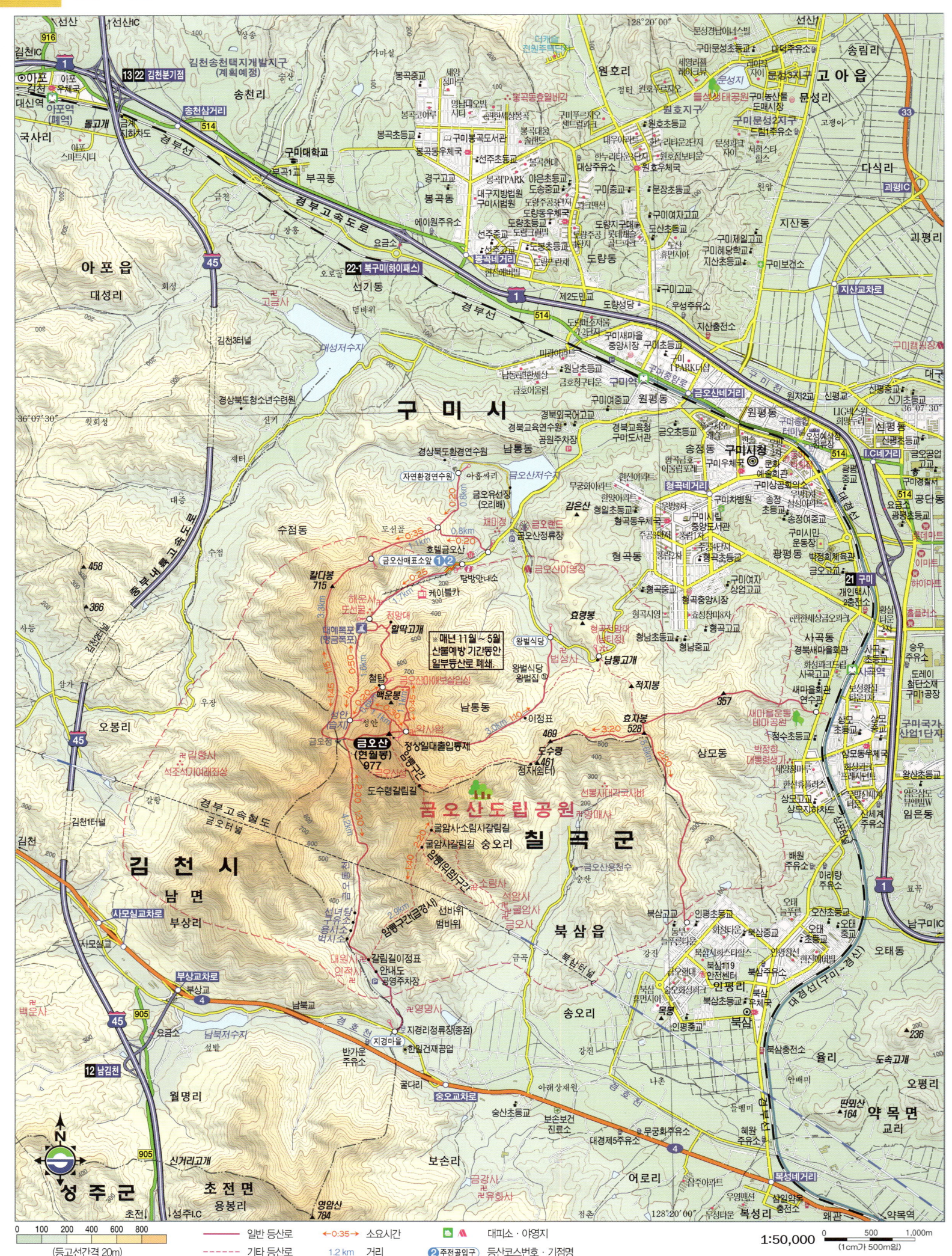

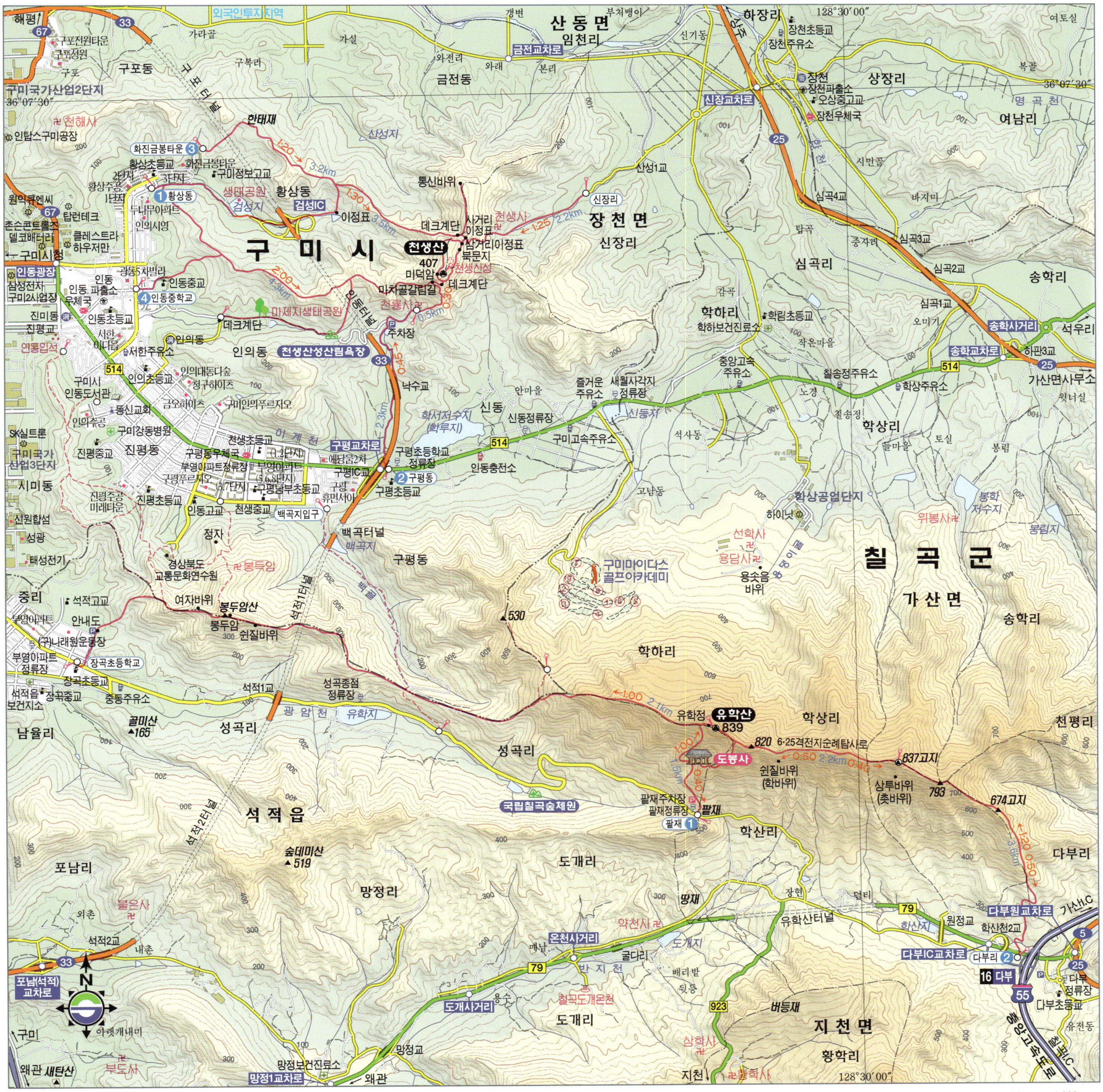

0 100 200 400 600 800 (등고선간격 20m)

일반 등산로 · 기타 등산로 · ←0:35→ 소요시간 · 1.2 km 거리 · 대피소 · 야영지 · ②주전골입구 등산코스번호 · 기점명

1:50,000 0 500 1,000m (1cm가 500m임)

217 유학산 839m 천생산 407m

서울역에서 열차로 구미에서 내려 시내버스로 인의동 또는 칠곡군 성곡리나 다부리에서 내린다.

위치 : 경상북도 구미시, 칠곡군 가산면

등 산 코 스

유학산

① 팔재	도봉사	1.5km/1시간		유학산
② 다부리	3.6km/1시간20분	837m고지	2.2km/50분	유학산

천생산

① 황상동	4.1km/1시간50분			천생산
② 구평동	2.3km/45분	천룡사	0.5km/30분	천생산
③ 화진금봉타운	3.2km/1시간20분			천생산
④ 인동중학교	4.3km/2시간			천생산

단 면 도

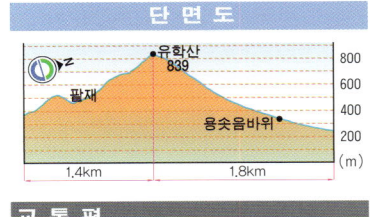

교 통 편

천생산

1. 215쪽 금오산 교통편 일부 참조
2. 구미역 앞 구미역정류장에서
   ① 황상(동)종점행 181번, 182번, 183번, 185번 시내버스 이용
   ② 인동중학교 경유하는 10번, 110번, 187번, 890번 시내버스 이용
   ③ 인동 종점행 184번 시내버스 이용
3. 구미종합버스터미널에서 하차 시
   ① 구미종합터미널앞정류장에서 10번, 11번 시내버스 이용
   ② 구미종합버스터미널 남쪽 오성예식장정류장에서 181번~185번, 890번 시내버스 이용
4. 구미역정류장 – 천평 종점행 881번 시내버스 이용 – 구평초등학교앞정류장에서 하차
   * 881번 시내버스 (1일 13회, 06:15 ~ 22:05)
   * 881번 시내버스는 구미종합터미널앞정류장에서 이용 가능

유학산

1. 구미역정류장 – 중리 부영아파트 경유하는 110번, 882번 시내버스 이용 – 부영아파트정류장에서 하차 – (구)나래원으로 도보 이동
   * 110번 시내버스 (1일 4회, 06:15 / 10:05 / 14:00 / 18:00)
   * 882번 시내버스 (1일 4회, 06:20 / 12:00 / 16:25 / 18:25)
2. 부영아파트정류장 – 석곡 경유 팔재 종점행 9번 농어촌 버스 이용
   * 9번 농어촌 버스 (1일 2회, 09:30 / 16:40)

* 문양역 기점 출발 시간이며, 부영아파트정류장까지 약 40분 ~ 45분 소요됨.

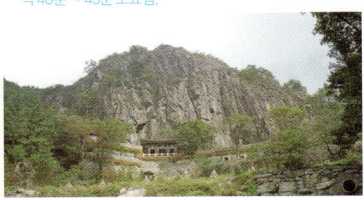

▲ 유학산 도봉사 쉰길바위 절벽

문 의

칠곡군청 ☎ 054-973-3321

* 시각표는 2024년 11월 기준이며 변동될 수 있음.

보현산 (부약산 · 작은보현산 · 갈미봉)

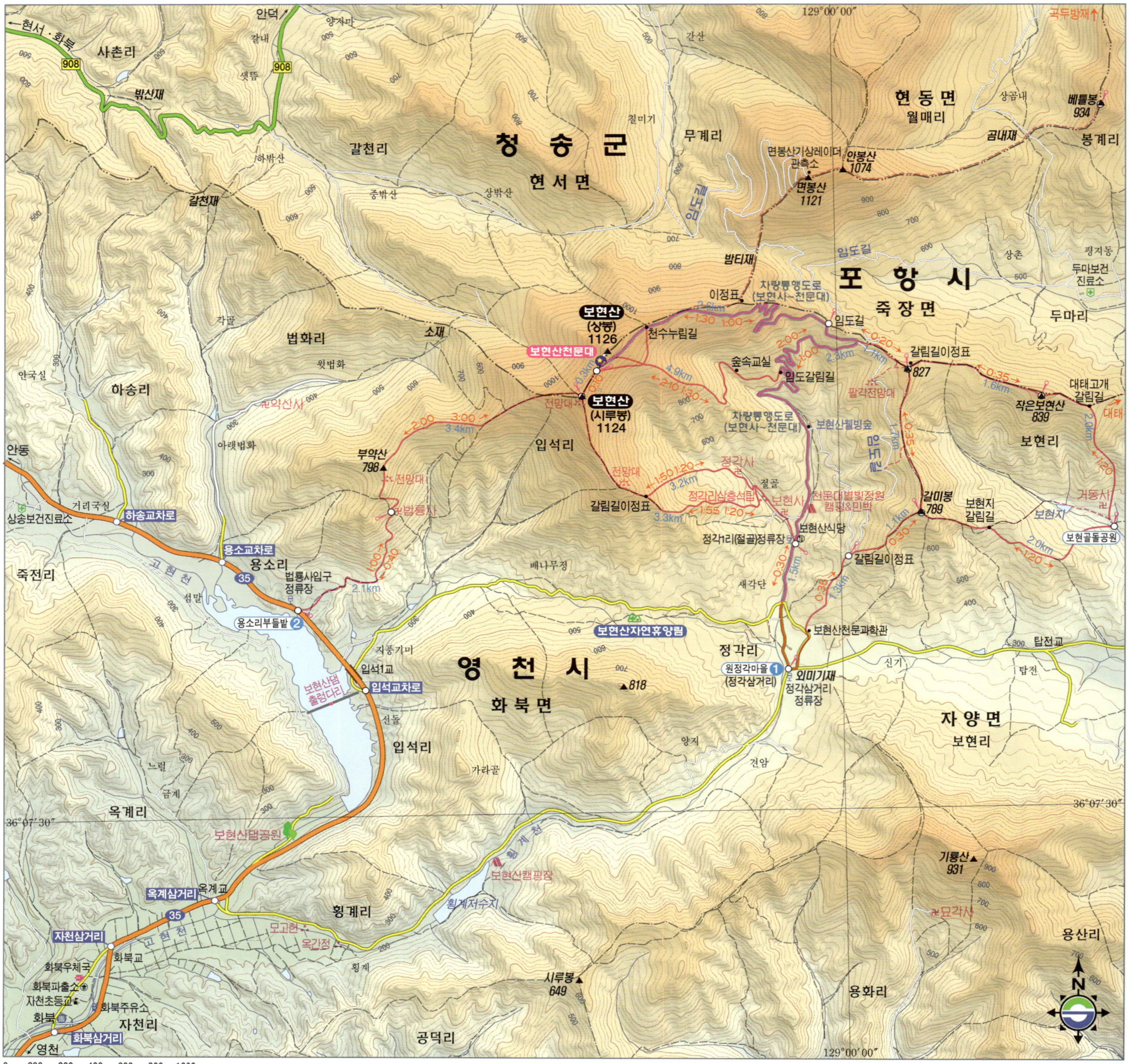

0 200 300 400 600 800 1000
(등고선간격 20m)

일반 등산로 ←0:35→ 소요시간 대피소 · 야영지
기타 등산로 1.2 km 거리 ②주전골입구 등산코스번호 · 기점명

1:50,000 0 500 1,000m (1cm가 500m임)

218 보현산 1124m (시루봉)

서울고속버스터미널에서 영천행 고속버스 이용하여 영천에서 하차 후 시내버스로 법룡사 입구 또는 정각리에서 하차한다.

위치 : 경상북도 영천시 화북면·자양면, 포항시 죽장면

등 산 코 스

보현산

① 원정각마을 1.5km/30분 절골 5.2km/2시간20분 보현산

② 용소리부들밭 2.1km/1시간 법룡사 3.4km/3시간 보현산

단 면 도

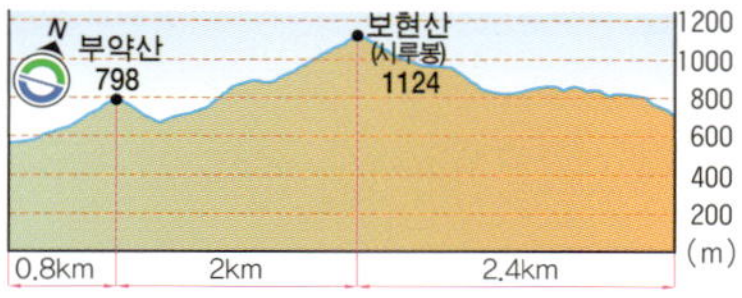

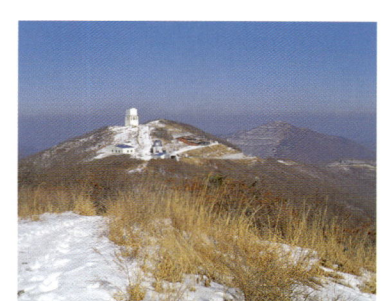

▲ 보현산 천문대

교 통 편

보현산

1. 서울고속버스터미널 – 영천행 고속버스 이용– 영천버스터미널
   * 영천행 고속버스
   ① 월요일 ~ 목요일 1일 3회 (07:30 / 13:05 / 18:20)
   ② 금요일 ~ 일요일, 공휴일 1일 4회 (07:30 / 13:05 / 15:40 / 18:20)
2. 영천버스터미널 – 화북(삼창) 방면 승강장에서 상송 또는 죽전행 350번 시내버스 이용 – 법룡사입구정류장에서 하차
   * 상송행 350번 시내버스 (1일 11회, 06:40 ~ 19:10)
   * 상송 경유 죽전행 350번 시내버스 (1일 3회, 09:00 / 13:00 / 21:00)
   * 모든 350번 시내버스는 법룡사입구정류장 경유함.
   * 21:00 운행 버스는 영천터미널로 회차 안함.
3. 영천버스터미널 – 화북(삼창) 방면 승강장에서 보현행 360번, 360–2번, 361번, 363번 시내버스 이용 – 정각삼거리정류장에서 하차
   * 화북(면) 경유 보현행 ① 360번 버스((1일 2회, 09:30 / 16:20) ② 360–2번 버스(1일 1회, 14:00) ③ 361번 버스(1일 1회, 07:00) ④ 363번 버스(1일 1회, 19:40, 터미널로 화차 안함)
   * 360번 ~ 363번 버스는 시계 방향으로 운행
4. 영천버스터미널 – 임고 방면 승강장에서 보현행 450번, 450–2번, 451번시내버스 이용 – 정걱삼거리정류장에서 하차
   * 임고면 경유 보현행 ① 450번 버스 ((1일 2회, 11:10 / 17:30) ② 450–2번 버스(1일 1회, 07:40) ③ 451번 버스(1일 1회, 12:35)
5. 서울 청량리역 – KTX, ITX 이용 – 영천역 – 영천우체국 앞 영천우체국 · 영천역정류장 – 터미널행 시내버스 이용리 청량리역발 영천역행 열차
   * (1일 4회, 06:57 / 14:40 / 14:51 / 18:54)

■ 경북 영천시와 포항시, 청송군의 경계를 이루며 솟아 있는 보현산은 둔중한 육산(肉山)으로 억새풀 군락을 이룬 주 능선은 고산다운 산세를 지니고 있다. 이 산은 남쪽 정각동에서 바라보면 마치 어머니가 아이를 안고 있는 형세라 하여 일명 모자산(母子山)이라고도 하는데, 상봉으로 불리는 최고봉은 현재 삼각점이 있는 1124m 봉이 아니라 그 북동쪽의 봉우리를 이른다. 산행은 원정각마을에서 들머리로 절골을 거쳐 오르는 코스가 일반적이다.

문 의

영천시청 ☎ 054–330–6000

* 시각표는 2024년 11월 기준이며 변동될 수 있음.

220 비슬산 · 조화봉 (관기봉 · 비들산)

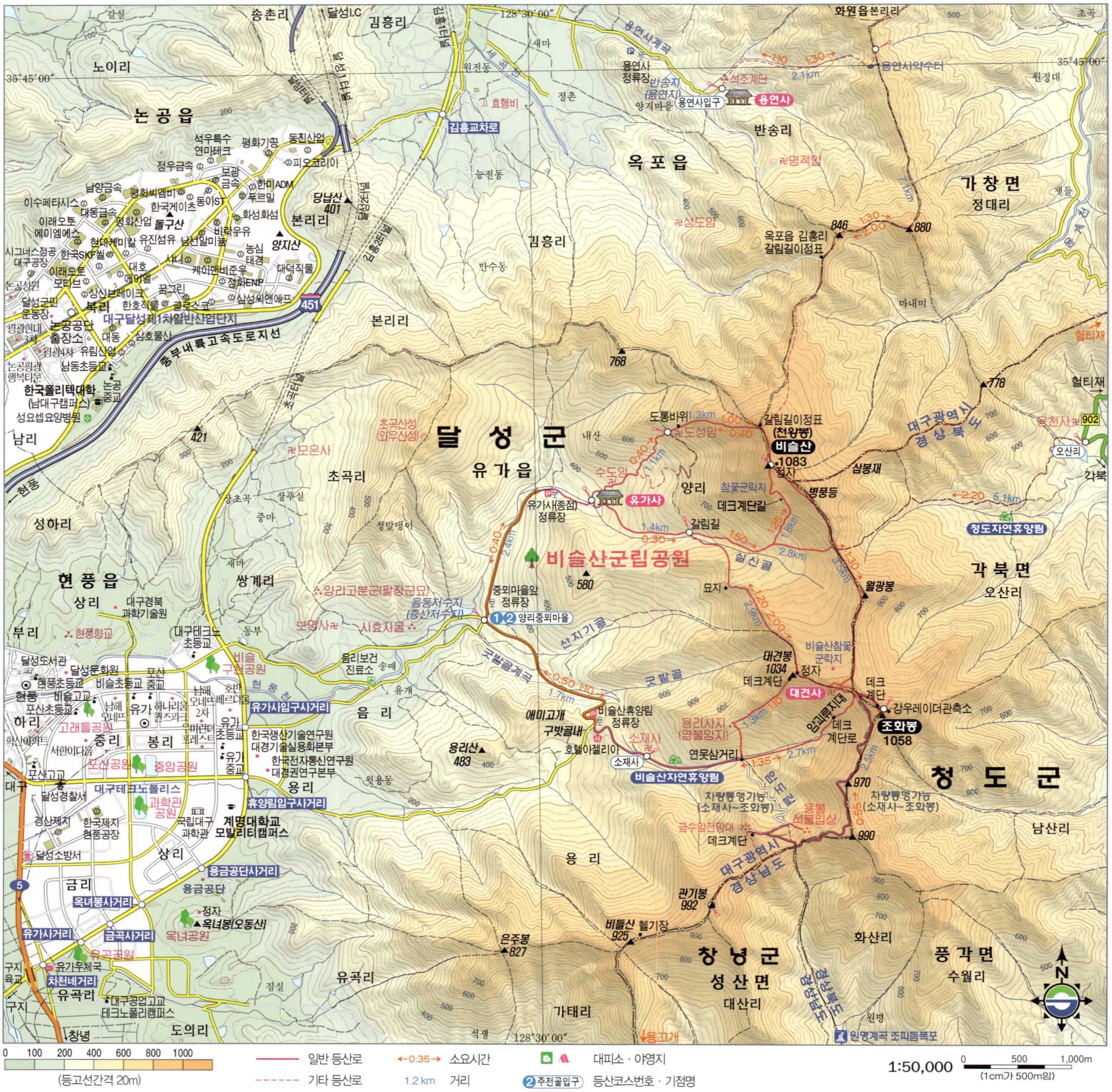

220 비슬산 1083m | 조화봉 1058m

서울에서 열차나 고속버스로 대구에서 하차하여 지하철을 타고 대곡역에서 내린 후 유가사행 시내버스를 이용한다.

위치 : 대구광역시 달성군, 경상북도 청도군 각북면

등산코스

비슬산/조화봉
① 양리중뫼마을 2.4km/40분 → 유가사 1.1km/40분 → 도성암 1.3km/1시간 → 비슬산 3.5km/1시간30분 → 조화봉
② 양리중뫼마을 1.7km/1시간10분 → 소재사 2.7km/1시간35분 → 조화봉

▲ 비슬산 대견사지

단면도
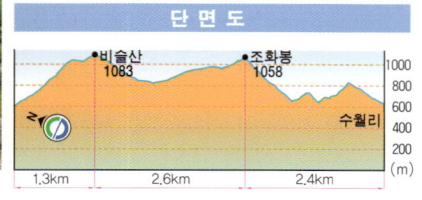

교통편

비슬산
1. 서울역 - KTX, 새마을호, 무궁화호 열차 이용 - 동대구역 (KTX·SRT)
2. 서울 수서역 - SRT 열차 이용 - 동대구역 (KTX·SRT)
3. 서울고속버스터미널 - 고속버스 이용 - 동대구터미널
4. 동대구역(열차), 동대구터미널 - 대구 도시철도(지하철) 1호선 동대구역에서 대곡역까지 지하철 이용
5. 대곡역(1번 출구)정류장 - 유가사행 달성 5번, 600번 버스 이용 - 각 목적지 정류장에서 하차
* 유가사행 달성5번 버스
  ① 평일 1일 10회 (06:00 / 07:15 / 09:15 / 10:25 / 12:25 / 13:35 / 15:40 / 16:40 / 19:20 / 20:05)
  ② 주말·공휴일 1일 9회(06:00 / 08:30 / 09:20 / 11:55 / 12:45 / 15:20 / 16:10 / 19:00 / 19:45)
  ③ 주말·공휴일에만 운행하는 600번 버스 1일 10회 (06:45 / 07:35 / 10:15 / 11:05 / 13:45 / 14:35 / 17:15 / 18:05 / 20:45 / 21:30)

■ 대구 시내에서 남서쪽으로 약 18km 지점에 솟아 있는 해발 1083m의 비슬산은 대구 남쪽을 가로 막아 북쪽의 팔공산과 함께 대구 분지를 형성하고 있다. 산줄기는 대체로 완만하고 군데군데 너덜 지대가 형성되어 있으며 초원 지대가 펼쳐져 고산다운 산세를 이루고 있다. 정상의 남서면은 바위벽으로 이뤄져 병풍등이라 하며 주 능선 남쪽의 조화봉 가까이에도 잡석 더미를 이룬 것 같은 톱바위가 있으나 전체적인 산세로 봐서는 이렇다 할 특징이 없는 산이다. 그러나 산 서쪽으로 낙동강을 끼고 있어 정상에서의 전망은 시원하다.

문 의
비슬산자연휴양림 ☎ 053-659-4400~1
달성군청 ☎ 053-668-2000

* 시각표는 2024년 11월 기준이며 변동될 수 있음.

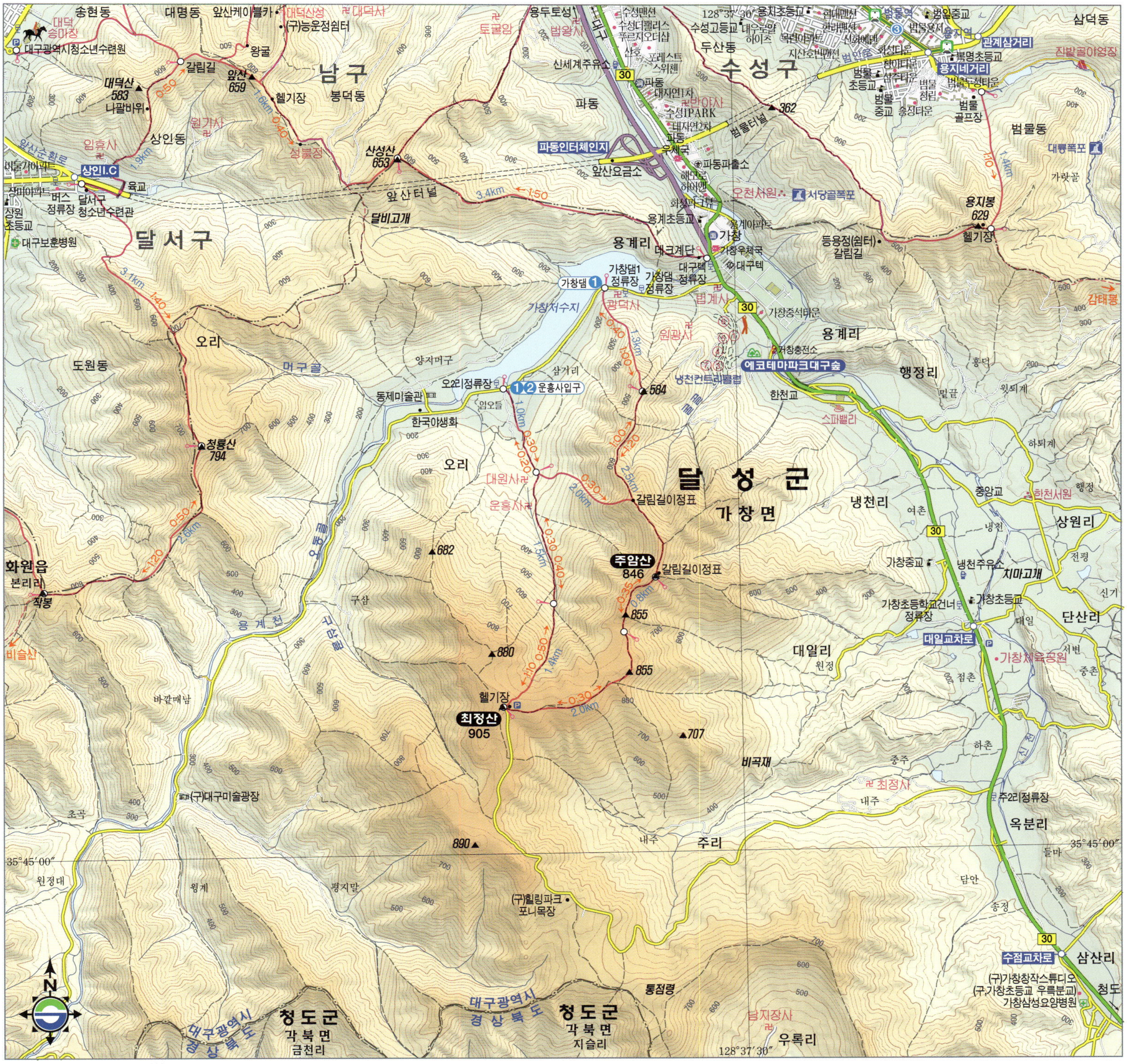

0 100 200 400 600 800 (등고선간격 20m)
일반 등산로 / 기타 등산로 / ←0:35→ 소요시간 / 1.2 km 거리 / 대피소 · 야영지 / ②주전골입구 등산코스번호 · 기점명
1:50,000 0 500 1,000m (1cm가 500m임)

221 최정산 905m 주암산 846m

서울에서 열차나 고속버스로 동대구에서 하차하여 정대리행 시내버스를 이용한다.

위치 : 대구광역시 달성군 가창면

등 산 코 스

최정산

① 운흥사입구 — 1.0km/30분 — 대원사 — 2.9km/1시간50분 — 최정산

② 신기마을 — 5.4km/2시간 — (구)포니목장 — 3.0km/1시간 — 최정산

주암산

① 가창댐 — 1.3km/1시간 — 584m봉 — 2.5km/1시간20분 — 주암산

② 운흥사입구 — 1.0km/30분 — 대원사 — 2.0km/30분 — 주암산

▲ 주암산 정상

단 면 도

교 통 편

최정산 / 주암산

1. 220쪽 비슬산 교통편 1번 ~ 3번 참조
2. 동대구역(열차), 동대구터미널 – 대구 도시철도(지하철) 1호선 동대구역에서 칠성시장역까지 지하철 이용
3. 칠성시장역 2번 출구와 3번 출구 사이에 위치한 칠성시장역(서문프라자앞)정류장에서 정대 방면 가창 2번 버스 이용 – 가창댐정류장 또는 오2리정류장에서 하차
   * 정대 방면 가창 2번 버스
   (1일 13회, 06:31 / 07:48 / 09:02 / 10:18 / 11:36 / 12:48 / 14:06 / 15:18 / 16:37 / 17:52 / 19:10 / 20:24 / 21:42)
4. 동대구역(열차), 동대구터미널 – 대구 도시철도(지하철) 1호선 동대구역에서 1·2호선 환승역 반월당역까지 지하철 이용 – 반월당역 1번 출구에서 가창면 삼산리행 405번 시내버스 이용 – 대구텍정류장에서 하차 후 가창댐정류장까지 도보 이동
   * 405번 시내버스 (수시 운행, 05:30 ~ 22:30)

■ 최정산은 대구광역시 남쪽 달성군에 있으며, 도로를 사이에 두고 비슬산과 마주보고 있다. 산 높이는 905m로 높은 편이며, 마주보고 있는 비슬산과 산세가 비슷하다. 산 아래쪽은 경사가 급하지만, 정상 부근 700m 정도 지점부터는 경사가 완만해지는 고위평탄면 지형이다. 산에는 1000여 종의 자생 식물이 자라고 있으며, 침엽수와 활엽수가 섞여 혼합림을 이루고 있다. 정상 부근에는 진달래와 억새 군락지가 있어 봄, 가을 경치가 뛰어나다. 최정산 동쪽 능선에는 주암산이 솟아 있어 종주산행을 하기도 한다. 두 산 모두 대구시내와 가까워 교통이 편리하고 비슬산군립공원과도 가까워 대구와 근교 주민들이 많이 찾고 있다.

문 의

달성군청 ☎ 053- 668-2000

* 시각표는 2024년 11월 기준이며 변동될 수 있음.

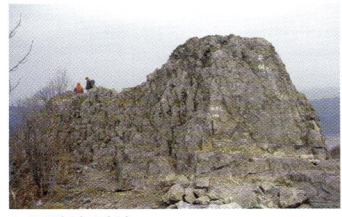

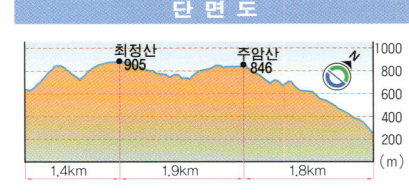

222 금오봉·고위봉

224 경상도편

222 토함산 745m / 금오봉 471m / 고위봉 495m

위치 : 경상북도 경주시

서울에서 열차나 고속·시외버스로 경주에서 하차 후 시내버스와 시외버스를 타고 불국사, 석굴암, 추령, 용장리 등지에서 내린다.

▲ 토함산 정상

▲ 금오봉과 용장사지 삼층석탑

등산코스

토함산
1. 불국사입구 2.5km/40분 — 일주문 1.8km/30분 — 토함산
2. 추령 1.8km/1시간 — 안부 1.1km/40분 — 토함산
3. 시부거리마을 4.3km/2시간30분 — 토함산
4. 코오롱호텔앞 3.8km/1시간40분 — 토함산

금오봉/고위봉
1. 삼릉입구 2km/1시간10분 — 바둑바위 0.9km/20분 — 금오봉
2. 삼불사 1.8km/1시간 — 바둑바위 0.9km/20분 — 금오봉
3. 뒷비파마을 2.1km/1시간10분 — 금오봉
4. 용장리 3.4km/1시간50분 — 금오봉
5. 용장리 1.1km/25분 — 천우사 1.6km/50분 — 고위봉
6. 틈수골입구 0.9km/25분 — 와룡사 0.9km/20분 — 천룡 1.1km/40분 — 고위봉
7. 칠불암입구 1.8km/2시간 — 칠불암 0.5km/15분 — 백운재 1.2km/25분 — 고위봉
8. 통일전 1.2km/40분 — 금오정 1.3km/30분 — 금오봉
9. 포석정(마을) 1.9km/1시간 — 부흥사 1.2km/30분 — 금오정 1.3km/30분 — 금오봉

단면도
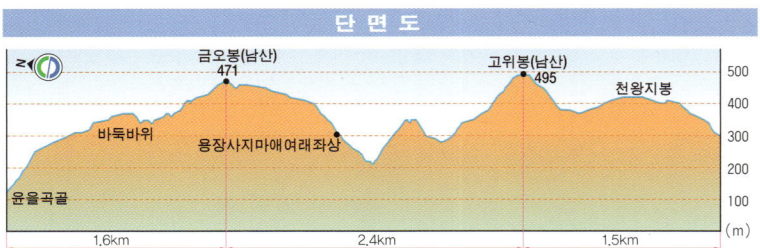

교통편

토함산
1. 동서울종합터미널 — 시외버스 이용 — 경주시외버스터미널
   * 경주행 시외버스
     (1일 7회, 07:00 / 08:40 / 09:30 / 11:40 / 14:10 / 15:30 / 18:10)
   * 08:40분 버스는 금요일 ~ 일요일에만 운행함.
2. 서울고속버스터미널 — 고속버스 이용 — 경주고속터미널
   * 경주행 고속버스 1일 10회 ~ 12회 (요일별로 다름)
3. 터미널 건너편 시외버스터미널·고속버스터미널정류장에서 불국사 경유하는 10번 시내버스 이용 — 불국사정류장에서 하차
   * 불국사행 10번 버스 (1일 28회, 06:00 ~ 21:10)
   * 10번 버스는 불국사 경유 후 통일전 방면으로 운행함.
4. 불국사에서 석굴암행 12번 버스 이용
   * 석굴암행 12번 버스
     ① 하절기(3월1일~10월5일) 1일 10회 (08:40 ~ 17:20)
     ② 동절기(10월6일~2월28일) 1일 9회 (08:40 ~ 16:20)
5. 경주역(구/신경주역)(KTX·SRT) — 불국사행 700번, 711번, 1150번 시내버스 이용 — 불국사정류장

금오봉(남산)
1. 터미널 건너편 시외버스터미널·고속버스터미널정류장에서 통일전 경유 불국사행 11번 시내버스 이용 — 통일전정류장에서 하차
   * 통일전 경유 불국사행 11번 버스
     (1일 28회, 06:15 ~ 21:30)

■ 토함산은 경주 시가지 동쪽에 고즈넉이 자리 잡고 있는 경주의 진산이다. 신라 오악 중 하나였으며 동악으로도 불렸다. 천년 고도에 자리한 만큼 불교의 성지이고 산 전체가 유적이라 할 만큼 다양한 문화재를 품고 있다. 특히 석가탑 다보탑으로 유명한 불국사와 세계 문화 유산으로 지정된 석굴암이 있어 매년 수많은 사람들이 찾는다. 해발 745m로 경주의 최고봉이지만, 정상 지척에 석굴암이 있고 도로가 뚫려 누구나 쉽게 오를 수 있다. 특히 석굴암과 토함산의 일출은 일찍이 명성이 자자하여 일출 맞이 산행지로서는 첫손에 꼽히는 곳이다.

■ 경주 시가지 남쪽. 인왕동 및 4개 동과 내남면 용장리 일대에 산자락이 펼쳐져 있다. 일반적으로 경주 남산으로 불리며 고위봉과 금오봉 두 봉우리가 있다. 30여 개의 계곡이 있고, 주위에 서도산, 옥녀봉, 금학산 등의 산들이 둘러서 있으며, 옛날에는 서라벌의 요새 역할도 했다. 산 곳곳에 있는 불교와 역사 유적으로 유명한데, 역사학도와 미술학도들의 답사지로 빠지지 않는다.

▲ 남산 마애불

축제·볼거리

1. 경주 도자기 축제
매년 4월 말에 열리는 축제로서, 주 행사장은 경주 황성공원 실내체육관 일원이다. 주요 행사로는 토기 및 도자기 제작 체험, 가마 체험, 물레 차기 및 그리기 체험 등이 있다.

2. 신라문화제
10월 초순 경주시 일원에서 열리며 신라의 문화 예술 계승 발전을 목표로 하는 문화 축제이다. 신라복 패션쇼, 아트쇼, 퍼포먼스, 예술 공연 등이 열린다

문 의

경주시청 ☎ 054-779-8585
경주국립공원사무소
☎ 054-778-4100
건천분소 ☎ 054-774-7617
토함산분소 ☎ 054-774-7615
남산분소 ☎ 054-771-7676

* 시각표는 2024년 11월 기준이며 변동될 수 있음.

---

225 성인봉 986m

위치 : 경상북도 울릉군 울릉읍 북면·서면

서울에서 열차나 고속·시외버스로 동해, 강릉, 울진, 포항에 도착하여 배편을 이용하여 울릉도에 하선한다.

▲ 도동항과 성인봉

등산코스

성인봉
1. 도동 1.8km/1시간10분 — 갈림길 2.3km/45분 — 성인봉 4.6km/1시간30분 — 나리분지 4.2km/50분 — 천부항
2. 울릉KBS중계소 0.6km/25분 — 갈림길 2.3km/45분 — 성인봉
3. 저동 4.2km/1시간20분 — 말잔등 1.5km/25분 — 성인봉

*성인봉에서 나리분지를 거쳐 해안도로로 저동에 이를 수 있다.

단면도

교통편

성인봉
1. 포항여객터미널 — 울릉도 도동항 / 포항 울릉크루즈여객터미널 — 울릉도 사동항
2. 동해 묵호항여객터미널 — 울릉도 도동당
3. 울진 후포항여객터미널 — 울릉도 사동항
4. 강릉항여객터미널 — 울릉도 저동항
   * 1 노선버스: 도동→사동→남양→태하→현포→천부→관음도→저동→도동
     (1일8회, 06:10/07:50/09:40/11:40/13:40/15:30/17:30/19:20)
   * 11 노선버스: 천부→관음도→저동→도동→사동→남양→태하→현포→천부
     (1일8회, 06:20/08:00/09:50/11:50/13:50/15:40/17:50/19:30)
   * 2 노선버스: 도동→저동→관음도→천부→현포→태하→남양→사동→도동
     (1일 7회, 07:00/08:50/10:40/12:40/14:30/16:30/18:20)
   * 22 노선버스: 천부→현포→태하→남양→사동→도동→저동→관음도→천부
     (1일7회, 07:10/08:50/10:50/12:50/14:40/16:40/18:30)
   * 3 노선버스: 도동→저동→봉래폭포
     (1일 15회, 06:45 ~ 19:00)
   * 4 노선버스: 천부→나리분지
     (1일 11회, 07:20 ~ 18:20)
   * 5 노선버스: 천부→석포(안용복기념관)
     (1일8회, 07:30/08:30/10:20/11:30/13:30/15:30/17:00/17:50)

■ 본토에서 가장 가까운 거리인 강원특별자치도 삼척시 임원리에서 동쪽으로 137km 떨어진 동해 바다에 위치한 울릉도는 섬 둘레가 44.21km이고

▲ 나리분지

면적은 72,831km²인 화산섬이다. 섬 가운데 우뚝 솟은 성인봉은 해발 984m로 좌우로 900여m의 봉우리를 거느리며 사방으로 뻗친 험한 산줄기는 해안에 급박하면서해안 절벽을 이루어 울릉도 전체가 하나의 커다란 산이나 다를바 없다.

■ 성인봉 일대의 산록은 천연기념물로 지정된 울창한 원시림이 뒤덮여 있고 각종 희귀식물들이 분포하고 있어 울릉도 특유의 자연 경관을 형성하고 있다. 또한, 산 북쪽의 나리분지는 화산 활동으로 형성된 칼데라로서 울릉도에서 유일하게 평지를 이루고 있는 곳이기도 하다.

■ 이 같이 울릉도는 특이한 자연 경관을 지니고 있어 섬 전체가 절경 아닌 곳이 없어 성인봉의등산 뿐만 아니라 해안가를 일주하는 코스도 해볼 만하다.

축제·볼거리

1. 우산 문화제
울릉도를 알리고 지역 주민의 화합을 기원하는 축제로 격년제로(짝수 해) 10월 중 열린다. 향토 음식 시식회, 풍물 공연, 축하 공연 등의 행사가 개최된다.
문의) 울릉문화원 054-791-0245

문 의

울릉군청 ☎ 054-791-2191

* 시각표는 2024년 11월 기준이며 변동될 수 있음.

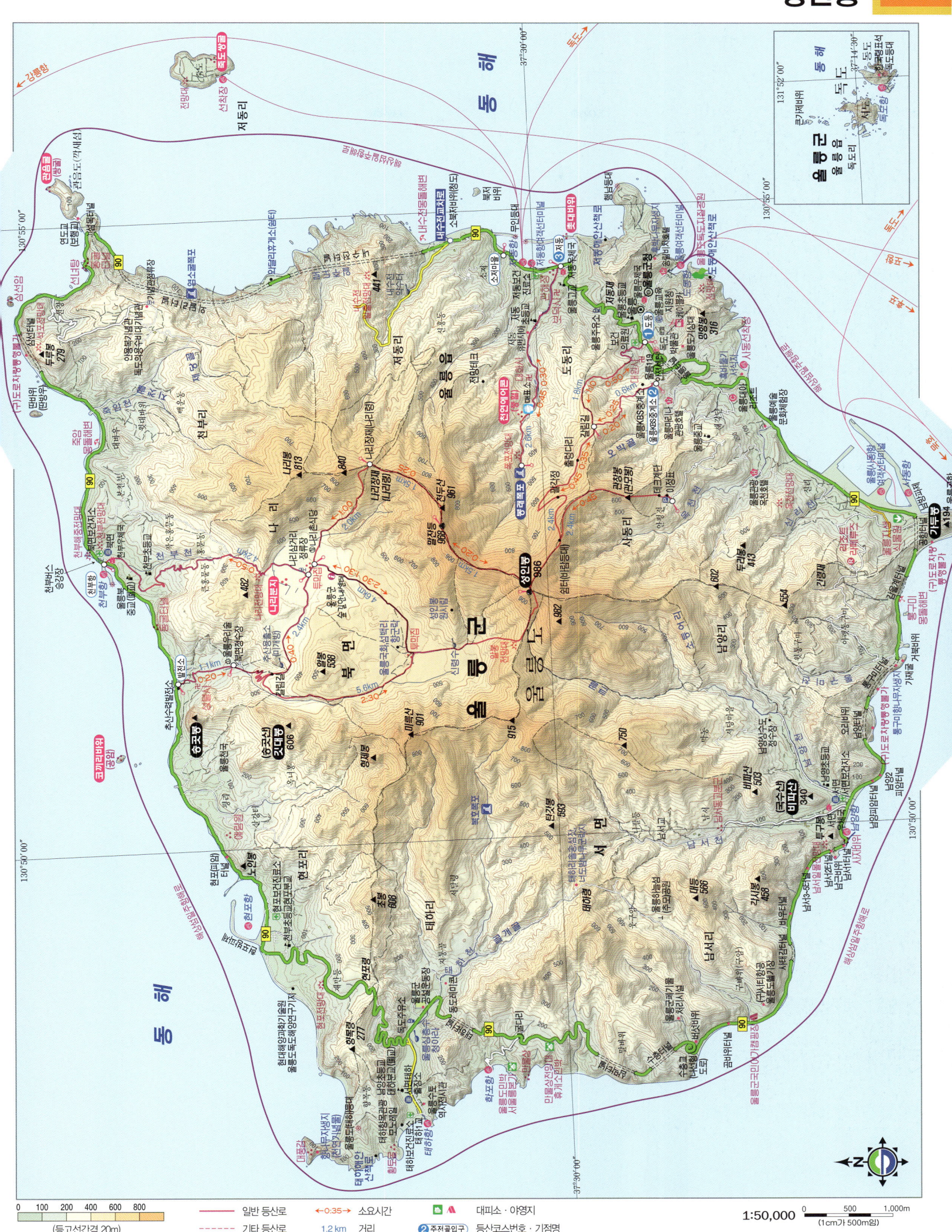

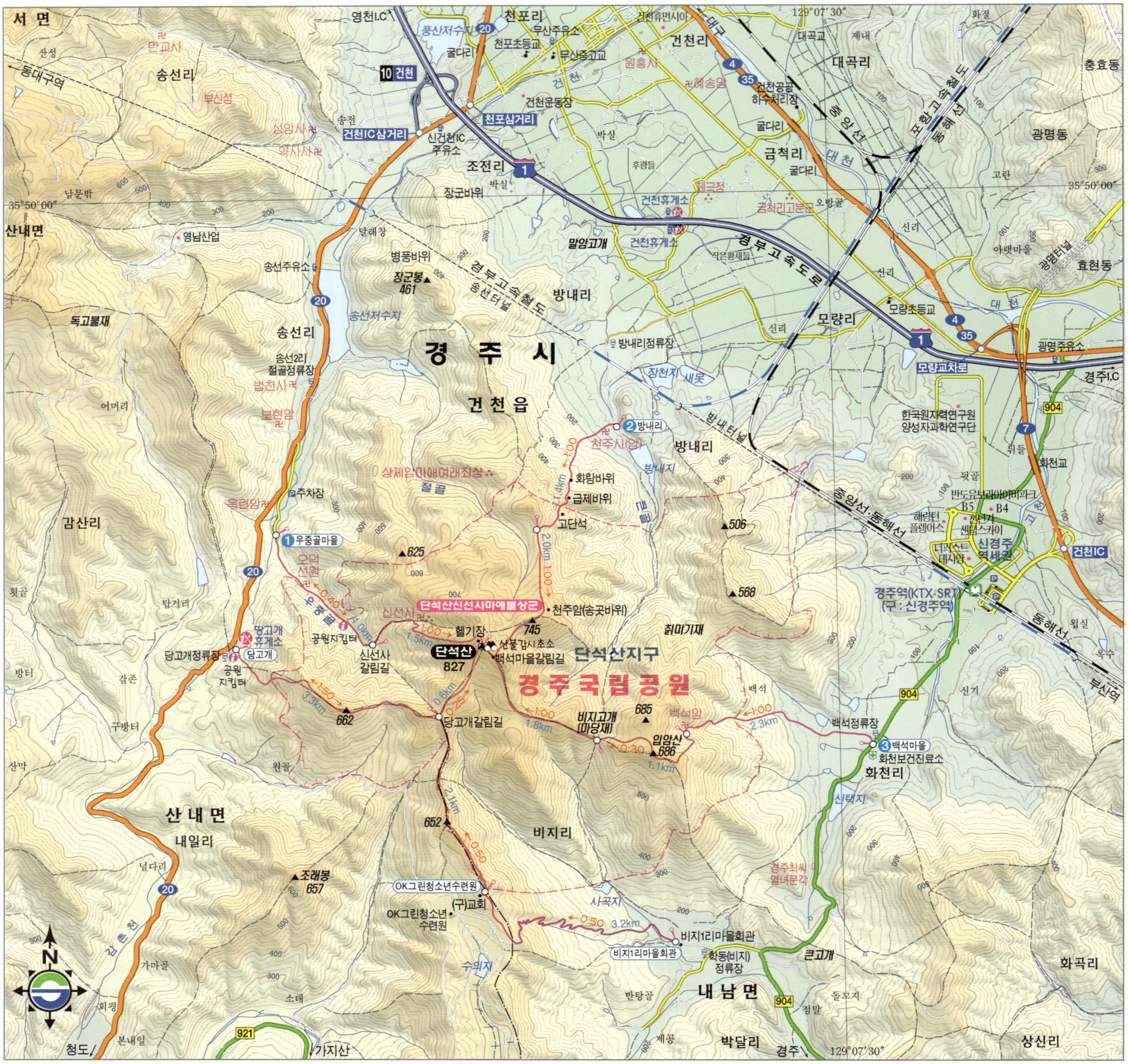

226 단석산

226 단석산 827m

위치 : 경상북도 경주시 건천읍·산내면·내남면

등산코스

단석산
1. 우중골마을 - 오덕선원 2.5km/1시간40분 - 단석산
2. 방내리 1.4km/1시간 - 천주사갈림길 2km/1시간 - 단석산
3. 백석마을 2.3km/1시간 - 백석암 1.1km/30분 - 단석산 1.8km/1시간 - 바지고개

단면도

단석산 872 / 입암산 686 / 바지고개(마당재)
1.7km / 1.9km / 1.2km

서울에서 고속·시외버스로 경주에서 하차하여 시내버스를 타고 백석, 방내리, 우중골 등지에서 내린다.

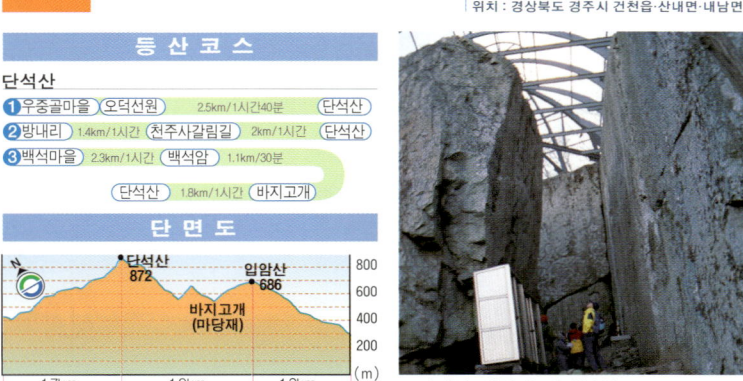

▲ 단석산 신선사 마애불상

교통편

단석산
1. 224쪽 토함산 교통편 1번 ~ 2번 참조
2. 각 터미널에서 하차 후 남쪽에 위치한 고속버스·시외버스터미널정류장에서 학동(비지, 반탕골)행 332번 버스 이용 – 백석정류장 또는 학동정류장에서 하차
   * 학동(비지, 반탕골)행 332번 버스 (1일 7회)
   (06:45 / 08:35 / 11:05 / 13:25 / 15:55 / 18:25 / 20:05)
3. 고속터미널·시외버스터미널정류장 - 방내(리)행 334번 시내버스 이용 – 방내종점정류장에서 하차 후 도보 이동
   * 방내행 334번 버스 (1일 8회)
   (07:45 / 09:55 / 11:20 / 13:35 / 15:05 / 16:40 / 18:35 / 20:45)
4. 고속터미널·시외버스터미널정류장 - 산내(면)행 350번 버스 이용 – 당고개정류장에서 하차
   * 산내(면)행 350번 버스
   (1일 18회, 06:40 ~ 21:45)

경주시 건천읍 남쪽에 우뚝 솟은 단석산은 경주국립공원 단석산지구에 속하는 산으로 경주 오악 중의 하나로 꼽힌다. 봄이면 신라 시대 화랑들이 심신을 수련한 곳으로 지금도 정상에는 김유신이 칼로 잘랐다는 고단석(古斷石)이 남아있다. 이 산의 진가는 국보인 신선사 마애불상군과 봄철 진달래꽃에 있다. 정상 전망도 훌륭하여 경부고속도로와 경부선 철도, 건천 읍내와 부산성(富山城), 경주 시가지와 남산이 눈에 들어오고 멀리 영남알프스의 가지산 큰 줄기도 보인다.

문 의

경주시청 ☎ 054-779-8585

* 시각표는 2024년 11월 기준이며 변동될 수 있음.

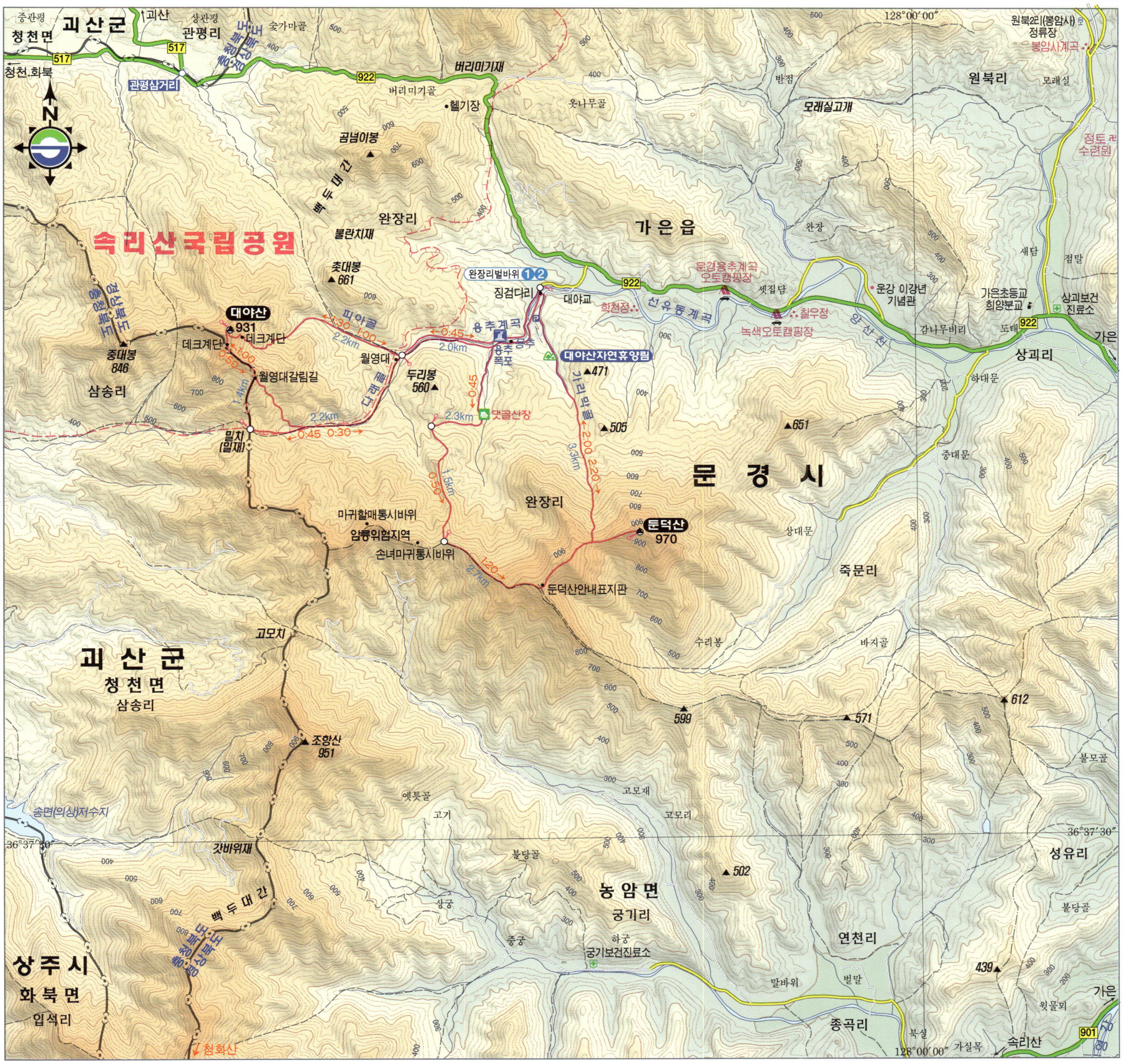

둔덕산 · 대야산 (조항산) 227

227 둔덕산 970m 대야산 931m

위치: 경상북도 문경시 가은읍,
충청북도 괴산군, 청천면

서울경부 또는 동서울종합터미널에서 고속·시외버스로 문경에서 내려 가은행 좌석·시내버스로 갈아탄 후 가은에서 벌바위행 좌석버스를 이용한다.

등산코스

둔덕산/대야산
1. 완장리벌바위 — 3.3km/2시간20분 — 둔덕산
2. 완장리벌바위 — 댓골산장 — 6.5km/2시간55분 — 단석산
3. 완장리벌바위 — 4.2km/1시간30분 — 밀치 — 1.4km/1시간 — 대야산

단면도

교통편

둔덕산 / 대야산

1. 동서울터미널 또는 서울고속버스터미널(경부선) — 고속·시외버스 이용 — 점촌시외버스터미널
   * 점촌시외버스터미널행 고속·시외버스(동서울 06:00 ~ 21:00 / 서울고속버스터미널(경부선) 06:50 ~ 20:20)

1-1. 동서울터미널 — 시외버스 — 가은아자개장터버스정류소
   * 가은아자개장터정류소행 시외버스
   (1일 3회, 07:50 / 13:10 / 17:50)

2. 점촌시외버스터미널 — 모전우체국정류장까지 도보 이동 — 가은행 또는 가은 경유 벌바위행 30번 ~ 34번 좌석버스 이용
   * 가은 30번 ~ 34번 좌석버스
   (평일 16회, 06:20 ~ 19:10 / 주말 14회, 06:20 ~ 18:25)
   * 가은 경유 벌바위행 33번 좌석버스
   (1일 4회, 08:10 / 10:20 / 12:20 / 17:00)
   * 점촌시내버스터미널 출발 시간 기준이며, 모전우체국정류장까지 약 5분 소요됨.

3. 가은아자개장터버스정류소 — 벌바위행 좌석버스 이용 — 벌바위종점정류장
   * 가은발 벌바위행 33번 좌석버스
   (1일 5회, 07:25 / 09:00 / 11:15 / 13:05 / 17:50)

▲ 둔덕산 입구의 용추폭포

■ 둔덕산은 속리산국립공원 서쪽, 백두대간 중심 줄기에서 약간 벗어나 솟아있다. 가까이 있는 대야산과 희양산의 그늘에 가려 많이 알려지지 않았으나, 높이로도 경치로도 뒤지지 않는다. 숲이 울창하고, 암벽으로 이루어진 능선이 아름다워 산을 오르며 감탄하지 않을 수 없다. 산행은 완장리 벌바위에서 출발하여 가리막골로 오르거나 또는 댓골산장과 헬기장을 거치는 코스가 있다. 특히, 댓골산장 코스는 용추계곡의 시원한 선경을 볼 수 있다. 둔덕산 정상에 오르면, 한말 의병 대장 운강 이강년 선생의 생가와 기념관이 보인다.

문의

문경시청 ☎ 054-552-3210

* 시각표는 2024년 11월 기준이며 변동될 수 있음.

228 경상남도 전도

230 운문산·천황산·재약산 (억산·구만산)

경상도편

230 가지산 1240m / 운문산 1188m / 천황산 1189m / 재약산 1108m

서울에서 열차나 고속·시외버스로 울산, 밀양에서 내려 시외·시내버스로 석남사, 운문사, 표충사, 얼음골 등지에서 하차한다.
위치: 경상북도 청도군, 경상남도 밀양시, 울산광역시 울주군

▲ 가지산 정상의 암봉

▲ 가지산 아랫재와 운문산 전경

등산코스

가지산
① 석남사정류장 0.8km/10분 석남사 2.3km/2시간 귀바위 1.4km/25분 쌀바위 1.6km/50분 가지산
② 석남사정류장 2.9km/1시간30분 석남고개 2.5km/1시간40분 가지산
③ 삼양리삼양교 구룡소폭포 3km/1시간50분 안부 3km/1시간30분 가지산

운문산
① 운문사 5.1km/2시간20분 딱밭재 1.9km/1시간 운문산 5.3km/1시간30분 석골사 2km/30분 원서리버스정류장
② 운문사 / 운문천 8.1km/2시간30분 아랫재 1.4km/1시간 운문산

천황산/재약산
① 표충사매표소 2km/40분 한계암 2.5km/1시간40분 천황산
② 표충사매표소 3.1km/1시간 흑룡폭포 1.5km/50분 층층폭포 1.7km/1시간 재약산 2.2km/50분 천황산
③ 얼음골매표소 1.8km/1시간40분 얼음골갈림길 1.7km/25분 천황산
④ 표충사매표소 3.9km/2시간 천황재 1km/30분 재약산

단면도

운문산 1188 / 가지산 1240 / 원서리 / 석남사
3km / 3.9km / 2.7km

교통편

가지산 / 상운산 / 고헌산
1. 서울역에서 KTX (수시 운행), 서울 수서역에서 SRT (수시 운행) 이용 – KTX·SRT 울산역
2. 울산에서 하차 후 언양 방면 버스정류장에서
  ① 울산역 기점 석남사 경유 백련마을행 353번 (구: 328번) 버스 이용 – 석남사에서 하차
  ② 율리차고지 기점 울산역 경유 석남사행 413번 (구: 807번) 버스 이용 – 석남사에서 하차
  * 석남사 경유 백련마을행 353번 (구: 328번) 버스 (1일 3회, 06:00 / 10:50 / 17:20)
  * 울산역 경유 석남사행 413번 (구: 807번) 버스는 05:20 (첫차) ~ 21:20 (막차), 평균 40분 간격 배차로 운행함 (율리차고지 기준임)
2-1. 울산역에서 하차후 어음리 e편한세상정류장까지 약 1.2km 도보 이동 – 석남사행 1713번 좌석버스 이용 – 석남사에서 하차
  * 석남사행 1713번 버스는 태화강역 2번 정류소를 기점으로 06:35 (첫차) ~ 23:35 (막차), 평균 30분 간격 배차로 운행함.
3. 서울고속버스터미널 – 고속버스 이용 – 울산고속버스터미널
  * 울산행 고속버스 월요일 ~ 목요일 1일 9회, 금요일 12회, 주말 13회 운행함.
3-1. 동서울터미널 – 시외버스 이용 – 울산시외버스터미널
  * 울산행 시외버스 (1일 7회) (06:40 / 09:30 / 11:00 / 13:40 / 16:00 / 18:40 / 23:50)
3-2. 시외버스터미널, 고속버스터미널에서 하차 후 터미널 북쪽 삼산로 도로 건너편고속버스터미널(신세계안과의원)정류장에서 석남사행 1713번 좌석버스 이용 – 석남사에서 하차
4. 서울역에서 KTX, 새마을호, 무궁화호 열차 이용, 서울 수서역에서 SRT 이용 – KTX·SRT 밀양역 – 밀양버스터미널 경유하는 시내버스 이용 (수시 운행, 05:45 ~ 23:10)
  * 서울역발 밀양역행 열차 (수시 운행, 05:13 ~ 22:28)
  * 서울 수서역발 밀양역행 SRT (1일 2회, 12:04 / 19:24)
5. 밀양버스터미널 – 얼음골 경유 석남사행 시외버스 이용 – 석남사정류장
  * 얼음골 경유 석남사행 시외버스 (1일 7회) (07:05 / 08:20 / 10:40 / 13:00 / 14:45 / 16:40 / 18:10)
  * 07:05분 버스는 얼음골 운행하지 않음.

천황산 / 재약산
1. 밀양버스터미널 – 얼음골 경유 석남사행 시외버스 이용 – 얼음골정류장에서 하차
  * 얼음골 경유 석남사행 시외버스 상단 가지산 교통편 5번 참조
2. 밀양버스터미널 – 표충사행 시외버스·농어촌버스 이용 – 표충사정류장에서 하차
  * 표충사행 시외버스 (1일 6회, 08:00 / 10:30 / 11:40 / 12:40 / 14:40 / 18:20)
  * 표충사행 농어촌버스 (1일 4회, 06:35 / 09:10 / 13:10 / 16:00)
3. KTX·SRT 밀양역 – 역 광장 관광안내소 앞 정류장에서 표충사행 22번 아리랑버스 이용
  * 표충사행 22번 아리랑버스 (1일 3회, 09:30 / 14:00 / 16:30)

억산 / 운문산 / 구문산
1. 밀양버스터미널 – 얼음골행 농어촌버스, 얼음골 경유 석남사행 시외버스 이용 – 송백정류장(구만산), 인곡정류장 또는 가인정류장(북암산), 원서정류장(억산), 마전(남명)정류장(운문산) 등에서 하차
  * 얼음골행 농어촌버스 (1일 3회, 06:20 / 09:35 / 15:30)
  * 얼음골 경유 석남사행 시외버스 상단 가지산 교통편 5번 참조

정각산 / 실혜산
1. 밀양버스터미널 – 표충사행 시외버스·농어촌버스 이용 – 동화정류장 또는 아불(범도)정류장에서 하차
  * 표충사행 시외버스·농어촌버스 상단 천황산 교통편 2번 참조

■ 울산과 밀양의 가지산도립공원 사이에 천황산과 재약산이 자리하고 있다. 두 산의 산세는 서쪽이 가파르고 동쪽은 완만한데, 서쪽 곳곳에 천길 단애가 자리 잡고 있으며 깊은 계곡과 폭포, 사자평의 억새가 등산객의 발길을 붙든다.

■ 영남지방에는 해발 1000m가 넘는 가지산, 운문산, 천황산, 간월산, 신불산, 영축산 등의 준봉이 산군을 이루며 솟아있어 이곳을 영남알프스라 하는데 영남 산악인들에게는 천혜의 등산지이다. 공원 북쪽의 가지산과 운문산은 영남알프스 중 가장 높다. 능선 위의 바위 봉과 억새밭이 어우러져 능선 종주의 재미를 느낄 수 있으며, 운문산 서쪽 석곡계곡의 절경도 수려하다. 또한, 산기슭의 운문사도 놓칠 수 없는 명소이다.

축제·볼거리

1. 밀양 아리랑 대축제
매년 5월 중순 영남루와 밀양강 일원에서 열리는 축제이다. 주요 행사로는 밀양 아리랑 경연 대회, 아리랑 주제 공연 및 거리 예술 공연, 다양한 퍼레이드, 전통 놀이 체험 등이 있다.
문의) 055-359-4500 (밀양문화관광재단)

문의
청도군청 ☎ 054-370-6114
밀양시청 ☎ 055-359-5114
울산광역시청 ☎ 052-120

* 시각표는 2024년 11월 기준이며 변동될 수 있음.

---

233 영축산 1081m / 신불산 1159m / 간월산 1083m

서울에서 열차를 이용하여 울산에서 내려 시내버스로 통도사, 배내골, 등억리 등지에서 하차한다.
위치: 울산광역시 울주군 상북면·삼남읍, 경상남도 양산시 하북면·원동면

▲ 통도사와 영축산 전경

▲ 신불산의 신불평원

등산코스

영축산(취서산)
① 통도사입구 2.5km/40분 극락암 2.3km/1시간30분 함박재 2km/1시간 영축산
② 지산마을 5.4km/2시간30분 영축산

신불산/간월산
① 깊은내마을 2.4km/40분 건암사 3.1km/1시간30분 신불산 0.7km/30분 신불재 1.6km/30분 간월재 0.9km/25분 간월산
② 백련마을 2.1km/40분 신불자연휴양림(하단지구) 3.6km/2시간 신불재 0.7km/25분 신불산
③ 등억알프스리긴월산장 3.2km/2시간 간월산
④ 백련마을 2.1km/40분 신불자연휴양림(하단지구) 4.7km/2시간30분 신불재 0.9km/25분 신불산

단면도

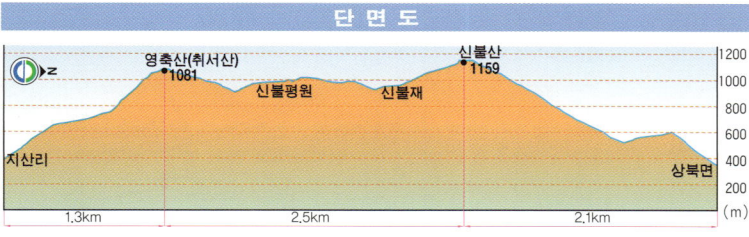
영축산(취서산) 1081 / 신불평원 / 신불재 / 신불산 1159 / 지산리 / 상복면
1.3km / 2.5km / 2.1km

교통편

영축산 / 신불산 / 간월산
1. 석림사방면에서 등산시 상단 가지산 교통편 1번 ~ 3-2번 참조
  ① 울산역 기점 석남사 경유 백련마을행 353번, 353번(지원4) 버스 (1일 3회, 06:00 / 10:50 / 17:20)
  ② (구) 언양버스터미널 기점 백련마을행 353번(지원1) 버스 (1일 2회, 06:00 / 11:00)
  ③ 석남사 기점 백련마을행 353번(지원2), 353번(지원5) 버스 (1일 10회, 07:30 ~ 16:40) 등을 이용하여 주암마을입구정류장(간월산, 간월재), 태봉마을정류장(신불산, 영축산) 등 각 출발지 정류장에서 하차
  * 모든 353번 버스는 (구)328번 버스임.
  * 양산역환승센터 1번 승강장에서 태봉(배내골)방면 1000번 직행버스 이용시 파래소폭포를배내골종점정류장에서 하차 후 태봉마을정류장으로 도보 이동
  * 1000번 직행버스 (1일 4회, 07:00 / 10:00 / 14:30 / 동절기 17:30(11월 ~ 2월), 하절기 18:10(3월 ~ 10월)
2. KTX·SRT 울산역 – 복합웰컴센터(등억온천단지)행 343번 (구: 323번) 버스 이용 – 복합웰컴센터정류장에서 하차
  * 복합웰컴센터행 343번 (구: 323번) 버스 (06:20(첫차) ~ 21:00 (막차), 평균 70분 간격 배차 운행함)
2-1. 울산역 – 통도사 신평버스터미널행 13번 버스 이용 – 신평터미널에서 하차
  * 신평터미널행 13번 버스 (수시 운행, 07:10 ~ 21:50)
  * 신평터미널에서지산마을버스 이용 – 지산(종점)정류장에서 하차
3. 태화강역 4번 정류소에서 울산역행 1703번 좌석버스 이용 – 울산역에서 복합웰컴센터행 343번 (구: 323번) 버스로 환승
  * 태화강역 기점 1703번 좌석버스 (06:50(첫차) ~ 23:20(막차), 평균 1시간 간격 배차 운행함)
  * 1703번 좌석버스는 터미널 북쪽 삼산로 도로 건너편 시외고속버스터미널(신세계안과의원)정류장에서도 이용할 수 있음.
4. 태화강역 4번 정류소, 터미널 북쪽 삼산로 도로 건너편 시외고속버스터미널 (신세계안과의원)정류장에서 통도사행 1723번 좌석버스 이용 – 작천정입구정류장에서 하차 – 복합웰컴센터행 343번 (구: 323번) 버스로 환승 또는 센터까지 약 4.5km 도보 이동
  * 통도사행 1723번 버스 (06:25(첫차) ~ 23:25(막차), 평균 35분 간격 배차 운행함)
  * 343번 (구: 323번) 상단 버스 2번 참조
5. 부산종합버스터미널 – 통도사 경유 언양행 시외버스 이용 – 통도사, 작천정입구에서 하차
  * 통도사 경유 언양행 시외버스 (1일 24회, 06 20 ~ 21:30)

■ 가지산에서 남쪽으로 뻗은 산줄기가 능동산에 이르러 두 줄기로 갈라지는데 남서진하는 줄기는 천황산으로 이어지고 동쪽으로 내배고개를 거쳐 남진하는 산줄기는 간월산, 신불산, 영축산으로 이어진다. 동쪽은 산세가 험하고 서쪽은 경사가 완만하여 고원 지대를 이루고 있어 취서산에서 신불산, 간월산, 능동산으로 이어지는 광활한 주 능선은 억새밭의 천국을 이루고 있다. 또한, 이들 산줄기에는 작천계곡과 파래소폭포가 걸려 있어 비경을 연출하고 있으며, 영축산 남쪽은 깎아지른 석벽이 통도사를 둘러치고 있어 경관이 빼어나다.

▲ 간월재 억새밭

축제·볼거리

1. 울주 세계 산악 영화제
매년 9월 말 울주군 영남알프스 복합웰컴센터 일대에서 열리는 축제이다. 축제 기간 중에는 산악 스포츠, 모험, 탐험, 자연, 환경과 관련된 수준 높은 국제 영화들이 상영된다.
문의) 052-248-6451 (영화제 사무국)

문의
울주군청 ☎ 052-204-1000
양산시청 ☎ 142-234

* 시각표는 2024년 11월 기준이며 변동될 수 있음.

간월산·신불산·영축산 (시살등) 233

234 가야산·우두산 (남산제일봉·매화산·두리봉)

235 비계산 · 두무산 · 문재산(미녀봉) · 오도산 (숙성산)

234 가야산 1433m 우두산 1046m 비계산 1136m 두무산 1038m

서울에서 열차나 고속·시외버스로 동대구, 합천에서 내려 해인사행 시외·시내버스를 이용한다.
위치 : 경상북도 성주군 수륜면, 경상남도 합천군 가야면, 거창군 가조면·묘산면

▲ 가야산 전경

▲ 우두산 의상봉 암릉

▲ 비계산 정상

■ 가야산은 성주군과 맞닿은 합천군 북쪽에 산줄기를 펼치고 있으며 최고봉인 칠불봉은 두 군의 경계에 솟아 있다. 예로부터 조선8경의 하나이자 전국 12대 명산으로 꼽혔다. 상왕봉을 중심으로 톱날 같은 암봉이 마치 병풍을 친 듯 이어져 맑은 계곡과 함께 수려한 산세를 이루고 있으며. 특히 해인사 밑 농산정 일대의 홍류동계곡은 깎아지른 절벽과 울창한 수림, 맑은 계류가 어울려 절승을 이루고 있다. 가야산 일때는 1972년 국립공원으로 지정되었다. 공원 남쪽 끝, 거창군과 합천군의 경계에는 우두산-비계산 능선이 서 있다. 두 산 모두 1000m가 넘는 고봉이며 경관이 빼어나다. 우두산(牛頭山)은 정상이 소와 닮아서, 비계산은 닭이 날개를 편 형상 같아 이러한 이름을 얻었다. 우두산 정상 부근 의상봉은 의상대사가 참선했던 곳이기도 하다. 산 아래 가조온천에서 산행의 피로를 풀 수도 있다.

■ 가야산국립공원의 남쪽 거창군 가조면과 합천군의 경계를 이루며 같은 산줄기가 뻗어 있고, 그 위에 두무산, 오도산, 문재산(미녀봉)이 솟아 있다. 1,000m 전후의 고봉으로 산세가 웅장하고 골이 깊다. 이 세 산의 맹주격인 오도산은 이 지역의 산들 중 가장 높으며 정상부는 출입이 금지되어 있다. 산행지로서는 매력이 떨어지나 산 남쪽은 깊고 수려한 폭포골을 안고 있어 여름철 산행지로 인기가 높다. 문재산(미녀봉)은 산의 북쪽 광주대구고속로 가조 IC에서 바라보면 누워있는 미녀의 형상이다. 문재산(미녀봉)과 오도산 사이로 난 지실골에 자연휴양림이 조성되어 휴양림을 기점으로 다양하게 산행을 즐길 수 있다. 오도산 북동쪽에 솟은 두무산은 특징없는 밋밋한 육산으로 동쪽 사면은 가파르나 서쪽 사면은 완만하여 초원 지대를 이룬다.

등산코스

가야산
① 해인사입구 1.4km/25분 해인사 2.4km/1시간 휴게소 1.6km/1시간30분 가야산

우두산
① 수월리용당소 1.7km/30분 고견2교 1.9km/40분 고견사 2.1km/1시간20분 우두산
② 수월리용당소 1.7km/30분 고견2교 2.2km/1시간20분 마장재 2.2km/2시간 우두산

비계산
① 거창휴게소 2.0km/2시간 삼거리갈림길 1.1km/30분 비계산
② 도리대학동마을 2.0km/2시간 비계산

문재산(미녀봉)/오도산
① 석강리음기마을 2.2km/1시간10분 유방샘 1.5km/50분 문재산(미녀봉)
  2.3km/1시간10분 눈썹바위 유방봉 1.5km/50분
② 오도산자연휴양림관리사무소 1.1km/30분 물놀이장 2.8km/1시간20분 오도재 1.8km/1시간 문재산(미녀봉)
③ 도리양지촌 3km/2시간 오도재 1.8km/1시간 문재산(미녀봉)
④ 오도산자연휴양림관리사무소 1.1km/30분 물놀이장 2.8km/1시간20분 오도재 1km/30분 오도산

두무산
① 산제리묘산초등학교앞 3.8km/2시간20분 신선통시 0.7km/10분 두무산

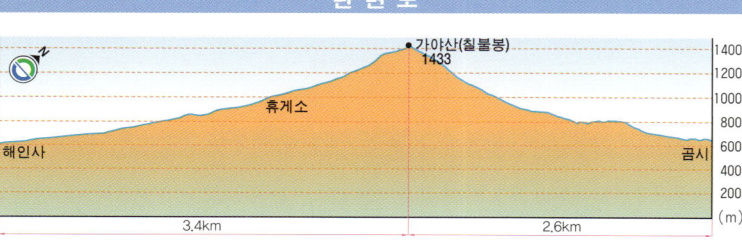

▲ 문재산(미녀봉)과 오도산 원경

단 면 도

가야산(칠불봉) 1433
해인사 — 휴게소 — 곰시
3.4km 2.6km

단 면 도

우두산(상봉) 1046 — 비계산(거창) 1136 — 두무산 1038
우혜리 — 마장재 — 노르재 — 도옥리
1.6km 4.1km 4.2km 3.8km

교 통 편

가야산 / 남산제일봉
1. 서울남부터미널 – 합천행 시외버스 이용 – 합천버스정류장
   * 합천버스 (1일 3회, 07:50 / 14:00 / 17:00)
2. 합천버스정류장 – 묘산(면), 가야(면)경유 해인사행 농어촌버스 이용 – 해인사정류장
   * 해인사행 농어촌버스 (1일 4회, 06:40 / 10:20 / 13:30 / 16:20)
3. 서울역에서 KTX, 서울 수서역에서 SRT 이용 – KTX · SRT 동대구역 – 대구 도시철도(지하철) 1호선 동대구역에서 지하철 이용하여 1호선 대구서부정류장으로 이동 – 대구서부정류장(터미널)에서 해인사행 시외버스 이용
   * 동대구행 KTX, SRT 수시 운행
   * 해인사행 시외버스 (1일 14회)
     (06:40 / 08:00 / 08:40 / 10:00 / 11:00 / 12:00 / 12:40 / 14:00 / 14:40 / 16:00 / 16:40 / 18:40 / 20:00)
4. 대구 도시철도(지하철) 1호선 동대구역에서 지하철 이용 – 1호선 중앙로역 – 하차 후 3번 출구에서 CGV 건너편 대구한일정류장까지 도보 이동 – 대구북부시외버스터미널(정류장) 경유하는 309번, 724번 시내버스 이용 – 북부정류장에서 하차 후 같은 정류장에서 성주행 경일교통 250번 좌석버스 이용 – 성주창의문화센터(종점)에서 하차 – 수륜(면) 경유 가야산(백운동)종점행 농어촌 버스 이용
   * 성주행 경일교통 250번 (수시 운행, 06:10 ~ 21:30)
   * 백운동행 농어촌 버스 (1일 4회, 10:00 / 11:5 / 16:00 / 19:30)
5. 대구서부정류장(터미널)에서 고령 경유 성주행 경일교통 0번 좌석버스 이용
   * 경일교통 0번 좌석버스
     (1일 7회, 07:55 / 09:35 / 11:50 / 13:10 / 14:34 / 15:40 / 18:10)
6. 서울남부터미널 – 시외버스 이용 – 임시 성주버스터미널 – 성주창의문화센터까지 약 600m 도보 이동 또는 마을버스 2번, 4번 이용
   * 성주행 시외버스
     평일2회(07:50 / 17:00), 주말 3회(07:50 / 14:00 / 17:00)

우두산 / 비계산
1. 서울남부터미널 – 시외버스 이용 – 거창버스터미널
   * 거창행 시외버스 (1일 9회, 07:30 / 10:30 / 11:40 / 13:15 / 14:10 / 15:10 / 16:10 / 18:10 / 23:00)
1-1. 동서울터미널 – 시외버스 이용 – 거창버스터미널
   * 거창행 시외버스 (1일 5회, 08:30 / 11:10 / 15:00 / 17:10 / 19:10)
2. 대구서부정류장(터미널) – 거창버스터미널
   * 거창행 시외버스 (수시 운행, 06:33 ~ 22:00)
3. 거창버스터미널에서 서흥여객버스터미널로 이동 – 서흥터미널에서
   ① 가조선 가조면행 또는 가조면 경유 농어촌 버스 이용
     (수시 운행, 06:40 ~ 19:30) – 가조정류장에서 하차(우두산)
   ② 용당소행 또는 용당소 경유 농어촌 버스 이용
     (1일 2회, 09:00 / 15:00) – 용당소정류장(우두산)
   ③ 가조 · 가야행 농어촌 버스 이용 (1일 6회, 06:50 / 08:00 / 11:00 / 14:00 / 16:00 / 17:30) – 대학동정류장(비계산, 문재산, 오도산)
   * 17:30분 버스는 대학동(도리)정류장까지만 운행함.

문재산(미녀봉) / 숙성산
1. 거창버스터미널 – 가조선 지산(리)행 농어촌 버스 이용 – 석강, 양기, 음기, 학산정류장 등 각 목적지 정류장에서 하차
   * 지산(리)행 농어촌버스 (1일 4회, 07:40 / 10:30 / 13:00 / 16:30)

축제 · 볼거리

1. 합천 기록 문화 축제
매년 10월 중순에서 11월 초 사이에 대장경기록 문화 테마파크에서 열리는 축제이다. 주요 행사로는 다양한 체험 프로그램, 전통무용 공연, 콘서트 공연, 전시회 등이 있다.
문의)055-930-4697(대장경테마파크)

2. 해인사(海印寺)
세계적으로 유명한 고려팔만대장경판을 간직하고 있는 법보 사찰로 우리나라 3보 사찰 중 하나이며 대한불교조계종 12교구 본사이다. 신라 애장왕 3년(802년) 순응(順應), 이정(利貞) 두 스님이 개창하였다 한다.
현재 50여 채의 당우를 이룬 거찰로 국보 팔만대장경판과 장경판전을 비롯 다수의 보물을 간직하고 있다. 부속 암자로 용탑선원을 비롯 홍제암, 원당암, 금선암, 삼선암, 보현암, 약수암, 국일암, 백련암, 지족암 등이 있다.

▲ 해인사

문 의

가야산국립공원 사무소
☎ 055-930-8000
합천군청
☎ 055-930-3114
해인사 ☎ 055-934-3000

* 시각표는 2024년 11월 기준이며 변동될 수 있음.

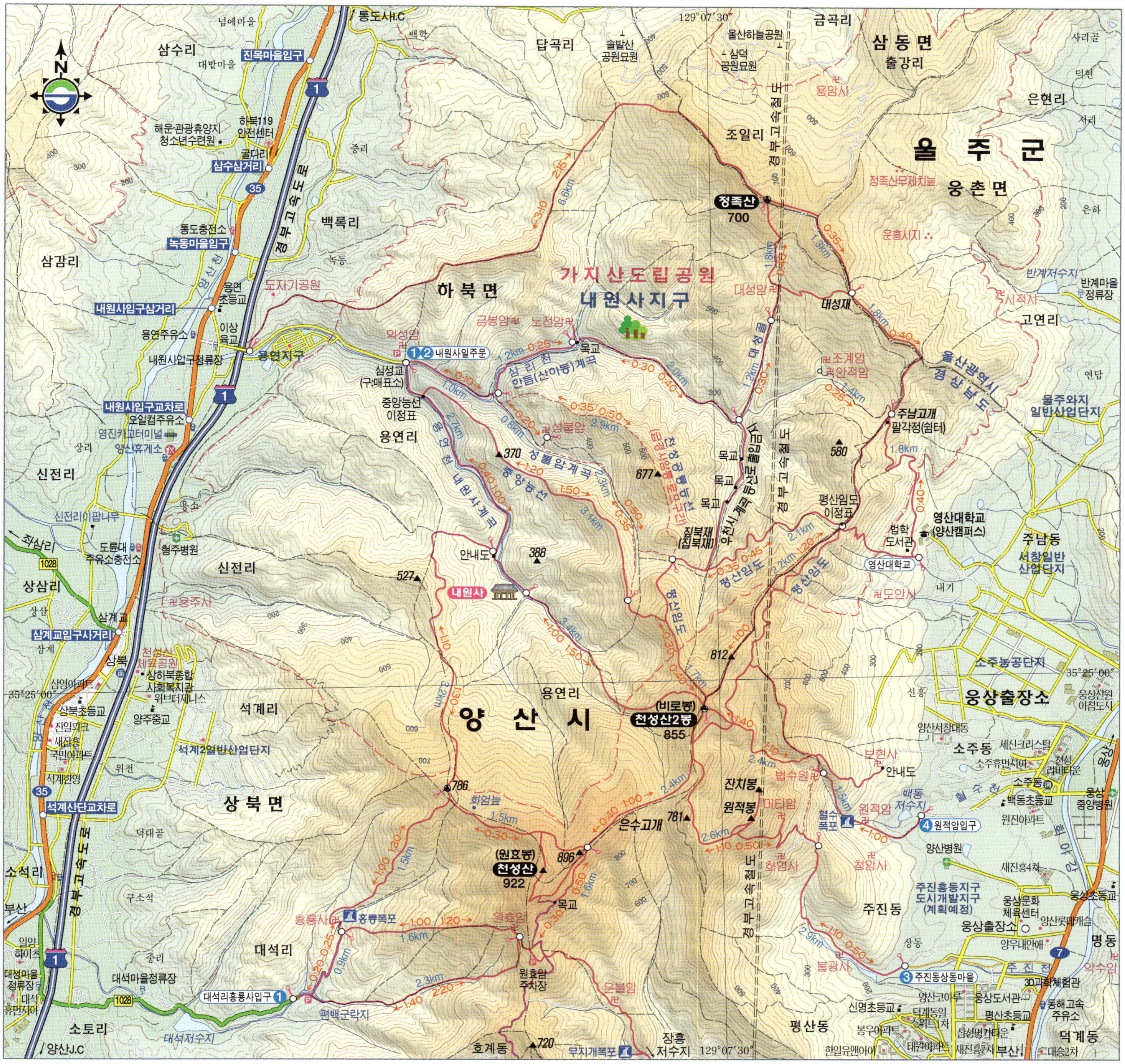

237 천성산 · 정족산 (천성산제2봉)

237 천성산 922m / 정족산 700m

서울에서 열차나 고속·시외버스로 울산, 양산에서 내려 시내버스로 내원사, 영산대학교에서 하차한다.

위치: 경상남도 양산시 웅상출장소·상북면·하북면

등산코스

천성산
① 대석리홍룡사입구 0.9km/25분 홍룡사 1.6km/1시간20분 원효암 1.6km/50분 천성산 2.4km/1시간 천성산2봉
② 내원사일주문 2.7km/1시간 내원사 3.4km/1시간50분 천성산2봉 ③ 주진동상동마을 5.5km/2시간20분 천성산2봉
④ 원적암입구 1.5km/1시간 법수원 2.4km/1시간40분 천성산2봉

정족산
① 내원사일주문 2.2km/35분 한듬계곡 2km/1시간40분 대골 3km/1시간10분 정족산

▲ 천성산 전경

교통편

천성산
1. 동서울 터미널, 서울남부터미널 – 시외버스이용 – 양산시외버스터미널
   * 동서울발 시외버스 (1일 10회, 07:00 ~ 23:59)
   * 동서울발 23:40분 시외버스는 금요일 ~ 일요일에만 운행함.
   * 서울남부터미널발 시외버스 (1일 3회, 07:20 / 09:40 / 18:00)

2. 양산시외버스터미널에서 양산역환승센터 1번 승강장까지 도보 이동
   ① 통도사 신평터미널행 11번 버스 이용 (수시 운행, 07:07 ~ 21:37) – 대성마을정류장 (홍룡사까지 약 2.5Km 도보 이동), 내원사입구정류장 (내원사까지 약 2km 도보 이동) 등에서 하차
   ② 113번 버스 (1일 5회, 06:50 / 09:40 / 14:40 / 17:40 / 19:40)

3. KTX·SRT 울산역 – 신평터미널행 13번 버스 이용 – 신평터미널에서 양산역환승센터행 11번 버스, 부산 명륜역행 12번 버스 – 내원사입구정류장, 대성마을 입구정류장 등에서 하차

3-1. 태화강역 4번 정류소, 터미널 북쪽 삼산로 도로 건너편 터미널정류장에서 울산역1703번 버스 이용 – 울산역 – 상단 3번 참조
   * 1703번 버스 (06:50 ~ 23:20, 1시간 간격 배차 운행됨) * 12번 버스는 양산시청 건너편 양산시청정류장에서도 이용할 수 있음.

4. 미타암에서 등산 시 미타암 버스 이용
   (* 미타암 종무소 055-365-4184)

5. 무지개폭포 방면에서 등산 시 덕계종합상설시장 앞에서 8번 버스 이용

정족산
1. 양산역환승센터정류장 1번 승강장 – 영산대학교행 57번 시내버스 이용 – 천성리버타운정문정류장 또는 영산대(종점)정류장
   * 57번 버스 평일 1일15회 (05:55(첫차), 06:30~18:30까지는 1시간 간격 운행, 20:00(막차))
   * 57번 버스 주말·공휴일 1일 10회 (06:00 ~ 19:30, 1시간 30분 간격 운행함)

■ 가지산도립공원 내원사지구에 천성산과 정족산 북서쪽의 능선이 펼쳐져 있다. 천성산 북서쪽의 내원사 계곡은 계곡 양안이 절벽으로 이뤄진 협곡으로 일명 병풍골이라고도 하는데 경남의 소금강으로 꼽힌다. 천성산 북쪽에 솟은 정족산은 바위로 된 산이며, 천성산과 이어 종주산행을 하기에도 좋다.

문 의
양산시청 ☎ 142-234

* 시각표는 2024년 11월 기준이며 변동될 수 있음.

238 기백산·금원산·거망산·황석산 (월봉산·현성산·오두산)

238 기백산 1331m 금원산 1353m 거망산 1184m 황석산 1190m

서울남부터미널에서 시외버스로 함양군 안의면이나 거창에서 내려 군내버스로 용추사, 봉전리, 금원산 등지에서 하차한다.

위치 : 경상북도 거창군 위천면·마리면, 함양군 서상면·서하면·안의면

▲ 기백산 누룩덤

▲ 황석산 정상능선

등산코스

기백산/금원산
1. 장수사조계문 4.3km/1시간40분 기백산 4.2km/1시간30분 금원산
2. 장수사조계문 1.3km/20분 황석산장매점 5.9km/3시간 금원산

황석산
1. 장자벌마을 4km/3시간35분 뫼재 1.2km/35분 황석산
2. 상원리사평교 4.2km/2시간30분 뫼재 1.2km/35분 황석산
3. 봉전리우전마을 3.7km/2시간10분 황석산

거망산
1. 장자벌마을 5.5km/4시간 거망산
2. 봉전리우전마을 3.7km/2시간10분 황석산 1.2km/35분 뫼재 3.3km/1시간35분 거망산

단면도

황석산 1190 / 피바위 / 청량사 / 기백산 1330 / 금원산자연휴양림 / 서하초등학교 봉전분교
3.2km / 6.2km / 2.5km

교통편

기백산 / 금원산 / 거망산 / 황석산 / 월봉산

1. 서울남부터미널 – 시외버스 이용 – 거창버스터미널
   * 거창행 시외버스 (1일 9회)
   (07:30 / 10:30 / 11:40 / 13:15 / 14:10 / 15:10 / 16:10 / 18:10 / 23:00)
1-1. 동서울터미널 – 시외버스 이용 – 거창버스터미널
   * 거창행 시외버스 (1일 5회, 08:30 / 11:10 / 15:00 / 17:10 / 19:10)
2. 거창시외버스터미널 앞 서흥여객버스터미널로 이동 – 안의(면)버스터미널 경유 용추사(종점)행 군내버스 이용
   * 안의 경유 용추사행 군내버스
   (1일 9회, 06:30 ~ 18:30, 1시간 30분 간격 배차 운행)
3. 서울남부터미널 – 안의·거창 경유 함양행 시외버스 이용 – 안의버스터미널
   * 안의·거창 경유 함양행 시외버스
   (1일 4회, 07:30 / 15:10 / 16:10 / 23:00)
3-1. 동서울터미널 – 안의경유 함양행시외버스 – 안의버스터미널
   * 안의 경유 함양행 시외버스 (1일 3회, 12:00 / 14:30 / 21:00)
4. 안의버스터미널 – 서상(면) 방면 군내버스 이용 – 봉전정류장에서 하차
   * 서상(면) 방면 군내버스 (수시 운행, 06:50 ~ 19:30)
5. 안의버스터미널 – 용추사행 군내버스 – 용추사(종점)정류장
   * 용추사행 군내버스
   (1일 9회, 07:00 ~ 19:00, 평균 1시간 30분 간격 배차 운행)

금원산

1. 거창 서흥여객버스터미널 – 위천면 금원산행 군내버스 – 위천면에서 금원산휴양림행 마을버스로 환승 – 금원산종점에서하차
   * 거창발 위천면 금원산행 군내버스 1일 5회
   (07:30 / 09:30 / 11:30 / 14:50 / 16:10)
   * 위천면에서 금원산휴양림행 마을버스 1일 5회
   (08:00 / 10:00 / 12:00 / 15:20 / 16:40)

■ 거창읍 서쪽 남덕유산에서 남동으로 뻗어 내린 산줄기에 금원산, 기백산, 거망산, 황석산이 솟아 있다. 모두 1000m가넘는 고봉으로 이 일대는 군립공원으로 지정되어 있다. 남덕유산에서 이어져 내려온 산줄기가 월봉산을 거쳐 큰목재에 이르러 두 갈래로 갈라져 남동쪽으로 뻗은 큰 산줄기에 금원산과 기백산이, 남으로 뻗어 내린 능선에는 거망산과 황석산이 솟아 있다.

■ 기백산은 정상부가 세 개의봉우리로 되어있고 북쪽 봉우리는 마치 메줏덩이를 쌓아 놓은 것 같은 형상이다. 금원산은 두 개의 밋밋한 봉우리로 이루어져 있고 동쪽의 지재미골은 여러 개의 폭포가 걸려 있는 아름다운 계곡이다. 황석산은 함양군 안의(安義)의 진산으로 정상은 북봉과 남봉 두 봉우리로 이루어졌는데, 두 봉우리 다 기묘한 형상의 바위 봉이고 산정 일대에는 황석산성의 자취가 곳곳에 남아 있다. 거망산은 황석산과의 능선에 펼쳐진 갈대 군락지가 유명하다. 네 산을 다 오르려면 야영이나 숙박을 준비해야 한다.

축제·볼거리

1. 함양 산삼 축제
매년 10월 초 상림공원 일원에서 일주일 일정으로 열리며, 학술 대회, 산삼 전시 및 판매, 문화 공연, 심마니 역사 문화 체험 등의 행사가 열린다.

2. 함양 5일장
지리산함양장(2, 7일)
함양군 함양읍 용평리 607-104 일원
마천장(5, 10일)
함양군 마천면 가흥리 609-2번지 일원
안의장(5, 10일)
함양군 안의면 석천리 243번지 일원
서상장(4, 9일)
함양군 서상면 도천리 1074-5번지 일원
함양 토종 약초장(5, 10일)
함양군 안의면 이전리 15번지 일원

3. 가섭암지 마애여래삼존입상
(迦葉庵址 磨崖如來三尊立像)
지재미골 북쪽 계곡, 가섭암(迦葉庵)터 암굴 안에 부각되어 있는데 보물로 지정되어 있다.

문의

함양군청 ☎ 055-960-5114
거창군청 ☎ 055-940-3114
금원산자연휴양림 ☎ 055-254-3971

* 시각표는 2024년 11월 기준이며 변동될 수 있음.

---

240 대운산 742m 달음산 588m

서울역, 서울 수서역, 서울고속버스터미널에서 열차와 고속버스로 부산에 도착 후 시내버스와 부산지하철을 이용하여 양산시 삼호동, 기장군으로 이동한다.

위치 : 울산광역시 울주군 온양읍, 부산광역시 기장군 일광읍, 경상남도 양산시 웅상출장소

▲ 달음산에서 본 대운산 전경

▲ 달음산 표석과 동해바다

등산코스

대운산
1. 장안사 4.2km/2시간 불광산 2.3km/50분 대운산
2. 백동교 2km/20분 명곡소류지 3.5km/2시간10분 대운산
3. 대운산공영주차장 2.3km/1시간 구룡폭포갈림길 1.3km/1시간30분 대운산

달음산
1. 광산마을 1.4km/40분 갈미고개 1.3km/1시간 달음산 1km/40분 월음산 1.6km/1시간 광산마을

단면도

시명산 / 불광산 660 / 대운산 742 / 상대봉 671 / 매곡동 / 외광리
1.6km / 1.8km / 2.7km

교통편

대운산 / 불광산

1. 서울고속버스터미널 – 고속버스 이용 – 부산종합터미널 – 부산지하철1호선 노포역 2번 출구 버스 정류장으로 이동 – 울산행 1127번, 1137번, 2100번, 2300번 버스 이용 – 그랜드볼링장정류장 또는 북부마을정류장에서 하차
   * 1127번 버스 ~ 2300번 버스 수시 운행

장안사 코스

1. 부산역에서 하차 후 부산지하철1호선 부전역으로 이동 – 1호선 부전역에서 하차 후 동해선 부전역으로 이동하여 태화강역행 열차 이용 – 좌천역에서 하차 – 장안사행 9번 마을버스 이용 – 상장안정류장에서 하차
   * 기장9번 마을버스
   (05:28(첫차)~21:10(막차), 차고지 기준 1시간 간격 배차 운행)
   * 기장9번 마을버스 기장역에서도 이용할 수 있음
   (하단 달음산 2번 참조)

달음산

1. 동해선 기장역 1번 출구에서 기장중학교정류장까지 도보 이동 후 상리행 8-1번 마을버스 이용 – 광산입구정류장 또는 상리종점정류장에서 하차
   * 상리행 8-1번 마을버스(1일 8회)
   (07:35 / 09:40 / 11:15 / 13:35 / 15:10 / 17:25 / 19:15 / 21:00)
2. 동해선 기장역 1번 출구에서 기장중학교정류장까지 도보 이동 정관(읍)행 8번 또는 장안사행 9번 마을버스 이용 – 좌천초등학교정류장에서 하차 후 광산마을로 도보 이동
   * 정관(읍)행 8번 마을버스
   (05:20 ~ 21:10, 25분~30분 간격 배차 운행)
   * 장안사행 9번 마을버스
   (05:28 ~ 21:10, 1시간 간격 배차 운행)

망월산 / 백운산

1. 동해선 기장역 1번 출구에서 기장중학교정류장까지 도보 이동 정관(읍)행 8번 마을버스 이용 – 신정초등학교정류장에서 하차 후 망월산등산로입구(은아골프연습장)(으)로 도보 이동
   * 정관(읍)행 8번 마을버스
   (05:20 ~ 21:10, 25분 ~ 30분 간격 배차 운행운행)

■ 울산광역시 온양읍과 양산시 웅상읍의 경계를 이루는 대운산은 부산에서 울산에 이르는 해안가에서는 가장 높은 산이다. 산세는 평범하나 산줄기는 자못 장대하여 능선상에서 동해 바다를 바라보며 걷는 시원함은 다른 산에서 맛볼 수 없는 자랑거리이다. 장안사 주변의 경관이 빼어나며 이 일대는 군립공원으로 지정되었다.

■ 달음산은 팔기산과 더불어 기장군의 2대 명산이다. 산의 북쪽은 깎아지른 절벽이 병풍을 두른 듯 하고, 남쪽은 완만하다. 정상에는 닭벼슬 모양의 기암이 동해 일출을 맞이하고, 정상 주위에 문래봉, 옥녀봉 등의 암봉이 둘러서 있다. 또한, 산정의 넓은 반석 위에서 기장군 전체와 금정산과 천성산, 동해 바다까지 볼 수 있는 막힘 없는 조망이 일품이다. 높지는 않으나 산세가 험준하고 오르막이 많으며, 샘이나 약수터가 드물어 식수를 준비해야 한다.

축제·볼거리

1. 대운산 철쭉제
대운산 철쭉제는 울주군 온양읍 내광리 대운산 일원에서 매년 5월 열리는 계절 관광 축제로 철쭉 제례, 풍물 놀이, 대운산 정화 활동 등의 행사가 펼쳐진다.

문의

양산시청 ☎ 142-234
울산광역시청 ☎ 052-120
기장군청 ☎ 051-709-4000

* 시각표는 2024년 11월 기준이며 변동될 수 있음.

240 대운산·달음산 (불광산·시명산)

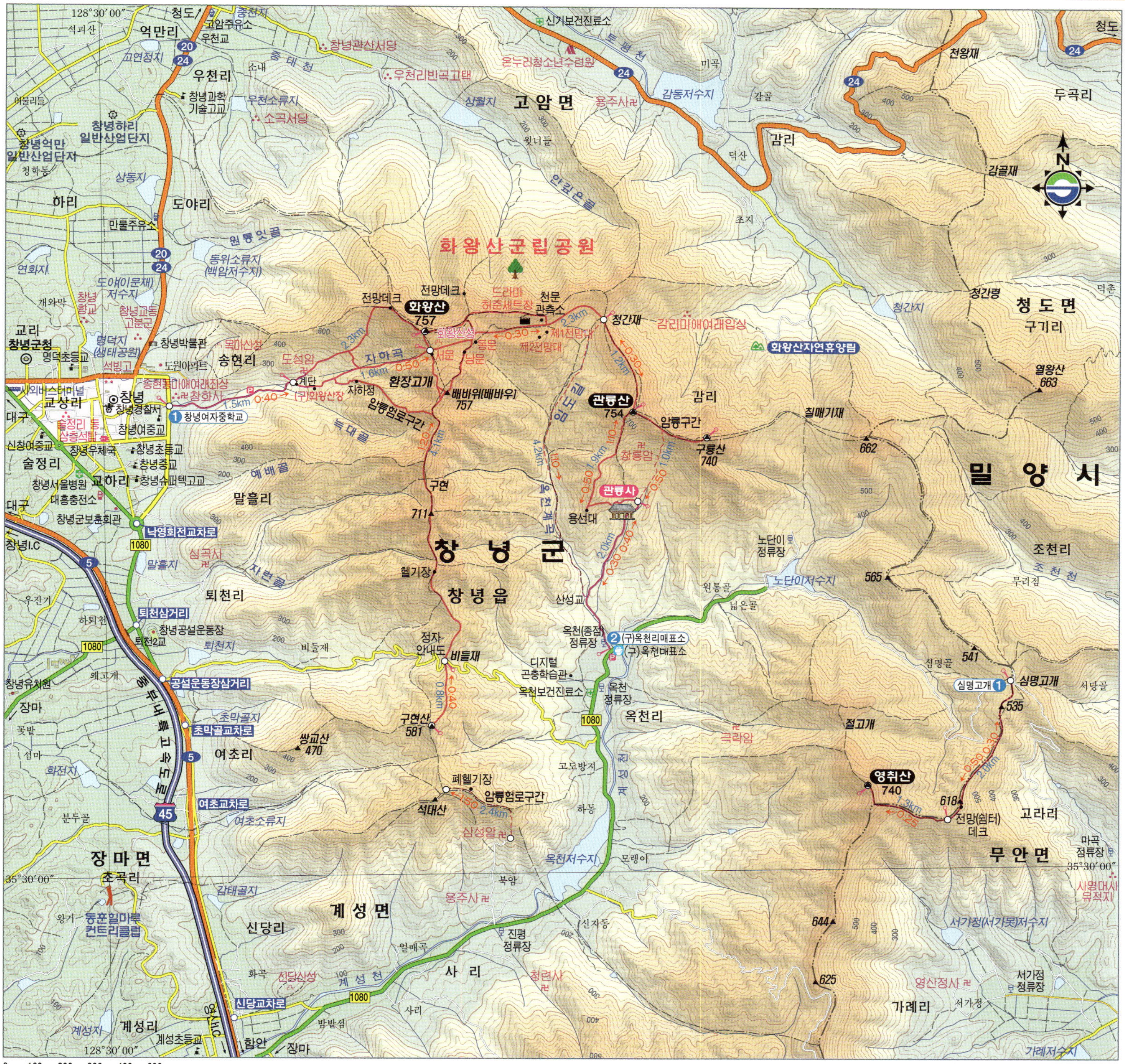

화왕산 · 관룡산 · 영취산 (구현산 · 석대산) 241

241 화왕산 757m | 관룡산 754m

서울에서 시외버스로 창녕, 열차로 밀양에서 내린 후 시내버스로 옥천리나 서가정으로 이동한다.

위치: 경상남도 창녕군 창녕읍·계성면 밀양시 무안면

등산코스

화왕산/관룡산
① 창녕여자중학교 — 1.5km/40분 → 화왕산장 — 1.6km/50분 → 화왕산
② (구)옥천리매표소 — 2.4km/40분 → 관룡사 — 1.9km/1시간10분 → 관룡산 — 1.2km/30분 → 청간재 — 2.4km/50분 → 화왕산

영취산
① 심명고개 — 2.0km/50분 → 전망데크 — 1.3km/25분 → 영취산

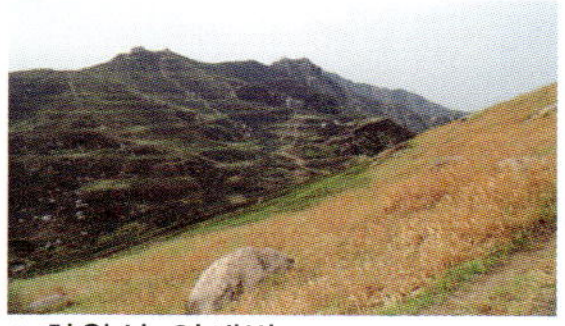

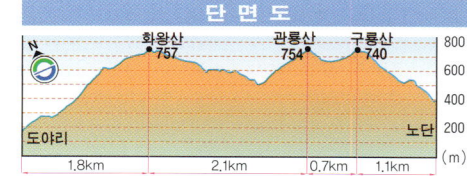
▲ 화왕산 억새밭

교통편

화왕산 / 관룡산

1. 서울남부터미널 — 시외버스 이용 — 창녕시외버스터미널
   * 창녕행 시외버스
   (1일 4회, 08:00 / 11:20 / 14:10 / 18:10)
2. 창녕시외버스터미널 — 창녕여자중학교까지 2Km 도보 이동
3. 창녕터미널에서 건너편 영신버스터미널로 도보 이동 — 옥천(리)행 농어촌버스 이용 — 옥천(종점)정류장에서 하차
   * 옥천행 농어촌버스
   (1일 5회, 07:00 / 09:40 / 12:00 / 15:50 / 18:00)
   09:40분, 15:50분 버스는 노단이정류장까지 운행함.

영취산

1. 서울역에서 KTX, 새마을호, 무궁화호 열차 이용, 서울 수서역에서 SRT 이용 — KTX·SRT 밀양역 — 밀양버스터미널 경유하는 시내버스 이용 (수시 운행, 05:45~23:10)
   * 서울역발 밀양행행 열차 (수시 운행, 05:13~22:28)
   * 서울 수서역발 밀양역행 SRT (1일 2회, 12:04 / 19:24)
2. 밀양버스터미널 — 서가정행 농어촌버스 이용 — 마곡정류장에서 하차 — 임도길 이용하여 심명고개까지 도보 이동
   * 서가정행 농어촌버스
   (1일 5회, 07:35 / 10:30 / 14:10 / 16:50 / 19:00)

■ 창녕읍 동쪽을 가로막고 화왕산과 관룡산이 서 있다. 화왕산은 창녕의 진산으로 그다지 높지 않으며, 정상 동남쪽 일대는 넓은 분지 지형이다. 관룡산은 돌 병풍을 두른 것 같다하여 구룡산으로도 불리는데, 정상부는 두 개의 봉우리로 이루어져 있다. 화왕산 일대와 관룡산으로 이어지는 능선에는 진달래와 철쭉이 장관을 이룬다. 두 산 남쪽에는 영취산이 솟아 있는데, 인적이 드물어 호젓한 산행을 즐길 수 있으며 화왕산까지 종주 산행을 할 수 있다.

문의
창녕군청 ☎ 055-530-1000
밀양시청 ☎ 055-359-5114

* 시각표는 2024년 11월 기준이며 변동이 있을 수 있음.

천태산 · 토곡산 (용굴산)

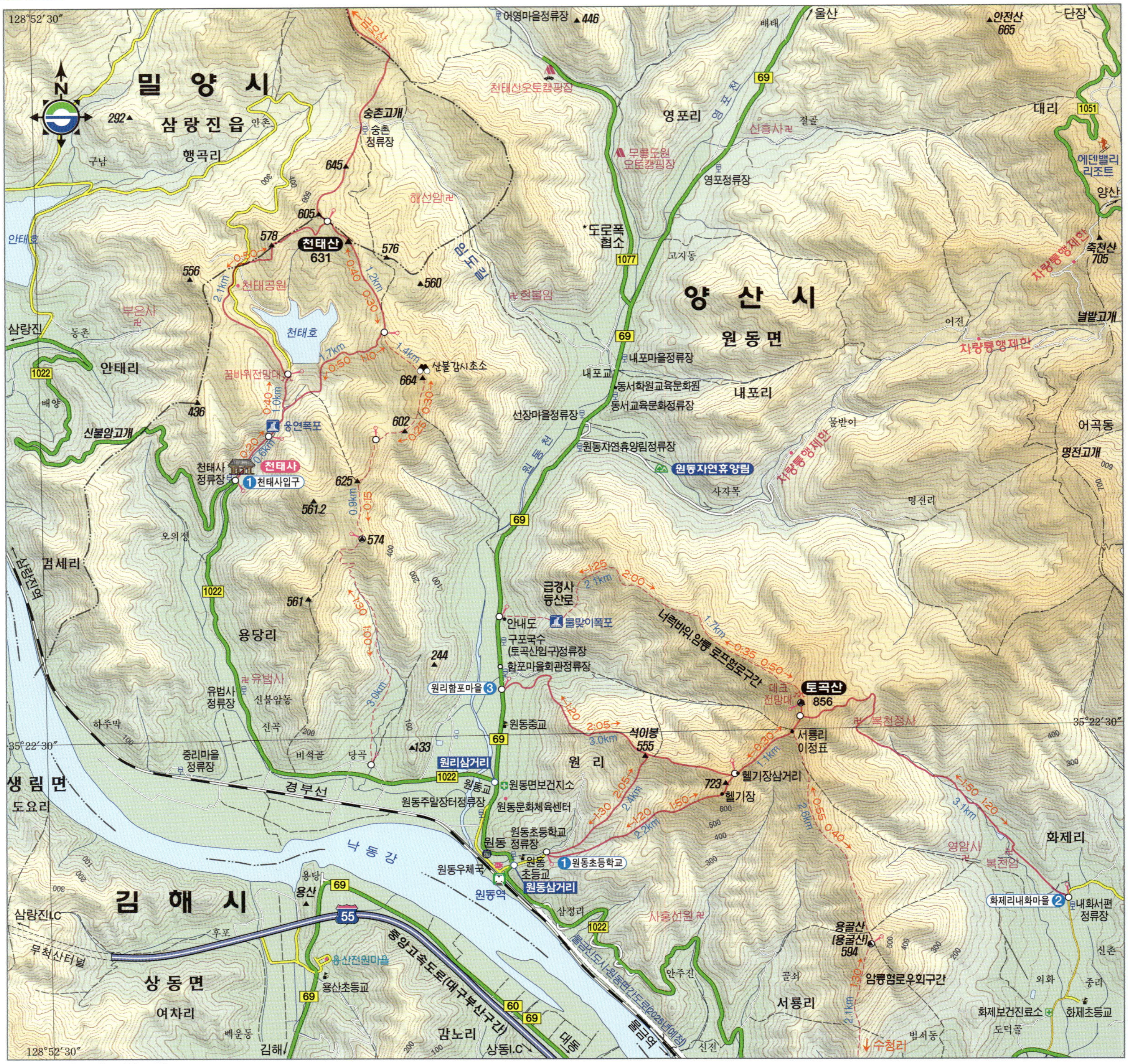

0 100 200 400 600 800 (등고선간격 20m)

일반 등산로 · 기타 등산로 · ←0:35→ 소요시간 · 1.2 km 거리 · 대피소 · 야영지 · ②주전골입구 등산코스번호 · 기점명

1:50,000 0 500 1,000m (1cm가 500m임)

242 천태산 631m 토곡산 856m

서울역에서 열차를 이용하여 원동역에 도착 후 마을버스로 천태사나 용당리에서 하차한다.

위치 : 경상남도 양산시 원동면

등 산 코 스

천태산

①천태사입구 — 0.6km/20분 — 용연폭포 — 1.0km/40분 — 꿈바위전망대 — 2.1km/50분 — 천태산

토곡산

①원동초등교 — 2.2km/1시간50분 — 헬기장삼거리 — 1.1km/30분 — 토곡산

②화제리내화마을 — 3.1km/1시간50분 — 토곡산

③원리함포마을 — 3.0km/2시간5분 — 헬기장삼거리 — 1.1km/30분 — 토곡산

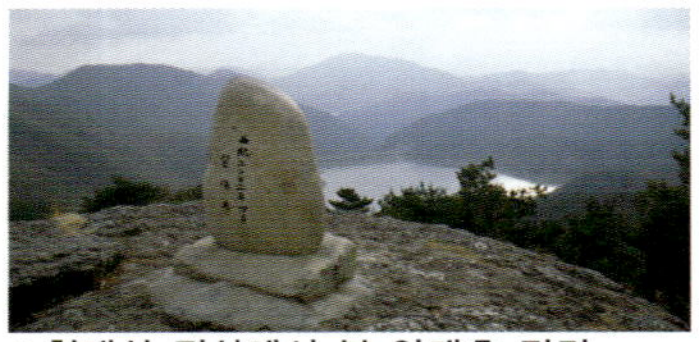

▲천태산 정상에서 본 안태호 전경

단 면 도

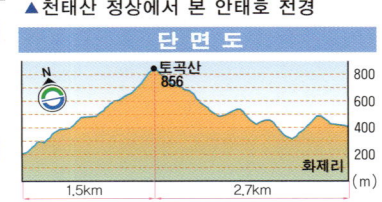

교 통 편

천태산

1. 서울역 – 열차 이용 – 물금역 – 물금역 건너편 물금역정류장에서 유법사행 137번, 원동주말장터행 138번 버스 이용 – 원동초등학교정류장에서 하차 – 원동역 앞 원동역정류장까지 도보 이동
   * 물금역행 열차 (1일 14회, 06:13 ~ 20:49)
   * 137번 시내버스 (1일 5회, 07:35 / 10:20 / 13:50 / 16:50 / 18:55)
   * 138번 시내버스 (1일 8회) (05:45 / 06:45 / 08:10 / 11:10 / 12:20 / 17:05 / 20:55)
2. 원동역 앞 원동역정류장 – 천태사행 도시형 버스 7번 이용 – 천태사(종점)정류장
   * 천태사행 도시형 버스 7번 (1일 4회, 10:00 / 15:00 / 16:10 / 17:50)
   * 천태사행 도시형 버스 7번은 원동역 출발 시간 전에 사전 콜 예약을 해야함. (콜 예약 전화번호 010–4821–8513).
3. 서울역 – 열차 이용 – 삼랑진역에서 하차 후 역 앞 정류장에서 숭촌(정류장)행 25번, 25–1번(1일 2회, 07:15 / 08:25), 25–2번(1일 1회, 17:00) 버스 이용
   * 25번 버스는 1시간 전 사전 예약제 수요 응답형 버스임 (1일 8회, 09:15 / 10:10 / 11:15 / 12:10 / 14:20 / 15:40 / 16:00)
   * 25번 버스 사전 예약 콜 전화번호 010–4713–5820

토곡산

1. 원동역 앞 원동역정류장에서 어영마을행 도시형버스 7번, 파래소폭포행 도시형 버스 8번 이용 – 함포마을회관정류장 또는 구포국수(토곡산)정류장에서 하차
   * 어양마을행 도시형 버스 7번 (1일 11회, 07:20 / 07:50 / 08:20 / 10:00 / 11:10 / 14:00 / 15:00 / 15:40 / 16:10 / 17:20 / 17:50)
   * 적색 시간은 콜 예약 운행 버스 시간임 (콜 예약 전화번호 010–4821–8513)
   * 파래소폭포행 도시형 버스 8번 (1일 6회, 07:10 / 08:30 / 11:10 / 14:00 / 17:00 / 19:45)
   * 19:45분 버스는 콜 예약이 있어야만 운행함 (콜 예약 전화번호 010–4821–8514)

문 의

양산시청 ☎ 142–234
원동자연휴양림 ☎ 055–382–5839

* 시각표는 2024년 11월 기준이며 변동될 수 있음.

금정산·상계봉 (장군봉·계명봉·의상봉) 243

244 경상도편

243 금정산 801m | 상계봉 638m

서울에서 열차와 고속버스로 부산에 도착하여, 시내버스, 지하철 등을 이용하여 범어사, 금강공원, 만덕동 등지에서 하차한다.

위치 : 부산광역시, 경상남도 양산시 동면

▲ 금정산 금정산성

▲ 상계봉 전경

등산코스

금정산
1. 금정산성동문 2.4km/40분 샘 2.2km/40분 북문 1km/35분 금정산
2. 범어사입구 2.1km/50분 북문 1km/35분 금정산
3. 사송LH4단지정류장 2.1km/1시간 은동굴 1.6km/40분 장군봉 2.6km/50분 금정산
4. 금샘로주유소 2.8km/1시간30분 샘 2.2km/40분 북문 1km/35분 금정산

상계봉
1. 금강공원관리사무소 3.1km/1시간10분 남문 1.1km/35분 상계봉
2. 상학초등교 2.8km/1시간10분 상계봉
3. 금정산성동문 2.5km/50분 남문 1.1km/35분 상계봉

단면도

금정산 801 / 계명봉 602 / 청련암 / 불암사 / 녹동
2.1km / 2.4km / 1km

교통편

금정산
1. 서울역 KTX, 서울 수서역 SRT 이용 - 부산역(KTX·SRT)
2. 부산 지하철 1호선 부산역 - 부산지하철 1호선 이용 - 각 목적지 지하철역에서 하차
3. 서울고속버스터미널 - 고속버스 이용 - 부산종합터미널
4. 부산종합터미널 - 부산 지하철 1호선 노포역 - 각 목적지 지하철역에서 하차
5. 1호선 노포역 2번 출구 버스정류장으로 이동 - 범어사행 90번 시내버스 이용(수시 운행) - 범어사정류장
6. 1호선 온천장역 - 금성동(죽전마을)행 203번 시내버스 이용(수시 운행) - 동문정류장 또는 금성동정류장
7. 부산지하철 1·2호선 서면역에서 환승 - 지하철 2호선 이용 - 율리역 또는 호포역에서 하차
8. 부산지하철 1·3호선 연산역에서 환승 - 지하철 3호선 이용 - 만덕역에서 하차

■ 부산광역시 북쪽 기장군과 접경을 이루며 솟은 금정산은 부산의 진산으로 산줄기가 남으로 뻗으며 원효봉, 의상봉, 상계봉으로 이어진다. 그다지 높지않지만 곳곳에 바위와 어울린 산줄기가 웅장하다. 수림이 울창하고 계곡의 물이 풍부하며 기암절벽이 많다. 산 중에는 10여 군데의 약수터가 있으며 다양한 수목과 동물이 서식하고 있다. 정상에서는 주변의 산들과 부산 시내, 바다까지 한눈에 들어오는 시원한 전망이 일품이다.

■ 산정 북쪽에서 남쪽으로 한국 최대 규모의 금정산성이 서 있고, 북동쪽에는 한국 5대 사찰인 범어사가 자리 잡고 있다. 또한, 산 아래 동래온천은 신라 때부터 이름 높은 온천지이다. 코스에 따라 가벼운 하이킹부터 암벽 등반까지 가능하며, 부산 시민들의 휴식처이자 지역 산악인들의 등반지이기도 하다.

축제·볼거리

1. 금정산성 축제
부산의 진산인 금정산 남쪽 능선 위에 축조된 금정산성광장 및 금정산성 일원에서 5월 말에 열리는 축제이다. 주요 행사로는 금정산성 성문 체험, 전통 놀이 체험, 다양한 이벤트, 공연 및 퍼포먼스 등이 있다.
문의)051-715-6781(금정문화재단)

2. 범어사
금정산 동쪽 중턱에 자리한 사찰로서, 신라 시대 문무왕(678년) 의상대사가 창건하였으며 해인사, 통도사와 함께 경상남도 3대 사찰 중 하나로 꼽힌다. 현재 대한불교조계종 제14교구 본사이다.

▲ 범어사

문의
부산광역시청 ☎ 051-120
부산광역시금정구청 ☎ 051-519-4000

* 시각표는 2024년 11월 기준이며 변동될 수 있음.

---

245 무척산 703m | 신어산 631m

서울경부터미널에서 고속버스로 김해에 내려 시내버스로 상동면이나 생림중학교, 김해대학교 등지에서 하차한다.

위치 : 경상남도 김해시 상동면·생림면

▲ 무척산 모은암과 괴석

▲ 동림사와 신어산 전경

등산코스

무척산
1. 생철리 2.2km/1시간20분 천지못 1.1km/35분 무척산
2. 백학교입구 4.3km/2시간 백운암 1.6km/50분 무척산
3. 여덟말고개 0.7km/20분 시루봉 2.2km/1시간20분 무척산

신어산
1. 산림욕장 은하사 1.2km/40분 영구암 0.7km/15분 신어산
2. 산림욕장 0.8km/30분 580m봉 출렁다리 0.8km/20분 영구암 0.7km/15분 신어산

단면도

서봉 630 / 신어산 631 / 동봉 / 가야컨트리클럽 / 독지곡
1.3km / 1.2km / 1.3km

교통편

무척산 / 신어산
1. 서울고속버스터미널 - 고속버스 이용 - 김해여객터미널 - 외동차고지로 도보 이동
* 김해행 고속버스
(1일 12회, 07:10 ~ 22:30)
2. 외동차고지 - 상동면 여차리 선 경유 후 매리(농협)행 상동공영 2번 버스 이용 - 학운동정류장에서 하차
* 상동공영 2번 버스
(1일 5회, 08:00 / 11:00 / 13:50 / 17:10 / 21:00)
3. 김해여객터미널 - 김해경전철 봉황역 1번 출구 봉황역정류장으로 도보 이동 - 생림면 마사리행 60번 버스, 생림면 도요리행 61번 버스 이용 - 무척산입구정류장에서 하차
* 60번 버스
(1일 12회, 05:20 / 06:15 / 07:20 / 09:10 / 10:40 / 12:20 / 14:00 / 15:50 / 17:20 / 19:10 / 20:00 / 21:50)
* 07:20 / 17:20 / 19:10분 버스는 외동차고지에서 출발
* 나머지 60번 버스 기점(차고지)는 풍유동이며, 봉황역정류장까지 약 10분 정도 소요됨.
* 61번 버스
(1일 6회, 05:40 / 08:00 / 11:40 / 15:00 / 18:30 / 21:00)
* 08:00 / 18:30분 버스는 외동차고지에서 출발함.
* 나머지 버스 기점(차고지)는 풍유동이며, 봉황역정류장까지 약 10분 정도 소요됨.

신어산
1. 김해여객터미널 - 터미널 뒤 무접정류장으로 도보 이동 - 무접정류장에서 김해대학교행 100번 버스 이용 - 동부스포츠센터정류장에서 하차 후 도보 이동
* 100번 시내버스
(05:30 ~ 22:00, 20분 ~ 40분 간격 배차 운행)

■ 김해시 북쪽, 낙동강 하류의 남쪽에 솟은 무척산은 북쪽 강 건너에 솟은 천태산과 마주하고 있다. 남북으로 달리는 주능선은 전체적으로 사면이 가파르고 곳곳에 절벽 단애를 이루고 있으며 기암이 특출하여 예부터 김해의 소금강으로도 불리었다. 산 정상에는 천지라는 인공 못이 있고, 정상에 서면 낙동강이 발아래 굽이치며 남쪽으로 뻗어 내린 산줄기는 김해 뒷산인 신어산까지 이어진다.

■ 기암과 울창한 숲이 어우러져 경관이 수려하고 능선에는 억새밭과 철쭉 광장이 조성되어 있다. 능선을 오르면서 김해시의 전경을 볼 수 있으며, 절벽 사이사이에는 구름다리가 설치되어 있다.

■ 김해시 삼방동, 상동면, 대동면과 마주보고 있는 산으로, 북동쪽으로 낙동강을 끼고 있고, 남으로는 김해시를 굽어보고 있다. 가락국의 시조인 수로왕과 허황후의 전설이 깃든 김해의 성산 (聖山)이다.

축제·볼거리

1. 가야 문화 축제
가야 문화 축제는 수로왕을 기리고 가야 문화 계승 발전을 기원하는 김해의 대표적인 전통 문화 축제로 대성동 고분군, 수릉원, 가야의 거리 일원에서 매년 10월에 열린다.
문의) 055-330-6840(축제위원회)

2. 은하사와 동림사
신어산 기슭에 있으며, 가락국 초기 수로왕의 비 허황옥의 오빠인 장유화상이 창건하였으며, 임진왜란 때 불탔던 것을 중창하였다. 은하사에는 대웅전(경상남도 유형문화재), 응진전, 산신각 등의 당우가 있으며, 동림사에는 대웅전 수미단의 쌍어(雙魚) 문양이 허황후의 모국인 아유타국과의 교류를 전하고 있다.

문의
김해시청 ☎ 1577-9400

* 시각표는 2024년 11월 기준이며 변동될 수 있음.

246 자굴산 · 한우산 (산성산)

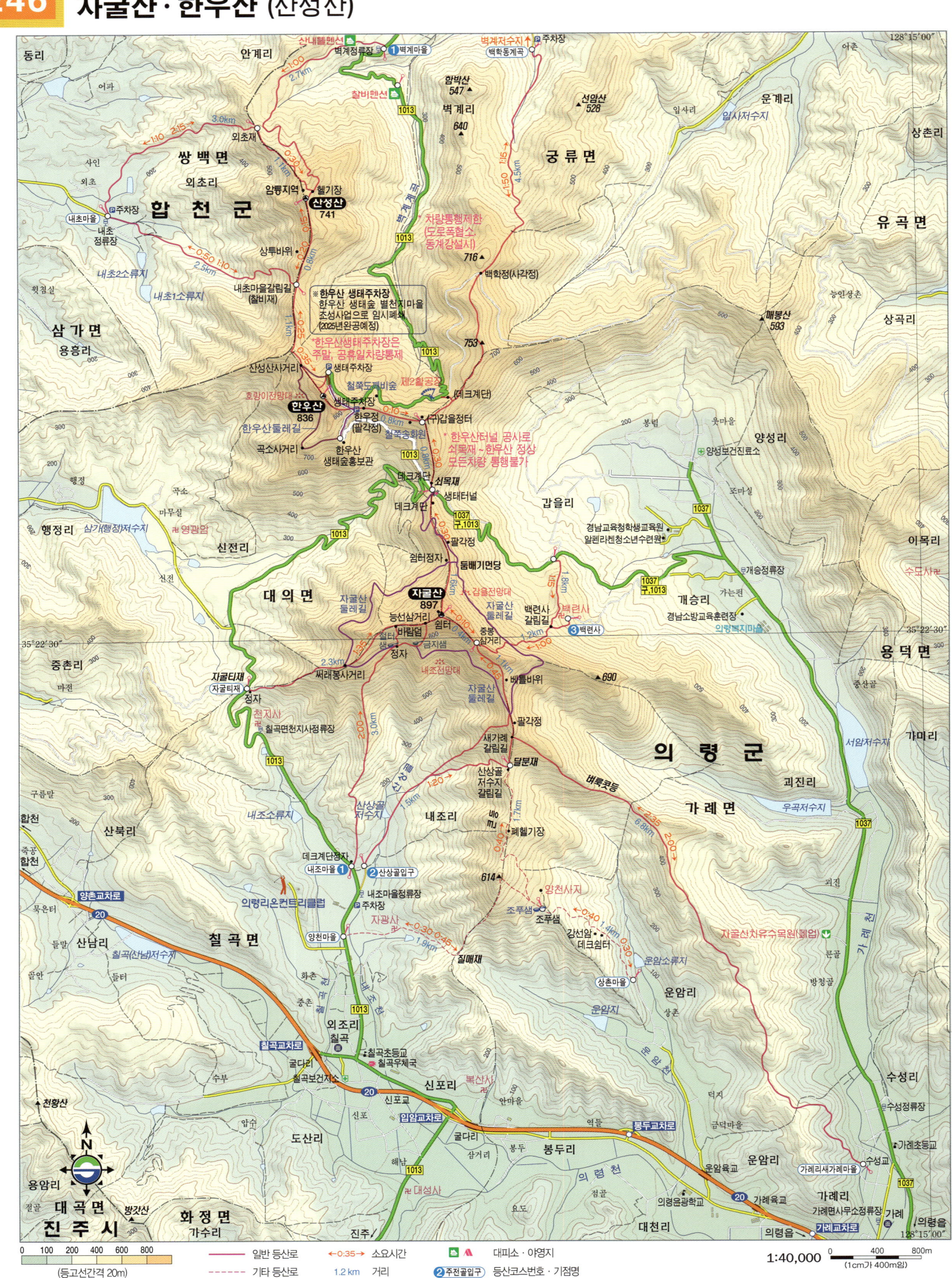

246 자굴산 897m / 한우산 836m

동서울 또는 서울남부터미널에서 시외버스로 의령에 도착하여 농어촌버스로 개승리, 내조리, 천지사 등지에서 하차한다.

위치 : 경상남도 의령군 가례면·칠곡면·대의면 궁류면

▲ 자굴산 정상능선

▲ 산성산에서 본 한우산/자굴산

등산코스

자굴산
1. 내조마을 — 3km/2시간 — 자굴산
2. 산상골입구 — 1.5km/1시간20분 — 달분재 — 1.1km/45분 — 중봉삼거리 — 0.4km/10분 — 자굴산
3. 백련사 — 1.2km/1시간 — 중봉삼거리 — 0.4km/10분 — 자굴산

한우산
1. 벽계리벽계마을 — 2.7km/1시간 — 산성산 — 1.9km/55분 — 한우산

단면도

교통편

자굴산 / 한우산 / 산성산
1. 동서울터미널 - 시외버스 이용 - 의령버스터미널
   * 의령행 시외버스 (1일 3회, 09:00 / 14:10 / 16:30)
2. 의령버스터미널 - 갑을리(수련원·교육원)행 농어촌버스 이용 - 개승정류소 - 하차 후 백련사로 도보 이동
   * 갑을리행 농어촌버스 (1일 6회, 06:40 / 08:30 / 10:40 / 12:30 / 16:00 / 19:00)
3. 의령버스터미널 - 내조·대의·천곡행 농어촌버스 이용 - 내조정류장 또는 천지사정류장 하차
   * 내조·대의·천곡행 농어촌버스 (1일 4회, 06:45 / 10:10 / 13:00 / 17:30)
4. 의령버스터미널 - 용덕면 궁류면 다현리행 농어촌버스 중 벽계마을 경유하는 농어촌버스 이용 - 벽계정류장(버스 회차지)에서 하차
   * 벽계마을 경유하는 농어촌버스 (1일 2회, 08:30 / 14:30)
5. 의령버스터미널 - 의령 칠곡면, 대의면 경유 합천 삼가면행 시외버스 이용 - 삼가면 삼가정류소에서 하차
   * 합천 삼가면행 시외버스 (1일 10회, 08:00 / 09:30 / 11:00 / 11:20 / 12:50 / 15:30 / 17:00 / 18:55 / 20:00)
6. 삼가정류소(합동광장) - 내초(마을)행 농어촌버스 이용 - 내초마을정류장에서 하차
   * 내초마을행 농어촌버스 (1일 5회, 07:30 / 09:20 / 11:00 / 13:00 / 16:30)

■ 경남 의령읍 북서쪽에 솟아 있는 자굴산은 의령군에서는 가장 높은 산으로 의령의 진산이다. 산 곳곳에 토착 신앙과 전설 깃든 명소가 산재해 있다. 조선 중종 때의 학자 남명 조식 선생이 자주 찾았다는 절터샘과 명경대(신선바위) 그리고 가뭄이 들어도 마르는 일이 없다는 금지(金池)샘이 있으며, 큰등 능선 기슭에는 신령스런 강선암이 있다.

■ 자굴산 북쪽 산줄기에 한우산이 솟아 있다. 북쪽 궁류면 벽계리부터 임도가 정상까지 닦여있으며, 봄철이면 진달래와 철쭉이 군락을 이뤄 철쭉제를 기념하는 행사가 열린다. 한우산 북쪽에 찰비골이 있는데, 울창한 숲 사이로 장기소, 각시소 등이 이어지고 입구에 유원지가 조성되어 있다.

축제·볼거리

1. 의령 홍의장군축제
홍의장군축제는 임진왜란 때 의병을 일으킨 곽재우 장군과 의병들을 추모하고 그 정신을 받들기 위하여 매년 4월 개최한다. 추모제향, 혼불 채화식, 한시백일장, 기예 무단 공연, 의병 체험 등의 행사가 열린다.
문의)055-573-1100(의병기념사업회)

2. 의령 한우산 철쭉제
매년 4월 말 한우산 일원에서 열리며 철쭉 제례, 풍물 놀이, 문화 행사, 노래 자랑 등이 다채롭게 펼쳐진다.
문의)055-570-2114(의령군청)

3. 의령 신번문화 축제
매년 9월 말 의령군 부림면 신반공영주차장 일원에서 이틀 동안 열리는 축제이다. 주요 행사로는 한지 체험, 문화 공연, 한지 공예품 만들기 등이 있다.

문의
의령군청 ☎ 055-570-2114

* 시각표는 2024년 11월 기준이며 변동될 수 있음.

---

248 무학산 761m / 대곡산 516m

서울역이나 서울경부 또는 남부터미널에서 열차, 고속·시외버스로 창원(마산)에 하차하여 만날고개, 서원곡에서 내린다.

위치 : 경상남도 창원특례시 마산회원구 내서읍

▲ 무학산 탑봉과 정상

▲ 대곡산 정상과 청송

등산코스

무학산/대곡산
1. 서원곡입구 — 1.2km/25분 — 백운사 — 무학폭포 — 2.3km/1시간40분 — 무학산
2. 만날고개 — 1.1km/25분 — 대곡산 663m봉 — 3km/1시간50분 — 무학산
3. 마산여자중학교 — 1.5km/50분 — 만남광장 — 2.1km/1시간 — 무학산
4. 내서우체국 — 4.4km/1시간50분 — 시루봉 — 1.2km/40분 — 무학산

단면도

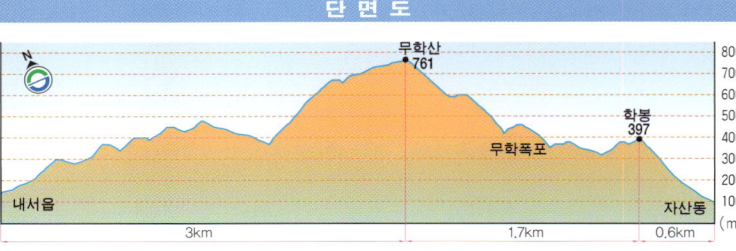

교통편

무학산
1. 서울고속버스터미널 - 고속버스 이용 - 마산고속버스터미널
   * 마산행 고속버스 (수시 운행, 01:00 ~ 23:00)
   * 마산 내서고속버스터미널 경유함.
1-1. 동서울터미널 - 고속버스 이용 - 마산고속버스터미널
   * 마산행 고속버스 (1일 7회)
   (07:30 / 11:00 / 13:30 / 14:30 / 16:20 / 18:00 / 20:00)
   * 적색 시간 출발 버스는 내서고속버스터미널 경유함.
1-2. 내서고속버스터미널에서 하차 시 내서우체국까지 약 1.2km 도보 이동
2. 마산고속버스터미널에서 홈플러스 앞 야구장앞홈플러스정류장까지 도보 이동 - 서원곡 경유하는 105번 시내버스 이용 - 서원곡정류장에서 하차
   * 105번 시내버스 (수시 운행, 05:00 ~ 22:45)
3. 서울남부터미널 - 시외버스 이용 - 마산남부시외버스터미널 - ① 남부터미널 앞 남부터미널정류장에서 서원곡 경유하는 730번 시내버스 이용 - 서원곡입구정류장에서 하차 ② 남부터미널에서 경남대남부터미널종점정류장까지 약 250m 도보 이동 후 서원곡 경유하는 105번 시내버스 이용
   * 마산남부시외버스터미널행 시외버스 (1일 4회, 08:30 / 11:30 / 16:30 / 20:00)
   * 105번 시내버스 (수시 운행, 05:00 ~ 22:45)
   * 730번 시내버스 (05:25 ~ 23:10, 평균 30분 간격 배차 운행)
4. 서울역 KTX 이용, 서울 수서역에서 SRT 이용 - KTX·SRT 마산역 - 마산역에서 하차 후 마산·동산병원정류장까지 약 400m 도보 이동 - 서원곡 경유하는 730번 시내버스 이용 - 회원2동파출소정류장 또는 서원곡입구정류장에서 하차
   * 서울역발 마산역행 KTX (수시 운행, 05:03 ~ 22:08)
   * 수서역발 마산역행 SRT (1일 2회, 12:04 / 19:24)
   * 730번 시내버스 (05:25 ~ 23:10, 평균 30분 간격 배차 운행)

대곡산
1. 마산역에서 하차 후 마산역(가운데점)동마산병원정류장 약 400m 도보 이동 - 만날고개 경유하는 262번 시내버스 이용 - 만날고개정류장에서 하차
   * 마산역행 KTX, SRT 상단 무학산 교통편 4번 참조
   * 262번 시내버스 (05:16 ~ 22:45, 평균 30분 간격 배차 운행)
2. 마산시외버스터미널 앞 남부터미널정류장에서 만날고개 경유하는 262번 시내버스 이용 - 만날고개입구정류장에서 하차
   * 서울남부터미널발 마산남부시외버스터미널행 시외버스 (1일 4회, 08:30 / 11:30 / 16:30 / 20:00)
3. 각 목적지 터미널 - 시외버스 - 마산시외버스터미널 - 터미널 건너편 시외버스터미널정류장에서 - 262번 시내버스 이용 - 만날고개정류장
   * 마산시외버스터미널은 경상도권을 중심으로 운행하며, 경상도권 이외에는 일부 지역만 운행함.

■ 창원특례시 마산회원구 서쪽을 가로막고 솟아 있는 무학산은 창원특례시의 진산이자 산악 운동의 요람이기도 하다. 이 산의 옛이름은 풍장산(風墻山)이었는데 신라 말 최치원이 이곳에 머물면서 산세를 보니 학이 나는 형세 같다 하여 무학산으로 불리게 되었다고 한다. 산세는 전체적으로 경사가 급한 편이나 그렇게 험하지는 않고 산줄기 곳곳에 바위가 노출되어 아기자기한 능선을 이루고 있다.

■ 정상 동북쪽 지적의널따란 대지는 서마지기라 하는 곳으로 무학산 산행 시 중식과 휴식 장소로 많이 이용되고 있다.

축제·볼거리

1. 진해 군항제
매년 3월 말에서 4월 초 사이에 열리는 일명 '벚꽃 축제'이다. 축제 행사장은 진해구 전체라고 해도 과언이 아닐 정도로 곳곳에서 행사가 진행된다. 가장 많이 알려진 곳은 경화역 - 진해역 - 북원로터리 일대이며, 각 행사장마다 다양한 행사가 진행되는 만큼 사전에 미리 알아보는 것도 좋다.
문의)055-545-0070(충무공군항제위원회)

2. 마산 가고파 국화 축제
매년 10월 말에서 11월 초 사이에 열리는 축제이다. 주요 행사는 3.15해양누리공원, 합포수변공원 일원에서 진행된다. 축제 기간 중에는 국화 화훼 전시관이 운영되며, 힐링 걷기, 다양한 경연 대회, 체험, 이벤트, 불꽃 쇼 등이 진행된다.
문의)055-225-2341(마산국화축제위원회)

문의
창원특례시청 ☎ 055-225-2114

* 시각표는 2024년 11월 기준이며 변동될 수 있음.

248 무학산 · 대곡산 (대산)

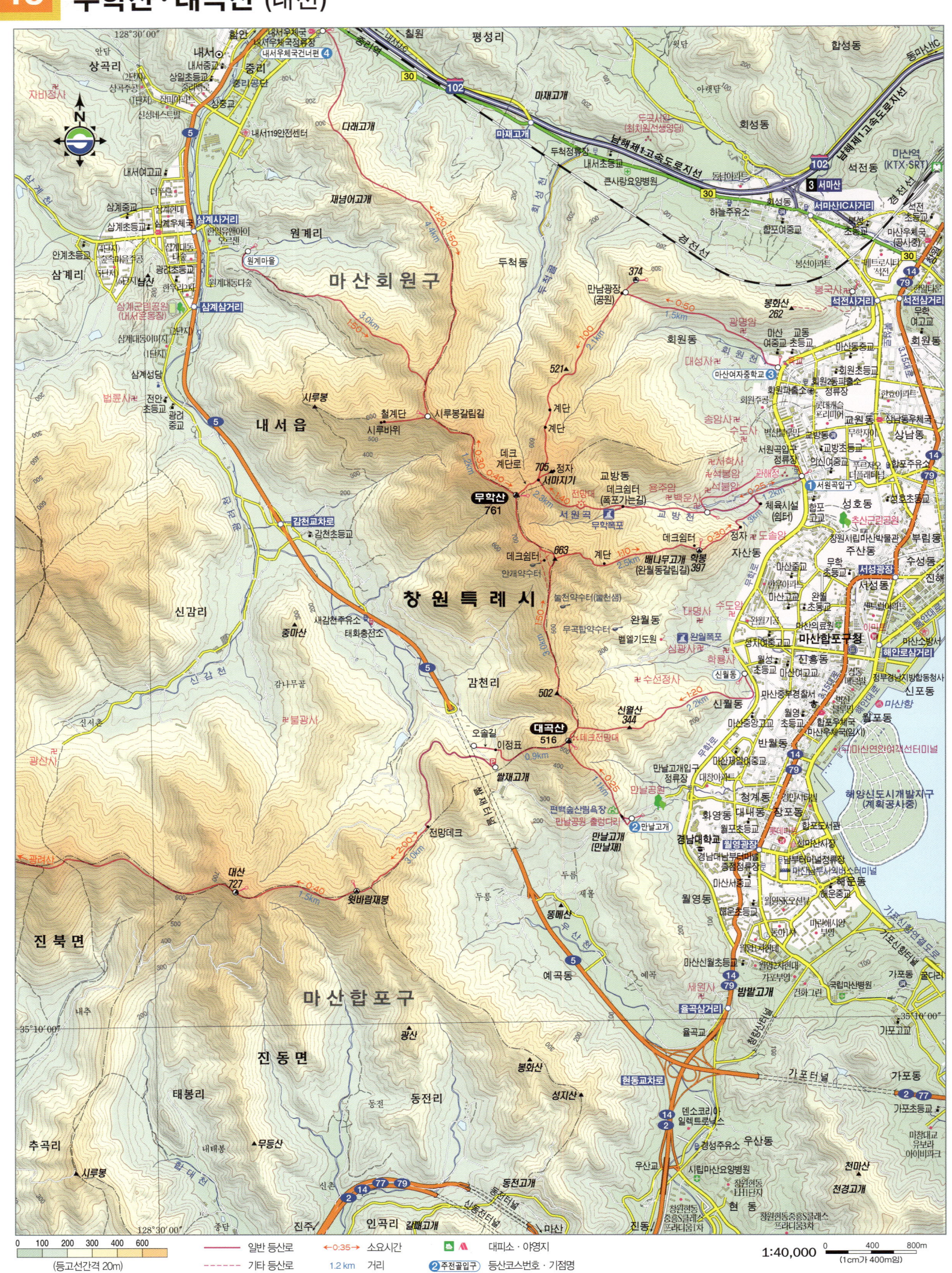

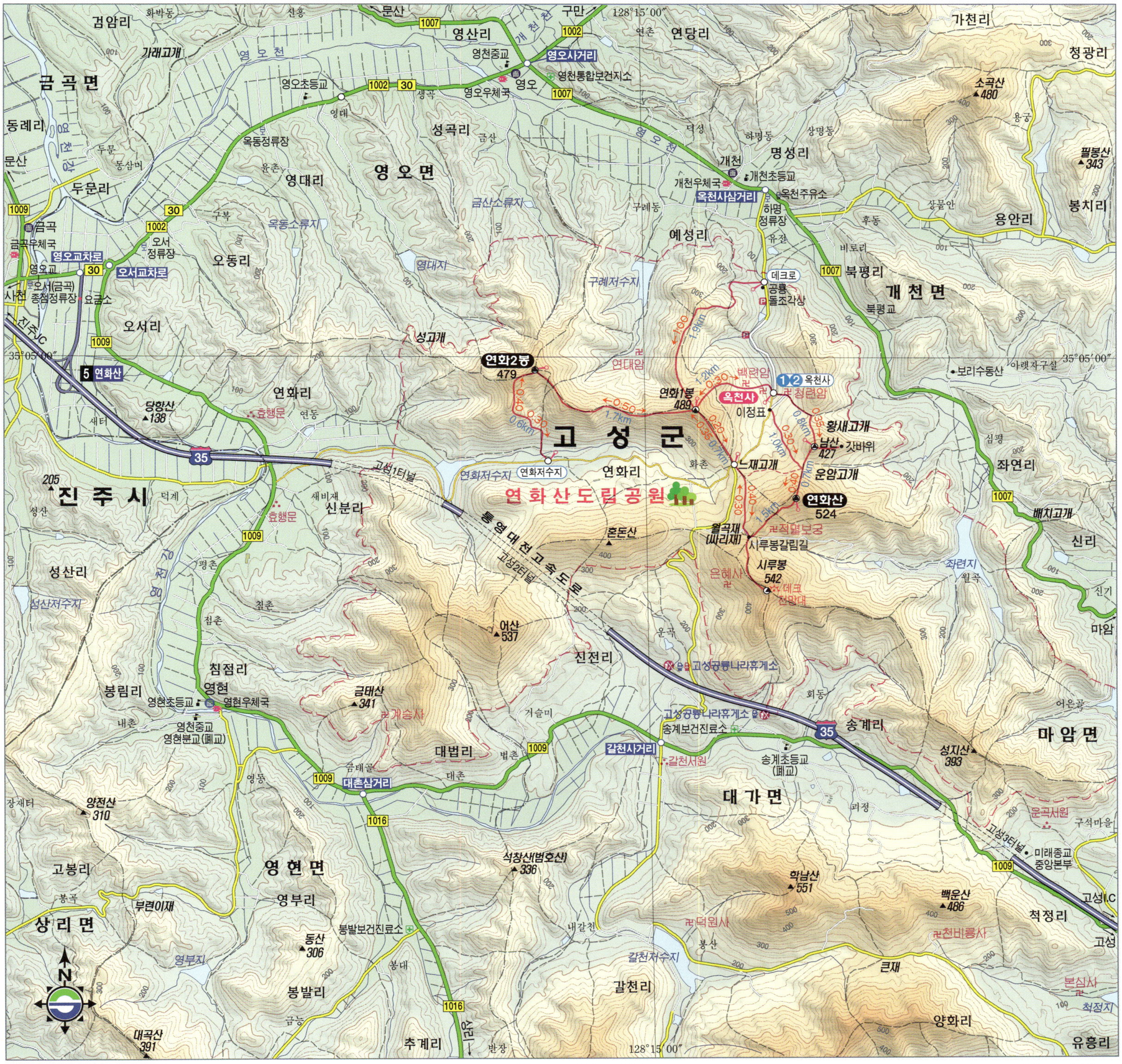

249 연화산 524m

서울남부터미널에서 시외버스로 고성에서 내려 배둔시외버스터미널행 군내버스 이용 후 오서리, 옥동마을, 명성리 등지에서 내린다.

위치 : 경상남도 고성군 영오면·개천면

등 산 코 스

연화산/연화봉

① 옥천사 0.8km/35분 남산 0.7km/40분 연화산 1.5km/30분 느재고개 0.7km/30분 연화1봉 1.2km/30분 옥천사

② 옥천사 1.2km/30분 연화1봉 1.7km/50분 연화2봉

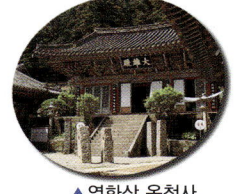

▲연화산 옥천사

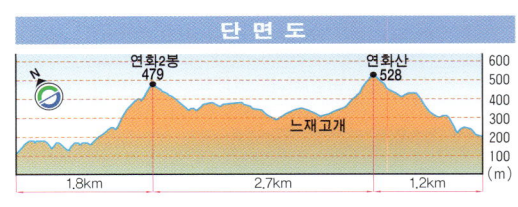

단 면 도

교 통 편

연화산

1. 서울남부터미널 – 시외버스 이용 – 고성여객자동차터미널
   * 고성행 시외버스
   (1일 12회, 07:20 / 08:00 / 11:10 / 12:30 / 13:10 / 14:30 / 15:40 / 16:30 / 17:30 / 19:00 / 21:00 / 23:30)
2. 고성여객자동차터미널 – 마암(면) · 금곡(면) 방면 농어촌버스 이용 – 하명(옥천사입구)정류장에서 하차
   * 마암(면) · 금곡(면) 방면 753번, 756번 농어촌버스
   (1일 5회, 07:45 / 12:30 / 15:00 / 17:20 / 20:00)
   * 15:00 운행 버스만 756번임
   * 마암면 → 개천면 → 금곡면 운행 노선이 최단 노선임.

2–1. 고성시외버스터미널 – 구만(면) · 금곡(면) 방면 농어촌버스 이용
   * 구만(면) · 금곡(면) 방면 657번, 777번 농어촌버스 이용
   (1일 7회, 06:50 / 08:30 / 10:25 / 13:35 / 15:50 / 16:50 / 19:00)
   * 06:50분 버스는 일요일 · 공휴일 미운행.
   * 08:30분 버스만 777번임.

경상남도 고성읍 북서쪽에 자리하고 있으며, 연화산도립공원으로 지정되어 있다. 산의 모습이 연꽃과 닮았다 하여 연화산으로 불리게 되었고, 옥녀봉, 선도봉, 망성봉의 세 봉우리로 이루어져 있다. 산세가 아기자기하고 부드러우며, 산도 높지 않고 등산로도 잘 닦여 있는 편이어서 가볍게 오르기에 좋아. 가족 단위 등산객이나 여성에게도 어렵지 않은 코스이다. 산 북쪽에는 옥천사를 비롯한 백련암, 청연암 등의 고찰이 있어 등산과 사찰 순례를 함께 할 수 있으며, 계곡에는 중생대 발자국 화석을 볼 수 있어 여느 산과는 다른 독특한 경험을 할 수 있다.

문 의

고성군청 ☎ 055–670–2114

* 시각표는 2024년 11월 기준이며 변동될 수 있음.

250 웅석봉

250 웅석봉 1099m

서울남부터미널에서 시외버스로 산청에서 하차하여 외송리 경유 원지행 군내버스 이용하여 범학리, 외종리에서 내린다.

위치: 경상남도 산청군 산청읍·금서면·삼장면 단성면

등산코스

웅석봉
1. 내동마을 — 지곡사 0.8km/10분 — 주차장 2.6km/1시간30분 — 왕재 980m봉 2km/1시간 — 웅석봉
2. 밤머리재 1.2km/30분 — 856m봉 2km/1시간 — 왕재 2km/1시간 — 웅석봉
3. 어천마을 — 어천계곡 3km/2시간 — 웅석봉

▲ 웅석봉 전경

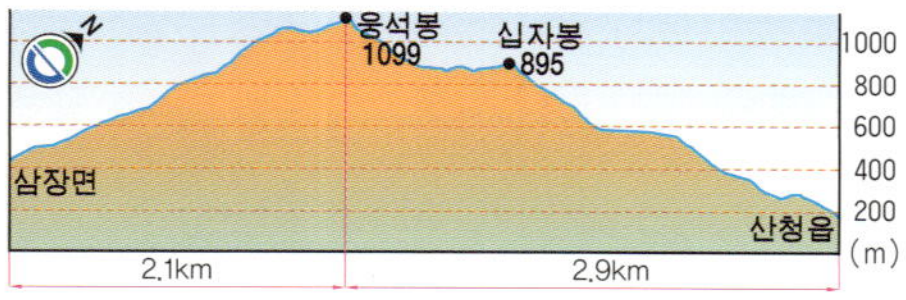

교통편

웅석봉
1. 서울남부터미널 — 시외버스 이용 — 산청시외버스터미널
   * 산청행 시외버스
   (1일 6회, 08:00 / 10:00 / 12:30 / 16:30 / 18:10 / 21:10)
2. 서울남부터미널 — 원지 경유 진주행 시외버스 이용 — 산청 원지버스정류소
   * 원지 경유 진주행 시외버스 (1일 20회, 06:00 ~ 22:10)
3. 산청시외버스터미널 — 외송리 경유 원지버스정류소행 농어촌버스 이용 — 심거정류장에서 하차 후 어천마을까지 약 1.2km 도보 이동
   * 산청 기점 원지행 농어촌버스
   (1일 11회, 06:20 / 07:00 / 08:00 / 09:40 / 10:10 / 12:00 / 13:00 / 14:30 / 15:30 / 17:10 / 18:00)
   * 13:00분, 15:30분 버스는 어천마을(어천정류장) 경유함.
4. 원지버스정류소 기점 산청행 농어촌버스
   (1일 10회, 07:30 / 08:35 / 09:30 / 11:00 / 12:00 / 13:00 / 14:00 / 15:00 / 16:10 / 18:40)
   * 09:30분 버스는 어천마을(어천정류장) 경유함.
5. 산청시외버스터미널 — 지곡행 농어촌버스 이용 — 지곡정류장에서 하차
   * 지곡행 농어촌버스 (1일 2회, 07:50 / 11:15)
6. 밤머리재 일대 백두대간 복원 사업으로 2025년 상반기까지 등산로 임시 폐쇄됨.

■ 산청읍 남쪽을 병풍처럼 가로막고 선 웅석봉은 산의 형세가 곰을 닮았다고 해서 '곰바위산'으로도 불린다. 지리산 천왕봉에서부터 시작한 산줄기가 하봉을 거쳐 동진하면서 쑥밭재, 왕등재, 밤머리재를 딛고 솟구친 산이 웅석봉으로 그 높이만으로도 산세가 자못 당당하다. 해발 1,099m의 고봉인 만큼 정상 전망도 훌륭하다. 북으로는 산청읍내가 발아래 지척이고 멀리 황매산의 바위 봉까지 시야에 들어오며, 서쪽으로는 지리산 연봉의 웅장한 모습이 시야 가득히 펼쳐져 지리산으로 이어지는 장쾌한 능선 종주를 유혹한다. 특히, 폭포가 있는 곰골은 겨울철 빙벽 등반지로 인기가 높다.

문 의
산청군청 ☎ 055-970-6000

* 시각표는 2024년 11월 기준이며 변동될 수 있음

지리산 (칠현봉) 251

251 지리산 398m

위치 : 경상남도 통영시 사량면

서울 경부 또는 남부터미널에서 고속·시외버스로 통영, 사천 삼천포에서 사량도행 배편을 이용한다.

등산코스

지리산
1. 돈지마을 — 2.1km/1시간20분 — 지리산 — 2km/1시간 — 달바위 — 1.5km/1시간20분 — 옥녀봉 — 0.7km/40분 — 금평리
2. 옥동마을 — 성자암 1.6km/40분 — 갈림길이정표 1.2km/45분 — 지리산

단면도

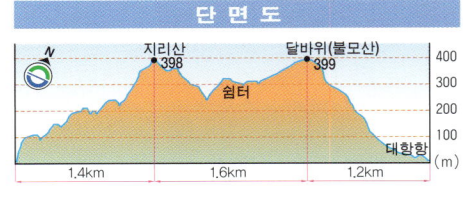

▲ 지리산 암릉

교통편

지리산(칠현봉)
1. 서울고속버스터미널 (1일 14회 ~ 16회, 07:00 ~ 23:00), 서울남부터미널 (1일 12회, 07:20 ~ 23:30), 동서울터미널 (1일 4회, 07:30 / 09:50 / 11:30 / 17:00) — 고속·시외버스 이용 — 통영종합버스터미널 — 터미널 건너편 시외버스터미널정류장에서 가오치여객선터미널행 672번 버스 이용 — 가오치여객선터미널(종점) 정류장에서 하차
   * 672번 (1일 6회, 08:20 / 10:20 / 12:20 / 14:20 / 16:20 / 18:20)
2. 가오치여객선터미널 — 사량수협 사량도여객선 이용 — 사량도
   * 사량도여객선 (1일 6회, 07:00 / 09:00 / 11:00 / 13:00 / 15:00 / 17:00)
   * 주말·공휴일, 동계·하계 운행 횟수 다르므로 사량수협 홈페이지 참조
3. 사량도 순환버스 (상도 = 윗섬)
   * 1일 9회 (06:50 / 07:50 / 08:50 / 09:50 / 10:50 / 11:50 / 13:50 / 15:50 / 17:50)
   * 08:50 / 10:50분 버스는 하계 주말에만 운행하며, 동계(11월1일 ~ 3월31일)에는 미운행함.
   * 오전은 시계 방향, 오후는 반시계 방향으로 운행함. (노선 : 진촌 – 옥동 – 사금 – 돈지 – 내지 – 답포 – 대항 – 진촌)
3-1. 사량도 순환버스 (하도 = 아랫섬)
   * 1일 7회 (06:50 / 07:50 / 09:50 / 11:50 / 13:50 / 15:50 / 17:50)
   * 06:50 / 09:50 / 13:50분 버스는 시계 방향, 나머지는 반시계 방향으로 운행함. (노선 : 진촌 – 먹방 – 백학 – 통포 – 백학 – 능양 – 외지 – 읍포 – 덕동 – 진촌)
4. 고성여객자동차터미널 — 하일·상족암·하이행 농어촌버스 이용 — 용암포정류장에서 하차 — 풍양카페리터미널까지 약 400m 도보 이동 — 사량도행 풍양호 카페리 이용
   * 249쪽 연화산 교통편 1번 참조
   * 하일·상족암·하이행농어촌버스 (1일 3회, 08:00 / 12:20 / 17:00)
   * 사량도행 풍양호 카페리 풍양카페리(주) 홈페이지 참조

■ 경남 고성군의 남쪽, 한려해상 가운데 위치한 사량도는 윗섬(상도)과 아랫섬(하도)으로 이뤄졌으며, 행정상으로는 통영시 사량면에 속한다. 윗섬에는 동서로 가로지르는 지리산을 위시하여 달바위, 가마봉, 옥녀봉등이 솟아 있다. 높이는 400m가 채안 되지만 암릉과 기암괴석이 어우러져 경관이 빼어나다. 정상에서의 조망은 잔잔한 한려해상에 떠 있는 크고 작은 섬들의 풍광이 한 폭의 그림과 같고, 동쪽 옥녀봉 일대의 빼어난 경관은 설악의 용아장성을 연상케 하는 절경을 연출한다.

문 의
통영시청 관광과 ☎ 1577-0557

* 시각표는 2024년 11월 기준이며 변동될 수 있음.

252 계룡산 (선자산)

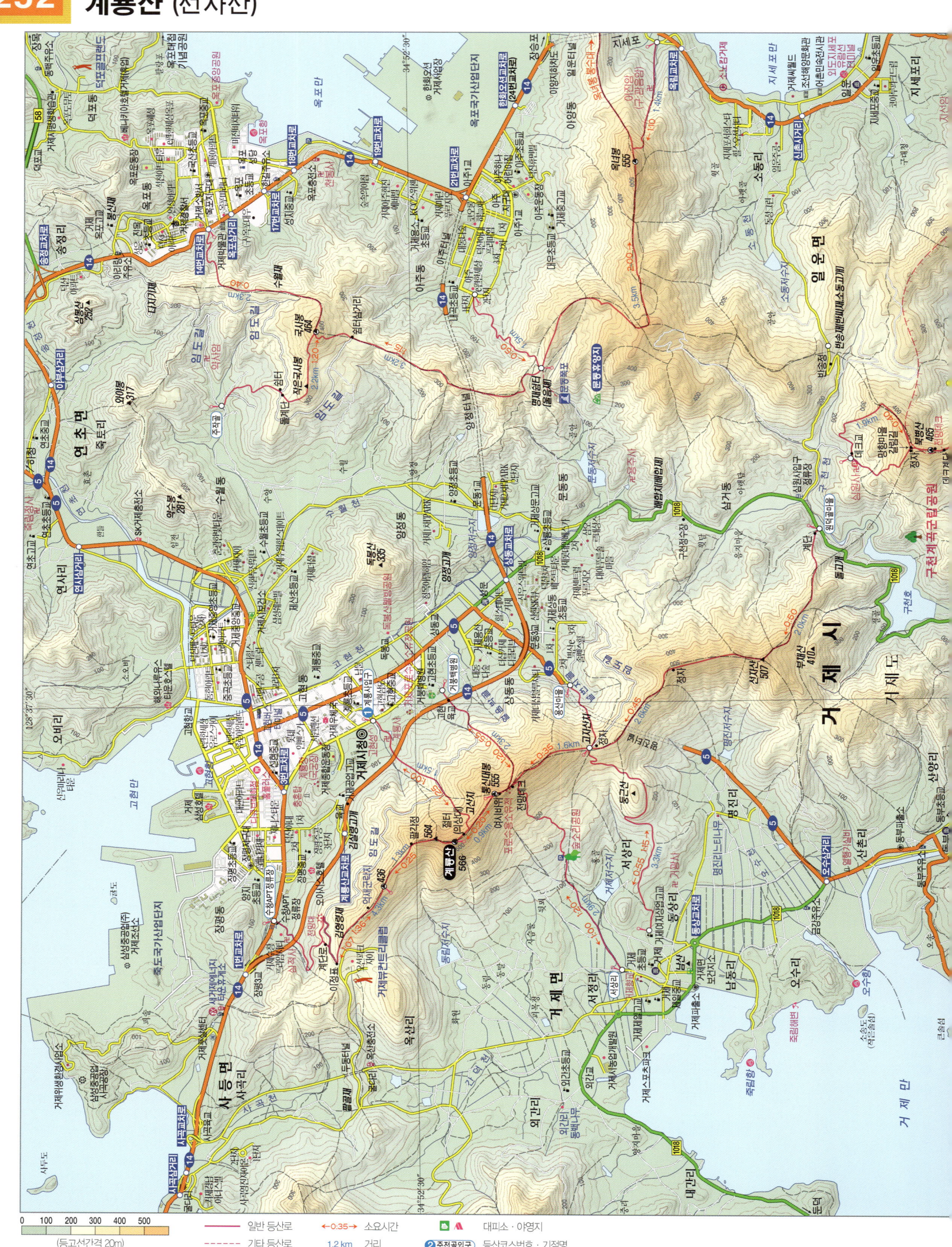

노자산 · 가라산 253

경상도편

252 계룡산 566m / 노자산 565m / 가라산 585m

서울남부터미널에서 고속버스로 거제 고현에서 내려 시내버스를 이용하여 시청 또는 포로수용소정류장에서 내린다.

위치 : 경상남도 거제시 신현읍·거제면·동부면 남부면

▲ 계룡산 정상

▲ 노자산 전경

등산코스

계룡산
1. 계룡사입구 — 1.5km/1시간25분 — 계룡산 — 0.9km/20분 — 통신대봉 — 2.9km/1시간 — 서상리
2. 거제공설운동장 — 2.5km/1시간40분 — 계룡산

노자산
1. 거제자연휴양림 — 1.8km/1시간 — 전망대 — 0.6km/25분 — 노자산
2. 부춘리(해양사) — 2.0km/50분 — 노자산

가라산
1. 다대마을(우측능선) — 2.6km/1시간50분 — 가라산
2. 다대마을(좌측능선) — 2.6km/1시간45분 — 가라산
3. 오지막마을 — 1.8km/50분 — 진마이재 — 0.9km/40분 — 가라산

*이 밖에 노자산과 가라산을 잇는 종주 산행 코스가 있다.

단면도

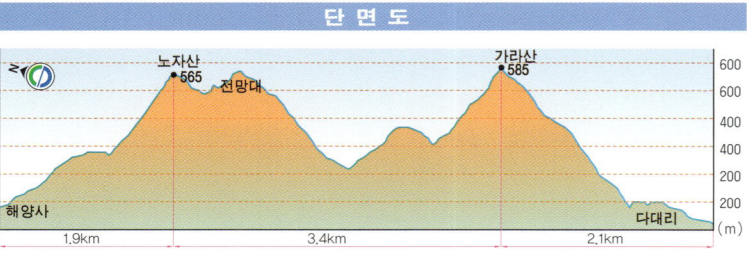

교통편

계룡산
1. 서울남부터미널 — 시외버스 이용 — 거제고현버스터미널
   * 거제 고현행 시외버스 (수시 운행, 06:40 ~ 23:30)
2. 터미널정류장
   ① 시내 순환 100번대 시내버스 이용 (수시 운행) — 백병원 정류장에서 하차
   ② 40번대 버스, 50번대 버스 이용 (수시 운행) — 수창APT 정류장에서 하차

노자산
1. 터미널정류장 — 거제자연휴양림, 거제케이블카 경유하는 55번, 67번, 67-1번 시내버스 이용 — 거제케이블카승강장정류장 — 거제파노라마케이블카 이용 — 노자산
   * 해금강행 55번 시내버스
     (1일 6회, 06:25 / 09:05 / 11:05 / 13:05 / 17:05 / 19:15)
   * 능포행 67번 시내버스
     (1일 1회, 05:40)
   * 능포행 67-1번 시내버스
     (1일 6회, 08:05 / 10:05 / 12:15 / 14:05 / 16:05 / 18:05)
   * 쪽빛바다버스는 2024년 5월부터 운행 중단되었음.

가라산
1. 상단 노자산 교통편 1번 참조
2. 터미널정류장 — 거제 휴양림, 케이블카 경유 해금강행 55번 시내버스 이용 — 내춘정류장에서 하차
   * 해금강행 55번 시내버스
     (1일 6회, 06:25 / 09:05 / 11:05 / 13:05 / 17:05 / 19:15)
3. 터미널정류장 — 다대, 다포 경유 홍포행 53번, 54-1번, 55-1번 시내버스 이용 — 다대교회정류장에서 하차
   * 53번 버스
     (1일 4회, 13:45 / 15:45 / 17:45 / 19:45)
   * 54-1번 버스
     (1일 2회, 07:05 / 11:45)
   * 55-1번 버스
     (1일 1회, 15:05)

▲ 가라산에서 본 해금강

■ 제주도 다음으로 큰 섬인 거제도 중앙부에 솟은 계룡산은 산정의 바위 봉이 삐죽삐죽 솟아 마치 닭벼슬 같은 형상이고, 산이 용트림하면서 구천계곡을 이뤘다 하여 산 이름을 계룡산으로 부르게 되었다. 주능선이 남북으로 길게 뻗어 단조롭게 보이지만, 능선 상에는 암릉과 억새밭의 조화가 아름답고 남해 바다의 탁 트인 조망은 섬 산행에서만 느낄 수 있는 감동을 준다. 날씨가 좋으면 일본의 대마도가 선명하게 보인다.

■ 거제도 남쪽에 솟은 노자산과 가라산 또한 이 지역의 명산이다. 두 산은 경관이 수려하기로 유명한데 봄, 여름의 야생화와 가을 단풍이 일품이다. 두 산은 인근에 학동흑진주몽돌해변, 동백림 숲, 거제 해금강 등의 관광 명소가 있고 거제 동쪽의 해맞이 산행지로도 인기있는 곳이다.

축제·볼거리

1. 거제 옥포대첩 축제
옥포대첩 축제는 임진왜란 첫 승전인 옥포대첩을 기념하는 행사로 매년 6월 중순 개최되며 문화 예술 공연, 민속 행사, 승전 행렬 등 다채로운 행사가 열린다.
문) 055-680-1000(거제시 문화예술재단)

2. 거제장 (4, 9일)
경남 거제시 거제면 서상리 일대에서 열리며 해산물, 농산물, 의류 등이 거래된다.

문 의
거제시청 ☎ 055-639-3000

* 시각표는 2024년 11월 기준이며 변동될 수 있음.

---

256 금산 701m

서울남부터미널에서 시외버스로 남해에서 내려 군내버스로 복곡 또는 상주리로 이동한다.

위치 : 경상남도 남해군 상주면

▲ 남해 금산 기암군

등산코스

금산
1. 금산탐방지원센터 — 2.6km/1시간35분 — 금산
2. 두모계곡 — 2.8km/2시간 — 금산 — 2.6km/1시간35분 — 금산탐방지원센터

단면도

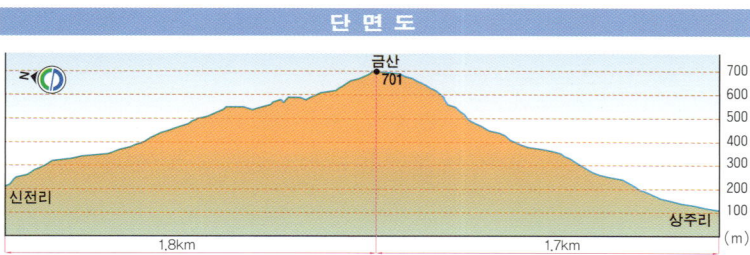

교통편

금산
1. 서울남부터미널 — 시외버스 이용 — 남해공용터미널
   * 남해행 시외버스
     (1일 7회, 07:10 / 09:10 / 11:30 / 13:00 / 14:20 / 16:30 / 19:30)
   ① 남해공용터미널 — 복곡1주차장 종점행 농어촌버스 이용 — 복곡(제1주차장)종점정류장
     * 복곡정류장에서 하차 후 제2주차장까지 운행하는 셔틀버스(왕복 3,400원) 이용 — 제2주차장에서 하차 후 보리암까지 등산
     * 터미널발 복곡 종점행 농어촌버스
       (1일 2회, 08:00/17:10)
   ② 남해공용터미널 — 상주 경유 미조행 농어촌버스 이용 — 금평정류장에서 하차 후 복곡 제1주차장까지 도보 이동 후 셔틀버스 이용 — 제2주차장에서 하차 후 등산
   ③ 남해공용터미널 — 상주 경유 미조행 농어촌버스 이용 — 두모현 또는 신보탄정류장에서 하차
     * 상주경유 미조행 군내버스
       (1일 13회, 06:30 / 07:25 / 08:30 / 09:50 / 10:50 / 11:50 / 13:10 / 14:20 / 15:35 / 16:45 / 18:25 / 19:00 / 20:20)

■ 제주도, 거제도, 진도, 강화도에 이어 우리나라에서 다섯 번째로 큰 섬인 남해도에 위치하는 금산은 남해도에서 가장 높은 산으로 예로부터 남해 소금강으로 불릴 만큼 산세가 수려하다. 산의 규모는 크지 않으나 남해도의 남쪽 바닷가에 급박하면서 솟아 그 위용이 당당하고 산 위에는 정상인 대장봉을 비롯하여 향로봉, 화엄봉, 일월봉, 망월대, 상사바위 등 기암 석봉이 난립하여 금산 38경을 이룰 만큼 경관이 빼어나다. 이 산은 북쪽으로 산 위에까지 찻길이 나 있어 산행의 보람을 반감시키고 있으나 산 남쪽 바닷가가 바로 유명한 상주은모래비치(해변)이어서 여름철 해수욕을 겸해 산행을 즐길 수 있는 관광 등산 대상지로 인기가 높다.

정상에서 조망되는 한려수도의 아름다운 경관은 이 산의 진가를 더해주고 있다.

축제·볼거리

1. 보물섬 미조항 멸치&수산물 축제
매년 5월 초 남해군 미조면 미조항 일원에서 열리는 축제이다. 주요 행사로는 고유제, 용왕제, 다양한 퍼포먼스, 시식회 및 판매 장터 운영, 체험, 전시회 등이 있다.

2. 남해장(南海場) (2, 7일)
경남 남해군 남해읍 북변리 일원에서 열리며 마늘, 곡물류, 잡화류 등이 거래된다.

3. 보리암(菩提庵)
정상 남쪽 바로 아래에 위치한 이 절은 신라 때 원효대사가 수도하던 중 관세음보살을 친견한 후 절을 짓고 보광사라 하였는데 이후 조선 이성계가 이 절에서 백일기도를 한 후 왕위에 올라 이 산의 이름을 금산으로 명명했다고 한다.

▲ 미조항

문 의
남해군청 ☎ 055-860-3114

* 시각표는 2024년 11월 기준이며 변동될 수 있음.

금산 255

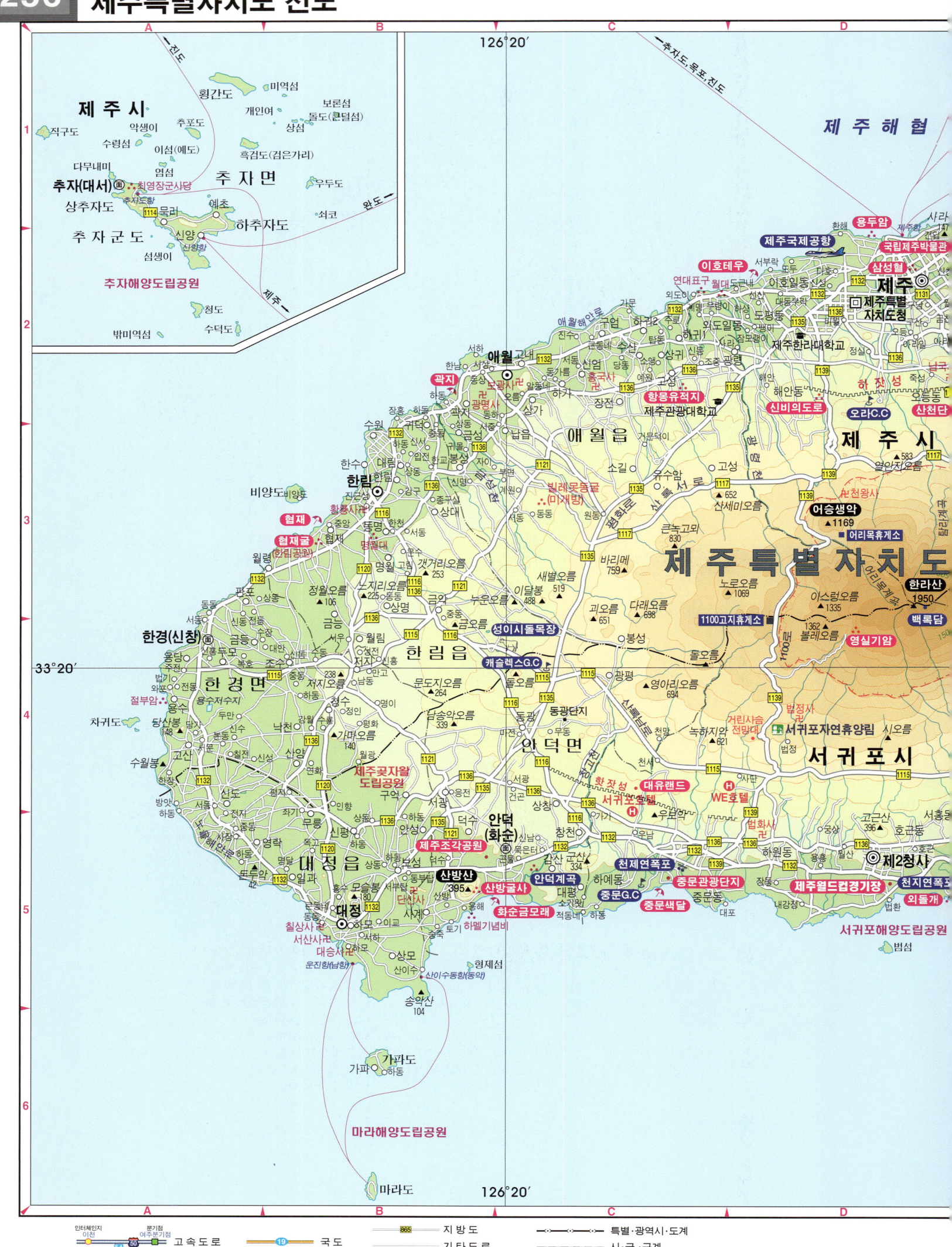
제주특별자치도 전도

제주특별자치도 전도

산명		대유랜드	C4	성판악휴게소	E3	제주월드컵경기장	D5	시청·읍사무소	
한라산	D4	돈내코유원지	E4	세화해변	G2	제주조각공원	B5	제주시	D2
녹하지악	C4	마라도	B6	송악산	B6	중문관광단지	C5	서귀포시	E5, D3
성널오름	E3	만장굴	F2	수악계곡	E4	중문색달해수욕장	C5	구좌읍	G2
어승생악	D3	문주란자생지	H2	신양섭지해수욕장	B6	천제연폭포	C5	남원읍	F5
영주산	G3	백록담	D4	안덕계곡	C5	천지연폭포	D5	대정읍	B5
		비자림	G2	영실기암	D4	표선해수욕장	G4	성산읍	H3
주요 관광지		산굼부리(분화구)	F3	오라컨트리클럽	D3	한라산국립공원	E3	애월읍	B2
곽지해수욕장	B2	산방굴사	B5	용두암	D2	함덕해수욕장	F1	조천읍	E1
김녕해수욕장	F1	삼성혈	D2	외돌개	D5	망동유적지	C2	한림읍	B3
더시에나컨트리클럽	E3	삼양해수욕장	E2	이호태우해수욕장	D2	협재굴(한림공원)	B3		
		성산일출봉	H2	정방폭포	E5	협재해수욕장	B3		
		성읍민속마을	G3	제주민속촌	G4	화순금모래해수욕장	C5		

축척 1:200,000

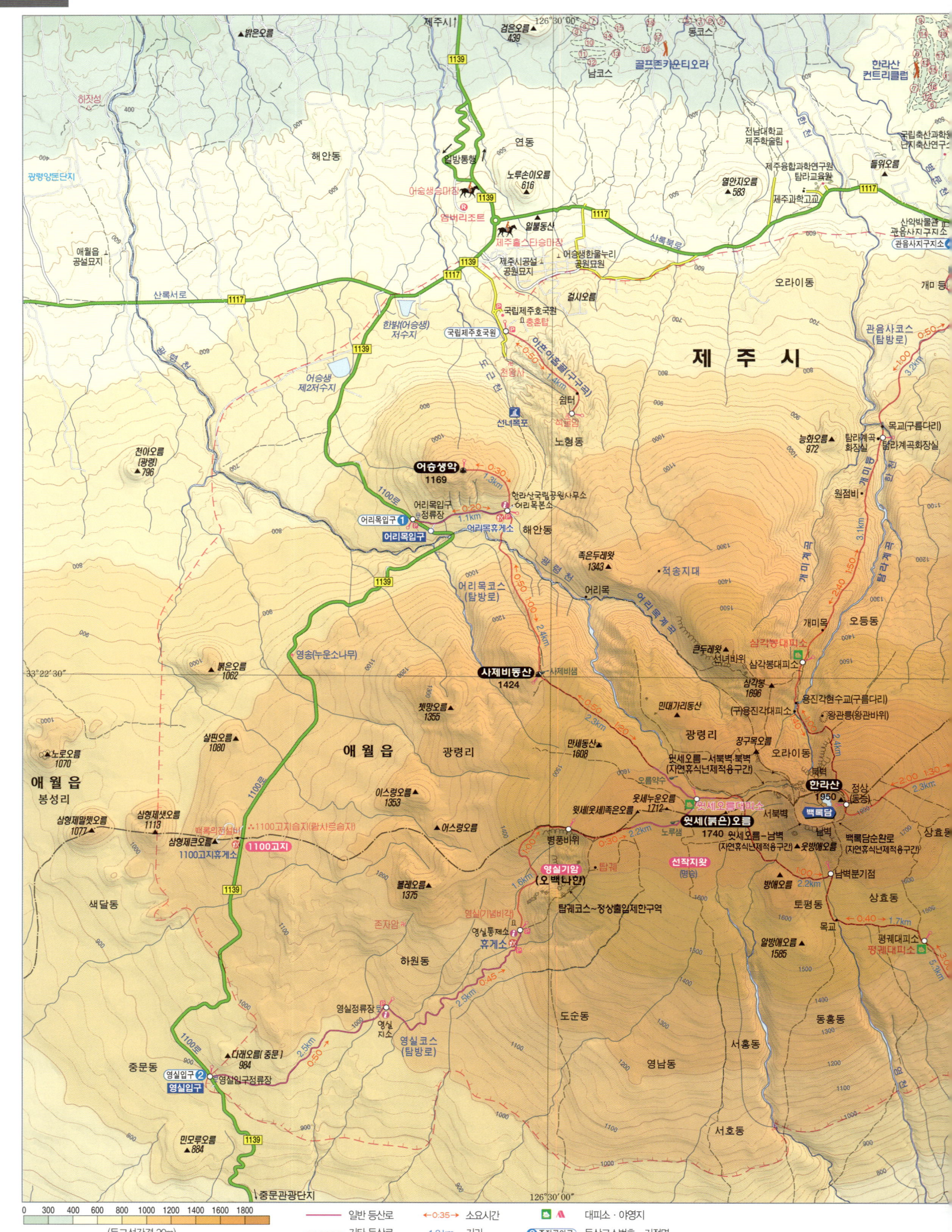

제주특별자치도편

258 한라산 1950m

항공편이나 배편으로 제주도에 도착하여 버스나 렌터카로 관음사, 성판악대피소, 영실입구, 어리목입구 등지에서 하차한다.
위치 : 제주특별자치도 제주시·애월읍·조천읍·서귀포시·남원읍

■ 우리나라에서 가장 큰 섬인 제주도의 한복판에 솟아 있는 해발 1950m의 한라산은 남한에서 제일 높은 산으로 예로부터 삼신산의 하나인 영주산(瀛洲山)으로 신성시 해 온 명산이다. 아스피데식 화산인 이 산은 생성기가 다른 조면암층과 현무암층이 섞여 산의 서쪽 지역은 먼저 분출된 조면암으로 이루어진 반면 동쪽을 비롯한 다른 지역은 나중에 분출된 현무암으로 뒤덮여 있다. 특히, 산정에는 화산 폭발로 생긴 화구호인 백록담(白鹿潭)이 있는데 그 옛날 흰사슴이 이곳에 와서 물을 마셨다는 전설과 함께 이 산의 신비를 더해주고 있다

■ 한라산의 전체적인 산세는 동쪽과 서쪽, 북은 경사가 완만하나 남쪽은 급경사를 이루고 산정으로부터 펼쳐져 내리는 산자락은 화산지형이기 때문에 여느 산에서와 같은 뚜렷한 산줄기나 골짜기를 이루지 않은 채 윗세오름, 어승생악, 흙붉은오름, 사라오름, 성널오름 등 360여 개의 크고 작은 기생화산을 거느리며 서서히 그 자락을 낮추고 있으며, 이 산자락에 골을 이룬 탐라계곡, 개미계곡, 아흔아홉골, 어리목계곡, 영실계곡은 지반이 현무암질이라 물이 바로 스며들어 보통 때는 물이 말라있고 비가 오면 급류를 이룬다.

■ 한라산은 위치와 고도상으로 난대, 온대, 한대의 기후대가 공존하여 식물의 분포대가 명확하기로는 세계적으로 유명한데 무려 150과 1700여 종의 식물이 분포하고 있어 가히 식물의 보고라고 할 수 있다. 그래서 한라산은 전면적이 천연보호지역으로 지정되어 있으며, 1970년 3월 국립공원으로 지정되었다. 한라산의 등산은 국립공원관리소 측의 입산 규정에 따라 상황이 달라지는데 현재 한라산 내에서는 당일 산행만 가능하고 계절별로도 입산 마감 시간이 정해져 있기 때문에 사전에 관리소 측에 입산 관계를 알아보는 것이 바람직하다.

표선민속오일시장(2, 7일)
서귀포시 표선면 표선리 1001-1번지
고성오일시장(4, 9일)
서귀포시 성산읍 고성리 1180-34

3.영실기암(靈室奇岩)
산정 서남쪽 3km 지점은 조면암의 암봉과 석벽이 풍화작용에 의해 기승을 이룬 곳으로, 그 지형지세가 석가가 제자들을 설법하던 영취산과 흡사하여 영실동이라 하였다고 하며, 한편으론 그 형상이 억센 나한들이나 장군들이 늘어서 있는 것 같다 하여 오백나한 또는 오백장군이라고도 한다.

4.관음사(觀音寺)
한라산 북쪽 기슭에 자리한 이 절은 창건 연대는 알 수 있지만 한라산 북쪽 등산로의 기점으로 중요한 역할을 하고 있다.

▲ 한라산 윗세오름의 운해

등산코스

한라산
1. 어리목입구 1.1km/20분 어리목휴게소 2.4km/1시간 사제비동산약수터 2.3km/1시간20분 윗세오름대피소
2. 영실입구 2.5km/50분 영실매표소 2.5km/45분 영실휴게소 1.6km/1시간 병풍바위 2.2km/30분 윗세오름대피소
3. 성판악입구 3.5km/1시간20분 속밭대피소 2.1km/1시간 사라오름입구 1.5km/1시간 진달래밭대피소 2.3km/2시간 백록담
4. 관음사지구안내소 3.2km/1시간 탐라계곡대피소 3.1km/2시간40분 삼각봉대피소 2.4km/1시간40분 백록담

단면도

한라산 1950
어승생악 1172
산록도로
돈내코유원지
2.8km 5.4km 4.9km

교통편

제주도
항공편
김포공항, 청주공항, 울산공항, 광주공항, 김해공항, 대구공항, 양양공항, 무안공항, 군산공항, 원주공항, 여수공항, 포항경주공항, 사천공항
배편
목포항, 진도항, 여수항, 완도항, 고흥 녹동항, 삼천포항
한라산
제주터미널 – 1100도로 경유 중문행 240번 버스 이용 – 어리목입구 또는 영실매표소앞정류장
제주터미널 – 5.16도로 경유 서귀포행 181번 또는 281번 버스 이용 – 성판악정류장
제주터미널 – 산천단행 또는 경유 버스 이용 – 산천단정류장에서 관음사행 475번 버스로 환승

▲ 사제비동산에서 본 제주시

▲ 영실기암

▲ 천제연폭포

▲ 대포 주상절리

축제·볼거리

2.제주도 5일장
제주시민속오일시장(2, 7일)
제주시 도두일동 1212번지
한림민속오일시장(4, 9일)
제주시 한림읍 대림리 1698-4
세화해녀민속오일시장(5, 10일)
제주시 구좌읍 세화리 1500-5번지
함덕민속오일시장(1, 6일)
제주시 조천읍 함덕리 972-7번지
중문향토오일시장(3, 8일)
서귀포시 중문동 2123-1번지
대정(모슬포)오일시장(1, 6일)
서귀포시 대정읍 하모리 1089-15
서귀포향토오일시장(4, 9일)
서귀포시 동홍동 779-1번지

문 의

제주시청 ☎ 064-120
서귀포시청 ☎ 064-120
한라산국립공원사무소
☎ 064-713-9950~1
성판악지소 ☎ 064-725-9950
영실지소 ☎ 064-747-9950
관음사지소 ☎ 064-756-9950
돈내코지구안내소 ☎ 064-710-6920

* 시각표는 2024년 11월 기준이며 변동될 수 있음.

국립 자연휴양림

	휴양림	주소	객실	야영장	수용인원	이용안내
경기도	산음(양평)자연휴양림(2000년 개장)	경기도 양평군 단월면 고북길 347	47개	43개	1일 400명~440명	031-774-8133
	아세안(양주)자연휴양림(2015년개장)	경기도 양주시 백석읍 기산로 472	23개	없음	1일 100명~110명	031-871-2796
	운악산(포천)자연휴양림(2007년개장)	경기도 포천시 화현면 화동로 184	24개	없음	1일 150명~190명	031-534-6330
	유명산(가평)자연휴양림(1989년 개장)	경기도 가평군 설악면 유명산길 79-53	54개	99개	1일 800명~810명	031-589-5487
	중미산(양평)자연휴양림(1991년개장)	경기도 양평군 옥천면 중미산로 1152	15개	38개	1일 290명~300명	031-771-7166
	무의도(인천)자연휴양림(2022년개장)	인천광역시 중구 하나개로 74	20개	없음	1일 80명~90명	032-751-0426
강원특별자치도	가리왕산(정선)자연휴양림(1993년개장)	강원특별자치도 정선군 정선읍 가리왕산로 791	24개	35개	1일 220명~240명	033-562-5833
	검봉산(삼척)자연휴양림(2008년개장)	강원특별자치도 삼척시원덕읍 임원안길 525-145	16개	22개	1일 200명~230명	033-574-2553
	대관령(강릉)자연휴양림(1989년개장)	강원특별자치도 강릉시 성산면 삼포암길 133	37개	30개	1일 370명~390명	033-641-9990
	두타산(평창)자연휴양림(2008년개장)	강원특별자치도 평창군 진부면 아차골길 132	21개	20개	1일 200명~210명	033-334-8815
	미천골(양양)자연휴양림(1993년개장)	강원특별자치도 양양군 서면 미천골길 115	22개	47개	1일 500명~510명	033-673-1806
	방태산(인제)자연휴양림(1997년개장)	강원특별자치도 인제군 기린면 방태산길 241	*휴양림 시설물 보수 공사중			033-463-8590
	백운산(원주)자연휴양림(2006년개장)	강원특별자치도 원주시 판부면 백운산길 81	20개	없음	1일 100명~120명	033-766-1063
	복주산(철원)자연휴양림(2003년개장)	강원특별자치도 철원군 근남면 하오재로 818	24개	없음	1일 120명~130명	033-458-9426
	삼봉(홍천)자연휴양림(1992년개장)	강원특별자치도 홍천군 내면 삼봉휴양길 276	25개	17개	1일 230명~250명	033-435-8536
	용대(인제)자연휴양림(1994년개장)	강원특별자치도 인제군 북면 연화동길 7	25개	10개	1일 150명~160명	033-462-5031
	용화산(춘천)자연휴양림(2006년개장)	강원특별자치도 춘천시 사북면 사여골길 294	23개	30개	1일 300명~320명	033-243-9261
	청태산(횡성)자연휴양림(1993년개장)	강원특별자치도 횡성군 둔내면 청태산로 610	44개	28개	1일 430명~450명	033-343-9707
	화천숲속(화천)야영장(2018년개장)	강원특별자치도 화천군 간동면 배후령길 1144	없음	43개	1일 240명~260명	033-441-4466
충청북도	상당산성(청주)자연휴양림(2012년개장)	충북 청주시 청원구 내수읍 덕암2길 162	33개	없음	1일 160명~180명	043-216-0052
	속리산말티재(보은)자연휴양림(2002년개장)	충북 보은군 장안면 속리산로 256	25개	없음	1일 120명~130명	043-543-6282
	황정산(단양)자연휴양림(2007년개장)	충북 단양군 대강면 황정산로 239-11	27개	8개	1일 200명~210명	043-421-0608
충청남도	오서산(보령)자연휴양림(2001년개장)	충남 보령시 청라면 오서산길 531	30개	8개	1일 150명~160명	041-936-5465
	용현(서산)자연휴양림(2005년개장)	충남 서산시 운산면 마애삼존불길 339	22개	20개	1일 230명~240명	041-664-1971
	희리산(서천)자연휴양림(1999년개장)	충남 서천군 종천면 희리산길 206	33개	62개	1일 600명~620명	041-953-2230
전북특별자치도	덕유산(무주)자연휴양림(1993년개장)	전북특별자치도 무주군 무풍면 구천동로 530-62	34개	28개	1일 320명~330명	063-322-1097
	변산(부안)자연휴양림(2014년개장)	전북특별자치도 부안군 변산면 변산로 3768	51개	없음	1일 240명~250명	063-581-9977
	운장산(진안)자연휴양림(2000년개장)	전북특별자치도 진안군 정천면 휴양림길 77	29개	20개	1일 270명~280명	063-432-1193
	회문산(순창)자연휴양림(1993년개장)	전북특별자치도 순창군 구림면 안심길 214	17개	8개	1일 140명~150명	063-653-4779
	신시도(군산)자연휴양림(2021년개장)	전북특별자치도 군산시 옥도면 신시도길 271	53개	없음	1일 210명~220명	063-464-5580
전라남도	낙안민속(순천)자연휴양림(2004년개장)	전남 순천시 낙안면 민속마을길 1600	23개	없음	1일 100명~110명	061-754-4400
	방장산(장성)자연휴양림(2000년개장)	전남 장성군 북이면 방장로 353	20개	없음	1일 110명~120명	061-394-5523
	진도(진도)자연휴양림(2017년개장)	전남 진도군 임회면 동령개길 1-92	26개	없음	1일 160명~170명	061-542-2346
	천관산(장흥)자연휴양림(1995년개장)	전남 장흥군 관산읍 칠관로 842-1150	12개	13개	1일 140명~150명	061-867-6974
경상북도	검마산(영양)자연휴양림(1997년개장)	경북 영양군 수비면 검마산길 191	16개	24개	1일 200명~210명	054-682-9009
	김천숲속(김천)야영장(2024년개장)	경북 김천시 대덕면 조룡길 865	없음	15개	1일 70명~80명	054-435-7257
	대야산(문경)자연휴양림(2009년개장)	경북 문경시 가은읍 용추길 31-35	33개	8개	1일 240명~250명	054-571-7181
	운문산(청도)자연휴양림(2000년개장)	경북 청도군 운문면 운문로 763	44개	25개	1일 380명~390명	054-373-1327
	청옥산(봉화)자연휴양림(1991년개장)	경북 봉화군 석포면 청옥로 1552-163	15개	69개	1일 500명~510명	054-672-1051
	칠보산(영덕)자연휴양림(1993년개장)	경북 영덕군 병곡면 칠보산길 587	41개	17개	1일 300명~310명	054-732-1607
	통고산(울진)자연휴양림(1992년개장)	경북 울진군 금강송면 불영계곡로 880	24개	24개	1일 230명~240명	054-783-3167
경상남도	달음산(부산 기장)자연휴양림(2018년개장)	부산광역시 기장군 일광읍 화용길 299-106	24개	없음	1일 110명~120명	051-722-3023
	신불산(울산 울주)자연휴양림(1998년개장)	울산광역시 울주군 상북면 청수골길 175	41개	17개	1일 280명~290명	052-254-2123
	지리산(함양)자연휴양림(1996년개장)	경남 함양군 마천면 음정길 152	36개	8개	1일 240명~250명	055-963-8133
	남해편백(남해)자연휴양림(1998년개장)	경남 남해군 삼동면 금암로 658	38개	10개	1일 250명~270명	055-867-7881
	용지봉(김해)자연휴양림(2022년개장)	경남 김해시 대청계곡길 170-36	16개	없음	1일 60명~70명	055-326-0133

※이용시간: 숙박시설(당일15:00 ~ 익일12:00), 일일개장(09:00 ~ 18:00)

전국 오일장

경기도	5일장	장날	주소
가평군	가평잣고을시장	5, 10	경기도 가평군 가평읍 장터2길 12
	설악 눈메골시장	1, 6	경기도 가평군 설악면 신천중앙로 104-1
	청평여울시장	2, 7	경기도 가평군 청평면 시장중앙로 19
	조종시장	4, 9	경기도 가평군 조종면 현창로 25
광주시	경안시장	3, 8	경기도 광주시 경안로25번길 14-1
김포시	김포5일장	2, 7	경기도 김포시 김포대로 955
	하성(마송)5일장	4, 9	경기도 김포시 하성면 태산로 9-15
	양곡5일장	1, 6	경기도 김포시 양촌읍 양곡로 532번길 24
	마송(통진)5일장	3, 8	경기도 김포시 통진읍 서암로 98
동두천시	동두천큰시장	5, 10	경기도 동두천시 큰시장로 54-1
안성시	안성시장	2, 7	경기도 안성시 시장길 37
	죽산시장	5, 10	경기도 안성시 죽산면 중서길 8-9
	중앙시장	2, 7	경기도 안성시 장기로 435번길 30
	일죽시장	금요장	경기도 안성시 일죽면 금일로 458-10
양주시	가납시장	4, 9	경기도 양주시 광적읍 가래비7길 5
	덕정시장	2, 7	경기도 양주시 덕정4길
	신산시장	2, 7	경기도 양주시 남면 개나리길 79-6
양평군	양수리전통시장 (구:양서시장)	1, 6	경기도 양평군 양서면 양수로150번길
	양평물맑은전통시장	3, 8	경기도 양평군 양평읍 양평장터길 15
	용문천년시장	5, 10	경기도 양평군 용문면 용문시장1길 8
	양동쌍학시장	4, 9	경기도 양평군 양동면 양동시장길 2
여주시	여주5일장	5, 10	경기도 여주시 여흥로 11번길 53
	가남5일장	1, 6	경기도 여주시 가남읍 태평중앙1길
	대신장	4, 9	경기도 여주시 대신면 여양로 1458
연천군	연천5일장	2, 7	경기도 연천군 연천읍 차현로 93-10
	전곡5일장	4, 9	경기도 연천군 전곡읍 은전로 72-16
용인특례시	백암5일장	1, 6	경기도 용인특례시 처인구 백암면 백암로201번길 11
	용인중앙시장	5, 10	경기도 용인특례시 처인구 금령로107번길 13(김량장동)
이천시	관고전통시장	2, 7	경기도 이천시 중리천로31번길 22(관고동)
	장호원전통시장	4, 9	경기도 이천시 장호원읍 서동대로8965번길 36
파주시	금촌5일장	1, 6	경기도 파주시 금릉로 88
	연풍5일장	1, 6	경기도 파주시 파주읍 연풍5길 일원
	광탄경매일장	3, 8	경기도 파주시 광탄면 혜음로 1118
	문산자유시장	4, 9	경기도 파주시 문산읍 문향로 57
	봉일천전통시장	2, 7	경기도 파주시 조리읍 봉천로 37
	광탄 신산5일장	5, 10	경기도 파주시 광탄면 동거리길 22
	적성5일장	5, 10	경기도 파주시 적성면 솔뒤로 20
평택시	서정리전통시장	2, 7	경기도 평택시 서정역로 37(서정동)
	송탄시장 (구:송북시장)	4, 9	경기도 평택시 탄허로346번길 38
	안중시장	1, 6	경기도 평택시 안중읍 안현로4길 34
	통복5일장	5, 10	경기도 평택시 통복시장로25번길 10(통복동)
	팽성(안정)5일장	3, 8	경기도 평택시 팽성읍 안정쇼핑로 35
포천시	신읍5일장	5, 10	경기도 포천시 군내면 호국로 1553
	송우5일장	4, 9	경기도 포천시 소흘읍 송우로 21번길 11
	내리5일장	1, 6	경기도 포천시 내촌면 내촌로 54
	양문5일장	4, 9	경기도 포천시 영중면 양문로9길 7
	일동5일장	2, 7	경기도 포천시 일동면 화동로 1092
	이동5일장	3, 8	경기도 포천시 이동면 장암1길 14-1
	운천5일장	4, 9	경기도 포천시 영북면 영북로177번길 25
	관인5일장	2, 7	경기도 포천시 관인면 관인로 18
화성특례시	남양시장	1, 6	경기도 화성특례시 남양읍 남양시장로 69
	발안시장	5, 10	경기도 화성특례시 향남읍 평2길 7(발안만세시장)
	사강시장	2, 7	경기도 화성특례시 송산면 사강로 189
	조암시장	4, 9	경기도 화성특례시 우정읍 조암남로 8

강원특별자치도	5일장	장날	주소
강릉시	주문진전통시장	1, 6	강원특별자치도 강릉시 주문진읍 구시장길 8-1
	옥계시장	4, 9	강원특별자치도 강릉시 옥계면 현내시장길 78
고성군	거진장	1, 6	강원특별자치도 고성군 거진읍 거진시장길 15
	간성장	2, 7	강원특별자치도 고성군 간성읍 간성북로 7번길 14
동해시	북평민속시장	3, 8	강원특별자치도 동해시 오일장길 32
삼척시	근덕교가시장	1, 6	강원특별자치도 삼척시 근덕면 교가길 19
	중앙시장	2, 7	강원특별자치도 삼척시 진주로 12-21 (남양동)
	호산시장	5, 10	강원특별자치도 삼척시 원덕읍 호산중앙로 10-1
양구군	양구5일장	5, 10	강원특별자치도 양구군 양구읍 중앙길 68
양양군	양양전통시장	4, 9	강원특별자치도 양양군 양양읍 남문5길 9
영월군	주천장	1, 6	강원특별자치도 영월군 주천면 주천시장길 30
	덕포장	4, 9	강원특별자치도 영월군 영월읍 덕포시장길 23
원주시	민속풍물시장	2, 7	강원특별자치도 원주시 풍물시장길 30
	문막시장	3, 8	강원특별자치도 원주시 문막읍 문막시장1길 52-10
인제군	기린전통시장	3, 8	강원특별자치도 인제군 기린면 기린로 34 일원
	신남5일장	3, 8	강원특별자치도 인제군 남면 신남로58번길 14-2 일원
	원통5일장	2, 7	강원특별자치도 인제군 북면 원통로178번길 11-1 일원
	서화5일장	1, 6	강원특별자치도 인제군 서화면 천도로 126 일원
	인제전통시장	4, 9	강원특별자치도 인제군 인제읍 비봉로16번길 1 일원
정선군	정선5일장	2, 7	강원특별자치도 정선군 정선읍 봉양7길 39
	민둥산5일장터	4, 9	강원특별자치도 정선군 남면 무릉1로 114
	임계사통팔달시장	5, 10	강원특별자치도 정선군 임계면 송계2길 6
철원군	와수시장	1, 6	강원특별자치도 철원군 서면 와수로 182-1
	동송전통시장	5, 10	강원특별자치도 철원군 동송읍 금학로 218
	신철원전통시장	3, 8	강원특별자치도 철원군 갈말읍 삼부연로18번길 8-11
춘천시	풍물시장	2, 7	강원특별자치도 춘천시 영서로 2352-29
태백시	장성중앙일장	4, 14, 24	강원특별자치도 태백시 장성1길 190
	통리5일장	5, 15, 25	강원특별자치도 태백시 통골길 1
평창군	장평5일장	5, 10	강원특별자치도 평창군 용평면 금송1길 14
	미탄시장	1, 6	강원특별자치도 평창군 미탄면 미탄중앙로 28
	봉평전통시장	2, 7	강원특별자치도 평창군 봉평면 둥이장터길 5
	계촌민속5일장	2, 7	강원특별자치도 평창군 방림면 계촌길 100-10
	진부전통시장	3, 8	강원특별자치도 평창군 진부면 진부시장안길 23
	대화장터	4, 9	강원특별자치도 평창군 대화면 대화3길 38 일원
	평창올림픽시장	5, 10	강원특별자치도 평창군 평창읍 평창시장1길 10 일원
홍천군	홍천중앙(전통)시장	1, 6	강원특별자치도 홍천군 홍천읍 홍천로8길 17
	서석전통장터	3, 8	강원특별자치도 홍천군 서석면 풍암장터2길 49-27 일원
	남면전통시장	4, 9	강원특별자치도 홍천군 남면 양덕원로 84 (양덕원리)
	창촌장	5, 10	강원특별자치도 홍천군 내면 창촌로 31 일원
횡성군	안흥장	3, 8	강원특별자치도 횡성군 안흥면 안흥시장길
	횡성전통시장	1, 6	강원특별자치도 횡성군 횡성읍 문정로19번길 12-4
	둔내장	5, 10	강원특별자치도 횡성군 둔내면 둔내로51번길 일원
화천군	화천5일장	3, 8	강원특별자치도 화천군 화천읍 중앙로 30
	사창리 오일장	4, 9	강원특별자치도 화천군 사내면 사내4길 일원

충청북도	5일장	장날	주소
괴산군	괴산전통시장	3, 8	충청북도 괴산군 괴산읍 읍내로15길 14
	목도시장	4, 9	충청북도 괴산군 불정면 목도로1길 20
	연풍시장	2, 7	충청북도 괴산군 연풍면 향교로 홍문길 5
	청천푸른내시장	5, 10	충청북도 괴산군 청천면 청천3길 9-3
단양군	단양구경시장	1, 6	충청북도 단양군 단양읍 도전5길 31 일원
	매포전통시장	4, 9	충청북도 단양군 매포읍 평동24길 8
	영춘재래시장	3, 8	충청북도 단양군 영춘면 온달평강로 57 일원
보은군	관기전통시장	4, 9	충청북도 보은군 마로면 관기3길 6-7
	보은전통시장	1, 6	충청북도 보은군 보은읍 삼산로 17-20
	원남전통시장	3, 8	충청북도 보은군 삼승면 원남로3길 9-1 일원
	회인장터	4, 9	충청북도 보은군 회인면 회인로 34
	결초보은시장	1, 6	충청북도 보은군 보은읍 삼산남로 30
영동군	영동전통시장	4, 9	충청북도 영동군 영동읍 영동시장4길 37-14
	용산시장	5, 10	충청북도 영동군 용산면 용산로 338
	황간시장	2, 7	충청북도 영동군 황간면 남성로3길 4-8
	상촌임산시장	1, 6	충청북도 영동군 상촌면 민주지산로 3036
옥천군	옥천공설시장	5, 10	충청북도 옥천군 옥천읍 삼금로5길 5-14
	청산시장	2, 7	충청북도 옥천군 청산면 지전길 47-11
음성군	감곡전통시장	3, 8	충청북도 음성군 감곡면 장감로132번길 17
	무극시장	5, 10	충청북도 음성군 금왕읍 무극로 308번길 일원
	대소전통시장	3, 8	충청북도 음성군 대소면 오태로99번길 12 일원
	삼성시장	1, 6	충청북도 음성군 삼성면 대성로 615 일원
	음성전통시장	2, 7	충청북도 음성군 음성읍 시장로 111-1 일원
진천군	운수대통!생거진천전통시장	5, 10	충청북도 진천군 진천읍 원덕로 390
	진천중앙시장	5, 10	충청북도 진천군 진천읍 중앙동6길 일원
제천시	제천역전한마음시장	3, 8	충청북도 제천시 내토로28길2
	덕산전통시장	4, 9	충청북도 제천시 덕산면 약초로3길 24
	박달재전통시장	1, 6	충청북도 제천시 백운면 평동로 4-8
	제천중앙시장	3, 8	충청북도 제천시 풍양로 108
증평군	증평알뜰시장	1, 6	충청북도 증평군 증평읍 장뜰로 58-1
충주시	수안보풍물시장	1, 6	충청북도 충주시 수안보면 주정산로 53
	목행시장	2, 7	충청북도 충주시 행정13길 5-1
	주덕시장	1, 6	충청북도 충주시 주덕읍 시장길 5-1
	엄정내청시장	3, 8	충청북도 충주시 엄정면 내창로 186
	연원시장	4, 9	충청북도 충주시 금곡로 31
	충주민속5일풍물시장	5, 10	충청북도 충주시 충인1길 22
청주시	육거리종합시장	2, 7	충청북도 청주시 상당구 청남로2197번길 42
	내수전통시장	5, 10	충청북도 청주시 청원구 내수읍 마산3길 48
	오창전통시장	3, 8	충청북도 청주시 청원구 오창읍 팔결로 712

충청남도	5일장	장날	주소
공주시	산성시장	1, 6	충청남도 공주시 용담길 20
	유구전통시장	3, 8	충청남도 공주시 유구읍 시장길 33-1
금산군	금산금빛시장	2, 7	충청남도 금산군 금산읍 건삼전길 11
	마전시장	4, 9	충청남도 금산군 추부면 하마전로 9
논산시	강경대흥시장	4, 9	충청남도 논산시 강경읍 계백로105번길 8-4
	양촌시장	2, 7	충청남도 논산시 양촌면 매죽헌로1665번길 10-1
	연무안심시장	5, 10	충청남도 논산시 연무읍 연무로166번길 7-19
	연산시장	3, 8	충청남도 논산시 연산면 연산4길 10-8

*장날(2, 7) 숫자는 장이 열리는 날로써, 매월 2일, 7일, 12일, 17일, 22일, 27일 입니다.

전국 오일장

지역	시장명	장날	주소
당진시	당진전통시장	5, 10	충청남도 당진시 당진시장길 99
	신평시장	2, 7	충청남도 당진시 신평면 신평시장2길 19 일원
	합덕전통시장	1, 6	충청남도 당진시 합덕읍 버그내2길 128-25
보령시	동부시장	3, 8	충청남도 보령시 한내시장길 12
	웅천전통시장	2, 7	충청남도 보령시 웅천읍 장터5길 21-3 일원
	보령중앙시장	3, 8	충청남도 보령시 중앙시장3길 29 일원
	한내시장	3, 8	충청남도 보령시 한내시장길 12
	현대시장	3, 8	충청남도 보령시 대흥로 16
부여군	부여시장	5, 10	충청남도 부여군 부여읍 성왕로173번길 12
	외산시장	4, 9	충청남도 부여군 외산면 외산로 106-10
	은산시장	1, 6	충청남도 부여군 은산면 은산로 678 일원
	홍산시장	2, 7	충청남도 부여군 홍산면 홍산시장로 43-3
서산시	서산동부전통시장	2, 7	충청남도 서산시 시장1로 10
	해미시장	5, 10	충청남도 서산시 해미면 읍성마을2길 16 일원
서천군	서천특화시장	2, 7	충청남도 서천군 서천읍 충절로 42
	장항전통시장	3, 8	충청남도 서천군 장항읍 성하로 104
	한산전통시장	1, 6	충청남도 서천군 한산면 충절로1173번길 21-1
	판교시장	5, 10	충청남도 서천군 판교면 종판로887번길 26-8
	비인시장	4, 9	충청남도 서천군 비인면 비인로149번길 12
아산시	둔포전통시장	2, 7	충청남도 아산시 둔포면 둔포면로 25길 15일원
	온양온천역 풍물5일장	4, 9	충청남도 아산시 온천대로 1496 일원
예산군	고덕전통시장	3, 8	충청남도 예산군 고덕면 용고길 338-13
	광시시장	3, 8	충청남도 예산군 광시면 예당로 165-13
	덕산시장	4, 9	충청남도 예산군 덕산면 읍내길 12
	삽교시장	2, 7	충청남도 예산군 삽교읍 두리2길 56-1
	역전전통시장	3, 8	충청남도 예산군 예산읍 역전로 84
	예산시장	5, 10	충청남도 예산군 예산읍 예산시장길 4 일원
천안시	병천시장	1, 6	충청남도 천안시 동남구 병천면 병천2로 7 일원
	성환이화시장	4, 9	충청남도 천안시 서북구 성환읍 성환시장길 7
청양군	정산시장	5, 10	충청남도 청양군 정산면 정현길 54 일원
	청양시장	2, 7	충청남도 청양군 청양읍 칠갑산로6길 6 일원
홍성군	갈산정기시장	3, 8	충청남도 홍성군 갈산면 갈산로120번길 10
	광천전통시장	4, 9	충청남도 홍성군 광천읍 광천1길 45 일원
	홍성정기시장	1, 6	충청남도 홍성군 홍성읍 홍성천길 242 일원
	광천문화시장	4, 9	충청남도 홍성군 광천읍 광천로323번길 15-1

전북특별자치도	5일장	장날	주소
고창군	고창전통시장	3, 8	전북특별자치도 고창군 시장안길 29 일원
	무장전통시장	5, 10	전북특별자치도 고창군 무장면 왕제산로 725
	해리전통시장	4, 9	전북특별자치도 고창군 해리면 남시길 14
	흥덕전통시장	4, 9	전북특별자치도 고창군 흥덕면 흥덕시장길 3
	대산전통시장	2, 7	전북특별자치도 고창군 대산면 공음대산로 935
	상하전통시장	1, 6	전북특별자치도 고창군 상하면 상하1길 8-3
군산시	대야전통5일시장	1, 6	전북특별자치도 군산시 대야면 대야시장로 7-1
김제시	원평공설시장	4, 9	전북특별자치도 김제시 금산면 원평6길 39-8 일원
남원시	공설시장	4, 9	전북특별자치도 남원시 의총로 51
	운봉시장	1, 6	전북특별자치도 남원시 운봉읍 운성로 20
	인월시장	3, 8	전북특별자치도 남원시 인월면 인월로 65-3
무주군	반딧불장터	1, 6	전북특별자치도 무주군 무주읍 장터로2
	덕유산장터 (무주안성시장)	5, 10	전북특별자치도 무주군 안성면 칠연로 38
	삼도봉장터	2, 7	전북특별자치도 무주군 설천면 삼도봉로 11
	대덕산장터	3, 8	전북특별자치도 무주군 무풍면 현내로 213
순창군	순창시장	1, 6	전북특별자치도 순창군 순창읍 남계로 58
	동계시장	2, 7	전북특별자치도 순창군 동계면 동계로 22
	복흥시장	3, 8	전북특별자치도 순창군 복흥면 정산2길 2
완주군	삼례시장	3, 8	전북특별자치도 완주군 삼례읍 삼봉로 6
	봉동생강골시장	5, 10	전북특별자치도 완주군 봉동읍 봉동동서로 134-5
	고산미소시장	4, 9	전북특별자치도 완주군 고산면 남봉로 134
익산시	익산북부시장	4, 9	전북특별자치도 익산시 인북로 259
	함열시장	2, 7	전북특별자치도 익산시 함열읍 와리2길8
	여산시장	1, 6	전북특별자치도 익산시 여산면 서촌2길 21
	금마시장	2, 7	전북특별자치도 익산시 금마면 금마4길 7
	황등시장	5, 10	전북특별자치도 익산시 황등면 황등7길 25
임실군	임실시장	1, 6	전북특별자치도 임실군 임실읍 운수로 26
	관촌전통시장	5, 10	전북특별자치도 임실군 관촌면 사선1길 70-3
	강진시장	2, 7	전북특별자치도 임실군 강진면 호국로 14-12
	오수시장	5, 10	전북특별자치도 임실군 오수면 오수로 159
장수군	장수시장	5, 10	전북특별자치도 장수군 장수읍 시장로 11
	번암시장	1, 6	전북특별자치도 장수군 번암면 신평로 319
	장계시장	3, 8	전북특별자치도 장수군 장계면 장계천변길 36
	산서시장	2, 7	전북특별자치도 장수군 산서면 보산로 1864-11
정읍시	샘고을시장	2, 7	전북특별자치도 정읍시 태평6길 22-10
	신태인시장	3, 8	전북특별자치도 정읍시 신태인읍 시장2길 14
진안군	진안고원시장	4, 9	전북특별자치도 진안군 진안읍 시장1길 16

전라남도	5일장	장날	주소
강진군	마량시장	3, 8	전라남도 강진군 마량면 마량5길 11
	병영시장	3, 8	전라남도 강진군 병영면 남삼인길 6
	강진읍(오감통)시장	4, 9	전라남도 강진군 강진읍 시장길 19
고흥군	동강전통시장	1, 6	전라남도 고흥군 동강면 원유문4길 22 일원
	녹동전통시장	3, 8	전라남도 고흥군 도양읍 녹동시장길 39
	도화전통시장	3, 8	전라남도 고흥군 도화면 동신길 6-5
	고흥전통시장	4, 9	전라남도 고흥군 고흥읍 시장길 20 일원
	과역전통시장	5, 10	전라남도 고흥군 과역면 시장안길 17 일원
곡성군	곡성기차마을전통시장	3, 8	전라남도 곡성군 곡성읍 곡성로 856
	옥과전통시장	4, 9	전라남도 곡성군 옥과면 리문8길 14
	석곡전통시장	5, 10	전라남도 곡성군 석곡면 강변로 12 일원
광양시	광양5일시장	1, 6	전라남도 광양시 광양읍 백운로 3
	진상전통시장	3, 8	전라남도 광양시 진상면 옥진로 1129
	옥곡5일시장	4, 9	전라남도 광양시 옥곡면 큰골1길 2-26
구례군	산동장	2, 7	전라남도 구례군 산동면 원촌1길 13
	구례5일시장	3, 8	전라남도 구례군 구례읍 5일시장작은길 20 일원
나주시	남평5일전통시장	1, 6	전라남도 나주시 남평읍 지석로 21 일원
	공산면5일전통시장	1, 6	전라남도 나주시 공산면 공산로 120
	동창 오일시장	2, 7	전라남도 나주시 세지면 동창로 135-10
	다시샛골전통시장	3, 8	전라남도 나주시 다시면 다시로 168-33
	나주목사고을시장	4, 9	전라남도 나주시 청동길 14 일원
	영산포풍물시장	5, 10	전라남도 나주시 풍물시장2길 12-14
담양군	담양시장	2, 7	전라남도 담양군 담양읍 담주4길 40
	대전시장	3, 8	전라남도 담양군 대전면 대치8길 28-12
	창평전통시장	5, 10	전라남도 담양군 창평면 사동길 14-24
무안군	일로전통시장	1, 6	전라남도 무안군 일로읍 시장길 11-22
	망운시장	1, 6	전라남도 무안군 망운면 조산길 2
	무안전통시장	4, 9	전라남도 무안군 무안읍 승달로 11
보성군	녹차골보성향토	2, 7	전라남도 보성군 보성읍 봉화로 53
	조성5일시장	3, 8	전라남도 보성군 조성면 조성로 90-5
	벌교시장	4, 9	전라남도 보성군 벌교읍 벌교천1길 15 일원
	복내장	4, 9	전라남도 보성군 복내면 송재로 1838-12
	회천장	4, 9	전라남도 보성군 회천면 시장길 20-4
	득량예당장	5, 10	전라남도 보성군 득량면 예당중앙길 14-1 일원
순천시	승주장	1, 6	전라남도 순천시 승주읍 승주장길 34 일원
	아랫장	2, 7	전라남도 순천시 장평로 60
	주암시장	3, 8	전라남도 순천시 주암면 주암호길 5
	괴목구나무장	4, 9	전라남도 순천시 황전면 괴목길 11-1 일원
	웃장	5, 10	전라남도 순천시 북문길 40
신안군	지도전통시장	3, 8	전라남도 신안군 지도읍 읍내길 16-20
여수시	덕양시장	3, 8	전라남도 여수시 소라면 하세중길 10
	서시장	4, 9	전라남도 여수시 좌수영로 16-6
영암군	시종5일시장	2, 7	전라남도 영암군 시종면 내동중앙로 26-24
	구림5일시장	2, 7	전라남도 영암군 군서면 도갑사로 21
	신북5일시장	3, 8	전라남도 영암군 신북면 황금도로 80
	독천5일시장	4, 9	전라남도 영암군 학산면 독천1길 5
	영암5일시장	5, 10	전라남도 영암군 영암읍 오일시장길 28
완도군	노화전통시장	2, 7	전라남도 완도군 노화읍 노화로 895
	완도전통(5일)시장	5, 10	전라남도 완도군 완도읍 개포로 34-1
장성군	사거리전통시장	1, 6	전라남도 장성군 북이면 사남북길 22
	사창전통시장	2, 7	전라남도 장성군 삼계면 사창로 81-2
	황룡전통시장	4, 9	전라남도 장성군 황룡면 삼월길 5
장흥군	용산시장마실	1, 6	전라남도 장흥군 용산면 용인길 4
	장평시장	1, 6	전라남도 장흥군 장평면 장택길 13
	회진전통시장	1, 6	전라남도 장흥군 회진면 회진중앙길 9-13
	정남진토요시장	2, 7	전라남도 장흥군 장흥읍 토요시장3길 15
	천관산관광시장	3, 8	전라남도 장흥군 관산읍 옥당2길 2
	대덕상설시장	5, 10	전라남도 장흥군 대덕읍 거정2길 10
진도군	진도읍조금시장	2, 7	전라남도 진도군 진도읍 조금시장길 25
	임회십일시장	1, 5	전라남도 진도군 임회면 십일시장길 21
	고군장	5, 10	전라남도 진도군 고군면 고성리 301
함평군	함평천지전통시장	2, 7	전라남도 함평군 함평읍 시장길 49
	문장꽃무릇시장	3, 8	전라남도 함평군 해보면 밀재로 1274-12
	나산전통5일장	4, 9	전라남도 함평군 나산면 나산길 15-10
	월야전통5일장	5, 10	전라남도 함평군 월야면 밀재로 1504-5
해남군	해남읍5일시장	1, 6	전라남도 해남군 해남읍 중앙2로 100-2
	산정5일시장	2, 7	전라남도 해남군 송지면 산정1길 37-2
	남창전통5일시장	2, 7	전라남도 해남군 북평면 달량진길 52-10
	좌일5일시장	3, 8	전라남도 해남군 북일면 만월길 26-1
	황산남리5일시장	3, 8	전라남도 해남군 황산면 시등로 111-2
	월송5일시장	4, 9	전라남도 해남군 현산면 시등리길 46
	우수영5일시장	4, 9	전라남도 해남군 문내면 우수영로 10-33
	화원5일시장	5, 10	전라남도 해남군 화원면 청용길 15-12
화순군	춘양재래시장	2, 7	전라남도 화순군 춘양면 강번길 19-5
	동복재래시장	3, 8	전라남도 화순군 동복면 동복로 19
	화순고인돌전통시장	3, 8	전라남도 화순군 화순읍 시장로 42

※ 장날(2, 7) 숫자는 장이 열리는 날로써, 매월 2일, 7일, 12일, 17일, 22일, 27일 입니다.

전국 오일장

		5일장	장날	주소
		이양전통시장	4, 9	전라남도 화순군 이양면 이양로 29-29
		능주전통시장	5, 10	전라남도 화순군 능주면 학포로 1955
		사평재래시장	5, 10	전라남도 화순군 사평면 사평길 24
경상북도		**5일장**	**장날**	**주소**
대구광역시 군위군		군위전통시장	3, 8	대구광역시 군위군 군위읍 서부리 16-5
		의흥시장	5, 10	대구광역시 군위군 의흥면 읍내5길 7
		우보시장	4, 9	대구광역시 군위군 우보면 이화3길 6-15
경산시		경산공설시장	5, 10	경상북도 경산시 경안로31길 19
		자인전통시장	3, 8	경상북도 경산시 자인면 자인로 206-4
		하양공설시장	4, 9	경상북도 경산시 하양읍 대학로 1543
경주시		안강전통시장	4, 9	경상북도 경주시 안강읍 안강시장길 24-6
		문무대왕면공설시장	5, 10	경상북도 경주시 문무대왕면 감은로 53-8
		감포공설시장	3, 8	경상북도 경주시 감포읍 감포로 115
		외동공설시장	3, 8	경상북도 경주시 외동읍 입실시장길 8-3 일원
		불국공설시장	4, 9	경상북도 경주시 불국장터길 23-2 일원
		양남물빛사랑시장	4, 9	경상북도 경주시 양남면 하서중앙길 56-28
		건천전통시장	5, 10	경상북도 경주시 건천읍 건천시장1길 7
고령군		고령대가야시장	4, 9	경상북도 고령군 대가야읍 시장3길 29
구미시		선산봉황시장	2, 7	경상북도 구미시 선산읍 단계동길 24
		구미새마을중앙시장	1, 6	경상북도 구미시 구미중앙로9길 11
		인동시장	2, 7	경상북도 구미시 인동중앙로5길 16-7 일원
		해평시장	4, 9	경상북도 구미시 해평면 해평시장2길 일원
		장천시장	5, 10	경상북도 구미시 장천면 상장4길 9
김천시		중앙시장	5, 10	경상북도 김천시 중앙시장길 19
		감호시장	5, 10	경상북도 김천시 아랫장터5길 일원
문경시		점촌전통시장	3, 8	경상북도 문경시 신흥시장길
		문경전통시장	2, 7	경상북도 문경시 문경읍 주흘로 31-9
		가은아자개장터	4, 9	경상북도 문경시 가은읍 가은5길 7
봉화군		봉화상설시장	2, 7	경상북도 봉화군 봉화읍 신시장1길 일원
		억지춘양시장	4, 9	경상북도 봉화군 춘양면 의양리 361-18
상주시		명실상주중앙시장	2, 7	경상북도 상주시 중앙시장길 1-7
		함창전통시장	1, 6	경상북도 상주시 함창읍 함창시장1길 45-14
		은척시장	4, 9	경상북도 상주시 은척면 봉중1길 16-1
성주군		성주전통시장	2, 7	경상북도 성주군 성주읍 시장길 43-1
		벽진시장	3, 8	경상북도 성주군 벽진면 수촌1길 8-11
안동시		왔다꺼 안동 오일장	2, 7	경상북도 안동시 중앙시장길 (푸른약국 ~ 안동민속한우 일원)
		풍산장터(시장)	3, 8	경상북도 안동시 풍산읍 장터중앙로 16 일원
		안동서부시장	2, 7	경상북도 안동시 서부시장길 일원
		구담오소장터	4, 9	경상북도 안동시 풍천읍 섬마길 5 일원
		안동북문시장	2, 7	경상북도 안동시 북문시장1길 일원
영덕군		영덕시장(임시)	4, 9	경상북도 영덕군 영덕읍 야성길 15
		강구시장	2, 7	경상북도 영덕군 강구면 강구시장1길 13 일원
		영해만세시장	5, 10	경상북도 영덕군 영해면 예주시장6길 일원
영양군		영양전통시장	4, 9	경상북도 영양군 영양읍 시장5길 4
영천시		영천시장	2, 7	경상북도 영천시 시장4길 38
		신녕시장	3, 8	경상북도 영천시 신녕면 본관시장길 3
		금호전통시장	3, 8	경상북도 영천시 금호읍 금호로 101
예천군		예천용상설시장	2, 7	경상북도 예천군 예천읍 상설시장1길 6
		풍양시장	3, 8	경상북도 예천군 풍양면 낙상2길 39
		용궁전통시장	4, 9	경상북도 예천군 용궁면 용궁시장2길 16
울진군		울진바지게시장	2, 7	경상북도 울진군 울진읍 울내1길 18
		죽변전통시장	3, 8	경상북도 울진군 죽변면 죽변중앙로 168-14
		후포공설시장	4, 9	경상북도 울진군 후포면 울진대게로 21
의성군		의성시장	2, 7	경상북도 의성군 의성읍 전통시장1길 11-1
		안계전통시장	1, 6	경상북도 의성군 안계면 용기리 467-2
		금성전통시장	1, 6	경상북도 의성군 금성면 탐리2길 29
		봉양(도리원)전통시장	4, 9	경상북도 의성군 봉양면 도리원6길 15-2 일원
청도군		청도시장	4, 9	경상북도 청도군 청도읍 청도시장1길 21
		동곡시장	1, 6	경상북도 청도군 금천면 금천로 41-2
		풍각장	1, 6	경상북도 청도군 풍각면 송서7길 5
청송군		청송전통시장	4, 9	경상북도 청송군 청송읍 현충로 106
		진보객주시장	3, 8	경상북도 청송군 진보면 진안남2길 9
칠곡군		왜관시장	1, 6	경상북도 칠곡군 왜관읍 2번도로길 92 일원
		약목전통시장	3, 8	경상북도 칠곡군 약목면 약목로 71 일원
		동명전통시장	4, 9	경상북도 칠곡군 동명면 금암4길 7 일원
포항시		구룡포전통시장	3, 8	경상북도 포항시 남구 구룡포읍 구룡포길 66-2
		흥해시장	2, 7	경상북도 포항시 북구 흥해읍 흥해로 68-21
		오천시장	5, 10	경상북도 포항시 남구 오천읍 장기로1690번길 5
경상남도		**5일장**	**장날**	**주소**
거제시		거제종합시장	4, 9	경상남도 거제시 거제면 읍내로2길 28
거창군		거창전통시장	1, 6	경상남도 거창군 거창읍 중앙로 140 일원
고성군		고성시장	1, 6	경상남도 고성군 고성읍 중앙로25번길 57
		배둔시장	4, 9	경상남도 고성군 회화면 배둔로31번길 31
		영오시장	2, 7	경상남도 고성군 영오면 문산로 3
김해시		장유전통시장	3, 8	경상남도 김해시 장유로 287-22
		진례전통시장	5, 10	경상남도 김해시 진례면 송현로 6

		5일장	장날	주소
		진영상설시장	4, 9	경상남도 김해시 진영읍 진영산복로115번길 9
남해군		남면공설시장	4, 9	경상남도 남해군 남면 남서대로 785-4 일원
		남해전통시장	2, 7	경상남도 남해군 남해읍 화전로 110
		이동시장	5, 10	경상남도 남해군 이동면 무림로 63번길 9
		지족시장	1, 6	경상남도 남해군 삼동읍 동부대로1876번길 30-1
밀양시		내일전통시장	2, 7	경상남도 밀양시 상설시장1길 11 일원
		무안시장	1, 6	경상남도 밀양시 무안면 사명로502-12
		송백시장	5, 10	경상남도 밀양시 산내면 산내로344-1
		송지시장	4, 9	경상남도 밀양시 삼랑진읍 외송3길8-1
		수산시장	3, 8	경상남도 밀양시 하남읍 수산중앙로 18 일원
사천시		곤양종합시장	5, 10	경상남도 사천시 곤양면 남산로 65
		삼천포종합시장	4, 9	경상남도 사천시 동금2길15
		삼천포중앙시장	4, 9	경상남도 사천시 중앙시장2길 37
		서포전통시장	4, 9	경상남도 사천시 서포면 자구로 473
		완사전통시장	1, 6	경상남도 사천시 곤명면 완사2길 12
산청군		단계시장	4, 9	경상남도 산청군 신등면 신차로 500-3
		단성시장	5, 10	경상남도 산청군 단성면 목화로 968번길 17
		덕산시장	4, 9	경상남도 산청군 시천면 남명로 188-5
		산청시장	1, 6	경상남도 산청군 산청읍 꽃봉산로91번길 23
		생초시장	3, 8	경상남도 산청군 생초면 생초로 35-30
		화계시장	4, 9	경상남도 산청군 금서면 동의보감로 1067
양산시		남부시장	1, 6	경상남도 양산시 중앙로 133
		서창시장	4, 9	경상남도 양산시 서창서2길 5
		석계시장	4, 9	경상남도 양산시 상북면 삼계4길 2
		신평시장	3, 8	경상남도 양산시 하북면 신평강변3길 11
		양산남부시장상가	1, 6	경상남도 양산시 장터3길 7
의령군		궁류시장	1, 6	경상남도 의령군 궁류면 궁류로1길 10
		신반전통시장	2, 7	경상남도 의령군 부림면 신반로7길 10
		의령시장	3, 8	경상남도 의령군 의령읍 의병로20길 19-2 일원
진주시		금곡시장	1, 6	경상남도 진주시 금곡면 구암두문로 1021-9
		대곡시장	1, 6	경상남도 진주시 대곡면 진의로1079번길 6
		문산시장	4, 9	경상남도 진주시 문산읍 소문길 68
		일반성시장	3, 8	경상남도 진주시 일반성면 동부로1993번길 27 일원
창녕군		남지시장	2, 7	경상남도 창녕군 남지읍 본동길 4
		대합시장	2, 7	경상남도 창녕군 대합면 도장골 4-13
		영산시장	5, 10	경상남도 창녕군 영산면 신영산로 56
		이방시장	4, 9	경상남도 창녕군 이방면 이방대합로 351
		창녕전통시장	3, 8	경상남도 창녕군 창녕읍 창녕시장길 100
창원특례시		경화시장	3, 8	경상남도 창원특례시 진해구 경화시장로 35(병암동)
		대산가술시장	1, 6	경상남도 창원특례시 의창구 대산면 가술길 1번길 6-1
		마천시장	5, 10	경상남도 창원특례시 진해구 웅동로 57번가길 7(마천동)
		북면신촌시장	4, 9	경상남도 창원특례시 의창구 북면 천주로 1144-8(북동)
		상남시장	4, 9	경상남도 창원특례시 성산구 마디미로 28(상남동)
		소답시장	2, 7	경상남도 창원특례시 의창구 읍성로 33번길 8(북동)
		웅천시장	4, 9	경상남도 창원특례시 진해구 웅천중로 56번길 8(성내동)
통영시		중앙전통시장	2, 7	경상남도 통영시 중앙시장1길 14-16
하동군		계천재래시장	5, 10	경상남도 하동군 금남면 섬진강대로 977
		북천시장	4, 9	경상남도 하동군 북천면 경서대로 2439-1
		옥종공설시장	3, 8	경상남도 하동군 옥종면 옥종시장길 5
		진교공설시장	3, 8	경상남도 하동군 진교면 선창길 24
		하동시장	2, 7	경상남도 하동군 하동읍 시장1길 16-5
		횡천시장	5, 10	경상남도 하동군 횡천면 문화2길 24
함안군		가야전통시장	5, 10	경상남도 함안군 가야읍 가야8길 8
		군북시장	4, 9	경상남도 함안군 군북면 중암8길 21
		대산시장	1, 6	경상남도 함안군 대산면 대산중앙로 219
		칠원시장	3, 8	경상남도 함안군 칠원읍 서남길 25 일원
함양군		마천시장	5, 10	경상남도 함양군 천왕봉로 1144-2
		서상시장	4, 9	경상남도 함양군 서상로 266
		안의시장	5, 10	경상남도 함양군 약초시장길 25-10
		지리산함양시장	2, 7	경상남도 함양군 용평중앙길 20
합천군		합천왕후시장	3, 8	경상남도 합천군 합천읍 옥산로 44
		가야시장	5, 10	경상남도 합천군 가야면 가야시장로 67-1
		묘산시장	1, 6	경상남도 합천군 묘산면 묘산로 162
		삼가시장	2, 7	경상남도 합천군 삼가면 일부5길 1
		야로시장	2, 7	경상남도 합천군 야로면 야로시장길 7-5
		초계시장	5, 10	경상남도 합천군 초계면 초계중앙로 61
제주특별자치도		**5일장**	**장날**	**주소**
제주시		제주시민속오일시장	2, 7	제주특별자치도 제주시 오일장서길 26
		한림민속오일시장	4, 9	제주특별자치도 제주시 한림읍 한수풀로4길 10
		함덕민속오일시장	1, 6	제주특별자치도 제주시 조천읍 함덕16길 15-13
		세화해녀민속오일시장	5, 10	제주특별자치도 제주시 구좌읍 해맞이해안로 1412
서귀포시		서귀포향토오일시장	4, 9	제주특별자치도 서귀포시 중산간동로7894번길 18-5
		중문향토오일시장	3, 8	제주특별자치도 서귀포시 천제연로188번길 12
		대정오일시장	4, 9	제주특별자치도 서귀포시 대정읍 영락로36번길 65
		고성오일시장	4, 9	제주특별자치도 서귀포시 성산읍 고성오조로 93
		표선민속오일시장	2, 7	제주특별자치도 서귀포시 표선면 표선동서로 203-1

※ 장날(2, 7) 숫자는 장이 열리는 날로써, 매월 2일, 7일, 12일, 17일, 22일, 27일 입니다.

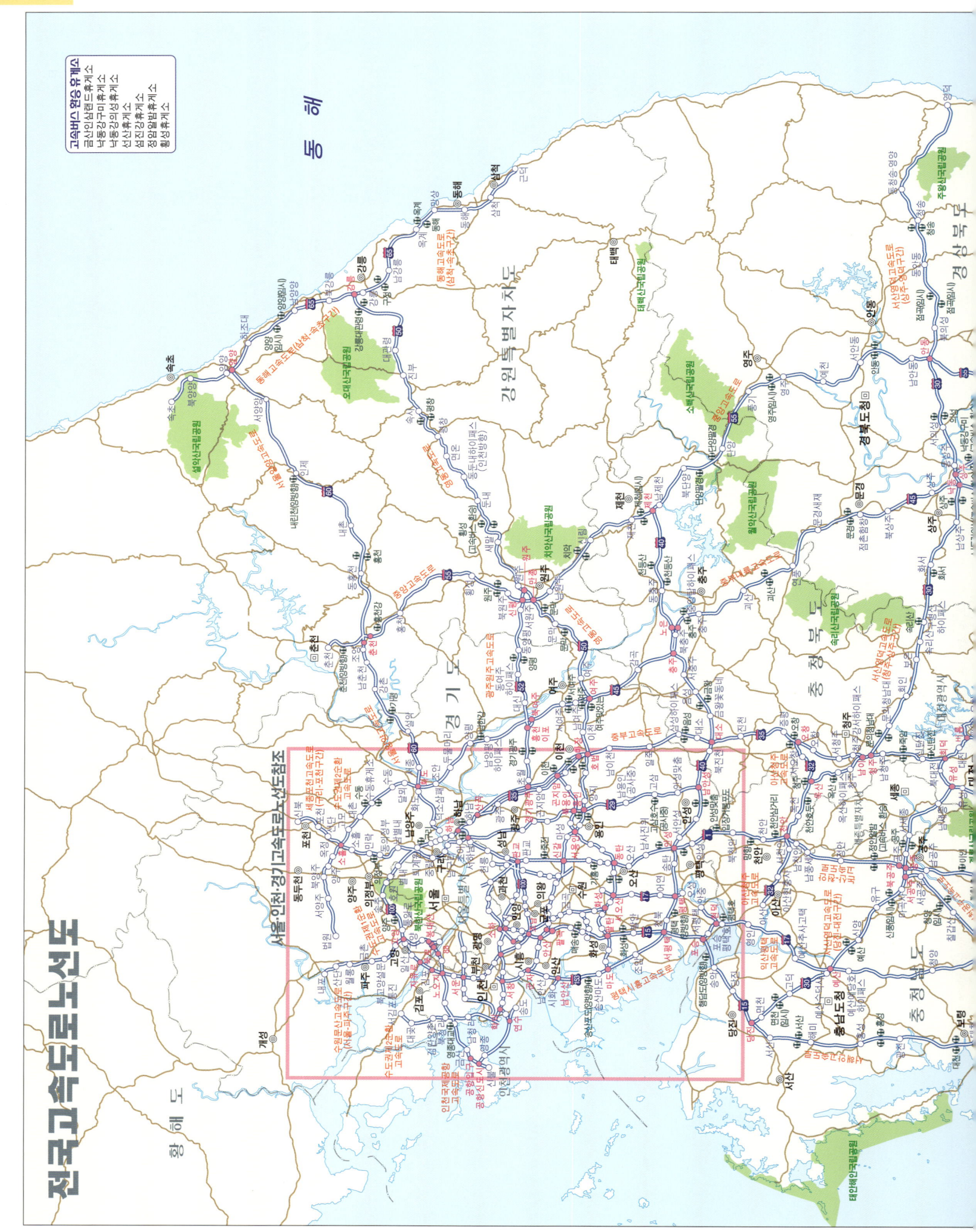

부산·대구·울산고속도로노선도

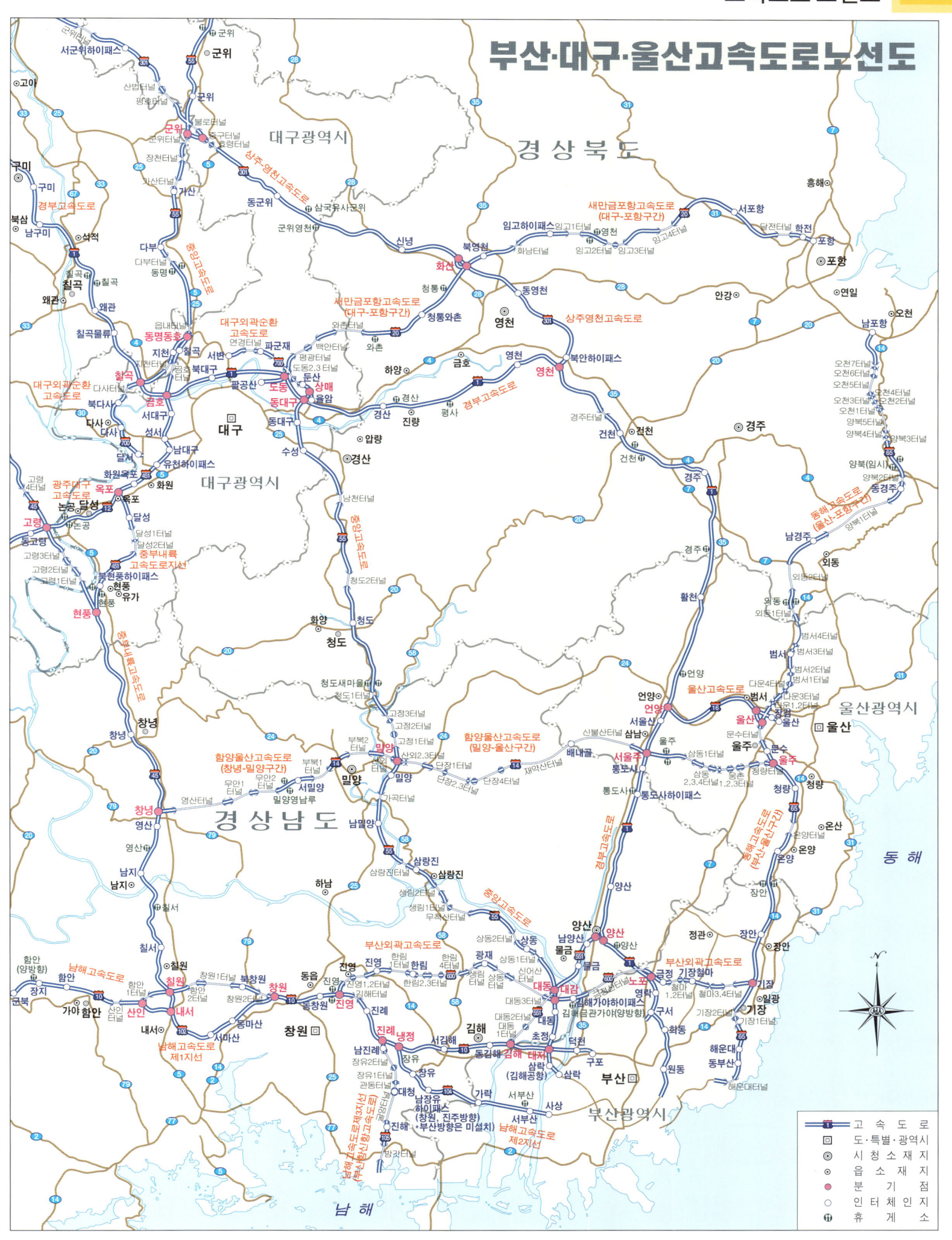

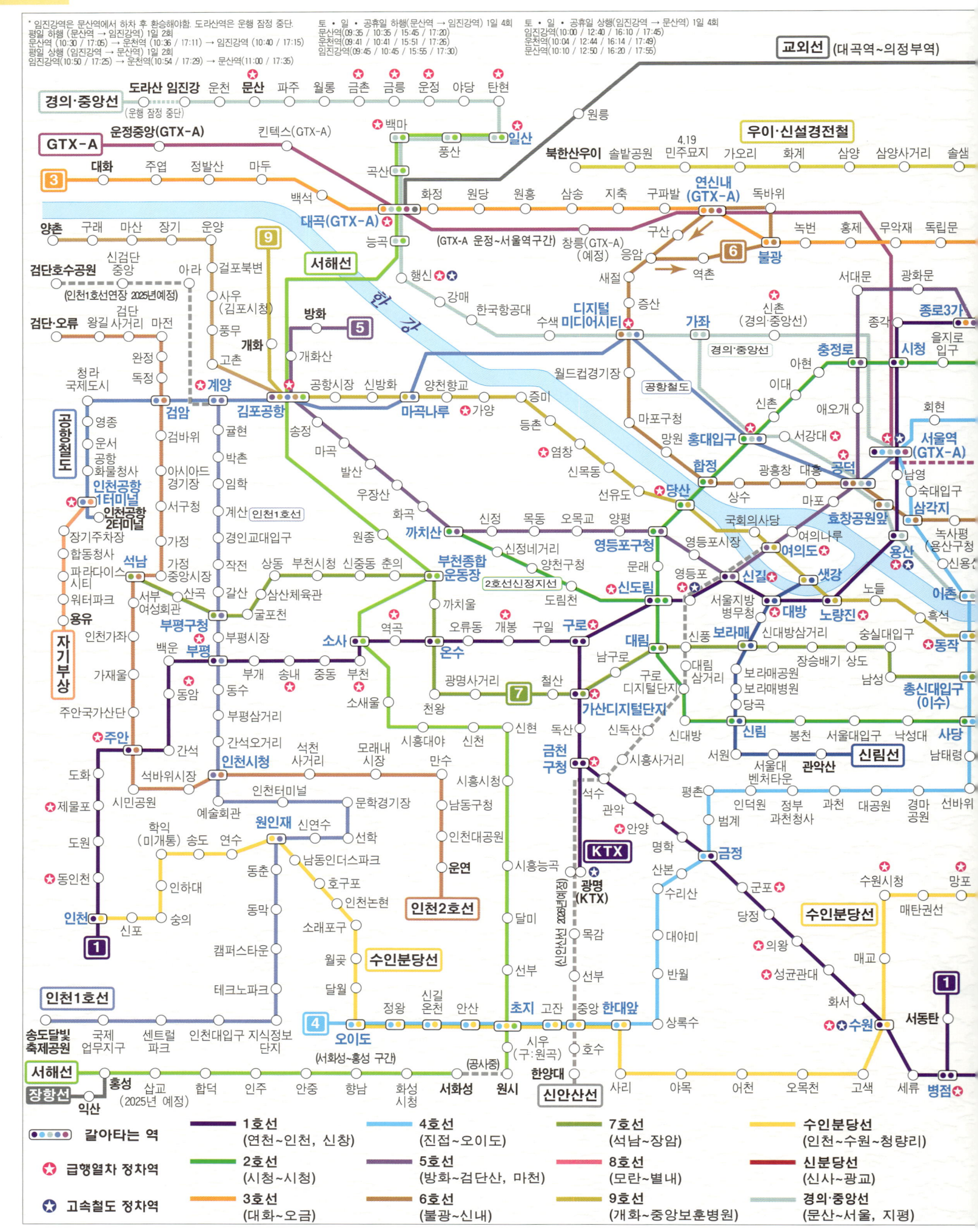

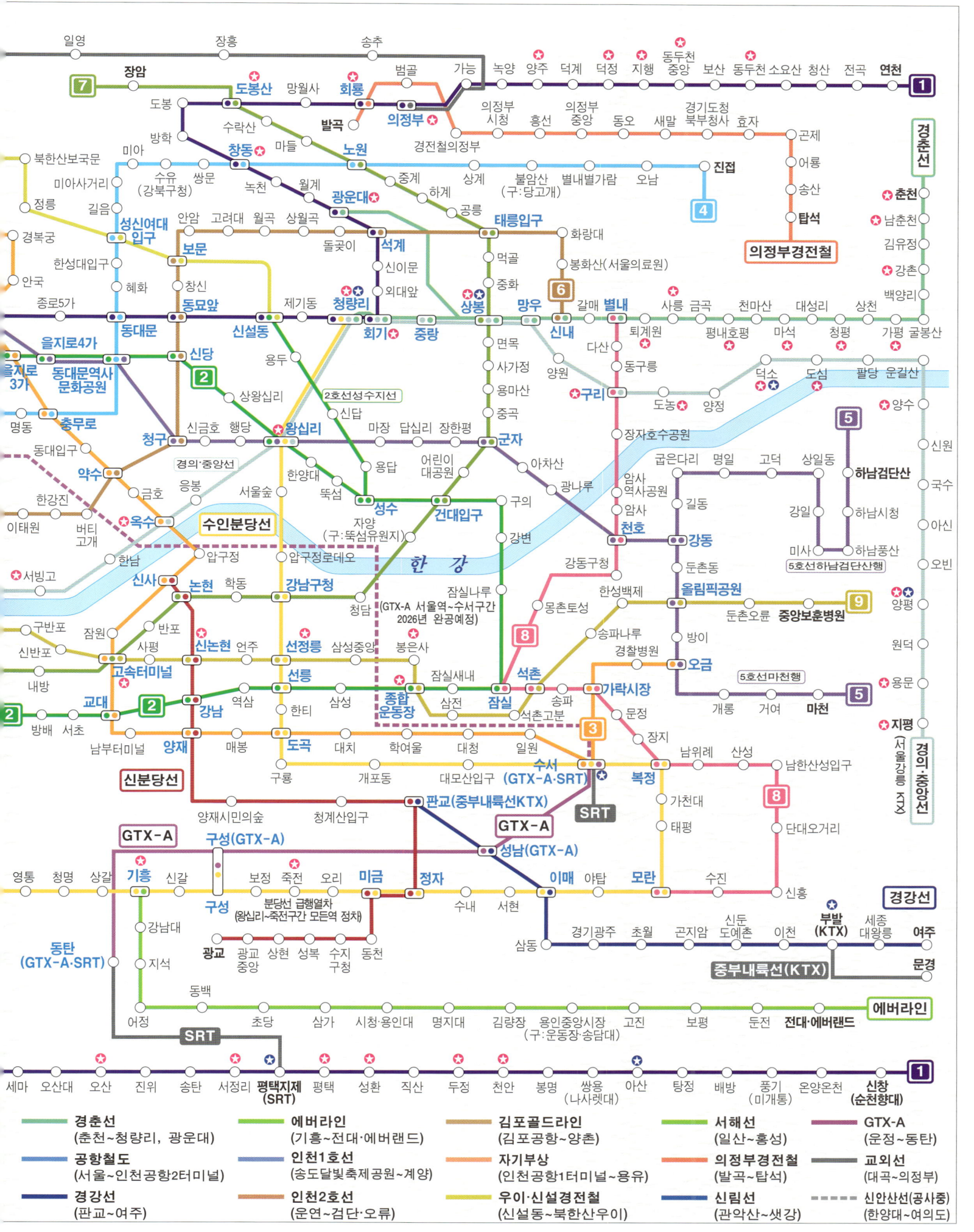

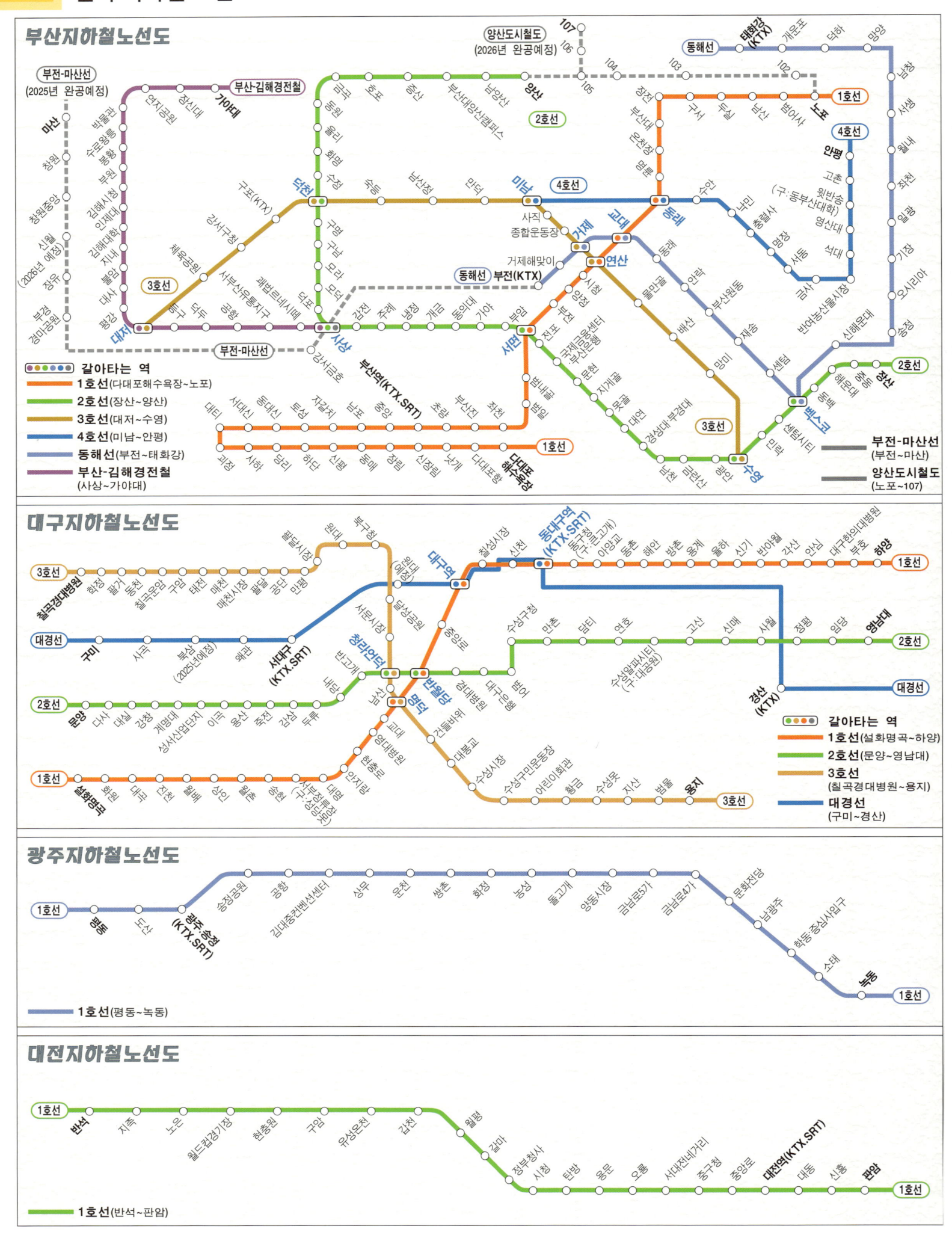

(주)성지문화사 지도 출판 안내

A4 반양장 360면 값 40,000원

A4 반양장 216면 값 30,000원

A4 반양장 264면 값 30,000원

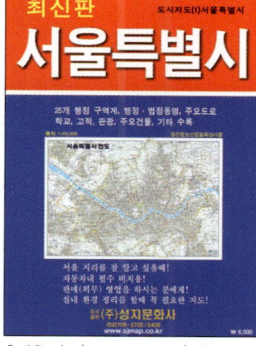
휴대용 지도(16.5Cm×22.5Cm) 값 6,000원

휴대용 지도(16.5Cm×22.5Cm) 값 7,000원

A4 반양장 128면 값 25,000원

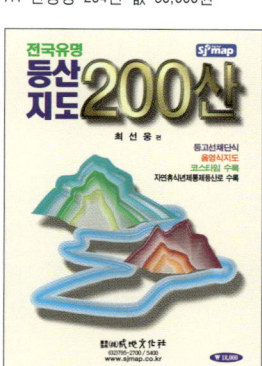
A4 반양장 280면 값 35,000원

A5 반양장 256면 값 18,000원

휴대용 지도(16.5Cm×22.5Cm) 값 7,000원

휴대용 지도(16.5Cm×22.5Cm) 값 7,000원

지도목록

도로관광지도
품목	규격	가격
10만 도로지도 (지대대사전)	A4 360면	40,000원
전국 도로지도	A4 216면	30,000원
신한국관광지도	A4 264면	30,000원
세계관광여행지도	A4 128면	25,000원
한국의지명변천	A5 960면	100,000원

특별시·광역시·도별지도
품목	규격	가격
서울특별시전도(행정)	108×78cm	6,000원
서울특별시전도(행정)	156×108cm(2매)	24,000원
부산광역시 전도	108×78cm(양면)	8,000원
대구광역시 전도	108×78cm(양면)	8,000원
인천광역시 전도	108×78cm	7,000원
광주광역시 전도	93×63cm(양면)	7,000원
대전광역시 전도	93×63cm(양면)	7,000원
제주도전도	93×63cm(양면)	7,000원
제주도전도(제주시주요부)	108×78cm(양면)	10,000원
경기도전도	108×78cm	7,000원
강원도전도	108×78cm	7,000원
충청남도전도	108×78cm	7,000원
충청북도전도	108×78cm	7,000원
전라북도전도	108×78cm	7,000원
전라남도전도	108×78cm	7,000원
경상북도전도	108×78cm	7,000원
경상남도전도	108×78cm	7,000원

시별도로안내도
품목	규격	가격
수원시 도로안내도	93×63cm(양면)	7,000원
안산시 도로안내도	93×63cm(양면)	7,000원
천안시 도로안내도	93×63cm(양면)	8,000원
청주시 도로안내도	93×63cm	7,000원
제주시 도로안내도	93×63cm(양면)	7,000원

전국 및 기타 지도
품목	규격	가격
대한민국전도(행정)	78×108cm	각6,000원
대한민국전도(행정)	106×156cm(2매)	24,000원
행정교통도(고속도로노선도)	78×108cm(양면)	7,000원
행정교통도	108×156cm(2매)	24,000원

품목	규격	가격
수도권주요부	108×78cm	7,000원
수도권광역도로지도	108×156cm(2매)	24,000원
전국 도로 관광안내도	78×108cm(양면)	10,000원
세계지도(정치)	108×78cm	6,000원
세계지도(정치)	156×108cm(2매)	24,000원
세계지도(지세)	156×108cm(2매)	24,000원
세계지도(정치)	123×93cm(2매)	20,000원
세계지도(지세)	123×93cm(2매)	20,000원
동북아시아·아시아전도	108×78cm	14,000원

영문지도(원지)
품목	규격	가격
Map of Korea	78×108cm	12,000원
Tourist Guide Map	93×63cm(양면)	10,000원
Map of Seoul	93×63cm(양면)	10,000원
The World	216×102cm(3매)	36,000원
The World(지세)	156×108cm(2매)	24,000원
The World(지세)	108×78cm	7,000원
The World(정치)	108×78cm(양면)	8,000원
The World(정치)	123×93cm(2매)	20,000원
세계지도(지세)	123×93cm(2매)	20,000원
세계지도(정치)	123×93cm(2매)	20,000원
세계지도(정치)	108×78cm	6,000원
세계지도(정치)	108×78cm(양면)	7,000원
India(정치)	108×78cm	12,000원
The Middle East	102×72cm	12,000원
Europe	108×78cm(양면)	14,000원
Russia(정치)	108×78cm(양면)	14,000원
North America(정치)	108×78cm(양면)	14,000원
United States of America	108×78cm	12,000원
Middle America(정치)	108×78cm	12,000원
중국전도	102×72cm(양면)	12,000원
일본전도	108×78cm(양면)	12,000원

코팅 및 코팅표구지도
품목	규격	코팅	코팅표구
대한민국전도(행정)	78×108cm(양면)	12,000원	25,000원
대한민국전도(행정)	108×156cm(2매)	30,000원	45,000원
행정교통도(고속도로노선도)	78×108cm(양면)	12,000원	25,000원
행정교통도	108×156cm(2매)	30,000원	45,000원
수도권광역도로	108×156cm(2매)	35,000원	50,000원

품목	규격	코팅	코팅표구
세계지도(정치)	108×78cm	12,000원	25,000원
세계지도(정치)	108×78cm	12,000원	25,000원
The World(정치)	123×93cm(2매)	25,000원	40,000원
세계지도(정치)	123×93cm(2매)	25,000원	40,000원
세계지도(지세)	123×93cm(2매)	25,000원	40,000원
세계지도(정치)	156×108cm(2매)	30,000원	45,000원
세계지도(지세)	156×108cm(2매)	30,000원	45,000원
동북아시아·아시아전도	108×78cm	18,000원	35,000원
전국도로관광안내도	108×78cm	15,000원	35,000원

등산안내지도
품목	규격	가격
등산지도 (200산)	A5 256면	18,000원
전국 600산 등산지도	A4 280면	35,000원
타이벡 등산안내지도 국립공원1	63×47cm(양면)	6,000원
타이벡 등산안내지도 수도권	63×47cm(양면)	6,000원
타이벡 등산안내지도 강원특별자치도	63×47cm(양면)	6,000원
타이벡 등산안내지도 충청도	63×47cm(양면)	6,000원
타이벡 등산안내지도 전북특별자치도	63×47cm(양면)	6,000원
타이벡 등산안내지도 전라도	63×47cm(양면)	6,000원
타이벡 등산안내지도 경상북도	63×47cm(양면)	6,000원
타이벡 등산안내지도 경상남도	63×47cm(양면)	6,000원

롤스크린(실사천)지도
품목	규격	실사천	롤스크린
대한민국전도(행정)	82×112cm	45,000원	70,000원
대한민국전도(행정)	112×154cm	85,000원	120,000원
대한민국전도(지세)	112×192cm	100,000원	150,000원
대한민국전도(행정)	112×192cm	100,000원	150,000원
행정교통도(남한)	82×112cm	45,000원	70,000원
행정교통도(남한)	112×154cm	85,000원	120,000원
서울시전도	154×112cm	85,000원	120,000원
세계전도(지세)	112×82cm	45,000원	70,000원
세계전도(정치)	112×82cm	45,000원	70,000원
세계전도(정치)	112×82cm	45,000원	70,000원
세계전도(지세)	154×112cm	85,000원	120,000원
세계전도(정치)	154×112cm	85,000원	120,000원
THE WORLD(지세)	154×112cm	85,000원	120,000원
THE WORLD	215×112cm	135,000원	180,000원
세계전도(정치)	123×93cm	70,000원	100,000원

※ 상기 제품 또는 규격 외 지도 제작 및 출력 문의[(02)795-9183]

전국600산 등산 지도

2008년 3월 5일 초판 1쇄 발행
2025년 2월 10일 1판 8쇄 발행

발행처 (주)성지문화사
본사: 서울특별시 용산구 한강대로44길25 (한강로2가)
TEL: (02) 795-2700 · 5400
FAX: (02) 798-7780
등록번호: 제3-47호(1979.4.7)

발행인 최종윤
편집 (주)성지문화사 편집부편
제작 (주)성지문화사 기술부(제01-5029호)
제작진행 최종윤
현지조사편집 성지문화사 현지조사팀
디지털편집 성지문화사 편집부
표지디자인 성지문화사 디자인팀
성과심사 공간정보산업협회

1. 공간정보산업협회 심사필 제2008-041호(2008.1.30)
2. 본 지도는 국토지리정보원 발행 1:5,000 · 1:25,000 1:50,000 · 1:250,000 기본도를 사용하여 편집 제작한 것임.

자료기준: 2024년 12월 현재 (GPS이용 현지조사 및 자료수집에 의함)

※ 국토지리정보원장이 발간한 기본도상에 표기된 지형 지물 등 이외의 자료(공사중인 고속도로·지하철등)는 제작자가 수집 또는 조사 표기 한 것임.

값 35,000원 © (주)성지문화사 2025

http://www.sjmap.co.kr

ISBN 978-89-390-0227-2

복제불허

이 책자에 수록된 국토지리정보원 발간주기명 이외의 내용은 본사의 현지 조사 자료에 의한 편집저작물(디자인포함)로써 무단전재 또는 복제행위는 저작권법(권리의 침해죄) 제97조의 5항에 의거 5년 이하의 징역 또는 5,000만원 이하의 벌금에 처하게 됩니다.